Basiswissen Wertermittlungsverfahren

Basiswissen Wertermittlungs-verfahren

Normierte Verfahren der Immobilienbewertung nach ImmoWertV und ImmoWertA mit Abgrenzung zur BelWertV und ausgewählten nicht normierten Verfahren

von
Dr. rer. pol. Daniela Schaper
Dr. rer. pol. Marianne Moll-Amrein

2., aktualisierte Auflage 2025

Reguvis

Bibliografische Information der Deutschen Nationalbibliothek
Die Deutsche Nationalbibliothek verzeichnet diese Publikation in der Deutschen Nationalbibliografie; detaillierte bibliografische Daten sind im Internet über https://portal.dnb.de/opac.htm abrufbar.

Reguvis Fachmedien GmbH
Amsterdamer Str. 192
50735 Köln
service@reguvis.de
www.reguvis.de

ISBN: 978-3-8462-1195-3

Satz: Cicero Computer GmbH, Bonn
Druck und buchbinderische Verarbeitung: Plump Druck & Medien GmbH, Rheinbreitbach

Printed in Germany

Vorwort zur 2. Auflage

Für die zweite Auflage wurde das Buch vollständig überarbeitet. Dies war erforderlich, da das Wertermittlungsrecht in Deutschland durchgreifend novelliert wurde. Dies betrifft sowohl die Immobilienwertermittlungsverordnung (ImmoWertV) als auch die Beleihungswertermittlungsverordnung (BelWertV).

Nach über 20 Jahren wurde zunächst die WertV 88/98 durch die ImmoWertV 2010 ersetzt. Anschließend wurden die Wertermittlungsrichtlinien von 2006 (WertR 06) nach und nach durch Einzelrichtlinien abgelöst. Diese wollte der Gesetzgeber zunächst wieder in einer Gesamtrichtlinie (ImmoWertR) zusammenfassen. Dieses Vorhaben wurde jedoch zugunsten einer umfassenden Novellierung der Verordnung, die zum 1.1.2022 in Kraft getreten ist (ImmoWertV 2021), aufgegeben. Dabei wurden Inhalte der Richtlinien teilweise in die Verordnung übernommen, die als Bundesrecht eine deutlich größere Verbindlichkeit entfaltet. Adressaten sind vor allem die Gutachterausschüsse, die im gesetzlichen Auftrag auf dem Fundament des Baugesetzbuchs (BauGB) eine zentrale Funktion bei der Schaffung von Grundstücksmarkttransparenz einnehmen. Die Gutachterausschüsse sind jedoch auf Länderebene organisiert und nicht alle Landesregierungen hatten die Anwendung der Einzelrichtlinien, in denen wesentliche Verfahrensregeln fixiert waren, verbindlich angeordnet. So wurden sie auch nicht einheitlich angewendet und es entstand gewissermaßen ein Fleckenteppich unterschiedlicher Datenauswertungsmodelle.

Dies machte eine Datenaggregation bis hin zur Bundesebene de facto unmöglich. Grundstücksmarkttransparenz stellt jedoch eine wichtige Basis für politische Entscheidungen, z. B. in Hinblick auf die Schaffung bezahlbaren Wohnraums, dar.

Die bereits mit der ImmoWertV 2010 stärker gewordene Tendenz zur Standardisierung setzt sich durch die ImmoWertV 2021 fort. Für beide Reformen gaben vor allem Entscheidungen des Bundesverfassungsgerichts den Anstoß. Dies war zum einen der Beschl. v. 7.11.2006 (1 BvL 10/02), der zur Erbschaftssteuerreform zum 1.1.2009 führte. Eine Besteuerung in Erb- und Schenkungssachen sollte auf Basis des gemeinen Werts, gleichbedeutend mit dem Markt- oder Verkehrswert, erfolgen, wofür die Finanzämter möglichst homogene Daten der Gutachterausschüsse benötigen. Zum anderen hatte das Urt. v. 10.4.2018 (1 BvL 11/14, 1 BvR 889/12, 1 BvR 639/11, 1 BvL 1/15, 1 BvL 12/14) die Grundsteuerreform ausgelöst. Dafür musste zum Feststellungszeitpunkt 1.1.2022 der gesamte Grundbesitz in Deutschland neu bewertet werden. Die Bodenrichtwerte sind hier von zentraler Bedeutung, sodass u. a. eine einheitliche Regelung zu deren Ableitung nötig wurde.

Mit fast zwei Jahren Verzögerung kamen noch Anwendungshinweise zur Immobilienwertermittlungsverordnung (ImmoWertA) hinzu. Sie enthalten v. a. Konkretisierungen und Klarstellungen, gehen aber insbesondere in Bezug auf die grundstücksbezogenen Rechte und Belastungen darüber hinaus. Letztere sind nicht Gegenstand des vorliegenden Buches.

Das neue Wertermittlungsrecht führt zu einer stark durch Modelle und Modellansätze geprägten Immobilienbewertung und beeinflusst somit die tägliche Praxis der Wertermittler nachhaltig.

Diese Standardisierung schafft letztlich die Voraussetzungen für eine Automatisierung der Datenableitung und Wertermittlung. Digitalisierung und Einsatz von Künstlicher Intelligenz sind Themen, mit denen sich Wertermittler zunehmend auseinandersetzen.

Die zum 8.10.2022 novellierte Beleihungswertermittlungsverordnung (BelWertV) geht hier sogar noch weiter, denn sie lässt in bestimmten Fällen explizit auch die Nutzung von computergestützten Datenbanken zur Wertermittlung oder Objektbesichtigungen per Video zu.

Die in diesem Werk verwendeten Personenbezeichnungen beziehen sich immer gleichermaßen auf alle Geschlechter. Zugunsten einer besseren Lesbarkeit wird jedoch auf eine doppelte Nennung und gegenderte Bezeichnung verzichtet.

Wir wünschen eine interessante Lektüre.

Dr. Daniela Schaper/Dr. Marianne Moll-Amrein

München/Lörrach, im September 2025

Vorwort zur 1. Auflage

Immobilienbewertung ist ein Thema, das viele Menschen interessiert. Die Beweggründe sind ganz unterschiedlich, seien es Kauf- oder Verkaufsabsichten, Schenkungen, Erbschaften inklusive der damit einhergehenden steuerlichen Aspekte, Immobilienfinanzierungen, Vermögensumschichtungen u.v.a.m. Wie Immobilienpreise zustande kommen, ist auch für professionell damit befasste Experten manchmal ein Mysterium, da der Immobilienmarkt sehr intransparent ist. Die am Markt erzielten Kaufpreise sind das Ergebnis intersubjektiver Verhandlungsprozesse. Die tatsächlichen Motive sind nur den Beteiligten, also Käufern und Verkäufern, bekannt. Durch die Sammlung und Auswertung von Marktdaten versucht man, Rückschlüsse auf Verhaltensweisen zu ziehen. In der Wertermittlung will man mit verschiedenen Verfahren die Marktprozesse nachvollziehen.

Es sind zwei sich widersprechende Strömungen in der Wertermittlungspraxis festzustellen. Auf der einen Seite kommt es im professionellen Bereich zu einer zunehmenden Verwissenschaftlichung und Pseudogenauigkeit in der Wertermittlung. Mit aufwendigen Tabellenwerken, statistischen Auswertungen und immer umfangreicheren Gutachten wird eine besondere Treffsicherheit in der Wertermittlung suggeriert. Auf der anderen Seite erwecken Online-Bewertungen nach dem „Click & Pay"-Prinzip den Eindruck, als sei Bewertung doch eigentlich ganz einfach.

Bei allem muss jedoch klar sein, dass es sich bei jeder Wertermittlung um eine Schätzung handelt. Die Wahrheit findet nur der Markt. Aber eine qualifizierte Schätzung kann sich der Wahrheit zumindest annähern.

Aufgabenstellung für das vorliegende Buch war es, Basiswissen über Wertermittlungsverfahren zu vermitteln. Eine nicht ganz einfache Aufgabe, da die Immobilienbewertung ein interdisziplinäres Thema ist. Es bestehen vielfältige Verbindungen zur Rechtslehre, Volks- und Betriebswirtschaftslehre, Finanzmathematik, Statistik, Bautechnik usw. Das vorliegende Buch soll Interessierte an das Thema Wertermittlung heranführen und einen ersten Überblick über die im deutschen Recht normierten Wertermittlungsverfahren bieten. Gleichzeitig soll es auch professionell mit der Wertermittlung befassten Sachverständigen die Möglichkeit geben, die Zusammenhänge zwischen den Wertermittlungsverfahren, ihrer Verbindlichkeit und die Möglichkeiten und Grenzen in der Anwendung zu rekapitulieren.

Dr. Daniela Schaper/Dr. Marianne Moll-Amrein

München/Lörrach, im September 2016

Inhaltsverzeichnis

Autoreninformation

Dr. rer. pol. Daniela Schaper

ist Inhaberin eines Sachverständigenbüros für Immobilienbewertung in München. Sie absolvierte das Studium der Betriebswirtschaftslehre an der Ludwig-Maximilians-Universität München und ein Aufbaustudium zur Dipl.-Sachverständigen (DIA) für die Bewertung von bebauten und unbebauten Grundstücken, für Mieten und Pachten an der Deutschen Immobilien Akademie Freiburg. Seit 2005 ist sie von der IHK für München und Oberbayern öffentlich bestellt und vereidigt für die Bewertung von bebauten und unbebauten Grundstücken. 2007 erfolgte die Promotion an der Albert-Ludwigs-Universität Freiburg bei Prof. Dr. Dr. h.c. Hans-Hermann Francke. Thema der Dissertation war die „Bewertung von Seniorenimmobilien“. Dr. Schaper ist International Appraiser (DIA) und Recognised European Valuer REV. Sie ist Fachbuchautorin und Dozentin sowie Herausgeberin der Fachzeitschrift Grundstücksmarkt und Grundstückswert (GuG).

Dr. rer. pol. Marianne Moll-Amrein

ist selbstständige Sachverständige für die Bewertung von Immobilien in Lörrach. Nach ihrem Studium zur Diplom-Volkswirtin und dem Aufbaustudium zur Dipl.-Sachverständigen (DIA) für die Bewertung von bebauten und unbebauten Grundstücken, für Mieten und Pachten promovierte sie im Jahr 2009 als wissenschaftliche Mitarbeiterin bei der Deutschen Immobilien-Akademie an der Universität Freiburg GmbH am Lehrstuhl von Prof. Dr. Dr. h.c. Hans-Hermann Francke mit dem Dissertationsthema „Liegenschaftszinssatz“. Seit 2017 ist sie von der IHK Hochrhein-Bodensee öffentlich bestellt und vereidigt als Sachverständige für die Bewertung von bebauten und unbebauten Grundstücken. Dr. Moll-Amrein ist weiterhin International Appraiser (DIA), Recognised European Valuer REV, Fachbuchautorin und Referentin sowie ehrenamtliche Vorsitzende des Gutachterausschusses Lörrach-Wiesental.

Literaturverzeichnis

Baum, Andrew/ Mackmin, David/ Nunnington, Nick: The Income Approach To Property Valuation, 7. Aufl., Routledge, London/New York 2018

BKI Baukosteninformationszentrum (Hrsg.): BKI Baukosten 2024 Neubau – Statistische Kostenkennwerte für Gebäude, Stuttgart 2024

Busse, Jürgen/ Kraus, Stefan/ Decker, Andreas: BayBO Art. 80, 152. EL Oktober 2023, Beck Verlag, Rn. 7, 8

Destatis (Statistsiches Bundesamt): Preisindizes für die Bauwirtschaft, Statistik der Bauleistungspreise, Wiesbaden 2012

Dieterich, Hartmut: Gibt es kein begünstigtes Agrarland mehr?, Grundstücksmarkt und Grundstückswert GuG, Ausgabe 2/2010, S. 86–88

Dippold, Rainer: Methodische Vorgehensweise bei der Ermittlung des merkantilen Minderwertes, in: Grundstücksmarkt und Grundstückswert GuG, Ausgabe 4/2021, S. 232–240

Dröge, Ferdinand: Handbuch der Mietpreisbewertung für Wohn- und Gewerberaum, 3. Aufl., Luchterhand Verlag, München 2005

Edelhoff, Daniel: Zuverlässigkeit und Relevanz in der Immobilienbewertung, Eine Analyse der angelsächsischen Discounted Cash Flow-Methode und des deutschen Ertragswertverfahrens, Eul Verlag, Lohmar 2010

Fisher, Irving: The Theory of Interest: As Determined by Impatience To Spend Income and Opportunity To Invest It, MacMillan, New York 1930

Fischer, Roland: Verkehrswertermittlung von Rechten und Belastungen, in: Kleiber, Wolfgang, Verkehrswertermittlung von Grundstücken, 10. Aufl., 2023, S. 3001–3245

Habel, Falk/ Kleinmann, Brigitte: NHK 2010 in der Beleihungswertermittlung, in: Grundstücksmarkt und Grundstückswert GuG, Ausgabe 6/2018, S. 353–359

Hauser, Siegfried (Hrsg.)/ Kammerer, Klaus: VWA Kompendium Band 2: Methodische und quantitative Grundlagen der Volks- und Betriebswirtschaftslehre – Eine Einführung –, 2. Aufl., Rombach Verlag, Freiburg 2005

Heix, Gerhard: Wohnflächenberechnung, 4. Aufl., Verlag für Wirtschaft und Verwaltung Hubert Wingen, Essen 2013

Hersberger, David: Discounted-Cash-Flow-Methode, in: Das Schweizerische Schätzerhandbuch, 4. Aufl., 2012, S. 112–120

HypZert (Fachgruppe Ausland des HypZert e.V.): Einführung in die Bewertungsmethodik des DCF-Verfahrens, Berlin 2008

Jardin, Andreas: Grundsteuerreform im Bundesmodell – Übermaßverbot (§ 2 NWGrStHsG), Grundstücksmarkt und Grundstückswert GuG, Ausgabe 5/2024, S. 305

Kleiber, Wolfgang: Wertermittlungsrichtlinien (2016), 12. Aufl., Bundesanzeiger Verlag, Köln 2016

Kleiber, Wolfgang: Verkehrswertermittlung von Grundstücken – Kommentar und Handbuch, 10. Aufl., Reguvis Fachmedien, Köln 2023

Kleiber, Wolfgang: ... auch nicht wirklich, Editorial, in: Grundstücksmarkt und Grundstückswert, GuG aktuell, Heft 5/2024, S. 33–34

Kröll, Ralf/ Hausmann, Andrea/ Rolf, Andrea: Rechte und Belastungen in der Immobilienbewertung, 5. Aufl., Werner Verlag, Köln 2015

Mauer, Christina/ Zimmermann, Josef (Hrsg.): Diskontierung von Zahlungsströmen bei der Immobilienbewertung unter besonderer Berücksichtigung der systemischen Risiken, Band 48, München 2019

Möckel, Rainer: Ermittlung des Liegenschaftszinssatzes und der Restnutzungsdauer aus Kaufpreisen von Ertragsgrundstücken, in: Vermessungswesen und Raumordnung/Vermessungstechnische Rundschau (VR), Heft 3/1975, S. 129–137

Moll-Amrein, Marianne: Der Liegenschaftszinssatz in der Immobilienwertermittlung und seine institutionelle Implementierung – Ein deutscher Sonderweg –, Immobilien Zeitung Verlag, Wiesbaden 2009

Moll-Amrein, Marianne: Verkehrswert, Marktwert und gemeiner Wert, Glossar, in: Grundstücksmarkt und Grundstückswert, Ausgabe 6/2020, S. 374

Moll-Amrein, Marianne: Baupreisindex, Glossar, in: Grundstücksmarkt und Grundstückswert, Ausgabe 2/2025, S. 96

Moll-Amrein, Marianne/ Schaper, Daniela: Ermittlung des Gebäudewertanteils von Renditeobjekten in Gebieten mit hohem Bodenpreisniveau, in: Grundstücksmarkt und Grundstückswert GuG, Ausgabe 5/2013, S. 257–267

Netscher, Hans: Möglichkeiten und Grenzen der Wertermittlung, Unschärfe der Immobilienmärkte und der Immobilienwerte, in: IVD Jahrbuch der Immobilienwirtschaft 2013, S. 94–101

Petersen, Hauke/ Schnoor, Jürgen/ Seitz, Wolfgang/ Vogel, Roland R.: Verkehrswertermittlung von Immobilien – Praxisorientierte Bewertung, 2. Aufl., Richard Boorberg Verlag, Stuttgart 2013

Royal Institution of Chartered Surveyors: RICS Bewertung – Globale Standards 2017, Einschließlich Internationalen Bewertungsstandards des IVSC, London 2017

Schaper, Daniela: Bewertung eines Einfamilienhauses im Rohbauzustand, in: Grundstücksmarkt und Grundstückswert GuG, Ausgabe 2/2013, S. 99–102

Schaper, Daniela: Berücksichtigung von Instandhaltungsstau im Vergleichswertverfahren, in: Grundstücksmarkt und Grundstückswert GuG, Ausgabe 2/2014, S. 96–100

Schaper, Daniela: Kaufpreisaufteilung für Eigentumswohnungen im Vergleichswertverfahren – ein „Werkstattbericht", in: Grundstücksmarkt und Grundstückswert GuG, Ausgabe 2/2017, S. 100–108

Schaper, Daniela/ Jardin, Andreas/ Mann, Wilfried/ Bräuer, Alfred: Berücksichtigung von Bauschäden im Verkehrswert – Kosten versus Werteinfluss, in: Grundstücksmarkt und Grundstückswert GuG, Ausgabe 2/2019, S. 93–103

Scherr, Helmut/ Thiele, Helmut: Sachwertfaktoren in A-Städten – aktuelle Bewertungspraxis 2017–2020 und Problematik in Hinblick auf den Beleihungswert, in: Grundstücksmarkt und Grundstückswert GuG, Ausgabe 4/2020, S. 231–240

Schmitz, Heinz/ Krings, Edgar/ Dahlhaus, Ulrich, J./ Meisel, Ulli: Baukosten – Instandsetzung, Sanierung, Modernisierung, Umnutzung, 25. Aufl., Verlag Hubert Wingen, Essen 2024

Schwirley, Peter: Bewertung von Mieten bei Miet- und Verkehrswertgutachten, 2. Aufl., Bundesanzeiger Verlag, Köln 2006

Sommer, Goetz/ Kröll, Ralf: Lehrbuch zur Immobilienbewertung, 4. Aufl., Werner Verlag, Köln 2013

Sprengnetter, Hans-Otto/ Drießen, Sebastian: Anmerkungen zum Beitrag „NHK 2010 in der Beleihungswertermittlung", in: Grundstücksmarkt und Grundstückswert GuG, Ausgabe 2/2019, S. 107–111

Stumpe, Bernd/ Tillmann, Hans-Georg: Versteigerung und Wertermittlung, Zwangs-, Teilungs-, Nachlassversteigerungen und Versteigerungen nach § 19 WEG, Bundesanzeiger Verlag, Köln 2009

Unglaube, Daniela: Baumängel und Bauschäden in der Wertermittlung, 2. Aufl., Reguvis Fachmedien, Köln 2024

vdpPfandbrief Akademie: Internationale Immobilienmärkte und ihre Bewertungsverfahren, 4. Aufl., Berlin 2014

Werling, Ullrich: Beleihungswertermittlung nach den Grundsätzen der Beleihungswertermittlungsverordnung, in: Kleiber, Wolfgang, Verkehrswertermittlung von Grundstücken, 7. Aufl., 2014, S. 3069–3174

White, Darron/ Turner, John/ Jenyon, Bruce/ Lincoln, Nicole: Internationale Bewertungsverfahren für das Investment in Immobilien, 3. Aufl., Immobilien Zeitung Verlag, Wiesbaden 2003

Wünsche, Annett/ Kunert, Andreas, Markt- und Objektbewertung: Property Value – ein neuer Wertbegriff für die Kreditwirtschaft, in: Immobilien Finanzierung, digitaler Sonderdruck, 1.12.2024

Zeißler, Maik: Nutzungsadäquater Bodenwert bei der Wertermittlung von Objekten des Geschosswohnungsbaus, in: Grundstücksmarkt und Grundstückswert, Ausgabe 6/2024, S. 331–340

1. Einführung und Grundbegriffe

Übersicht Seite

1.1 Wertbegriffe

Bevor die Verfahren zur Ermittlung des Wertes von Immobilien dargestellt werden, ist klarzustellen, welcher Wertbegriff Basis der Überlegungen ist. In der Immobilienbewertungspraxis stößt man auf unterschiedliche Wertbegriffe, die in unterschiedlicher Weise in Verbindung zueinander stehen.

Im Mittelpunkt des vorliegenden Buches steht die Ermittlung des **Verkehrswertes**, der in § 194 BauGB wie folgt definiert ist.

> ***§ 194 BauGB (Verkehrswert):***
>
> *Der Verkehrswert **(Marktwert)** wird durch den **Preis** bestimmt, der in dem **Zeitpunkt**, auf den sich die Ermittlung bezieht, im **gewöhnlichen Geschäftsverkehr** nach den **rechtlichen Gegebenheiten** und **tatsächlichen Eigenschaften**, der sonstigen Beschaffenheit und der **Lage** des Grundstücks oder des sonstigen Gegenstands der Wertermittlung **ohne Rücksicht auf ungewöhnliche und persönliche Verhältnisse** zu erzielen wäre.*

Der Verkehrswert entspricht dem durchschnittlichen Kaufpreis, den Käufer unter normalen Umständen, d.h. im gewöhnlichen Geschäftsverkehr, zahlen würden. Der Kaufpreis ist das Ergebnis eines Verhandlungsprozesses zwischen Käufer und Verkäufer.

Die Begriffe Verkehrswert und Marktwert werden synonym verwendet. Durch das Europarechtsanpassungsgesetz vom 24.6.2004 (BGBl I 2004, 1359) wurde dies klargestellt.

Die Immobilienwertermittlungsverordnung (ImmoWertV) sowie die Anwendungshinweise zur Immobilienwertermittlungsverordnung (ImmoWertA) nehmen Bezug auf den Verkehrswert (§ 1 ImmoWertV) und konkretisieren die Verfahren zu dessen Ermittlung (§ 6 ImmoWertV).

Von zentraler Bedeutung ist beim Verkehrswert die Zeitpunktbezogenheit. Zu beachten ist daher das Stichtagsprinzip (§ 2 ImmoWertV; siehe Kap. 1.4).

Nicht mit dem Begriff des gewöhnlichen Geschäftsverkehrs vereinbar sind Kaufpreise, die aufgrund einer besonderen Interessenlage von Käufer und/oder Verkäufer auffällig vom Üblichen abweichen („ungewöhnliche oder persönliche Verhältnisse“, § 9 ImmoWertV). Gründe dafür können sein, dass ein Verkäufer aufgrund eines finanziellen Engpasses schnell verkaufen muss und somit Preiszugeständnisse macht oder dass ein Käufer, z.B. als direkter Nachbar des zu veräußernden Grundstücks, ein besonderes Interesse an einem Erwerb hat. Auch wirtschaftliche oder verwandtschaftliche Beziehungen zwischen Käufer und Verkäufer können zu Kaufpreisen führen, die nicht dem gewöhnlichen Geschäftsverkehr zuzuordnen sind.

Neben dem Verkehrswert kommen in der Praxis weitere Wertbegriffe vor, die teilweise verwandt sind oder sich deutlich unterscheiden.

Zuerst sei der **Beleihungswert** genannt, der im Zusammenhang mit der Vergabe von Immobilienkrediten relevant ist.

Es handelt sich um den Wert, der von einem Kreditinstitut als Sicherheit für eine Kreditvergabe angesetzt wird. Er ist definiert im Pfandbriefgesetz (PfandBG) sowie in der Beleihungswertermittlungsverordnung (BelWertV).[1]

> ***§ 16 PfandBG (Beleihungswertermittlung):***
>
> *(...)*
>
> *(2) (...) Der **Marktwert** ist der geschätzte Betrag, für welchen ein Beleihungsobjekt am Bewertungsstichtag zwischen einem verkaufsbereiten Verkäufer und einem kaufbereiten Erwerber, nach **angemessenem Vermarktungszeitraum**, in einer Transaktion **im gewöhnlichen Geschäftsverkehr** verkauft werden könnte, wobei jede Partei mit **Sachkenntnis, Umsicht und ohne Zwang** handelt.*
>
> *(...)*
>
> ***§ 3 BelWertV (Grundsatz der Beleihungswertermittlung):***
>
> *(1) Der Wert, der der Beleihung zugrunde gelegt wird **(Beleihungswert)**, ist der Wert der Immobilie, der erfahrungsgemäß **unabhängig von vorübergehenden, etwa konjunkturell bedingten Wertschwankungen** am maßgeblichen Grundstücksmarkt und **unter Ausschaltung von spekulativen Elementen** während der **gesamten Dauer der Beleihung** bei einer Veräußerung voraussichtlich erzielt werden kann.*
>
> *(2) Zur Ermittlung des Beleihungswerts ist die **zukünftige Verkäuflichkeit der Immobilie unter Berücksichtigung der langfristigen, nachhaltigen Merkmale des Objekts**, der normalen regionalen Marktgegebenheiten sowie der derzeitigen und möglichen anderweitigen Nutzungen **im Rahmen einer vorsichtigen Bewertung** zugrunde zu legen. Die Feststellung nachhaltiger Merkmale des Objekts und deren Einflussgrößen auf die Bewertung bedarf dabei einer **langfristigen Betrachtung der Marktgegebenheiten. Der betrachtete Zeitraum ist zu benennen und seine Angemessenheit nachvollziehbar darzulegen**.*

Dem Beleihungswert liegt ein besonderes Sicherheitsdenken zugrunde, da auch bei längerer Darlehenslaufzeit noch eine ausreichende Sicherheit vorliegen muss, falls das beliehene Grundstück aufgrund von Zahlungsschwierigkeiten des Schuldners veräußert oder versteigert werden muss. Dieses Sicherheitsdenken kommt u.a. dadurch zum Ausdruck, dass die

---

1 Das PfandBG wurde zuletzt durch Art. 9 des Kreditzweitmarktförderungsgesetz vom 22.12.2023 (BGBl. 2023 I Nr. 411) geändert und die BelWertV durch Art. 5 der Pfandbriefrechtliche Änderungsverordnung vom 4.10.2022 (BGBl. I S. 1614). Gemäß § 28 Abs. 2 BelWertV dürfen „für Beleihungswertermittlungen, die auf Grundlage der bis zum 7.10.2022 geltenden Fassung dieser Verordnung erfolgt sind, (...) auch nach diesem Zeitpunkt die Vorschriften der vorbezeichneten Fassung dieser Verordnung, ab 9.10.2022 mit Ausnahme des § 26 Absatz 1, weiterhin zugrunde gelegt werden“.

Betrachtung nicht nur auf einen Stichtag begrenzt ist, sondern längerfristige Entwicklungen mit einbezieht. Neu in der 2022 novellierten BelWertV ist die Vorschrift, den Betrachtungszeitraum zu benennen. Die BelWertV berücksichtigt in ihren Regelungen auch, dass Beleihungswertermittlungen, insbesondere bei kleineren Immobilien, eine Art Massenverfahren darstellen, das mit überschaubarem Aufwand zu bewältigen sein soll. Daher wurde u.a. in § 24 BelWertV für wohnwirtschaftlich genutzte Objekte im Kleindarlehensbereich, der auf 600.000 € erweitert wurde, die Möglichkeit geschaffen, auf ein Gutachten gänzlich zu verzichten und eine „vereinfachte Wertermittlung zu erstellen oder erstellen zu lassen". Anstelle einer Objektbesichtigung kann eine Inaugenscheinnahme per Videoübertragung durchgeführt oder unter bestimmten Voraussetzungen komplett darauf verzichtet werden, ggf. unter Berücksichtigung von Abschlägen. Gemäß § 19 BelWertV wurde die Möglichkeit der Nutzung „computerunterstützter datenbankbasierter Bewertungsmodelle" für die Vergleichswertermittlung geschaffen. Computergestützte Bewertungsprogramme werden in Teilbereichen auch in der Verkehrswertermittlung eingesetzt. Mangelnde Zuverlässigkeit und Nachvollziehbarkeit der vorliegenden Lösungen sowie rechtliche Bedenken begrenzen hier jedoch bislang die Einsatzmöglichkeiten, wobei die zunehmende Überwindung dieser Hindernisse zu erwarten ist.

Es besteht eine Verbindung zwischen Verkehrswert und Beleihungswert.[2] Die Wertermittlungsmethodik ist ähnlich. Aufgrund des zugrunde liegenden Sicherheitsdenkens liegt der Beleihungswert jedoch i.d.R. unter dem Verkehrswert. Gemäß § 16 PfandBG darf der Beleihungswert den Verkehrswert nicht übersteigen. Der Beleihungswert bildet die Begrenzung für die Kreditvergabe (Beleihungsgrenze). Gemäß § 14 PfandBG beträgt die Beleihungsgrenze 60 % des Beleihungswertes.

Die BelWertV ist bei der „Ermittlung der Beleihungswerte nach § 16 Abs. 1 und 2 des Pfandbriefgesetzes und bei der Erhebung der für die Wertermittlung erforderlichen Daten" verbindlich anzuwenden (§ 1 BelWertV). Zudem sind bankeninterne Wertermittlungsanweisungen, Rundschreiben der Bundesanstalt für Finanzdienstleistungsaufsicht (BaFin) u.a. zu beachten.[3]

Da dem Beleihungswert in der Praxis neben dem Verkehrswert eine hohe Relevanz zukommt, wird im Rahmen der Erläuterungen zu den Verfahren für die Verkehrswertermittlung auf die Unterschiede im Hinblick auf die Beleihungswertermittlung eingegangen.[4]

Der **gemeine Wert** ist ein Begriff aus dem Steuerrecht und im Bewertungsgesetz (BewG) definiert.[5]

---

2 Bei der Verkehrswertermittlung, insbesondere durch öffentlich bestellte und vereidigte Sachverständige, ist eine persönliche Objektbesichtigung unerlässlich und die Nachvollziehbarkeit ein wichtiger Qualitätsmaßstab, der Auswirkungen auf die Verwertbarkeit von Gutachten hat.

3 Werling führt hierzu aus, „dass im Zusammenhang mit der Besicherung eines Darlehens durch eine Hypothek, die nicht in den Deckungsstock eines Pfandbriefs aufgenommen werden soll, diese Verordnung nicht zwingend einzuhalten ist" (*Werling, U. (2023)*, S. 3277). Eine ausführliche Auseinandersetzung mit dem Thema Beleihungswertermittlung findet sich z.B. bei *Werling, U. (2023)*, S. 3247 ff.

4 Durch Art. 229 der CRR III (Capital Requirements Regulation) wurde im Zuge der Umsetzung von Basel-III der „Property Value" als ein neuer Immobilienwert in der Kreditwirtschaft eingeführt. Hier geht es um das Thema Eigenkapitalprivilegierung. Es wird davon ausgegangen, dass „der Beleihungswert gemäß § 16 Abs. 2 Satz 1 bis 3 PfandBG in Verbindung mit der BelWertV (...) in jedem Fall die Anforderungen des Artikels 229 (1) CRR" erfüllt *(Wünsche, A./Kunert, A. (2024))*.

5 Das BewG wurde zuletzt geändert durch das Jahressteuergesetz 2024 vom 2.12.2024 (BGBl. I S. 387).

§ 9 BewG (Bewertungsgrundsatz, gemeiner Wert):

(...)

*(2) Der gemeine Wert wird durch den Preis bestimmt, der **im gewöhnlichen Geschäftsverkehr** nach der Beschaffenheit des Wirtschaftsgutes bei einer Veräußerung zu erzielen wäre. Dabei sind alle Umstände, die den Preis beeinflussen, zu berücksichtigen. **Ungewöhnliche oder persönliche Verhältnisse** sind **nicht** zu berücksichtigen.*

(...)

So richtet sich insbesondere im Falle von Erbschaften und Schenkungen die Besteuerung nach dem gemeinen Wert des übertragenen Immobilienvermögens. Aufgrund des Beschlusses des Bundesverfassungsgerichts vom 7.11.2006 (BVerfG, Beschl. v. 7.11.2006, 1 BvL 10/02) war der Gesetzgeber aufgefordert, das Erbschaftsteuergesetz zu ändern. Wurden andere Vermögenswerte, wie z.B. Aktien, schon früher nach ihrem Marktwert besteuert, so sollte dies auch für Immobilien gelten. Vor der Erbschaftsteuerreform zum 1.1.2009 erfolgte eine Grundbesitzbewertung nach einem vereinfachten Verfahren. Der Grundbesitzwert lag überwiegend unter dem Verkehrswert. Jetzt aber ist der Besteuerung der Marktwert zugrunde zu legen. Der gemeine Wert ist materiell identisch mit dem Marktwert oder Verkehrswert.[6] Der Wertermittlungsstichtag, also der Zeitpunkt, auf den sich die Wertermittlung bezieht, entspricht dann dem Todestag des Erblassers oder dem Tag der Schenkung. Insofern können sich hier Differenzen zu einem aktuellen Verkehrswert ergeben, sofern der Zeitpunkt des Erbfalls oder der Schenkung bereits weiter zurückliegt.

Die Ermittlung des gemeinen Wertes im Rahmen der Erbschafts- und Schenkungssteuer folgt den Vorschriften der §§ 157 und 176 ff. BewG und richtet sich nach einem vereinfachten Verfahren auf Basis typisierter Bewertungsgrundlagen. Es handelt sich um ein Massenverfahren. Im Rahmen dieser Vereinfachungen werden teilweise wertermittlungsrelevante Merkmale nicht berücksichtigt oder nicht marktgerecht bewertet. Da der Gesetzgeber diese Möglichkeit vorhergesehen hat, hat er eine so genannte Öffnungsklausel gemäß § 198 BewG geschaffen, die es dem Steuerpflichtigen ermöglicht, durch ein Sachverständigengutachten zum Verkehrswert gem. § 194 BauGB nachzuweisen, dass der gemeine Wert tatsächlich niedriger ist als der vom Finanzamt ermittelte Wert (Nachweis des niedrigeren gemeinen Werts).

Aufgrund aktueller Rechtsprechung bekommt der gemeine Wert auch Bedeutung im Zusammenhang mit der Grundsteuer. Bis zum 31.12.2024 bildete der vom Finanzamt ermittelte sog. **Einheitswert** nach § 180 Abs. 1 Satz 1 Nr. 1 AO i.V.m. § 19 BewG die Grundlage für die Bemessung der Grundsteuer. Er wurde nach einem vereinfachten Verfahren ermittelt. Das Bundesverfassungsgericht hat in seiner Entscheidung vom 10.4.2018 (BVerfG, Urt. v. 10.4.2018, 1 BvL 11/14, 1 BvL 12/14, 1 BvL 1/15, 1 BvR 639/11, 1 BvR 889/12) festgestellt, dass die bisherigen Regelungen verfassungswidrig waren. Die Grundsteuer wurde durch das Grundsteuerreform-Gesetz von 2019 neu geregelt und wird ab 2025 auf Basis der neuen Rechtslage erhoben. Neben dem so genannten Bundesmodell zur Ermittlung der Grundsteuerwerte haben einzelne Länder eigene Ländergesetze zur Grundsteuer erlassen. Der Bundesfinanzhof hat mit seinem Beschl. v. 27.5.2024 ermöglicht, dass Steuerpflichtige den Nachweis eines niedrigeren gemeinen Werts erbringen, wenn bei Anwendung des Bundesmodells

6 Vgl. *Moll-Amrein, M. (2020).*

für die Grundsteuer das Übermaßverbot verletzt wird (BFH, Beschl. v. 27.5.2024 – II B 78/23 (AdV)). Hierzu ergingen Koordinierte Erlasse der Länder vom 24.6.2024 (BStBl. 2024 I S. 1073). Einzelne Bundesländer haben Regelungen getroffen.[7]

Im Zusammenhang mit Gebäudeversicherungen werden **Versicherungswerte** ermittelt, die die Grundlage für den Ersatz der versicherten Gebäude, z.B. im Falle eines Brandes, bilden. Man unterscheidet die (gleitende) Neuwertversicherung und die Zeitwertversicherung. Der Gebäudewert wird auf Basis von Herstellungskosten des Jahres 1914 (Versicherungseinheitswert 1914) ermittelt und mit Hilfe einer Richtzahl auf heutige Verhältnisse hochgerechnet.[8]

Im Bereich des internationalen Bilanzrechts wird der Begriff des **fair value** oder **beizulegenden Zeitwerts** genannt, der nach einer ähnlichen Methodik ermittelt wird wie der Verkehrswert oder Marktwert gemäß § 194 BauGB. Regelungen hierzu finden sich in den International Financial Reporting Standards IFRS (siehe IFRS 13) sowie an mehreren Stellen der International Accounting Standards, so in den IAS 16.6 (Sachanlagen), IAS 32.11 (Finanzinstrumente), IAS 38.8 (Immaterielle Vermögenswerte) und IAS 40.5 (als Finanzinvestitionen gehaltene Immobilien).

IAS 16.6 (Property, plant and equipment):

Fair value is the price that would be received to sell an asset or paid to transfer a liability in an orderly transaction between market participants at the measurement date. (See IFRS 13 Fair Value Measurement.)

1.2 Regulatorischer Rahmen

Das Wertermittlungsrecht in Deutschland blickt auf eine lange Tradition zurück, die bis in die Zeit der Reichsgesetze im 19. Jahrhundert zurückreicht. Es ist im Kontext verfassungsmäßiger Rechte der Bevölkerung zu betrachten, die im Grundgesetz (GG) verankert sind. Immer wieder haben auch Entscheidungen des Bundesverfassungsgerichts eine Änderung des Wertermittlungsrechts veranlasst.

Gemäß Art. 3 des Grundgesetzes sind alle Menschen vor dem Gesetz gleich. Das betrifft auch das im Baugesetzbuch (BauGB) geregelte Städtebaurecht oder das im Bewertungsgesetz (BewG) geregelte Steuerrecht.

Es gilt der Schutz von Eigentum, somit auch von Grundeigentum. So dürfen gemäß Art. 14 Abs. 3 des Grundgesetzes Enteignungen nur zum Wohle der Allgemeinheit durchgeführt werden, wenn gesetzliche, und damit einheitliche, Regelungen für die Entschädigung bestehen

7 Bspw. „Gesetz zur Einführung einer fakultativen Festsetzung differenzierter Hebesätze bei der Grundsteuer in Nordrhein-Westfalen" (NWGrStHsG). Gemäß § 2 NWGrStHsG ist der Nachweis eines niedrigeren gemeinen Werts zugelassen (vgl. hierzu *Jardin, A. (2024)*).

8 „Der Wert 1914 gibt den Gebäudewert Ihrer Immobilie im Jahr 1914 in Goldmark an. In diesem Jahr gab es in Deutschland letztmalig vor der Inflation stabile Baupreise" (www.allianz.de). Der Goldstandard wurde 1914 abgeschafft. Daneben gibt es auch andere Berechnungsmodelle, die Gebäudeversicherungen zugrunde liegen können (vgl. Gesamtverband der Versicherer www.gdv.de).

(vgl. §§ 93 ff. BauGB). Beispielsweise erfordert die Schaffung bezahlbaren Wohnraums immer wieder hoheitliche Eingriffe in das Grundeigentum.

Für diese Gleichbehandlung sind einheitliche Grundsätze für die Grundstückswertermittlung notwendig. Spätestens seit der Wertermittlungsverordnung von 1961 (WertV 61) hat der Gesetzgeber immer weitreichendere Regelungen zur Vereinheitlichung der Grundstückswertermittlung getroffen. Dies diente und dient auch dazu, die Grundstücksmarkttransparenz zu verbessern, was sowohl für (wohnungs)politische Entscheidungen von staatlicher Seite als auch für Vermögensentscheidungen von anderen Interessensgruppen notwendig ist.

Verordnung		Richtlinien
WertV61	Mit dem Ende des Preisstopps nach dem Zweiten Weltkrieg wurde das Wertermittlungsrecht 1960 in das Städtebaurecht des Bundesbaugesetzes integriert. Dies führte zum Erlass von Rechtsvorschriften über *„die Anwendung gleicher Grundsätze bei der Ermittlung des Verkehrswerts“*.	WertR51
WertV72	Das Städtebaurecht erforderte die Erweiterung der Vorschriften auf **städtebauliche Sanierungsverfahren** und **Entwicklungsmaßnahmen.**	WertR76
WertV88	Die Verordnung wurde um Bestimmungen zur **„Ableitung der für die Wertermittlung erforderlichen Daten“** erweitert. (Das Baugesetzbuch wurde 1987 in Kraft gesetzt.) Mit der WertV88 wurde die Ermittlung des Verkehrswertes von Grundstücken auf eine Berücksichtigung der jeweiligen **Marktverhältnisse** ausgerichtet. Sie war 22 Jahre lang in Kraft.	WertR91
WertV98	Redaktionelle Änderungen.	WertR02 WertR06[1]
ImmoWertV2010	Mit der Änderung des Erbschaftssteuerrechts wurden einheitliche Grundsätze für die **Ableitung von Bodenrichtwerten** erlassen. Darüber hinaus wurden die seit 2006 geltenden ergänzenden Wertermittlungsrichtlinien schrittweise überarbeitet und durch neue Richtlinien ersetzt, um eine **einheitlichere Ableitung der für die Wertermittlung erforderlichen Daten** zu gewährleisten.	BRW-RL[2] SW-RL[3] VW-RL[4] EW-RL[5] WertR06 (nur Teil 2 Nr. 4)
ImmoWertV2021	Diese Verordnung geht noch weiter in Richtung **Standardisierung**. Es werden verbindliche und bundesweit **einheitliche Modellansätze** vorgegeben, auf deren Grundlage die Gutachterausschüsse die für die Wertermittlung erforderlichen Daten ableiten sollen. „Damit verbunden ist das unausgesprochene Ziel einer Automatisierbarkeit der Verkehrswertermittlung“. Kleiber spricht auch von einem **„Paradigmenwechsel“**. (Kleiber (2023), Teil IV, 1.3.2.7)	ImmoWertA

[1] Wertermittlungsrichtlinien 2006 vom 01.03.2006 (BAnz. Nr. 108a, ber. Nr. 121); [2] Bodenrichtwertlinie (BRW-RL) vom 11.01.2011 (BAnz. Nr. 24 S. 597); [3] Sachwertrichtlinie (SW-RL) vom 05.09.2012 (BAnz. AT 18.10.2012 B1); [4] Vergleichswertrichtlinie (VW-RL) vom 20.03.2014 (BAnz. AT 11.04.2014 B3); [5] Ertragswertrichtlinie (EW-RL) vom 15.11.2015 (BAnz. AT 04.12.2015 B4)

Abb. 1: Entwicklung des deutschen Wertermittlungsrechts – zeitlicher Abriss
Quelle: vgl. Kleiber, W. (2023), S. 249 ff., eigene Darstellung

Dem Verkehrswert kommt dabei eine zentrale Bedeutung zu. Er ist, wie bereits dargestellt, in § 194 BauGB definiert, im Bereich des Städtebaurechts. Im BauGB finden sich weitere wichtige Rechtsgrundlagen, die im Rahmen der Immobilienbewertung relevant sind. Dies sind zuvorderst die Vorschriften zur Wertermittlung in den §§ 192 bis 199 BauGB.

Eine Besonderheit des deutschen Wertermittlungsrechts stellen die Gutachterausschüsse dar, denen eine große Bedeutung für die Grundstückswertermittlung zukommt. Die Bildung von Gutachterausschüssen sowie deren Aufgaben und Befugnisse sind in den §§ 192 bis 199 BauGB geregelt. **Gutachterausschüsse** werden je nach Bundesland unterschiedlich organisiert. Neben hauptamtlichen Mitgliedern, die häufig noch andere Aufgaben in der Verwaltung wahrnehmen, umfassen Gutachterausschüsse Vertreter der Finanzverwaltung sowie ehrenamtliche Mitglieder. Bei Letzteren muss es sich nicht notwendigerweise um hauptberufliche Sachverständige handeln. Häufig finden sich hier auch andere Berufsgruppen aus dem Immobilienbereich, z.B. Bauträger, Architekten, Makler. Die Aufgaben der Gutachterausschüsse gemäß § 193 BauGB sind die Erstattung von Gutachten (amtliche Wertermittlung) und die Führung einer Kaufpreissammlung. Die Kaufpreissammlung ist auszuwerten und auf dieser Basis sind Bodenrichtwerte und sonstige für die Wertermittlung erforderliche Daten zu ermitteln. Die Gutachterausschüsse stehen in der Zuständigkeit der Länder, weshalb sie sehr unterschiedlich strukturiert sind.

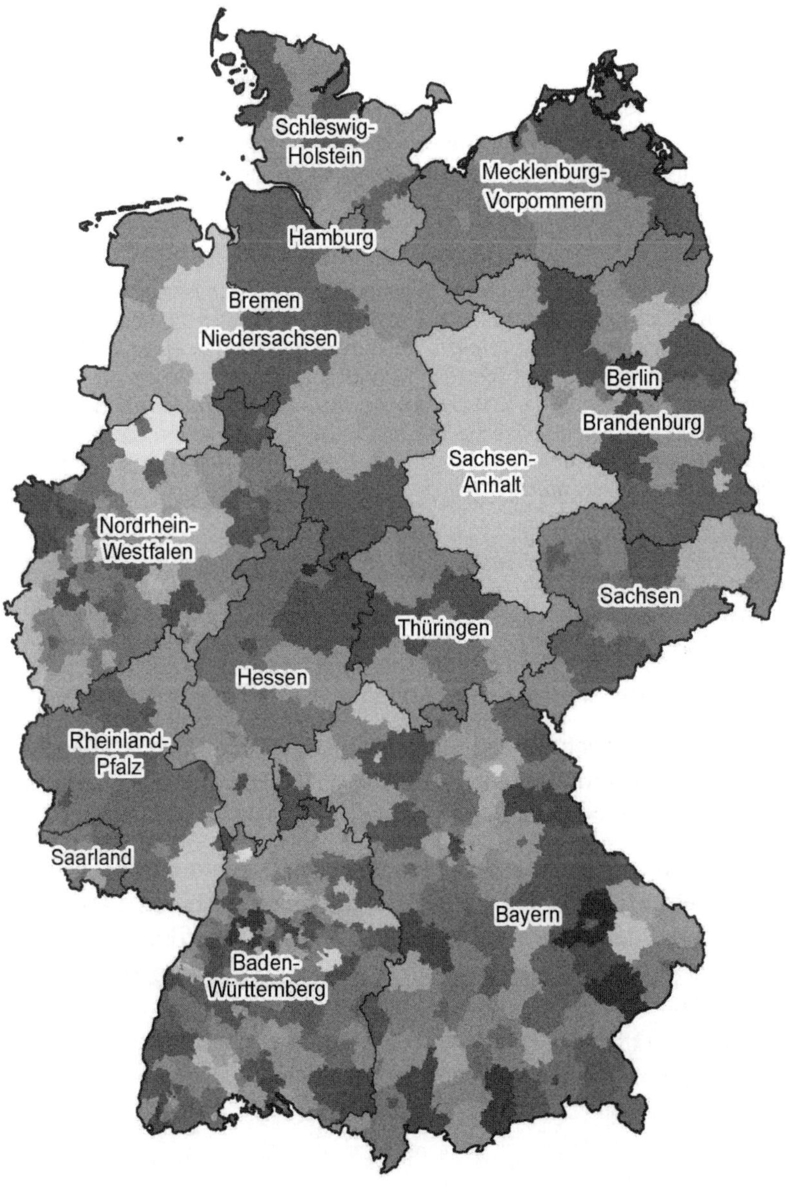

Datengrundlage: AK OGA 2023
Geometrische Grundlage: BBSR, auf Basis © GeoBasis-DE/BKG
Stand: Oktober 2023

Abb. 2: Zuständigkeitsbereiche der Gutachterausschüsse
Quelle: AK OGA, Immobilienmarktbericht Deutschland 2023, S. 8

Durch Landesrecht (z.B. Gutachterausschussverordnung Bayern) sind die Zuständigkeiten, Gebühren und Tätigkeiten der Gutachterausschüsse geregelt. Die Bundesländer werden durch § 199 Abs. 2 BauGB dazu ermächtigt.

Gemäß § 195 BauGB ist vom Gutachterausschuss eine Kaufpreissammlung zu führen. Grundlage sind Urkunden von Eigentumsübertragungen von Grundstücken durch Verkauf, Tausch o.Ä., die von der beurkundenden Stelle an den Gutachterausschuss zu übersenden sind. Weitere Daten, die in den Urkunden nicht angegeben sind, werden durch Erhebungsbögen abgefragt. Auf Basis der Kaufpreissammlung werden Auswertungen vorgenommen. Ergebnis sind bspw. die Bodenrichtwerte gemäß § 196 BauGB, die das durchschnittliche Preisniveau von unbebauten Grundstücken in verschiedenen Bodenrichtwertzonen des Gemeindegebietes wiedergeben (siehe Kap. 2.7). Darüber hinaus sieht § 193 BauGB die Ermittlung sonstiger für die Wertermittlung erforderlicher Daten vor.

§ 195 BauGB (Kaufpreissammlung):

*(1) Zur Führung der Kaufpreissammlung ist **jeder Vertrag**, durch den sich jemand verpflichtet, Eigentum an einem Grundstück gegen Entgelt, auch im Wege des Tausches, zu übertragen oder ein Erbbaurecht erstmals oder erneut zu bestellen, von der beurkundenden Stelle **in Abschrift dem Gutachterausschuss** zu übersenden. Dies gilt auch für das Angebot und die Annahme eines Vertrags, wenn diese getrennt beurkundet werden, sowie entsprechend für die Einigung vor einer Enteignungsbehörde, den Enteignungsbeschluss, den Beschluss über die Vorwegnahme einer Entscheidung im Umlegungsverfahren, den Beschluss über die Aufstellung eines Umlegungsplans, den Beschluss über eine vereinfachte Umlegung und für den Zuschlag in einem Zwangsversteigerungsverfahren.*

*(2) Die Kaufpreissammlung darf nur dem **zuständigen Finanzamt** für Zwecke der Besteuerung übermittelt werden. Vorschriften, nach denen Urkunden oder Akten den Gerichten oder Staatsanwaltschaften vorzulegen sind, bleiben unberührt.*

*(3) Auskünfte aus der Kaufpreissammlung sind **bei berechtigtem Interesse** nach Maßgabe landesrechtlicher Vorschriften zu erteilen (§ 199Abs. 2 Nr. 4).*

Darüber hinaus ist es seit 2008 Pflicht, in den Bundesländern übergeordnete **Obere Gutachterausschüsse** oder **zentrale Geschäftsstellen** zu bilden (§ 198 BauGB). Diese haben weitergehende Aufgaben, wie z.B. überregionale Auswertungen.

Gemäß § 197 BauGB können Gutachterausschüsse zur Ausübung ihrer Aufgaben auch Auskünfte einholen, z.B. im Rahmen der Amtshilfe von Gerichten und Behörden. Darüber hinaus sind auch Sachverständige oder andere Personen verpflichtet, angeforderte Angaben zu Grundstücken zu machen. Dies ist insbesondere bei der Führung der Kaufpreissammlung relevant. Da in den Notarurkunden nur wenige Objektinformationen enthalten sind, werden Erhebungsbögen zumeist an die Käufer ausgegeben, durch die weitere Auskünfte eingeholt werden. Die Erhebungsbögen werden jedoch häufig nicht ausgefüllt und dies wird auch nicht durch Behörden geahndet. Im Zuge der Digitalisierung wird versucht, den Prozess der Informationsbeschaffung zu vereinfachen und zu beschleunigen.[9]

Das Baugesetzbuch ist ein Bundesgesetz. Es enthält jedoch keine Regelungen, wie Verkehrswerte zu ermitteln sind. Gemäß § 199 Abs. 1 BauGB ist die Bundesregierung ermächtigt, mit Zustimmung des Bundesrats die Grundzüge der Verkehrswertermittlung durch Rechtsverordnung zu regeln.

> ***§ 199 BauGB (Ermächtigungen):***
>
> *(1) Die Bundesregierung wird ermächtigt, mit Zustimmung des Bundesrates durch Rechtsverordnung Vorschriften über die Anwendung gleicher Grundsätze bei der Ermittlung der Verkehrswerte und bei der Ableitung der für die Wertermittlung erforderlichen Daten einschließlich der Bodenrichtwerte zu erlassen.*
>
> *(...)*

Von dieser Ermächtigung wurde in Form der Immobilienwertermittlungsverordnung (ImmoWertV) Gebrauch gemacht, die zuletzt zum 1.1.2022 novelliert worden ist. Der Anwendungsbereich ist in § 1 ImmoWertV definiert.

> ***§ 1 ImmoWertV (Anwendungsbereich; Wertermittlungsobjekt):***
>
> *(1) Diese Verordnung ist anzuwenden*
>
> 1. *bei der **Ermittlung der Verkehrswerte** (Marktwerte) der in Absatz 2 bezeichneten Gegenstände, auch wenn diese nicht marktfähig oder marktgängig sind (Wertermittlung), und*
> 2. *bei der **Ermittlung der für die Wertermittlung erforderlichen Daten**.*
>
> *(2) **Gegenstände** der Wertermittlung (Wertermittlungsobjekte) sind*
>
> 1. *Grundstücke und Grundstücksteile einschließlich ihrer Bestandteile sowie ihres Zubehörs,*
> 2. *grundstücksgleiche Rechte, Rechte an diesen und Rechte an Grundstücken (grundstücksbezogene Rechte) sowie grundstücksbezogene Belastungen.*

In der ImmoWertV werden Wertermittlungsverfahren zur Ermittlung des Verkehrswertes normiert, die im Mittelpunkt des vorliegenden Buches stehen. In § 6 Abs. 1 ImmoWertV werden das Vergleichswertverfahren (§§ 24 bis 26 ImmoWertV), das Ertragswertverfahren (§§ 27 bis 34 ImmoWertV) und das Sachwertverfahren (§§ 35 bis 39 ImmoWertV) genannt.

> ***§ 6 ImmoWertV (Wertermittlungsverfahren; Ermittlung des Verkehrswerts):***
>
> *(1) Grundsätzlich sind zur Wertermittlung **das Vergleichswertverfahren, das Ertragswertverfahren, das Sachwertverfahren** oder mehrere dieser Verfahren heranzuziehen. Die Verfahren sind nach der Art des Wertermittlungsobjekts unter Berücksichtigung der im gewöhnlichen Geschäftsverkehr bestehenden Gepflogenheiten und der sonstigen Umstände des Einzelfalls, insbesondere der Eignung der zur Verfügung stehenden Daten, zu wählen; die Wahl ist zu begründen.*
>
> *(...)*

9 Erwähnenswert sind hier das Projekt „eNoVA" (elektronischer Notar-Verwaltung-Austausch), das eine digitale Übermittlung von Notarverträgen von Notaren direkt an die Gutachterausschüsse ermöglichen soll (Quelle: Notarnet https://onlinehilfe.bnotk.de/einrichtungen/notarnet/xnotar/modul-enova.html#:~:text=Mit%20dem%20Modul%20eNoVA%20ist%20es%20Ihnen%20in%20der%20ersten) und das Projekt „ZEonline", bei dem ein einheitlicher digitaler und zentraler Erhebungsbogen in Nordrhein-Westfalen erprobt wird (Quelle: https://interkommunales.nrw/projekt/zeonline/).

Auch in der bis zum 31.12.2021 geltenden ImmoWertV 2010 wurden die Grundsätze der Wertermittlungsverfahren normiert. Diese wurden jedoch in zusätzlichen Richtlinien (Bodenrichtwertrichtlinie BRW-RL, Vergleichswertrichtlinie VW-RL, Sachwertrichtlinie SW-RL, Ertragswertrichtlinie EW-RL sowie Zweiter Teil, Nummer 4 der Wertermittlungsrichtlinien WertR 06) weiter konkretisiert. Die Wertermittlungsrichtlinien hatten dabei nur Empfehlungscharakter. Im Zuge der Novellierung des Wertermittlungsrechts wurden die ImmoWertV von 2010 und große Teil der Einzelrichtlinien nun in einer Verordnung zusammengefasst, Regelungen erweitert und konkretisiert. Regelungsinhalte der Richtlinien, sofern in die neue Immobilienwertermittlungsverordnung aufgenommen, erhalten dadurch Verbindlichkeit.

Rechtsverordnungen werden auch als „Gesetze im materiellen Sinn" bezeichnet, die „abstrakte und generelle Regelungen enthalten".[10] Die ImmoWertV ist eine Durchführungsverordnung zum BauGB und somit in erster Linie für den Anwendungsbereich des BauGB verbindlich.

Der Gesetzgeber zielt mit der letzten Novellierung der ImmoWertV noch stärker auf eine Vereinheitlichung der Wertermittlung ab, nicht zuletzt, um damit auch die Grundstücksmarkttransparenz zu verbessern. Bereits mit dem Gesetz zur Stärkung der Innenentwicklung in den Städten und Gemeinden und weiteren Fortentwicklung des Städtebaurechts vom 11.6.2013 (BGBl. I 2013 S. 1548) wurden die Oberen Gutachterausschüsse und zentralen Geschäftsstellen gemäß § 198 Abs. 2 BauGB dazu verpflichtet, durch „überregionale Auswertungen und Analysen des Grundstücksmarktgeschehens" zu einer „bundesweiten Grundstücksmarkttransparenz" beizutragen. Auch die von der Bundesregierung beauftragte Baulandkommission zur Erarbeitung von Lösungsansätzen für die Schaffung von bezahlbarem Wohnraum und zur Mobilisierung von Flächen hat in ihrem Zwischenbericht vom 28.9.2020 die Notwendigkeit einer bundesweit einheitlichen Ermittlung und Zusammenführung von Immobilienmarktdaten betont und eine einheitlich automatisierte Führung von Bodenrichtwerten empfohlen.[11] Vorgenannte Gesichtspunkte werden auch in der BR-Drucksache 407/21 vom 12.5.2021 aufgeführt. Ferner wird angegeben, dass steuerliche Bewertungen erleichtert werden sollen, denn gemäß § 193 Abs. 5 Satz 3 BauGB sind „die erforderlichen Daten (...) den zuständigen Finanzämtern für Zwecke der steuerlichen Bewertung mitzuteilen". Eine einheitliche Ermittlung dieser Daten erleichtert die Arbeit der Finanzämter. Als weiterer Effekt der Vereinheitlichung von Modellen und Modellansätzen soll auch die Arbeit von überregional tätigen privaten Sachverständigen erleichtert werden, wenn Daten verschiedener Gutachterausschüsse nach vergleichbaren Standards ermittelt werden.

Mit der Novellierung hat die ImmoWertV eine ganz neue Struktur und einen deutlich größeren Umfang im Vergleich zu früheren Fassungen bekommen. Die ImmoWertV von 2021 besteht aus fünf Teilen.

Teil 1 (§§ 1 bis 11 ImmoWertV) beinhaltet allgemeine Definitionen und Regelungen zur Ermittlung von Verkehrswerten, die somit übergreifende Bedeutung haben.

---

10 *Busse, J./ Kraus, S./ Decker (2023).*

11 Vgl. Bericht des Bundesministeriums des Inneren, für Bau und Heimat zur Zwischenbilanzkonferenz der Baulandkommission am 28.9.2020, S. 7. Die Baulandkommission hat ferner empfohlen, dass die Gutachterausschüsse zukünftig auch Kaufpreise und sonstige Daten für den geförderten und preisgedämpften Wohnungsbau systematisch erfassen (vgl. BR-Drucks. 407/21 v. 12.5.2021, S. 120).

Teil 2 (§§ 12 bis 23 ImmoWertV) regelt die Ermittlung von Bodenrichtwerten und von sonstigen für die Wertermittlung erforderlichen Daten. Er richtet sich somit vornehmlich an die Gutachterausschüsse, indirekt aber auch an die Anwender der Daten. § 12 ImmoWertV enthält eine über § 193 BauGB hinausgehende Auflistung der für die Wertermittlung erforderlichen Daten.

Teil 3 (§§ 24 bis 39 ImmoWertV) stellt aus Sicht der Immobilienbewerter gewissermaßen das Herzstück der ImmoWertV dar und normiert die Wertermittlungsverfahren – das Vergleichs-, Ertrags- und Sachwertverfahren. Dies umfasst sowohl die Verfahrensstrukturen als auch die Anwendung der gemäß Teil 2 ermittelten Daten in den Verfahren.

Teil 4 (§§ 40 bis 52 ImmoWertV) widmet sich Sonderthemen. Abschnitt 1 beinhaltet besondere Regelungen zur Bodenwertermittlung. In Abschnitt 2 werden allgemeine Grundsätze für grundstücksbezogene Rechte und Belastungen, inklusive Erbbaurechte, aufgestellt.

Teil 5 (§§ 53 und 54 ImmoWertV) enthält Schlussvorschriften mit Übergangsregelungen sowie Vorgaben zum Inkrafttreten. Die ImmoWertV ist ab 1.1.2022 bei Verkehrswertgutachten anzuwenden, unabhängig davon, auf welchen Wertermittlungsstichtag sich die Bewertung bezieht. Dies ist insofern relevant, als der Bundesfinanzhof (BFH) in der Vergangenheit anders entschieden hatte.[12] Auch ist die ImmoWertV ab diesem Datum bei der Ableitung der für die Wertermittlung erforderlichen Daten anzuwenden. Gemäß § 53 Abs. 1 ImmoWertV waren Ausnahmen in Bezug auf Gesamt- und Restnutzungsdauern bis zum 31.12.2024 zulässig. Mit Inkrafttreten der ImmoWertV 2021 ist die ImmoWertV 2010 außer Kraft getreten.

Zur ImmoWertV gehören 5 Anlagen, deren Inhalt sich vormals weitgehend in den verschiedenen Wertermittlungsrichtlinien befand. Durch die Aufnahme in die Verordnung ist deren Anwendung nun verbindlich und hat keinen reinen Empfehlungscharakter mehr. Das betrifft verbindliche Modellansätze für die Gesamtnutzungsdauer (Anlage 1), das Modell zur Ermittlung der Restnutzungsdauer von modernisierten Wohngebäuden (Anlage 2), Modellansätze für Bewirtschaftungskosten (Anlage 3), die Normalherstellungskosten NHK 2010 (Anlage 4) sowie einen Katalog von Grundstücksmerkmalen, mit denen Bodenrichtwertgrundstücke beschrieben werden können. Die Anlagen betreffen somit vor allem die Gutachterausschüsse bei der Ableitung der für die Wertermittlung erforderlichen Daten unter Bezugnahme auf § 12 ImmoWertV (Anlagen 1 bis 4) bzw. § 16 ImmoWertV (Anlage 5). Sie sind jedoch auch durch die Anwender dieser Daten zu beachten.

12 So hatte der BFH entschieden, dass die zum Bewertungsstichtag geltende Verordnung anwendbar sei und es nicht auf den Zeitpunkt der Gutachtenerstellung (hier: zum Nachweis eines niedrigeren gemeinen Werts) ankomme (BFH, Urt. v. 16.9.2020 – BFH II R 1/18). Dies wäre jedoch in der Praxis nur schwer handhabbar.

Teil 1	**Allgemeines**	**Paragraphen**	
Abschnitt 1	Anwendungsbereich; Gegenstand und Grundlagen der Wertermittlung	1, 2	Allgemeine Definitionen und Regelungen für die Ermittlung von Verkehrswerten
Abschnitt 2	Begriffsbestimmungen zu einzelnen Grundstücksmerkmalen	3-5	
Abschnitt 3	Allgemeine Grundsätze der Wertermittlung	6-11	
Teil 2	**Für die Wertermittlung erforderliche Daten**		Regelungen bei Ermittlung von Bodenrichtwerten und sonstigen für die Wertermittlung erforderlichen Daten
Abschnitt 1	Allgemeines	12	
Abschnitt 2	Bodenrichtwerte	13-17	
Abschnitt 3	Sonstige für die Wertermittlung erforderliche Daten	18-23	
Teil 3	**Besondere Grundsätze zu den einzelnen Wertermittlungsverfahren**		Regelungen zu den Wertermittlungsverfahren und der Anwendung von Bodenrichtwerten und sonstigen für die Wertermittlung erforderlichen Daten
Abschnitt 1	Vergleichswertverfahren	24-26	
Abschnitt 2	Ertragswertverfahren	27-34	
Abschnitt 3	Sachwertverfahren	35-39	
Teil 4	**Bodenwertermittlung; grundstücksbezogene Rechte und Belastungen**		besondere Regelungen zur Bodenwertermittlung, allgemeine Grundsätze der Wertermittlung bei Rechten und Belastungen, Erbbaurechte
Abschnitt 1	Bodenwertermittlung	40-45	
Abschnitt 2	Grundstücksbezogene Rechte und Belastungen	46-52	
Teil 5	**Schlussvorschriften**	53, 54	Übergangsregelungen, Inkraft-/Außerkrafttreten
Anlagen		**Bezug zu Paragraphen**	
Anlage 1	Modellansätze für die Gesamtnutzungsdauer	12 Abs. 5 S. 1	
Anlage 2	Modell zur Ermittlung der Restnutzungsdauer von Wohngebäuden bei Modernisierungen	12 Abs. 5 S. 1	
Anlage 3	Modellansätze für Bewirtschaftungskosten	12 Abs. 5 S. 2	
Anlage 4	Normalherstellungskosten 2010 (NHK 2010)	12 Abs. 5 S. 3	
Anlage 5	Katalog der Grundstücksmerkmale des Bodenrichtwertgrundstücks	16 Abs. 3	

Abb. 3: Gliederung der ImmoWertV

Zusätzlich gibt es Muster-Anwendungshinweise zur Immobilienwertermittlungsverordnung (ImmoWertA), die am 20.9.2023 von der Fachkommission Städtebau „zur Kenntnis genommen" und vom zuständigen Bundesministerium für Wohnen, Stadtentwicklung und Bauwesen (BMWSB) veröffentlicht wurden (redaktionell geändert am 5.10.2023).

Die ImmoWertA präzisiert und ergänzt die Regelungen der ImmoWertV und trägt somit auch zu deren Verständnis bei. Ihr Aufbau richtet sich nach der ImmoWertV. Anwendungshinweise zu den Paragraphen der ImmoWertV sind in arabischen Ziffern dargestellt und zu den Anlagen in römischen Ziffern. Zusätzlich umfasst die ImmoWertA sieben Anhänge (Anhang A bis G). Anhang A enthält Hinweise für Modellbeschreibungen, die gemäß § 12 Abs. 6 ImmoWertV von den Gutachterausschüssen den für die Wertermittlung erforderlichen Daten beizufügen sind. Die Anlagen B und C enthalten tabellarische Barwertfaktoren für Kapitalisierung und Abzinsung. Die Anhänge D bis G befassen sich mit grundstücksbezogenen Rechten und Belastungen. In der Fachliteratur werden Fundstellen aus der ImmoWertA dargestellt, in dem der jeweiligen Zahl die Bezeichnungen „Ziffer" bzw. „Ziff." oder „Nummer" bzw. „Nr." vorangestellt werden. Teilweise wird auch nur die Zahl angegeben.

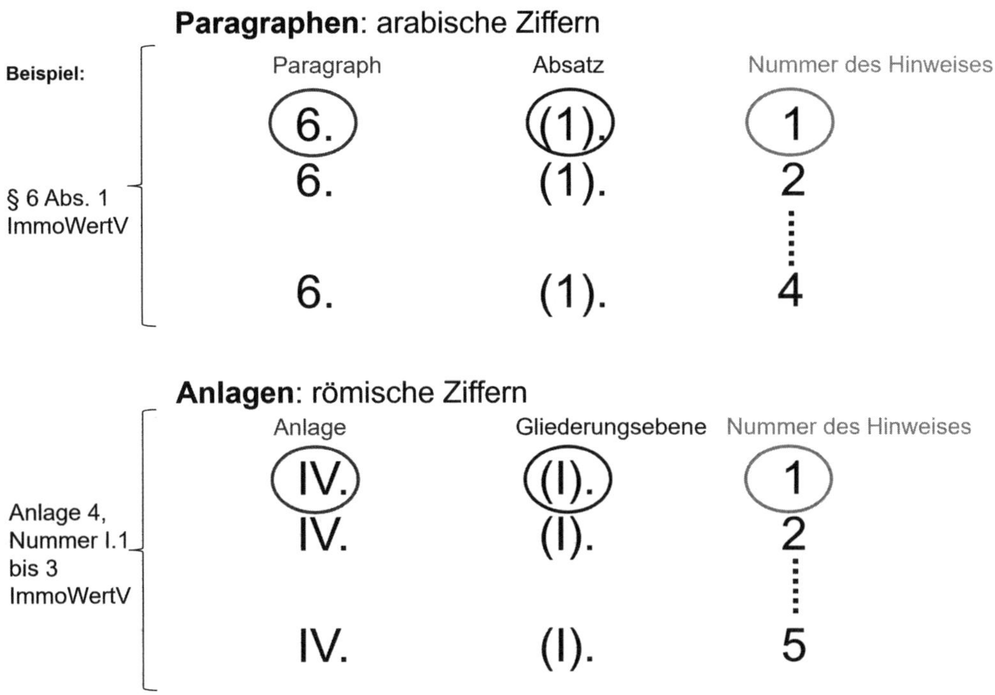

Abb. 4: Aufbau der ImmoWertA

In den ImmoWertA wird der Anwendungsbereich der ImmoWertV weiter konkretisiert.

ImmoWertA: zu § 1 (Anwendungsbereich; Wertermittlungsobjekt)

*1.(1).1 Die ImmoWertV bildet für die Wertermittlung im Sinne des § 1 Absatz 1 Nummer 1 den **allgemeinen Standard** ab und ist deshalb **grundsätzlich** bei allen Wertermittlungen anzuwenden:*

*a) **Originärer Anwendungsbereich:** Die Verordnung ist bei der Ausführung des BauGB anzuwenden, wenn*

- *es nach den Vorschriften des BauGB auf den Verkehrswert nach § 194 BauGB ankommt, z. B.*
  1. *beim preislimitierten Vorkaufsrecht (§ 28 Absatz 3 BauGB),*
  2. *bei der Umlegung (§ 57, § 59 Absatz 2, § 60 BauGB),*
  3. *bei Enteignungsentschädigungen (§ 95 Absatz 1 BauGB) und*
- *wenn die Gutachterausschüsse auf Grundlage des § 193 Absatz 1 BauGB Gutachten erstatten.*

*b) **Anwendungsbereich kraft Verweisung:** Die Anwendung der ImmoWertV kann sich auch aus einem ausdrücklichen **Verweis in Rechtsvorschriften anderer Regelungsbereiche** ergeben (z. B. § 198 Absatz 1 Satz 2 BewG).*

> c) ***Faktischer Anwendungsbereich:*** *Da es sich insbesondere im Hinblick auf die in Teil 1 der ImmoWertV normierten Grundsätze der Verkehrswertermittlung um* ***allgemein anerkannte Standards der Wertermittlung in Deutschland*** *handelt, entfaltet die ImmoWertV eine* ***faktische Bindungswirkung*** *bei der Ermittlung des Verkehrswerts im Sinne des § 194 BauGB,* ***wenn*** *hierbei der Anwendung der ImmoWertV* ***weder Rechtsvorschriften noch die konkrete Zweckbestimmung der Verkehrswertermittlung entgegenstehen****. Die zur Verfügung stehenden Daten und deren Eignung sowie die Gepflogenheiten des gewöhnlichen Geschäftsverkehrs können es hierbei insbesondere erfordern, bei der Wertermittlung von den in den* ***§§ 6 bis 10 vorgesehenen Öffnungs- und Abweichungsmöglichkeiten*** *Gebrauch zu machen.*
>
> *1.(1).2 Die ImmoWertV ist nach § 1 Absatz 1 Nummer 2 auch* ***bei Ermittlung der für die Wertermittlung erforderlichen Daten*** *anzuwenden (§ 193 Absatz 5 BauGB).*
>
> *(...)*

Es können drei Anwendungsbereiche unterschieden werden. Die ImmoWertV ist verbindlich anzuwenden für vom BauGB erfasste Regelungsgegenstände (originärer Anwendungsbereich), z.B. Umlegungsverfahren (§ 57, § 59 Abs. 2, § 60 BauGB), Enteignungsentschädigungen (§ 95 Abs. 1 BauGB) oder preislimitiertes Vorkaufsrecht (§ 28 Abs. 3 BauGB).

Daneben gehören die Gutachterausschüsse zu den Hauptadressaten der ImmoWertV, sowohl für die amtliche Wertermittlung (§ 193 Abs. 1 BauGB) als auch für die Ermittlung der für die Wertermittlung erforderlichen Daten auf Basis der bei den Gutachterausschüssen geführten Kaufpreissammlungen (§ 193 Abs. 5 und § 196 BauGB).

Die Anwendung der ImmoWertV wird aber auch in anderen Rechtsvorschriften gefordert, indem explizit auf die nach § 199 BauGB erlassenen Rechtsvorschriften verwiesen wird (Anwendungsbereich kraft Verweisung). Als Beispiel wird hier die Öffnungsklausel gem. § 198 Absatz 1 Satz 2 BewG genannt, wonach durch ein Gutachten der Nachweis eines niedrigeren gemeinen Werts geführt werden kann (siehe Kap. 1.1).

Die ImmoWertV und die Vorgängernormen erfahren eine allgemeine Anerkennung als „Stand der Technik" in der Verkehrswertermittlung. Dadurch entfaltet die ImmoWertV eine faktische Bindungswirkung für die Ermittlung von Verkehrswerten gemäß § 194 BauGB.

Gleichzeitig hat der Gesetzgeber in der BR-Drucksache 407/21, die dem Beschluss des Bundesrats vom 25.6.2021 zugrunde lag, klargestellt: „Eine inhaltliche Beschränkung der sachverständigen Würdigung des Einzelfalls ist hiermit nicht verbunden; vielmehr wird im Gegenteil die Notwendigkeit betont, die Daten auf Eignung zu prüfen und die geeigneten Daten bei etwaigen Abweichungen objektspezifisch anzupassen. Anders als bislang können anstelle der in der Verordnung normierten Wertermittlungsverfahren in Ausnahmefällen auch andere Verfahren angewendet werden."[13]

„Rechtsvorschriften" oder „Zweckbestimmung" können einer Anwendung der ImmoWertV entgegenstehen. Angesprochen werden damit bspw. Wertermittlungen im Investmentbereich nach den Vorgaben des Kapitalanlagegesetzbuches (KAGB) und der Rechnungslegungs- und Bewertungsverordnung (KARBV).[14]

---

13 BR-Drucks. 407/21 vom 25.6.2021, S. 2.

14 Vgl. Stellungnahme des Bundesverbandes der Immobilien-Investment-Sachverständige (BIIS) vom 21.8.2020 zum Entwurf der ImmoWerV.

An vielen Stellen von ImmoWertV und ImmoWertA finden sich Füllwörter wie „in der Regel", „beispielhaft" oder „grundsätzlich", die markieren, dass die Regelungen nicht abschließend und andere Vorgehensweisen denkbar sind. So hat der Begriff „grundsätzlich" im allgemeinen und im juristischen Sprachgebrauch eine jeweils andere Bedeutung. Im allgemeinen Sprachgebrauch wird „grundsätzlich" als kategorische Regelung verstanden. Zum juristischen Sprachgebrauch führen Iking und Gröschler aus:[15] „Demgegenüber dient 'grundsätzlich' im juristischen Sprachgebrauch dazu, einen Grundsatz zu kennzeichnen, der Ausnahmen zulässt – und geradezu erwarten lässt. Das Adjektiv bedeutet hier also gerade nicht 'immer' oder 'stets'. Stattdessen wird die betreffende Aussage mit 'grundsätzlich' dergestalt eingeschränkt, dass sie (nur) 'im Grundsatz' oder aber 'als Grundsatz' gilt – d.h.: soweit keine Ausnahmen vorliegen."

Zusätzlich sind in der Verordnung Öffnungs- und Abweichungsmöglichkeiten verankert, die sich insbesondere aus den §§ 6 bis 10 ImmoWertV ergeben. Erkennbar zielt der Gesetzgeber darauf ab, den Wirkungsbereich des Wertermittlungsrechts möglichst weit zu fassen.

Die Öffnungs- und Abweichungsmöglichkeiten gemäß §§ 6 bis 10 ImmoWertV können wie folgt zusammengefasst werden:

- § 6 ImmoWertV – Öffnung für nicht normierte **Wertermittlungsverfahren**: Die in der ImmoWertV normierten Verfahren haben Vorrang. Wenn hierfür jedoch keine geeigneten Daten vorliegen und/oder diese Verfahren im konkreten Fall nicht zu sachgerechten Ergebnissen führen, können ausnahmsweise auch andere Verfahren Anwendung finden (vgl. Nr. 6.(1).1 ImmoWertA). Im Übrigen ist die Wahl jedes Verfahrens zu begründen.
- § 7 ImmoWertV – Öffnungs- und Abweichungsmöglichkeiten bezüglich des **Verfahrensablaufs** bei der Berücksichtigung der allgemeinen Wertverhältnisse: Bereits in § 6 ImmoWertV wird ein einheitlicher Verfahrensablauf für alle normierten Verfahren vorgegeben (vgl. auch Nr. 6.(3).2 ImmoWertA). Die Abweichungsmöglichkeit besteht darin, dass Anpassungen an allgemeine Wertverhältnisse (somit Marktverhältnisse) bereits innerhalb des jeweiligen Verfahrens im Rahmen der objektspezifischen Anpassung von für die Wertermittlung erforderlichen Daten oder in einer zusätzlichen Marktanpassung gemäß § 7 Abs. 2 ImmoWertV erfolgen kann. In jedem Fall ist zu prüfen, ob die allgemeinen Wertverhältnisse ausreichend berücksichtigt worden sind (vgl. Nrn. 7.(1) und 7.(2) ImmoWertA).
- § 8 ImmoWertV – Öffnungs- und Abweichungsmöglichkeiten bezüglich des **Verfahrensablaufs** bei der Berücksichtigung der allgemeinen und besonderen objektspezifischen Grundstücksmerkmale: Die allgemeinen, d.h. üblichen, Grundstücksmerkmale sollen möglichst bereits im vorläufigen Verfahrenswert enthalten sein. Nur Grundstücksmerkmale, die in ihrer Art und Weise oder Ausprägung unüblich für den jeweiligen sachlichen oder räumlichen Teilmarkt sind, sollen subsidiär in einem separaten Bewertungsschritt berücksichtigt werden. Die Abweichungsmöglichkeit besteht darin, dass schlussendlich der Wertermittler beurteilen muss, welche Grundstücksmerkmale als allgemein oder besonders und objektspezifisch in die Wertermittlung einfließen (vgl. Nrn. 8.1 und 8.(3).1 ImmoWertA).

15 *Iking, L./ Gröschler, P.* (ohne Datum). Deutsch für Juristen, Folge 2: Grundsätzliches, Johannes Gutenberg Universität Mainz (https://groeschler.jura.uni-mainz.de/files/2020/05/DfJ-02-Grundsatzliches.pdf, Abruf am 25.2.2024).

- § 9 ImmoWertV – Öffnung für „andere" **Datenquellen** als die der Gutachterausschüsse und für eine sachverständige Schätzung: Im Rahmen der Verkehrswertermittlung sind vorrangig die von Gutachterausschüssen (auch Oberen Gutachterausschüssen und zentralen Geschäftsstellen) auf Basis der Kaufpreissammlungen ausgewerteten Daten zu verwenden, da Gutachterausschüsse „aufgrund ihrer Selbständigkeit und Unabhängigkeit (vgl. § 192 Abs. 1 BauGB) (...) eine besondere Gewähr für eine neutrale Aufgabenwahrnehmung" bieten.[16] In diesem Zusammenhang sind jedoch die in § 9 ImmoWertV getroffenen Regelungen von zentraler Bedeutung. Im konkreten Fall einer Immobilienbewertung dürfen Daten nicht ungeprüft übernommen werden. Vielmehr ist zu prüfen, ob Bodenrichtwerte und sonstige für die Wertermittlung erforderliche Daten für den konkreten Bewertungsfall geeignet sind „hinsichtlich Aktualität in Bezug auf den maßgeblichen Stichtag und hinsichtlich Repräsentativität den jeweiligen Grundstücksmarkt" betreffend (§ 9 Abs. 1 Satz 1 ImmoWertV). Auch müssen die der Datenableitung zugrunde liegenden Modelle hinreichend beschrieben und eine Anpassung an die tatsächlichen Gegebenheiten des Einzelfalls mit Hilfe von Indexreihen (an allgemeine Wertverhältnisse) und Umrechnungskoeffizienten (an Grundstücksmerkmale) oder auf andere Weise sachgerecht möglich sein (§ 9 Abs. 1 ImmoWertV; siehe hierzu Kap. 2.2). Die Verordnung lässt bei entsprechender Eignung auch die Nutzung anderer Datenquellen als die der Gutachterausschüsse zu. Eine sachverständige und entsprechend dokumentierte „Schätzung" ist ebenfalls möglich (§ 9 Abs. 3 ImmoWertV), stellt jedoch einen zu begründenden Ausnahmefall dar (vgl. Nrn. 9.(1).2 und 9.(3).1 ImmoWertA).
- § 10 ImmoWertV – Abweichungsmöglichkeiten aus Gründen der Modellkonformität: Bei Verwendung von für die Wertermittlung erforderlichen Daten, die nach ImmoWertV von den Gutachterausschüssen ermittelt wurden, muss die Wertermittlung nach den gleichen Verfahren und mit den gleichen Verfahrensparametern bzw. Modellansätzen durchgeführt werden, nach denen die Daten ausgewertet wurden (Grundsatz der **Modellkonformität**). Auch dieser Grundsatz ist von zentraler Bedeutung für die Grundstückswertermittlung. Darüber hinaus beziehen sich Daten immer auf bestimmte Referenzobjekte (z.B. Einfamilienhäuser einer Baujahresklasse, Größe und Ausstattung). Insofern können die Daten auch nur für hinreichend vergleichbare Wertermittlungsobjekte verwendet werden. Dieser Grundsatz der **Referenzkonformität** wird in der ImmoWertV nicht explizit erwähnt, ist jedoch nicht weniger wichtig.[17] Bis zu welcher Grenze von einer hinreichenden Vergleichbarkeit und damit Eignung auszugehen ist, wird nicht definiert, obliegt somit der sachverständigen Beurteilung.

Im Gegensatz zur ImmoWertV ist die ImmoWertA per se unverbindlich und hat Empfehlungscharakter. Sie dient aber als Muster für entsprechende Ländererlasse und ist vergleichbar mit Muster-Einführungserlassen bei BauGB-Novellen. Die ImmoWertA dient dem Vollzug der ImmoWertV. Die alleinige Zuständigkeit hierfür liegt bei den Ländern. Dies ergibt sich aus Art. 84 Abs. 1 GG. In der Vorbemerkung der ImmoWertA wird ausgeführt:

16 Vgl. BR-Drucks. 407/21 v. 12.5.2021, S. 95.
17 *Kleiber, W. (2023)*, S. 501.

> *Diese Muster-Anwendungshinweise* ***dienen der einheitlichen Anwendung der Immobilienwertermittlungsverordnung*** *(ImmoWertV) vom 14. Juli 2021 (BGBl. I S. 2805) und enthalten* ***ergänzende Hinweise*** *für die Ermittlung des Verkehrswerts von unbebauten und bebauten Grundstücken sowie von Rechten an Grundstücken und für die Ermittlung der für die Wertermittlung erforderlichen Daten. Die zuständigen* ***obersten Landesbehörden und die obersten Bundesbehörden können für ihren Geschäftsbereich die Anwendung verbindlich vorgeben***. ***Darüber hinaus*** *werden sie zur Anwendung* ***empfohlen***, *wenn der Anwendungsbereich der Immobilienwertermittlungsverordnung eröffnet ist.*

Das bedeutet insbesondere, dass die Gutachterausschüsse die ImmoWertA nicht anwenden müssen, wenn die zuständigen Länder die ImmoWertA nicht verbindlich vorgeben.

Die ImmoWertV ist jedoch so weitreichend, dass der Wille des Gesetzgebers nach einer Vereinheitlichung dennoch umgesetzt werden muss. Werden Wertermittler nicht aus Gründen der Modellkonformität zusätzlich an die ImmoWertA gebunden, so ist davon auszugehen, dass sie als offizielles Dokument des BMWSB[18] eine Art „faktischer Bindungswirkung" entfalten wird. Dies betrifft insbesondere die Regelungen in Teil 4, Abschnitt 2, zu den grundstücksbezogenen Rechten und Belastungen, zu denen, mit Ausnahme der Erbbaurechte, in der ImmoWertV nur allgemeine Regelungen getroffen werden.

Der Bundesrat hat am 25.6.2021 der Bundesregierung aufgetragen, die in der ImmoWertV enthaltenen Normalherstellungskosten NHK 2010 schnellstmöglich zu überarbeiten, spätestens bis Ende 2024.[19] Das vom BMWSB ausgeschriebene Projekt zu Überarbeitung der NHK, die den Stand des Jahres 2020 abbilden sollten, wurde um die Erarbeitung einer einheitlichen Vorgehensweise zur Ermittlung der für das Sachwertverfahren erforderlichen Regionalfaktoren erweitert.[20] In der Folge muss die ImmoWertV hinsichtlich der Regelungen zum Sachwertverfahren noch einmal angepasst werden. Das Projekt NHK/Regionalfaktoren verzögert sich jedoch. Zunächst war angedacht, die Übergangsfrist in § 53 Abs. 2 ImmoWertV 2021 vom 31.12.2024 bis zum 31.12.2027 zu verlängern.[21] Dies wurde jedoch nicht umgesetzt. Somit sind die Modelle der ImmoWertV, auch in Hinblick auf die Gesamt- und Restnutzungsdauern, ab 1.1.2025 umzusetzen.[22]

---

18 Bundesministerium für Wohnen, Stadtentwicklung und Bauwesen (BMWSB).

19 BR-Drucks. 407/21 (Beschluss) vom 25.6.2021.

20 Ausschreibung des damals zuständigen Bundesinnenministeriums (BMI) in Zusammenarbeit mit dem Bundesinstitut für Bau-, Stadt- und Raumforschung (BBSR) für Forschungsprojekt zur „Ermittlung von aktuellen Normalherstellungskosten und von Regionalfaktoren für die Sachwertermittlung" (Ausschreibung bis 2.11.2021), www.evergabe-onlinde.de, ABl.-Nummer.: 2021/S 193–502753.

21 Gemäß dem Gesetzentwurf eines Gesetzes zur Stärkung der integrierten Stadtentwicklung, BR-Drucks. 436/24 vom 6.9.2024, war eine Verlängerung bis zum 31.12.2027 vorgesehen.

22 Hierzu erging folgender Hinweis durch das BMWSB: „Die Normalherstellungskosten 2010 sind zunächst inhaltlich unverändert aus den Anlagen 1 und 2 der Sachwertrichtlinie in die Anlage 4 ImmoWertV integriert worden. Die Bereitstellung aktueller Normalherstellungskosten ist in Vorbereitung; entgegen ursprünglicher Planung konnten die Arbeiten jedoch nicht vor Ablauf der Übergangsfrist des § 53 Absatz 2 ImmoWertV am 31.12.2024 abgeschlossen werden. Seit dem 1.1.2025 sind daher bei Ermittlung der sonstigen für die Wertermittlung erforderlichen Daten die Vorgaben der ImmoWertV zur Festlegung der Gesamtnutzungsdauer und zur Ermittlung der Restnutzungsdauer nach § 12 Absatz 5 Satz 1 und den Anlagen 1 und 2 ImmoWertV uneingeschränkt anzuwenden. Für die Verkehrswertermittlung ist der Grundsatz der Modellkonformität (§ 10 Absatz 2 ImmoWertV) maßgeblich." Quelle: https://www.bmwsb.bund.de/SharedDocs/gesetzgebungsverfahren/Webs/BMWSB/DE/novellierung-des-wertermittlungsrechts.html (Stand: 11.2.2025).

1.3 Gegenstand der Wertermittlung

Der Verkehrswert wird in den meisten Fällen für ein Grundstück ermittelt. Im allgemeinen Sprachgebrauch wird unter dem Begriff Grundstück ein abgegrenzter Teil der Erdoberfläche verstanden. Es ist zu differenzieren zwischen einem Grundstück und einem Flurstück. Ein Flurstück entsteht dadurch, dass ein Teil der Erdoberfläche amtlich vermessen und ihm eine Flurstücksnummer zugeordnet wird. Das Flurstück wird dann im Liegenschaftskataster mit seiner Flurstücksnummer und Größe verzeichnet. Ein Grundstück im Rechtssinn entsteht erst dadurch, dass für das Flurstück ein Grundbuchblatt angelegt wird oder im Bestandsverzeichnis des Grundbuchblattes das Flurstück unter einer eigenen Buchungsnummer verzeichnet ist. Damit wird es handelbar. Regelungen hierzu finden sich in der Grundbuchordnung (GBO).

Ein Grundstück kann somit aus mehreren Flurstücken bestehen, jedoch ein Flurstück nicht aus mehreren Grundstücken.[23]

Der Begriff Grundstück kann sich sowohl auf ein bebautes als auch auf ein unbebautes Grundstück beziehen. Ist der Verkehrswert für ein bebautes Grundstück zu ermitteln, so bezieht sich die Wertermittlung auch auf das Gebäude als wesentlicher Bestandteil des Grundstücks (§ 94 BGB).[24]

Definition wesentliche Bestandteile:

> ***§ 94 BGB (Wesentliche Bestandteile eines Grundstücks oder Gebäudes):***
>
> *(1) Zu den wesentlichen Bestandteilen eines Grundstücks gehören die **mit dem Grund und Boden fest verbundenen Sachen, insbesondere Gebäude**, sowie die Erzeugnisse des Grundstücks, solange sie mit dem Boden zusammenhängen. Samen wird mit dem Aussäen, eine Pflanze wird mit dem Einpflanzen wesentlicher Bestandteil des Grundstücks.*
>
> *(2) Zu den wesentlichen Bestandteilen eines Gebäudes gehören die zur Herstellung des Gebäudes eingefügten Sachen.*

Definition Scheinbestandteile:

> ***§ 95 BGB (Nur vorübergehender Zweck):***
>
> *(1) Zu den Bestandteilen eines Grundstücks gehören solche Sachen nicht, die nur zu einem **vorübergehenden Zweck mit dem Grund und Boden verbunden** sind. Das Gleiche gilt von einem Gebäude oder anderen Werk, das in Ausübung eines Rechts an einem fremden Grundstück von dem Berechtigten mit dem Grundstück verbunden worden ist.*
>
> *(2) Sachen, die nur zu einem vorübergehenden Zwecke in ein Gebäude eingefügt sind, gehören nicht zu den Bestandteilen des Gebäudes.*

Rechte als Bestandteile:

> ***§ 96 BGB (Rechte als Bestandteile eines Grundstücks):***
>
> *Rechte, die mit dem Eigentum an einem Grundstück verbunden sind, gelten als Bestandteile des Grundstücks.*

---

23 Vgl. *Kleiber, W. (2023)*, S. 225.
24 Ausnahmen ergeben sich v.a. bei Erbbaurechten.

Definition Zubehör:

§ 97 BGB (Zubehör):

(1) Zubehör sind ***bewegliche Sachen****, die, ohne Bestandteile der Hauptsache zu sein, dem* ***wirtschaftlichen Zwecke der Hauptsache zu dienen bestimmt*** *sind und zu ihr in einem dieser Bestimmung entsprechenden räumlichen Verhältnis stehen. Eine Sache ist nicht Zubehör, wenn sie im Verkehr nicht als Zubehör angesehen wird.*

(2) Die vorübergehende Benutzung einer Sache für den wirtschaftlichen Zweck einer anderen begründet nicht die Zubehöreigenschaft. Die vorübergehende Trennung eines Zubehörstücks von der Hauptsache hebt die Zubehöreigenschaft nicht auf.

Differenzierung Inventar:

§ 98 BGB (Gewerbliches und landwirtschaftliches Inventar):

Dem ***wirtschaftlichen Zwecke der Hauptsache sind zu dienen bestimmt****:*

1. *bei einem Gebäude, das für einen gewerblichen Betrieb dauernd eingerichtet ist, insbesondere bei einer Mühle, einer Schmiede, einem Brauhaus, einer Fabrik, die zu dem Betrieb bestimmten Maschinen und sonstigen Gerätschaften,*
2. *bei einem Landgut das zum Wirtschaftsbetrieb bestimmte Gerät und Vieh, die landwirtschaftlichen Erzeugnisse, soweit sie zur Fortführung der Wirtschaft bis zu der Zeit erforderlich sind, zu welcher gleiche oder ähnliche Erzeugnisse voraussichtlich gewonnen werden, sowie der vorhandene, auf dem Gut gewonnene Dünger.*

Die ImmoWertV als normative Grundlage der Verkehrswertermittlung bezieht sich neben Grundstücken und deren Bestandteilen auch auf Zubehör, grundstücksgleiche Rechte und Rechte an Grundstücken.

§ 1 ImmoWertV (Anwendungsbereich; Wertermittlungsobjekt):

(1) Diese Verordnung ist anzuwenden

1. *bei der Ermittlung der Verkehrswerte (Marktwerte) der in Absatz 2 bezeichneten Gegenstände, auch wenn diese nicht marktfähig oder marktgängig sind (Wertermittlung), und*
2. *bei der Ermittlung der für die Wertermittlung erforderlichen Daten.*

(2) Gegenstände der Wertermittlung (Wertermittlungsobjekte) sind

1. ***Grundstücke*** *und* ***Grundstücksteile*** *einschließlich ihrer* ***Bestandteile*** *sowie ihres* ***Zubehörs****,*
2. ***grundstücksgleiche Rechte****, Rechte an diesen und Rechte an Grundstücken (grundstücksbezogene Rechte) sowie grundstücksbezogene Belastungen.*

Grundstücksgleiche Rechte zeichnen sich dadurch aus, dass hierfür ein eigenes Grundbuchblatt angelegt wird und sie somit handelbar sind. Ob Wohnungs- und Teileigentum in Gebäuden, die nach dem Wohnungseigentumsgesetz (WEG) geteilt sind, zu den grundstücksgleichen Rechten zählt, wird unterschiedlich beurteilt.[25] In diesem Zusammenhang werden Wohnungsgrundbücher und Teileigentumsgrundbücher für einzelne Wohnungen oder nicht zu Wohnzwecken dienende Räume (z.B. Tiefgaragenstellplätze) angelegt. Das Erbbaurecht ist ein grundstücksgleiches Recht. Regelungen zum Erbbaurecht finden sich im Erbbaurechtsgesetz (ErbbauRG). Das Erbbaurecht bezieht sich auf das Recht zur Errichtung eines Gebäu-

25 *BeckOGK/ Enders*, 1.1.2025, BGB § 873 Rn. 34 bis 38 (beck-online).

des auf fremdem Boden. Es wird ein Erbbaugrundbuch angelegt. Handelt es sich um Wohnungs- oder Teileigentum, so spricht man auch von Wohnungs- oder Teilerbbaurechten. Es wird entsprechend ein Wohnungs- oder Teilerbbaugrundbuch angelegt (§ 30 WEG).[26]

Die vorliegende Veröffentlichung befasst sich ausschließlich mit der Bewertung von bebauten und unbebauten Grundstücken.

1.4 Stichtagsprinzip

In der Definition des Verkehrswertes gemäß § 194 BauGB ist das Stichtagsprinzip verankert, indem auf einen Zeitpunkt abgestellt wird.

Es sind zwei Stichtage zu unterscheiden, der Wertermittlungsstichtag und der Qualitätsstichtag. Der Wertermittlungsstichtag i.S.v. § 2 Abs. 4 ImmoWertV bezieht sich auf die allgemeinen Wertverhältnisse, d.h. die Marktverhältnisse, die das Verhältnis von Angebot und Nachfrage beeinflussen, denn die Angebot-Nachfrage-Relation wirkt auf die Preisbildung von Immobilien. Neben den allgemeinen volkswirtschaftlichen Rahmenbedingungen ist eine Analyse des Teilmarktes vorzunehmen, der für das bewertungsgegenständliche Grundstück maßgeblich ist. So gelten bspw. für Wohnimmobilien andere Marktgegebenheiten als für Gewerbeimmobilien. Einfamilienhäuser werden in einem anderen Teilmarkt gehandelt als Eigentumswohnungen etc.

Der Qualitätsstichtag i.S.v. § 2 Abs. 5 ImmoWertV bezieht sich auf den Grundstückszustand, der der Bewertung zugrunde zu legen ist. Dies beinhaltet alle Eigenschaften des Wertermittlungsobjektes.

> ***§ 2 ImmoWertV (Grundlagen der Wertermittlung):***
>
> *(1) Der Wertermittlung sind die **allgemeinen Wertverhältnisse auf dem Grundstücksmarkt zum Wertermittlungsstichtag und der Grundstückszustand zum Qualitätsstichtag** zugrunde zu legen.*
>
> *(2) Die **allgemeinen Wertverhältnisse** richten sich nach der Gesamtheit der am Wertermittlungsstichtag für die Preisbildung von Grundstücken im gewöhnlichen Geschäftsverkehr maßgebenden Umstände, wie nach der **allgemeinen Wirtschaftssituation**, nach den Verhältnissen am **Kapitalmarkt** sowie nach den **wirtschaftlichen und demografischen Entwicklungen des Gebiets**.*
>
> *(3) Der **Grundstückszustand** ergibt sich aus der Gesamtheit der **rechtlichen Gegebenheiten, der tatsächlichen Eigenschaften, der sonstigen Beschaffenheit und der Lage des Wertermittlungsobjekts (Grundstücksmerkmale)**. Zu den Grundstücksmerkmalen können insbesondere zählen (...)*
>
> *(4) Der **Wertermittlungsstichtag** ist der Zeitpunkt, auf den sich die Wertermittlung bezieht und der für die Ermittlung der allgemeinen Wertverhältnisse maßgeblich ist.*
>
> *(5) Der **Qualitätsstichtag** ist der Zeitpunkt, auf den sich der für die Wertermittlung maßgebliche Grundstückszustand bezieht. Er **entspricht dem Wertermittlungsstichtag, es sei denn, dass aus rechtlichen oder sonstigen Gründen der Zustand des Grundstücks zu einem anderen Zeitpunkt maßgeblich ist**.*

---

26 Vgl. hierzu *Kröll, R./ Hausmann, A./ Rolf, A. (2015)*, S. 145 ff.

§ 11 ImmoWertV (Künftige Änderungen des Grundstückszustands):

(1) Künftige Änderungen des Grundstückszustands sind zu berücksichtigen, wenn sie ***am Qualitätsstichtag mit hinreichender Sicherheit aufgrund konkreter Tatsachen zu erwarten*** *sind.*

(2) Bei künftigen Änderungen des Grundstückszustands ist die voraussichtliche Dauer bis zum Eintritt dieser Änderung ***(Wartezeit)*** *auch in Verbindung mit einer verbleibenden Unsicherheit des Eintritts dieser Änderung* ***(Realisierungsrisiko)*** *angemessen zu berücksichtigen.*

In § 2 Abs. 3 ImmoWertV werden die Grundstücksmerkmale weiter präzisiert. In den jeweiligen Kapiteln zu den Wertermittlungsverfahren, insbesondere im Kapitel 2 zum Vergleichswertverfahren, wird auf die Arten von Grundstücksmerkmalen näher eingegangen.

In den meisten Bewertungsfällen fallen Wertermittlungs- und Qualitätsstichtag zusammen.

In einigen Fällen fallen Wertermittlungs- und Qualitätsstichtag auseinander. Dies betrifft vor allem Bewertungen im Rahmen von Enteignungsverfahren und städtebaulichen Sanierungsverfahren. Diesbezüglich wird auf die weiterführende Literatur verwiesen.[27]

Die Unterscheidung von Wertermittlungs- und Qualitätsstichtag führt jedoch häufig zu Missverständnissen.

Besteht die Aufgabe darin, den aktuellen Verkehrswert eines Grundstücks zu ermitteln, so fallen der Wertermittlungs- und der Qualitätsstichtag zusammen und entsprechen i.d.R. dem Tag der Ortsbesichtigung.

Im Falle von Bewertungsaufträgen im Rahmen von Scheidungsverfahren oder Erbschaftsangelegenheiten sowie Schenkungen kann es sein, dass der Immobilienwert zu einem Stichtag in der Vergangenheit ermittelt werden muss, der unter Umständen schon einige Jahre zurückliegt. Bei Scheidungen kann es sich um den Anfangsstichtag, den Tag der Eheschließung, und/oder um den Endstichtag, den Tag des Scheidungsantrags, handeln, bei Erbschafts- und Schenkungsangelegenheiten ist es der Todestag bzw. der Tag der Schenkung.

Auch bei diesen Bewertungsfällen fallen Wertermittlungs- und Qualitätsstichtag zusammen. Entspricht der beim Ortstermin vorgefundene Zustand des Wertermittlungsobjektes nicht dem Zustand zum maßgeblichen Stichtag in der Vergangenheit, so ist die Veränderung nachzuvollziehen.

Der Wertermittler muss anhand von Unterlagen und Informationen rekonstruieren, in welchem Zustand das Grundstück zum maßgeblichen Zeitpunkt in der Vergangenheit war (Qualitätsstichtag). Des Weiteren sind der Bewertung die Marktgegebenheiten zum gleichen Stichtag (Wertermittlungsstichtag) zugrunde zu legen. Beide Stichtage stimmen überein.

Das Stichtagsprinzip ist keine rein statische Betrachtung. Die Immobilienbewertung reflektiert die Historie eines Grundstücks und die Gegenwart zum jeweiligen Stichtag. Sie ist jedoch auch in die Zukunft gerichtet, da im Verkehrswert die Zukunftserwartungen zum Ausdruck kommen. Dies ist nicht gleichbedeutend mit Spekulation. Der Verkehrswert stellt einen objektiven Wert dar, während Spekulation aus der subjektiven Einschätzung des Einzelnen entsteht. Der Wertermittlungsstichtag kann daher nur in der Vergangenheit oder Gegenwart liegen, niemals in der Zukunft, da wir diese nicht kennen.

---

27 Vgl. *Kleiber, W. (2023)*, S. 2678 ff., 2735 ff. Da dem Qualitätsstichtag in diesen Fällen eine große Bedeutung zukommt, wurde er mit der ImmoWertV 2010 eingeführt.

Dagegen sind zukünftige Entwicklungen des Grundstückszustands zu berücksichtigen, die „zum Qualitätsstichtag mit hinreichender Sicherheit aufgrund konkreter Tatsachen zu erwarten sind". Gegebenenfalls sind dabei die Wartezeit bis zum Eintritt der Änderung und ein Realisierungsrisiko zu berücksichtigen. Dies kann sich bspw. bei der Bewertung von Bauerwartungsland ergeben (§ 42 ImmoWertV).

Auch kann dem Wertermittler vorgegeben werden, dass im Gutachten von einem zukünftigen Grundstückszustand ausgegangen werden soll (z.B. fertiggestellter Neubau). Der Qualitätsstichtag kann somit auch in die Zukunft gerichtet sein. Möglicherweise kann dann kein Datum dafür angegeben werden.

Wesentlich ist, dass im Gutachten die Grundstücksmerkmale, die der Bewertung zugrunde liegen, nachvollziehbar dargestellt sind. Auf die Angabe eines konkreten Kalenderdatums für den Qualitätsstichtag kommt es dabei nicht immer an, es sei denn, es ist einer der o.g. Anlässe gegeben, bei dem Qualitäts- und Wertermittlungsstichtag auseinanderfallen.[28]

1.5 Anwendungsbereiche und Gemeinsamkeiten der Wertermittlungsverfahren

Die in § 6 ImmoWertV genannten und im Folgenden dargestellten Wertermittlungsverfahren finden in unterschiedlichen Fällen Anwendung. Der Verkehrswert bezieht sich auf den gewöhnlichen Geschäftsverkehr. Somit soll der Verkehrswert die Gepflogenheiten des jeweiligen Teilmarktes, auf dem die bewertungsgegenständliche Immobilie gehandelt wird, widerspiegeln. Es ist das Verhalten der Marktteilnehmer nachzuvollziehen. Daher reflektiert jedes der Verfahren eine bestimmte Denk- und Handlungsweise und ist für unterschiedliche Immobilientypen geeignet.

Im Vergleichswertverfahren gemäß §§ 24 bis 26 ImmoWertV wird der Verkehrswert auf Basis geeigneter Kaufpreise oder auf Basis von Vergleichsfaktoren abgeleitet. Nur bei entsprechender Qualität der Vergleichsdaten kann das Verfahren direkt zum Verkehrswert führen. Dies wird in Kapitel 2 dargestellt. Das Verfahren findet in erster Linie bei der Bewertung unbebauter Grundstücke Anwendung, da diese am besten für Vergleiche geeignet sind. Das Vergleichswertverfahren ist auch für die Bewertung von Eigentumswohnungen geeignet. Handelt es sich bspw. um ein Reihen- oder Doppelhaus in einem Wohnquartier, in dem zahlreiche vergleichbare Objekte realisiert wurden, kann das Vergleichswertverfahren ebenfalls zu plausiblen Ergebnissen führen. Für andere Objekttypen, z.B. individuell gestaltete freistehende Einfamilienhäuser oder Gewerbeobjekte, ist das Vergleichswertverfahren mangels ausreichend geeigneter Kaufpreise meist als maßgebliches Verfahren zur Verkehrswertermittlung nicht geeignet. Kaufpreise bzw. durch Anpassungen aus ihnen abgeleitete Vergleichspreise und weitere Marktdaten sind jedoch zumindest zur Plausibilisierung der Ergebnisse anderer Wertermittlungsverfahren heranzuziehen.

28 „Es ist nicht stets erforderlich, den Qualitätsstichtag mit einem Kalenderdatum vorzugeben." *Kleiber, W. (2023),* S. 564.

Handelt es sich um Immobilien, deren Preis sich nach den marktüblich erzielbaren Erträgen (Mieten, Pachten) bemisst, so ist das Ertragswertverfahren gemäß §§ 27 bis 34 ImmoWertV als maßgebliches Verfahren anzuwenden, somit vor allem bei Mietwohnhäusern, Wohn- und Geschäftshäusern oder Gewerbeobjekten. Sind für die Bewertung von Eigentumswohnungen keine geeigneten Kaufpreise und/oder Vergleichsfaktoren vorhanden und lässt sich eine marktübliche Miete feststellen, so kann das Ertragswertverfahren sachgerechte Ergebnisse hierfür liefern. Dem Ertragswertverfahren ist das Kapitel 3 gewidmet.

Grundlage des Sachwertverfahrens gemäß §§ 35 bis 39 ImmoWertV bilden der Substanzwert der Gebäude und der Bodenwert. Das Sachwertverfahren kommt vor allem bei Objekten zur Anwendung, die von Eigentümern selbst genutzt werden und bei denen die erzielbare Rendite nicht im Vordergrund steht. Typisches Anwendungsbeispiel sind Ein- und Zweifamilienhäuser. Aufgrund individueller Grundstücksmerkmale finden sich hierfür erfahrungsgemäß auch nicht ausreichend geeignete Kaufpreise. Kapitel 4 befasst sich mit dem Sachwertverfahren.

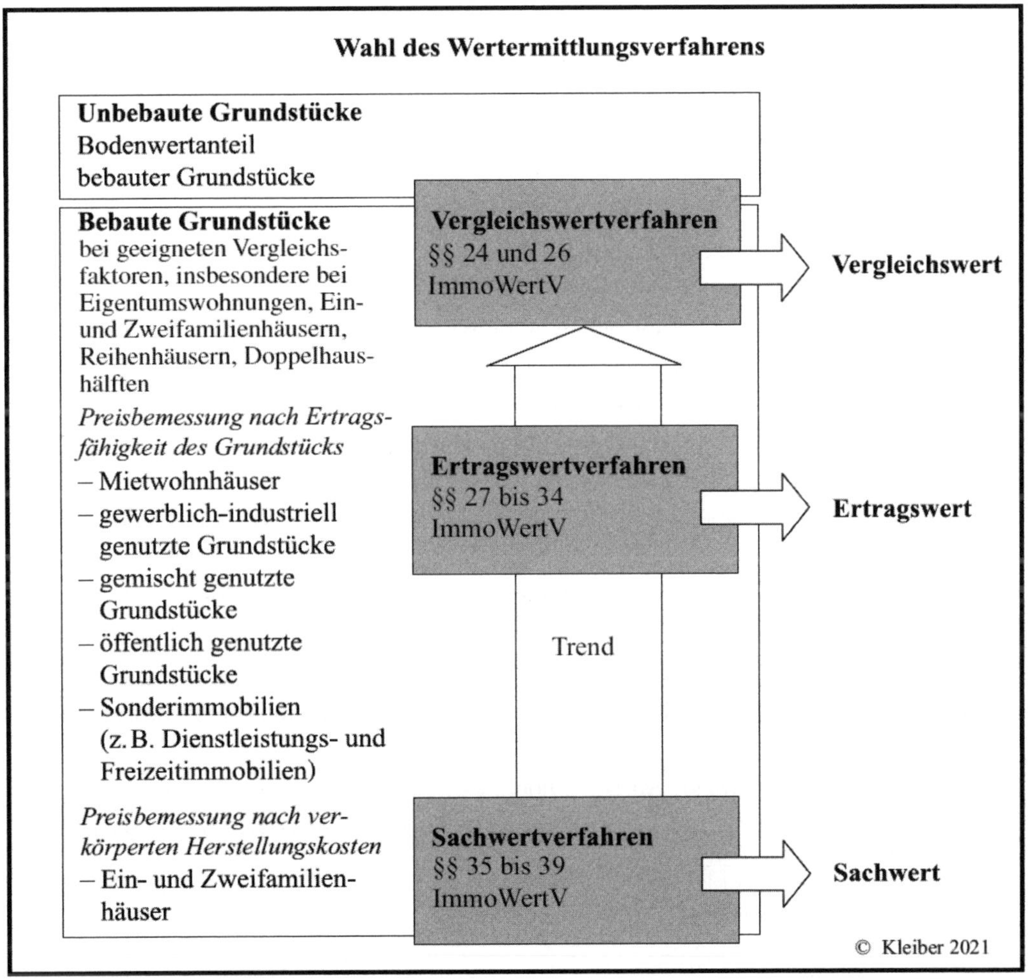

Abb. 5: Wahl des Wertermittlungsverfahrens
Quelle: Kleiber, W. (2023), S. 914

Die Verfahren weisen im Verfahrensablauf Gemeinsamkeiten auf.

Jedes Verfahren folgt zunächst einer eigenen Struktur, die zu einem vorläufigen Verfahrenswert führt, dem vorläufigen Vergleichswert, dem vorläufigen Ertragswert oder dem vorläufigen Sachwert.

In dieses vorläufige Ergebnis fließen die allgemeinen Grundstücksmerkmale ein.

In jedem Verfahren sind die Marktgegebenheiten – die allgemeinen Wertverhältnisse – zum maßgeblichen Wertermittlungsstichtag zu untersuchen. Im Vergleichswertverfahren werden die allgemeinen Wertverhältnisse regelmäßig durch die Vergleichspreise oder (objektspezifisch angepassten) Vergleichsfaktoren bereits im vorläufigen Vergleichswert erfasst (§ 7 Abs. 1 Nr. 1 ImmoWertV), im Ertragswertverfahren durch den Ansatz marktüblicher Mieten und die Verwendung des (objektspezifisch angepassten) Liegenschaftszinssatzes im vorläufigen Ertragswert (§ 7 Abs. 1 Nr. 2 ImmoWertV). Der vorläufige Vergleichs- oder Ertragswert entspricht daher zumeist dem marktangepassten vorläufigen Verfahrenswert (somit dem marktangepassten vorläufigen Vergleichs- oder Ertragswert).

Da im Sachwertverfahren der Wert der baulichen Anlagen zunächst auf Basis von durchschnittlichen Herstellungskosten (Normalherstellungskosten) kalkuliert wird und die Kosten im Regelfall nicht dem Wert einer Sache entsprechen, ist ein Zwischenschritt notwendig. Durch Anwendung des Sachwertfaktors wird der vorläufige Sachwert in den marktangepassten vorläufigen Sachwert überführt (§ 7 Abs. 1 Nr. 3 ImmoWertV).

In jedem Fall ist zu prüfen, ob die allgemeinen Wertverhältnisse im marktangepassten vorläufigen Verfahrenswert ausreichend berücksichtigt wurden. Ist dies nicht der Fall, so ist eine Marktanpassung durchzuführen (§ 7 Abs. 2 ImmoWertV).

Der Begriff „vorläufig“ weist darauf hin, dass gegebenenfalls noch weitere, bisher nicht erfasste, Grundstücksmerkmale zu würdigen sind. Diese werden als besondere objektspezifischen Grundstücksmerkmale (§ 8 Abs. 3 ImmoWertV) bezeichnet.

Ein Marktabgleich ist nur dadurch möglich, dass individuelle Besonderheiten des Wertermittlungsobjektes zunächst ausgeblendet werden, die es von den Objekten unterscheidet, auf deren Basis die Marktanpassung untersucht wurde. Diese Besonderheiten sind erst abschließend als besondere objektspezifische Grundstücksmerkmale zu berücksichtigen.

Die Wertermittlung kann sich auf ein maßgebliches Verfahren beschränken oder mehrere. Aus ImmoWertV und ImmoWertA ergibt sich keine Verpflichtung zur Durchführung mehrerer Verfahren (anders in der Beleihungswertermittlung).[29]

Sofern mehrere Verfahren durchgeführt werden, müssen alle Verfahrensergebnisse gewürdigt werden.

Die Durchführung eines zweiten Wertermittlungsverfahrens kann bspw. sinnvoll sein, um die Ergebnisse des ersten Verfahrens zu stützen. Es sollte jedoch ein Wertermittlungsverfahren als maßgeblich gewählt werden.

29 Siehe hierzu *Werling, U. (2023)*, S. 3285 ff.

Den Abschluss des Bewertungsprozesses ergibt den Verkehrswert, der üblicherweise dem Verfahrenswert (z.B. Vergleichswert, Ertragswert oder Sachwert) des maßgeblichen Wertermittlungsverfahrens entspricht.

Die ImmoWertV lässt auch die Anwendung von Wertermittlungsverfahren zu, die nicht in der ImmoWertV normiert sind, d.h., die nicht explizit in § 6 Abs. 1 Satz 1 ImmoWertV genannt sind. In der ImmoWertA wird präzisiert, dass es sich um einen Ausnahmefall handelt, weil z.B. keine geeigneten Daten für die normierten Verfahren vorliegen oder die Werteinflüsse nicht sachgerecht erfasst werden können (Nr. 6.(1).1 ImmoWertA).

Die Verfahrenswahl ist in jedem Fall zu begründen.

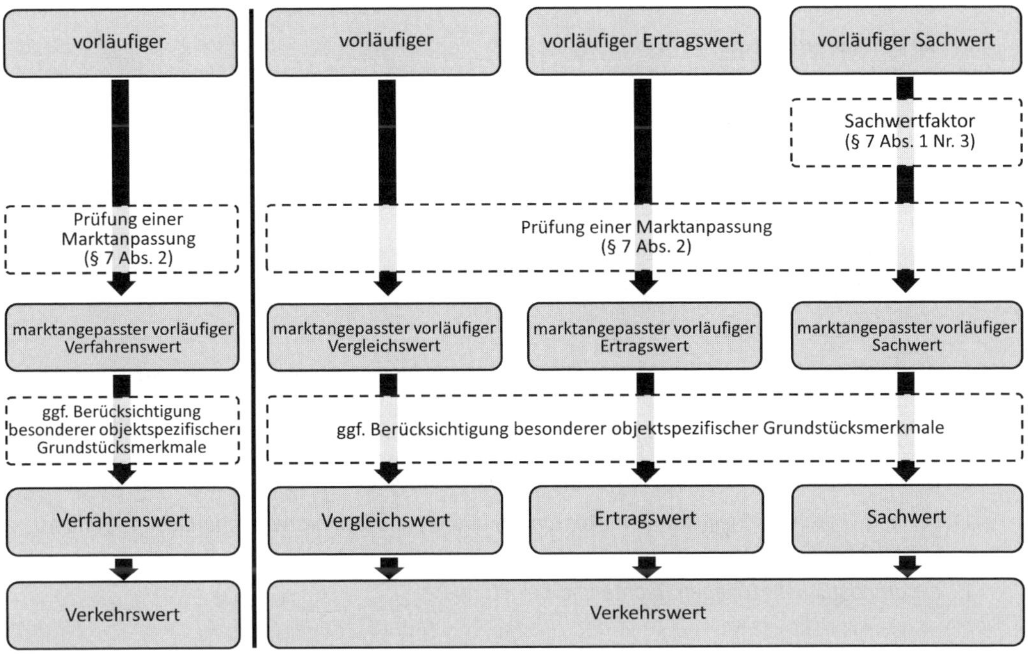

Abb. 6: Ablaufschema der Wertermittlungsverfahren
Quelle: Nr. 6.(3).2 ImmoWertA

1.6 Allgemeine und besondere objektspezifische Grundstücksmerkmale (boG)

Wie bereits in den vorherigen Kapiteln dargestellt wurde, sind in den Wertermittlungsverfahren entsprechend dem Qualitätsstichtag die Grundstücksmerkmale gemäß § 2 Abs. 3 und §§ 3 bis 5 ImmoWertV zu berücksichtigen, die wertbeeinflussend sind. In jedem Verfahren erfolgt dies in unterschiedlicher Weise.

Eine – nicht abschließende – Aufzählung von Grundstücksmerkmalen erfolgt in § 2 Abs. 3 ImmoWertV.

§ 2 ImmoWertV (Grundlagen der Wertermittlung):

(...)

(3) Der Grundstückszustand ergibt sich aus der Gesamtheit der rechtlichen Gegebenheiten, der tatsächlichen Eigenschaften, der sonstigen Beschaffenheit und der Lage des Wertermittlungsobjekts (Grundstücksmerkmale). Zu den Grundstücksmerkmalen können insbesondere zählen

1. *der Entwicklungszustand,*
2. *die Art und das Maß der baulichen oder sonstigen Nutzung,*
3. *die tatsächliche Nutzung,*
4. *der beitragsrechtliche Zustand,*
5. *die Lagemerkmale,*
6. *die Ertragsverhältnisse,*
7. *die Grundstücksgröße,*
8. *der Grundstückszuschnitt,*
9. *die Bodenbeschaffenheit,*
10. *bei bebauten Grundstücken zusätzlich*
    - a) *die Art der baulichen Anlagen,*
    - b) *die Bauweise und die Baugestaltung der baulichen Anlagen,*
    - c) *die Größe der baulichen Anlagen,*
    - d) *die Ausstattung und die Qualität der baulichen Anlagen einschließlich ihrer energetischen Eigenschaften und ihrer Barrierefreiheit,*
    - e) *der bauliche Zustand der baulichen Anlagen,*
    - f) *das Alter, die Gesamtnutzungsdauer und die Restnutzungsdauer der baulichen Anlagen,*
11. *bei landwirtschaftlichen Grundstücken Dauerkulturen und bei forstwirtschaftlichen Grundstücken die Bestockung,*
12. *die grundstücksbezogenen Rechte und Belastungen.*

(...)

In § 3 (Entwicklungszustand; sonstige Flächen; siehe Kap. 2.7.2), § 4 (Alter, Gesamt- und Restnutzungsdauer; siehe Kap. 4.5.1.5) und § 5 (Weitere Grundstücksmerkmale)[30] ImmoWertV finden sich weitere Regelungen zu Grundstücksmerkmalen.

Die ImmoWertV unterscheidet zwischen allgemeinen Grundstücksmerkmalen und besonderen objektspezifischen Grundstücksmerkmalen (in der Praxis auch kurz „boG" genannt) (§ 8 ImmoWertV).

Allgemeine Grundstücksmerkmale sind dadurch gekennzeichnet, dass sie typisch sind, d.h. „hinsichtlich Art und Umfang auf dem jeweiligen Grundstücksmarkt regelmäßig auftreten" (§ 8 Abs. 2 ImmoWertV). Die allgemeinen Grundstücksmerkmale sollen möglichst umfänglich bereits im vorläufigen Vergleichs-, Ertrags- oder Sachwert berücksichtigt sein. An dieser Stelle des Verfahrensablaufs ist ein Vergleich mit anderen Grundstücken möglich, sodass ge-

30 Siehe insbesondere Kap. 2.7.3 zum beitragsrechtlichen Zustand, Kap. 2.7.4. zur Art der baulichen Nutzung, Kap. 2.7.5 zum Maß der baulichen Nutzung, Kap. 3.4.3. zu den Ertragsverhältnissen.

gebenenfalls eine Marktanpassung abgeleitet werden kann, die dann zum marktangepassten vorläufigen Vergleichs-, Ertrags- oder Sachwert führt.

In einem nächsten Schritt sind die besonderen objektspezifischen Grundstücksmerkmale hinsichtlich ihres Werteinflusses zu würdigen. Diese sind in § 8 Abs. 3 ImmoWertV definiert.

> ***§ 8 ImmoWertV (Berücksichtigung der allgemeinen und besonderen objektspezifischen Grundstücksmerkmale):***
>
> *(1) Im Rahmen der Wertermittlung sind Grundstücksmerkmale zu berücksichtigen, denen der Grundstücksmarkt einen* ***Werteinfluss*** *beimisst.*
>
> *(2)* ***Allgemeine Grundstücksmerkmale*** *sind wertbeeinflussende Grundstücksmerkmale, die hinsichtlich Art und Umfang auf dem jeweiligen Grundstücksmarkt* ***regelmäßig*** *auftreten. Ihr Werteinfluss wird bei der Ermittlung des vorläufigen Verfahrenswerts berücksichtigt.*
>
> *(3)* ***Besondere objektspezifische Grundstücksmerkmale*** *sind wertbeeinflussende Grundstücksmerkmale, die* ***nach Art oder Umfang erheblich von dem auf dem jeweiligen Grundstücksmarkt Üblichen oder erheblich von den zugrunde gelegten Modellen oder Modellansätzen abweichen.*** *Besondere objektspezifische Grundstücksmerkmale können* ***insbesondere*** *vorliegen bei*
>
> 1. *besonderen Ertragsverhältnissen,*
> 2. *Baumängeln und Bauschäden,*
> 3. *baulichen Anlagen, die nicht mehr wirtschaftlich nutzbar sind (Liquidationsobjekte) und zur alsbaldigen Freilegung anstehen,*
> 4. *Bodenverunreinigungen,*
> 5. *Bodenschätzen sowie*
> 6. *grundstücksbezogenen Rechten und Belastungen.*
>
> *Die besonderen objektspezifischen Grundstücksmerkmale werden, wenn sie nicht bereits anderweitig berücksichtigt worden sind,* ***erst bei der Ermittlung der Verfahrenswerte*** *insbesondere durch marktübliche Zu- oder Abschläge berücksichtigt. Bei paralleler Durchführung mehrerer Wertermittlungsverfahren sind die besonderen objektspezifischen Grundstücksmerkmale, soweit möglich, in allen Verfahren identisch anzusetzen.*

Die besonderen objektspezifischen Grundstücksmerkmale i.S.v. § 8 Abs. 3 ImmoWertV sind als Gegebenheiten zu verstehen, die bisher noch nicht berücksichtigt wurden und das Wertermittlungsobjekt von anderen ansonsten vergleichbaren Objekten unterscheiden. Die Grenzziehung zwischen den allgemeinen und den besonderen objektespezifischen Grundstücksmerkmalen ist manchmal schwierig. Was üblich und besonders ist, ergibt sich erst aus den tatsächlichen Verkaufstransaktionen, die in die Kaufpreissammlungen einfließen. Die Aufzählung in § 8 Abs. 3 ImmoWertV ist nicht abschließend.

So sind bspw. in Nr. 8.(3).8 ImmoWertA zusätzlich folgende besondere objektespezifische Grundstücksmerkmale genannt:

- wirtschaftliche Überalterung,
- überdurchschnittlicher Erhaltungszustand,
- merkantiler Minderwert.[31]

31 Von einem merkantilen Minderwert spricht man dann, wenn das Wertermittlungsobjekt bspw. trotz Beseitigung eines Baumangels weiterhin eine Wertminderung erfährt (vgl. z.B. *Dippold, R. (2021)*).

Mit der Novellierung der ImmoWertV im Jahre 2022 wurde eine weitere Kategorie der besonderen objektspezifischen Grundstücksmerkmale eingeführt, die auf den Grundsatz der Modellkonformität zurückzuführen ist (§ 10 ImmoWertV, siehe hierzu Kap. 1.2). Wie in den folgenden Kapiteln noch ausgeführt wird, sind die Modelle, nach denen die Wertermittlungsverfahren durchzuführen sind, inklusive verschiedener Modellansätze (z.B. Bewirtschaftungskosten im Ertragswertverfahren gemäß Anlage 3 ImmoWertV), normiert, d.h. verbindlich festgelegt. Motivation des Gesetzgebers ist hier eine Vereinheitlichung, die vor allem die Gutachterausschüsse betrifft. Denn die für die Wertermittlung erforderlichen Daten (z.B. Vergleichsfaktoren, Sachwertfaktoren, Liegenschaftszinssätze) werden durch eine Art Rückrechnung aus tatsächlich erzielten Kaufpreisen nach den jeweils für eine Immobilienart einschlägigen Wertermittlungsverfahren ermittelt. Um hier eine Vergleichbarkeit herzustellen, sollen die Gutachterausschüsse einheitlich vorgehen und die Vorgehensweise ausführlich in Modellbeschreibungen (§ 12 Abs. 6 ImmoWertV) darlegen. Bei Anwendung der Daten im Rahmen einer Wertermittlung müssen dann die Modelle und Modellansätze ebenso beachtet werden. Muss jedoch im Einzelfall von den Modellen und Modellansätzen abgewichen werden, um den gewöhnlichen Geschäftsverkehr abzubilden, so kann dies durch Zu- oder Abschläge als besondere objektspezifische Grundstücksmerkmale geschehen. Sind bspw. höhere Bewirtschaftungskosten anzusetzen als in den Modellansätzen nach Anlage 3 ImmoWertV normiert, so kann es erforderlich sein, die Differenz bei den besonderen objektspezifischen Grundstücksmerkmalen anzusetzen.

Die besonderen objektspezifischen Grundstücksmerkmale können „durch marktübliche Zu- oder Abschläge berücksichtigt" werden, sofern ihnen ein Werteinfluss zugeordnet werden kann und „sie nicht bereits anderweitig berücksichtigt worden sind" (bspw. im Rahmen der objektspezifischen Anpassung, siehe die folgenden Kapitel zu den Wertermittlungsverfahren). Um dies und die Höhe der Anpassungen zu bemessen, ist eine entsprechende Marktkenntnis erforderlich.

Da die Bewertung eines Objektes grundsätzlich nach mehreren Verfahren erfolgen kann, sollten besondere objektspezifische Grundstücksmerkmale in allen Verfahren möglichst identisch angesetzt werden.

Der Umgang mit besonderen objektspezifischen Grundstücksmerkmalen wird in den jeweiligen Kapiteln zu den Wertermittlungsverfahren erläutert. So sind die besonderen Ertragsverhältnisse Gegenstand der Ausführungen zum Ertragswertverfahren (siehe Kap. 3). Zu- und Abschläge wegen Baumängeln, Bauschäden, wirtschaftlicher Überalterung (z.B. erhebliche Ausstattungsmängel oder unzweckmäßige Grundrissgestaltung) und überdurchschnittlichem Erhaltungszustand (z.B. überdurchschnittliche Instandhaltung ohne den Effekt einer Modernisierung) werden im Rahmen des Sachwertverfahrens dargestellt (siehe Kap. 4).

Im Falle einer Freilegung bzw. eines Abrisses von baulichen Anlagen handelt es sich um ein Liquidationsobjekt. Dem Bodenwert kommt eine besondere Bedeutung zu. Der Werteinfluss von Freilegungskosten ist als besonderes objektspezifisches Grundstücksmerkmal in Abzug zu bringen. Der Bodenwertermittlung ist ein eigenes Kapitel gewidmet (siehe Kap. 2.7).

Bodenverunreinigungen stellen ein großes Problem dar, da Umfang und Beseitigungsaufwand vom Wertermittler nicht abgeschätzt werden können. Besteht hierfür ein Verdacht oder liegen konkrete Hinweise vor, ist ein Spezialist für dieses Sachgebiet hinzuzuziehen.

Die Ermittlung des Werteinflusses von Rechten und Belastungen ist ein sehr umfangreicher Themenkomplex, der über die Zielsetzung dieses Buches hinausgeht. Regelungen hierzu sind in Teil 4, Abschnitt 2, der ImmoWertV (§§ 46 bis 52 ImmoWertV) und den dazu gehörigen Anwendungshinweisen der ImmoWertA enthalten. Es wird an dieser Stelle auf die weiterführende Literatur verwiesen.[32]

1.7 Notwendige Unterlagen und Informationen

Die Wertermittlungsverfahren haben weitere Gemeinsamkeiten hinsichtlich der einzuholenden Unterlagen und Informationen.

Folgende Unterlagen müssen für eine Wertermittlung vorliegen, jeweils bezogen auf den maßgeblichen Stichtag (nicht abschließend):

- maßstäbliche **Pläne** (Grundrisse, Schnitte, Ansichten) der Gebäude,
- **Energieausweis**,
- Angaben über das **Baujahr** und den Zeitpunkt eventueller **Um- und Anbauten** sowie Angaben über nicht genehmigungspflichtige Baumaßnahmen,
- **Mietverträge** und Angaben über die derzeitige Höhe der **Miete** und der **Bewirtschaftungskosten, Abrechnung der CO2-Kosten,**
- Auskünfte über **Besonderheiten** des Grundstücks einschließlich eventueller **Kontaminationen,**
- Mitteilung über **Rechte und Belastungen** am Grundstück, die nicht im Grundbuch oder im Baulastenverzeichnis eingetragen sind (z.B. altrechtliche Vereinbarungen),
- **Grundbuchauszug,**
- **Eintragungsbewilligungen** zu Eintragungen in Abt. II des Grundbuches (Grundakte)[33],
- **Auszug** aus dem **Liegenschaftskataster, Flurkarte.**

Bei Wohnungs- und Teileigentum zusätzlich:

- **Aufteilungsplan,**
- **Teilungserklärung** einschließlich eventueller Nachträge,
- **Abrechnung** des Verwalters nach dem Wohnungseigentumsgesetz (WEG),
- **Wirtschaftsplan,**
- Auskunft über die Höhe der gemeinschaftlichen **Erhaltungsrücklage,**
- **Beschlusssammlung und zwei bis drei Protokolle der Eigentümerversammlungen.**

32 Z.B. *Fischer, R. (2023)*, S. 3001 ff.; *Kröll, R./ Hausmann, A./ Rolf, A. (2015)*.

33 Sofern die Urkunden zu Eintragungen in Abt. II des Grundbuches dem Auftraggeber nicht vorliegen, ist eine Einsichtnahme der Grundakten beim Grundbuchamt durch den Wertermittler vorzunehmen. Einsicht wird jedoch nur bei berechtigtem Interesse gewährt, nachzuweisen bspw. durch eine Vollmacht des Grundstückseigentümers. Letztlich kann nur durch eine Einsicht in die Urkunden abschließend beurteilt werden, ob Eintragungen einen Werteinfluss haben oder nicht.

Darüber hinaus sind behördliche Auskünfte einzuholen (nicht abschließend):

- **Baulastenverzeichnis** (nicht in allen Bundesländern),
- **öffentlich-rechtliche Einschränkungen** (Denkmalschutz, Sanierungsgebiet etc.),
- **Altlastenkataster,**
- **Erschließungszustand und beitragsrechtlicher Zustand,**
- **planungsrechtlicher Rahmen** (Flächennutzungsplan, Bebauungsplan gemäß § 30 BauGB, Grundlagen nach § 34 oder § 35 BauGB usw.),
- **Baugenehmigungsunterlagen (Bauakte),**[34]
- Sofern relevant: Überschwemmungsgebiet, naturschutzrechtliche Belange, u.a.

1.8 Flächendefinitionen

Der Gegenstand der Wertermittlung bzw. das Wertermittlungsobjekt ist genau zu beschreiben, sodass die Herleitung des Wertes auch für jemanden, der das Objekt nicht kennt, nachvollziehbar ist.

Von zentraler Bedeutung ist in diesem Zusammenhang die Ermittlung von Flächen und Volumina der bewertungsgegenständlichen Gebäude. Ohne sie können keine Vergleiche hergestellt, keine Mieten bestimmt und keine Herstellungskosten ermittelt werden.

Immer benötigt wird bei Wohnobjekten die Wohnfläche und bei gewerblich genutzten Objekten je nach Branche die Nutzfläche oder Brutto- bzw. Nettogrundfläche. Sie bilden u.a. die Grundlage für die Bemessung von marktüblichen Mieterträgen sowie die Ermittlung von Gebäudefaktoren (Kaufpreis in € pro m^2).

Auf die Ermittlung der für das Sachwertverfahren erforderlichen Brutto-Grundfläche wird vor allem in Kapitel 4.4 eingegangen. Mit der (wertrelevanten) Geschossfläche befasst sich Kapitel 2.7.5 im Rahmen der Ausführungen zur Bodenwertermittlung.

1.8.1 Wohnfläche

Für die Wohnflächenberechnung kommen mehrere Grundlagen in Frage. Verwendung findet in erster Linie die seit dem 1.1.2004 geltende Wohnflächenverordnung (WoFlV), die die §§ 42 bis 44 der II. Berechnungsverordnung (II. BV) ersetzt hat, und die DIN 283.[35]

Einführend ist darauf hinzuweisen, dass es im frei finanzierten Wohnungsbau keine gesetzlich vorgeschriebene Norm gibt, nach der die Wohnfläche zu ermitteln ist. Vielmehr bildet sich

34 Die Baugenehmigung und die genehmigten Baupläne sowie in den Bauakten vorhandene Unterlagen wie Flächenberechnungen oder Baubeschreibungen enthalten wertvolle Informationen für die Immobilienbewertung. Der Wertermittler kann jedoch regelmäßig nicht überprüfen, ob die baulichen Anlagen in allen Belangen der Genehmigung entsprechen. Gegebenenfalls ist darauf bereits im Gutachtenauftrag hinzuweisen.

35 Vgl. hierzu auch *Kleiber, W. (2023)*, S. 239 ff., *Dröge, F. (2005)*, S. 19 ff., *Heix, G. (2013)*, *Schwirley, P. (2006)*, S. 281 ff.

aus dem Marktgeschehen eine Norm heraus, nach der im gewöhnlichen Geschäftsverkehr die Wohnfläche bemessen wird. Die Verkehrssitte ist zu beachten. Maßgeblich ist bei Verwendung von für die Wertermittlung erforderlichen Daten der Grundsatz der Modellkonformität (§ 10 ImmoWertV, siehe Kap. 1.2). Sofern in der Modellbeschreibung angegeben ist, auf welcher Grundlage Flächen zu ermitteln sind, so ist dies bei Verwendung der Daten zu berücksichtigen. Wird bspw. ein Mietspiegel im Rahmen der Wertermittlung herangezogen, so ist die Wohnfläche des zu bewertenden Objektes auf der gleichen Grundlage zu ermitteln. Gegebenenfalls kann mietvertraglich aber eine andere Norm vereinbart sein, was angemessen zu würdigen ist.

Die II. Berechnungsverordnung und die Wohnflächenverordnung sind im sozialen Wohnungsbau nach dem Wohnraumförderungsgesetz (WoFG) bindend, z.B. als Grundlage für die Ermittlung einer Kostenmiete.

Die II. Berechnungsverordnung beinhaltet in der bis zum 31.12.2003 geltenden Fassung (a.F.) in den §§ 42 bis 44 konkrete Vorgaben für die Wohnflächenermittlung. Zum 1.1.2004 wurden diese Paragraphen ersetzt durch die Wohnflächenverordnung. Gleichzeitig wurden einige Neuerungen und Konkretisierungen eingeführt. Diese betrafen in erster Linie die Anrechnung von Terrassen und Balkonen, den Umgang mit Putzabzügen sowie die Frage der Anrechenbarkeit von Wintergärten.

Die II. Berechnungsverordnung (a.F.) beinhaltet für die Anrechnung von Balkonen, Loggien, Dachgärten oder gedeckten Freisitzen einen größeren Spielraum, da nur angegeben ist, dass diese bis zu 50 % auf die Wohnfläche anrechenbar seien. Dies ermöglicht eine Anrechnung entsprechend dem Grad der Nutzbarkeit, also auch zu 0 %. Üblicherweise werden 25 oder 50 % der Flächen angerechnet. Dies betrifft neben Balkonen, Loggien oder Dachterrassen auch erdgeschossige Terrassen, sofern es sich um gedeckte Freisitze handelt. Grundlage der Wohnflächenberechnung können sowohl Rohbaumaße als auch Fertigmaße sein. Die meisten Baupläne wurden bislang auf Basis von Rohbaumaßen, also ohne Putz, gezeichnet. Bei der Wohnflächenberechnung ist das durch einen 3%-igen Putzabzug zu berücksichtigen. Liegen Fertigmaße (lichte Maße zwischen den Bauteilen) vor, bspw. auf Basis eines örtlichen Aufmaßes, so entfällt der Putzabzug. Wintergärten, Schwimmbäder und ähnliche nach allen Seiten umschlossene Räume werden grundsätzlich zu 50 % auf die Wohnfläche angerechnet.

Die Wohnflächenverordnung sieht nun vor, dass Balkone, Loggien, Dachgärten und Terrassen i.d.R. zu 25 % angerechnet werden mit der Möglichkeit, den Prozentsatz bis auf 50 % zu erhöhen. Die Spezifikation eines gedeckten Freisitzes ist weggefallen. Die Einschätzung, unter welchen Voraussetzungen von einem gedeckten Freisitz gesprochen werden kann, ist im Einzelfall ohnehin schwierig.[36] Die Wohnflächenberechnung ist auf Basis von Fertigmaßen ohne Putzabzug vorgesehen. Dies setzt jedoch voraus, dass die Fertigmaße aus den Bauzeichnungen hervorgehen oder ein örtliches Aufmaß erstellt wird. Da dies meist nicht der Fall ist, wird in der Praxis auch unter Bezugnahme auf die II. Berechnungsverordnung häufig hilfsweise an einem Putzabzug in Höhe von pauschal 3 % festgehalten. Dadurch kommt es zu einer teilweisen Vermischung beider Normen. Im Falle von Wintergärten, Schwimmbädern und ähnlichen

36 Klassischerweise handelt es sich um einen ebenerdigen Platz mit Überdachung. Allerdings kann bereits aufgrund eines Sichtschutzes, z.B. durch Sichtblenden, ein gedeckter Freisitz vorliegen, vgl. hierzu *Dröge, F. (2005)*, S. 21 f.

nach allen Seiten geschlossenen Räumen wird konkretisiert, dass sie zu 50 % anzurechnen sind, wenn es sich um unbeheizte Räume handelt, ansonsten erfolgt eine Anrechnung zu 100 %.

Der Grundsatz, Räume mit einer lichten Höhe unter 1 m überhaupt nicht und mit einer lichten Höhe zwischen 1 und 2 m zu 50 % auf die Wohnfläche anzurechnen, ist unverändert geblieben. Die in der II. Berechnungsverordnung vorgesehene Möglichkeit, im Falle von Einfamilienhäusern und Zweifamilienhäusern unter bestimmten Voraussetzungen[37] einen pauschalen Flächenabzug in Höhe von 10 % vorzunehmen, ist ersatzlos weggefallen.

Die DIN 283 enthält in Blatt 1 Begriffsdefinitionen und in Blatt 2 Berechnungsgrundlagen für die Wohn- und Nutzflächenermittlung. Blatt 1 wurde im Jahre 1989 zurückgezogen und Blatt 2 bereits im Jahre 1983. Trotzdem findet die DIN 283, genauso wie die §§ 42 bis 44 II. BV (in der bis 31.12.2003 geltenden Fassung), noch Anwendung. Die DIN 283 sieht grundsätzlich eine Anrechnung von Balkonen, Loggien und gedeckten Freisitzen mit 25 % ihrer Fläche vor. Wie auch bei der II. Berechnungsverordnung sind Rohbaumaße, die Bauplänen entnommen werden, um 3 % Putzabzug zu mindern. Im Falle von nicht ausreichend beheizten Wintergärten erfolgt eine Anrechnung zu 50 %.

Exkurs

Begriff der Wohnung:

Gemäß § 20 Bundesmelderegister (BMG) ist eine „Wohnung im Sinne dieses Gesetzes (...) jeder umschlossene Raum, der zum Wohnen oder Schlafen benutzt wird".

Die Erläuterungen zum Zensus 2022 enthalten folgende Definition:

„Unter einer Wohnung sind nach außen abgeschlossene, zu Wohnzwecken bestimmte, in der Regel zusammenliegende Räume zu verstehen, die die Führung eines eigenen Haushalts ermöglichen und nicht vollständig für gewerbliche Zwecke genutzt werden. Eine Wohnung muss nicht notwendigerweise eine Küche oder Kochnische enthalten. Wohnungen haben einen eigenen Eingang unmittelbar vom Freien, von einem Treppenhaus oder einem Vorraum. Zur Wohnung können aber auch außerhalb des eigentlichen Wohnungsabschlusses liegende, zu Wohnzwecken ausgebaute Keller- oder Bodenräume (wie Mansarden) gehören."

Mindestanforderungen an Wohnungen finden sich auch in den Bauordnungen der Länder. Sie beziehen sich häufig auf die Belichtungs- und Belüftungsverhältnisse sowie weitere Ausstattungsdetails (bspw.: Vorhandensein einer Küche oder Kochnische sowie eines Bades mit Badewanne oder Dusche und einer Toilette gemäß Art. 46 BayBO).

Gemeinhin spricht man auch von einer Wohnung, wenn sich das WC außerhalb des engeren Wohnbereichs, z.B. im Treppenhaus, am Hausflur, befindet. Diese Fälle sind zwischenzeitlich selten geworden, existieren aber noch.

37 Bei Zweifamilienhäusern mit zwei nicht abgeschlossenen Wohnungen 10 % Flächenabzug bei beiden Wohnungen. Bei Zweifamilienhäusern mit einer abgeschlossenen und einer nicht abgeschlossenen Wohnung 10 % Flächenabzug bei der nicht abgeschlossenen Wohnung (§ 44 Abs. 3 II. BV, a.F.).

Zimmer vs. halbes Zimmer vs. Kammer:

Die Größe einer Wohnung bestimmt sich auch nach der Anzahl der Zimmer. Unter Ziffer 2, Blatt 1, DIN 283 finden sich Angaben zu Mindestgrößen von Zimmern in Abhängigkeit von deren Nutzung. Folgende Mindestgrößen werden genannt:

- *Wohn- und Schlafzimmer: 10 m²*
- *Wohn- und Schlafkammern: 6 m²*
- *Wohnküchen: 12 m²*

Bei einer Größe von mindestens 6 m² und weniger als 10 m² spricht man auch von einem halben Zimmer. Hierfür gibt es jedoch keine verbindliche Definition.[38]

Die II. BV und die WoFlV enthalten keine Angaben zur Mindestgröße von Zimmern und Kammern. Die Definitionen der DIN 283 haben jedoch Eingang in den gewöhnlichen Geschäftsverkehr gefunden und sind somit weiterhin relevant.

Bei Kammern handelt es sich häufig um unbeheizte Schlafräume oder der Aufbewahrung dienende Räume.[39]

Abgeschlossenheit:

Gemäß Ziffer 1.2, Blatt 1, DIN 283 spricht man von einer abgeschlossenen Wohnung, wenn sie „baulich vollkommen von fremden Wohnungen und Räumen abgeschlossen sind, z.B. durch Wände und Decken, die den Anforderungen der Bauaufsichtsbehörden (Baupolizei) (…) entsprechen, und einen eigenen abschließbaren Zugang (…) haben".

Die Anforderungen an Abgeschlossenheit ergeben sich ferner aus dem Bauordnungsrecht der Länder (z.B. § 29 BauO NRW 2018; Art. 27 BayBO).

Wird Wohnungseigentum gemäß dem Wohnungseigentumsgesetz (WEG) gebildet, so ist gemäß § 7 Abs. 4 WEG eine Abgeschlossenheitsbescheinigung der Baubehörde vorzulegen, um die Teilung im Grundbuch vollziehen zu können.

Die Unterschiede der oben genannten Grundlagen sind in den wesentlichen Punkten marginal. Eine Synopse mit den wesentlichen Unterschieden enthält Abb. 7.

Zu erwähnen sei darüber hinaus die Richtlinie zur Berechnung der Mietfläche für Wohnraum (MF/W) der Gesellschaft für Immobilienwirtschaftliche Forschung (gif).[40] Zwischenzeitlich wurde diese mit der MF/G für Gewerbeflächen und der MF/V für Verkaufsflächen in die MF-GIF zusammengefasst. Ausgangspunkt ist die DIN 277.[41] Auf deren Grundlage werden die Teilflächen ausgehend von der Brutto-Grundfläche weiter heruntergebrochen bis zur Wohnfläche. Die MF-GIF wird vor allem im gewerblichen Bereich angewendet und nimmt auch Bezug auf die internationalen Flächenermittlungsstandards für Immobilien (International Property Measurment Standards IPMS).

38 www.perfekte-wohnung.de (Stand: 27.12.2024).
39 https://de.wikipedia.org/wiki/Kammer_(Architektur) (Stand: 27.12.2024).
40 www.gif-ev.de.
41 Siehe Kap. 4.4.

Für international agierende Investoren ist es wichtig, dass Flächen möglichst einheitlich definiert werden. Vor diesem HIntergrund wurden von 80 Immobilienverbänden aus aller Welt gemeinsam die International Property Measurement Standards (IPMS) veröffentlicht, einen weltweit anwendbaren Standard für Flächenermittlung (www.ipmsc.org).

Fläche	DIN 283	WoFlV + II. BV
Balkone, Loggien, Terrassen im OG, überdeckte Freisitze, überdeckte Terrassen im Erdgeschoss	exakt zu ¼ der Fläche	**WoFlV:** in der Regel zu einem Viertel, höchstens zur Hälfte, auch keine Anrechnung möglich **II. BV:** bis zur Hälfte ihrer Flächen, also auch keine Anrechnung möglich **Fazit:** also kein Unterschied
Mauervorlagen	Abzug, wenn in voller Raumhöhe durchgehend	**WoFlV:** Abzug sofern Höhe über 1,50 m **II. BV:** wie DIN 283
nicht überdeckte Terrassen, Freisitze Erdgeschoss	nicht anrechenbar	**WoFlV:** wie Balkone etc. **II. BV:** wenn gedeckt, d.h. mit ausreichendem Sichtschutz bis zur Hälfte, sonst nicht
Wintergärten	nicht ausreichend heizbar zu ½, sonst voll	**WoFlV:** nicht beheizt zu ½, ansonsten voll **II. BV:** grundsätzlich zur Hälfte
Schwimmbäder und dazu gehörige Sanitärräume, Sauna	keine Aussage	grundsätzlich zur Hälfte
Erker und Wandschränke	sind einzubeziehen	**WoFlV:** sind einzubeziehen **II. BV:** Grundfläche mindestens 0,5 m^2
Räume, die den nach ihrer Nutzung zu stellenden Anforderungen des Bauordnungsrechts nicht genügen	keine Regelung, im Einzelfall als anrechenbare Nebenräume zu berücksichtigen	gehören nicht zur Wohnfläche § 1 Abs. 3 WoFlV (§ 42, Abs. 4, 3 II. BV)
Abstellräume außerhalb der Wohnung	anrechenbar Blatt 1, 1.5 u. 11	Zubehörräume, welche unberücksichtigt bleiben
Raumteile unter Treppen	Über 2 m Höhe voll	**WoFlV:** Höhe zwischen 1 m und 2 m zu ½, über 2 m voll **II. BV:** wie DIN 283

Abb. 7: Gegenüberstellung der Berechnungsgrundlagen für die Wohnfläche
Quelle: Dröge, F. (2005), S. 30 f.; vgl. weitere Synopse bei Schwirley, P. (2006), S. 288 f.

Schwierigkeiten in der Praxis ergeben sich mit der Anrechnung von Hobbyräumen, die sich in Keller- oder Dachgeschossen befinden. Hierzu gibt es keine normativen Vorgaben. Gemäß § 42 Abs. 4 II. BV (a.F.) und § 2 Abs. 3 WoFlV sind Räume, die den nach ihrer Nutzung zu stellenden Anforderungen des Bauordnungsrechts nicht genügen, nicht auf die Wohnfläche anzurechnen. Im Umkehrschluss zählen Räume, die dem dauernden Aufenthalt dienen (Aufenthaltsräume), voll zur Wohnfläche. Die Anforderungen an Aufenthaltsräume sind in den Landesbauordnungen geregelt (z.B. Art. 45 BayBO). Hobbyräume, Bastel- und Werkräume oder Schwimmbäder sind i.d.R. nicht für den dauernden Aufenthalt geeignet und auch nicht dafür vorgesehen.

Inwieweit die Anforderungen an Aufenthaltsräume im Sinne der jeweiligen Landesbauordnung erfüllt sind, kann vom Wertermittler häufig nicht abschließend beurteilt werden. Unabhängig von dieser bauordnungsrechtlichen Einordnung, stellt sich die Frage, welchen Werteinfluss die Räumlichkeiten im gewöhnlichen Geschäftsverkehr haben.

Die BGH-Rechtsprechung[42] kann dahingehend interpretiert werden, dass auch Bereiche auf die Wohnfläche anzurechnen sind, von denen bekannt ist, dass sie den Anforderungen an Aufenthaltsräumen nicht entsprechen, wenn dieser Parteiwille durch mietvertragliche Vereinbarungen zum Ausdruck kommt. In einem am BGH verhandelten Fall ging es um eine Maisonette-Galerie, die aufgrund einer nicht ausreichenden Raumhöhe den Anforderungen der Landesbauordnung für Aufenthaltsräume nicht entsprach. Jedoch war laut Mietvertrag auch das Galeriegeschoss zur Wohnnutzung vermietet worden und in die mit Mietvertrag angegebene Wohnfläche eingerechnet worden. Der BGH hat dazu ausgeführt, dass „die Flächen von Räumen, die nach dem Vertrag zu Wohnzwecken vermietet sind, bei der Wohnflächenermittlung unabhängig davon mit einzurechnen (sind, Anm.d.Verf.), ob sie wegen öffentlich-rechtlicher Nutzungsbeschränkungen bei einer Flächenberechnung nach den Bestimmungen der II. BV als Wohnraum anzurechnen sind".

Daneben hat der BGH[43] jedoch auch entschieden, dass es im Rahmen von Mieterhöhungsverlangen auf die tatsächliche Wohnfläche ankommt und nicht auf die vertraglich vereinbarte. Es geht somit um den „objektiven Wohnwert"[44] einer Wohnung.

Welche Bereiche im frei finanzierten Wohnungsbau auf die Wohnfläche anzurechnen sind und welche nicht, kann zu einer Rechtsfrage werden, die im Zweifel nicht durch den Wertermittler zu beantworten ist. Die Aufgabe des Wertermittlers ist es jedoch, den gewöhnlichen Geschäftsverkehr und das Verhalten der Marktteilnehmer nachzuvollziehen.

So ist in der Praxis die Tendenz festzustellen, dass Hobbyräume hälftig auf den Wert der Wohnung oder des Hauses angerechnet werden. Dabei kann eine flächenmäßige Anrechnung zu 50 % erfolgen, um der Summe aller Flächen den gleichen durchschnittlichen Miet- oder Marktwert zugrunde zu legen. Alternativ kann die geringere Wertigkeit durch einen verminderten Miet- oder Marktwert pro m² berücksichtigt werden. Beiden Varianten liegt die Überlegung zugrunde, welchen Nutzungswert der Hobbyraum hat und welchen „Aufpreis" ein potenzieller Mieter oder Käufer dafür zu zahlen bereit wäre.

---

42 BGH, Urt. vom 16.12.2009 – VIII ZR 39/09 –, GuG 2010, 188; vgl. auch *Kleiber, W. (2023)*, S. 1034.
43 BGH, Urt. vom 18.11.2015 – VIII ZR 266/14.
44 *Kleiber, W.* (2023), S. 1785.

In diesem Zusammenhang wird nochmals auf den Grundsatz der Modellkonformität verwiesen. Informationen über die Anrechnung von Flächen, z.B. Hobbyräumen oder Balkonen und Terrassen, in der Modellbeschreibung sind von besonderer Bedeutung.

1.8.2 Gewerbliche Mietfläche

Noch weniger Regulierung gibt es im gewerblichen Bereich. Aufgrund der geltenden Vertragsfreiheit kann die Mietfläche nach unterschiedlichen Normen ermittelt werden.

Von zentraler Bedeutung ist die DIN 277:2021. Ausgehend von der Brutto-Grundfläche (als Summe der nach Außenmaßen ermittelten Grundfläche aller Geschosse eines Gebäudes) ergibt sich nach Abzug von Konstruktionsgrundfläche (z.B. Wände, Stützen) zunächst die Netto-Raumfläche. Nach weiterem Abzug von Verkehrsfläche (z.B. Flure, Treppen) und Technikfläche (z.B. Technik- und Anschlussräume) ergibt sich die Nutzungsfläche als Residuum für die Nutzungen entsprechend der Zweckbestimmung des Gebäudes. Die DIN 277 per se macht keine Angaben zur Wertigkeit bestimmter Flächen. Daher ist sie bspw. als Grundlage für die Wohnflächenberechnung nicht geeignet. Es erfolgt lediglich eine Differenzierung von Flächenarten, die jedoch gleichwertig nebeneinander stehen.

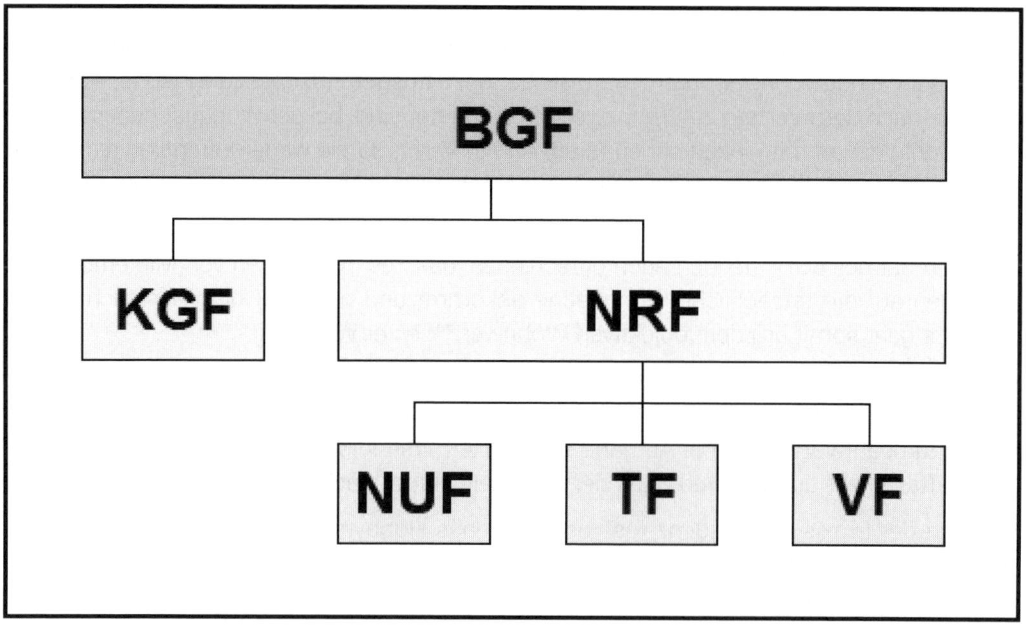

Abb. 8: Aufteilung der Brutto-Grundfläche nach DIN277:2021
Quelle: https://de.wikipedia.org/wiki/DIN_277

Die Angaben der DIN 277 wurden durch die Richtlinie zur Berechnung der Mietfläche für Büroraum (MF/B) und Handel (MF/H), beide veröffentlicht durch die Gesellschaft für Immobilienwirtschaftliche Forschung gif, weiter konkretisiert. Die Richtlinien wurden weiterentwickelt und 2023 zu einer Richtlinie MF-GIF zusammengefasst, die für alle Nutzungsarten in Nichtwohngebäuden (z. B. Büro, Hotel, Handel, Logistik etc.) sowie gemischt genutzten Gebäuden (mixed-use) anwendbar ist.[45] Sie nimmt auch Bezug auf die IPMS.

Mit den IPMS (International Property Measurement Standards) strebt die Koalition zur Entwicklung internationaler Flächenermittlungsstandards für Immobilien (International Property Measurement Standards Coalition; IPMSC), zu der auch Organisationen wie die gif oder HypZert[46] gehören, eine Standardisierung auf internationaler Ebene an. Die früheren Standards für verschiedene Immobilienarten sind zwischenzeitlich im Jahre 2023 durch einen gemeinsamen Standard für alle Gebäudetypen (all buildings) ersetzt worden und stehen in verschiedenen Sprachen übersetzt zur Verfügung.[47]

Wie auch bei der Wohnflächenberechnung gilt es im gewerblichen Bereich, den gewöhnlichen Geschäftsverkehr nachzuvollziehen. In Abhängigkeit von der Branche können sich unterschiedliche Flächendefinitionen ausbilden, die Vertragsvereinbarungen zugrunde gelegt werden.

In diesem Zusammenhang ist es durchaus üblich, nicht die Nutzungsfläche im Sinne der DIN 277 heranzuziehen, sondern die Brutto-Grundfläche.

Daher ist Vorsicht geboten bei der Heranziehung von Marktdaten aus Marktberichten oder anderen Quellen. Werden bspw. Mieten pro m² angegeben, muss bekannt sein, welche Fläche gemeint ist.[48]

---

45 www.gif-ev.de, Stand: 12.4.2024.

46 Die HypZert GmbH ist eine Gesellschaft der Spitzenverbände der deutschen Finanzwirtschaft.

47 www.ipmsc.org, Stand: 12.4.2024.

48 Vgl. weitere Ausführungen bei *Kleiber, W. (2023)*, S. 239 ff., *Dröge, F. (2005)*, S. 88 ff.

2. Vergleichswertverfahren

Übersicht Seite

2.1 Philosophie

Beim Vergleichswertverfahren wird der Verkehrswert auf Basis von Vergleichspreisen oder -faktoren, die aus tatsächlich erzielten Kaufpreisen für mit dem Wertermittlungsobjekt vergleichbaren Objekten abgeleitet wurden, ermittelt. Intuitiv werden bei jeder Preisfindung Vergleiche angestellt. Ein potenzieller Käufer, der auf der Suche nach einer Immobilie ist, informiert sich mit Hilfe von Zeitungsinseraten bzw. Internetangeboten darüber, in welchem Preissegment die Wunschimmobilie liegt. Umgekehrt erhält ein Verkäufer auf diesem Wege eine Vorstellung darüber, welcher Angebotspreis für ein Grundstück angesetzt werden kann.

Vergleiche fließen insofern immer in eine Bewertung ein, wenn bspw. die Ergebnisse des Ertragswert- oder Sachwertverfahrens auf Marktkonformität überprüft werden sollen. Nicht immer sind aber die verfügbaren Daten hinreichend geeignet, um das Vergleichswertverfahren im Sinne der §§ 24 bis 26 ImmoWertV als maßgebliches Verfahren zur Ermittlung des Verkehrswertes durchzuführen.

2.2 Anwendungsbereich

Als maßgebliches Verfahren zur Ermittlung des Verkehrswertes findet das Vergleichswertverfahren vor allem bei unbebauten Grundstücken und Eigentumswohnungen Anwendung, da es hierfür am ehesten ausreichend geeignetes Datenmaterial gibt. Andere Immobilientypen, wie z.B. Ein- und Mehrfamilienhäuser und Gewerbeobjekte, unterscheiden sich anhand so vieler Merkmale, dass Vergleiche schwer möglich sind und sich die wertbildenden Faktoren besser in den anderen beiden Verfahren abbilden lassen. Vorstellbar ist die Anwendung des Vergleichswertverfahrens bspw. in größeren Wohnsiedlungen, in denen eine Vielzahl gleichartiger Objekte, z.B. Reihenhäuser, entstanden ist (siehe Kap. 1.5).

2.3 Normative Grundlagen

Regelungen zum Vergleichswertverfahren finden sich in Teil 3 (Besondere Grundsätze zu den einzelnen Wertermittlungsverfahren), Abschnitt 1 (Vergleichswertverfahren), §§ 24 bis 26 ImmoWertV sowie Nrn. 24.1 bis 26.3 ImmoWertA.

> ***§ 24 ImmoWertV (Grundlagen des Vergleichswertverfahrens):***
>
> *(1) Im Vergleichswertverfahren wird der Vergleichswert aus einer **ausreichenden Anzahl von Vergleichspreisen** im Sinne des § 25 ermittelt. Neben oder anstelle von Vergleichspreisen können insbesondere bei bebauten Grundstücken ein **objektspezifisch angepasster Vergleichsfaktor** im Sinne des § 26 Absatz 1 und bei der Bodenwertermittlung ein **objektspezifisch angepasster Bodenrichtwert** im Sinne des § 26 Absatz 2 herangezogen werden.*
>
> *(2) Der vorläufige Vergleichswert kann ermittelt werden*
>
> 1. *auf Grundlage einer statistischen Auswertung einer ausreichenden Anzahl von Vergleichspreisen oder*
> 2. *durch Multiplikation eines objektspezifisch angepassten Vergleichsfaktors oder eines objektspezifisch angepassten Bodenrichtwerts mit der entsprechenden Bezugsgröße des Wertermittlungsobjekts.*
>
> *(3) **Der marktangepasste vorläufige Vergleichswert entspricht nach Maßgabe des § 7 dem vorläufigen Vergleichswert.***
>
> *(4) Der Vergleichswert ergibt sich aus dem marktangepassten vorläufigen Vergleichswert und der Berücksichtigung vorhandener besonderer objektspezifischer Grundstücksmerkmale des Wertermittlungsobjekts.*

In den §§ 24 bis 26 ImmoWertV werden die Vorgehensweise bei der Vergleichswertermittlung im Einzelnen sowie die Anforderungen an das Verfahren und die Datengrundlagen näher beschrieben.

In den Anwendungshinweisen ist unter Nr. 24.1 ImmoWertA ein Ablaufschema des Vergleichswertverfahrens enthalten.

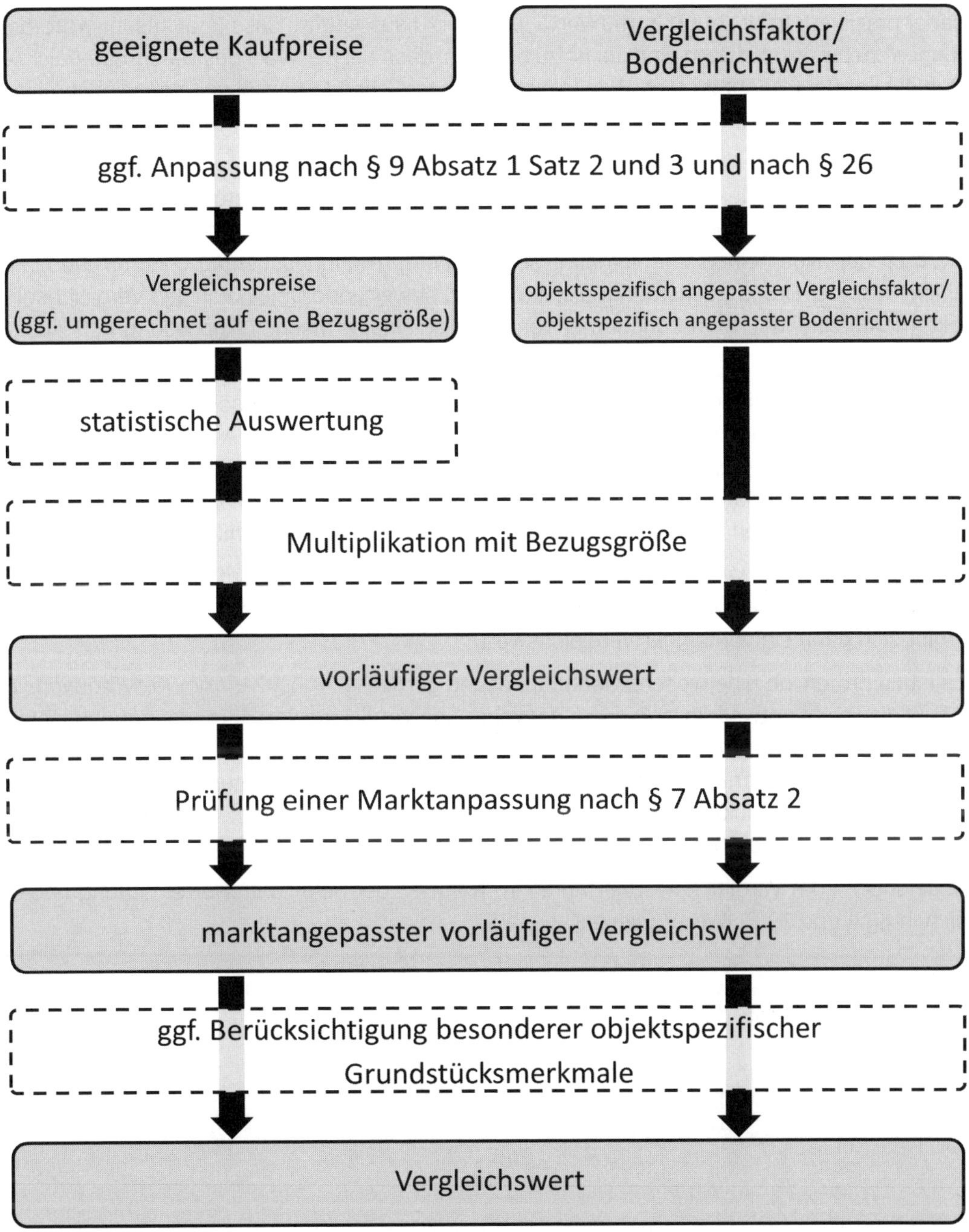

Abb. 1: Ablaufschema des Vergleichswertverfahrens (Nr. 24.1 ImmoWertA)

Es bestehen zwei Verfahrensvarianten. Der Vergleichswert kann ausgehend von geeigneten Kaufpreisen (direktes Vergleichswertverfahren) oder ausgehend von einem Vergleichsfaktor (Ertrags- oder Gebäudefaktor; indirektes Vergleichswertverfahren) ermittelt werden.

Es wird betont, dass das Vorhandensein einer ausreichenden Zahl von geeigneten Vergleichspreisen oder eines geeigneten Vergleichsfaktors Voraussetzung für die Anwendung des Vergleichswertverfahrens ist. Wann eine „ausreichende Anzahl" gegeben ist, wird nicht näher präzisiert. In Nr. 24.(2) ImmoWertA wird hierzu ausgeführt, dass „statistische Anforderungen" zu berücksichtigen sind. Es ist zu betonen, dass bei der Wahl des Datenmaterials die Qualität vor der Quantität steht. Wenngleich eine ausreichende Anzahl von Vergleichspreisen gefordert wird, kommt es doch zuallererst auf deren Qualität an. Dies wird in Kapitel 2.5 näher beschrieben.

Sowohl die zum Vergleich herangezogenen Kaufpreise als auch ein Vergleichsfaktor sind auf ihre Eignung hin zu prüfen und an den konkreten Bewertungsfall anzupassen, zum einen hinsichtlich der allgemeinen Wertverhältnisse zum Wertermittlungsstichtag und zum anderen hinsichtlich der Grundstücksmerkmale, die das zu bewertende Objekt von den Vergleichsobjekten unterscheidet. Man spricht hier von einer objektspezifischen Anpassung (§ 9 Abs. 1 ImmoWertV).

Im direkten Vergleichswertverfahren sind die Vergleichspreise statistisch auszuwerten. Hierfür sind entsprechende statistische Kenntnisse notwendig, um bspw. Ausreißer erkennen zu können, d.h. Kaufpreise, die erheblich von anderen Kaufpreisen für vergleichbare Grundstücke abweichen, oder aber die Güte einer statistischen Auswertung zu beurteilen. Daher werden im nachfolgenden Kapitel 2.4 einige statistische Grundlagen vermittelt.

Da sich sowohl die Vergleichspreise als auch Vergleichsfaktoren auf Bezugsgrößen, z.B. Wohnfläche in m², beziehen, sind diese mit der jeweiligen Bezugsgröße zu multiplizieren. Es ergibt sich dann ein vorläufiger Vergleichswert.

Es ist zu prüfen, ob eine weitere Marktanpassung gemäß § 7 Abs. 2 ImmoWertV notwendig ist. Ist dies nicht notwendig, entspricht der vorläufige Vergleichswert dem marktangepassten vorläufigen Vergleichswert. Wenngleich dies dem Regelfall entspricht, sind beide Zwischenwerte in einem Gutachten auszuweisen. Bestehen noch Besonderheiten (besondere objektspezifische Grundstücksmerkmale), so sind diese ergänzend zu berücksichtigen. Danach ergibt sich der Vergleichswert.

Regelungen zum Vergleichswertverfahren im Rahmen der Beleihungswertermittlung finden sich in §§ 4 und 19 BelWertV (siehe Kap. 2.8).

2.4 Statistische Grundlagen

2.4.1 Mittelwerte

Es ist zwischen verschiedenen Mittelwertdefinitionen zu differenzieren. Sie unterscheiden sich hinsichtlich ihrer Ermittlungsmethode und Aussagefähigkeit.

Arithmetisches Mittel

Das arithmetische Mittel ist der am häufigsten verwendete Mittelwert. Hier wird die Summe von Zahlen gebildet und diese dann durch die Anzahl der Zahlen dividiert.

Die Formel lautet:

$$MW = \bar{x} = \frac{1}{n}\sum_{i=1}^{n} x_i = \frac{x_1 + x_2 + x_3 + \cdots + x_n}{n}$$

mit MW = Mittelwert (arithmetisches Mittel)
n = Anzahl der Merkmale (z.B. Kaufpreise pro m²)
i = Laufindex
x_i = Ausprägung des Merkmals i

Das arithmetische Mittel ist am einfachsten zu handhaben. Die Aussagekraft kann jedoch nur dann beurteilt werden, sofern auch die Standardabweichung und der Variationskoeffizient und/oder das Konfidenzintervall bestimmt werden. Es ist darauf zu achten, dass Ausreißer nicht in die Auswertung einfließen.

Es wird unterschiedlich beurteilt, ab wann von einem Ausreißer zu sprechen ist. Ein Ausreißer ist dadurch gekennzeichnet, dass er auffällig von den übrigen Werten abweicht. Eine Spanne von 20 bis 30 % kann hier als Orientierungsgröße dienen.[1]

Gemäß § 13 ImmoWertV i.V.m. Nr. 13.(2) ImmoWertA stellt auch der Bodenrichtwert einen Durchschnittswert dar. Lagebedingte Wertunterschiede zwischen den Grundstücken in einer Bodenrichtwertzone und dem Bodenrichtwert sollten gemäß § 15 Abs. 1 ImmoWertV 30 % nicht überschreiten (siehe auch Kap. 2.4.2).

In Abb. 2 sind neun Kaufpreise pro m² Wohnfläche für Eigentumswohnungen aufgeführt.

Nr.	**Kaufpreis pro m²**
1	4.500 €
2	4.500 €
3	4.500 €
4	5.500 €

1 Z.B. *Dröge, F. (2005)*, S. 68: 20 bis 25 % vom arithmetischen Mittel, vereinzelt 30 %; *Sommer, G./ Kröll, R.* (2013), S. 32: ±30 %.

5	6.500 €
6	5.250 €
7	6.000 €
8	5.000 €
9	6.250 €
Summe	48.000 €
Anzahl	9
arithmetisches Mittel	5.333 €
	(= 48.000 € / 9)

Abb. 2: Ermittlung des arithmetischen Mittels

Das arithmetische Mittel ergibt sich aus der Summe der Kaufpreise geteilt durch die Anzahl 9.

Gewogenes arithmetisches Mittel

Eine Form des arithmetischen Mittels stellt das gewogene arithmetische Mittel dar.[2] Im oben angeführten Beispiel wurden Kaufpreise aufaddiert und die Summe dann durch die Anzahl der Kauffälle dividiert. Dabei wird keine Aussage darüber getroffen, welchen Anteil bspw. die jeweiligen Kaufpreise an der Gesamtheit der betrachteten Wohnflächen haben. Beim arithmetischen Mittel haben alle Kaufpreise die gleiche Gewichtung, im vorigen Beispiel 1/9.

Die Formel lautet:

$$MWG = \frac{\sum_{i=1}^{n} w_i \times x_i}{\sum_{i=1}^{n} w_i}$$

mit MWG = Gewogenes arithmetisches Mittel
n = Anzahl der Merkmale (z.B. Kaufpreise)
i = Laufindex
w_i = Gewicht des Merkmals i (z.B. Wohnfläche)
x_i = Ausprägung des Merkmals i (z.B. Kaufpreis pro m² Wohnfläche)

Eine weitere Möglichkeit besteht aber darin, die Kaufpreise jeweils mit dem Anteil zu gewichten, den die einzelne Wohnung an der Wohnfläche aller Wohnungen hat. Die Kaufpreise werden also mit ihrer Häufigkeit gewichtet.

2 Vgl. *Hauser, S./ Kammerer, K. (2005)*, S. 149 f.; eigenes Rechenbeispiel.

Nr.	Kaufpreis pro m²	Kaufpreis	Wohnfläche	Anteil an Gesamtfläche, Wohnfläche (gerundet)
1	4.500 €	360.000 €	80 m²	14 %
2	4.500 €	292.500 €	65 m²	11 %
3	4.500 €	315.000 €	70 m²	12 %
4	5.500 €	412.500 €	75 m²	13 %
5	6.500 €	325.000 €	50 m²	9 %
6	5.250 €	367.500 €	70 m²	12 %
7	6.000 €	330.000 €	55 m²	10 %
8	5.000 €	300.000 €	60 m²	10 %
9	6.250 €	312.500 €	50 m²	9 %
Summe	48.000 €	3.015.000 €	575 m²	100 %
gewogenes arithmetisches Mittel		5.243 €	(= 3.015.000 € / 575 m²)	
oder: 4.500 € × 80 m²/575 m² + 4.500 € × 65 m²/575 m² + 4.500 € × 70 m²/575 m² + 5.500 € × 70 m²/575 m² usw.[3]				

Abb. 3: Ermittlung des gewogenen arithmetischen Mittels

Es ergibt sich hier trotz Gleichheit der Objekte ein anderer Mittelwert als beim arithmetischen Mittel ohne Gewichtung. Woran liegt das?

Beispielsweise hat die Wohnung 1 zwar den niedrigsten Kaufpreis pro m² erzielt. Jedoch hat sie auch die größte Wohnfläche. Dadurch hat sie den größten Anteil an der Gesamtheit der verkauften Eigentumswohnungen. Der niedrige Kaufpreis hat daher ein größeres Gewicht und reduziert den Mittelwert.

Median

Der Median, auch Zentralwert genannt, stellt genau den mittleren Wert einer der Größe nach geordneten Zahlenreihe dar.[4] Die Formel hängt davon ab, ob es sich um eine gerade oder ungerade Anzahl von Kaufpreisen handelt. Der einfachere Fall ist eine ungerade Anzahl, wie im Beispiel. Bei einer geraden Anzahl wird das arithmetische Mittel der beiden in der Mitte liegenden Werte gebildet. Die Formeln lauten:

3 Es ergeben sich hier Rundungsdifferenzen.
4 Vgl. *Hauser, S./ Kammerer, K. (2005)*, S. 141 f.; *Dröge, F.* (2005), S. 66.

n ungerade:

$$ME = x_{\frac{n+1}{2}}$$

n gerade:

$$ME = \frac{1}{2}\left(x_{\frac{n}{2}} + x_{\frac{n}{2}+1}\right)$$

mit ME = Median

n = Anzahl der Merkmale (z.B. Kaufpreise pro m² Wohnfläche)

x = Merkmal der geordneten Stichprobe (x_1, x_2, x_3 ... x_n)

Die Kaufpreise sind also zunächst der Höhe nach zu ordnen.

Nr.	**Kaufpreis pro m²**
1	4.500 €
2	4.500 €
3	4.500 €
8	5.000 €
6	**5.250 €**
4	5.500 €
7	6.000 €
9	6.250 €
5	6.500 €
Median	**5.250 €**

Abb. 4: Ermittlung des Medians

Der Median beträgt in diesem Beispiel 5.250 €. Es liegen jeweils genau vier Kaufpreise darüber und darunter. Bei einer geraden Anzahl von Kaufpreisen ergibt sich der Median dann als Durchschnitt der beiden mittleren Kaufpreise.

Modus/Modalwert

Der Modalwert wird auch als dichtester oder häufigster Wert bezeichnet.[5]

Von einer Anzahl von Kaufpreisen entspricht derjenige Kaufpreis dem Modalwert, der am häufigsten auftritt. In Abb. 5 wird das Zahlenbeispiel fortgeführt.

5 Vgl. *Hauser, S./ Kammerer, K. (2005)*, S. 145 ff.

Nr.	Kaufpreis pro m²	Anzahl Verkäufe	Relativer Anteil der Kaufpreise
1 bis 3	**4.500 €**	3	33 %
8	5.000 €	1	11 %
6	5.250 €	1	11 %
4	5.500 €	1	11 %
7	6.000 €	1	11 %
9	6.250 €	1	11 %
5	6.500 €	1	11 %
Gesamt		**9**	**100 %**

Abb. 5: Ermittlung des Modalwerts

In diesem Beispiel ist gleich ersichtlich, dass der Modalwert 4.500 € beträgt, da nur dieser Kaufpreis mehrfach in der Auswertung enthalten ist.

Mittlerer Bereich

Anstelle des Modalwertes wird in der Praxis häufig der mittlere Bereich ermittelt. Ähnlich wie beim Median ist für die Ermittlung des häufigsten Wertes eine Ordnung der Kaufpreise notwendig. Hier kommt es jedoch nicht auf den einen Wert genau in der Mitte an. Man spricht vielmehr von einem mittleren Bereich. Üblicherweise wird hierzu das mittlere Drittel herangezogen, sozusagen der „Herzbereich" der Kauffälle. Es geht um die Frage, in welchem Bereich schwerpunktmäßig Kaufpreise vorkommen.[6]

Es ergibt sich somit kein einzelner Wert, sondern eine Wertespanne, siehe Abb. 6.

Nr.	Kaufpreis pro m²
1	4.500 €
2	4.500 €
3	4.500 €
8	5.000 €
6	5.250 €
4	5.500 €
7	6.000 €
9	6.250 €
5	6.500 €
mittleres Drittel	**5.000 bis 5.500 €**

Abb. 6: Ermittlung des mittleren Drittels (Hinweis für den Satz: ein Rahmen um die Zeilen mit Werten Nr. 8, 6, 4, siehe erste Ausgabe)

6 Vgl. *Dröge, F. (2005)*, S. 67.

Beziehung der Mittelwerte

Werden sowohl arithmetisches Mittel als auch Median und Modalwert ermittelt, können aus deren Vergleich Rückschlüsse auf die Verteilung der Kaufpreise gezogen werden:[7]

Modalwert = Median = arithmetisches Mittel

In diesem Falle sind die Kaufpreise symmetrisch verteilt.

Modalwert < Median < arithmetisches Mittel

Hier liegt eine linkssteile – rechtsschiefe Verteilung vor.

Modalwert > Median > arithmetisches Mittel

Umgekehrt spricht man in diesem Fall von einer linksschiefen – rechtssteilen Verteilung.

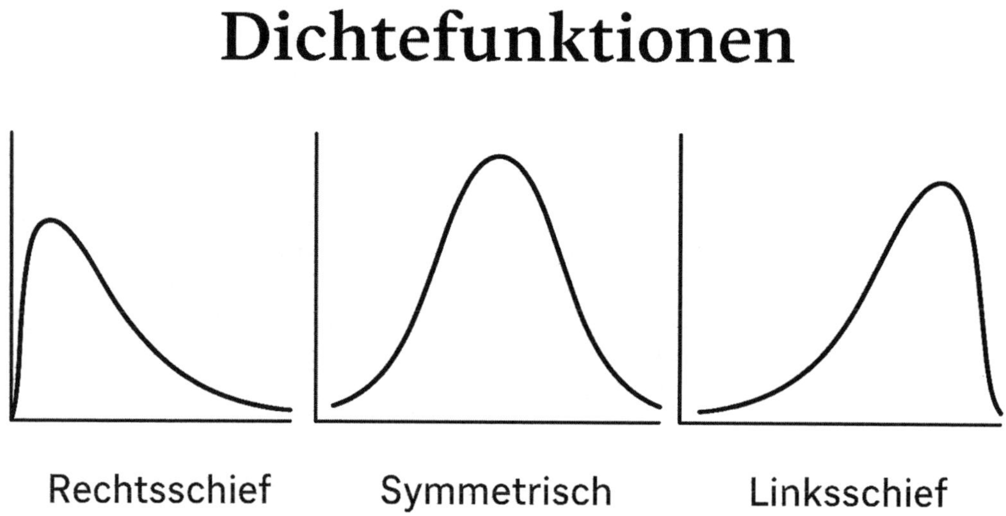

Abb. 7: Unimodale Dichtefunktionen mit unterschiedlicher Schiefe[8]

2.4.2 Qualität von Auswertungen

Anzahl von Werten

Bei jeder statistischen Auswertung stellt sich die Frage, welche Datenmenge zur Verfügung stehen muss, um verlässliche Ergebnisse zu erhalten. In Nr. 24.(3) ImmoWertA wird ausgeführt, dass „statistische Anforderungen" zu berücksichtigen sind.

Auch damit wird keine klare Antwort gegeben. Vor allem kommt es auf die Qualität der Daten an.

Für das Vergleichswertverfahren bedeutet das: Je besser die Kaufpreise beschrieben sind, je besser die Merkmale des Referenzobjektes mit denen des zu bewertenden Objektes überein-

7 Vgl. *Hauser, S./ Kammerer, K. (2005)*, S. 157.
8 Erstellt mit ChatGPT.

stimmen und je näher die jeweiligen Verkaufszeitpunkte der Vergleichsobjekte am Wertermittlungsstichtag liegen, desto weniger Daten werden benötigt.

Ist bspw. eine Eigentumswohnung zu bewerten und liegen zeitnahe Verkäufe von vergleichbaren Eigentumswohnungen vor, z.B. in der gleichen Wohnanlage, so können bereits wenige Kaufpreise eine Aussage ermöglichen. Je dynamischer der Immobilienmarkt ist, desto aktueller sollten die Kaufpreise sein, die ausgewertet werden. Liegen bspw. erhebliche jährliche Preissteigerungen vor, können Kaufpreise bereits aus ein oder zwei Jahre zurückliegenden Verkäufen ungeeignet sein.

Darüber hinaus ist darauf zu achten, dass nur eine Auswertung von hinreichend vergleichbaren Objekten eines Marktsegments erfolgt. So kann der Wert eines Apartments nicht aus Kaufpreisen für 3-Zimmer-Wohnungen abgeleitet werden. Kaufpreise für Eigentumswohnungen sind nicht geeignet, um daraus den Wert eines Einfamilienhauses abzuleiten usw. Auch hier gibt es keine klaren Begrenzungen für das noch vertretbare Ausmaß von Abweichungen.

Die Verfügbarkeit und Qualität des Datenmaterials ist das entscheidende Kriterium für die Auswahl des Vergleichswertverfahrens als maßgebliches Verfahren.

> ***§ 6 ImmoWertV (Wertermittlungsverfahren; Ermittlung des Verkehrswerts):***
>
> *(1) Grundsätzlich sind zur Wertermittlung das Vergleichswertverfahren, das Ertragswertverfahren, das Sachwertverfahren oder mehrere dieser Verfahren heranzuziehen. Die Verfahren sind nach der* ***Art des Wertermittlungsobjekts*** *unter Berücksichtigung der* ***im gewöhnlichen Geschäftsverkehr bestehenden Gepflogenheiten*** *und der* ***sonstigen Umstände des Einzelfalls****, insbesondere der* ***Eignung der zur Verfügung stehenden Daten****, zu wählen; die Wahl ist zu begründen.*
>
> *(...)*

Insgesamt lässt sich feststellen, dass aufgrund der Unterschiedlichkeit von Immobilienmärkten pauschale Begrenzungen für die Identifikation von Ausreißern tendenziell abzulehnen sind. Bessere Anhaltspunkte ergeben sich durch eine statistisch fundierte Streuungsanalyse.[9]

Streuung

Die Ermittlung von Mittelwerten allein ist nicht ausreichend, um auf dieser Basis eine Wertableitung vorzunehmen, da die Aussagefähigkeit bei stark streuenden Kaufpreisen sehr eingeschränkt ist.

Welche Aussagekraft hat bspw. ein arithmetisches Mittel von 3.000 €, wenn es sich aus Kaufpreisen ergibt, die eine Spanne von 1.500 bis 4.500 € aufweisen? Die Spanne beträgt dann ±50 % um das arithmetische Mittel. Es ist fraglich, ob in einem solchen Fall das arithmetische Mittel das Marktgeschehen noch abbilden kann.

Handelt es sich um einen einzelnen Kaufpreis, der auffällig von den ansonsten verhältnismäßig nahe zusammenliegenden Kaufpreisen abweicht, so könnten ungewöhnliche persönliche Verhältnisse i.S.v. § 9 Abs. 2 ImmoWertV vorliegen, die nicht dem gewöhnlichen Geschäftsverkehr entsprechen.

9 Vgl. *Petersen, H. et al. (2013)*, S. 473 ff.

§ 9 ImmoWertV (Eignung und Anpassung der Daten; ungewöhnliche oder persönliche Verhältnisse):

(...)

(2) Zur Wertermittlung sind solche Kaufpreise und andere Daten wie bspw. Mieten heranzuziehen, bei denen angenommen werden kann, dass sie nicht durch ungewöhnliche oder persönliche Verhältnisse beeinflusst worden sind. Eine Beeinflussung durch ***ungewöhnliche oder persönliche Verhältnisse*** *kann angenommen werden, wenn die Kaufpreise und anderen Daten* ***erheblich*** *von den Kaufpreisen und anderen Daten in vergleichbaren Fällen abweichen.*

(...)

Streuen alle Kaufpreise sehr stark, so liegt es nahe, dass die veräußerten Objekte hinsichtlich ihrer Eigenschaften sehr unterschiedlich sind.

Darüber hinaus gibt es jedoch auch eine natürliche Spanne der Kaufpreise. Dies ist darauf zurückzuführen, dass ein Kaufpreis das Ergebnis eines Verhandlungsprozesses zwischen Käufer und Verkäufer ist.[10] Je nach Interessenlage und individueller Situation des einzelnen Marktteilnehmers zum Zeitpunkt des Verkaufs kann sich ein anderer Kaufpreis ergeben.

Dadurch entstehen gewissermaßen Unschärfen im Markt. Der Wertermittler „schätzt" einen Verkehrswert als den im gewöhnlichen Geschäftsverkehr, im Durchschnitt, erzielbaren Kaufpreis. Der Verkehrswert kann sich jedoch vom tatsächlich erzielten Kaufpreis unterscheiden.

In der Rechtsprechung finden sich unterschiedliche Toleranzgrenzen für die Genauigkeit des Verkehrswertes. Sie gehen bis hin zu ±20 bis ±30 % (siehe auch Kap. 2.4.1).[11]

Kleiber führt aus, dass eine Ausreißerbereinigung erst erfolgen kann, wenn die zum Vergleich herangezogenen Kaufpreise bereits an die Grundstücksmerkmale des zu bewertenden Objektes und die allgemeinen Wertverhältnisse zum Wertermittlungsstichtag angepasst wurden (Vergleichspreise). Somit wäre die Ausreißerbereinigung auf Basis von Vergleichspreisen durchzuführen.

Bei einer Abweichung von mehr als 30 % vom Mittelwert, kann ein Ausreißer vorliegen und es können möglicherweise ungewöhnliche persönliche Verhältnisse gegeben sein (siehe Kap. 1.1).[12] Die verwendeten Daten sind dann nicht geeignet.

Um eine hohe Treffgenauigkeit des Schätzwertes zu erzielen, ist bereits bei der Auswahl der Kaufpreise auf eine möglichst große Vergleichbarkeit hinsichtlich der wertbestimmenden Merkmale und eine zeitliche Nähe des Verkaufszeitpunkts zum Wertermittlungsstichtag zu achten.

Dann sind Ausreißer aus der Datenmenge herauszunehmen. In diesem Zusammenhang kann die 2-Sigma-Regel[13] als Faustformel herangezogen werden. Sie sagt aus, dass Kaufpreise, die mehr als zwei Standardabweichungen vom arithmetischen Mittel abweichen, für eine Auswertung nicht geeignet sind.

Die **Standardabweichung** drückt die Streuung der einzelnen Werte um das arithmetische Mittel aus.

10 Vgl. *Kleiber, W. (2023)*, S. 448.
11 Vgl. *Kleiber, W. (2023)*, S. 472 ff.
12 *Kleiber, W. (2023)*, S. 1129, 1375.
13 Vgl. *Kleiber, W. (2023)*, S. 1376.

Die Standardabweichung wird nach folgender Formel ermittelt:

$$s = \sqrt{s^2} = \sqrt{\frac{1}{n-1}\sum_{i=1}^{n}(x_i - \overline{x})^2}$$

mit s = Standardabweichung (oder auch mit σ Sigma bezeichnet)

s^2 = Varianz

$\overline{x}$ = arithmetisches Mittel

x_i = Einzelwert

n = Anzahl Werte

Die Standardabweichung ergibt sich auf der Grundlage der Abweichungen einzelner Werte vom arithmetischen Mittel.

Sind in einem Bewertungsfall die Kaufpreise normal, d.h. gleichmäßig verteilt, so liegen zwei Drittel der Werte in einer Spanne von einer Standardabweichung um das arithmetische Mittel.

Legt man eine Spanne von zwei Standardabweichungen zugrunde, so liegen sogar 95,5 % der Werte in diesem Bereich. Daher kommt die oben erwähnte 2-Sigma-Regel.

Bei einer Spanne von 2,5 Standardabweichungen liegen 98,8 % der Werte in diesem Bereich. Bei der 2,5-Sigma-Regel verbleiben mehr Werte in der Auswertung, sodass eine geringere Gefahr besteht, einen noch geeigneten Kaufpreis zu verlieren. Jedoch geht dies unter Umständen zu Lasten der Aussagekraft der Auswertung.[14] Dabei ist allerdings auch zu bedenken, dass eine umso größere Datenmenge notwendig ist, je enger die Spanne angesetzt wird. In der Praxis sind diesbezüglich aufgrund weniger verfügbarer Kaufpreise häufig Grenzen gesetzt.

14 Vgl. zu dieser Thematik *Petersen, H. et al. (2013)*, S. 475 ff.

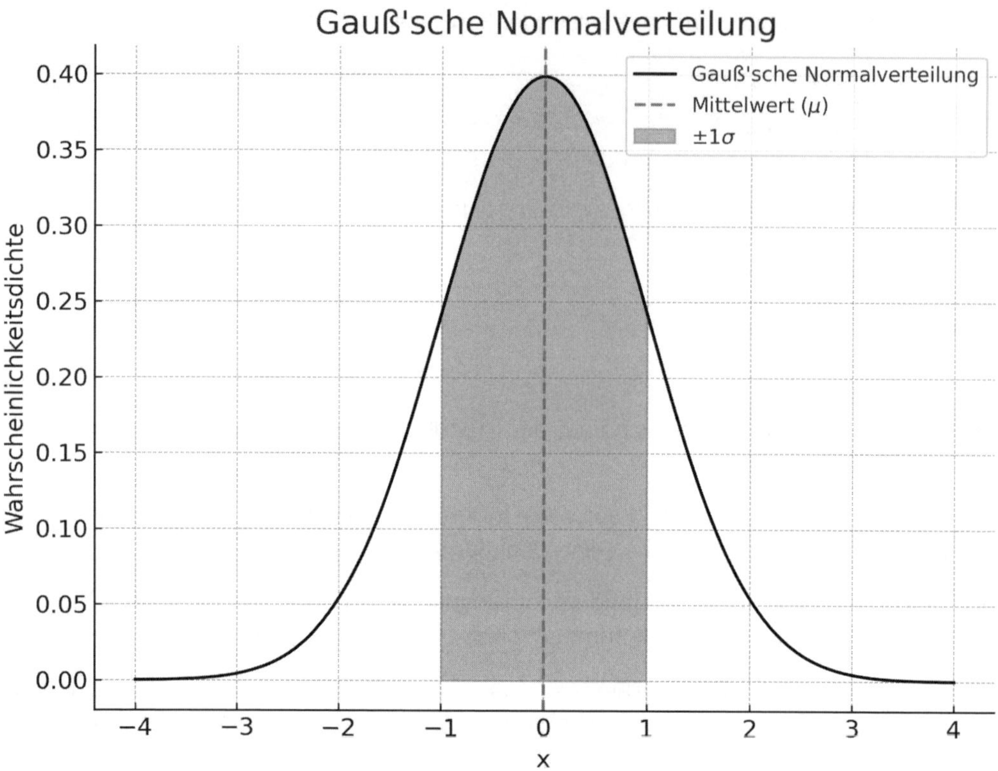

Abb. 8: Gauß'sche Normalverteilung[15] *μ = Mittelwert, σ = Standardabweichung*

Zusätzlich zur Standardabweichung ist der **Variationskoeffizient** zu berechnen, denn dieser setzt erst das Streuungsmaß ins Verhältnis zum Mittelwert, also hier die Standardabweichung zum arithmetischen Mittel.

$$V = \frac{s}{\bar{x}}$$

mit V = Variationskoeffizient
s = Standardabweichung
$\bar{x}$ = Mittelwert (arithmetisches Mittel)

Der Variationskoeffizient sagt aus, wie viel Prozent jeder einzelne Wert vom Mittelwert im Durchschnitt abweicht. Er ist also im Gegensatz zur Standardabweichung eine relative Größe. Dies hat den Vorteil, dass die Aussagekraft der Streuung besser greifbar ist und Verteilungen auch verglichen werden können. Je niedriger der Variationskoeffizient ist, desto besser ist die Datenmenge und desto aussagekräftiger ist deren Auswertung.

15 Erstellt mit ChatGPT.

$0 < V \leq 0{,}05$	hervorragend bis sehr gut
$0{,}05 < V \leq 0{,}10$	sehr gut bis gut
$0{,}10 < V \leq 0{,}15$	gut bis noch ordentlich
$0{,}15 < V \leq 0{,}20$	noch ordentlich bis problematisch
$0{,}20 < V \leq 0{,}30$	problematisch bis bedenklich
$0{,}30 < V$	bedenklich bis zu verwerfen

Abb. 9: Höhe des Variationskoeffizienten und Aussagekraft der Auswertung
Quelle: vgl. Petersen, H. et al. (2013), S. 478

Dröge geht davon aus, dass bereits bei einem Variationskoeffizienten über 0,20 das Ergebnis zu verwerfen ist.[16]

Hinzuweisen ist an dieser Stelle ebenfalls auf das sogenannte Konfidenzintervall bzw. den Vertrauensbereich oder auch mittleren Fehler.

Bei der Auswertung von Kaufpreisen gibt das **Konfidenzintervall** die Preisspanne an, in der der Wert des Wertermittlungsobjektes mit einer vom Wertermittler vorgegebenen Wahrscheinlichkeit, z.B. 95 %, liegt. Das Konfidenzintervall wird i.d.R. computergestützt ermittelt. Rundungsdifferenzen sind möglich.

Nr.		**Kaufpreis €/m²**
1		4.500 €
2		4.500 €
3		4.500 €
4		5.500 €
5		6.500 €
6		5.250 €
7		6.000 €
8		5.000 €
9		6.250 €
Arithmetisches Mittel	$\overline{x}$	5.333 €
Standardabweichung	S	781 €
Variationskoeffizient		0,15
2-Sigma-Spanne (*S*)	von	3.772 €
	bis	6.895 €
Vertrauensbereich		510 €
Konfidenzintervall	von	4.823 €
	bis	5.843 €
Median		5.250 €

Abb. 10: Ermittlung des Konfidenzintervalls und weiterer statistischer Kennzahlen

16 Vgl. *Dröge, F. (2005)*, S. 71.

Für die Auswertung der oben genannten Kaufpreise ergibt sich abschließend folgendes Ergebnis:

- Das arithmetische Mittel und der Median als zwei Mittelwerte liegen mit 5.333 und 5.250 € verhältnismäßig nah zusammen (vgl. Abb. 2 und 4).
- Der Variationskoeffizient ist mit 0,15 als noch ordentlich anzusehen.
- Die Kaufpreise weisen eine geringere Differenz als zwei Standardabweichungen zum arithmetischen Mittel auf.
- Mit einer Wahrscheinlichkeit von 95 % liegt der wahre Wert in einer Spanne vom 510 € um das arithmetische Mittel (Vertrauensbereich). Daraus ergibt sich ein Konfidenzintervall von 4.823 bis 5.843 €.
- Im Ergebnis ließe sich ein Betrag von etwa 5.300 € ableiten.

Wie auch von Kleiber ausgeführt, empfiehlt es sich, die Qualität der Auswertungen auch auf Basis der Vergleichspreise durchzuführen,[17] d.h. der angepassten Kaufpreise. Dem liegt der Gedanke zugrunde, dass Zweifel an der Eignung von Kaufpreisen besteht, wenn diese um mehr als 30 % anzupassen sind.

2.5 Direktes Vergleichswertverfahren

Die ImmoWertV sieht zwei Formen des Vergleichswertverfahrens vor. Beim direkten Vergleichswertverfahren wird der Vergleichswert unmittelbar, also „direkt", aus geeigneten Kaufpreisen abgeleitet. Beim indirekten Vergleichswertverfahren werden anstelle von Kaufpreisen sogenannte Vergleichsfaktoren herangezogen, bei denen es sich nicht um absolute Preise, sondern um auf eine Bezugseinheit (Fläche oder Ertrag) bezogene Preise handelt. Ein typisches Beispiel für einen Gebäudefaktor ist der Preis pro m² Wohnfläche.[18] Der Preis ausgedrückt als Vielfaches der Jahresnettokaltmiete stellt einen gebräuchlichen Ertragsfaktor dar. Das Ablaufschema für das direkte und indirekte Vergleichswertverfahren ist in Abb. 11 dargestellt.

Das indirekte Vergleichswertverfahren ist Thema des Kapitels 2.6. Nachfolgende Ausführungen beziehen sich auf das direkte Vergleichswertverfahren.

Dieses auf den ersten Blick einfach wirkende Verfahren birgt in Wahrheit einige Fallstricke und stellt den Wertermittler vor eine Vielzahl von Herausforderungen.

2.5.1 Herkunft und Eignung der Vergleichspreise

Gemäß § 25 ImmoWertV wird zwischen Kaufpreisen und Vergleichspreisen unterschieden.

> ***§ 25 ImmoWertV (Vergleichspreise):***
>
> *Zur Ermittlung von Vergleichspreisen sind Kaufpreise solcher Grundstücke (Vergleichsgrundstücke) heranzuziehen, die mit dem zu bewertenden Grundstück hinreichend übereinstimmende Grundstücksmerkmale aufweisen und die zu Zeitpunkten verkauft worden sind (Vertragszeitpunkte), die in hinreichender zeitlicher Nähe zum Wertermittlungsstichtag stehen. Die Kaufpreise sind auf ihre Eignung im Sinne des § 9 Absatz 1 Satz 1 zu prüfen und bei etwaigen Abweichungen nach Maßgabe des § 9 Absatz 1 Satz 2 und 3 an die Gegebenheiten des Wertermittlungsobjekts anzupassen.*

17 *Kleiber, W. (2023)*, S. 1375.

18 Bzw. Bodenrichtwert im Rahmen der Bodenwertermittlung.

ImmoWertA: zu § 25 (Vergleichspreise)

25.1 Eine hinreichende Übereinstimmung der Grundstücksmerkmale eines Vergleichsgrundstücks mit dem Wertermittlungsobjekt liegt vor, wenn das Vergleichsgrundstück ***hinsichtlich seiner wertbeeinflussenden Grundstücksmerkmale keine oder nur unerhebliche Abweichungen*** *aufweist oder nur Abweichungen aufweist, deren Auswirkungen auf die Kaufpreise nach § 9 Absatz 1 Satz 3 in sachgerechter Weise durch Umrechnungskoeffizienten oder durch sachverständig geschätzte Zu- oder Abschläge berücksichtigt werden können.*

25.2 Eine hinreichende Übereinstimmung eines Vertragszeitpunktes mit dem Wertermittlungsstichtag liegt vor, wenn sich die ***allgemeinen Wertverhältnisse zu den jeweiligen Stichtagen nicht wesentlich geändert haben,*** *oder bei solchen Änderungen der allgemeinen Wertverhältnisse, deren Auswirkungen nach § 9 Absatz 1 Satz 2 in sachgerechter Weise, insbesondere durch Indexreihen oder durch sachverständig geschätzte Zu- oder Abschläge, berücksichtigt werden können.*

25.3 Lassen sich die Auswirkungen der Abweichungen der Grundstücksmerkmale oder der Änderungen der allgemeinen Wertverhältnisse zwischen Vergleichsgrundstück und Wertermittlungsobjekt nicht hinreichend sicher bestimmen, sind die entsprechenden Kaufpreise ungeeignet.

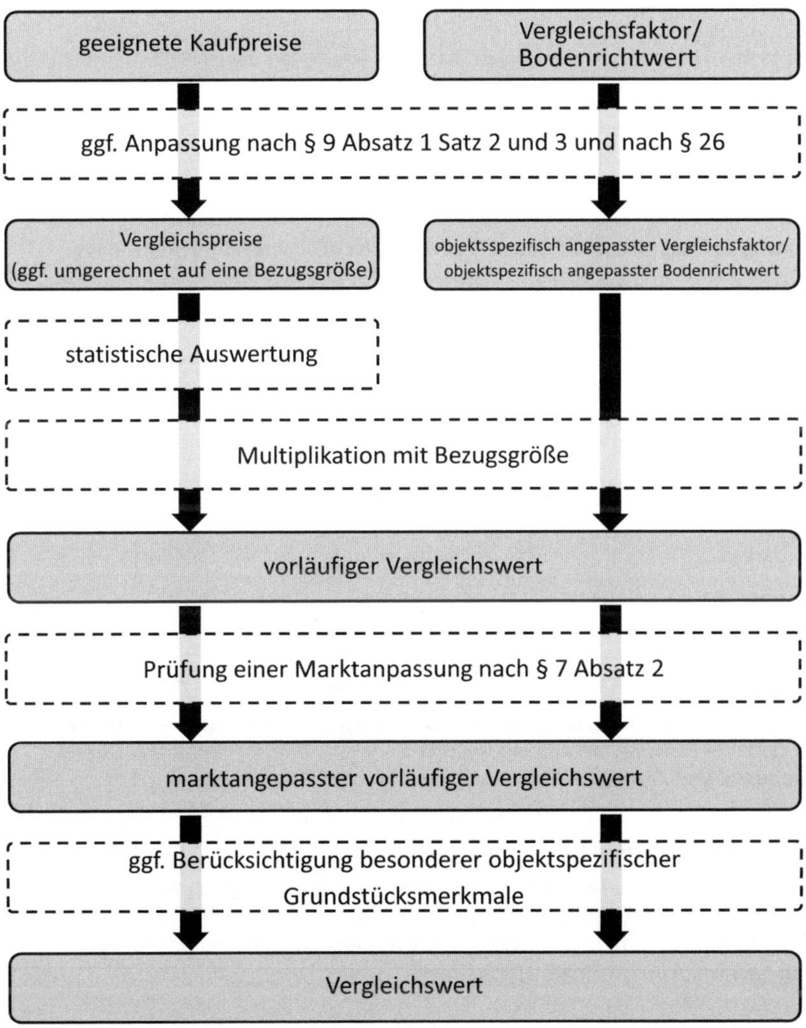

Abb. 11: Ablaufschema zur Ermittlung des Vergleichswerts (Nr. 24.1 ImmoWertA)

Unter Vergleichspreisen werden gemäß dem normativen Rahmen bereits angepasste Kaufpreise verstanden.

Die vorliegenden Vergleichsdaten sind auf Eignung für den konkreten Einzelfall zu prüfen hinsichtlich einer ausreichenden Aktualität zum maßgeblichen Wertermittlungsstichtag sowie der Repräsentativität bezüglich des Marktsegments, dem die Immobilie zuzuordnen ist (siehe Kap. 1.2). Bestehen Abweichungen zwischen den Grundstücksmerkmalen der Vergleichsobjekte und dem zu bewertenden Objekt oder besteht ein relevanter Zeitabstand zwischen den jeweiligen Verkaufszeitpunkten der Vergleichsobjekte und dem Wertermittlungsstichtag, z.B. in Phasen steigender Immobilienpreise, so sind Anpassungen vorzunehmen (§ 9 ImmoWertV; siehe Kap. 1.2). Aus den angepassten Kaufpreisen ergeben sich dann die Vergleichspreise, die statistisch auszuwerten sind. Hierfür kommen vor allem die gängigen statistischen Verfahren der Mittelwertbildung mit Angabe von Streuungsmaßen oder Regressionsanalysen in Frage. Dies setzt eine „ausreichende Anzahl von Vergleichspreisen" (§ 24 Abs. 1 ImmoWertV) voraus, wobei dies nicht näher spezifiziert wird, sondern sich aus der Qualität des Vergleichsmaterials für den Einzelfall ergibt (siehe Kap. 2.4).

Die ImmoWertV stellt hohe Anforderungen an die Daten, die für eine Verkehrswertermittlung geeignet sind. Aus § 9 Abs. 3 ImmoWertV sowie den Nrn. 9.(3).1 bis 9.(3).4 ImmoWertA geht hervor, dass vorzugsweise Daten der Gutachterausschüsse zu verwenden sind, da diese als vertrauenswürdig und neutral gelten. Die ImmoWertV lässt jedoch darüber hinaus auch andere Datenquellen zu. Nachfolgend werden einige mögliche Datenquellen erläutert.

§ 9 ImmoWertV (Eignung und Anpassung der Daten; ungewöhnliche oder persönliche Verhältnisse; Herkunft der Daten):

(...)

(3) Maßstab für die Wahl der Quelle, aus der die Daten herangezogen werden, ist ihre Eignung nach Absatz 1 Satz 1. Stehen keine geeigneten sonstigen für die Wertermittlung erforderlichen Daten zur Verfügung, können sie oder die entsprechenden Werteinflüsse auch sachverständig geschätzt werden; die Grundlagen der Schätzung sind zu dokumentieren.

ImmoWertA: zu § 9 (Eignung und Anpassung der Daten; ungewöhnliche oder persönliche Verhältnisse; Herkunft der Daten)

(...)

9.(3).1 Maßstab für die Wahl der Quelle ist die ***Eignung der Daten****. Dabei gilt in der Regel Folgendes:*

a) vorrangig sind die Daten des örtlich zuständigen ***Gutachterausschusses*** *zu verwenden;*

*b) stehen beim örtlich zuständigen Gutachterausschuss keine geeigneten Daten zur Verfügung, können Daten von anderen Gutachterausschüssen und Stellen nach § 198 BauGB (****Obere Gutachterausschüsse und Zentrale Geschäftsstellen****) herangezogen werden;*

c) im Übrigen können auch geeignete Kaufpreise und geeignete sonstige für die Wertermittlung erforderliche ***Daten aus anderen Quellen*** *herangezogen werden.*

9.(3).2 Sollen Daten aus anderen Quellen herangezogen werden, steht es der Eignung dieser Daten nicht entgegen, wenn bei Ermittlung dieser Daten Modellansätze und Modelle angewendet wurden, die von § 12 Absatz 5 i. V. m. den Anlagen 1 bis 4 abweichen. Bei Anwendung dieser Daten ist der Grundsatz der Modellkonformität zu beachten.

9.(3).3 Die Quelle der verwendeten Daten ist anzugeben.

9.(3).4 Eine ***Schätzung*** *nach § 9 Absatz 3 kommt nur in Betracht, wenn keine geeigneten Daten vorliegen.*

Die Datenquellen können je nach Herkunft grob in folgende Kategorien eingeteilt werden:

a) tatsächlich erzielte Kaufpreise,

b) Angebotspreise z.B. aus Inseraten,

c) Daten aus Marktberichten,

d) Sonstige.

Zu a)

Das Vergleichswertverfahren ist vorzugsweise auf tatsächlich erzielte Kaufpreise zu stützen. Die Kaufpreise stammen im Regelfall aus der Kaufpreissammlung, die von den Gutachterausschüssen zur Erfüllung der Anforderungen gemäß §§ 193 ff. BauGB geführt wird (siehe Kap. 1.2).

In § 195 BauGB ist geregelt, dass Auskünfte aus der Kaufpreissammlung nur bei berechtigtem Interesse erteilt werden können. Aufgrund zunehmender datenschutzrechtlicher Vorschriften ist der Zugang zu Daten aus der Kaufpreissammlung nicht für jedermann möglich und wird je nach Bundesland unterschiedlich restriktiv gehandhabt. Dies betrifft vor allem genaue Adressangaben, die Rückschlüsse auf den Eigentümer zulassen.

Weitere Bestimmungen hierzu enthalten landesrechtliche Vorschriften, z.B. die Gutachterausschussverordnungen.

Beispielweise ist in der bayerischen Gutachterausschussverordnung geregelt, dass Sachverständige, insbesondere wenn sie öffentlich bestellt und vereidigt oder von einer nach DIN EN ISO/IEC 17024 akkreditierten Stelle zertifiziert sind, eine Auskunft aus der Kaufpreissammlung erhalten können. Öffentlich bestellte und vereidigte Sachverständige unterliegen aufgrund ihres Eids bereits der Verschwiegenheit. Zertifizierte Sachverständige müssen i.d.R. eine separate Verschwiegenheitserklärung abgeben.

Ansonsten werden bei Vorliegen eines berechtigten Interesses anonymisierte Auskünfte ohne genaue Flurstücks- und/oder Adressangabe erteilt, wodurch die Vergleichsobjekte nicht identifizierbar sind. Der Wertermittler kann die Eignung des Kaufpreises nicht im Detail prüfen und ist bei der Einschätzung der wertbestimmenden Merkmale allein auf die Angaben des Gutachterausschusses angewiesen. Eine Erstattung von Gutachten im Vergleichswertverfahren ist somit nicht zuverlässig möglich.

Zu erwähnen ist ferner, dass die Auskünfte nur zweckbezogen im Rahmen der Wertermittlung verwendet werden dürfen. Es ist somit nicht zulässig, dass Auskünfte lediglich zum Zweck der Weitergabe an Dritte angefordert werden.

§ 11 BayGAV[19] (Auskünfte aus der Kaufpreissammlung):

(1) Die Kaufpreissammlung einschließlich der übersandten Unterlagen darf nur von den Mitgliedern des Gutachterausschusses und den Bediensteten der Geschäftsstelle ausschließlich zur Erfüllung ihrer Aufgaben eingesehen werden.

*(2) [1]Auf Antrag sind Auskünfte aus der Kaufpreissammlung zu erteilen, soweit ein **berechtigtes Interesse** hieran nachgewiesen wird. [2]Vom Vorliegen eines berechtigten Interesses ist in der Regel auszugehen, wenn die Auskunft von*

1. *mit der Wertermittlung an Grundstücken befassten **Behörden**,*
2. ***öffentlich bestellten und vereidigten Sachverständigen**, die mit der Wertermittlung von Grundstücken befasst sind oder*
3. *Sachverständigen für Grundstückswertermittlung mit einer **Zertifizierung** durch eine hierzu nach dem Akkreditierungsstellengesetz akkreditierte Stelle **nach DIN EN ISO/IEC 17024** (DIN EN ISO/IEC 17024:2012-11, Ausgabe: 2012-11, Konformitätsbewertung – Allgemeine Anforderungen an Stellen, die Personen zertifizieren, Berlin: Beuth-Verlag)*

für eine Wertermittlung beantragt wird.

*(3) [1]Auskünfte dürfen nur erteilt werden, **soweit sie zum Zweck der Wertermittlung erforderlich** sind. [2]Die Auskünfte dürfen nur für den Zweck verwendet werden, zu dessen Erfüllung sie erteilt wurden. [3]Eine unbefugte Weitergabe an Dritte ist nicht zulässig.*

*(4) [1]Grundstücksbezogene Auskünfte dürfen nur an Personen erteilt werden, die einer **gesetzlichen Schweigepflicht** nach § 203 des Strafgesetzbuchs oder einer gleichwertigen Verpflichtung zur Wahrung der Verschwiegenheitspflicht unterliegen, nur in einem Umfang, der zur Erreichung des mit der Auskunft angestrebten Verwendungszwecks zwingend erforderlich ist, und nur, soweit schutzwürdige Interessen Betroffener nicht entgegenstehen. [2]Name und Anschrift der Eigentümer sowie sonstiger Personen dürfen nicht mitgeteilt werden.*

Sofern nicht genügend Kaufpreise für vergleichbare Grundstücke verfügbar sind, kann auf andere, vergleichbare Gemeinden zurückgegriffen werden.

Es ist gängige Praxis, dass zunächst im Zuständigkeitsbereich des Gutachterausschusses, also z.B. einer Stadt oder eines Landkreises, nach geeigneten Kaufpreisen gesucht wird. In ländlichen Gebieten mit wenigen Verkaufstransaktionen muss dann sehr schnell in einer Vielzahl von Gemeinden gesucht werden.

Dies setzt jedoch voraus, dass auch der Wertermittler über eine gute Ortskenntnis verfügt. Er kann sich keinesfalls nur auf die Vorauswahl durch den Gutachterausschuss berufen, sondern muss die Datenbasis selbst auf Eignung überprüfen.

Durch Ausweitung des Untersuchungsgebietes lässt sich unter Umständen die Anzahl von auswertbaren Kaufpreisen erhöhen, was jedoch noch nichts über deren Qualität und somit die „Vergleichbarkeit" aussagt.

Zu b)

Angebotspreise entsprechen in aller Regel nicht den tatsächlich beurkundeten Kaufpreisen. Die Differenz zwischen Angebotspreis und tatsächlich gezahltem Kaufpreis könnte als Marktanpassung interpretiert werden. Jedoch ist sie i.d.R. nicht bekannt, genauso wenig wie die

19 Verordnung über die Gutachterausschüsse, die Kaufpreissammlungen und die Bodenrichtwerte nach dem Baugesetzbuch (Gutachterausschussverordnung – BayGaV) vom 5.4.2005 (zuletzt geändert am 24.5.2022).

Begleitumstände des Verkaufsangebots (z.B. niedriges Angebot bei Notverkauf oder überhöhtes Angebot bei falscher Markteinschätzung des Verkäufers).

Für Zwecke der Plausibilisierung von anderen Verfahrensergebnissen ist die Heranziehung von Angebotspreisen akzeptabel und entspricht der gängigen Praxis. Eine Ermittlung des Vergleichswertes gemäß §§ 24 ff. ImmoWertV sowie die Ableitung des Verkehrswertes gemäß § 194 BauGB ist auf dieser Basis jedoch nicht möglich.

Zu c)

Bei der Durchführung von Marktrecherchen stößt man auf eine Vielzahl von Daten in Marktberichten und anderen Datensammlungen. Um daraus Rückschlüsse für den Bewertungsfall ziehen zu können, muss bekannt sein, auf welcher Basis die Daten ausgewertet wurden und unter welchen Prämissen sie anwendbar sind.

Dies sei an einigen Beispielen erläutert.

- Marktberichte von Gutachterausschüssen

  Datenbasis sind tatsächlich erzielte Kaufpreise. Neben Aussagen zur allgemeinen Entwicklung des Immobilienmarktes, z.B. anhand von Kaufpreisübersichten, enthalten die Marktberichte zumeist aggregierte und statistisch ausgewertete Daten wie Vergleichsfaktoren (siehe Kap. 2.6), Liegenschaftszinssätze (siehe Kap. 3.4.6), Sachwertwertfaktoren (siehe Kap. 4.5.4) u.v.a.m. Gemäß § 12 Abs. 6 ImmoWertV und Nr. 12.(6).2 sowie Anhang A ImmoWertA sind Gutachterausschüsse verpflichtet, im Rahmen von Modellbeschreibungen die Ermittlungsmethodik und -basis darzulegen.

  Der Datenumfang ist sehr unterschiedlich, in Abhängigkeit von der Zahl an Auswertungen, die von den Gutachterausschüssen durchgeführt werden können.

  Insofern beinhalten Marktberichte von Gutachterausschüssen wichtige Bewertungsgrundlagen, die jedoch eine Auswertung von konkreten Einzelkaufpreisen aus der Kaufpreissammlung nicht ersetzen. Leider werden von vielen Gutachterausschüssen keine oder nur unzureichende Marktberichte herausgegeben, was in erster Linie den finanziellen und personellen Engpässen geschuldet ist.

- Auswertungen von Immobilienportalen

  Einige Online-Plattformen, auf denen Immobilien angeboten werden, erstellen Auswertungen von Angebotsdaten. Für diese gilt das Gleiche wie für einzelne Angebotspreise. Sie sind nur mit Einschränkungen für eine Plausibilisierung von Wertermittlungsergebnissen, jedoch nicht für die Wertermittlung selbst, geeignet.

- Marktberichte von Maklerunternehmen, Verbänden oder Bankinstituten

  Die Datenbasis für Auswertungen ist sehr unterschiedlich. Meist handelt es sich um Erfahrungswerte aus tatsächlich abgewickelten Verkäufen. Je nachdem, wie viele Erfahrungswerte vorliegen, sind diese Marktberichte mehr oder weniger fundiert. In aller Regel ist die Datenbasis jedoch nicht so breit wie von Gutachterausschüssen, deren Berichterstattung der Vorrang einzuräumen ist.[20] Vorteilhaft kann jedoch sein, dass Marktdaten schneller zur Verfügung stehen als von den Gutachterausschüssen.

- Marktberichte über Immobilien-Investments, z.B. von institutionellen Anlegern, spiegeln das Verhalten von Investoren wieder, die häufig überregional bzw. international tätig sind. Dies betrifft jedoch nur ein spezielles Marktsegment und entspricht nicht notwendigerweise „dem allgemeinen Marktgeschehen des gewöhnlichen Geschäftsverkehrs".[21] Für die Auswertung der in Investment-Berichten dargestellten Daten, wie z.B. Nettoanfangsrenditen, ist die ImmoWertV nicht maßgeblich. Die den Auswertungen zugrunde liegenden Modelle und Definitionen sind häufig unzureichend dokumentiert.

Zu d)

Darüber hinaus können weitere Datenquellen bestehen, die nachfolgend exemplarisch aufgeführt sind:

- Ausschreibungsergebnisse (Bieterverfahren)[22]

  Die Veräußerung von Immobilien erfolgt in zunehmendem Maße im Rahmen von Ausschreibungen oder Bieterverfahren durch die öffentliche Hand sowie im privatwirtschaftlichen Bereich. Die Immobilien werden meist im Vorfeld in Inseraten mit dem Hinweis „gegen Gebot" o.ä. angeboten. Im privatwirtschaftlichen Bereich spricht man auch von „Immobilienauktionen". Die erzielten Kaufpreise sind Ausdruck des Marktgeschehens. Voraussetzung ist, dass es sich um qualifizierte Bieterverfahren, im Ablauf ähnlich einem Zwangsversteigerungsverfahren, und qualifizierte, also ernsthafte Gebote handelt.

- Zwangsversteigerungen[23]

  Die im Rahmen von Zwangsversteigerungen erzielten Kaufpreise stellen regelmäßig keine angemessene Datengrundlage zur Ableitung des Vergleichswertes dar. Die Veräußerung erfolgt unter besonderen Umständen, was unter „ungewöhnliche oder persönliche Verhältnisse" i.S.v. § 9 Abs. 2 ImmoWertV zu subsumieren ist. Schließlich handelt es sich gewissermaßen um „Notverkäufe", da den Grundstückseigentümer finanzielle Schwierigkeiten in die Versteigerung zwingen (Vollstreckungsversteigerung, Konkursversteigerung) oder sich mehrere Grundstückseigentümer bei Auflösung der Gemeinschaft nicht auf einen Kaufpreis einigen können (Teilungsversteigerung). Im Vorfeld einer Versteigerung wird zwar ein Verkehrswertgutachten erstellt, das eine Grundlage für die Bieter darstellt. Regelmäßig werden jedoch vom Verkehrswert abweichende Erlöse erzielt. Hier kommt es sehr darauf an, welche Bieter sich beteiligen. So kann das Ergebnis erheblich unter dem Verkehrswert liegen, jedoch auch deutlich darüber.[24] Darüber hinaus ist zu beachten, dass bei Bewertungen für Zwangsversteigerungen verfahrensbedingte Besonderheiten zu beachten sind. Die Bewertung erfolgt i.d.R. mietfrei, d.h. ohne Berücksichtigung von Mietvereinbarungen, und lastenfrei, d.h. ohne Berücksichtigung von Lasten und Beschränkungen

20 Im Rahmen von Share-Deals erzielte Kaufpreise sind in der Kaufpreissammlung jedoch nicht enthalten, so dass ein wichtiges Marktsegment von den Gutachterausschüsse nicht erfasst wird.

21 *Kleiber, W. (2024)*, S. 34.

22 Vgl. *Kleiber, W. (2023)*, S. 1357 ff.

23 Vgl. *Kleiber, W. (2023)*, S. 1364 f.

24 Aus diesen Gründen gelten in Zwangsversteigerungen die 5/10 und 7/10 Grenzen für den ersten Termin, um ein Verschleudern der Immobilie zu vermeiden (§§ 74a, 85a ZVG).

in Abt. II des Grundbuches. Der ausgewiesene Verkehrswert entspricht also nicht notwendigerweise in allen Belangen dem Verkehrswert gemäß § 194 BauGB.[25]

Letztlich kann das Verhältnis zwischen Verkehrswert und Zwangsversteigerungserlös nur ein Marktindikator für das Verhältnis von Angebot und Nachfrage sein.

Zu beachten sind in jedem Fall die den Marktdaten zugeordneten Definitionen. Beispielsweise werden Kaufpreise für Eigentumswohnungen überwiegend nach Größenklassen oder Baualtersklassen eingeteilt. Bodenpreise beziehen sich i.d.R. auf eine bestimmte Grundstücksgröße oder Bebaubarkeit.

Der Grundsatz der Modellkonformität gemäß § 10 ImmoWertV gilt insofern bei der Anwendung aller Marktdaten, sei es zur Ermittlung von Vergleichswerten oder zum Zwecke der Plausibilitätsprüfung.

2.5.2 Vergleichskriterien

Als Vergleichskriterien kommen alle wertbestimmenden Merkmale in Betracht, die sich auf den Grundstückszustand beziehen. Diese sind, nicht abschließend, in § 2 Abs. 3 sowie §§ 3 bis 5 ImmoWertV aufgeführt.

§ 2 ImmoWertV (Grundlagen der Wertermittlung):

(...)

*(3) Der **Grundstückszustand** ergibt sich aus der Gesamtheit der rechtlichen Gegebenheiten, der tatsächlichen Eigenschaften, der sonstigen Beschaffenheit und der Lage des Wertermittlungsobjekts (**Grundstücksmerkmale**). Zu den Grundstücksmerkmalen können insbesondere zählen*

1. *der Entwicklungszustand,*
2. *die Art und das Maß der baulichen oder sonstigen Nutzung,*
3. *die tatsächliche Nutzung,*
4. *der beitragsrechtliche Zustand,*
5. *die Lagemerkmale,*
6. *die Ertragsverhältnisse,*
7. *die Grundstücksgröße,*
8. *der Grundstückszuschnitt,*
9. *die Bodenbeschaffenheit,*
10. *bei bebauten Grundstücken zusätzlich*
    a) *die Art der baulichen Anlagen,*
    b) *die Bauweise und die Baugestaltung der baulichen Anlagen,*
    c) *die Größe der baulichen Anlagen,*
    d) *die Ausstattung und die Qualität der baulichen Anlagen einschließlich ihrer energetischen Eigenschaften und ihrer Barrierefreiheit,*
    e) *der bauliche Zustand der baulichen Anlagen,*
    f) *das Alter, die Gesamtnutzungsdauer und die Restnutzungsdauer der baulichen Anlagen,*

25 Vgl. hierzu *Stumpe, B./Tillmann, H. G. (2009), S. 172 ff.*

11. bei landwirtschaftlichen Grundstücken Dauerkulturen und bei forstwirtschaftlichen Grundstücken die Bestockung,

12. die grundstücksbezogenen Rechte und Belastungen.

(...)

(5) Der ***Qualitätsstichtag*** *ist der Zeitpunkt, auf den sich der für die Wertermittlung* ***maßgebliche Grundstückszustand*** *bezieht. Er entspricht dem Wertermittlungsstichtag, es sei denn, dass aus rechtlichen oder sonstigen Gründen der Zustand des Grundstücks zu einem anderen Zeitpunkt maßgeblich ist.*

Weitere wertbeeinflussende Grundstücksmerkmale, für die gegebenenfalls Anpassungen durchzuführen sind, werden in Nr. 2.(3) ImmoWertA genannt.

ImmoWertA: zu § 2 ImmoWertA (Grundlagen der Wertermittlung)

2.(3) (...) Darüber hinaus werden nachfolgend weitere Hinweise zu einzelnen Grundstücksmerkmalen gegeben:

- *Die tatsächliche Nutzung bestimmt sich nach der am Qualitätsstichtag ausgeübten oder kurzfristig realisierbaren Nutzung.*
- *Grundstückszuschnitt und Topographie bestimmen die Nutzbarkeit des Grundstücks z. B. durch einzuhaltende Abstandsflächen, notwendige Erschließungsflächen, realisierbare Gebäudemaße, Bewirtschaftungserschwernisse, Vor- und Nachteile bei Hanglagen.*
- *Zur Bodenbeschaffenheit (§ 5 Absatz 5) gehört bei landwirtschaftlichen Grundstücken auch die Art und Qualität der Böden.*
- *Art der Anlage: z. B. Gebäude, bauliche Außenanlagen wie Ver- und Entsorgungseinrichtungen, Bodenbefestigungen, Einfriedungen.*
- *Ergänzung zur Art der Nutzung: z. B. Ein- und Zweifamilienhäuser, Mehrfamilienhäuser, Geschäftshäuser (vgl. Anlage 5 Nummer I).*
- *Bauweise bzw. Gebäudestellung zur Nachbarbebauung: z. B. offene Bauweise, geschlossene Bauweise bzw. Einzelhaus, Doppelhaushälfte, Reihenend- bzw. Reihenmittelhaus (vgl. auch Nummer 16.(2)).*
- *Baugestaltung: z. B. Konstruktionsart (beispielsweise Fachwerk, Massivbau, Holzbau, Fertigteilbauweise) und Dachform (beispielsweise Flachdach, Pultdach, Satteldach).*
- *Größe der baulichen Anlagen: z. B. Wohnfläche, Brutto-Grundfläche (vgl. Anlage 4 Nummer I.2), Zahl der Vollgeschosse oder oberirdischen Geschosse, Zahl der Wohnungen oder Zimmer.*
- *Ausstattung, Qualität des Rohbaus und des Ausbaus, Gebäudestandard (vgl. Anlage 4 Nummer III).*
- *Der energetische Zustand wird z. B. im Energieausweis und dort insbesondere durch den Endenergiebedarf beschrieben.*
- *Gesetzliche Anforderungen an die Barrierefreiheit baulicher Anlagen ergeben sich insbesondere aus den Bauordnungen der Länder.*

In den §§ 3 bis 5 ImmoWertV sind folgende Grundstücksmerkmale weiter beschrieben:

- Entwicklungszustand (§ 3 ImmoWertV),
- Alter, Gesamt- und Restnutzungsdauer (§ 4 ImmoWertV),
- Art und Maß der baulichen Nutzung oder sonstigen Nutzung (§ 5 Abs. 1 ImmoWertV),
- Beitragsrechtlicher Zustand (§ 5 Abs. 2 ImmoWertV),

- Ertragsverhältnisse (§ 5 Abs. 3 ImmoWertV),
- Lagemerkmale (§ 5 Abs. 4 ImmoWertV),
- Bodenbeschaffenheit (§ 5 Abs. 5 ImmoWertV).

Die vorgenannten Merkmale konkretisieren den Grundstückszustand und nehmen Bezug auf den Begriff des Qualitätsstichtags gemäß § 2 Abs. 5 ImmoWertV (siehe Kap. 1.4). Es geht somit um die zum Stichtag vorliegende „Qualität" des Grundstücks. Hier sei nochmals darauf hingewiesen, dass mit Grundstück ein bebautes oder unbebautes Grundstück gemeint sein kann sowie auch grundstücksgleiche Rechte (insbesondere Erbbaurechte) (siehe Kap. 1.3).

Die allgemeinen Wertverhältnisse nehmen hier Bezug auf den Wertermittlungsstichtag gemäß § 2 Abs. 4 ImmoWertV (siehe Kap. 1.4). Zumeist fallen Wertermittlungs- und Qualitätsstichtag zusammen. Es wird dann davon ausgegangen, dass der, z.B. im Rahmen einer Objektbesichtigung, vorgefundene Zustand im Falle einer aktuellen Bewertung auch als Qualität zugrunde zu legen ist.

Die allgemeinen Wertverhältnisse auf dem Grundstücksmarkt fließen bei der Wahl der Kaufpreise mit ein. Im Rahmen des Vergleichswertverfahrens sind Daten zu verwenden, die eine hinreichende zeitliche Nähe zum Wertermittlungsstichtag aufweisen.

Preisentwicklungen zwischen dem jeweiligen Verkaufszeitpunkt eines Vergleichsobjektes und dem Wertermittlungsstichtag sind zu berücksichtigen.

Je dynamischer der regionale Immobilienmarkt ist, desto kürzer ist das Zeitfenster, aus dem Vergleichsverkäufe stammen sollten, da es ansonsten zu Unschärfen kommen kann bis hin zu einer Unbrauchbarkeit des Datenmaterials.

2.5.3 Bemessung von Zu- und Abschlägen

Je nach bewertungsrelevantem Kriterium stehen unterschiedliche Möglichkeiten der Anpassung von zum Vergleich geeigneten Kaufpreisen zur Verfügung. Gemäß § 9 Abs. 1 ImmoWertV und Nr. 9.(1).4 ImmoWertA sind Anpassungen vorzugsweise mit Hilfe von Umrechnungskoeffizienten und Indexreihen durchzuführen.

Mit Hilfe von Indexreihen (§ 18 ImmoWertV) können Veränderungen der allgemeinen Wertverhältnisse berücksichtigt werden. Umrechnungskoeffizienten (§ 19 ImmoWertV) dienen der Anpassung an Unterschiede hinsichtlich der wertbeeinflussenden Grundstücksmerkmale.

> ***§ 18 ImmoWertV (Indexreihen):***
>
> *(1) Indexreihen dienen der Berücksichtigung von im Zeitverlauf eintretenden* ***Änderungen der allgemeinen Wertverhältnisse****.*
>
> *(2) Indexreihen bestehen aus Indexzahlen, die sich aus dem durchschnittlichen Verhältnis der Preise eines Erhebungszeitraums zu den Preisen eines Basiszeitraums mit der Indexzahl 100 ergeben. Die Indexzahlen können auch auf bestimmte Zeitpunkte innerhalb des Erhebungs- und Basiszeitraums bezogen werden.*
>
> *(3) Die Indexzahlen werden aus geeigneten Kaufpreisen für Grundstücke bestimmter räumlicher und sachlicher Teilmärkte ermittelt.*

§ 19 ImmoWertV (Umrechnungskoeffizienten):

(1) Umrechnungskoeffizienten dienen der Berücksichtigung von Wertunterschieden ansonsten gleichartiger Grundstücke, die sich aus ***Abweichungen einzelner Grundstücksmerkmale, insbesondere*** *aus dem* ***unterschiedlichen Maß der baulichen Nutzung oder der Grundstücksgröße und -tiefe****, ergeben.*

(2) Umrechnungskoeffizienten geben das Verhältnis des Wertes eines Grundstücks mit einer bestimmten Ausprägung eines Grundstücksmerkmals zu dem Wert eines Grundstücks mit einer bestimmten Basisausprägung dieses Grundstücksmerkmals ***(Normgrundstück)*** *an.*

(3) Die Umrechnungskoeffizienten werden aus geeigneten Kaufpreisen für solche Grundstücke abgeleitet, die sich abgesehen von solchen Abweichungen, die durch Anpassung der Kaufpreise nach § 9 Absatz 1 Satz 2 und 3 berücksichtigt werden, im Wesentlichen nur in dem Grundstücksmerkmal unterscheiden, für das die Umrechnungskoeffizienten abgeleitet werden.

Im indirekten Vergleichswertverfahren (siehe Kap. 2.6) ergibt sich durch die Anpassungen ein objektspezifisch angepasster Vergleichsfaktor oder Bodenrichtwert (§ 26 ImmoWertV). Im direkten Vergleichswertverfahren ist jeder einzelne Kaufpreis objektspezifisch anzupassen, wodurch sich die Vergleichspreise ergeben.

Indexreihen und Umrechnungskoeffizienten gehören zu den für die Wertermittlung erforderlichen Daten, die gemäß § 12 Abs. 1 ImmoWertV durch die Gutachterausschüsse auf Basis der Kaufpreissammlung abzuleiten sind.

Statistische Auswertungen zu Indexreihen und Umrechnungskoeffizienten erfordern eine ausreichende Anzahl an Verkaufstransaktionen im Zuständigkeitsbereich eines Gutachterausschusses sowie entsprechende personelle Kapazitäten. Dies ist jedoch gerade bei kleineren Gutachterausschüssen häufig nicht gegeben.

Gemäß § 198 Abs. 2 BauGB sollen die Oberen Gutachterausschüsse oder zentralen Geschäftsstellen durch „überregionale Auswertungen und Analysen des Grundstücksmarktgeschehens" zu einer „bundesweiten Grundstücksmarkttransparenz" beitragen.

Sofern keine Indexreihen oder Umrechnungskoeffizienten der Gutachterausschüsse vorliegen, sieht § 9 Abs. 1 ImmoWertV vor, dass Anpassungen an allgemeine Verhältnisse „in anderer geeigneter Weise" und an abweichende Grundstücksmerkmale „durch eine Anpassung mittels marktüblicher Zu- oder Abschläge oder in anderer geeigneter Weise" möglich sind.

Lange Zeit fanden für Anpassungen an ein unterschiedliches Maß der baulichen Nutzung, ausgedrückt durch die wertrelevante Geschossflächenzahl (WGFZ), die Umrechnungskoeffizienten in Anlage 11 der WertR 06 ersatzweise Anwendung, wenn Gutachterausschüsse keine eigenen Umrechnungskoeffizienten ermittelt haben. Auch heute noch werden sie von manchen Gutachterausschüssen herangezogen.

Die VW-RL enthielt Umrechnungskoeffizienten für Anpassungen an Unterschiede der WGFZ und der Grundstücksgröße, die zunächst in den Entwurf der ImmoWertA übernommen wurden. In der nun geltenden Fassung der ImmoWertA sind sie jedoch nicht mehr enthalten. Weitere Erläuterungen hierzu erfolgen in Kapitel 2.7.

Problematisch ist, dass auf Bundesebene veröffentlichte Indexreihen und Umrechnungskoeffizienten – sei es aus einer Verordnung, der Fachliteratur oder in einem landes- bzw. bundesweiten Immobilienmarktbericht publiziert – noch keinen Bezug zum örtlichen Grundstücksmarkt haben, sodass ihre Anwendbarkeit immer zu überprüfen ist.

Wertermittler müssen eigenständig sicherstellen, dass Anpassungen sachgerecht erfolgen und den gewöhnlichen Geschäftsverkehr widerspiegeln. Hierfür ist eine entsprechende Marktkenntnis notwendig.

Idealerweise ist der Wertermittler in der Region tätig, in der sich das zu bewertende Objekt befindet, sodass gute Marktkenntnisse vorliegen und auf der Basis von Erfahrungswerten der Werteinfluss einzelner Grundstücksmerkmale eingeschätzt werden kann. Sind Wertermittler überregional tätig, so müssen sie durch entsprechende Recherchen eine Kenntnis der örtlichen Verhältnisse sicherstellen.

Die Anforderungen an die Nachvollziehbarkeit und Transparenz von Gutachten sind in den letzten Jahrzehnten ständig gestiegen. Daher reicht eine simple Bezugnahme auf die sachverständige Expertise den Auftraggebern, seien es Gerichte, private oder gewerbliche Kunden, nicht mehr aus. Auch werden dann die Gutachten den Anforderungen der Mustersachverständigenordnung der Bestellungskörperschaften im Rahmen der öffentlichen Bestellung und Vereidigung von Sachverständigen nicht gerecht[26] und sie halten einer Überprüfung durch Gerichte oder Finanzämter nicht stand.

Nachfolgend werden einige Informationsquellen aufgeführt, die bei Marktrecherchen hilfreich sein können, um Anpassungen zu begründen (Aufzählung nicht abschließend):

- Internetportale wie z.B. on-geo: Die Auskünfte sind kostenpflichtig. Es ist eine Registrierung notwendig. Regional sind unterschiedliche Informationsquellen enthalten. Beispielsweise ist es möglich, für bestimmte Zeitfenster auch Auswertungen von Angebotspreisen aus der Vergangenheit gegliedert nach Objektart und Größe sowie gegebenenfalls nach anderen Merkmalen zu erhalten.[27] Zu erwähnen ist auch eine immer größer werdende Anzahl an Proptechs, die auf Basis von Big Data und KI Auswertungen zu bestimmten Grundstücksmerkmalen vornehmen (z.B. Energetische Eigenschaften).
- Örtlicher Mietspiegel: Haben einzelne Grundstücksmerkmale einen deutlichen Einfluss auf die Miethöhe, können unter Umständen Rückschlüsse auf deren Einfluss auf Kaufpreise gezogen werden. Differenzen in den Mietpreisen können allerdings nicht ungeprüft auf Kaufpreise übertragen werden.
- Preisspiegel des Immobilienverbandes Deutschland IVD: Seit vielen Jahren erhebt der IVD in Zusammenarbeit mit Marktberichterstattern, z.B. Maklern und Sachverständigen, Miet- und Kaufpreise für Wohn- und Gewerbeimmobilien in Städten und Gemeinden unterteilt nach typisierten Objektarten. Es können unter Umständen Rückschlüsse auf Kaufpreisunterschiede hinsichtlich der Lage und der Objektart sowie gegebenenfalls der Baualtersklasse gezogen werden. Zu verschiedenen Schlüsselregionen werden auch Marktberichte mit vertiefenden Informationen verfasst.[28]
- Angebotsdaten: Die Anbieter von Internet-Immobilienportalen bieten mittlerweile die Möglichkeit zur Aggregation und Auswertung von Angeboten und Gesuchen, z.B. Immoblien-

26 Mustersachverständigenordnungen des Deutschen Industrie- und Handelskammertages sowie die hierzu erlassenen Richtlinien und weiteren Leitfäden zum Aufbau von Gutachten, z.B. unter www.ifsforum.de.

27 www.on-geo.de.

28 Immobilienverband Deutschland IVD Bundesverband der Immobilienberater, Makler, Verwalter und Sachverständigen e.V. www.ivd.net.

scout24 oder immowelt.de. Je nachdem, wie stark ein Portal genutzt wird, erhält man jedoch nur einen begrenzten Ausschnitt aus dem Marktgeschehen. Gut geeignet sind Anbieter von Marktdaten, die unabhängig vom Medium, in dem ein Angebot veröffentlicht wurde, Daten sammeln und für weitere Auswertungen zur Verfügung stellen. Die Einschränkungen hinsichtlich der Verwertbarkeit von Angebotspreisen sind zu beachten. Jedoch lassen sich bei der Auswertung größerer Datenmengen Tendenzen ablesen.[29]

- Marktberichte von Kreditinstituten, Maklerunternehmen u.a.: Verschiedene Kreditinstitute und Bausparkassen (Sparkassen, LBS, BNP u.v.a.m.) erstellen Marktberichte. Gleiches gilt auch für größere Maklerunternehmen und Consulting Firmen, vor allem im gewerblichen Bereich (Jones Lang Lassalle, Colliers u.v.a.m.). Auch geben manche Industrie- und Handelskammern Marktberichte heraus. Beziehen sich Informationen auf das Marktverhalten international agierender Investoren, ist dies nicht immer mit „dem allgemeinen Marktgeschehen des gewöhnlichen Geschäftsverkehrs" gleichzusetzen.[30] Des Weiteren ist nicht immer transparent dargestellt, auf welcher Datenbasis Auswertungen erfolgt sind und wie Kennzahlen definiert sind.

Der Wertermittler muss sich also ein Bild davon machen, welche Datenquellen verfügbar und geeignet sind.

Die ImmoWertV sieht auch die Möglichkeit einer sachverständigen Schätzung vor (§ 9 Abs. 3 ImmoWertV). Dies stellt jedoch einen Ausnahmefall dar, „wenn keine geeigneten sonstigen für die Wertermittlung erforderlichen Daten zur Verfügung" stehen, und kann nicht willkürlich erfolgen. Die Grundlagen der Schätzung sind sorgfältig zu dokumentieren.

Anpassungen sind nur für Grundstücksmerkmale durchzuführen, die im gewöhnlichen Geschäftsverkehr auch wertrelevant sind. Diesbezüglich kann es starke regionale Unterschiede geben. Besteht auf Immobilienmärkten mit einer das Angebot deutlich übersteigenden Nachfrage bspw. eine geringe Sensibilität gegenüber nachteiligen Grundstücksmerkmalen, können diese im Falle eines Angebotsüberhangs einen hohen Werteinfluss entfalten.

Anpassungen sind in jedem Fall zu begründen, damit sie zum einen für den Leser eines Gutachtens nachvollziehbar sind. Zum anderen dient dies auch der Kontrolle für den Wertermittler selbst hinsichtlich der Plausibilität und Vollständigkeit der angestellten Untersuchungen. In diesem Zusammenhang ist stets darauf zu achten, dass es zu keiner Doppelberücksichtigung kommt.

Werden bspw. bei einem unbebauten Grundstück Unterschiede hinsichtlich der Grundstücksgröße berücksichtigt, kann sich eine Doppelberücksichtigung ergeben, wenn zusätzlich eine Anpassung hinsichtlich der Grundstückstiefe erfolgt. Die Gefahr einer Doppelberücksichtigung besteht auch im Falle von besonderen objektspezifischen Grundstücksmerkmalen, z.B. Bauschäden oder ungünstigen mietvertraglichen Regelungen. Ergibt sich aus den Informationen zu den Kaufpreisen, dass hier ähnliche Gegebenheiten vorgelegen haben, so sind diese möglicherweise bereits, zumindest teilweise, eingepreist. Es kann in diesen Fällen nicht zusätzlich in voller Höhe ein Abschlag vorgenommen werden.

29 Bspw. www.immobilien-marktdaten.de.
30 *Kleiber, W. (2024)*, S. 34.

Daher ist es wichtig, dass in der Kaufpreissammlung möglichst umfängliche Informationen über die Vergleichsobjekte erfasst werden. Dabei sind Gutachterausschüsse jedoch darauf angewiesen, dass die Erhebungsbögen der Gutachterausschüsse von den Käufern ausgefüllt und zurückgeschickt werden. Aus § 197 Abs. 1 BauGB ergibt sich, dass dies verlangt werden kann (siehe Kap. 1.2). Jedoch wird dem Verlangen häufig nicht nachgekommen und dies auch nicht geahndet.

Anpassungen hinsichtlich des beitrags- und abgabenrechtlichen Zustands, des Maßes der baulichen Nutzung, der Grundstücksgröße, des Zuschnitts (Grundstückstiefe, Grundstücksbreite), der Bodenbeschaffenheit, der Bodengüte (Acker- und Grünlandzahl) etc. betreffen in erster Linie unbebaute Grundstücke (siehe Kap. 2.7). Aufgrund der besonderen Relevanz ist der Bodenwertermittlung ein eigenes Kapitel gewidmet.

Wie bereits ausgeführt wurde, ist schon bei der Vorauswahl der Kaufpreise auf eine möglichst große Vergleichbarkeit hinsichtlich der wesentlichen Grundstücksmerkmale wie Lagequalität, Objekttyp, Baualtersklasse und Ausstattungsqualität der Vergleichsobjekte zu achten. Sind zu große Unterschiede durch Anpassungen zu überwinden, ist die Ermittlung des Vergleichswertes nicht mehr nachvollziehbar und stark angreifbar. Letztlich sind dann die herangezogenen Kaufpreise nicht mehr geeignet. Gegebenenfalls ist daher auf ein anderes Wertermittlungsverfahren zurückzugreifen.

Es gibt unterschiedliche Auffassungen darüber, bis zu welchem Prozentsatz Anpassungen noch vertretbar sind. Diesbezüglich wird auf die Ausführung in Kapitel 2.4 verwiesen.

Nr. 9.(2).2 ImmoWertA gibt hierzu einen ergänzenden Hinweis:

> **ImmoWertA: zu § 9 (Eignung und Anpassung der Daten; ungewöhnliche oder persönliche Verhältnisse; Herkunft der Daten)**
>
> *9.(2).2 Eine erhebliche Abweichung von Kaufpreisen und anderen Daten liegt dann vor, wenn sie nicht mehr mit der üblichen Streuung erklärt werden kann. Dies ist nicht fest definierbar, sondern abhängig von der Homogenität bzw. Heterogenität des jeweiligen Grundstücksmarkts. Ausreißer können z.B. mittels statistischer Verfahren erkannt werden.*

Insgesamt ist also zu hinterfragen, ob Daten für die Wertermittlung geeignet sind, wenn erhebliche Anpassungen erfolgen müssen. Auch muss auf Ausreißer geachtet werden, die auf das Vorliegen ungewöhnlicher und persönlicher Verhältnisse hinweisen können oder ein Indiz dafür sind, dass keine hinreichend vergleichbaren Objekte vorliegen. Größere Preisunterschiede können jedoch auch Folge von dynamischen und heterogenen Märkten sein. Wo hier die Grenze zu ziehen ist, ab der von einer nicht hinreichenden Vergleichbarkeit gesprochen werden muss, ist nicht klar zu definieren. Ein Entwurf der ImmoWertA-E enthielt den Hinweis, dass Abweichungen von bis zu 15 % als nicht erheblich einzuschätzen sind (siehe hierzu Nr. 9.(1).6 und 9.(2).2 ImmoWertA-E, Stand 22.12.2021). Letztlich wurde dann in der ImmoWertA auf eine Angabe verzichtet.

Vor diesem Hintergrund wird klar, worauf der Begriff der „hinreichenden Übereinstimmung" von Vergleichsobjekt und Wertermittlungsobjekt gemäß Nr. 25.1 ImmoWertA abzielt. Abweichungen sollten entweder „unerheblich" sein oder „in sachgerechter Weise" durch Anpassungen mittels Umrechnungskoeffizienten oder durch sachverständige Schätzung erfasst werden können. Gleiches gilt bezüglich der Anpassungen an allgemeine Wertverhältnisse zum Wertermittlungsstichtag.

Die Schwierigkeit besteht vor allem darin, dass Kaufpreise das Ergebnis intersubjektiver Verhandlungsprozesse sind, die objektiviert werden müssen, um am Ende zu einem im gewöhnlichen Geschäftsverkehr erzielbaren Kaufpreis, dem Verkehrswert, zu gelangen.

Aufgrund der bisherigen Ausführungen wird ersichtlich, dass das Vergleichswertverfahren ein hohes Maß an Verfahrens- und Marktkenntnissen erfordert und keinesfalls einfach zu handhaben ist. Da die Anforderungen regelmäßig unterschätzt werden, wird das Vergleichswertverfahren in Gutachten häufig verkürzt dargestellt, d.h. ohne die erforderlichen Erläuterungen zu Anpassungen – sofern diese überhaupt durchgeführt werden – und mit Verfahrensfehlern.

Nichtsdestotrotz ist es das einzige Verfahren, in dem der Markt sich direkt widerspiegelt.

2.5.4 Marktanpassung

Liegen geeignete Kaufpreise vor und wurden Anpassungen aufgrund abweichender Grundstücksmerkmale oder allgemeiner Wertverhältnisse vorgenommen, ist i.d.R. keine zusätzliche Marktanpassung mehr notwendig.

Preisentanpassungen zwischen den Verkaufszeitpunkten der herangezogenen Vergleichsobjekte und dem Wertermittlungsstichtag erfolgen vorzugsweise mit Indexreihen, die von den Gutachterausschüssen ermittelt werden.

Liegen keine Indexreihen vor, müssen die Preisentwicklungen in der Region mit Hilfe eigener Recherchen untersucht werden. Sind die Kaufpreise für vergleichbare Objekte in der Region in den letzten Jahren vor dem Wertermittlungsstichtag gestiegen, so sind Vergleichsverkäufe mit zurückliegendem Verkaufszeitpunkt durch Zuschläge anzupassen und umgekehrt.

Insofern entspricht in den meisten Fällen der vorläufige Vergleichswert auch dem marktangepassten vorläufigen Vergleichswert (§ 24 Abs. 3 ImmoWertV). Gemäß § 7 Abs. 2 ImmoWertV ist in jedem Fall zu prüfen, ob die allgemeinen Wertverhältnisse ausreichend erfasst sind oder eine zusätzliche Marktanpassung durch marktübliche Zu- oder Abschläge notwendig ist (siehe Kap. 1.5).

2.5.5 Besondere objektspezifische Grundstücksmerkmale (boG)

Die nachfolgenden Ausführungen beschäftigen sich mit den in allen Verfahren am häufigsten zu berücksichtigenden besonderen objektspezifischen Grundstücksmerkmalen (siehe Kap. 1.6), also Baumängeln und Bauschäden sowie besonderen Ertragsverhältnissen. Im Rahmen des Vergleichswertverfahrens sind einige Besonderheiten zu beachten.

2.5.5.1 Baumängel und Bauschäden

Häufig sind bei der Wertermittlung Baumängel und Bauschäden zu berücksichtigen (siehe Kap. 4.5.1.5 und 4.5.5). Dies kann der Fall sein, wenn bspw. Bauarbeiten mangelhaft ausgeführt wurden oder die Instandhaltung vernachlässigt wurde.

Gemäß Nr. 8.(3).3 ImmoWertA können die Wertminderungen aufgrund von Baumängeln und Bauschäden auf Basis von Erfahrungswerten, unter Zugrundelegung von Bauteiltabellen oder unter Berücksichtigung von Schadensbeseitigungskosten ermittelt werden.[31]

Vor einer schematischen Vorgehensweise ist zu warnen. So entsprechen Schadensbeseitigungskosten in vielen Fällen nicht dem tatsächlichen Werteinfluss. Sie können nur einen Anhaltspunkt für die Bemessung der Wertminderung geben.[16]

Auf Immobilienmärkten mit hoher Immobiliennachfrage ist die Sensibilität in Bezug auf negative Objekteigenschaften erfahrungsgemäß niedriger als bei einem Angebotsüberhang.

Im Regelfall ist keine Innenbesichtigung der vom Gutachterausschuss im Rahmen einer Auskunft aus der Kaufpreissammlung benannten Vergleichsobjekte möglich. Sofern vom Gutachterausschuss nicht-anonymisierte Auskünfte mit konkreter Adressangabe, Flurstückbezeichnung, Nummer der Wohnungseigentumseinheit o.Ä. vorliegen, kann höchstenfalls eine Außenbesichtigung erfolgen. Darüber hinaus liegen zumeist nur wenige Informationen über den Zustand zum Verkaufszeitpunkt vor (Modernisierungsstufe, Sanierungsgrad) und die Vergleichsobjekte können seit dem Verkauf verändert worden sein. Je weiter der Wertermittlungsstichtag zurückliegt, z.B. bei einer Erbauseinandersetzung der Todestag des Erblassers, desto schwieriger gestaltet sich die Einschätzung des Objektzustands zum Verkaufszeitpunkt.

Insofern kann man nur vage auf den Zustand zum Verkaufszeitpunkt schließen. Bei älteren Objekten kann regelmäßig davon ausgegangen werden, dass beim Verkauf ein gewisser Instandhaltungsstau vorlag, da dessen Behebung in der Praxis meist dem Käufer überlassen wird.

Weicht ein Vergleichspreis auffällig vom Mittelwert ab, obwohl das Vergleichsobjekt gemäß den vorliegenden Informationen durchschnittliche Merkmale aufweist, können neben ungewöhnlichen und persönlichen Verhältnissen bspw. auch Baumängel und Bauschäden dafür verantwortlich sein. Einige Gutachterausschüsse weisen neben dem ursprünglichen Baujahr noch ein fiktives Baujahr aus, das zumeist auf eine Verjüngung der Bausubstanz aufgrund von Modernisierungsmaßnahmen hinweist.

Es ist also nicht klar, inwieweit Baumängel und Bauschäden in den Vergleichspreisen schon „eingepreist" sind. Daran schließt sich die Frage an, ob noch eine Anpassung erforderlich ist und, wenn ja, in welcher Höhe.

Weist das bewertungsgegenständliche Objekt bspw. erhebliche Bauschäden oder Baumängel auf, so besteht eine Möglichkeit darin, die Angemessenheit eines verhältnismäßig hohen Abschlags vom vorläufigen Vergleichswert durch Zuhilfenahme eines zweiten stützenden Verfahrens zu plausibilisieren. So bietet es sich z.B. bei Eigentumswohnungen an, neben dem Vergleichswertverfahren auch das Ertragswertverfahren anzuwenden (siehe Kap. 1.5).[32]

---

31 Z.B. *Schmitz, H./ Krings, E./ Dahlhaus, U./ Meisel, U. (2024).*

16 Vgl. *Schaper, D./ Jardin, A./ Mann, W./ Bräuer, A. (2019), Unglaube, D. (2024).*

32 Vgl. *Schaper, D. (2014).*

2.5.5.2 Besondere Ertragsverhältnisse aufgrund mietvertraglicher Bindungen

Eine weitere Herausforderung im Vergleichswertverfahren stellen Erträge dar, die aufgrund von mietvertraglichen Bindungen erheblich von den marktüblich erzielbaren Erträgen abweichen. Es bieten sich unterschiedliche Herangehensweisen an.

Zunächst stellt sich die Frage, inwieweit Bezugsfreiheit oder Vermietung an sich ein Vergleichskriterium darstellen. Dabei ist zwischen Wohnraum und Gewerberaum zu differenzieren.

Im Wohnraummietrecht gilt das Prinzip „Kauf bricht nicht Miete" gemäß § 566 BGB. Demzufolge tritt der Käufer einer vermieteten Wohnung in den bestehenden Mietvertrag ein.

Eine nicht vermietete, bezugsfreie Wohnung bietet somit die Möglichkeit der Eigennutzung und der Kapitalanlage gleichermaßen, eine vermietete Wohnung nicht. Auch unter dem Gesichtspunkt der Kapitalanlage sehen es Käufer zumeist als vorteilhaft an, den Mieter selbst auszuwählen und die mietvertraglichen Vereinbarungen zu gestalten.

> ***§ 566 BGB (Kauf bricht nicht Miete):***
>
> *(1) Wird der vermietete Wohnraum nach der Überlassung an den Mieter von dem Vermieter an einen Dritten veräußert, so* ***tritt der Erwerber anstelle des Vermieters in die sich*** *während der Dauer seines Eigentums* ***aus dem Mietverhältnis ergebenden Rechte und Pflichten ein****.*
>
> *(...)*

Besonders in Regionen mit hoher Mietnachfrage zeigen Auswertungen, dass die Kaufpreise von vermieteten Wohnungen unter denen von bezugsfreien Wohnungen liegt.

So lagen bspw. gemäß den Angaben des Gutachterausschusses München die Kaufpreise vermieteter Eigentumswohnungen im Jahre 2023 im Mittel um 9 % unter denen für bezugsfreie Wohnungen.[18]

Im Falle einer schwierigen Vermietbarkeit, z.B. in einer strukturschwachen Region mit geringer Mietnachfrage oder im Falle einer Spezialimmobilie mit begrenztem Nutzerkreis, kann ein bestehender Mietvertrag sich aber auch positiv auswirken. Der Werteinfluss ist für jedes Objekt im Einzelnen abzuschätzen.

Der Vermietungsstatus stellt somit ein wertrelevantes Grundstücksmerkmal dar, das bei der Vergleichswertermittlung zu berücksichtigen ist.

Ist die zu bewertende Eigentumswohnung vermietet, ist zusätzlich ist zu prüfen, ob die vereinbarte und vertraglich erzielbare Miete erheblich von der marktüblichen Miete abweicht (siehe Kap. 3.4.3.2) und sich daraus ein besonderes objektspezifisches Grundstücksmerkmal ergibt.

Sofern die Bestandsmiete der Vergleichswohnungen bekannt ist, kann zunächst ein Vergleich mit der Miete des bewertungsgegenständlichen Objekts direkt im Verfahren vorgenommen werden.

---

18 Vgl. Gutachterausschuss für Grundstückswerte im Bereich der Landeshauptstadt München, Immobilienmarktbericht für 2023, S. 32.

Liegen die Mieten der Vergleichsobjekte im marktüblichen Bereich und die Bestandsmiete der zu bewertenden Wohnung erheblich darunter oder darüber, besteht ein wertbeeinflussendes Missverhältnis, das als Overrent (vertragliche Miete > marktübliche Miete) oder als Underrent (vertragliche Miete < marktübliche Miete) im Rahmen der besonderen objektspezifischen Grundstücksmerkmale zu berücksichtigen ist.

Gemäß § 8 Abs. 3 ImmoWertV sind besondere objektespezifische Grundstücksmerkmale im Falle der Durchführung mehrerer Wertermittlungsverfahren, „soweit möglich, in allen Verfahren identisch anzusetzen". Dies macht insofern Sinn, als nur auf diese Weise Ergebnisse verschiedener Verfahren vergleichbar sind. Es lässt sich aber nicht immer umsetzen, da im Falle des Vergleichswertverfahrens nicht immer die Bestandsmiete der Vergleichsobjekte bekannt ist und insofern unklar bleibt, inwieweit Mietdifferenzen bereits eingepreist sind. Dagegen wird gemäß dem Ertragswertmodell der ImmoWertV zunächst von marktüblichen Erträgen ausgegangen, so dass erhebliche Abweichungen in jedem Fall als besonders objektspezifisches Grundstücksmerkmal berücksichtigt werden können.

Die Ermittlung von kapitalisierten Mehrerträgen (Overrent) oder Mindererträgen (Underrent) erfolgt nach Ertragswertgesichtspunkten durch Kapitalisierung der Mietdifferenz über die Zeitdauer ihres Bestehens. Die Vorgehensweise wird im Kapitel 3 (Ertragswertverfahren) erläutert.

Um diese Anpassung in voller Höhe durchführen zu können, dürfen somit im marktangepassten vorläufigen Vergleichswert noch keine mietvertraglichen Besonderheiten enthalten sein.

Bei Gewerberaummietverhältnissen gelten in HInblick auf die Berücksichtigung von Mehr- oder Mindererträgen die gleichen Prinzipien. Zu beachten ist hier jedoch ein deutlich weniger restriktives Mietrecht, bspw. in Hinblick auf Kündigungs- oder Mieterhöhungsmöglichkeiten. Hier sind die mietvertraglichen Regelungen (z.B. Festmietzeit, Indexvereinbarungen) zu beachten und darüber hinaus die üblichen Gepflogenheiten des jeweiligen Marktsegments.

2.5.5.3 Beispiel für das direkte Vergleichswertverfahren

Anhand eines Beispiels wird die Durchführung des direkten Vergleichswertverfahrens aufgezeigt.

Beispiel

Wertermittlungsobjekt:

- *Eigentumswohnung*
- *2. Obergeschoss*
- *Wohnfläche 70 m²*
- *Baujahr 1970*
- *Nicht vermietet*
- *Werteinfluss Renovierungsbedarf ca. 20.000 € (= besonderes objektspezifisches Grundstücksmerkmal)*

Wertermittlungsstichtag 1.12.2017

Folgende Kaufpreise für Eigentumswohnungen im näheren Umfeld wurden vom Gutachterausschuss zur Verfügung gestellt

Jahr	**Wohnfläche m²**	**Geschosslage**	**Baujahr**	**Zustand**	**Vermietung**	**Kaufpreis**
2015	*60*	*1. OG*	*1970*	*gut*	*ja*	*500.000 €*
2016	*80*	*2. OG*	*1972*	*gut*	*nein*	*700.000 €*
2017	*100*	*1. OG*	*1975*	*gut*	*ja*	*820.000 €*
2017	*70*	*1. OG*	*1976*	*gut*	*nein*	*600.000 €*
2017	*60*	*2. OG*	*1977*	*gut*	*nein*	*620.000 €*
Arithmetisches Mittel	***74***					***648.000 €***

Weitere Informationen des Gutachterausschusses:

- *Für vermietete Wohnungen werden im Durchschnitt um 5 % geringere Kaufpreise erzielt als für bezugsfreie Wohnungen.*
- *Die Mieten der vermieteten Vergleichsobjekte lagen im Bereich des Marktüblichen.*
- *Gemäß den vorliegenden Angaben waren alle Verkaufsobjekte in einem guten Zustand.*

Zeitliche Preisentwicklungen:

Die Kaufpreise für Eigentumswohnungen sind zwischen 2015 und 2017 gestiegen. Der Gutachterausschuss hat folgende Indexreihe veröffentlicht:

Jahr	***Indexzahl***
2015	*100,0*
2016	*110,0*
2017	*115,0*

Wohnfläche:

Der Gutachterausschuss hat Umrechnungskoeffizienten für Wohnflächen abgeleitet:

Wohnfläche m²	***Umrechnungskoeffizient***
60	*1,00*
70	*0,97*
80	*0,95*
90	*0,92*
100	*0,90*

Nach dem Grundsatz der Modellkonformität ist darauf zu achten, dass die Wohnfläche nach der gleichen Methodik ermittelt wurde wie für die Vergleichsobjekte (siehe Kap. 1.8.1). Diesbezüglich sind Anmerkungen des Gutachterausschusses zu beachten. In der Praxis bestehen hier Unschärfen, wenn die Wohnflächen von den Gutachterausschüssen nicht nachgerechnet werden und nur auf Angaben der Erhebungsbögen beruhen.

Anpassungen können durch Multiplikation der Anpassungsfaktoren oder durch Addition von prozentualen Anpassungen ermittelt werden. Im vorliegenden Fall weist der Gutachterausschuss darauf hin, dass Anpassungen multiplikaktiv zu verbinden sind. In diesem Beispiel ergibt sich kein nennenswerter Unterschied zu einer additiven Verknüpfung.

Nachfolgend sind die Kaufpreise und Anpassungen zusammengestellt.

Allgemeine Regel:

Weist ein Vergleichsobjekt Grundstücksmerkmale auf, die besser als die des zu bewertenden Objektes sind, erfolgt ein Abschlag.

Weist ein Vergleichsobjekt Grundstücksmerkmale auf, die schlechter als die des zu bewertenden Objektes sind, erfolgt ein Zuschlag.

Im vorliegenden Fall bedeutet dies, dass die Kaufpreise der vermieteten Vergleichsobjekte 1 und 3 um 5 % zu erhöhen sind, da die zu bewertende Wohnung bezugsfrei ist.

Bei der Verwendung von Indexreihen und Umrechnungskoeffizienten entsprechen die Anpassungen im Grunde einem klassischen Dreisatz. Es ist ein Bruch zu bilden, bei dem die Indexzahl oder der Umrechnungskoeffizient, die dem Wertermittlungsstichtag bzw. dem Grundstücksmerkmal des zu bewertenden Objektes entsprechen, im Zähler stehen und die des Vergleichsobjektes im Nenner.

Anpassungen Preisentwicklung:

1) 115 / 100 = 1,15

2) 115 / 110 = 1,05

3) bis 5) 115 / 115 = 1,00

Anpassungen Wohnfläche:

1) 0,97 / 1,00 = 0,97

2) 0,97 / 0,95 = 1,02

3) 0,97 / 0,90 = 1,08

4) 0,97 / 0,97 = 1,00

5) 0,97 / 1,00 = 0,97

Ergebnis:

	Kaufpreis	Kaufpreis pro m²	Anpassung Zeit	Anpassung Vermietung	Anpassung Wohnfläche	Anpassung gesamt	Vergleichspreis pro m²
	500.000 €	*8.333 €*	***1,15***	***1,05***	***0,97***	*1,171*	*9.758 €*
	700.000 €	*8.750 €*	***1,05***	***1,00***	***1,02***	*1,071*	*9.371 €*
	820.000 €	*8.200 €*	***1,00***	***1,05***	***1,08***	*1,134*	*9.299 €*
	600.000 €	*8.571 €*	***1,00***	***1,00***	***1,00***	*1,000*	*8.571 €*
	620.000 €	*10.333 €*	***1,00***	***1,00***	***0,97***	*0,970*	*10.023 €*
arithmetisches Mittel	***648.000 €***	***8.837 €***				***1,069***	***9.404 €***
Median							***9.371 €***
Standardabweichung							***551 €***
Variationskoeffizient							***0,06***

Das arithmetische Mittel der Vergleichspreise beträgt 9.404 € pro m² Wohnfläche. Der Median liegt bei 9.371 € pro m². Beide Mittelwerte liegen nahe zusammen. Im vorliegenden Fall wird auf das arithmetische Mittel abgestellt.

Die Güte der Auswertungen wurde durch weitere statistische Auswertungen untersucht (siehe Kap. 2.4). Es sind keine Ausreißer vorhanden, die mehr als zwei Standardabweichungen vom arithmetischen Mittelwert abweichen. Es ergibt sich ein Variationskoeffizient von 0,06, der als sehr gut zu beurteilen ist (siehe Kap. 2.4).

Da keine Marktanpassungen notwendig sind, entspricht der vorläufige Vergleichswert dem marktangepassten vorläufigen Vergleichswert.

9.404 € × 70 m² = 658.280 €

Es sind besondere objektspezifische Grundstücksmerkmale zu berücksichtigen in Höhe von 20.000 €. Der Vergleichswert entspricht dem Verkehrswert und beträgt rund 640.000 €.[33]

marktangepasster vorläufiger Vergleichswert	*658.280 €*
besondere objektspezifische Grundstücksmerkmale, hier: Baumängel/Bauschäden – Renovierungsbedarf	*– 20.000 €*
Vergleichswert/Verkehrswert	*638.280 €*
rund	***640.000 €***

33 Zu Rundungsregeln vgl. z.B. *Kleiber, W. (2023)*, S. 483. Die Berechnung erfolgt computergestützt, Rundungsdifferenzen sind möglich.

In diesem Beispiel konnten die wertbestimmenden Merkmale durch geeignete Anpassungen im direkten Vergleichswertverfahren berücksichtigt werden. Der Objektzustand in Form von Baumängeln oder Bauschäden (hier: Renovierungsbedarf) wurde als besonderes objektspezifisches Grundstücksmerkmal berücksichtigt. Weitere Ausführungen zum direkten Vergleichswertverfahren werden in Kapitel 2.7 zur Bodenwertermittlung gemacht.

2.6 Indirektes Vergleichswertverfahren

Gemäß § 24 ImmoWertV kann der Vergleichswert auch auf Basis von Vergleichsfaktoren ermittelt werden. Dann spricht man von einem indirekten Vergleichswertverfahren. Grundlage der Bewertung sind dann keine geeigneten Kaufpreise, sondern Vergleichsfaktoren gemäß § 20 ImmoWertV. Dabei handelt es sich um „durchschnittliche, auf eine geeignete Bezugseinheit bezogene Werte für Grundstücke".

Vergleichsfaktoren gehören zu den für die Wertermittlung erforderlichen Daten gemäß § 12 ImmoWertV, die von Gutachterausschüssen auf Basis der Kaufpreissammlung zu ermitteln sind.

§ 20 ImmoWertV (Vergleichsfaktoren):

(1) Vergleichsfaktoren dienen der Ermittlung von Vergleichswerten ***insbesondere für bebaute Grundstücke****.*

(2) Vergleichsfaktoren sind ***durchschnittliche, auf eine geeignete Bezugseinheit bezogene Werte*** *für Grundstücke mit bestimmten wertbeeinflussenden Grundstücksmerkmalen* ***(Normobjekte)****.*

(3) Vergleichsfaktoren werden ermittelt auf der Grundlage von

1. *geeigneten Kaufpreisen und*
2. *der diesen Kaufpreisen entsprechenden Flächen- oder Raumeinheit* ***(Gebäudefaktoren)****, den diesen Kaufpreisen entsprechenden marktüblich erzielbaren jährlichen Erträgen* ***(Ertragsfaktoren)*** *oder einer sonstigen geeigneten Bezugseinheit.*

Bei bebauten Grundstücken ist zwischen Ertragsfaktoren und Gebäudefaktoren zu unterscheiden.

Im Falle von Ertragsfaktoren wird der Kaufpreis als Vielfaches des Ertrages ausgedrückt. Häufig wird der Rohertrag verwendet (siehe Kap. 3.4.3). Dieser entspricht der marktüblichen Jahresnettokaltmiete. Ertragsfaktoren können sich auch auf den Reinertrag i.S.d. Ertragswertverfahrens beziehen.

Die erzielten Kaufpreise sind zu Vergleichszwecken üblicherweise nicht auf den tatsächlich erzielten Mietertrag zu beziehen, da die tatsächlich erzielte Miete nicht notwendigerweise der marktüblichen Miete entspricht und bei jedem Objekt unterschiedlich ist. Dadurch wäre ein Vergleich mehrerer Objekte nicht möglich. Individuelle Besonderheiten der jeweiligen Immobilie wären bereits im Ertragsfaktor enthalten. In einer Modellbeschreibung sind die typischen

Merkmale der ausgewerteten Kauffälle zu beschreiben. Dabei sollte auch angegeben sein, auf welchen Stichtag sich die Vergleichsfaktoren beziehen.[34]

***ImmoWertA:* zu § 20 ImmoWertA (Vergleichsfaktoren)**

20. Bei bebauten Grundstücken sind Vergleichsfaktoren durchschnittliche Lagewerte für modellhafte Immobilien mit detailliert beschriebenen Grundstücksmerkmalen, die auf eine Bezugseinheit (z. B. Quadratmeter Wohn-/Nutzfläche) bezogen sind. ***Immobilienrichtwerte sind Vergleichsfaktoren, wenn sie als Grundlage der Ermittlung von Vergleichswerten und nicht nur einer überschlägigen Wertermittlung dienen.***

Nicht zu verwechseln sind die Ertragsfaktoren mit den Kapitalisierungsfaktoren bzw. Barwertfaktoren gemäß § 34 ImmoWertV, die den objektspezifisch angepassten Liegenschaftszinssatz und die wirtschaftliche Restnutzungsdauer einbeziehen (siehe Kap. 3.4).

Bei Gebäudefaktoren wird der Kaufpreis auf eine Flächeneinheit bezogen. Üblicherweise wird bei Wohnobjekten die Wohnfläche als Bezugseinheit gewählt, bei Gewerbeobjekten je nach Branchenüblichkeit die Nutzfläche, die Bruttogrundfläche o.Ä.

Das Ablaufschema unter Nr. 24.1 ImmoWertA stellt klar, dass auch der Bodenrichtwert einen Vergleichsfaktor darstellt. Dieser gibt den Kaufpreis unbebauter Grundstücke bezogen auf einen m² Grundstücksfläche des Bodenrichtwertgrundstücks (§ 13 Abs. 1 ImmoWertV) wieder. Die Ableitung des Bodenwertes auf Basis des Bodenrichtwertes erfolgt somit auch im indirekten Vergleichswertverfahren. Dazu mehr in Kapitel 2.7.

Vergleichsfaktoren sind auf ihre Eignung hin zu prüfen bezüglich ihrer Repräsentativität hinsichtlich des sachlichen und räumlichen Teilmarkts (z.B. Objektart, regionale Marktsituation), dem das Wertermittlungsobjekt zuzuordnen ist, hinsichtlich der Aktualität in Bezug auf den Wertermittlungsstichtag und der Möglichkeit einer sachgerechten Anpassung, vorzugsweise mit Hilfe von Indexreihen (§ 18 ImmoWertV), an zeitliche Differenzen und an unterschiedliche Grundstücksmerkmale, vorzugsweise mit Hilfe von Umrechnungskoeffizienten (§ 19 ImmoWertV). Hierfür ist es notwendig, dass die Modelle, nach denen die Daten ermittelt wurden, hinreichend genau beschrieben sind, denn bei Anwendung von Vergleichsfaktoren ist der Grundsatz der Modellkonformität (§ 10 ImmoWertV) zu beachten. Das bedeutet auch, dass das Referenzobjekt (z.B. Bodenrichtwertgrundstück), auf das sich der Vergleichsfaktor bezieht, hinreichend mit seinen Grundstücksmerkmalen beschrieben sein muss (Referenzkonformität, siehe Kap. 1.2). Ferner ist anzugeben, auf welchen Stichtag sich die Daten beziehen.

Nach Durchführung notwendiger Anpassungen ergibt sich ein objektspezifisch angepasster Vergleichsfaktor (§ 26 ImmoWertV) als Grundlage der Vergleichswertermittlung.

Sind erhebliche Anpassungen durchzuführen, so ist zu prüfen, ob die verwendeten Daten, hier Vergleichsfaktoren, noch für die Wertermittlung geeignet sind. Eine eindeutige Grenze im Sinne eines pauschalen Prozentsatzes für Zu- und Abschläge geben ImmoWertV und ImmoWertA nicht vor. Es wird diesbezüglich auch nochmals auf Nr. 9.(2).2 ImmoWertA hingewiesen (siehe auch Kap. 2.4 und 2.5.3).

34 Hier ist jedoch auf die Modellbeschreibung des Gutachterausschusses abzustellen, die sich mitunter auch schwerpunktmäßig an den IST-Mieten orientieren kann.

Sofern Vergleichsfaktoren für bebaute Grundstücke „als Grundlage der Ermittlung von Vergleichswerten und nicht nur einer überschlägigen Wertermittlung dienen", somit entsprechend dafür geeignet sind, spricht man von Immobilienrichtwerten (siehe Nr. 20. ImmoWertA).[35]

Für die Ableitung von Vergleichsfaktoren bzw. Immobilienrichtwerten aus tatsächlich erzielen Kaufpreisen sind diese um Werteinflüsse besonderer objektspezifischer Grundstücksmerkmale zu bereinigen. Sind diese Werteinflüsse nicht zweifelsfrei einzuschätzen und weichen die Kaufpreise erheblich vom Durchschnitt ab, so werden sie erfahrungsgemäß aus der Auswertung herausgenommen. Aufgrund dieser Bereinigung ist die Berücksichtigung von besonderen objektspezifischen Grundstücksmerkmalen besser möglich als im direkten Vergleichswertverfahren, das auf tatsächlich erzielten Kaufpreisen basiert.

Ausgehend vom auf Basis von Vergleichsfaktoren ermittelten (marktangepassten) vorläufigen Vergleichswert sind besondere objektspezifische Grundstücksmerkmale gemäß § 8 Abs. 3 ImmoWertV durch marktübliche Zu- oder Abschläge zu berücksichtigen, sofern diese noch nicht im Rahmen der objektspezifischen Anpassung des Vergleichsfaktors gewürdigt wurden (siehe Kap. 2.5.5).

Beispiel

Wertermittlungsobjekt:

- *Eigentumswohnung*
- *1. Obergeschoss*
- *Wohnfläche 80 m^2*
- *Neubau*
- *mittlere Lage*
- *nicht vermietet*
- *marktüblich erzielbare Nettokaltmiete ca. 13,25 € pro m^2 (= 13.038 € pro Jahr)*

Wertermittlungsstichtag 1.6.2024

Der Gutachterausschuss veröffentlicht Gebäudefaktoren für Neubauwohnung zum Stichtag 1.1.2024.

Mittlere Wohnlage	*Mittelwert 3.800 € pro m^2 Wohnfläche*
	Ø Wohnfläche 70 m^2
	Miete 11 bis 15 € pro m^2

Marktrecherchen des Wertermittlers haben ergeben, dass aufgrund der Aktualität des Vergleichsfaktors im vorliegenden Fall keine Anpassung aufgrund von Preisentwicklungen erforderlich ist.

Der Gebäudefaktor bezieht sich auf eine durchschnittliche Wohnfläche von 70 m^2.

35 Beispielhaft kann auf die Immobilienrichtwerte der Gutachterausschüsse in Nordrhein-Westfalen verwiesen werden (vgl. www.boris.nrw.de).

Der Gutachterausschuss hat Umrechnungskoeffizienten für Wohnflächen abgeleitet:

Wohnfläche m²	***Umrechnungskoeffizient***
60	*1,00*
70	*0,97*
80	*0,95*
90	*0,92*
100	*0,90*

Die objektspezifische Anpassung ist wie folgt durchzuführen:

Umrechnungskoeffizient für 80 m² = 0,95

Umrechnungskoeffizient für 70 m² = 0,97

0,95 / 0,97 × 3.800 € = 3.721,65 €

Weitere Anpassungen sind nicht durchzuführen.

Der ***objektspezifisch angepasste Vergleichsfaktor*** *beträgt rund 3.722 € pro m² Wohnfläche.*

Ermittlung des vorläufigen Vergleichswerts:

80 m² × 3.722 € = 297.760 € rund 300.000 €

2.7 Sonderfall: Bodenwertermittlung

Der Bodenwertermittlung kommt eine besondere Bedeutung zu, da sie bei nahezu jeder Bewertung benötigt wird. Eine gesonderte Bodenwertermittlung erfolgt nicht, wenn eine Bewertung auf Vergleichspreisen oder Vergleichsfaktoren für bebaute Grundstücke (insbesondere Eigentumswohnungen) basiert, da diese sich auf die Einheit von Gebäude- und Bodenwertanteil beziehen.[36]

Der Bodenwertermittlung ist ein eigener Abschnitt in der ImmoWertV gewidmet (Teil 4, Abschnitt 1, §§ 40 ff ImmoWertV).

§ 40 ImmoWertV (Allgemeines zur Bodenwertermittlung):

(1) Der Bodenwert ist vorbehaltlich des Absatzes 5 ***ohne Berücksichtigung der vorhandenen baulichen Anlagen*** *auf dem Grundstück vorrangig im Vergleichswertverfahren nach den §§ 24 bis 26 zu ermitteln.*

(2) Neben oder anstelle von ***Vergleichspreisen*** *kann nach Maßgabe des § 26 Absatz 2 ein* ***objektspezifisch angepasster Bodenrichtwert*** *verwendet werden.*

36 Aus steuerlichen Gründen kann eine nachträglich Aufteilung von Kaufpreisen zur Ermittlung des abschreibungsfähigen Gebäudeanteils nach speziellen Methoden auch auf Basis von Vergleichswerten erfolgen. Hierzu wird auf die weiterführende Literatur verwiesen (vgl. *Moll-Amrein, M./Schaper, D. (2013)* und *Schaper, D. (2017))*.

(3) Steht keine ausreichende Anzahl von Vergleichspreisen oder steht kein geeigneter Bodenrichtwert zur Verfügung, kann der Bodenwert ***deduktiv oder in anderer geeigneter Weise*** *ermittelt werden. Werden hierbei die allgemeinen Wertverhältnisse nicht ausreichend berücksichtigt, ist eine Marktanpassung durch marktübliche Zu- oder Abschläge erforderlich.*

(4) Bei der Ermittlung der sanierungs- oder entwicklungsbedingten Bodenwerterhöhung zur Bemessung von Ausgleichsbeträgen nach § 154 Absatz 1 oder § 166 Absatz 3 Satz 4 des Baugesetzbuchs sind die Anfangs- und Endwerte bezogen auf denselben Wertermittlungsstichtag zu ermitteln. Der jeweilige Grundstückszustand ist nach Maßgabe des § 154 Absatz 2 des Baugesetzbuchs zu ermitteln.

(5) Die ***tatsächliche bauliche Nutzung*** *kann insbesondere in folgenden Fällen den Bodenwert beeinflussen:*

1. wenn dies dem gewöhnlichen Geschäftsverkehr entspricht, ist ein ***erhebliches Abweichen der tatsächlichen von der nach § 5 Absatz 1 maßgeblichen Nutzung*** *bei der Ermittlung des Bodenwerts bebauter Grundstücke zu berücksichtigen;*

2. wenn bauliche Anlagen auf einem Grundstück im ***Außenbereich*** *rechtlich und wirtschaftlich weiterhin nutzbar sind, ist dieser Umstand bei der Ermittlung des Bodenwerts in der Regel werterhöhend zu berücksichtigen;*

3. wenn bei einem Grundstück mit einem ***Liquidationsobjekt*** *i.S.d. § 8 Absatz 3 Satz 2 Nummer 3 mit keiner alsbaldigen Freilegung zu rechnen ist, gilt § 43.*

Der Bodenwert ist bevorzugt aus tatsächlich erzielten Kaufpreisen abzuleiten. Sofern ein geeigneter Bodenrichtwert vorliegt, kann auch auf dieser Basis ein Bodenwert ermittelt werden. Darüber hinaus gibt es für Ausnahmefälle weitere Methoden.

2.7.1 Bodenrichtwerte

Der **Bodenrichtwert** entspricht dem Wert eines Bodenrichtwertgrundstücks. Das Bodenrichtwertgrundstück ist ein unbebautes fiktives Grundstück mit den innerhalb einer Bodenrichtwertzone „vorherrschenden grund- und bodenbezogenen wertbeeinflussenden Grundstücksmerkmalen" (§ 13 ImmoWertV). Bodenrichtwerte werden in € je m² Grundstücksfläche angegeben.

Bodenrichtwerte werden mindestens alle zwei Jahre von Gutachterausschüssen auf Basis der Kaufpreissammlung im Vergleichswertverfahren ermittelt (§ 14 ImmoWertV). In kleineren Kommunen gibt es häufig nicht ausreichend aktuelle Verkäufe, so dass Bodenrichtwerte möglicherweise nur fortgeschrieben werden oder unter Berücksichtigung von Entwicklungen in anderen Bodenrichtwertzonen der Gemeinde, anderen vergleichbaren Gemeinden oder auf dem Immobilienmarkt insgesamt abgeleitet werden.

Bodenrichtwerte sind für jedermann, also ohne Nachweis eines berechtigten Interesses, einsehbar bzw. erhältlich. Gemäß § 17 ImmoWertV sind Bodenrichtwerte automatisiert auf Basis der amtlichen Geobasisdaten zu führen. Bodenrichtwerte sind zwischenzeitlich überwiegend im Internet abrufbar. Es wird derzeit ein bundesweit einheitliches Online-Portal aufgebaut, an dem sich bereits einige Bundesländer beteiligt haben (BORIS-D).[37] Bodenrichtwerte können dort kostenfrei abgerufen werden. Da Gutachterausschüsse jedoch Ländersache sind, entscheiden diese selbst über die Art der Veröffentlichung und die Gebührenstrukturen. So sind in einigen Bundesländern, wie z.B. Bayern, Bodenrichtwerte bislang nur kostenpflichtig von den Gutachterausschüssen erhältlich.

37 Bodenrichtwertsystem für Deutschland (www.bodenrichtwerte-boris.de).

Bodenrichtwerte spiegeln das durchschnittliche Bodenpreisniveau in einem bestimmten Gebiet, der Bodenrichtwertzone, wider, in dem weitgehend homogene Verhältnisse vorliegen. Das Bodenrichtwertgrundstück ist somit kein konkret lokalisierbares Grundstück in einem Gebiet, sonder vielmehr Ausdruck eines Referenzobjektes.

Gemäß § 15 Abs. 1 ImmoWertV sollen lagebedingte Wertunterschiede der Grundstücke in der Bodenrichtwertzone zum Bodenrichtwert nicht mehr als ±30 % betragen. Da der Bodenrichtwert eine wichtige Bemessungsgrundlage für die Erhebung von Steuern (z.B. Grundsteuer) darstellt, dient diese Begrenzung u.a. dazu, eine Ungleichbehandlung von Steuerpflichtigen zu verhindern. Auch vermindern größere Unterschiede die Grundstücksmarkttransparenz.

Stellen sich innerhalb einer Bodenrichtwertzone mehrere Nutzungen oder sonstige erheblich voneinander abweichende Grundstücksmerkmale von Bedeutung heraus, können auch mehrere Bodenrichtwerte ausgewiesen werden, sofern keine eigenen Bodenrichtwertzonen abgrenzbar sind. Es handelt sich dann um sich deckungsgleich überlagernde Bodenrichtwertzonen. Sich nicht deckungsgleich überlagernde Bodenrichtwertzonen stellen einen Ausnahmefall dar (§ 15 Abs. 3 ImmoWertV).[38]

Bodenrichtwerten wird eine wichtige Signalwirkung zugeschrieben. Gehen Bodenrichtwerte stark nach oben, so wird dies als Indiz für allgemein steigende Immobilienpreise gesehen. Werden die Grundstücke zu hohen Preisen eingekauft, müssen später beim Verkauf der bebauten Grundstücke auch entsprechend hohe Kaufpreise erzielt werden. Entsprechend sind damit Erwartungen über weiter steigende Immobilienpreise verbunden.

Bodenrichtwerte sind in § 196 BauGB definiert.

> ***§ 196 BauGB (Bodenrichtwerte):***
>
> *(1)* ***Auf Grund der Kaufpreissammlung*** *sind flächendeckend* ***durchschnittliche Lagewerte*** *für den Boden unter Berücksichtigung des unterschiedlichen* ***Entwicklungszustands*** *zu ermitteln (Bodenrichtwerte). In bebauten Gebieten sind Bodenrichtwerte mit dem* ***Wert zu ermitteln, der sich ergeben würde, wenn der Boden unbebaut wäre****. Es sind* ***Richtwertzonen*** *zu bilden, die jeweils Gebiete umfassen, die nach Art und Maß der Nutzung weitgehend übereinstimmen. Die* ***wertbeeinflussenden Merkmale des Bodenrichtwertgrundstücks*** *sind darzustellen. Die Bodenrichtwerte sind jeweils zum Ende jedes zweiten Kalenderjahres zu ermitteln, wenn nicht eine häufigere Ermittlung bestimmt ist. Für Zwecke der steuerlichen Bewertung des Grundbesitzes sind Bodenrichtwerte nach ergänzenden Vorgaben der Finanzverwaltung zum jeweiligen Hauptfeststellungszeitpunkt oder sonstigen Feststellungszeitpunkt zu ermitteln. Auf Antrag der für den Vollzug dieses Gesetzbuchs zuständigen Behörden sind Bodenrichtwerte für einzelne Gebiete bezogen auf einen abweichenden Zeitpunkt zu ermitteln.*
>
> *(2) Hat sich in einem Gebiet die Qualität des Bodens durch einen Bebauungsplan oder andere Maßnahmen geändert, sind bei der nächsten Fortschreibung der Bodenrichtwerte auf der Grundlage der geänderten Qualität auch Bodenrichtwerte bezogen auf die Wertverhältnisse zum Zeitpunkt der letzten Hauptfeststellung oder dem letzten sonstigen Feststellungszeitpunkt für steuerliche Zwecke zu ermitteln. Die Ermittlung kann unterbleiben, wenn das zuständige Finanzamt darauf verzichtet.*

---

38 In § 15 Abs. 3 ImmoWertV wird verwiesen auf § 196 Abs. 1 Satz 7 BauGB. Dort heißt es: *„Auf Antrag der für den Vollzug dieses Gesetzbuchs zuständigen Behörden sind Bodenrichtwerte für einzelne Gebiete bezogen auf einen abweichenden Zeitpunkt zu ermitteln."*

(3) Die Bodenrichtwerte sind zu veröffentlichen und dem zuständigen Finanzamt mitzuteilen. ***Jedermann kann von der Geschäftsstelle Auskunft über die Bodenrichtwerte verlangen****.*

§ 13 ImmoWertV (Bodenrichtwert und Bodenrichtwertgrundstück):

(1) Der Bodenrichtwert ist bezogen auf einen Quadratmeter Grundstücksfläche des Bodenrichtwertgrundstücks.

(2) Das Bodenrichtwertgrundstück ist ein ***unbebautes und fiktives Grundstück****, dessen Grundstücksmerkmale weitgehend mit den vorherrschenden grund- und bodenbezogenen wertbeeinflussenden Grundstücksmerkmalen in der nach § 15 gebildeten Bodenrichtwertzone übereinstimmen. Je Bodenrichtwertzone ist ein Bodenrichtwert anzugeben. Bodenrichtwertspannen sind nicht zulässig.*

Der Bodenrichtwert entspricht einem Vergleichsfaktor. Die Bezugsgröße ist die Grundstücksfläche in m^2. Die Ableitung des Bodenwertes auf Basis des Bodenrichtwertes entspricht einem indirekten Vergleichswertverfahren.

Die Vorschriften der §§ 14 bis 17 ImmoWertV befassen sich mit der Ermittlung von Bodenrichtwerten und betreffen in erster Linie die Gutachterausschüsse, denen die Ermittlung der Bodenrichtwerte obliegt.

Die Kenntnis dieser Vorschriften ist jedoch erforderlich, um die Bodenrichtwerte sachgerecht in der Wertermittlung zu verwenden.

Von besonderer Wichtigkeit für die Anwendung ist, dass die wertbeeinflussenden Grundstücksmerkmale des Bodenrichtwertgrundstücks angegeben sind. Hierzu zählen gemäß § 16 Abs. 2 ImmoWertV insbesondere der Entwicklungszustand (z.B. Bauerwartungsland oder baureifes Land; s. § 3 ImmoWertV), die Art der Nutzung (z.B. Wohnbauflächen oder gewerbliche Bauflächen) sowie bei baureifem Land der beitragsrechtliche Zustand (z.B. beitragsfrei; s. § 5 Abs. 2 ImmoWertV) und darüber hinaus weitere, wie z.B. das Maß der baulichen Nutzung (wertrelevante Geschossflächenzahl o.ä.; s. § 5 Abs. 1 ImmoWertV). Anlage 5 ImmoWertV enthält eine Aufstellung von Grundstücksmerkmalen, durch die Bodenrichtwertgrundstücke beschrieben werden können.

Dies lässt sich am besten an einem Beispiel erläutern. Nachfolgend werden dazu die in den Hinweisen zu Anlage 5 ImmoWertA aufgeführte Beispiele verwendet.

Beispiel 1

Zu Anlage 5 ImmoWertA

$$\frac{250\ B\ SB}{MI\ GFZ\ 1{,}2}$$

mit	*250*	*= Bodenrichtwert in € pro m²*
	B	*= baureifes Land →* ***Entwicklungszustand***
	SB	*= sanierungsbeeinflusster Zustand, unter Berücksichtigung der rechtlichen und tatsächlichen Neuordnung*
	MI	*= Mischgebiet →* ***Art der baulichen Nutzung***
	GFZ 1,2	*= Geschossflächenzahl 1,2 →* ***Maß der baulichen Nutzung***

Beispiel 2

Zu Anlage 5 ImmoWertA

$$\frac{50\ B\ ebf}{WA\ EFH\ o\ t40\ f800}$$

mit	*50*	*= Bodenrichtwert in € pro m²*
	B	*= Baureifes Land →* ***Entwicklungszustand***
	ebf	*= erschließungsbeitrags-/kostenerstattungsbetragsfrei und beitragspflichtig nach Kommunalabgabenrecht →* ***beitragsrechtlicher Zustand***
	WA	*= allgemeines Wohngebiet →* ***Art der baulichen Nutzung***
	EFH	*= Ein- und Zweifamilienhäuser →* ***Art der baulichen Nutzung***
	o	*= offene Bauweise →* ***Bauweise***
	t40	*= Grundstückstiefe in Metern, hier 40 m →* ***Grundstückstiefe***
	f800	*= Grundstücksfläche in m², hier 800 m² →* ***Grundstücksgröße***

Voraussetzung für detaillierte Angaben zu den Grundstücksmerkmalen ist, dass vom Gutachterausschuss entsprechende Informationen in der Kaufpreissammlung erfasst werden können.

Wie auch bei anderen für die Wertermittlung erforderlichen Daten ist ein Bodenrichtwert auf seine Eignung für den konkreten Einzelfall zu prüfen und objektspezifisch anzupassen hinsichtlich der allgemeinen Wertverhältnisse sowie abweichenden Grundstücksmerkmale des zu bewertenden Grundstücks (§ 9 ImmoWertV) mit dem Referenzgrundstück. Der Grundsatz der Modellkonformität (§ 10 ImmoWertV) und Referenzkonformität ist bei der Anwendung von Bodenrichtwerten zu beachten. Entsprechend bedarf es einer Modellbeschreibung mit Angaben zum Bodenrichtwertgrundstück, der Auswertungsmethodik und zum Stichtag (§ 12 ImmoWertV).

Durch Anpassung des Bodenrichtwertes an die Grundstücksmerkmale des zu bewertenden Objektes und den Wertermittlungsstichtag ergibt sich ein objektspezifisch angepasster Bodenrichtwert (§ 26 ImmoWertV).

§ 16 ImmoWertV (Grundstücksmerkmale des Bodenrichtwertgrundstücks):

(...)

(2) Von den wertbeeinflussenden Grundstücksmerkmalen des Bodenrichtwertgrundstücks sind der Entwicklungszustand und die Art der Nutzung darzustellen. Weitere Grundstücksmerkmale sind darzustellen, wenn sie wertbeeinflussend sind; hierzu können ***insbesondere*** *gehören*

1. *das Maß der baulichen Nutzung nach § 5 Absatz 1,*
2. *die Bauweise oder die Gebäudestellung zur Nachbarbebauung,*
3. *die Grundstücksgröße,*
4. *die Grundstückstiefe und*
5. *die Bodengüte als Acker- oder Grünlandzahl.*

Bei baureifem Land gehört zu den darzustellenden Grundstücksmerkmalen zusätzlich stets der beitragsrechtliche Zustand. (...)

(...)

2.7.2 Entwicklungszustand

Die verschiedenen Entwicklungszustände sind in § 3 ImmoWertV beschrieben.

Zu unterscheiden sind:

- Flächen der Land- oder Forstwirtschaft,
- Bauerwartungsland,
- Rohbauland,
- Baureifes Land.

Die Reihenfolge der Entwicklungszustände stellt gleichsam eine Hierarchie dar. Baureifes Land bildet dabei die höchste Entwicklungsstufe mit dem höchsten Wert.

Für land- und forstwirtschaftliche Flächen werden Bodenrichtwerte ermittelt, die teilweise auch Angaben zur Grünland- oder Ackerlandzahl als Maß der Ertragskraft des Bodens haben.[39] Es ist an dieser Stelle darauf hinzuweisen, dass es für die Bewertung von land- und forstwirtschaftlichen Grundstücken spezialisierte und eigens für dieses Sachgebiet öffentlich bestellte und vereidigte Sachverständige gibt.

Für Bauerwartungsland und Rohbauland werden überwiegend keine Bodenrichtwerte ermittelt, da Verallgemeinerungen aufgrund der sehr individuellen Gegebenheiten nahezu unmöglich sind und eine Einzelfallbetrachtung erfolgen muss. Erfahrungsgemäß liegen auch für das direkte Vergleichswertverfahren keine geeigneten Kaufpreise in ausreichender Zahl vor. Daher hat der Gesetzgeber in § 42 ImmoWertV die Möglichkeit der Anwendung deduktiver Methoden geschaffen.

In § 3 Abs. 5 ImmoWertV wurde ergänzend die Kategorie sonstige Flächen in die Verordnung aufgenommen. Gemeint sind Flächen, die sich keinem der Entwicklungszustände nach Abs. 1 bis 4 zuordnen lassen. Gemäß Anlage 5 zur ImmoWertV fallen darunter z.B. Freizeitgartenflächen, Sportflächen/Golfplätze.[40]

In Nr. 3.(1) ImmoWertA wird ergänzend klargestellt, dass eine Zuordnung zum Entwicklungszustand Flächen der Land- und Forstwirtschaft nicht dadurch entfällt, dass eine Bevorzugung oder Benachteilung durch eine besondere Lage, Funktion oder Nähe zu Siedlungsgebieten vorliegt. Gleichzeitig wird jedoch auch dem Umstand Rechnung getragen, dass zuweilen Flächen der Land- und Forstwirtschaft und sonstige Flächen nicht überschneidungsfrei sind, da „insbesondere bei begünstigtem Agrarland (...) eine Einstufung als ‚sonstige Flächen' nach § 3 Absatz 5 in Fragen kommen" kann (Nr. 3.(1) ImmoWertA).[41]

---

39 Vgl. zur Bonität von Flächen der Land- oder Forstwirtschaft bei *Kleiber, W. (2023)*, S. 594 ff.

40 BR-Drucksache 407/1/21 vom 10.6.2021; der federführende Ausschuss für Städtebau, Wohnungswesen und Raumordnung und der Ausschuss für Innere Angelegenheiten hatten empfohlen, den Begriff der „sonstigen Flächen" um den Zusatz „ohne Bauerwartung" zu ergänzen. Dieser Empfehlung ist der Bundesrat in seiner Sitzung am 25.6.2021 nicht gefolgt.

41 Bei Inkrafttreten der ImmoWertV 2010 wurde kritisiert, dass die so genannten besonderen Flächen der Land- und Forstwirtschaft, die als Entwicklungszustand in der WertV 88/98 explizit genannt wurden, nicht mehr aufgeführt wurden (vgl. z.B. *Dieterich, H. (2010)*). Der Wert dieser Flächen wird geprägt durch ihre „verkehrliche Lage", ihre „Funktion" oder ihre „Nähe zu Siedlungsgebieten" (§ 4 Abs. 1 Nr. 2 WertV 88/98). Es kann sich dabei um „begünstigtes Agrarland", „beeinträchtigtes Agrarland" oder auch „besondere Flächen der Land- und Forstwirtschaft" handeln. In der ImmoWertA wird klargestellt, dass es sich nicht um einen eigenen Entwicklungszustand handelt.

Im häufigsten Fall ist der Wertermittler mit der Bewertung baureifen Lands beauftragt, so dass sich die nachfolgenden Ausführungen darauf konzentrieren werden. Bezüglich der Bewertung von Grundstücken der anderen Entwicklungszustände wird auf die weiterführende Literatur verwiesen.[42] Gleiches gilt für Gemeinbedarfsflächen (§ 44 ImmoWertV) und Wasserflächen (§ 45 ImmoWertV).

Baureifes Land ist in § 3 Abs. 4 ImmoWertV wie folgt definiert:

§ 3 ImmoWertV (Entwicklungszustand):

(1) ***Flächen der Land- oder Forstwirtschaft*** *sind Flächen, die, ohne Bauerwartungsland, Rohbauland oder baureifes Land zu sein, land- oder forstwirtschaftlich nutzbar sind.*

(2) ***Bauerwartungsland*** *sind Flächen, die nach ihren weiteren Grundstücksmerkmalen eine bauliche Nutzung auf Grund konkreter Tatsachen, insbesondere nach dem Stand der Bauleitplanung und nach der sonstigen städtebaulichen Entwicklung des Gebiets, mit hinreichender Sicherheit erwarten lassen.*

(3) ***Rohbauland*** *sind Flächen, die nach den §§ 30, 33 oder 34 des Baugesetzbuchs für eine bauliche Nutzung bestimmt sind, deren Erschließung aber noch nicht gesichert ist oder die nach Lage, Form oder Größe für eine bauliche Nutzung unzureichend gestaltet sind.*

(4) ***Baureifes Land*** *sind Flächen, die nach öffentlich-rechtlichen Vorschriften und nach den tatsächlichen Gegebenheiten baulich nutzbar sind.*

(5) ***Sonstige Flächen*** *sind Flächen, die sich keinem der Entwicklungszustände nach den Absätzen 1 bis 4 zuordnen lassen.*

Für eine Zuordnung als baureifes Land müssen folgende Voraussetzungen erfüllt sein (s. auch Nr. 3.(4).1 bis 3.(4).4 ImmoWertA):

- Baurecht nach städtebaulichen Vorschriften gemäß § 30 BauGB (Bebauungsplan), § 33 BauGB (unter bestimmten Voraussetzungen bei Bebauungsplan in Aufstellung) oder § 34 BauGB (unbeplanter Innenbereich, z.B. als Baulücke) oder fachplanerischen Vorschriften (vgl. § 38 BauGB),
- gesicherte Erschließung,
- Eignung für eine Bebauung aufgrund von Lage, Form und Größe.

§ 30 BauGB (Zulässigkeit von Vorhaben im Geltungsbereich eines Bebauungsplans):

(1) Im Geltungsbereich eines Bebauungsplans, der allein oder gemeinsam mit sonstigen baurechtlichen Vorschriften mindestens ***Festsetzungen über die Art und das Maß der baulichen Nutzung, die überbaubaren Grundstücksflächen und die örtlichen Verkehrsflächen*** *enthält, ist ein Vorhaben zulässig, wenn es diesen Festsetzungen nicht widerspricht und die Erschließung gesichert ist.*

(2) Im Geltungsbereich eines vorhabenbezogenen Bebauungsplans nach § 12 ist ein Vorhaben zulässig, wenn es dem Bebauungsplan nicht widerspricht und die Erschließung gesichert ist.

(3) Im Geltungsbereich eines Bebauungsplans, der die Voraussetzungen des Absatzes 1 nicht erfüllt (einfacher Bebauungsplan), richtet sich die Zulässigkeit von Vorhaben im Übrigen nach § 34 oder § 35.

42 Z.B. *Kleiber, W. (2023)*, S. 569 ff.

§ 33 BauGB (Zulässigkeit von Vorhaben während der Planaufstellung):

(1) In Gebieten, für die ein ***Beschluss über die Aufstellung eines Bebauungsplans*** *gefasst ist, ist ein Vorhaben zulässig, wenn*

1. *die Öffentlichkeits- und Behördenbeteiligung nach § 3 Abs. 2, § 4 Abs. 2 und § 4a Abs. 2 bis 4 durchgeführt worden ist,*
2. *anzunehmen ist, dass das Vorhaben den künftigen Festsetzungen des Bebauungsplans nicht entgegensteht,*
3. *der Antragsteller diese Festsetzungen für sich und seine Rechtsnachfolger schriftlich anerkennt und*
4. *die Erschließung gesichert ist.*

(...)

§ 34 BauGB (Zulässigkeit von Vorhaben innerhalb der im Zusammenhang bebauten Ortsteile):

(1) Innerhalb der im Zusammenhang bebauten Ortsteile ist ein Vorhaben zulässig, wenn es sich **nach Art und Maß der baulichen Nutzung, der Bauweise und der Grundstücksfläche, die überbaut werden soll, in die Eigenart der näheren Umgebung einfügt und die Erschließung gesichert ist**. *Die Anforderungen an gesunde Wohn- und Arbeitsverhältnisse müssen gewahrt bleiben; das Ortsbild darf nicht beeinträchtigt werden.*

(...)

(4) Die Gemeinde kann durch Satzung

1. *die Grenzen für im Zusammenhang bebaute Ortsteile festlegen,*
2. *bebaute Bereiche im Außenbereich als im Zusammenhang bebaute Ortsteile festlegen, wenn die Flächen im Flächennutzungsplan als Baufläche dargestellt sind,*
3. *einzelne Außenbereichsflächen in die im Zusammenhang bebauten Ortsteile einbeziehen, wenn die einbezogenen Flächen durch die bauliche Nutzung des angrenzenden Bereichs entsprechend geprägt sind.*

Die Satzungen können miteinander verbunden werden.

(...)

§ 35 BauGB (Bauen im Außenbereich):

(1) Im Außenbereich ist ein Vorhaben nur zulässig, wenn öffentliche Belange nicht entgegenstehen, die ausreichende Erschließung gesichert ist und wenn es

1. *einem* ***land- oder forstwirtschaftlichen Betrieb*** *dient und nur einen untergeordneten Teil der Betriebsfläche einnimmt,*
2. *einem Betrieb der* ***gartenbaulichen Erzeugung*** *dient,*

(...)

Im sogenannten Außenbereich sind Bauvorhaben gemäß § 35 BauGB nur in sehr begrenztem Umfang, z.B. im Falle einer Privilegierung als landwirtschaftlicher Betrieb, zulässig. Grundsätzlich sind Flächen im Außenbereich also zunächst nicht als baureifes Land anzusehen. Ausnahmen können sich jedoch ergeben, z.B. im Falle des Vorliegens von Außenbereichssatzungen. Hierzu sind entsprechende Auskünfte bei der Baubehörde einzuholen.

2.7.3 Beitragsrechtlicher Zustand

Die Bebaubarkeit eines Grundstücks erfordert eine gesicherte Erschließung.

Unter Erschließung i.S.d. BauGB versteht man die Erschließungsanlagen nach den §§ 123 ff. BauGB. Zu den Erschließungsanlagen gemäß § 127 Abs. 2 BauGB gehören insbesondere öffentliche Straßen, Wege und Plätze. Die Erschließung ist Aufgabe der Gemeinde (§ 123 Abs. 1 BauGB), die zur Deckung ihres Aufwands Erschließungsbeiträge erheben darf (§ 127 Abs. 1 BauGB).

Die Erschließung gilt dann als gesichert, wenn bis zum Bezug eines Gebäudes eine Anschlussmöglichkeit an die Ver- und Entsorgungsanlagen (Strom, Wasser, Abwasserbeseitigung) besteht und eine verkehrsmäßige Erschließung, d.h. ein dauerhafter Zugang, vorhanden ist (Nr. 3.(4).3 ImmoWertA).

Bei der jeweiligen Kommune ist daher zu erfragen, ob das zu bewertende Grundstück an einer öffentlichen oder öffentlich gewidmeten Straße liegt und ob diese erstmalig hergestellt und Erschließungsbeiträge nach BauGB abgerechnet sind. Liegt das Grundstück an einer Privatstraße, ist zu prüfen, ob eine dinglich gesicherte Erschließung vorliegt, d.h. durch Eintragung einer Grunddienstbarkeit (Geh- und Fahrtrecht, Leitungsrechte) sowie ggf. zusätzlich einer beschränkt persönlichen Dienstbarkeit zu Gunsten der Bauaufsichtsbehörde in das Grundbuch oder einer öffentlich-rechtlichen Baulast durch Eintragung in das Baulastenverzeichnis.[43] Damit wird sichergestellt, dass die Regelung nicht ohne Zustimmung der Bauaufsichtsbehörde gelöscht werden kann. Ferner ist zu prüfen, ob gegebenenfalls noch Flächenabtretungen an die Gemeinde für Straßengrund notwendig sind.

Darüber hinaus sind „die üblichen Kosten für Maßnahmen der Ver- und Entsorgung (Kommunalabgaben), sonstige Belastungen wie Kostenerstattungsbeträge (§ 135a BauGB), Ausgleichsbeträge (§ 154 und § 166 Abs. 3 Nr. 2 Satz 2 BauGB), Ausgleichsleistungen in der Umlegung und Stellplatzabgaben" zu berücksichtigen.[44] Eine Auflistung von relevanten Beiträgen und Abgaben ist in Nr. 5.(2).1 ImmoWertA enthalten.

Zu den Abgaben i.S.d. Kommunalabgabenrechts gehören vor allem die Kanal- und Wasseranschlussbeiträge. Hierfür gelten landesspezifische Kommunalabgabengesetze und kommunale Abgabensatzungen.

Hinsichtlich der Frage, welche Beiträge bereits abgerechnet wurden, ist die jeweilige Kommune erster Ansprechpartner. Zum Teil werden Erschließungsaufgaben auch von Zweckverbänden oder anderen Versorgungsträgern wahrgenommen, sodass hier gegebenenfalls eine weitere Anfrage notwendig ist.

Im Falle eines Grundstücksverkaufs ist zu beachten, dass i.d.R. derjenige Schuldner von Erschließungsbeiträgen nach BauGB für die verkehrsmäßige Erschließung ist, der bei Zugang des Bescheids Eigentümer ist, und für Beiträge nach dem Kommunalabgabenrecht (z.B. für

---

43 In einigen Bundesländern gibt es kein Baulastenverzeichnis, z.B. Bayern. Hier muss zusätzlich zu einer Grunddienstbarkeit gemäß § 1018 BGB (zwischen den jeweiligen Eigentümern des herrschenden und des dienenden Grundstücks) eine beschränkt persönliche Dienstbarkeit gemäß § 1090 BGB (zwischen dem jeweiligen Eigentümer des dienenden Grundstücks und der Bauaufsichtsbehörde) vorliegen.

44 *Kleiber, W. (2023)*, S. 823, 1495 ff.

die Herstellung von Wasser- und Kanalanschluss) derjenige, der zum Zeitpunkt des Entstehens der Anschlussmöglichkeit an die Anlagen Eigentümer ist. Dies betrifft dann unter Umständen den Voreigentümer.[45]

Was den beitragsrechtlichen Zustand i.S.v. § 5 Abs. 2 ImmoWertV anbetrifft, ist somit eine sorgfältige Recherche darüber notwendig, welche Kosten der Erschließung für das zu bewertende Grundstück bereits abgerechnet wurden. Es kann also sein, dass ein Grundstück bereits erschlossen, jedoch noch beitragspflichtig ist.

Ebenso muss Klarheit darüber bestehen, wie der Bodenrichtwert definiert ist.

In Anlage 5 ImmoWertV werden drei Zustandsangaben aufgeführt:

frei = beitragsfrei

ebf = erschließungsbeitrags-/kostenerstattungsbetragfrei und beitragspflichtig nach Kommunalabgabenrecht

ebp = erschließungsbeitrags-/kostenerstattungsbetragspflichtig und beitragspflichtig nach Kommunalabgabenrecht

Exkurs: beitragsrechtliche Geschossfläche

Maßstab für die Beiträge für die Herstellung leitungsgebundener Einrichtungen, z.B. für einen Anschluss an die öffentliche Wasserversorgung und Abwasserbeseitigung, sind insbesondere die Art und das Maß der baulichen Nutzung (Geschossfläche) und die Grundstücksfläche (siehe z.B. Art. 5 Abs. 2 bayerisches Kommunalabgabengesetz KAG). Die Berechnung der beitragsrechtlichen Geschossfläche kann sich von der Berechnung der planungsrechtlichen oder wertrelevanten Geschossfläche (siehe Kap. 2.7.5) unterscheiden. In der den Beiträgen zugrunde liegenden Geschossfläche können bspw. Kellergeschosse und ausgebaute Dachgeschosse enthalten sein, wenn dort eine Wasserversorgung vorhanden ist. Dies ergibt sich aus den Formulierungen der örtlichen Kommunalabgabensatzung (Wasserbeitragssatzung, Entwässerungsbeitragssatzung).

Je nach örtlicher Kommunalabgabensatzung werden bereits für unbebaute Grundstücke anteilig Beiträge abgerechnet, i.d.R. bezogen auf die Grundstücksfläche und/oder eine in der Satzung definierte Geschossfläche.

Der überwiegende Teil der Beiträge wird erst im Falle einer tatsächlichen Bebauung abgerechnet.

In den Bodenrichtwerten für erschließungsbeitrags- und kostenerstattungsbetragsfreie Grundstücke sind im Falle einer zugeordneten (W)GFZ i.d.R. auch nur die der maßgeblichen Bebauung entsprechenden Erschließungskosten enthalten.

Liegt ein beitragsfreier Bodenrichtwert vor und wurden für das zu bewertende Grundstück noch keine Kosten abgerechnet, so ist gegebenenfalls beim Gutachterausschuss zu erfra-

45 Vgl. a.a.O., S. 1498, 1502.

gen, in welcher Höhe Erschließungskosten enthalten sind. Auf dieser Grundlage kann ein Abschlag bemessen werden.

Dem beitragsrechtlichen Zustand liegen Kostenüberlegungen zugrunde. Zu ermitteln ist der Bodenwert. In diesem Zusammenhang ist immer die Frage zu stellen, ob die unter Kostengesichtspunkten durchgeführten Zu- und Abschläge von den Marktteilnehmern im gewöhnlichen Geschäftsverkehr so detailliert nachvollzogen werden bzw. in welchem Maße der beitragsrechtliche Zustand wertrelevant ist.

2.7.4 Art der Nutzung

Regelungen zur Art der baulichen Nutzung von Grundstücken finden sich in den §§ 1 bis 15 BauNVO (Baunutzungsverordnung).

Zu unterscheiden ist die allgemeine Art der baulichen Nutzung (Bauflächen) gemäß § 1 Abs. 1 BauNVO (Baunutzungsverordnung) und die besondere Art der baulichen Nutzung (Baugebiete) gemäß § 1 Abs. 2 BauNVO.

Bodenrichtwerte für baureifes Land werden i.d.R. nur differenziert nach der allgemeinen Art der baulichen Nutzung ermittelt für

- Wohnbauflächen,
- Gewerbliche Bauflächen,
- Gemischte Bauflächen.

Um welche Art von Baugebieten es sich handelt, z.B. allgemeines Wohngebiet (WA), reines Wohngebiet (WR), Dorfgebiet (MD) etc., muss im Einzelfall beim Bauamt der Gemeinde recherchiert werden.

Die Gutachterausschüsse sind gehalten, Bodenrichtwertzonen mit möglichst homogenen Strukturen zu bilden. Hierzu gehört u.a. auch die lagetypische Art der Nutzung (siehe Kap. 2.7.1).

So sollten Gebiete, die durch individuellen Wohnungsbau (Ein- und Zweifamilienhäuser, Reihen- und Doppelhäuser, kleine Mehrfamilienhäuser) gekennzeichnet sind, nicht zusammen mit durch Geschosswohnungsbau geprägten Gebieten zoniert werden. Einzelne Grundstücke mit abweichender Art der Nutzung (z.B. Grünflächen) können in der Bodenrichtwertzone verbleiben, auch wenn der Bodenrichtwert hierfür nicht direkt anwendbar ist.

Auf diese Weise wird auch die Lagequalität im Bodenrichtwert teilweise mit erfasst.

2.7.5 Maß der baulichen Nutzung

Das Maß der baulichen Nutzung ist ein Grundstücksmerkmal mit großer Bedeutung für die Wertermittlung.

Das Maß der baulichen Nutzung wird gemäß den §§ 16 bis 21a BauNVO (Baunutzungsverordnung) u.a. ausgedrückt durch die Geschossfläche bzw. Geschossflächenzahl (§ 20 Abs. 2 und 3 BauNVO) oder die Baumasse bzw. Baumassenzahl (§ 21 BauNVO).

Wichtig sind darüber hinaus die Grundfläche bzw. Grundflächenzahl (§ 19 BauNVO), die Anzahl der Vollgeschosse (§ 20 Abs. 1 BauNVO) und die Höhe der baulichen Anlagen (§ 18 BauNVO).

§ 20 BauNVO (Vollgeschosse, Geschossflächenzahl, Geschossfläche):

(1) Als ***Vollgeschosse*** *gelten Geschosse, die nach landesrechtlichen Vorschriften Vollgeschosse sind oder auf ihre Zahl angerechnet werden.*

(2) Die ***Geschossflächenzahl*** *gibt an, wieviel Quadratmeter Geschoßfläche je Quadratmeter Grundstücksfläche im Sinne des § 19 Abs. 3 zulässig sind.*

(3) Die ***Geschossfläche*** *ist nach den Außenmaßen der Gebäude in allen Vollgeschossen zu ermitteln. Im Bebauungsplan kann festgesetzt werden, dass die Flächen von Aufenthaltsräumen in anderen Geschossen einschließlich der zu ihnen gehörenden Treppenräume und einschließlich ihrer Umfassungswände ganz oder teilweise mitzurechnen oder ausnahmsweise nicht mitzurechnen sind.*

(4) Bei der Ermittlung der Geschoßfläche bleiben Nebenanlagen im Sinne des § 14, Balkone, Loggien, Terrassen sowie bauliche Anlagen, soweit sie nach Landesrecht in den Abstandsflächen (seitlicher Grenzabstand und sonstige Abstandsflächen) zulässig sind oder zugelassen werden können, unberücksichtigt.

§ 21 BauNVO (Baumassenzahl, Baumasse):

(1) Die ***Baumassenzahl*** *gibt an, wieviel Kubikmeter Baumasse je Quadratmeter Grundstücksfläche im Sinne des § 19 Abs. 3 zulässig sind.*

(2) Die ***Baumasse*** *ist nach den Außenmaßen der Gebäude vom Fußboden des untersten Vollgeschosses bis zur Decke des obersten Vollgeschosses zu ermitteln. Die Baumassen von Aufenthaltsräumen in anderen Geschossen einschließlich der zu ihnen gehörenden Treppenräume und einschließlich ihrer Umfassungswände und Decken sind mitzurechnen. Bei baulichen Anlagen, bei denen eine Berechnung der Baumasse nach Satz 1 nicht möglich ist, ist die tatsächliche Baumasse zu ermitteln.*

(3) Bauliche Anlagen und Gebäudeteile im Sinne des § 20 Abs. 4 bleiben bei der Ermittlung der Baumasse unberücksichtigt.

(4) Ist im Bebauungsplan die Höhe baulicher Anlagen oder die Baumassenzahl nicht festgesetzt, darf bei Gebäuden, die Geschosse von mehr als 3,50 m Höhe haben, eine Baumassenzahl, die das Dreieinhalbfache der zulässigen Geschoßflächenzahl beträgt, nicht überschritten werden.

Die nachfolgenden Ausführungen befassen sich vor allem mit dem Begriff der Geschossfläche, die in der Wertermittlung von bebauten und unbebauten Grundstücken regelmäßig zu bestimmen ist und die unterschiedlich definiert sein kann.

Diesbezüglich sei verwiesen auf die Regelungen in § 5 Abs. 1 und § 16 Abs. 4 ImmoWertV.

§ 5 ImmoWertV (Weitere Grundstücksmerkmale):

(1) Art und Maß der baulichen oder sonstigen Nutzung ergeben sich vorbehaltlich des Satzes 2 aus den für die planungsrechtliche Zulässigkeit von Vorhaben maßgeblichen Vorschriften des Städtebaurechts und aus den sonstigen Vorschriften, die die Nutzbarkeit betreffen. ***Wird vom städtebaulich zulässigen Maß im Sinne des Satzes 1 in der Umgebung regelmäßig abgewichen oder wird das Maß bei der Kaufpreisbemessung regelmäßig abweichend von den für die planungsrechtliche Zulässigkeit maßgeblichen Vorschriften des Städtebaurechts bestimmt, so ist das Maß der Nutzung maßgebend, das auf dem jeweiligen Grundstücksmarkt üblicherweise zugrunde gelegt wird.***

(...)

§ 16 ImmoWertV (Grundstücksmerkmale des Bodenrichtwertgrundstücks):

(...)

(4) Wird beim Maß der baulichen Nutzung auf das Verhältnis der Flächen der Geschosse zur Grundstücksfläche abgestellt und ist hierbei nach § 5 Absatz 1 Satz 2 ein gegenüber den planungsrechtlichen Zulässigkeitsvorschriften abweichend bestimmtes Maß wertbeeinflussend, so sind zur Ermittlung dieses Maßes die Flächen aller oberirdischen Geschosse mit Ausnahme von nicht ausbaufähigen Dachgeschossen nach den jeweiligen Außenmaßen zu berücksichtigen. Geschosse gelten in Abgrenzung zu Kellergeschossen als oberirdische Geschosse, soweit ihre Deckenoberkanten im Mittel mehr als 1,40 Meter über die Geländeoberfläche hinausragen; § 20 Absatz 1 der Baunutzungsverordnung findet keine Anwendung. Ausgebaute oder ausbaufähige Dachgeschosse sind mit 75 Prozent ihrer Fläche zu berücksichtigen. Staffelgeschosse werden in vollem Umfang berücksichtigt. Hohlräume zwischen der obersten Decke und der Bedachung, in denen Aufenthaltsräume nicht möglich sind, sind keine Geschosse. ***Das nach Satz 1 bis 5 ermittelte Verhältnis der Flächen der oberirdischen Geschosse zur Grundstücksfläche ist die wertrelevante Geschossflächenzahl (WGFZ).***

(...)

§ 20 BauNVO bildet die Grundlage für die Ermittlung der Geschossflächenzahl, die sich aus dem Verhältnis der planungsrechtlich zulässigen Geschossfläche zur Grundstücksfläche ergibt. In die Berechnung der planungsrechtlichen Geschossfläche fließen nur Vollgeschosse ein. Die Definition eines Vollgeschosses variiert in Abhängigkeit von landesrechtlichen Vorschriften. Beispielsweise enthielt die Bayerische Bauordnung in der Fassung der Bekanntmachung vom 4.8.2007 (gültig bis 31.12.2007) eine Definition wie folgt.[46]

Art. 2 BayBO a.F. (Begriffe):

(...)

(5) Vollgeschosse sind Geschosse, die vollständig über der natürlichen oder festgelegten Geländeoberfläche liegen und über mindestens ***zwei Drittel ihrer Grundfläche*** *eine Höhe von mindestens 2,30 m haben. Als Vollgeschosse gelten Kellergeschosse, deren Deckenunterkante im Mittel mindestens 1,20 m höher liegt als die natürliche oder festgelegte Geländeoberfläche.*

(...)

In anderen Bundesländern gelten teilweise andere Anforderungen an Vollgeschosse.

Ein Vollgeschoss ist somit ein vollumfänglich nutzbares Geschoss, typischerweise Erdgeschoss und Obergeschosse. Werden gewisse Höhenanforderungen erfüllt, können auch Keller- und Dachgeschosse als Vollgeschosse anrechenbar sein.

46 Diese Definition wurde in der BayBO nicht weitergeführt. Nach den Übergangsvorschriften in Art. 83 Abs. 6 BayBO (Fassung der Bekanntmachung vom 14.8.2007) gilt sie jedoch weiterhin fort.

Beispiel

*Bezug nehmend auf die Regelungen in **Bayern** sei die Berechnung der planungsrechtlichen Geschossflächenzahl anhand von drei Beispielen aufgezeigt.*

Beispiel 1

Satteldach:

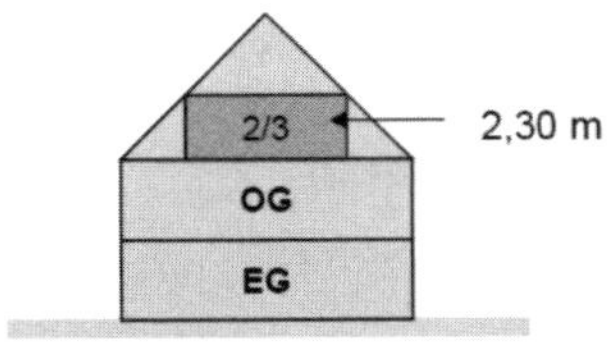

Grundfläche: 90 m²
3 Vollgeschosse
Geschoßfläche = 90 m² x 3 = 270 m²
Geschoßflächenzahl = 270 m² / 300 m² = 0,9

Beispiel 2

Flachdach:

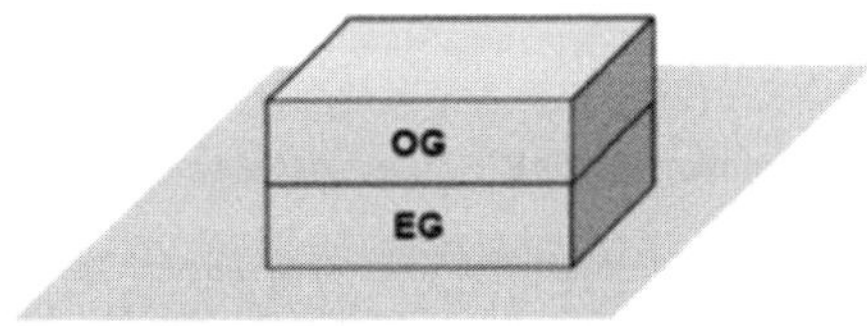

Grundfläche: 90 m²
2 Vollgeschosse
Geschoßfläche = 90 m² x 2 = 180 m²
Geschoßflächenzahl = 180 m² / 300 m² = 0,6

Abb. 12: Anrechnung von Dachgeschossen auf die planungsrechtliche Geschossflächenzahl (Sattel- und Flachdach)

Beispiel 3

Untergeschoss:

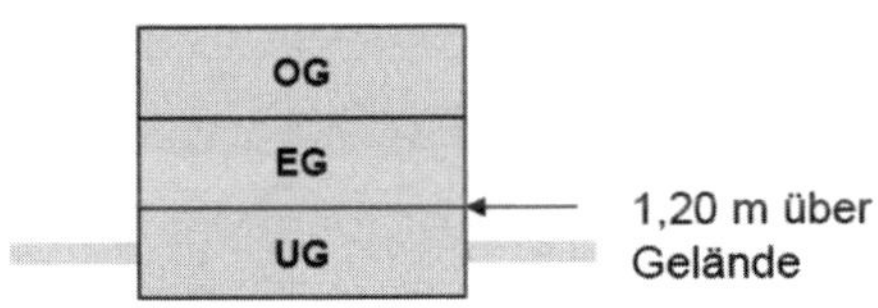

Abb. 13: Anrechnung von Untergeschossen auf die planungsrechtliche Geschossflächenzahl

In der Wertermittlung ist zunächst immer die nach den Vorschriften des Städtebaurechts zulässige Nutzung zu beachten, die sich z.B. aus einem Bebauungsplan gemäß § 30 BauGB ergibt. Die oben genannte Definition der planungsrechtlichen Geschossfläche gemäß § 20 BauNVO gilt seit 1990. In einem Bebauungsplan kann festgelegt werden, dass die Flächen von Aufenthaltsräumen in Nicht-Vollgeschossen auf die Geschossfläche angerechnet werden. In den Fassungen vor 1990 waren Aufenthaltsräume in Nicht-Vollgeschossen immer in die Geschossfläche mit einzuberechnen.[47]

47 § 20 Abs. 2 BauNVO a.F. (in der Fassung der Bekanntmachung vom 15.9.1977): *„Die Geschoßfläche ist nach den Außenmaßen der Gebäude in allen Vollgeschossen zu ermitteln. Die Flächen von Aufenthaltsräumen in anderen Geschossen einschließlich der zu ihnen gehörenden Treppenräume und einschließlich ihrer Umfassungswände sind mitzurechnen."*

Daher ist darauf zu achten, welche Flächen gemäß den Festsetzungen eines Bebauungsplans auf die planungsrechtliche Geschossfläche angerechnet werden. Das Datum der Rechtswirksamkeit gibt einen Hinweis darauf.

Bereits in der ImmoWertV 2010 i.V.m. der BRW-RL wurde der Begriff der **wertrelevanten Geschossflächenzahl (WGFZ)** in das Wertermittlungsrecht eingeführt. Diese Definition wurde in der novellierten ImmoWertV neu gefasst und präzisiert. So ist bspw. keine Anrechenbarkeit von Kellergeschossen mehr vorgesehen, in denen sich zuweilen auch Aufenthaltsräume befinden können. Die ImmoWertA enthält hierzu weitere Angaben, die auch eine klarstellende Grafik umfassen.

ImmoWertA: zu § 16 (Grundstücksmerkmale des Bodenrichtwertgrundstücks)

16.(4).2 Folgende Übersichten veranschaulichen die Ermittlung der WGFZ. Die angegebenen Faktoren beziehen sich jeweils auf die Grundfläche der Geschosse:

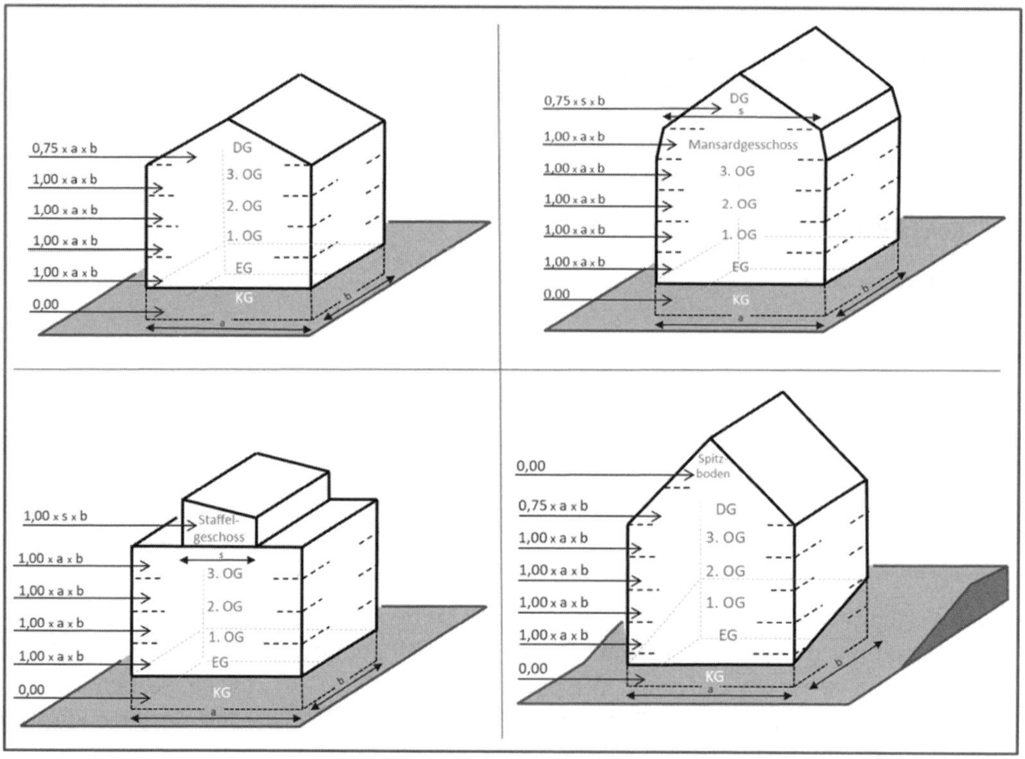

Abb. 14: Übersicht für die Ermittlung der WGFZ

Die wertrelevante Geschossfläche kommt der oben erwähnten früheren planungsrechtlichen Geschossfläche (vor 1990) nahe. Mit der wertrelevanten Geschossfläche soll die wirtschaftliche Nutzbarkeit eines Gebäudes gewürdigt werden, die sich auch auf Nicht-Vollgeschosse erstrecken kann.

In § 16 Abs. 4 ImmoWertV erfolgt der Bezug zum Bodenrichtwertgrundstück, da Bodenrichtwerte durch das Merkmal der GFZ (planungsrechtlich) oder WGFZ (wertrelevant) zu beschreiben sind, sofern die Geschossfläche einen Werteinfluss hat. Sowohl GFZ als auch

WGFZ sind in Anlage 5 ImmoWertV in der Liste möglicher Merkmale von Bodenrichtwertgrundstücken aufgeführt.

Daher ist es wichtig, die Definition der (W)GFZ des jeweiligen Gutachterausschusses zu kennen. Abweichungen von der ImmoWertV sind möglich.[48]

Die Anpassung an Unterschiede hinsichtlich der (W)GFZ kann mit Hilfe von Umrechnungskoeffizienten erfolgen. Diese werden häufig vom Gutachterausschuss ermittelt. Die VW-RL sowie erste Entwürfe der ImmoWertA enthielten noch Umrechnungskoeffizienten, die in den Fällen angewendet werden konnten, in denen vom Gutachterausschuss keine Umrechnungskoeffizienten ermittelt wurden. Die Umrechnungskoeffizienten sind jedoch gestrichen worden und nicht in der verabschiedeten ImmoWertA enthalten (siehe Kap. 2.5.3).

Im Falle von Ein- und Zweifamilienhausgrundstücken verweisen die Gutachterausschüsse zuweilen weiterhin auf die Umrechnungskoeffizienten in Anlage 11 der Wertermittlungsrichtlinien von 2006 (WertR 06).

Bei gewerblich oder gemischt genutzten Grundstücken sowie Geschosswohnbaugrundstücken besteht häufig eine lineare Abhängigkeit zwischen Grundstückswert und (W)GFZ, sodass die Bodenrichtwerte direkt proportional umgerechnet werden können. Dem sind bei großen Unterschieden im Maß der baulichen Nutzung jedoch Grenzen gesetzt.

Erfahrungsgemäß sind sowohl bei sehr niedrigen als auch sehr hohen (W)GFZ-Bereichen Anpassungen mit Umrechnungskoeffizienten oder linear mit Unsicherheiten behaftet.

Möglicherweise widersprechen die so ermittelten Bodenwerte dann auch dem Grundsatz der Modellkonformität (§ 10 ImmoWertV) bei Verwendung von Sachwertfaktoren im Sachwertverfahren oder Liegenschaftszinssätzen im Ertragswertverfahren. Diesbezüglich sind Erläuterungen durch die Gutachterausschüsse hilfreich, insbesondere in den Modellbeschreibungen (§ 12 ImmoWertV). In jedem Fall ist eine sachverständige Würdigung notwendig.

Bei innerstädtischen Grundstücken und hohem Bodenpreisniveau kommen auch andere Wertermittlungsverfahren in Betracht, wie z.B. das Residualwertverfahren oder das Mietsäulenverfahren.[49] Diese Verfahren werden von den Gutachterausschüssen häufig für die Ableitung von Bodenrichtwerten herangezogen, wenn in stark verdichteten Gebieten keine oder keine ausreichende Anzahl von Kaufpreisen unbebauter Grundstücke vorliegt.

Die Anpassung des Bodenrichtwerts an die (W)GFZ des zu bewertenden Grundstücks wird anhand eines Beispiels aufgezeigt.

48 So haben einige Gutachterausschüsse, z.B. München, seit geraumer Zeit eine eigene Definition einer WGFZ angewendet (vgl. Immobilienmarktbericht 2023 des Gutachterausschusses München, S. 47). Von der ImmoWertV abweichende Definitionen sind auch zu beachten, wenn der Wertermittlungsstichtag vor dem Inkrafttreten der ImmoWertV liegt und somit auf ältere Bodenrichtwertlisten etc. zurückzugreifen ist.

49 Gemäß § 14 ImmoWertV sind Bodenrichtwerte vorrangig im Vergleichswertverfahren zu ermitteln. Es können jedoch explizit auch deduktive und andere geeignete Verfahren angewendet werden (§ 14 Abs. 2 ImmoWertV).; zum Thema deduktive Bodenwertermittlung vgl. *Kleiber, W. (2023),* S. 1524 f., 2113 f., zum Thema Mietsäulenverfahren: a.a.O., S. 1450 ff.

Beispiel

Wertermittlungsobjekt:

- *Unbebautes Grundstück*
- *Größe 800 m²*
- *Baureif und beitragsfrei (im Sinne der Bodenrichtwertdefinition)*
- *Planungsrechtlich zulässige GFZ = 0,40*
- *Einfamilienhausbebauung*

Wertermittlungsstichtag 15.5.2022

Bodenrichtwert zum 1.1.2022:

$$\frac{800\ B\ ebf}{WA\ EFH\ o\ GFZ\ 0{,}5}$$

Interpretation:

Der Bodenrichtwert zum 1.1.2022 beträgt 800 € für baureifes Land, erschließungsbeitrags-/kostenerstattungsbetragsfrei und beitragspflichtig nach Kommunalabgabenrecht, in allgemeinen Wohngebieten mit Einfamilienhausbebauung, offener Bauweise, bei einer GFZ von 0,5.

Der Gutachterausschuss ermittelt keine eigenen Umrechnungskoeffizienten und verweist für eine Anpassung an GFZ-Unterschiede auf die Umrechnungskoeffizienten gemäß Anlage 11 der WertR 06.

UMRECHUNGSKOEFFIZIENTEN
FÜR DAS WERTVERHÄLTNIS VON GLEICHARTIGEN GRUNDSTÜCKEN
BEI UNTERSCHIEDLICHER BAULICHER NUTZUNG (GFZ : GFZ)

Die angegebenen Umrechnungskoeffizienten beziehen sich auf Wohnbauland im erschließungsbeitragsfreien (ebf) Zustand

GFZ	Umrechungs-koeffizient	GFZ	Umrechnungs-koeffizient	GFZ	Umrechungs-koeffizient
		1,1	1,05	2,1	1,49
		1,2	1,10	2,2	1,53
		1,3	1,14	2,3	1,57
0,4	0,66	1,4	1,19	2,4	1,61
0,5	0,72	1,5	1,24		
0,6	0,78	1,6	1,28		
0,7	0,84	1,7	1,32		
0,8	0,90	1,8	1,36		
0,9	0,95	1,9	1,41		
1,0	1,00	2,0	1,45		

UMRECHNUNGSKOEFFIZIENTEN GFZ : GFZ

Abb. 15: Umrechnungskoeffizienten gemäß Anlage 11 WertR 06

Den Umrechnungskoeffizienten nach WertR 06 liegt folgende Formel zugrunde:

$$UK = 0{,}6 \times \sqrt{GFZ} + 0{,}2 \times GFZ + 0{,}2$$

Über den tabellarisch aufgeführten Gültigkeitsbereich hinaus ist eine Extrapolation der Umrechnungskoeffizienten daraufhin zu prüfen, ob sie noch sachgerecht ist.

Die Umrechnungskoeffizienten gelten für erschließungsbeitragsfreie Wohnbaugrundstücke.

Die objektspezifische Anpassung ist wie folgt durchzuführen:

Bodenrichtwertgrundstück GFZ_{BRW}	*= 0,5*
Umrechnungskoeffizient	*= 0,72*
Zu bewertendes Grundstück GFZ	*= 0,4*
Umrechnungskoeffizient	*= 0,66*

800 € × 0,66 / 0,72 = rd. 733 € pro m²

Nach Angaben des Gutachterausschusses sind die Bodenpreise zwischen dem Stichtag des Bodenrichtwerts 1.1.2022 und dem Wertermittlungsstichtag 15.5.2022 konstant geblieben. Der Bodenrichtwert muss daher nicht an die allgemeinen Wertverhältnisse angepasst werden.

Der objektspezifisch angepasste Bodenrichtwert beträgt rund 733 € pro m².

Der Bodenwert beträgt:

800 m² × 733 € = 586.400 € rd. 586.000 €

Die Umrechnung des Bodenrichtwertes entspricht einer gängigen Dreisatz-Aufgabe (siehe Kap. 2.6). Trotzdem werden sehr häufig die Umrechnungskoeffizienten falsch ins Verhältnis zueinander gesetzt.

Falsch:

800 € × 0,72 / 0,66 = rd. 873 €

800 m² × 873 € = 698.400 € rd. 698.000 €

Das heißt, es ergäbe sich ein um rund 19 % höherer Bodenwert.

Dies kann nicht sein. Die GFZ des zu bewertenden Grundstücks ist niedriger als die GFZ des Bodenrichtwertgrundstücks. Somit muss sich nach Umrechnung des Bodenrichtwertes ein niedrigerer Bodenwert ergeben. Die Plausibilitätskontrolle ist also sehr einfach.

2.7.6 Grundstückszuschnitt und -größe

Bodenrichtwerte beziehen sich auf regelmäßig geformte Grundstücke. Im Falle eines ungünstigen Grundstückszuschnitts sind gegebenenfalls Abschläge vorzunehmen. Hierzu werden keine Umrechnungskoeffizienten ermittelt. Somit ist im konkreten Einzelfall eine Einschätzung nach sachverständigem Ermessen notwendig, die jedoch nachvollziehbar zu begründen ist. Möglicherweise ergeben sich Einschränkungen hinsichtlich der baulichen Nutzung, wodurch das realisierbare Maß der baulichen Nutzung hinter dem planungsrechtlich zulässigen zurück bleibt. Dann kommt ggf. die Anwendung von (W)GFZ-Umrechnungskoeffizienten in Frage.

Bodenrichtwerte sind durch die Merkmale zu beschreiben, die lagetypisch einen Werteinfluss entfalten. Anstelle oder zusätzlich zu einer (W)GFZ werden Bodenrichtwerte häufig auch durch eine lagetypische bzw. marktübliche Grundstücksgröße beschrieben.

Teilweise werden von Gutachterausschüssen Umrechnungskoeffizienten für Grundstücksgrößen ermittelt. Die VW-RL und erste Entwürfe der ImmoWertA enthielten Umrechnungskoeffizienten, die hilfsweise angewendet werden konnten. Diese sind jedoch entfallen und in der verabschiedeten Fassung der ImmoWertA nicht mehr enthalten.

Auch wenn Bodenrichtwerte nicht durch eine Grundstücksgröße beschrieben sind, bedarf es der sachverständigen Einschätzung, welche Grundstücksgröße für den sachlichen und räumlichen Teilmarkt, dem das zu bewertende Grundstücks zuzuordnen ist, marktüblich ist. Bei einem erheblichen Überschreiten dieser Grundstücksgröße, ist eine Unterscheidung der marktüblichen und einer „selbständig nutzbaren oder sonstigen Teilfläche" vorzunehmen (§ 41 ImmoWertV).[50] Die marktübliche Grundstücksfläche bei bebauten Grundstücken besteht im Wesentlichen aus der bebauten Fläche und einem üblichen Umgriff (Wege, Zufahrten, Garten). Das Referenzobjekt, auf das sich bspw. Sachwertfaktoren, Liegenschaftszinssätze oder andere Daten beziehen, sollte entsprechend in einer Modellbeschreibung (§ 12 ImmoWertV) beschrieben sein, damit die für die Wertermittlung erforderlichen Daten modellkonform (§ 10 ImmoWertV) angewendet werden können.

Zunächst ist zu prüfen, inwieweit Abweichungen der Grundstücksgröße in die objektspezifische Anpassung von für die Wertermittlung erforderlichen Daten einfließen können, ohne den Grundsatz der Modellkonformität zu verletzten. Die Angabe von Umrechnungskoeffizienten durch die Gutachterausschüsse ist diesbezüglich hilfreich.

Ab wann eine erhebliche Abweichung von der marktüblichen Größe vorliegt, wird in der ImmoWertV nicht weiter definiert und ist einzelfallbezogen einzuschätzen. Der vorläufige Verfahrenswert ist dann mit dem Bodenwert der marktüblichen Grundstücksfläche zu ermitteln. Der Wert der selbständig nutzbaren oder sonstigen Teilfäche ist als besonderes objektspezifisches Grundstücksmerkmal durch einen Zuschlag zu berücksichtigen. Die ImmoWertA enthält hierzu keine weiteren Hinweise. In einem früheren Entwurf der ImmoWertA wurde noch klarer herausgestellt, dass es bei dieser Teifläche nicht auf eine separate Bebaubarkeit ankommt, sondern es sich gleichwohl auch um eine Gartenfläche oder Ähnliches handeln kann.[51] In der BR-Drucksache Nr. 407/21 vom 12.5.2021 heißt es hierzu: „Dabei kann es sich sowohl um Teilflächen handeln, die wirtschaftlich selbständig genutzt werden oder nutzbar sind als auch um Teilflächen mit unterschiedlichen Grundstücksqualitäten oder einer abweichenden Nutzbarkeit."[52]

§ 41 ImmoWertV (Erhebliche Überschreitung der marktüblichen Grundstücksgröße):

Bei einer erheblichen Überschreitung der marktüblichen Grundstücksgröße kommt eine getrennte Ermittlung des Werts der über die marktübliche Grundstücksgröße hinausgehenden ***selbständig nutzbaren oder sonstigen Teilfläche*** *in Betracht; der Wert der Teilfläche ist in der Regel als besonderes objektspezifisches Grundstücksmerkmal zu berücksichtigen.*

---

50 In der Bewertungspraxis auch als rentierlicher und unrentierlicher Bodenwert bezeichnet.
51 Nr. 41.1 bis 41.3 ImmoWertA-Entwurf vom 21.12.2021, vgl. hierzu auch *Kleiber, W. (2023),* S. 2137 ff.
52 BR-Drucksache Nr. 407/21 vom 12.5.2021, S. 118.

In nachfolgendem Rechenbeispiel wird die Anwendung von Umrechnungskoeffizienten, hier für Grundstücksgrößen,[53] sowie von Indexreihen aufgezeigt. Gibt der Gutachterausschuss keinen Bodenpreisindex heraus und besteht ein längerer zeitlicher Abstand zwischen Stichtag des Bodenrichtwerts und Wertermittlungsstichtag, ist die zeitliche Entwicklung von Bodenpreisen anderweitig zu untersuchen.

In dynamischen Märkten ist eine belastbare Bodenwertermittlung ohne Hinzuziehung von Vergleichspreisen und ohne weitergehende Marktrecherchen kaum möglich.

Beispiel

Wertermittlungsobjekt:

- *mit freistehendem Einfamilienhaus bebautes Grundstück*
- *Durchschnittliche Lage*
- *Größe 800 m²*
- *Beitragsfrei (im Sinne der Bodenrichtwertdefinition)*

Wertermittlungsstichtag 30.6.2020

Bodenrichtwert zum 31.12.2018:

$$\frac{500\,B}{WA\ EFH\ f600}$$

Der Gutachterausschuss veröffentlicht Umrechnungskoeffizienten für Grundstücksgrößen.

Zusätzlich wird vom Gutachterausschuss quartalsweise eine Indexreihe zur zeitlichen Anpassung des Bodenrichtwerts an die allgemeinen Wertverhältnisse zum Wertermittlungsstichtag herausgegeben. Anpassungen erfolgen durch Multiplikation der Anpassungsfaktoren.

Die objektspezifische Anpassung ist wie folgt durchzuführen:

Bodenrichtwertgrundstück Größe$_{BRW}$	*= 600 m²*
Umrechnungskoeffizient	*= 1,00*
Zu bewertendes Grundstück Größe	*= 800 m²*
Umrechnungskoeffizient	*= 0,95*
Indexzahl für das IV. Quartal 2018	*= 250 (2010 = 100)*
Indexzahl für das II. Quartal 2020	*= 300 (2010 = 100)*
Größen-Anpassung: (0,95 / 1,00 – 1) × 100	*= –5 % → Faktor 0,95*
zeitlicheAnpassung: (300 / 250 – 1) × 100	*= 20 % → Faktor 1,20*

53 Bspw. der Gutachterausschusses Weilheim-Schongau (Bayern) veröffentlicht sowohl WGFZ-Umrechnungskoeffizienten als auch Grundstücksflächen-Umrechnungskoeffizienten für Ein- und Zweifamilienhausgrundstücke (vgl. Gutachterausschuss für Grundstückswerte im Bereich des Landkreises Weilheim-Schongau, Grundstücksmarktbericht 2021).

Der Bodenrichtwert gilt für beitragsfreie Grundstücke.

Auch hier kann man ganz einfach überprüfen, ob die Umrechnungskoeffizienten richtig angewendet wurden. Erfahrungsgemäß steigt der Wert pro m² mit sinkender Grundstücksgröße und umgekehrt. Dies ergibt sich auch aus den Umrechnungskoeffizienten im vorliegenden Fall. Die Grundstücksgröße des bewertungsgegenständlichen Objektes ist größer als die des Bodenrichtwertgrundstücks. Also muss der Anpassungsfaktor für die Größe < 1 sein.

(500 € × 0,95 × 1,20) = 570 € pro m²

Der objektspezifisch angepasste Bodenrichtwert beträgt rund 570 € pro m².

Der Bodenwert beträgt:

800 m² × 570 € = 456.000 €[54]

Es besteht die Möglichkeit, die prozentualen Anpassungen multiplikativ oder additiv miteinander zu verknüpfen. Erfahrungsgemäß geben Gutachterausschüsse HInweise dazu. Sind mehrere Anpassungen zu berücksichtigen, ist insbesondere bei einer additiven Verknüpfung darauf zu achten, dass die Summe der Anpassungen marktgerecht ist. In jedem Fall muss eine Doppelberücksichtigung vermieden werden.

2.7.7 Auswertung von Vergleichspreisen

Liegen geeignete Kaufpreise für unbebaute Grundstücke in ausreichender Zahl vor, so ist der Bodenwert vorzugsweise im direkten Vergleichswertverfahren zu ermitteln. Die Anpassungen, die bislang auf Basis von Bodenrichtwerten durchgeführt wurden, sind dann für jedes einzelne Vergleichsobjekt durchzuführen.

Beispiel

Wertermittlungsobjekt:

- *unbebautes Grundstück*
- *baureif*
- *900 m²*
- *WGFZ 0,6*
- *erschließungsbeitrags-/kostenerstattungsbetragspflichtig und beitragspflichtig nach Kommunalabgabenrecht.*

→ Die noch anfallenden Erschließungskosten belaufen sich auf 50.000 € und sind als besonderes objektspezifisches Grundstücksmerkmal zu berücksichtigen.

Wertermittlungsstichtag ist der 15.3.2019.

---

54 Zu Rundungsregeln vgl. z.B. *Kleiber, W. (2023)*, S. 483. Im Einzelfall ist zu prüfen, wann eine Rundung sachgerecht ist, wenn beispielsweise der Bodenwert in eine Sach- oder Ertragswertberechnung eingebracht wird.

Es wurden vom Gutachterausschuss folgende Kaufpreise von unbebauten, baureifen, beitragsfreien Grundstücken im näheren Umfeld zur Verfügung gestellt:

Jahr	***Größe m²***	***WGFZ***	***Kaufpreis pro m²***
2018	*700*	*0,50*	*1.500 €*
2018	*900*	*0,40*	*1.450 €*
2019	*700*	*0,60*	*1.500 €*
2019	*800*	*0,40*	*1.600 €*
2019	*900*	*0,50*	*1.650 €*
Arithmetisches Mittel	***800***	***0,48***	***1.540 €***

Beitragsrechtlicher Zustand („Erschließung"):

Die Vergleichsobjekte sind beitragsfrei. Der beitragsrechtliche Zustand des zu bewertenden Grundstücks ist als besonderes objektspezifisches Grundstücksmerkmal zu berücksichtigen.

Sind Vergleichsobjekte beitragspflichtig, so ist es in der Praxis sehr aufwendig und teilweise unmöglich, den genauen Beitragszustand der Vergleichsgrundstücke zu recherchieren (siehe Kap. 2.7.3). Anhaltspunkte für noch abzurechnende Kosten ergeben sich bspw. auf Basis der Beitragssatzungen von Gemeinden. Sofern es sich um Erschließungsbeiträge nach BauGB für die verkehrsmäßige Erschließung handelt, sind die tatsächlichen Kosten hinsichtlich ihrer Höhe sowie des Zeitpunkts ihres Wirksamwerdens kaum abschätzbar. Eine Abrechnung erfolgt in Höhe der tatsächlich angefallenen Straßenherstellungskosten.

Der Gutachterausschuss sollte daher befragt werden. Auf Basis von Auswertungen von tatsächlich erzielten Kaufpreisen können sich Anhaltspunkte ergeben, welchen Werteinfluss der beitragsrechtliche Zustand hat.

Auch an dieser Stelle geht es nicht allein um Kostenüberlegungen, sondern den Werteinfluss.

Zeitliche Preisentwicklungen:

Der Gutachterausschuss ermittelt keine Indexreihen für die Entwicklung von Bodenpreisen. Im vorliegenden Fall sind keine zeitlichen Preisentwicklungen zu berücksichtigen.

Sofern keine Marktberichte des Gutachterausschusses vorliegen, in denen sich Informationen zur Preisentwicklung finden, muss die Preisentwicklung selbst auf Basis von Marktrecherchen abgeleitet werden.

Lage:

Die Lagequalität ist zu beurteilen und mit der Lagequalität des bewertungsgegenständlichen Objektes zu vergleichen. Im vorliegenden Fall ist die Lagequalität vergleichbar.

Der Wertermittler muss über eine ausreichende Ortskenntnis verfügen, um die Lagequalität zuverlässig einschätzen zu können. Die moderne Technik ermöglicht neben der Inau-

genscheinnahme der Lage von Vergleichsobjekten auch Recherchen mit Hilfe von Luftbildaufnahmen, Google Street View etc.[55] Die Zu- und Abschläge dürfen nicht willkürlich bemessen sein. Sie müssen fundiert sein und, sofern nicht bereits im Gutachten geschehen, durch entsprechende Datenauswertungen begründet werden können. Ein Anhaltspunkt kann die allgemeine Spanne der Marktpreise für einen Grundstückstyp darstellen. Übersteigt die Summe der Anpassungen aufgrund unterschiedlicher Grundstücksmerkmale diese Spanne, so besteht erhöhter Erklärungsbedarf. Dann könnte es sich um besondere objektspezifische Grundstücksmerkmale handeln oder die Kaufpreise sind zum Vergleich nicht geeignet.

WGFZ:

Der Gutachterausschuss hat für Anpassungen an WGFZ-Unterschiede Umrechnungskoeffizienten für Grundstücke des individuellen Wohnungsbaus abgeleitet, die in den Veröffentlichungen zu den Bodenrichtwertwerten und im Immobilienmarktbericht enthalten sind.[56]

WGFZ	***Umrechnungskoeffizient***
0,35	*0,596*
0,40	*0,627*
0,45	*0,658*
0,50	*0,690*
0,55	*0,721*
0,60	*0,752*

Beispiel WGFZ Anpassung Objekt 1:

Wertermittlungsobjekt: WGFZ = 0,6

Vergleichsobjekt: WGFZ = 0,5

Umrechnungskoeffizient: 0,690 bei $WGFZ_{Vergleich}$ *= 0,5*

Umrechnungskoeffizient: 0,752 bei WGFZ = 0,6

0,752/0,690 = rund 1,09

55 Es wird diesbezüglich auf die Entscheidungen von Finanzgerichten verwiesen, in denen explizit eine Außenbesichtigung der Vergleichsobjekte gefordert wird (vgl. FG Berlin-Brandenburg, Urt. v. 17.4.2024 – 16 K 3045/22; dabei ging es um ein Gutachten zum Nachweis eines niedrigeren gemeinen Werts gem. § 198 BewG). Derzeit ist auch streitig, ob Gutachten nur verwertbar sind, wenn die Anschrift der Vergleichsobjekte angegeben wird, wie das FG Berlin-Brandenburg in seinem Urteil fordert. Die meisten Gutachterausschüsse weisen jedoch bei nicht-anonymisierten Auskünften aus der Kaufpreissammlung ausdrücklich darauf hin, dass Angaben im Gutachten nur insoweit zulässig sind, dass eine Identifizierung der Vergleichsobjekte nicht möglich ist.

56 Quelle: Gutachterausschuss München, Immobilienmarktbericht 2018 und 2019, S. 50; den Umrechnungskoeffizienten liegt folgende Formel zugrunde: Umrechnungskoeffizient = 0,621 × WGFZ + 0,379.

Die Gutachterausschüsse verfügen häufig nicht über eine hinreichende Anzahl an Kauffällen, um selbst Umrechnungskoeffizienten ermitteln zu können. Teilweise wird noch auf die Umrechnungskoeffizienten der Anlage 11, WertR 06, verwiesen.[57]

Ergebnis:

Jahr	**Größe m²**	**WGFZ**	**Kaufpreis pro m²**	**Anpassung WGFZ**	**in %**	**Vergleichspreis pro m²**
2018	*700*	*0,50*	*1.500 €*	*1,09*	*+9 %*	*1.635 €*
2018	*900*	*0,40*	*1.450 €*	*1,20*	*+20 %*	*1.740 €*
2019	*700*	*0,60*	*1.500 €*	*1,00*	*±0 %*	*1.500 €*
2019	*800*	*0,40*	*1.600 €*	*1,20*	*+20 %*	*1.920 €*
2019	*900*	*0,50*	*1.650 €*	*1,09*	*+9 %*	*1.799 €*
Arithmetisches Mittel	***800***	***0,48***	***1.540 €***	***1,12***	***+12 %***	***1.719 €***
Median						***1.740 €***
Standardabweichung						***160 €***
Variationskoeffizient						***0,09***

Das arithmetische Mittel der Vergleichspreise beträgt 1.719 € pro m². Der Median liegt bei 1.740 € pro m². Beide Mittelwerte liegen nahe zusammen. Nachfolgend wird auf das arithmetische Mittel abgestellt.

Die Güte der Auswertungen wurde durch weitere statistische Auswertungen untersucht (siehe Kap. 2.4). Es sind keine Ausreißer vorhanden, die mehr als zwei Standardabweichungen vom arithmetischen Mittelwert abweichen. Es ergibt sich ein Variationskoeffizient von 0,09, der als gut zu beurteilen ist.

Da keine Marktanpassungen notwendig sind, entspricht der vorläufige Vergleichswert dem marktangepassten vorläufigen Vergleichswert.

1.719 € × 900 m² = 1.547.100 €

Es sind besondere objektspezifische Grundstücksmerkmale in Höhe von 50.000 € zu berücksichtigen. Der Vergleichswert entspricht dem Verkehrswert und beträgt rund 1.500.000 €.[58]

---

57 Die WertR 06 kennt den Begriff der wertrelevanten Geschossfläche noch nicht. Es ist jedoch durchaus üblich, dass sie auf die WGFZ im Sinne der ImmoWertV bezogen werden. Die Erläuterungen der Gutachterausschüsse sind zu beachten.

58 Zu Rundungsregeln vgl. z.B. *Kleiber, W. (2023),* S. 483. Die Berechnung erfolgt computergestützt, Rundungsdifferenzen sind möglich.

marktangepasster vorläufiger Vergleichswert	1.547.100 €
besondere objektspezifische Grundstücksmerkmale, hier: beitragsrechtlicher Zustand	− 50.000 €
Vergleichswert/Verkehrswert	1.497.100 €
rund	**1.500.000 €**

2.7.8 Bodenwertermittlung in besonderen Fällen

Gemäß § 40 Abs. 1 ImmoWertV ist bei bebauten Grundstücken der Bodenwert zunächst so zu ermitteln, als wäre das Grundstück unbebaut. In einigen Fällen kann eine Abweichung von diesem Grundsatz erforderlich sein, wenn die vorhandene bauliche Nutzung einen erheblichen Werteinfluss auf den Bodenwert hat.

§ 40 ImmoWertV (Allgemeines zur Bodenwertermittlung):

(...)

*(5) Die tatsächliche bauliche Nutzung kann **insbesondere in folgenden Fällen** den Bodenwert beeinflussen:*

1. *wenn dies dem gewöhnlichen Geschäftsverkehr entspricht, ist ein **erhebliches Abweichen der tatsächlichen von der nach § 5 Absatz 1 maßgeblichen Nutzung** bei der Ermittlung des Bodenwerts bebauter Grundstücke zu berücksichtigen;*
2. *wenn **bauliche Anlagen auf einem Grundstück im Außenbereich** rechtlich und wirtschaftlich weiterhin nutzbar sind, ist dieser Umstand bei der Ermittlung des Bodenwerts in der Regel werterhöhend zu berücksichtigen;*
3. *wenn bei einem Grundstück mit einem **Liquidationsobjekt** im Sinne des § 8 Absatz 3 Satz 2 Nummer 3 mit **keiner alsbaldigen Freilegung** zu rechnen ist, gilt § 43.*

In den folgenden Kapiteln werden diese Ausnahmefälle behandelt.

a) Abweichen der tatsächlichen von der nach § 5 Abs. 1 maßgeblichen Nutzung insbesondere hinsichtlich Art und/oder Maß der baulichen Nutzung (§ 40 Abs. 5 Nr. 1 ImmoWertV) (siehe Kap. 2.7.8.1)

b) Bebaute Grundstücke im Außenbereich (§ 40 Abs. 5 Nr. 2 ImmoWertV), wenn die Bebauung rechtlich zulässig und wirtschaftlich nutzbar ist (siehe Kap. 2.7.8.2)

c) Liquidationsobjekte, wenn keine alsbaldige Freilegung möglich ist (§ 40 Abs. 5 Nr. 3 ImmoWertV) (siehe Kap. 2.7.8.3)

2.7.8.1 Abweichen der tatsächlichen von der maßgeblichen Nutzung

Die für die Bewertung maßgebliche Nutzung bestimmt sich zunächst einmal nach „den für die planungsrechtliche Zulässigkeit von Vorhaben maßgeblichen Vorschriften des Städtebaurechts und aus den sonstigen Vorschriften, die die Nutzbarkeit betreffen" (§ 5 Abs. 1 ImmoWertV), z.B. aufgrund der Festsetzungen eines Bebauungsplans und einer Ortssatzung.

Wird in der Umgebung regelmäßig von der planmäßig zulässigen Nutzung abgewichen, kann auch die lagetypische Nutzung als maßgeblich angesehen werden. In Gebieten, in denen sich die Zulässigkeit von Vorhaben gemäß § 34 BauGB nach der umliegenden Bebauung richtet (unbeplanter Innenbereich), ist die lagetypische Bebauung von besonderer Bedeutung.

Weicht die tatsächliche Nutzung erheblich von der maßgeblichen Nutzung ab, stellt sich die Frage, ob und wie dies zu berücksichtigen ist. Eine Abweichung kann sich sowohl auf die Art der Nutzung (z.B. Gewerbe statt Wohnen) beziehen also auch auf das Maß der Nutzung (z.B. WGFZ, Anzahl der Vollgeschosse).

Regelmäßig ist eine Abweichung hinsichtlich der GFZ bzw. WGFZ (siehe Kap. 2.7.5) durch den Wertermittler zu würdigen. Unterschreitet die tatsächliche Nutzung die maßgebliche Nutzung (Fall der Unterausnutzung), so ist zunächst zu prüfen, ob durch entsprechende Baumaßnahmen eine Erweiterung des Gebäudes und somit eine Anpassung an die maßgebliche Nutzung, d.h. die planungsrechtlich zulässige bzw. lagetypische Nutzung, möglich ist. Dabei sind vier Fälle zu unterscheiden:

- Fall 1: Eine Anpassung ist möglich.

Somit hat die Unterausnutzung zunächst keinen Einfluss auf die Bodenwertermittlung. Dann gilt weiterhin der Grundsatz, dass der Grund und Boden wie unbebaut zu bewerten ist.

In der Praxis kann es aus wertermittlungstechnischen Gründen dennoch angezeigt sein, einen vorläufigen Verfahrenswert zunächst auf Basis eines nutzungsabhängigen Bodenwerts (§ 43 ImmoWertV) zu ermitteln und den Bodenwertanteil einer etwaigen wertrelevanten Baurechtsreserve als besonderes objektspezifisches Grundstücksmerkmal zu berücksichtigen. Ein nutzungsabhängiger Bodenwert bestimmt sich nach der tatsächlichen Nutzung. Der nutzungsabhängige Bodenwert wird in der ImmoWertV im Zusammenhang mit der Freilegung eines Grundstücks, d.h. dem Abriss der baulichen Anlagen (so genanntes Liquidationsobjekt), eingeführt. Er ist in der Praxis jedoch darüber hinaus von Bedeutung.

> ***§ 40 ImmoWertV (Ermittlung des Bodenwerts):***
>
> *(...)*
>
> *(5) Die tatsächliche bauliche Nutzung kann insbesondere in folgenden Fällen den Bodenwert beeinflussen:*
>
> 1. *wenn dies dem gewöhnlichen Geschäftsverkehr entspricht, ist ein **erhebliches Abweichen der tatsächlichen von der nach § 5 Absatz 1 maßgeblichen Nutzung** bei der Ermittlung des Bodenwerts bebauter Grundstücke zu berücksichtigen;*
>
> *(...)*
>
> **§ 43 ImmoWertV (Nutzungsabhängiger Bodenwert bei Liquidationsobjekten):**
>
> *(1) Ist bei einem Grundstück mit einem Liquidationsobjekt im Sinne des § 8 Absatz 3 Satz 2 Nummer 3 insbesondere aus rechtlichen Gründen mit der Freilegung erst zu einem späteren Zeitpunkt zu rechnen **(aufgeschobene Freilegung) oder** ist **langfristig nicht mit einer Freilegung zu rechnen**, so ist bei der Bodenwertermittlung von dem sich unter Berücksichtigung der tatsächlichen Nutzung ergebenden Bodenwert **(nutzungsabhängiger Bodenwert)** auszugehen, soweit dies marktüblich ist.*
>
> *(2) Im Fall einer **aufgeschobenen Freilegung** ist der **Wertvorteil**, der sich **aus der künftigen Nutzbarkeit ergibt, bei der Wertermittlung als besonderes objektspezifisches Grundstücksmerkmal zu berücksichtigen**, soweit dies marktüblich ist. Der Wertvorteil ergibt sich aus der abgezinsten Differenz zwischen dem Bodenwert, den das Grundstück ohne das Liquidationsobjekt haben würde, und dem nutzungsabhängigen Bodenwert. Die Freilegungskosten sind über den Zeitraum bis zur Freilegung abzuzinsen und als besonderes objektspezifisches Grundstücksmerkmal zu berücksichtigen, soweit dies marktüblich ist.*

Beispielsweise würde im Ertragswertverfahren der Ansatz eines im Verhältnis zum mit dem Bestandsgebäude erzielbaren marktüblichen Reinertrag zu hohen Bodenwertverzinsungsbetrags dazu führen, dass der Reinertrag aufzehrt wird bis hin zu einem negativen Reinertrag der baulichen Anlage (siehe auch Exkurs).

In Nr. 43.3 ImmoWertA wird ergänzend ausgeführt, dass dieses Szenario nicht notwendigerweise die Notwendigkeit einer Freilegung beinhaltet. Es kann sich z.B. auch um eine Umnutzung (oder Erweiterung) bestehender baulicher Anlagen handeln, die aus verschiedenen Gründen aufgeschoben werden muss.

- Fall 2: Eine Umnutzung oder Erweiterung der baulichen Anlagen ist wirtschaftlich nicht sinnvoll oder aus anderen Gründen nicht möglich.

Dies kann der Fall sein, wenn die baulichen Anlagen wirtschaftlich verbraucht sind. Sie können wirtschaftlich überaltert sein, z.B. aufgrund veränderter technischer Anforderungen oder ungünstiger Grundrisse oder Geschosshöhen. Es können aber auch erhebliche Baumängel oder Bauschäden zu der Beurteilung führen, dass die baulichen Anlagen nicht erhaltenswert sind.

In diesen Fällen liegt ein Liquidationsobjekt vor. Es ist mit einer alsbaldigen Freilegung zu rechnen. Der Bodenwert ist dann zu ermitteln, als wäre das Grundstück unbebaut. Sofern es dem gewöhnlichen Geschäftsverkehr entspricht, sind die Kosten der Freilegung als besonderes objektspezifisches Grundstücksmerkmal durch einen Wertabschlag zu berücksichtigen (§ 8 Abs. 3 Nr. 3 ImmoWertV). In Märkten mit hohem Siedlungsdruck und geringem Angebot an Baugrund ist es nicht ungewöhnlich, dass sich Freilegungskosten nicht auf die erzielbaren Kaufpreise auswirken.

- Fall 3: Wie Fall 2, jedoch bestehen gleichzeitig Hinderungsgründe rechtlicher oder wirtschaftlicher Art, die baulichen Anlagen alsbald abzubrechen. Dann spricht man von einer aufgeschobenen Freilegung oder auch gestreckten Liquidation.

Grund dafür sind zumeist mietvertragliche Bindungen. Beispielsweise ist die vertraglich vereinbarte Festmietzeit mit einem Gewerbemieter noch nicht abgelaufen. Dann ist zunächst von der tatsächlichen Nutzung auszugehen und ein nutzungsabhängiger Bodenwert (§ 43 ImmoWertV) anzusetzen, um zum marktangepassten vorläufigen Ertragswert oder Sachwert zu kommen. Der Wertvorteil durch eine bessere Nutzung ist über die Jahre bis zu deren Realisierung abzuzinsen und als besonderes objektspezifisches Grundstücksmerkmal zu berücksichtigen.

Wirtschaftliche Gründe können darin bestehen, dass ohnehin nur eine kurze wirtschaftliche Restnutzungsdauer besteht. Zu bedenken ist, dass auch die Neuplanung einer Bebauung einige Jahre in Anspruch nehmen kann, sodass in der Zwischenzeit die Nutzung fortgeführt werden kann.

Gleiches gilt, wenn eine Umnutzung oder Erweiterung bestehender baulicher Anlagen aufgeschoben werden muss.

Wie in § 43 Abs. 2 ImmoWertV ausgeführt, ergeben sich im Falle einer aufgeschobenen Liquidation besondere objektspezifische Grundstücksmerkmale in Form eines abgezinsten Wertvorteils und abgezinster Freilegungskosten. Der Zeitraum der Abzinsung bestimmt sich nach dem Zeitraum bis zur Freilegung, Umnutzung, Erweiterung. Dieser ist davon abhängig, bis wann die rechtlichen oder sonstigen Hinderungsgründe aufgehoben sind, z.B. Ablauf eines Mietvertrags, Ende der verbleibenden wirtschaftlichen (ggf. verkürzten) Restnutzungsdauer.

Für die Abzinsung findet regelmäßig der objektspezifisch angepasste Liegenschaftszinssatz Anwendung (siehe Kap. 3.4.6). Die Höhe von Freilegungskosten kann entweder bei Abriss- und Entsorgungsunternehmen recherchiert werden oder es werden Erfahrungswerte aus der Fachliteratur herangezogen. Auch die Gutachterausschüsse können befragt werden, denn Kaufpreise von Grundstücken mit abbruchreifer Bausubstanz werden i.d.R. um Abbruchkosten bereinigt, sodass sie dann äquivalent zu Kaufpreisen unbebauter Grundstücke sind. Es ergibt sich dann folgende Berechnung:[59]

$$BW = BW_{real} + (BW_{zul/lag} - BW_{real}) \times AF_n - FLK \times AF_n$$

mit	BW_{real}	*= nutzungsabhängiger Bodenwert auf der Grundlage der realisierten Nutzung*
	$BW_{zul/lag}$	*= maßgeblicher Bodenwert auf der Grundlage der planungsrechtlich zulässigen bzw. lagetypischen Nutzung*
	AF	*= Abzinsungsfaktor*
	n	*= Zeitraum bis zum wirtschaftlichen Abgang der baulichen Anlage in Jahren*
	FLK	*= Freilegungskosten*

$$Wertvorteil = (BW_{zul/lag} - BW_{real}) \times AF_n$$

$$Abgezinste\ Freilegungskosten\ (als\ besonderes\ objektspezifisches\ Grundstücksmerkmal) = FLK \times AF_n$$

Nicht explizit in der ImmoWertV betrachtet ist die Möglichkeit eines Wertnachteils nach Freilegung aufgrund einer Überausnutzung. In der Praxis kommen auch diese Fälle vor. Die Berechnung ist dann gleich, nur dass sich ein negativer Betrag als Wertnachteil ergibt. In Nr. 40.(5).1 b) bb) ImmoWertA findet nur der Fall einer Überausnutzung auf Dauer Erwähnung, in dem ein nutzungsabhängiger Bodenwert gemäß § 43 ImmoWertV zum Ansatz kommt.

Hier ist sehr viel Marktkenntnis notwendig. Erfahrungsgemäß wird in den meisten Fällen die einmal genehmigte Überausnutzung so lange wie möglich erhalten, wenn im Falle einer Freilegung mit keiner neuerlichen Genehmigung einer Überausnutzung zu rechnen ist.

Ein Abriss trotz Überausnutzung könnte bspw. durch eine wirtschaftliche Überalterung der Gebäude begründet sein.

59 Vgl. *Kleiber, W. (2023)*, S. 2127 f.

Der Ansatz abgezinster Freilegungskosten ist regelmäßig bei kurzen wirtschaftlichen Restnutzungsdauern zu prüfen.

Ab wann von einer Erheblichkeit der Abweichung der tatsächlichen von der maßgeblichen Nutzung auszugehen ist, wird in der ImmoWertV nicht klar definiert. Maßgeblich für die Bemessung des Werteinflusses ist der gewöhnliche Geschäftsverkehr.

Beispiel

Wertermittlungsobjekt:

- *Mehrfamilienhausgrundstück*
- *1.000 m²*
- *Tatsächliche Nutzung WGFZ 0,8*
- *Planungsrechtlich zulässige (maßgebliche) Nutzung WGFZ 1,2*

Bodenwert bei WGFZ 0,8 (BW_{real}) = 600 € pro m²

Nutzungsabhängiger Bodenwert (BW_{real}) = 600 € × 1.000 m² = 600.000 €

Bodenwert bei WGFZ 1,2 = 800 € pro m²

Maßgeblicher Bodenwert (BW_{zul}) = 800 € × 1.000 m² = 800.000 €

Freilegungskosten (FLK) 40.000 €

Zu Fall 1:

Maßgeblicher Bodenwert: 1.000 m² × 800 € = 800.000 €

Der Bodenwert wird mit 800.000 € ermittelt und als Eingangsgröße im maßgeblichen Verfahren verwendet.

Zu Fall 2:

Bodenwert wie Fall 1

Freilegungskosten 40.000 € als besonderes objektspezifisches Grundstücksmerkmal.

Verkehrswert entspricht dem um die Freilegungskosten geminderten Bodenwert:
800.000 € – 40.000 € = 760.000 €

Zu Fall 3:

In der Darstellung dieses Falles wird den Ausführungen zum Ertragswertverfahren unter Kapitel 3 vorgegriffen. Es sind zwei Bodenwerte zu ermitteln, zum einen der nutzungsabhängige Bodenwert entsprechend der tatsächlichen Bebauung und zum anderen der maßgebliche Bodenwert entsprechend der planungsrechtlich zulässigen Bebauung.

Der nutzungsabhängige Bodenwert findet im Ertragswertverfahren bei der Ermittlung des Bodenwertverzinsungsbetrages Anwendung. Die Differenz zwischen nutzungsabhängigem Bodenwert und maßgeblichem Bodenwert ist über die Zeitdauer abzuzinsen, über die eine Freilegung/Umnutzung/Erweiterung z.B. aufgrund mietvertraglicher Bindungen oder anderer wirtschaftlicher Gründe nicht möglich ist. Dies kann auch bei einer nur noch geringen wirtschaftlichen Restnutzungsdauer gegeben sein.

Weitere Angaben für das Rechenbeispiel:

- *Reinertrag 100.000 €*
- *Wirtschaftliche Restnutzungsdauer 8 Jahre (= n)*
- *Liegenschaftszinssatz 4 %*[60]

$$Kapitalisierungsfaktor = \frac{1{,}05^8 - 1}{1{,}04^8 \times 0{,}04} = 6{,}7327$$

$$Abzinsungsfaktor = \frac{1}{1{,}04^8} = 0{,}7307$$

Maßgeblicher Bodenwert = 800.000 €
Nutzungsabhängiger Bodenwert = 600.000 €
Wertvorteil: 800.000 € – 600.000 € = 200.000 €

	Allgemeines EWV	***Vereinfachtes EWV***
Jährlicher Reinertrag	*100.000 €*	*100.000 €*
Bodenwertverzinsungsbetrag		
600.000 € × 4 %	*– 24.000 €*	
Reinertragsanteil der baulichen Anlage	*= 76.000 €*	
Barwertfaktor für die Kapitalisierung	*× 6,7327*	*× 6,7327*
Barwert des Reinertrags		*673.270 €*
Ertragswert der baulichen Anlage	*511.685 €*	
Nutzungsabhängiger Bodenwert	*+ 600.000 €*	
Abgezinster nutzungsabhängiger Bodenwert		
600.000 € × 0,7307		*+ 438.420 €*
Marktangepasster vorläufiger Ertragswert	*= 1.111.685 €*	*= 1.111.690 €*
Besondere objektspezifische Grundstücksmerkmale		
Abgezinster Wertvorteil		
200.000 € × 0,7307	*+ 146.140 €*	*+ 146.140 €*
Abgezinste Freilegungskosten		
40.000 € × 0,7307	*– 29.228 €*	*– 29.228 €*
Ertragswert	*= 1.228.597 €*	*= 1.228.602 €*
Rund	*1.230.000 €*	*1.230.000 €*

60 Denkbar wäre auch die Verwendung eines abweichenden Zinssatzes für die Abzinsung des Wertvorteils.

Leichte Abweichungen ergeben sich aufgrund von Rundungsdifferenzen.[61]

Auch bei Anwendung des Sachwertverfahrens ist zunächst der marktangepasste vorläufige Sachwert auf Basis des nutzungsabhängigen Bodenwerts zu ermitteln und dann wie oben weiter fortzufahren.

Exkurs

In Regionen mit sehr hohen Bodenpreisen kann es aus weiteren Gründen erforderlich sein, einen nutzungsabhängigen Bodenwert anzusetzen, insbesondere im Falle von Ertragswertobjekten beim Bodenwertverzinsungsbetrag.

Hintergrund ist, dass unbebaute Grundstücke in den letzten Jahren insbesondere für den Neubau von Eigentumswohnungen genutzt wurden, die mit hohen Gewinnerwartungen aus den Verkäufen verbunden sind. Diese lassen sich regelmäßig nicht mit Bestandsobjekten, z.B. Mietshäusern, realisieren. Bodenrichtwerte und Kaufpreise unbebauter Grundstücke führen daher zu hohen Bodenwerten, die bei der Bewertung von Bestandsobjekten zu Wertverzerrungen führen. So ergeben sich mitunter unrealistisch niedrige oder sogar negative Gebäudewertanteile. Obwohl dies einen Hinweis auf eine möglicherweise unwirtschaftliche Bebauung geben kann, werden diese Grundstücke in Innenstadtlagen häufig im gewöhnlichen Geschäftsverkehr nicht als Liquidationsobjekte angesehen und gehandelt. In diesen Fällen müssen sachgerechte Anpassungen vorgenommen werden.[62]

2.7.8.2 Bebaute Grundstücke im Außenbereich

Es wird an dieser Stelle nochmals Bezug genommen auf die Formulierung gemäß § 40 Abs. 5 ImmoWertV.

§ 40 ImmoWertV (Ermittlung des Bodenwerts):

(...)

(5) Die tatsächliche bauliche Nutzung kann insbesondere in folgenden Fällen den Bodenwert beeinflussen:

(...)

2. wenn bauliche Anlagen auf einem Grundstück im Außenbereich rechtlich und wirtschaftlich weiterhin nutzbar sind, ist dieser Umstand bei der Ermittlung des Bodenwerts in der Regel werterhöhend zu berücksichtigen;

(...)

Im Falle unbebauter Grundstücke im Außenbereich ist grundsätzlich von keiner Bebaubarkeit auszugehen. Sofern sich keine konkreten Hinweise für eine Bauerwartung ergeben, handelt es sich um Flächen der Land- oder Forstwirtschaft i.S.v. § 3 Abs. 1 ImmoWertV (siehe

61 Zu Rundungsregeln vgl. z.B. *Kleiber, W. (2023)*, S. 483. Über die Rundungsgenauigkeit ist jedoch einzelfallbezogen sachverständig zu entscheiden. Vergleichbare Beispielrechnungen für das Ertragswertverfahren und das Sachwertverfahren fanden sich auch in der zwischenzeitlich aufgehobenen VW-RL, Anlage 5.

62 Vgl. hierzu *Moll-Amrein, M./ Schaper, D. (2013);* Gutachterausschuss für Grundstückswerte im Bereich der Landeshauptstadt München, Immobilienmarktbericht 2022, S. 62; *Zeißler, M. (2024).*

Kap. 2.7.2). In Nr. 3.(1) ImmoWertA wird klargestellt, dass auch „Brachflächen oder stillgelegte landwirtschaftliche Anbauflächen" zu den Flächen der Land- oder Forstwirtschaft gehören.

Es stellt sich somit die Frage, wie Grundstücke im Außenbereich zu behandeln sind, auf denen sich bereits eine Bebauung befindet. Man denke typischerweise an Hofstellen, gewerblich genutzte Bauten für Handwerksbetriebe oder Wohngebäude.

Hier kommt es zunächst darauf an, dass es sich um bauliche Anlagen handelt, die „rechtlich und wirtschaftlich weiterhin nutzbar sind" (Nr. 40.(5).2 ImmoWertA). Ist das nicht der Fall, kann nicht ohne Risiko von einer langfristigen Duldung oder einer nachträglichen Genehmigungsfähigkeit ausgegangen werden. Es gelten zwar auch hinsichtlich möglicher Sanktionen durch die Bauaufsichtsbehörde gewisse Begrenzungen, sodass i.S.d. Gleichheitsgrundsatzes gemäß Art. 3 GG (Grundgesetz) Willkür zu vermeiden ist. Jedoch handelt es sich rechtlich gesehen um „Schwarzbauten" und somit einen Sonderfall.

Sind die vorhandenen baulichen Anlagen genehmigt und rechtlich zulässig, so genießen sie einen Bestandsschutz. Zu beachten ist aber, dass Veränderungen der Bausubstanz genehmigungspflichtig sind und Ersatzbauten nur in bestimmten Fällen zugelassen werden (§ 35 BauGB).

Somit sind die bebauten Flächen im Außenbereich denen im Innenbereich rechtlich auch dann nicht gleichgestellt, wenn Bestandsschutz besteht. Zulässigerweise bebaute Flächen im Außenbereich haben aber einen höheren Wert als unbebaute Grundstücke. Sie werden auch als „faktisches Bauland"[63] bezeichnet.

Kleiber führt hierzu aus:

> *„Für die den im Außenbereich zulässigerweise errichteten Gebäuden zurechenbaren Umgriffsflächen kann von einer „Quasi-Baulandqualität" (faktisches Bauland) ausgegangen werden, wenn die bauliche Anlage zulässigerweise errichtet wurde und sie rechtlich und wirtschaftlich weiterhin nutzbar ist (§ 40 Abs. 6 Nr. 2 ImmoWertV)."*[64]

Dabei sind die rechtlichen Unsicherheiten in Bezug auf bauliche Veränderungen, die Erschließungssituation und die weiteren Besonderheiten im Außenbereich bei der Wertermittlung zu berücksichtigen.

Für den Außenbereich werden üblicherweise nur Bodenrichtwerte ermittelt, die eine Qualität als land- oder forstwirtschaftlich genutzte Fläche wiedergeben. Möglicherweise werden zusätzliche Bodenrichtwerte für Freizeitgrundstücke o.Ä. angegeben. Anlage 5 ImmoWertV enthält einen „Katalog der Grundstücksmerkmale", mit denen Bodenrichtwertgrundstücke beschrieben werden können. Erfahrungsgemäß werden jedoch keine Bodenrichtwerte für bebaute Grundstücke im Außenbereich bestimmt, in denen Baurecht nach § 35 BauGB besteht, z.B. in Form einer Außenbereichssatzung gemäß § 35 Abs. 6 BauGB.

Für die Ermittlung von Bodenwerten im Außenbereich können auch Bodenrichtwerte nahe gelegener Bodenrichtwertzonen in Ortschaften als Anhaltspunkt dienen. Die Außenbereichslage ist dann im Regelfall durch Abschläge zu berücksichtigen.

---

63 *Kleiber, W. (2023)*, S. 667 f.
64 *Kleiber, W. (2023)*, S. 668.

Zu bebauten Grundstücken im Außenbereich, z.B. (aufgelassene) Hofstellen, gehören zumeist weitere unbebaute Flächen als Wiese, Hofacker oder dergleichen. Als „faktisches" Bauland kann nur der bebaute Bereich zuzüglich einer angemessenen Umgriffsfläche bewertet werden. In ländlichen Gebieten ist die marktübliche Grundstücksgröße erfahrungsgemäß größer als in stärker verdichteten städtischen Gebieten mit einem deutlich höheren Bodenpreisniveau. Daher sind auch die Umgriffsflächen im Außenbereich regelmäßig größer als im Innenbereich. Hierzu sind die örtlichen Verhältnisse zu untersuchen.

Für die der Bebauung nicht zuzuordnenden Flächen sind niedrigere Werte anzusetzen, die jedoch aufgrund ihrer Begünstigung durch die Nähe zu einer Bebauung und der besseren Erschließung marktüblich mit einem Vielfachen des Wertes von land- und forstwirtschaftlichen Flächen, für die kein Bezug zu einer Bebauung besteht, gehandelt werden.[65]

Handelt es sich bei dem bebauten Grundstück im Außenbereich um eine Hofstelle, auf der noch ein hauptgewerblicher landwirtschaftlicher Betrieb ansässig ist, ist Vorsicht geboten. Dann nämlich sind die zu erwirtschaftenden Erträge für den Wert von Boden und Gebäuden maßgeblich. Da hierfür Spezialkenntnisse notwendig sind, gibt es spezialisierte Sachverständige für Land- und Forstwirtschaft.

2.7.8.3 Freilegung in absehbarer Zeit nicht möglich

Wenn die bestehende bauliche Nutzung aus rechtlichen und/oder wirtschaftlichen Gründen nicht mehr werthaltig ist, kann von einem Liquidationsobjekt gesprochen werden. Mögliche Ursachen wurden bereits in Kapitel 2.7.8.1 betrachtet. Zu unterscheiden sind demnach folgende Szenarien:

1. Alsbaldige Freilegung: Die baulichen Anlagen können alsbald abgerissen werden. Zu prüfen ist ein etwaiger Genehmigungsbedarf durch die Bauaufsichtsbehörde.
2. Aufgeschobene Freilegung (gestreckte Liquidation): Die baulichen Anlagen können erst nach Beseitigung bestehender rechtlicher und/oder sonstiger Hemmnisse abgerissen werden.
3. Keine alsbaldige Freilegung: Die baulichen Anlagen können nicht abgerissen werden, da sie bspw. unter Denkmalschutz stehen.

Der in § 40 Abs. 5 Nr. 3 ImmoWertV geregelte Fall betrachtet die Situation, dass keine alsbaldige Freilegung möglich ist.

Die vorhandenen baulichen Anlagen beeinflussen den Bodenwert dahingehend, dass ein nutzungsabhängiger Bodenwert gemäß § 43 ImmoWertV zu ermitteln ist.

> ***§ 40 ImmoWertV (Ermittlung des Bodenwerts):***
>
> *(...)*
>
> *(5) Die tatsächliche bauliche Nutzung kann insbesondere in folgenden Fällen den Bodenwert beeinflussen:*
>
> *(...)*

65 Vgl. Beispiel zur Bewertung von Hofstellen in: *Kleiber, W. (2023),* S. 626 ff.

> *3. wenn bei einem Grundstück mit einem **Liquidationsobjekt** im Sinne des § 8 Absatz 3 Satz 2 Nummer 3 mit **keiner alsbaldigen Freilegung** zu rechnen ist, gilt § 43.*

Dies gilt insbesondere im Falle von Denkmalschutz, sowohl bei einer Über- als auch bei einer Unterausnutzung, d.h. unabhängig davon, ob eine positive oder negative Abweichung von der planungsrechtlich zulässigen Nutzung vorliegt.[66]

Das Rechenbeispiel in Kapitel 2.7.8.1 ist somit um einen weiteren Fall zu ergänzen.

- Fall 4: Der Bodenwert ist entsprechend der tatsächliche Nutzung zu ermitteln (nutzungsabhängiger Bodenwert, § 43 ImmoWertV).

Beispiel

Siehe Fallkonstellationen in Kapitel 2.7.8.1.

Zu Fall 4:

Bodenwert bei WGFZ 0,8 (BW_{real}) = 600 € pro m²

Nutzungsabhängiger Bodenwert (BW_{real}) = 600 € × 1.000 m² = 600.000 €

Erfahrungsgemäß wird in den meisten Fällen eine einmal genehmigte Überausnutzung solange wie möglich erhalten, auch wenn kein Denkmalschutz vorliegt, da im Falle einer Freilegung wirtschaftliche Nachteile eintreten.

Eine Freilegung trotz Überausnutzung könnte bspw. durch eine wirtschaftliche Überalterung der Gebäude begründet sein (siehe Kap. 2.7.8.1).

2.8 Vergleichswertverfahren nach BelWertV

2.8.1 Vorbemerkungen

Bezüglich allgemeiner Ausführung zur Beleihungswertermittlung wird auf die Ausführungen in Kapitel 1.1 verwiesen.

Bei Durchführung des Vergleichswertverfahrens im Rahmen der Beleihungswertermittlung werden aufgrund des Sicherheitsdenkens noch höhere Anforderungen an die Qualität der Vergleichsdaten gestellt.

> ***§ 4 BelWertV (Verfahren zur Ermittlung des Beleihungswerts):***
>
> *(1) Zur Ermittlung des Beleihungswerts sind **der Ertragswert** (§§ 8 bis 13) **<u>und</u> der Sachwert** (§§ 14 bis 17) des Beleihungsobjekts getrennt zu ermitteln; **anstelle des Sachwerts** kann bei Ein- und Zweifamilienhäusern sowie Wohnungs- und Teileigentum **auch der Vergleichswert** (§ 19) ermittelt werden. **Maßgeblich** für die Ableitung des Beleihungswerts ist **regelmäßig der Ertragswert**, der nicht überschritten werden darf. Bleibt der Sachwert und in den Fällen von*

66 Es bestehen keine bundeseinheitlichen Regelungen zum Denkmalschutz. Dieser ist Ländersache, die Bundesländer haben eigene Denkmalschutzgesetze. So ist bspw. in Art. 6 BayDSchG (Bayerisches Denkmalschutzgesetz) u.a. geregelt, dass die Beseitigung und Veränderung von Baudenkmälern der Erlaubnis bedarf.

Satz 1 zweiter Halbsatz alternativ der Vergleichswert um mehr als 20 Prozent hinter dem Ertragswert zurück, bedarf es einer besonderen Überprüfung der Nachhaltigkeit der zugrunde gelegten Erträge und ihrer Kapitalisierung; hierbei sind im Rahmen der Kontrollbetrachtung für die Kosten- und Ertragsansätze die gleichen Annahmen, insbesondere in steuerlicher Hinsicht, zu berücksichtigen. Bestätigt sich der anfangs ermittelte Ertragswert, bedarf das Ergebnis der Überprüfung einer nachvollziehbaren Begründung, andernfalls ist der Ertragswert entsprechend zu mindern.

(2) ***Bei Ein- und Zweifamilienhäusern sowie Wohnungseigentum kann der Beleihungswert am Sachwert oder Vergleichswert orientiert werden und eine Ertragswertermittlung entfallen,*** *wenn das zu bewertende Objekt nach Objekt- und Standortqualität zweifelsfrei zur* ***Eigennutzung*** *geeignet ist und von potenziellen Erwerbern für die eigene Nutzung dauerhaft nachgefragt wird. Ist das Objekt noch vermietet, ist die hiermit verbundene Wertminderung nachvollziehbar zu ermitteln und vom Beleihungswert abzuziehen.* ***Bei Ein- und Zweifamilienhäusern darf eine Orientierung am Vergleichswert vorbehaltlich des § 19 Absatz 2 jedoch nur dann erfolgen, wenn der Ermittlung aktuelle Vergleichspreise von mindestens fünf Objekten zugrunde liegen, die auch hinsichtlich der Wohnfläche mit dem zu bewertenden Objekt hinreichend übereinstimmen.*** *Bei der Ableitung des Beleihungswerts aus dem Sachwert ist regelmäßig zu prüfen, ob aufgrund der Merkmale des Objekts und der regionalen Marktgegebenheiten unter besonderer Berücksichtigung der Nachhaltigkeit ein Abschlag vom Sachwert erforderlich ist.*

(...)

Der Vergleichswert dient der Kontrolle des vornehmlich mit Hilfe des Ertragswertverfahrens zu ermittelnden Beleihungswertes. Gemäß der novellierten BelWertV kann anstelle des Sachwerts bei Ein- und Zweifamilienhäusern sowie bei Wohnungs- und Teileigentum auch der Vergleichswert dazu dienen. Liegt der Vergleichswert um mehr als 20 % unter dem Ertragswert, so sind die dem Ertragswert zugrunde gelegten Mieterträge und deren Kapitalisierung zu überprüfen.

Der Beleihungswert bemisst sich nur in seltenen Fällen direkt nach dem Vergleichswert. Im Rahmen der 2022 erfolgten Novellierung der BelWertV wurde diese Möglichkeit für Ein- und Zweifamilienhäuser sowie Eigentumswohnungen geschaffen, bei denen Aspekte der Eigennutzung im Vordergrund stehen. Das betrifft Objekte, die für eine Eigennutzung geeignet sind und auch zukünftig unter diesem Aspekt nachgefragt werden.

Als weitere Bedingung für die Anwendung des Vergleichswertverfahrens kommt hinzu, dass mindestens fünf Vergleichsobjekte vorliegen müssen, die mit dem zu bewertenden Objekt auch hinsichtlich der Größe der Wohnfläche hinreichend übereinstimmen. Diese Beschränkung macht es häufig unmöglich, das Vergleichswertverfahren für Ein- und Zweifamilienhäuser anzuwenden. Hinzu kommen weitere Voraussetzungen gemäß § 19 BelWertV, die nachfolgend dargestellt werden.

2.8.2 Gemeinsamkeiten und Unterschiede zur ImmoWertV

Wie auch beim Vergleichswertverfahren gemäß ImmoWertV ist der Anwendbarkeit des Vergleichswertverfahrens als maßgebliches Verfahren zur Beleihungswertermittlung eine Grenze gesetzt. So müssen die preisbildenden Merkmale der Vergleichsobjekte hinreichend mit dem zu bewertenden Objekt übereinstimmen.

Bei der Verkehrswertermittlung ist ein strenges Stichtagsprinzip zu beachten. In der Beleihungswertermittlung stellt die zu bewertende Immobilie eine Sicherheit für einen zumeist über längere Zeitdauer eingeräumten Kredit dar. Somit steht hier die Nachhaltigkeit im Vordergrund. Der Beleihungswert ist in die Zukunft gerichtet, denn auch bei negativen Markteinflüssen soll er im Falle einer Zwangsverwertung noch einen angemessenen Gegenwert darstellen.

Diesem Sicherheitsbedürfnis folgend ist der Vergleichswert gemäß BelWertV um einen Sicherheitsabschlag von 10 % zu mindern.

Die Heranziehung von Vergleichsfaktoren, d.h. die Anwendung des indirekten Vergleichswertverfahrens, findet in der BelWertV keine Erwähnung. Hinsichtlich der Zulässigkeit bleiben somit Unsicherheiten.[67]

Die BelWertV enthält nur den Begriff der Vergleichspreise, während in der ImmoWertV zwischen Kaufpreisen und Vergleichspreisen unterschieden wird.

In § 19 Abs. 1 BelWertV wird offen gelassen, ob die Vergleichspreise aus Kaufpreissammlungen oder anderen Marktdatensammlungen entnommen werden, ohne dass genauer spezifiziert wird, welche Anforderungen an Datensammlungen gestellt werden. Mit der Zulässigkeit von computergestützten datenbankbasierten Bewertungsmodellen werden die Weichen für eine zunehmende Automatisierung gestellt. Dies ist eine Neuerung der 2022 novellierten BelWertV.

Kreditinstitute verwenden zunehmend Modelle der Automatisierten Wertermittlung (AVM = Automated Valuation Model), entweder als Eigenentwicklung oder von Dienstleistern. Dabei kommen auch KI-gestützte Algorithmen zum Einsatz. Die Qualität der ausgewerteten Daten hat großen Einfluss auf die Zuverlässigkeit der Wertermittlungsergebnisse. Die Güte der Wertermittlungen wird nicht zuletzt davon abhängen, wie das Prozedere der Validierung gestaltet wird. Unzweifelhaft wird jedoch eine automatisierte Bewertung zunehmend bei Massenbewertungen Verbreitung finden. Bereits heute lässt die BelWertV vereinfachte Wertermittlungen unter bestimmten Voraussetzungen (z.B. Kleindarlehensgrenze 600.000 €, § 24 Abs. 1 BelWertV) zu.

§ 19 BelWertV (Ermittlung des Vergleichswerts):

(1) Zur Ermittlung des Vergleichswerts sind ***nachhaltig erzielbare Vergleichspreise*** *von Objekten heranzuziehen, die hinsichtlich der maßgeblich ihren Wert beeinflussenden Merkmale, insbesondere Lage, Ausstattung und Nutzungsmöglichkeiten, mit dem zu bewertenden Objekt hinreichend übereinstimmen; die Vergleichspreise können* ***aus Kaufpreis- oder anderen Marktdatensammlungen*** *entnommen werden. Von dem so ermittelten Ausgangswert ist ein* ***Sicherheitsabschlag in Höhe von mindestens 10 Prozent*** *in Abzug zu bringen.*

(2) Unbeschadet des Absatzes 1 Satz 2 kann ***bei Ein- und Zweifamilienhäusern sowie Wohnungseigentum die Ermittlung des Vergleichswerts auch unter Nutzung computerunterstützter datenbankbasierter Bewertungsmodelle*** *erfolgen, wenn deren Geeignetheit und die zugrunde liegenden, auf Basis geeigneter statistischer Modelle nachvollziehbar abgeleiteten Daten mindestens jährlich durch eine vom Systemanbieter und Datenbankanbieter unabhängige qualifizierte Stelle validiert werden. Die Bewertungsergebnisse sind zudem in regelmäßigen Abständen im Rahmen einer Qualitätssicherung durch die Pfandbriefbank zu überprüfen; § 24 Absatz 2 Satz 3 gilt mit der Maßgabe entsprechend, dass für die Überprüfung bei Beleihungen von Ein- und Zweifamilienhäusern das Sachwertverfahren heranzuziehen ist. Die Stichproben müssen insbesondere auch nach Art und regionaler Belegenheit der Objekte repräsentativ sein.*

67 Vgl. *Werling, U. (2023)*, S. 3348.

Besonderheiten sind bei der Bodenwertermittlung zu beachten. So darf gemäß § 15 Abs. 2 BelWertV im Rahmen der Beleihungswertermittlung keine höherwertige Nutzung als die zulässige zugrunde gelegt werden. Umgekehrt ist entsprechend der Grundidee des Beleihungswertes eine Unterausnutzung zu berücksichtigen.[68]

§ 15 BelWertV (Bodenwert):

(1) Zur Ermittlung des Bodenwerts sind ***Erhebungen*** *anzustellen über*

1. *die örtliche Lage, die Größe und den Zuschnitt des Grundstücks,*
2. *die Art und das Maß der baurechtlich festgesetzten Nutzungsmöglichkeiten und die tatsächliche Nutzung,*
3. *die Art und Beschaffenheit der Zuwegungen,*
4. *die wichtigsten wirtschaftlichen und verkehrstechnischen Verbindungen,*
5. *die Anschlussmöglichkeiten an Ver- und Entsorgungsnetze,*
6. *die noch anfallenden Erschließungsbeiträge und*
7. *vorhandene* ***Richtwerte und Vergleichspreise****.*

(2) Der Bodenwert ist nach Quadratmetern der Grundstücksfläche anzusetzen. Bei der Ermittlung des Bodenwerts darf ***keine höherwertige Nutzung als zulässig zugrunde gelegt werden****.*

Die BelWertV lässt das Verfahren offen, mit dem der Bodenwert zu ermitteln ist. Jedoch wird der Bodenwert in aller Regel, wie auch bei der Verkehrswertermittlung, auf Basis des Vergleichswertverfahrens ermittelt unter Berücksichtigung von Bodenrichtwerten und/oder Vergleichspreisen. Unklar ist in diesem Zusammenhang jedoch, ob dann konsequenterweise ein Sicherheitsabschlag vorzunehmen ist, wie im Vergleichswertverfahren üblich.

Zumindest sollte ein Sicherheitsabschlag vorgenommen werden, wenn ein selbstständiger Teilbodenwert für eine selbstständig nutzbare Grundstücksteilfläche vorliegt.[69]

Bei der Bewertung von Bauland ist darauf zu achten, dass nur gesichertes Baurecht in die Wertermittlung einfließt. Ansonsten ist das Grundstück nicht als Pfandbriefsicherheit geeignet. Dies hat insbesondere Konsequenzen im Falle von Bauerwartungsland. Die Bauerwartung ist nicht beleihbar, da spekulative Elemente enthalten sind.

Von einem gesicherten Baurecht ist auszugehen, wenn die Erschließung gesichert ist, ein rechtskräftiger qualifizierter Bebauungsplan i.S.v. § 30 Abs. 1 BauGB vorliegt oder eine Baugenehmigung bzw. ein Bauvorbescheid vorhanden sind.[70]

Der Bodenwert findet auch an anderen Stellen der BelWertV Erwähnung. So ist gemäß § 13 Abs. 1 BelWertV (Ertragswertverfahren) und § 14 BelWertV (Sachwertverfahren) im Falle einer Liquidation der Bodenwert unter Abzug der Abbruchkosten anzusetzen und gegebenenfalls über Zeit bis zur Freilegung abzuzinsen.

Die entsprechenden Fälle der Freilegung sind in der ImmoWertV dagegen verfahrensunabhängig geregelt worden.

68 A.a.O., S. 3340.
69 A.a.O., S. 3349.
70 A.a.O., S. 3350.

§ 20 BelWertV (Bauland):

Bei der Wertermittlung von Bauland ist sowohl dessen Entwicklungszustand als auch der künftige Bedarf an Baugrundstücken zu prüfen. Zu Bebauungsrecht, Erschließungszustand und eventuellen Altlasten ist im Gutachten Stellung zu nehmen. ***Nur gesichertes Bebauungsrecht darf berücksichtigt werden.*** *§ 15 ist entsprechend anzuwenden.*

2.9 Verständnisfragen

(1) Für welche Immobilientypen wird das Vergleichswertverfahren als maßgebliches Verfahren zur Verkehrswertermittlung angewandt?

(2) Worin besteht der Unterschied zwischen dem direktem und dem indirektem Vergleichswertverfahren?

(3) Was bezeichnet man als Ertragsfaktoren und Gebäudefaktoren?

(4) Was ist ein Bodenrichtwert?

(5) Worin besteht der Unterschied zwischen der planungsrechtlichen Geschossflächenzahl und der wertermittlungsrelevanten Geschossflächenzahl?

(6) Welche Problematik ergibt sich bei Berücksichtigung von besonderen objektspezifischen Grundstücksmerkmalen im direkten Vergleichswertverfahren?

(7) Was bezeichnet man als Ausreißer?

(8) Der Bodenwert für Grundstücke ist ohne Berücksichtigung der möglicherweise vorhandenen Bebauung zu ermitteln. Welche Ausnahmen gibt es?

(9) Wann spricht man von „faktischem Bauland"?

(10) Wie können zum Vergleich geeignete Kaufpreise an unterschiedliche allgemeine Grundstücksmerkmale und unterschiedliche allgemeine Wertverhältnisse angepasst werden?

Antworten:

(1) Das Verfahren findet in erster Linie für die Bewertung unbebauter Grundstücke Anwendung, da diese am besten für Vergleiche geeignet sind. Das Vergleichswertverfahren ist auch für die Bewertung von Eigentumswohnungen geeignet. Für andere Objekttypen ist das Vergleichswertverfahren mangels ausreichend geeigneter Kaufpreise meist als maßgebliches Verfahren zur Verkehrswertermittlung nicht geeignet. Vergleichspreise und weitere Marktdaten sind jedoch zumindest zur Plausibilisierung der Ergebnisse der beiden anderen Verfahren heranzuziehen (siehe Kap. 1.5).

(2) Beim direkten Vergleichswertverfahren wird der Vergleichswert unmittelbar, also „direkt", aus geeigneten Kaufpreisen abgeleitet. Beim indirekten Vergleichswertverfahren werden Vergleichsfaktoren oder bei unbebauten Grundstücken Bodenrichtwerte herangezogen, bei denen es sich um auf eine Bezugseinheit (Fläche oder Ertrag) bezogene Kaufpreise handelt (siehe Kap. 2.5 und 2.6.).

(3) Ein typisches Beispiel für einen Gebäudefaktor ist der Kaufpreis pro m² Wohnfläche. Der Kaufpreis ausgedrückt als Vielfaches der Jahresnettokaltmiete stellt einen gebräuchlichen Ertragsfaktor dar (siehe Kap. 2.6).

(4) Bodenrichtwerte sind durchschnittliche Lagewerte, die für Bodenrichtwertzonen ermittelt werden (§ 196 BauGB, § 13 ImmoWertV). Bodenrichtwerte werden bezogen auf einen Quadratmeter des Bodenrichtwertgrundstücks angegeben. Das Bodenrichtwertgrundstück weist die in der jeweiligen Bodenrichtwertzone vorherrschenden grund- und bodenbezogenen wertbeeinflussenden Grundstücksmerkmale auf (siehe Kap. 2.7).

(5) Die planungsrechtliche Geschossflächenzahl ergibt sich aus den für die planungsrechtliche Zulässigkeit von Vorhaben maßgeblichen Vorschriften des Städtebaurechts und bezieht sich gemäß § 20 BauNVO nur auf die Geschossfläche von Vollgeschossen. Die wertermittlungsrelevante Geschossfläche berücksichtigt gemäß § 16 Abs. 4 ImmoWertV auch Flächen von ausgebauten oder ausbaufähigen Dachgeschossen. (siehe Kap. 2.7.5).

(6) Mangels entsprechender Informationen ist häufig nicht sicher, inwieweit bei den Vergleichsobjekten ebenfalls besondere objektspezifische Grundstücksmerkmale vorlagen und in den Vergleichspreisen schon „eingepreist" sind. Sind bei dem Wertermittlungsobjekt besondere objektspezifische Grundstücksmerkmale gegeben, z.B. Baumängel oder Bauschäden, stellt sich die Frage, ob der marktangepasste vorläufige Vergleichswert anzupassen ist und, wenn ja, in welcher Höhe (siehe Kap. 2.5.5.1 und 2.5.5.2).

(7) Ausreißer sind Kaufpreise, die erheblich von anderen Kaufpreisen für vergleichbare Grundstücke abweichen. Sie können einen Hinweis auf das Vorhandensein von ungewöhnlichen persönlichen Verhältnissen gemäß § 9 Abs. 2 ImmoWertV geben (siehe Kap. 2.4.2 und 2.5.3).

(8) Ausnahmen ergeben sich gemäß § 40 ImmoWertV bei einem erheblichen Abweichen der tatsächlichen von der nach § 5 Absatz 1 ImmoWertV maßgeblichen Nutzung, bei bebauten Grundstücken im Außenbereich oder Liquidationsobjekten ohne Möglichkeit der alsbaldigen Freilegung (siehe Kap. 2.7.8).

(9) Zulässigerweise bebaute Flächen im Außenbereich können auch als „faktisches Bauland" bezeichnet werden (siehe Kap. 2.7.8.2).

(10) Änderungen der allgemeinen Wertverhältnisse auf dem Grundstücksmarkt oder Abweichungen einzelner allgemeiner Grundstücksmerkmale sind i.d.R. auf der Grundlage von Indexreihen oder Umrechnungskoeffizienten zu berücksichtigen (§ 9 Abs. 1 ImmoWertV) (siehe Kap. 2.3 und 2.5.3).

3. Ertragswertverfahren

Übersicht Seite

3.1 Philosophie

Das deutsche Ertragswertverfahren nach den §§ 27 bis 34 ImmoWertV 2021 sowie international verwendete Barwertmethoden wie z.B. das „Discounted-Cashflow-Verfahren" (DCF) oder die Investment-Methode basieren alle auf der Überlegung, dass sich der Wert einer Immobilie durch die zukünftig erzielbaren Einnahmen bzw. Erträge und Renditen bestimmt.

Hierbei ist zu beachten, dass ein Ertrag – im Sinne eines Geldbetrages, der erst in der Zukunft anfällt – i.d.R. eine geringere Wertigkeit als der gleiche Geldbetrag zum heutigen Zeitpunkt besitzt. Man unterstellt den Wirtschaftssubjekten eine sogenannte „positive Zeitpräferenz". Als Ausgleich für den Verzicht auf Liquidität oder andere Verwendungen (Opportunitäten) muss ein Ausgleich stattfinden. Um zukünftige Zahlungen mit heutigen Geldbeträgen vergleichen zu können, müssen sie diskontiert, d.h. abgezinst werden.

Zukünftige Erträge aus einem Vermögensgut und deren Prognose sind mit Unsicherheit verbunden, denn wirtschaftliche Entwicklungen lassen sich nur begrenzt oder gar nicht vorhersehen. Für diese Unsicherheit möchten die Wirtschaftsteilnehmer einen Ausgleich im Sinne einer Risikoprämie erhalten. Je höher die Unsicherheit bezüglich zukünftiger Erträge bzw. das Risiko sind, desto höher sind gewöhnlich die geforderte Risikoprämie und damit der zur Diskontierung der Erträge zu verwendende Zinssatz. In diesem Kontext besteht das „Risiko einer Immobilieninvestition (...) in der Unsicherheit der Annahme über die Höhe zukünftiger Zahlungsströme durch bestimmte Umweltzustände und wirkt sich in positiven als auch negativen Abweichungen vom Erwartungswert ebendieser Zahlungsströme aus".[1]

Außerdem können zukünftige Geldeinheiten eine andere Kaufkraft besitzen als heutige Geldeinheiten. Nimmt die Kaufkraft einer Geldeinheit im Laufe der Zeit ab, bezeichnen wir dies als Inflation. Unter Umständen muss die (erwartete) Inflation zusätzlich bei der Diskontierung zukünftiger Erträge berücksichtigt werden, da man bei heutigem Konsumverzicht auch für einen zukünftigen Kaufkraftverlust entschädigt werden will. Allerdings hängt es von der speziellen Ertragswertmethode ab, mit der man die zukünftigen Erträge ermittelt und abzinst, ob und wie ein Inflationsausgleich zu berücksichtigen ist.

Rational denkende Wirtschaftssubjekte im Sinne eines Homo oeconomicus (Wirtschaftsmensch, der seinen Nutzen maximiert) schätzen also die zukünftigen (Netto-)Erträge eines Vermögensgutes wie einer Immobilie ein und zinsen sie mit einem geeigneten Zinssatz ab. Alle zukünftigen auf den Wertermittlungsstichtag diskontierten Erträge (Barwerte) ergeben addiert einen Ertragswert. Das Verhältnis von jährlichem Ertrag zum investierten Kapital wird generell als Rendite bezeichnet und steht mit dem Diskontierungszinssatz in engem Zusammenhang.

Jegliche Art von Ertragswertverfahren bildet diese Denkweise von Investoren als Fiktion ab; sie basieren auf der sogenannten Kapitalwertmethode der dynamischen Investitionsrechnung. Die verschiedenen Varianten bei der Immobilienwertermittlung differieren vor allem durch unterschiedliche Ansätze bei den zukünftigen Nettoerträgen, dem verwendeten Diskontierungszinssatz sowie durch den zeitlichen Betrachtungshorizont. So wird bspw. beim deutschen Ertragswertverfahren von einer endlichen wirtschaftlichen Restnutzungsdauer

1 *Mauer, C. (2019)*, S. 88.

der baulichen Anlagen ausgegangen, während bei der Investment-Methode, die z.B. in England Anwendung findet, theoretisch eine unendliche Restnutzungsdauer unterstellt wird.

Die verschiedenen Arten von Ertragswertverfahren haben die Gemeinsamkeit, dass zukünftige jeweils abgezinste Erträge (oder Einnahmen, Einzahlungen) abzüglich von abgezinsten Kosten (oder Aufwendungen, Auszahlungen) addiert werden. Die Summe dieser diskontierten Werte bzw. Barwerte stellt den Wert der Immobilie dar.

3.2 Anwendungsbereich

Barwertorientierte Verfahren eignen sich zur Wertermittlung von Investitionsobjekten, bei denen wirtschaftliche Überlegungen wie erzielbare Erträge und Renditen dominieren (siehe Kap. 1.5). Im wohnwirtschaftlichen Bereich sind dies hauptsächlich Mietwohngrundstücke wie Mehrfamilienhäuser oder Wohnanlagen, bei denen die Investoren die Wohnungen vermieten und mit den Mieteinnahmen eine bestimmte Rendite auf ihr Kapital erzielen möchten. Aber auch eine einzelne Eigentumswohnung oder ein Reihenhaus eines kleinen privaten Investors können renditeorientiert sein, wenn sie als Kapitalanlage vermietet werden. Ob ein Ertragswertverfahren zur Anwendung kommt, hängt u.a. davon ab, ob der Markt, d.h. das Gros der Marktteilnehmer, ein bestimmtes Objekt als Kapitalanlage nutzen würde. Insbesondere bei Dreifamilienhäusern kann sowohl eine Vermietungsabsicht (Investition) als auch eine Eigennutzungsabsicht (Konsum) überwiegen.

Im gewerblichen Bereich, z.B. Büro- und Verwaltungsgebäude, Handelsimmobilien, Logistikimmobilien, Hotels oder gemischt genutzte Grundstücke, wird meist ein barwertorientiertes Verfahren eingesetzt. Entweder dominieren bei Vermietungsabsicht generell Renditegedanken oder Eigennutzer vergleichen die Wirtschaftlichkeit gegenüber Anmietungen.

Bei der Ermittlung von Beleihungswerten ist das Ertragswertverfahren vorschriftsgemäß das dominierende Verfahren. Die Gründe hierfür werden in Kapitel 3.5.1 näher erläutert.

3.3 Normative Grundlagen

Regelungen zum deutschen Ertragswertverfahren finden sich insbesondere in § 27 bis 34 ImmoWertV (Teil 3 Abschnitt 2 – Ertragswertverfahren). Die zur Diskontierung zu verwendenden Liegenschaftszinssätze werden in § 21 Abs. 1 und 2 ImmoWertV (Teil 2 Abschnitt 3 Sonstige für die Wertermittlung erforderliche Daten) thematisiert. Zahlreiche andere Paragraphen der ImmoWertV sind ebenfalls für die Anwendung des Ertragswertverfahrens relevant, bspw. zur Bodenwertermittlung (Teil 4 Abschnitt 1, §§ 40 bis 45) und zur Bestimmung der Restnutzungsdauer (Teil 1 Abschnitt 2, § 4 Alter, Gesamt- und Restnutzungsdauer). In Anlage 1 und 2 (zu § 12 Abs. 5 Satz 1) ImmoWertV finden sich Modellansätze für die Gesamt- und Restnutzungsdauer, in Anlage 3 (zu § 12 Absatz 5 Satz 2) ImmoWertV für Bewirtschaftungskosten. Weiterhin werden die entsprechenden Paragraphen der ImmoWertV in den Muster-Anwendungshinweisen (ImmoWertA) kommentiert und mit Beispielen unterstützt.

Für die Ermittlung von Beleihungswerten wird das Ertragswertverfahren in den §§ 8 bis 13 BelWertV (2022) geregelt. Nach § 4 Abs. 1 Satz 2 BelWertV ist der Ertragswert regelmäßig maßgeblich für die Ermittlung des Beleihungswertes. In Anlagen 1, 2 und 3 BelWertV finden sich außerdem Ansatzvorschriften für die Parameter Bewirtschaftungskosten, Gesamtnutzungsdauer und Kapitalisierungszinssätze.

Die Investment-Methode und das Discounted-Cashflow-Verfahren (siehe Kap. 3.6 und 3.7) werden international und auf unterschiedliche Art und Weise verwendet. Es gibt i.d.R. keine gesetzlichen Grundlagen für diese Verfahren. Der resultierende Wert dieser Verfahren kann ebenfalls ein Markt- bzw. Verkehrswert sein. Insbesondere das DCF-Verfahren wird oft aber für investorenspezifische Berechnungen eingesetzt, z.B. um einen individuellen Höchsteinkaufspreis oder Mindestverkaufspreis (sogenannte Grenzpreise), zu bestimmen.

3.4 Ertragswertverfahren nach ImmoWertV

3.4.1 Modell und Verfahrensvarianten

Regelungen zum Ertragswertverfahren finden sich in Teil 3 (Besondere Grundsätze zu den einzelnen Wertermittlungsverfahren), Abschnitt 2 (Ertragswertverfahren), §§ 27 bis 34 ImmoWertV sowie Nrn. 27.(3) bis 34.3 ImmoWertA. Zunächst werden die Grundlagen in § 27 ImmoWertV aufgeführt.

§ 27 ImmoWertV (Grundlagen des Ertragswertverfahrens):

(1) Im Ertragswertverfahren wird der Ertragswert ***auf der Grundlage marktüblich erzielbarer Erträge*** *ermittelt. Soweit die Ertragsverhältnisse mit hinreichender Sicherheit aufgrund konkreter Tatsachen wesentlichen Veränderungen unterliegen oder wesentlich von den marktüblich erzielbaren Erträgen abweichen, kann der Ertragswert* ***auf der Grundlage periodisch unterschiedlicher Erträge*** *ermittelt werden.*

(2) Der vorläufige Ertragswert wird auf der Grundlage des nach den §§ 40 bis 43 zu ermittelnden ***Bodenwerts*** *und des* ***Reinertrags*** *im Sinne des § 31 Absatz 1, der* ***Restnutzungsdauer*** *im Sinne des § 4 Absatz 3 und des* ***objektspezifisch angepassten Liegenschaftszinssatzes*** *im Sinne des § 33 ermittelt.*

(3) Der marktangepasste vorläufige Ertragswert entspricht nach Maßgabe des § 7 dem vorläufigen Ertragswert.

(4) Der Ertragswert ergibt sich aus dem ***marktangepassten vorläufigen Ertragswert und der Berücksichtigung vorhandener besonderer objektspezifischer Grundstücksmerkmale*** *des Wertermittlungsobjekts.*

(5) Für die Ermittlung des Ertragswerts stehen folgende Verfahrensvarianten zur Verfügung:

1. *das* ***allgemeine Ertragswertverfahren;***
2. *das* ***vereinfachte Ertragswertverfahren;***
3. *das* ***periodische Ertragswertverfahren.***

Die ImmoWertA zeigen das Ablaufschema der drei Verfahren auf einen Blick (siehe Abb. 1).

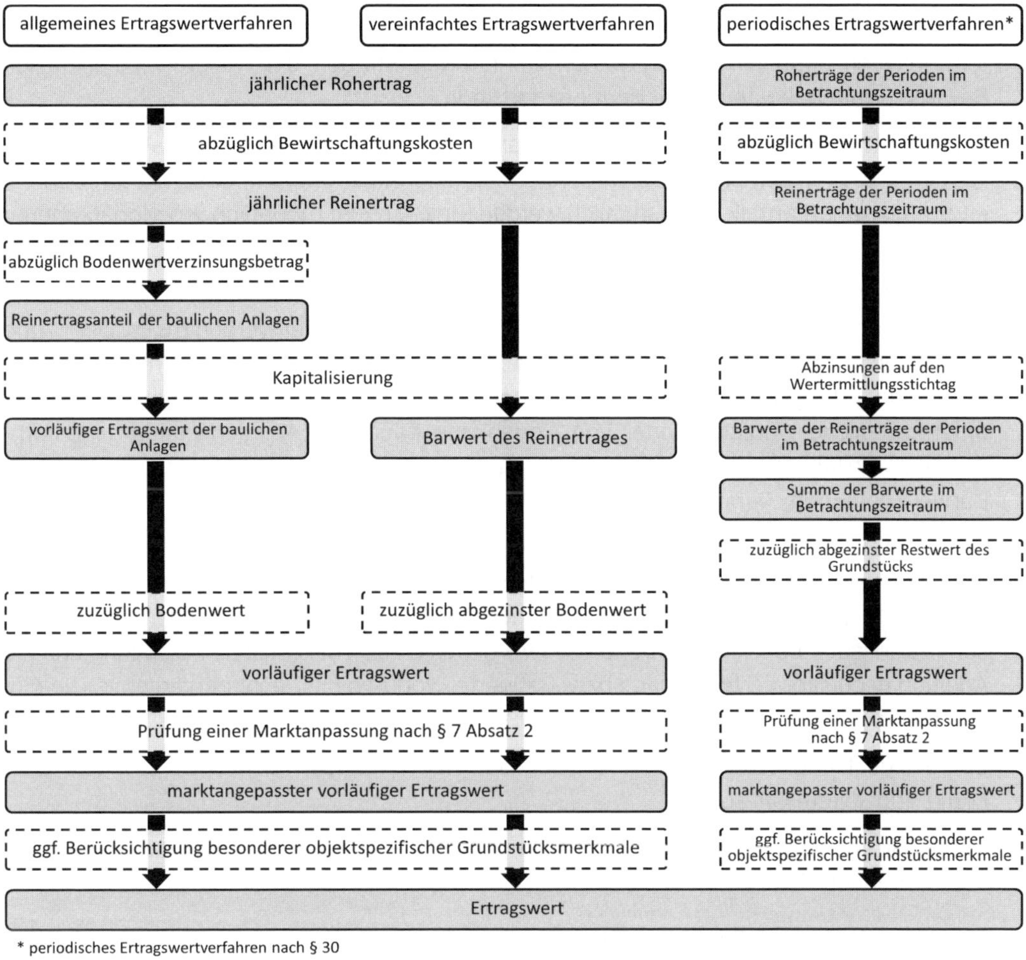

Abb. 1: Ablaufschema der Varianten des Ertragswertverfahrens (Nr. 27.(5) ImmoWertA)

Die drei Verfahren werden später in § 28 ImmoWertV (Allgemeines Ertragswertverfahren), § 29 ImmoWertV (Vereinfachtes Ertragswertverfahren) und § 30 ImmoWertV (Periodisches Ertragswertverfahren) separat geregelt. Tatsächlich handelt es sich nicht um drei unterschiedliche Verfahren, sondern nur um drei Varianten des gleichen Verfahrens mit unterschiedlichen Berechnungsweisen. Dabei lässt sich die Formel des allgemeinen Ertragswertverfahrens durch einfache Umrechnung in die Formel des vereinfachten Ertragswertverfahrens überführen und umgekehrt. Folgende Modellannahmen liegen diesen beiden Verfahrensvarianten zugrunde:

- Es werden die zum Zeitpunkt der Wertermittlung marktüblich erzielbaren Erträge angesetzt, welche i.d.R. den marktüblich erzielbaren Nettomieten, d.h. den Mieten ohne Nebenkosten, entsprechen. Dabei wird angenommen, dass diese in der Zukunft gleich bleiben. Die theoretische, meist unrealistische Annahme von zukünftig konstanten Erträgen ist eine Modellvereinfachung, die einige Vorteile aufweist. So müssen zukünftige Erträge nicht explizit prognostiziert werden.

- Auch die zukünftigen nicht umlegbaren Bewirtschaftungskosten werden im Modell konstant gehalten, sodass mit ebenfalls konstanten Reinerträgen, d.h. Roherträgen abzüglich Bewirtschaftungskosten, gerechnet werden kann.
- Die Roherträge und Bewirtschaftungskosten – und damit die Reinerträge als Differenz – werden pro Jahr gerechnet. Es wird vereinfachend angenommen, dass sie am Jahresende gesamthaft anfallen. Tatsächlich werden Mieten meist monatlich am Monatsanfang gezahlt und Bewirtschaftungskosten fallen größtenteils unregelmäßig an.
- Es wird davon ausgegangen, dass die baulichen Anlagen eine begrenzte wirtschaftliche Restnutzungsdauer haben, welche eingeschätzt oder berechnet werden muss. Der Grund und Boden hingegen ist im Modell unendlich lange nutzbar. Dies führt zu einer Verkomplizierung der Ertragswertformeln und dazu, dass der Bodenwert separat zu ermitteln ist. Die unterschiedliche Nutzungsdauer von Boden und baulichen Anlagen ist die eigentümlichste Modellannahme des Ertragswertverfahrens nach ImmoWertV, welche bei anderen Barwertmethoden – im Ausland – weniger aufgegriffen wird.
- Die Konstanz der Reinerträge ermöglicht es finanzmathematisch, den Rentenbarwertfaktor (Kapitalisierungsfaktor) zur Vervielfältigung dieser Erträge einzusetzen. Er bestimmt sich durch die Restnutzungsdauer und den Kapitalisierungszinssatz, der als „Liegenschaftszinssatz" bezeichnet wird. Dieses Vorgehen ersetzt die einzelne Abzinsung und die Addition der diskontierten Erträge bzw. Barwerte, wodurch die Rechnung erheblich vereinfacht wird.
- Der einzusetzende Liegenschaftszinssatz ist eine empirisch ermittelte, d.h. aus dem Markt abgeleitete Größe.

Beim periodischen Ertragswertverfahren gelten einige dieser Annahmen nicht, was unter Kapitel 3.4.2.3 erläutert wird.

Exkurs: Abzinsung und Kapitalisierung

Abzinsung/Diskontierung:

Ein bestimmter Geldbetrag hat im Vergleich zum heutigen Zeitpunkt einen anderen Wert, wenn man erst in der Zukunft darüber verfügen kann.

Angenommen, man legt heute 100 € zu einem Zinssatz von 5 % pro Jahr an, die Laufzeit der Anlage beträgt ein Jahr. Dann erhält man nach einem Jahr 105 € zurück (Rückzahlung und Zinsen). Insofern entsprechen 100 € heute der Wertigkeit von 105 €, erhältlich in einem Jahr.[2]

Aus einem bekannten oder angenommenen Zukunftsbetrag (105 €) und einem Zinssatz (5 % bzw. 0,05) kann man umkehrt den sogenannten Barwert, d.h. den heutigen Wert der zukünftigen Zahlung, berechnen. Hierzu muss man den Zukunftswert durch 1 + den Zinssatz (als Dezimalzahl) dividieren. Dies nennt sich abzinsen oder diskontieren. Im obigen Fall beträgt der Barwert logischerweise 105 € / 1,05 = 100 €.

2 Es handelt sich hier um eine rein nominale Betrachtung, ohne Berücksichtigung von Inflationseffekten.

Legt man die 100 € nicht für ein Jahr, sondern für zwei Jahre an, erhält man in zwei Jahren 100 € × 1,05 × 1,05 = 110,25 €, sofern man die erste Zinszahlung auf dem Konto belässt. Der Barwert von 110,25 €, erhältlich erst in zwei Jahren, bei einem Zinssatz von 5 %, beträgt somit wieder:

110,25 € / $1{,}05^2$ = 100 €.

Allgemein berechnet sich der Barwert (PV) also, indem man den Zukunftswert (FV)[3] durch den Zinssatz (= i) + 1, potenziert mit der Anzahl der Jahre (n), dividiert:

$$PV = \frac{FV}{(1+i)^n}$$

Ein Betrag von 100 €, den man erst in vier Jahren erhält, hat bei einem Zinssatz von 5 % pro Jahr heute einen Barwert von 100 / $(1{,}05)^4$ = 82,27 €. Umgekehrt gedacht müsste man heute also 82,27 € anlegen, um in vier Jahren 100 € zu erhalten.

Oft wird, statt durch $(1 + i)^n$ zu dividieren, mit dem Abzinsungsfaktor oder Diskontierungsfaktor (DF) multipliziert. Dieser hat folgende Formel:

$$DF = \frac{1}{(1+i)^n}$$

Der DF beträgt im Beispiel von vier Jahren und 5 % somit 0,8227.

Bei positivem Zinssatz liegt der DF unter 1,0, bei i = 0 % beträgt der DF = 1,0, und bei negativem Zinssatz wäre der DF > 1,0.

Kapitalisierung:

Bei der Kapitalisierung wird angenommen, dass man einen bestimmten fixen Betrag, z.B. 100 €, jedes Jahr erhält. Angenommen, die Zahlung findet dreimal jeweils am Jahresende statt und der unterstellte Zinssatz ist wieder 5 %, hat diese Rente von jährlich 100 € einen Barwert wie folgt:

$$\begin{aligned} PV &= 100{,}00\,€/1{,}05 + 100{,}00\,€/1{,}05^2 + 100{,}00\,€/1{,}05^3 \\ &= 95{,}24\,€ \quad + \quad 90{,}70\,€ \quad + \quad 86{,}38\,€ \quad = 272{,}32\,€ \end{aligned}$$

Allgemein lässt sich der Barwert von zeitlich begrenzten jährlichen Zahlungen bzw. einer Rente wie folgt darstellen:

$$PV = \frac{FV_1}{(1+i)} + \frac{FV_2}{(1+i)^2} + \frac{FV_3}{(1+i)^3} + \cdots + \frac{FV_n}{(1+i)^n}$$

Dabei ist n die Anzahl der Jahre, in denen die Rente jährlich gezahlt wird. Wenn die jährliche Zahlung nominal konstant bleibt (d. h. $FV_1 = FV_2 = FV_3 = ... = FV_n$) – wie im Ertragswertverfahren nach ImmoWertV –, kann dieser Betrag durch Einsatz des Rentenbarwert-

3 Die Abkürzungen werden hier in Anlehnung an die angelsächsischen Bezeichnungen verwendet, um Verwechslungen mit dem Bodenwert (BW) zu vermeiden; PV = Present Value, FV = Future Value.

faktors (RBF) einfach vervielfältigt und die Rechnung damit erheblich verkürzt werden. Der jährlich nachschüssige Rentenbarwertfaktor hat die Formel:

$$RBF = \frac{(1+i)^n - 1}{(1+i)^n \times i}$$

Also ist PV = FV × RBF. Bei einem Zinssatz von 5 % und n = 3 ist der RBF = 2,7232. Bei obigem Beispiel also 100 € × 2,7232 = 272,32 €, was der einzelnen Diskontierung entspricht.

Wenn die Rente unendlich lange gezahlt wird, verkürzt sich die Formel auf:

$$RBF^{\infty} = \frac{1}{i}$$

Der mathematische Zusammenhang zwischen der Formel für eine Zeitrente und eine unendliche Rente (n = unendlich) lässt sich wie folgt darstellen:

$$RBF_i^{\infty} = \frac{(1+i)^n - 1}{(1+i)^n \times i} = \frac{(1+i)^n}{(1+i)^n \times i} - \frac{1}{(1+i)^n \times i} = \frac{1}{i}$$

Die Rentenbarwertformel für eine Zeitrente kann als Differenz durch zwei Brüche mit gleichem Nenner dargestellt werden. Der erste Bruch kürzt sich auf 1/i, der zweite Bruch konvergiert bei unendlich großem n gegen null und kann gestrichen werden.

Implikationen:

Je höher der Zinssatz, desto niedriger ist der Barwert. Dies ruft bei Laien manchmal Unverständnis hervor, da man davon ausgeht, dass hohe Zinsen bei einer Anlage etwas Positives sind. Das ist nur richtig, wenn man das Risiko nicht berücksichtigt. Aber man muss umgekehrt denken, da abgezinst wird: Bei hohen Zinsen muss man (heute) weniger Kapital investieren, um in der Zukunft den gleichen Betrag zu erhalten als bei niedrigen Zinsen. Beispiel: 100 € in 5 Jahren (Formel DF):

PV = 86,26 € bei i = 3 %

PV = 71,30 € bei i = 7 %.

(Einzel-)Diskontierung und Kapitalisierung hängen zusammen, werden aber manchmal verwechselt bzw. falsch verwendet, was natürlich starke Fehler beim Ergebnis verursacht. Im obigen Beispiel ist der Barwert bei n = 3 Jahren und i = 5 % sowie FV = 100 €

PV = 86,38 € bei Diskontierung (Formel DF) und

PV = 272,32 € bei Kapitalisierung (Formel RBF)!

Bei der einfachen Diskontierung ist nur eine Zahlung betroffen, bei der Kapitalisierung n (im Beispiel drei) diskontierte Zahlungen. Abzinsungsfaktor und Rentenbarwertfaktor haben folgenden Zusammenhang (i als Dezimalzahl, nicht als Prozentzahl):

$$RBF = \frac{1 - DF}{i} \quad oder \quad DF = 1 - RBF \times i$$

Das Verständnis dieses finanzmathematischen Exkurses – d.h. generell das Beherrschen von Finanzmathematik – ist unerlässlich für das Verstehen der drei Verfahrensvarianten bzw. des Ertragswertverfahrens insgesamt. Im Folgenden wird, entgegen der Reihenfolge der ImmoWertV, aus didaktischen Gründen zuerst das vereinfachte, danach das allgemeine Ertragswertverfahren erklärt. Im Anschluss erfolgt die Erläuterung des periodischen Ertragswertverfahrens, welches etwas komplizierter ist. Dabei werden die finanzmathematischen Vorgänge jeweils ausführlich beschrieben.

3.4.2 Aufbau der Varianten

3.4.2.1 Vereinfachtes Ertragswertverfahren

Das von der ImmoWertV bezeichnete „vereinfachte Ertragswertverfahren“ ist tatsächlich keine Vereinfachung des Verfahrens, sondern lediglich eine Umstellung der Ertragswertformel des allgemeinen Ertragswertverfahrens. Diese Verfahrensvariante bzw. Formeldarstellung ist allerdings einfacher zu verstehen als das allgemeine Ertragswertverfahren, daher wird die Erklärung hier vorgezogen und die Abfolge gegenüber der ImmoWertV vertauscht.

§ 29 ImmoWertV (Vereinfachtes Ertragswertverfahren):

*Im vereinfachten Ertragswertverfahren wird der vorläufige Ertragswert ermittelt durch **Bildung der Summe** aus*

1. *dem **kapitalisierten jährlichen Reinertrag** zum Wertermittlungsstichtag (Barwert des Reinertrags) und*
2. *dem **über die Restnutzungsdauer** der baulichen Anlagen **abgezinsten Bodenwert**.*

Der Kapitalisierung des jährlichen Reinertrags und der Abzinsung des Bodenwerts ist jeweils derselbe objektspezifisch angepasste Liegenschaftszinssatz zugrunde zu legen. Die Kapitalisierungs- oder Abzinsungsdauer entspricht der Restnutzungsdauer der baulichen Anlagen.

Die Formel für diese Verfahrensvariante lautet:

$$\boldsymbol{vEW = (RoE - BewKo) \times RBF_p^n + \frac{BW}{(1+p)^n}} \qquad bei\ RBF = \frac{(1+p)^n - 1}{(1+p)^n \times p}$$

Notationen ImmoWertA:

$$Formel\ Verfahren: \qquad vEW = RE \times KF + BW \times AF$$

$$Formel\ Kapitalisierungsfaktor: \qquad KF = \frac{q^n - 1}{q^n \times (q-1)} \qquad entspricht\ RBF$$

$$Formel\ Abzingsungsfaktor: \qquad AF = \frac{1}{q^n} \qquad entspricht\ DF$$

mit vEW = Ertragswert (vorläufig)
RoE = Jahresrohertrag (marktüblich)

BewKo	= Bewirtschaftungskosten (jährlich)
RE	= Jahresreinertrag (Jahresrohertrag abzüglich Bewirtschaftungskosten)
RBF bzw. KF	= Rentenbarwertfaktor = Kapitalisierungsfaktor
BW	= Bodenwert
p	= Liegenschaftszinssatz (hier als Dezimalzahl)
q	= 1 + Liegenschaftszinssatz (als Dezimalzahl)
n	= Restnutzungsdauer
AF bzw. DF	= Abzinsungsfaktor = Diskontierungsfaktor

Man kapitalisiert den konstant gehaltenen Jahresreinertrag (= Jahresrohertrag abzüglich Bewirtschaftungskosten) bis zum Ablauf der angenommenen Restnutzungsdauer der baulichen Anlagen. Im Modell können also im Jahr n + 1 keine Erträge mit den baulichen Anlagen erzielt, d.h. keine Mieten mehr eingenommen werden. Der Boden ist danach theoretisch aber noch vorhanden und könnte veräußert oder neu bebaut werden. Da über den Boden aber erst in n Jahren verfügt werden kann, muss der Bodenwert über n Jahre abgezinst werden. Dabei ist nur die zur Bebauung gehörige Fläche (Umgriffsfläche) in die Berechnung einzubeziehen; der Wert der restlichen Grundstücksfläche ist von der Abzinsung auszuschließen und als „besonderes objektspezifisches Grundstücksmerkmal" anzusetzen (siehe hierzu § 41 ImmoWertV sowie Kap. 1.6). Von solchen Fällen wird bei der Erklärung des Aufbaus der Verfahrensvarianten abstrahiert, d.h., es wird bei den Beispielen davon ausgegangen, dass die Umgriffsfläche der Grundstücksfläche entspricht; eventuelle Erfordernisse wegen spezieller Gutachterausschuss-Modelle werden ebenfalls ausgeblendet.

Exkurs: Notationen und finanzmathematische Begriffe

Die ImmoWertV und die ImmoWertA verwenden Notationen und Begriffe, die außerhalb der Wertermittlung weniger gebräuchlich sind. So wird bspw. „Kapitalisierungsfaktor" mit der Abkürzung „KF" verwendet, der in § 34 ImmoWertV als jährlich nachschüssiger Rentenbarwertfaktor definiert wird, was dem korrekten finanzmathematischen Begriff entspricht. Die Abkürzung „AF" wird in der ImmoWertV bzw. den ImmoWertA für den Abzinsungsfaktor verwendet, öfters ist „AF" hingegen der „Aufzinsungsfaktor", also das genaue Gegenteil. Für den Abzinsungsfaktor ist eher die Abkürzung „DF" (= Diskontierungsfaktor) gebräuchlich.

*Eine weitere Unstimmigkeit besteht in den Notationen „p" und „LZ", die für den Liegenschaftszinssatz verwendet werden. Die Abkürzung „LZ" impliziert „Liegenschaftszins". Liegenschaftszinsen sind absolute Größen (in €). Gemeint ist jedoch der Liegenschaftszins**satz**, also eine relative Größe. Der Zusammenhang zwischen p und LZ wird in § 34 ImmoWertV mit „LZ = p/100" angegeben. Spricht man über den Liegenschaftszinssatz, denkt man meist in Prozentzahlen, z.B. „Der Liegenschaftszinssatz beträgt 3,5 %". Die Abkürzung „LZ" ist gemäß dieser Formel jedoch die Dezimalzahl (also 0,035), der Buchstabe die Prozentzahl (3,5 %). Logisch wäre der umgekehrte Fall, also LZ = 3,5 % und p = 0,035. Der Buchstabe „q" wird für die Summe von 1 und dem Zinssatz (als Dezimalzahl) eingeführt, also bspw. q = 1 + 0,035 = 1,035. Somit haben gemäß ImmoWertV die beiden Buchstaben „p" und „q" unterschiedliche Dimensionen, während die Großbuchsta-*

ben „LZ" und das kleine „q" die gleiche Dimension haben. Diese Logik ist schwer verständlich.

Die Einführung des „q" in die Rentenbarwertformel bringt eigentlich auch kaum eine Vereinfachung oder einen zusätzlichen Erkenntnisgewinn. Vielmehr ist ein weiterer und eher überflüssiger Denkschritt damit verbunden.

Somit stellte sich für die Ausführungen zum Ertragswertverfahren in diesem Werk die Frage, ob strikt die Notationen der ImmoWertV/ImmoWertA verwendet werden sollen oder allgemein eher verwendete und einfacher verständliche. Da die Zielgruppe auch Berufseinsteiger sind, die aus der Schule und dem Studium gebräuchliche Notationen gewohnt sind, werden nun solche verwendet. Bei den Formeln werden zusätzlich die Notationen von ImmoWertV und ImmoWertA angegeben, in der Hoffnung, dass dies keine Verwirrung erzeugt bzw. die Auseinandersetzung mit den unterschiedlichen Bezeichnungen im Idealfall dazu führt, dass die Finanzmathematik und die Logik der Verfahren unabhängig von verwendeten Notationen begriffen werden.

An Beispielen lassen sich die Verfahren besser verstehen als in Formeln. Basierend auf einem realen, etwas vereinfachten Fall, wird im Folgenden ein kleineres Mehrfamilienhaus (17 Wohnungen) bewertet.

Beispiel

Mehrfamilienhaus

Ausgangsdaten:

Grundstücksfläche:	*960 m²*
Bodenwert (BW):	*600 €/m²*
Wohnfläche (WF):	*950 m²*
Nettokaltmiete (marktüblich):	*11,10 €/m² WF*
Verwaltungskosten:	*17 Einheiten × 359 €/WE*
Instandhaltungskosten:	*14,00 €/m² WF*
Mietausfallwagnis:	*2 % vom Jahresrohertrag*
Restnutzungsdauer:	*40 Jahre*
Liegenschaftszinssatz:	*3,5 %*

Vorberechnungen:

Bodenwert:	*960 m² × 600 €/m² = 576.000 €*
Jahresrohertrag:	*950 m² × 11,10 €/m² × 12 = 126.540 €*
Bewirtschaftungskosten:	*17 WE × 359 € + 950 m² × 14 € + 126.540 € × 2 % = 21.934 €*
Abzinsungsfaktor (DF):	$1 / (1 + 0{,}035)^{40} = 0{,}2526$
Rentenbarwertfaktor (RBF):	*21,3551*

Ertragswertberechnung mit vereinfachtem Ertragswertverfahren:

Jahresrohertrag	*126.540 €*
Bewirtschaftungskosten	*– 21.934 €*
Jahresreinertrag (RE)	*104.606 €*
Kapitalisierter Jahresreinertrag (RE × RBF)	*2.233.872 €*
Abgezinster Bodenwert (BW × DF)	*145.498 €*
(Vorläufiger) Ertragswert	*2.379.370 €*
(Vorläufiger) Ertragswert rund	***2.380.000 €***

Die einzelnen Parameter und angenommen Werte, wie z.B. die Bewirtschaftungskosten, werden in späteren Kapiteln vertiefend erläutert. Außerdem werden keine besonderen objektspezifischen Grundstücksmerkmale nach § 8 Abs. 3 ImmoWertV berücksichtigt. Der ausgewiesene Ertragswert ist somit nur ein vorläufiger Ertragswert.

Um das finanzmathematische Verständnis für dieses Verfahren zu festigen, zeigt Abb. 2 die Beispielrechnung mit einzelner Diskontierung statt mit Kapitalisierung durch den Rentenbarwertfaktor. Sichtbar wird hier u.a., wie sich der Reinertrag mit den Abzinsungsjahren verringert und insbesondere am Ende der Restnutzungsdauer die Abzinsung zu einem verhältnismäßig geringen Reinertrag führt. Auch der Bodenwert beträgt abgezinst über die ganze Restnutzungsdauer nur noch rd. 25 % des ursprünglichen Bodenwertes. Die kleinen Differenzen zwischen den beiden Ergebnissen in den letzten zwei Stellen kommen durch die Rundungen beim Kapitalisierungsfaktor und beim Abzinsungsfaktor auf 4 Nachkommastellen bzw. bei den abgezinsten Erträgen auf ganze Beträge ohne Nachkommastellen zustande.

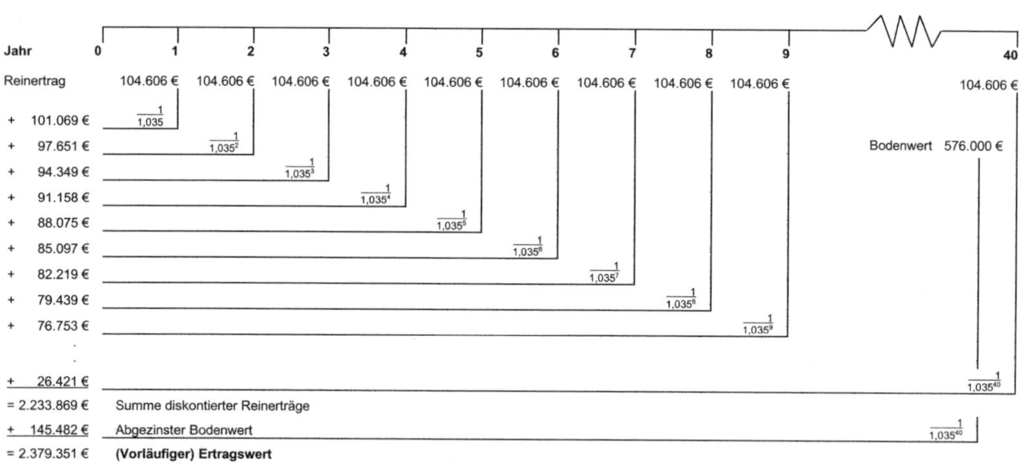

Abb. 2: Vereinfachtes Ertragswertverfahren mit Einzeldiskontierung
Quelle: Moll-Amrein, M. (2009), S. 128 (modifiziert)

3.4.2.2 Allgemeines Ertragswertverfahren

Das allgemeine Ertragswertverfahren ist das ursprüngliche Verfahren. Es wurde schon in der WertV 88/98, der von der ImmoWertV 2010 ersetzten Verordnung, sowie in den noch früheren Wertermittlungsverordnungen verwendet.[4]

Nachfolgend werden ebenfalls die Verordnung, die Formel, die Beispielrechnung sowie die Darstellung mit Einzeldiskontierung aufgeführt. Anschließend erfolgen Erläuterungen zum finanzmathematischen Zusammenhang der beiden Ertragswertformeln.

> ***§ 28 ImmoWertV (Allgemeines Ertragswertverfahren):***
>
> *Im allgemeinen Ertragswertverfahren wird der vorläufige Ertragswert ermittelt durch Bildung der Summe aus*
>
> 1. *dem **kapitalisierten jährlichen Reinertragsanteil der baulichen Anlagen** zum Wertermittlungsstichtag, der unter **Abzug des Bodenwertverzinsungsbetrags** ermittelt wurde (vorläufiger Ertragswert der baulichen Anlagen), und*
> 2. *dem **Bodenwert.***
>
> *Der Ermittlung des Bodenwertverzinsungsbetrags und der Kapitalisierung des jährlichen Reinertragsanteils der baulichen Anlagen ist jeweils derselbe objektspezifisch angepasste Liegenschaftszinssatz zugrunde zu legen. Die Kapitalisierungsdauer entspricht der Restnutzungsdauer der baulichen Anlagen.*

Die Formel für diese Verfahrensvariante lautet:

$$\boldsymbol{vEW = (RoE - BewKo - BW \times p) \times RBF_p^n + BW} \qquad bei\ RBF = \frac{(1+p)^n - 1}{(1+p)^n \times p}$$

$$Notation\ ImmoWertA: \qquad vEW = (RE - BW \times LZ) \times KF + BW$$

mit	vEW	= Ertragswert (vorläufig)
	RoE	= Jahresrohertrag (marktüblich)
	BewKo	= Bewirtschaftungskosten (jährlich)
	RE	= Jahresreinertrag (Jahresrohertrag abzüglich Bewirtschaftungskosten)
	RBF bzw. KF	= Rentenbarwertfaktor = Kapitalisierungsfaktor
	BW	= Bodenwert
	p bzw. LZ	= Liegenschaftszinssatz (als Dezimalzahl)
	n	= Restnutzungsdauer

Vom Jahresreinertrag wird noch die sogenannte Bodenwertverzinsung (= BW × p, im Folgenden als BWV abgekürzt) abgezogen – dieser, im Vergleich zum vereinfachten Ertragswertverfahren – verminderte Ertrag wird kapitalisiert, dafür wird der Bodenwert in voller Höhe, d.h. nicht abgezinst, addiert.

4 Siehe zur Historie des Ertragswertverfahrens *Moll-Amrein, M. (2009)*, S. 79 bis 84 und S. 97 bis 103.

Im Folgenden wird das Beispiel des Mehrfamilienhauses gerechnet und ebenfalls mit Einzeldiskontierung dargestellt. Die Ausgangsdaten und Vorberechnungen entsprechen dem Beispiel des vereinfachten Ertragswertverfahrens.

Beispiel

Mehrfamilienhaus

Ertragswertberechnung mit allgemeinem Ertragswertverfahren:

Jahresrohertrag	*126.540 €*
Bewirtschaftungskosten	*– 21.934 €*
Jahresreinertrag (RE)	*104.606 €*
Bodenwertverzinsung (BWV = BW × p)	*– 20.160 €*
Gebäudeertragsanteil (GEA)	*84.446 €*
Gebäudewert (GEA × RBF)	*1.803.353 €*
Bodenwert (BW)	*576.000 €*
(Vorläufiger) Ertragswert	*2.379.353 €*
(Vorläufiger) Ertragswert rund	***2.380.000 €***

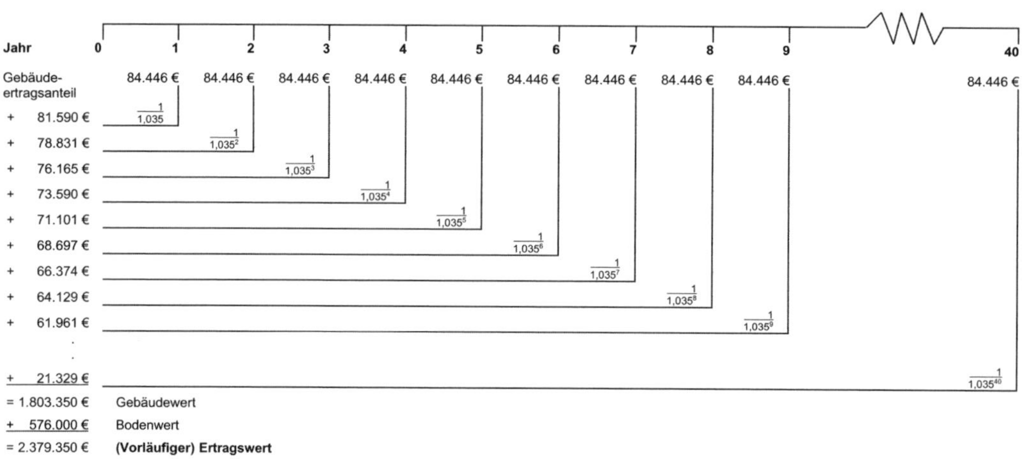

Abb. 3: Allgemeines Ertragswertverfahren mit Einzeldiskontierung
Quelle: Moll-Amrein, M. (2009), S. 131 (modifiziert)

Es resultiert das gleiche Ergebnis wie beim vereinfachten Ertragswertverfahren, die kleine Differenz ist wiederum auf die oben beschriebenen Rundungen zurückzuführen.

Das allgemeine Ertragswertverfahren hat zwei Vorzüge. Erstens kann der Ertragswert in einen Bodenwert und einen Gebäudewert aufgespalten werden, was für manche Fragestellungen notwendig ist. Zweitens ist eine nicht wirtschaftliche Nutzung mathematisch sofort ersichtlich. An der Formel lässt sich ablesen: Wenn die Bodenwertverzinsung BWV (= BW × p) den Reinertrag RE (= RoE – BewKo) übersteigt, wird der Gebäudeertragsanteil (GEA)[5] in der Klammer negativ. Je höher dann die Restnutzungsdauer, desto stärker fällt der Ertragswert unter den Bodenwert, da der negative Betrag mit einem immer höheren Rentenbarwertfaktor multipliziert werden muss. Ein Handlungsbedarf ist angezeigt, z.B. Abbruch der Gebäude und Neubebauung, Modernisierungs- oder andere Maßnahmen, die höhere Erträge generieren.

Der Abzug der Bodenwertverzinsung führt vielfach, insbesondere auch im Ausland, zu Unverständnis. Die Aufspaltung des Ertragswertes in einen Bodenwert und einen Gebäudewert liegt darin begründet, dass in der Theorie bzw. im Ertragswertmodell die baulichen Anlagen nur eine endliche Restnutzungsdauer besitzen, während der Boden als unendlich nutzbar angesehen wird.[6] Somit müssen bei der Kapitalisierung des Reinertrags zwei unterschiedliche Zeithorizonte berücksichtigt werden: ein endlicher Zeithorizont in Bezug auf die Gebäude (Restnutzungsdauer) und ein unendlicher Zeithorizont in Bezug auf den Boden.

Der Jahresreinertrag muss also in zwei Teile aufgeteilt werden, in einen Anteil für das Gebäude (Gebäudeertragsanteil; GEA) und einen Anteil für den Boden (Bodenwertverzinsung; BWV). Der Gebäudeertragsanteil wird mit einer Zeitrente kapitalisiert, der Bodenanteil mit einer unendlichen Rente, d.h., die Gebäudeanteile laufen nur bis zur Restnutzungsdauer, die Bodenanteile bis in die Unendlichkeit. Abb. 4 soll diesen Zusammenhang verdeutlichen:

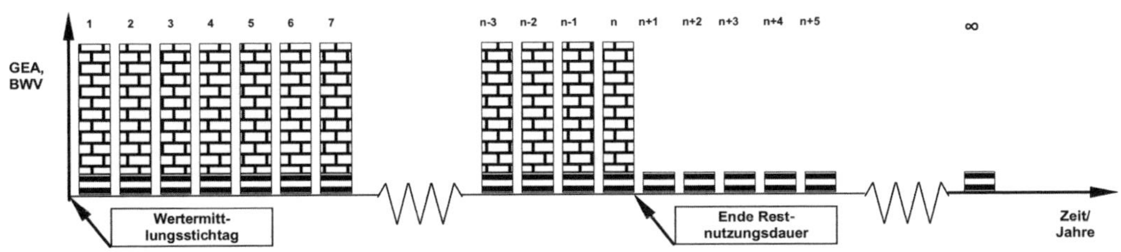

Abb. 4: Aufspaltung der Ertragswertanteile

Die Rentenbarwertformel für eine unendliche Rente lautet:[7]

$$RBF_p^{\infty} = \frac{1}{p}$$

Der Bodenwert lässt sich auch als unendliche Summe der abgezinsten Bodenwertverzinsungsanteile begreifen. Umgekehrt berechnet sich also der einzelne (jährliche) Anteil durch Multiplikation des Bodenwerts mit dem Zinssatz, deswegen Bodenwertverzinsung (BWV) genannt:

$$BW = BWV \times RBF_p^{\infty} = BWV \times \frac{1}{p} \rightarrow BWV = BW \times p$$

5 Der Gebäudeertragsanteil wird auch „Reinertragsanteil der baulichen Anlagen" genannt (z.B. ImmoWertA). Der Begriff Gebäudeertragsanteil wurde hier wegen der besseren Unterscheidung der Abkürzungen gewählt.

6 In den Ertragswertmodellen außerhalb von Deutschland und Österreich wird diese Aufspaltung selten praktiziert; siehe zu den historischen Hintergründen *Moll-Amrein (2009)*, S. 97 bis 109.

7 Siehe Exkurs: Abzinsung/Diskontierung.

Um im Ertragswertmodell den Gebäudewert berechnen zu können, muss der Bodenwert bekannt sein, denn nur durch Kenntnis des Bodenwerts ist der Bodenwertverzinsungsanteil am Reinertrag und damit – als Differenz – der Gebäudeertragsanteil berechenbar. Dieser führt dann durch Kapitalisierung mit der Zeitrente zum Gebäudewert.

Auch beim vereinfachten Ertragswertverfahren setzt sich der Bodenwert (theoretisch) durch die Addition der unendlichen, abgezinsten Bodenwertverzinsungsanteile zusammen (bzw. durch deren Kapitalisierung), aber der Bodenwert wird hier zum Zeitpunkt des Ablaufs der Restnutzungsdauer bestimmt – daher muss er auf den Wertermittlungsstichtag abgezinst werden. Die Bodenwertverzinsungsanteile vom Wertermittlungsstichtag bis zum Ende der Restnutzungsdauer wurden bereits dadurch erfasst, dass (im Gegensatz zum allgemeinen Ertragswertverfahren) der gesamte Jahresreinertrag kapitalisiert wurde.

Das allgemeine und das vereinfachte Ertragswertverfahren unterscheiden sich also lediglich dadurch, dass die abgezinsten Anteile auf unterschiedliche Art addiert werden. Einerseits die endlichen Gebäudewertanteile und die unendlichen Bodenwertverzinsungsanteile (allgemeines Ertragswertverfahren) und andererseits die gesamten Anteile bis zum Ende der Restnutzungsdauer und die Bodenwertverzinsungsanteile von dort bis zur Unendlichkeit, was dann dem abgezinsten Bodenwert entspricht (vereinfachtes Ertragswertverfahren).

Aus dem Zahlenbeispiel lässt sich ablesen, dass der Bodenwert bei langer Restnutzungsdauer keinen großen Einfluss mehr hat. Dies wird allerdings nur beim vereinfachten Ertragswertverfahren durch die Höhe des abgezinsten Bodenwerts im Vergleich zum gesamten Ertragswert deutlich, beim allgemeinen Ertragswertverfahren ist der Einfluss des Bodenwerts auf den Ertragswert nicht direkt offensichtlich.

3.4.2.3 Periodisches Ertragswertverfahren

Die dritte Variante des Ertragswertverfahrens ist dann geeignet, wenn die zu bewertende Immobilie für eine bestimmte Zeit jährlich unterschiedliche Reinerträge erwarten lässt, z.B. wegen nicht marktüblicher Roherträge, Staffelmietverträgen, zwischenzeitlicher Leerstände oder außergewöhnlicher Bewirtschaftungskosten – oder mehrerer dieser Gegebenheiten.

> ***§ 30 ImmoWertV (Periodisches Ertragswertverfahren):***
>
> *(1) Im periodischen Ertragswertverfahren kann der vorläufige Ertragswert ermittelt werden durch Bildung der Summe aus*
>
> 1. *den **zu addierenden und auf den Wertermittlungsstichtag abgezinsten, aus gesicherten Daten abgeleiteten Reinerträgen der Perioden** innerhalb des Betrachtungszeitraums und*
> 2. *dem über den Betrachtungszeitraum auf den Wertermittlungsstichtag **abgezinsten Restwert** des Grundstücks.*
>
> *(2) Der Betrachtungszeitraum, für den die periodisch unterschiedlichen Erträge ermittelt werden, ist so zu wählen, dass die Höhe der im Betrachtungszeitraum anfallenden Erträge **mit hinreichender Sicherheit** ermittelt werden kann; hierbei sollen zehn Jahre nicht überschritten werden. Der Abzinsung ist in der Regel der objektspezifisch angepasste Liegenschaftszinssatz zugrunde zu legen.*
>
> *(3) Der Restwert des Grundstücks kann ermittelt werden durch Bildung der Summe aus*
>
> 1. *dem **Barwert des Reinertrags der Restperiode** und*
> 2. *dem **über die Restperiode abgezinsten Bodenwert.***

Die Restperiode ist die um den Betrachtungszeitraum reduzierte Restnutzungsdauer. Die Kapitalisierung des Reinertrags der Restperiode erfolgt über die Dauer der Restperiode. Der Kapitalisierung und der Abzinsung ist jeweils derselbe objektspezifisch angepasste Liegenschaftszinssatz zugrunde zu legen.

Im Gegensatz zum allgemeinen und zum vereinfachten Ertragswertverfahren wird die Modellannahme aufgegeben, dass über die gesamte Restnutzungsdauer mit konstanten Reinerträgen gerechnet wird. Daher muss für einen bestimmten Zeitraum einzeln diskontiert werden.

Zunächst wird eine Formel angegeben, in der das gesamte Verfahren enthalten ist, und diese wird anschließend erläutert. Dann erfolgt noch eine alternative Berechnungsweise. Erst danach folgt die Notation der ImmoWertA, welche das Verfahren durch mehrere Einzelformel erläutert, bei denen das Summenzeichen vermieden wird.

$$EW = \underbrace{\sum_{i=1}^{t} \frac{RE_t}{(1+p_e)^i}}_{(1)} + RE_m \times \underbrace{\frac{(1+p)^{n-t}-1}{(1+p)^n \times p}}_{(2)} + \underbrace{\frac{BW}{(1+p)^n}}_{(3)}$$

$$[RESTWERT\ (diskontiert)]$$

mit EW = Ertragswert (Annahme: Keine besonderen objektspezifischen Grundstücksmerkmale)
RE = Reinertrag
BW = Bodenwert
t = Betrachtungszeitraum = Anzahl Perioden Einzelbetrachtung
i = Laufindex Einzelperioden
m = marktüblich
p = Liegenschaftszinssatz (Kapitalisierungszinssatz; als Dezimalzahl)
p_e = Diskontierungszinssatz der Einzelperioden (als Dezimalzahl)
n = Restnutzungsdauer

Das periodische Ertragswertverfahren setzt sich nach § 30 Abs. 1 ImmoWertV aus zwei Komponenten zusammen, wobei die zweite aus zwei Teilen besteht. Daher sind in der Formel drei Summanden zu finden, untertitelt mit (1), (2) und (3).

Zunächst erfolgt die Einzelbetrachtung, § 30 Abs. 1 Nr. 1 ImmoWertV, siehe (1) unter der Formel. Dabei werden für einige Jahre (Anzahl Jahre = t) die Reinerträge einzeln diskontiert. Das vorangestellte Summenzeichen besagt, dass diese t Barwerte zu addieren sind. Die Anzahl t kann unterschiedlich sein, nach § 30 Abs. 2 ImmoWertV sollen 10 Jahre nicht überschritten werden. Sie hängt davon ab, wie viele Jahre die zu erwartenden Erträge „mit hinreichender Sicherheit“ ermittelt werden können, d.h. Prognosen sind unzulässig.[8] In den ImmoWertA wird als wichtiges Kriterium die Laufzeit der Miet- und Pachtverträge genannt (Nr. 30.(2).1).

Der nach § 30 Abs. 1 Nr. 2 ImmoWertV so genannte „Restwert“ setzt sich aus zwei Komponenten zusammen, siehe (2) und (3) unter der Formel. Zunächst – Summand (2) – erfolgt ab Periode t + 1 die Kapitalisierung der zum Wertermittlungsstichtag marktüblichen Erträge.

8 Damit unterscheidet sich diese Ertragswertvariante wesentlich vom DCF-Verfahren nach internationalem Verständnis.

Diese Periode dauert bis zum Ende der Restnutzungsdauer (n) der baulichen Anlagen, ist also n – t Jahre lang. In dem modifizierten Rentenbarwertfaktor ist bereits berücksichtigt, dass die Kapitalisierung erst ab dem Jahr t + 1 erfolgt und nicht schon zum Wertermittlungsstichtag.

Alternativ kann auch die sogenannte Vervielfältigerdifferenz eingesetzt werden, d.h. die übliche Formel des Rentenbarwertfaktors mit n Jahren (§ 34 Abs. 2 ImmoWertV) abzüglich dem Rentenbarwertfaktor mit t Jahren:

$$EW = \underbrace{\sum_{i=1}^{t} \frac{RE_t}{(1+p_e)^i}}_{(1)} + \underbrace{RE_m(RBF^n - RBF^t)}_{(2)} + \underbrace{\frac{BW}{(1+p)^n}}_{(3)}$$

$$[RESTWERT\ (diskontiert)]$$

Summand (3) zeigt jeweils den über die Restnutzungsdauer abgezinsten Bodenwert wie beim vereinfachten Ertragswertverfahren. Komponenten (2) und (3) bilden den – bereits abgezinsten – „Restwert" nach § 30 Abs. 1 Nr. 2 ImmoWertV.

Die ImmoWertA (Nr. 30.(1).1) zeigen eine Darstellung, die sich aus zwei Teilformeln zusammensetzt. In der ersten Teilformel wird der Restwert (Summanden (2) und (3) der obigen Formel) zunächst gesamthaft verwendet. Die zweite Teilformel erläutert die Berechnung des Restwertes. Der darin verwendete Rentenbarwertfaktor unterscheidet sich von dem in der obigen Formel verwendeten, da bei der Darstellung der ImmoWertA der gesamte Restwert gemeinsam abgezinst wird.

$$vEW = RE_1 \times AF_1 + RE_2 \times AF_2 + RE_3 \times AF_3 + \cdots RE_i \times AF_i + RW \times AF_b$$

$$RW = RE_R \times KF_R + BW \times AF_R$$

$$wobei\ AF_{1...b} = q^{-1...-b}$$

$$wobei\ AF_b = q^{-b}$$

$$wobei\ AF_R = q^{-(n-b)}$$

$$wobei\ KF_R = \frac{q^{n-b} - 1}{q^{n-b} \times (q-1)} \qquad q = 1 + LZ \qquad wobei\ LZ = \frac{p}{100}$$

mit vEW = vorläufiger Ertragswert

RE_i = Reinertrag der einzelnen Perioden innerhalb des Betrachtungszeitraums

RE_R = Reinertrag der Restperiode

RW = Restwert des Grundstücks (hier ermittelt im vereinfachten Ertragswertverfahren)

BW = Bodenwert

LZ = Liegenschaftszinssatz

AF_i = Abzinsungsfaktor für die einzelnen Perioden innerhalb des Betrachtungszeitraums

AF_b = Abzinsungsfaktor für den Betrachtungszeitraum

AF_R = Abzinsungsfaktor für die Restperiode

KF_R = Kapitalisierungsfaktor für die Restperiode (Restperiode = n – b)

i = Periode (z.B. 1 Jahr) innerhalb des Betrachtungszeitraums

p = Zinsfuß

n = Restnutzungsdauer

b = Dauer des Betrachtungszeitraums

Der Begriff „Restwert" wird der zahlenmäßigen Größe im Verhältnis zum gesamten Ertragswert meistens nicht gerecht, ist er doch oft nicht oder nicht wesentlich niedriger als die Summe der Barwerte der Einzelperioden. Die ImmoWertA interpretieren die „Kann"-Formulierung von § 30 Abs. 1 Satz 1 ImmoWertV außerdem dahingehend, dass der Restwert auch mit einem anderen Verfahren ermittelt werden kann (Nr. 30.(1).2). So heißt es in Nr. 30.(1).3 ImmoWertA: „Abweichend von den Regelungen zum allgemeinen und zum vereinfachten Ertragswertverfahren ist die Ermittlung des vorläufigen Ertragswerts mit Hilfe des periodischen Ertragswertverfahrens als ‚Kann'-Vorschrift gestaltet. Dies verdeutlicht, dass die in § 30 geregelte Vorgehensweise nur eine von weiteren möglichen Vorgehensweisen des periodischen Ertragswertverfahrens beschreibt."

Das Periodische Ertragswertverfahren stellt insofern eine Ausnahme von dem Vorgehen nach § 6 Abs. 2 bzw. § 7 Abs. 1 Nr. 2 ImmoWertV dar, indem die besonderen objektspezifischen Grundstücksmerkmale im Verfahren direkt verarbeitet und nicht erst im Nachgang ausgewiesen werden. Daher wurden in den beiden (eigenen) Formeln, unter der Annahme, dass keine weiteren besonderen objektspezifischen Grundstücksmerkmale vorhanden sind und keine zusätzliche Marktanpassung erforderlich ist, der Ertragswert beim periodischen Ertragswertverfahren nicht mehr als vorläufig bezeichnet, sondern als endgültig i.S.v. § 6 Abs. 3 Nr. 3 ImmoWertV.

Da die Formeldarstellungen etwas kompliziert anmuten, verschafft Abb. 5 zunächst einen grafischen Überblick mit einem Beispiel von acht Einzelperioden mit unterschiedlichen Reinerträgen.

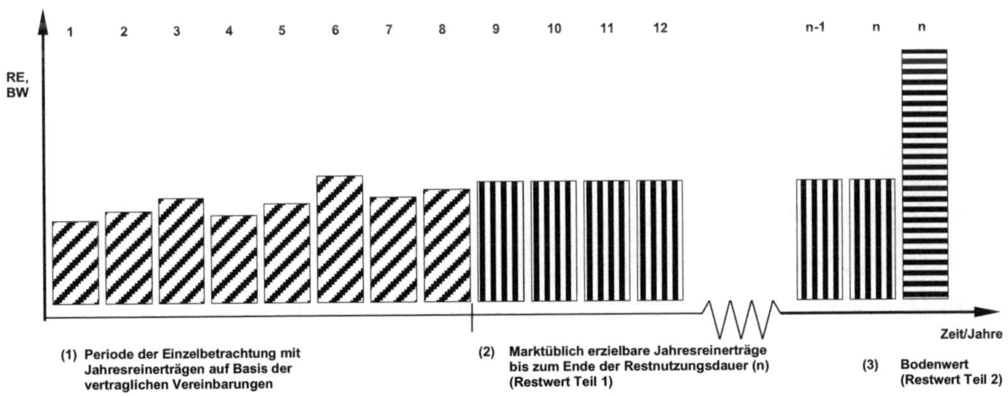

Abb. 5: Darstellung periodisches Ertragswertverfahren mit t = 8

Für das weitere Verständnis wird im Folgenden das Praxisbeispiel vom allgemeinen und vereinfachten Ertragswertverfahren weiter verwendet und etwas abgeändert. Da die Reinerträge nicht gleich sind, resultiert zunächst auch ein anderer Ertragswert.[9]

Es wird angenommen, dass das Mehrfamilienhaus zu geringeren Mieten vermietet ist, die unter den marktüblichen Erträgen liegen. Durch legale Mieterhöhungsmaßnahmen kann die Miete bis in sechs Jahren planmäßig auf das marktübliche Niveau angehoben werden, d.h. fünf Jahre lang werden keine marktüblichen Erträge erzielt (t = 5).

Alle anderen Parameter sollen im Beispiel gleich bleiben. So werden die auf die marktüblichen Erträge bezogenen Bewirtschaftungskosten im absoluten Betrag übernommen. Als Diskontierungszinssatz wird im Beispiel der Liegenschaftszinssatz verwendet. Beide Annahmen sind nicht sachgerecht.[10] Anschließend soll jedoch der Zusammenhang zwischen den drei Ertragswertverfahren aufgezeigt werden. Dies ist nur bei gleichen Ansätzen möglich.

Beispiel

Mehrfamilienhaus

Ausgangsdaten:

Bodenwert:	*576.000 €*
Bewirtschaftungskosten:	*21.934 € pro Jahr*
Restnutzungsdauer (n):	*40 Jahre*
Liegenschaftszinssatz (p):	*3,5 % bzw. 0,035*
Jahresrohertrag marktüblich:	*126.540 €*
Anzahl Perioden Einzelbetrachtung (t):	*5*
Jahresrohertrag im 1. Jahr:	*98.500 €*
Jahresrohertrag im 2. Jahr:	*103.200 €*
Jahresrohertrag im 3. Jahr:	*109.050 €*
Jahresrohertrag im 4. Jahr:	*114.700 €*
Jahresrohertrag im 5. Jahr:	*120.590 €*
RoE ab dem 6. Jahr:	*126.540 €*

Vorberechnungen:

Abzinsungsfaktoren (DF) = $1 / (1+p)^n$

DF im 1. Jahr:	*0,9662*

9 Abb. 5 entspricht nicht dem nachfolgenden Rechenbeispiel.

10 Bei den Bewirtschaftungskosten ist das Mietausfallwagnis nur relativ, als Prozentsatz, konstant, nicht jedoch absolut. Eine Kritik an der Verwendung des Liegenschaftszinssatzes als Diskontierungszinssatz für die Einzelperioden findet sich in Kapitel 3.4.6.2.

DF im 2. Jahr:	*0,9335*
DF im 3. Jahr:	*0,9019*
DF im 4. Jahr:	*0,8714*
DF im 5. Jahr (= DF^t):	*0,8420*
DF im 40. Jahr:	*0,2526*

Rentenbarwertfaktoren (RBF) = $((1 + p)^n - 1) / ((1 + p)^n \times p)$

RBF bei n (= 40) Jahren:	*21,3551*
RBF bei t (= 5) Jahren:	*4,5151*
RBF bei n – t (= 35) Jahren:	*20,0007*
RBF-Differenz ($RBF^n - RBF^t$):	*16,8400*

Ertragswertberechnung mit periodischem Ertragswertverfahren:

Jahresrohertrag im 1. Jahr:	*98.500 €*			
Bewirtschaftungskosten:	*– 21.934 €*			
Jahresreinertrag im 1. Jahr:	*76.566 €*			
Diskontiert auf Wertermittlungsstichtag (× 0,9662):			*73.978 €*	
JRoE im 2. Jahr:	*103.200 €*			
BewKo:	*– 21.934 €*			
JRE im 2. Jahr:	*81.266 €*	*× 0,9335 =*	*75.862 €*	
JRoE im 3. Jahr:	*109.050 €*			
BewKo:	*– 21.934 €*			
JRE im 3. Jahr:	*87.116 €*	*× 0,9019 =*	*78.570 €*	
JRoE im 4. Jahr:	*114.700 €*			
BewKo:	*– 21.934 €*			
JRE im 4. Jahr:	*92.766 €*	*× 0,8714 =*	*80.836 €*	
JRoE im 5. Jahr:	*120.590 €*			
BewKo:	*– 21.934 €*			
JRE im 5. Jahr:	*98.656 €*	*× 0,8420 =*	*83.068 €*	
Summe diskontierter Jahresreinerträge in t Jahren			*392.314 €*	**(1)**

Jahresrohertrag marktüblich:	*126.540 €*			
Bewirtschaftungskosten:	*– 21.934 €*			
Jahresreinertrag:	*104.606 €*			
Kapitalisierter und abgezinster Jahresreinertrag				
(RE × (RBF^n – RBF^t)) =		*× 16,8400*	*1.761.565 €*	**(2)**
(alternativ: RE × RBF^{n-t} × DF^t)				
Abgezinster Bodenwert	*576.000 €*	*× 0,2526*	*145.498 €*	**(3)**
Ertragswert			*2.299.377 €*	
Ertragswert rund			***2.300.000 €***	

Zum finanzmathematischen Verständnis wird in Abb. 6 analog zu Abb. 2 und Abb. 3 die Einzeldiskontierung aufgeführt:[11]

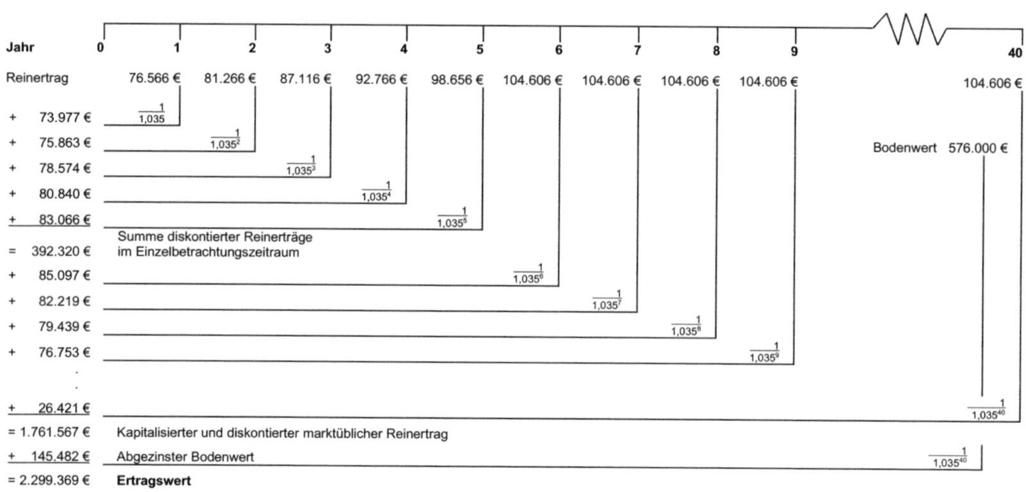

Abb. 6: Periodisches Ertragswertverfahren mit Einzeldiskontierung

Das periodische Ertragswertverfahren entspricht hier methodisch, bis auf die einzelne Diskontierung der t Anfangsperioden, dem vereinfachten Ertragswertverfahren.

Das periodische Ertragswertverfahren wurde erst in die ImmoWertV von 2010 aufgenommen, in der WertV von 1988/98 war es noch nicht definiert. Grund für die Aufnahme waren hauptsächlich internationale Belange und der Wunsch nach einem deutschen normierten DCF-Verfahren. Das periodische Ertragswertverfahren unterscheidet sich jedoch in vielen Details vom DCF nach internationalem Verständnis. Insbesondere werden beim periodischen Ertragswertverfahren Prognosen bei den Erträgen ausgeschlossen, eine Restnutzungsdauer ist weiterhin vorhanden, damit auch der (abgezinste) Bodenwert, sofern der „Restwert" mit

11 Auch hier differieren wegen unterschiedlicher Rundungen die Werte zum Praxisbeispiel in der letzten Stelle.

dem Ertragswertverfahren ermittelt wird. Auch wird mit dem Liegenschaftszinssatz eine andere Philosophie als mit dem Diskontierungs- und Kapitalisierungszinssatz des internationalen DCF-Verfahrens vertreten.

Von marktüblich erzielbaren abweichende Jahresroherträge und/oder Bewirtschaftungskosten (Jahresreinerträge) können statt mit dem periodischen auch mit dem allgemeinen und/oder dem vereinfachten Ertragswertverfahren dargestellt werden. Hierbei wird zunächst der vorläufige Ertragswert auf Basis marktüblicher Erträge ermittelt. Danach wird für jedes Jahr der Differenzbetrag zum marktüblichen Reinertrag berechnet und auf den Wertermittlungsstichtag diskontiert. Die Summe dieser Barwerte wird als besonderes objektspezifisches Grundstücksmerkmal gemäß § 8 Abs. 3 Nr. 1 ImmoWertV („besondere Ertragsverhältnisse") erfasst und als „Underrent", d.h. einer Vermietung unter marktüblichen Mieten, bezeichnet (siehe auch Kap. 1.6).

Unter der Annahme gleicher Ansätze kommt man, wie bereits erwähnt, mit allen drei Verfahren, evtl. bis auf kleine Rundungsdifferenzen, zum gleichen Ergebnis. Im Praxisbeispiel beträgt der Underrent nach § 8 Abs. 3 ImmoWertV also ca. –80.000 €.

Beispiel

Mehrfamilienhaus

Ertragswertberechnung nach allgemeinem/vereinfachtem Ertragswertverfahren inklusive Underrentberechnung:

Vorläufiger Ertragswert			*2.379.351 €*
Jahresreinertrag im 1. Jahr:	*76.566 €*		
Marktüblicher RE:	*104.606 €*		
Differenz im 1. Jahr:	*– 28.040 €*		
Diskontiert auf Wertermittlungsstichtag (× 0,9662):			*– 27.092 €*
RE im 2. Jahr:	*81.266 €*		
Marktüblicher RE:	*104.606 €*		
Differenz im 2. Jahr:	*– 23.340 €*	*× 0,9335 =*	*– 21.788 €*
RE im 3. Jahr:	*87.116 €*		
Marktüblicher RE:	*104.606 €*		
Differenz im 3. Jahr:	*– 17.490 €*	*× 0,9019 =*	*– 15.774 €*
RE im 4. Jahr:	*92.677 €*		
Marktüblicher RE:	*104.606 €*		
Differenz im 4. Jahr:	*– 11.840 €*	*× 0,8714 =*	*– 10.317 €*

RE im 5. Jahr:	*98.656 €*		
Marktüblicher RE:	*104.606 €*		
Differenz im 5. Jahr:	*– 5,950 €*	*× 0,8420 =*	*– 5.010 €*
Summe der diskontierten Differenzen			*– 79.981 €*
Ertragswert			*2.299.370 €*
Ertragswert rund			***2.300.000 €***

3.4.3 Jahresrohertrag und Jahresreinertrag

3.4.3.1 Erträge und Mieten

Der für die Ertragswertberechnung maßgebliche zu kapitalisierende Reinertrag wird in § 31 Abs. 1 ImmoWertV als Differenz des jährlichen Rohertrags und der Bewirtschaftungskosten definiert.

> ***§ 31 ImmoWertV (Reinertrag, Rohertrag):***
>
> *(1) Der Reinertrag ergibt sich aus dem jährlichen* ***Rohertrag abzüglich der Bewirtschaftungskosten.***
>
> *(2) Der Rohertrag ergibt sich aus den bei ordnungsgemäßer Bewirtschaftung und zulässiger Nutzung* ***marktüblich erzielbaren Erträgen;*** *hierbei sind die* ***tatsächlichen Erträge*** *zugrunde zu legen, wenn sie marktüblich erzielbar sind. Bei Anwendung des periodischen Ertragswertverfahrens ergibt sich der Rohertrag insbesondere aus den* ***vertraglichen Vereinbarungen.***

Insofern ist der (Jahres-)Reinertrag problemlos durch Subtraktion zu ermitteln; die Herausforderungen bestehen in der Bestimmung des Jahresrohertrages und der Bewirtschaftungskosten. Mit diesen sind Kosten gemeint, welche Mieter nicht übernehmen und die somit vom Eigentümer getragen werden müssen.

Der Jahresrohertrag einer Immobilie bestimmt sich durch die erzielte oder erzielbare Miete.

Grundsätzlich müssen Mieter für die Gebrauchsüberlassung von Räumen folgende Entgelte bezahlen:

- Grundmiete, d.h. das grundsätzliche Entgelt für die Überlassung von Wohn- oder Gewerberaum,
- Betriebs- oder Nebenkosten, z.B. Kosten für Wasser/Abwasser, Energie, Müllabfuhr, Aufzug, Hausmeister, Gartenpflege, Beleuchtung, Schornstein, Straßenreinigung, Versicherungen, Grundsteuer; außerdem Kosten für Heizung und Warmwasser; auch „zweite Miete“ genannt,
- weitere Nebenkosten wie z.B. Strom, Telefon-/Internet, Kabelfernsehen, die i.d.R. nicht über die Vermieter abgewickelt werden.

Für Mieter gewerblich genutzter Räume kommen evtl. hinzu:

- Übernahme von weiteren Bewirtschaftungskosten (Verwaltungskosten und Instandhaltungskosten, d.h. Kosten, die sonst der Vermieter zu tragen hat),
- Umsatzsteuer.

Exkurs

Netto- und Bruttomieten:[12]

Nettokaltmiete:	*Grundmiete für die Überlassung von Räumen; Neben- oder Betriebskosten sind nicht enthalten.*
Bruttokaltmiete:	*Nettokaltmiete zzgl. auf den Mieter umlegbare Betriebs-/Nebenkosten, aber ohne Kosten für Heizung und Warmwasser.*
Bruttowarmmiete:	*Bruttokaltmiete zzgl. Kosten für Heizung und Warmwasser.*

Abb. 7 zeigt die Zusammenhänge zwischen den im Exkurs definierten Mietbegriffen, dem Reinertrag und dem Rohertrag.

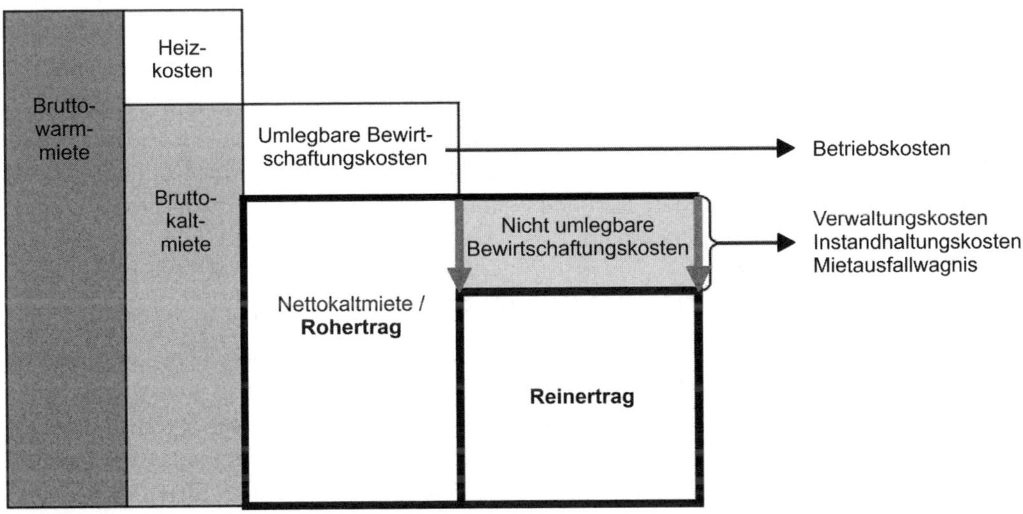

Abb. 7: Zusammenhang Erträge, Mieten und Kosten
Quelle: Nach Kleiber, W. (2023), S. 1748, modifiziert

In der Regel werden Mietverträge so gestaltet, dass die Nettokaltmiete zzgl. einer Vorauszahlung für die Nebenkosten meist mit einem festen Betrag pro Monat entrichtet werden müssen und die Nebenkosten durch eine jährliche Abrechnung mit den geleisteten Zahlungen verrechnet werden; der Mieter erhält bei zu hoher Vorauszahlung eine Rückzahlung und muss bei zu niedriger Vorauszahlung eine Nachzahlung leisten. Es sind jedoch auch andere Vertragsgestaltungen wie z.B. die Vereinbarung einer Bruttokaltmiete oder Bruttowarmmiete

12 Diese Begriffe entsprechen dem üblichen Gebrauch in der Praxis, gesetzliche Definitionen konnten nicht festgestellt werden. Die ImmoWertA verwenden den Begriff „Nettokaltmiete" an mehreren Stellen.

möglich. Für Wohnnutzung gilt § 556 BGB (Vereinbarungen über Betriebskosten). Bei Gewerbemietverträgen haben die Vertragsparteien größere Gestaltungsfreiheit als bei Wohnungsmietverträgen.

Der anzusetzende Jahresrohertrag gemäß § 31 Abs. 2 ImmoWertV entspricht i.d.R. der Grundmiete bzw. Nettokaltmiete, d.h., Mietbestandteile, die ohnehin auf die Mieter umlegbar sind, werden aus pragmatischen Gründen von vornherein nicht berücksichtigt, sie sind quasi ein „durchlaufender Posten". Dies bedeutet jedoch nicht, dass die umlegbaren Heiz- und Betriebskosten den Jahresrohertrag nicht beeinflussen, denn Mieter orientieren sich normalerweise an Bruttomieten. Abhängig von der Marktlage, also Angebot und Nachfrage, wirken hohe Nebenkosten tendenziell vermindernd auf die Nettokaltmiete, niedrige erhöhend.

Die Begriffsabgrenzungen zwischen Einzahlungen, Einnahmen und Erträgen sowie zwischen Auszahlungen, Ausgaben und Kosten, die bei betriebswirtschaftlichen und steuerlichen Fragestellungen manchmal relevant sind, werden bei der Ertragswertermittlung nach ImmoWertV nicht berücksichtigt.

Vom Rohertrag müssen, wie bereits erwähnt, die vom Eigentümer zu tragenden, nicht auf die Mieter umlegbaren Bewirtschaftungskosten abgezogen werden, um den Reinertrag nach § 31 Abs. 1 ImmoWertV zu ermitteln. Dies sind Verwaltungskosten, Instandhaltungskosten und das Mietausfallwagnis sowie evtl. einige Betriebskosten, die nicht auf Mieter überwälzt werden können.[13] Die Bewirtschaftungskosten sind Thema von Kapitel 3.4.4.

Für Vermietungen sind die Mietgesetze des Bürgerlichen Gesetzbuchs zu beachten (BGB Titel 5, §§ 535 bis 597, Mietvertrag, Pachtvertrag). Insbesondere im wohnwirtschaftlichen Bereich (§§ 549 bis 577a BGB) gibt es erhebliche zusätzliche Beschränkungen; auf solche wird u.a. in Kapitel 3.4.3.3 eingegangen. Besonderheiten bei den Erträgen für Gewerberaum finden sich im darauf folgenden Kapitel 3.4.3.4.

3.4.3.2 Marktüblich erzielbare und tatsächliche Erträge

Für das allgemeine und das vereinfachte Ertragswertverfahren sieht § 31 Abs. 2 ImmoWertV „marktüblich erzielbare" Erträge vor. Diese sollen den tatsächlichen Erträgen entsprechen, sofern diese marktüblich erzielbar sind. Für das periodische Ertragswertverfahren sind für die Perioden der Einzelbetrachtung, die aus den vertraglichen Vereinbarungen resultierenden Mieten anzusetzen, d.h. die in den Mietverträgen festgesetzten Mieten unter Berücksichtigung der am Wertermittlungsstichtag aktuellen Gegebenheiten bzw. Änderungen.

Für die Höhe des Ertragswerts ist es wesentlich, die marktüblich erzielbare Miete und damit den Rohertrag korrekt anzusetzen. Bei langer Restnutzungsdauer und einem entsprechend geringen Einfluss des Bodenwerts wirkt sich eine Änderung beim Jahresrohertrag fast vollständig auf den Ertragswert aus (Annahme: gleicher Liegenschaftszinssatz und prozentual gleiche Bewirtschaftungskosten). Das bedeutet, dass 10 % höhere Jahresreinerträge nahezu einen um 10 % höheren Ertragswert ergeben. Bei kürzerer Restnutzungsdauer und höherem Bodenwert ist dieser Einfluss zwar geringer, dennoch bleibt der Jahresrohertrag einer der entscheidenden Wertparameter für die Ermittlung des Ertragswerts.

13 Von diesen wurde in Abb. 7 abstrahiert.

Marktüblich erzielbare Erträge bzw. Nettokaltmieten sind i.d.R. keine punktgenauen Größen, sondern liegen in einer bestimmten Bandbreite. Dies hängt einerseits damit zusammen, dass Immobilien wegen der Art, der Lage, des Baualters, der Bausubstanz, der Wohn-/Nutzfläche, der Ausstattungsqualität etc. sehr heterogene Gebilde sind, und andererseits damit, dass auch bei ähnlichen, fast identischen Immobilien oft nicht die gleichen Mieten erzielt werden, z.B. wegen Marktmacht und Verhandlungspositionen der Vermieter und Mieter oder zeitlich versetzten Abschlüssen bei konjunkturell unterschiedlichen Marktlagen. Abb. 8 soll diesen Sachverhalt verdeutlichen.

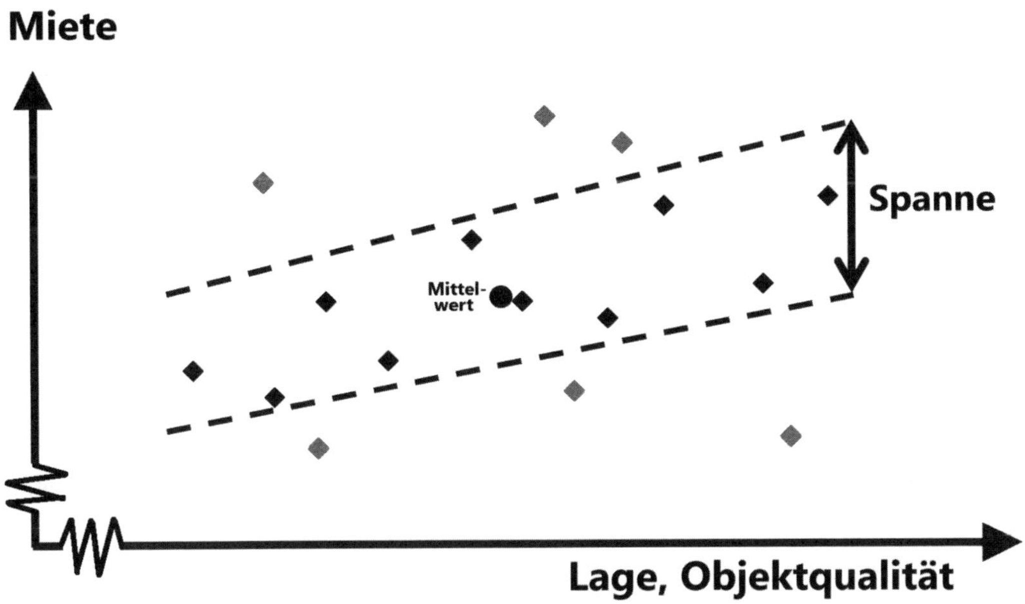

Abb. 8: Bandbreite des marktüblich erzielbaren Rohertrags
Quelle: In Anlehnung an Netscher, H. (2013), S. 97

Die kleinen Rauten in der Abbildung stellen tatsächliche Roherträge eines bestimmten Teilmarktes dar, in dem die Immobilien generell hinreichend vergleichbar sind. Die dunklen Rauten liegen innerhalb, die hellen außerhalb der Bandbreite des marktüblich erzielbaren Rohertrags. Der Punkt steht für den Mittelwert der dunklen Rauten. Er könnte bei Wohnraum z.B. die anhand eines Mietspiegels berechnete ortsübliche Vergleichsmiete darstellen. So führen die ImmoWertA in Nr. 5.(3).2 aus: „Grundlage der Ermittlung der marktüblich erzielbaren Erträge ist bei bestehenden Wohnraummietverhältnissen insbesondere die ortsübliche Vergleichsmiete aus geeigneten Mietspiegeln und Mietpreisübersichten."

Zu den tatsächlichen Erträgen erklären die ImmoWertA in Nr. 5.(3).1: „Grundlage der Ermittlung der tatsächlich erzielten Erträge sind die bestehenden Miet- und Pachtverhältnisse mit ihren wesentlichen Vertragsdaten, z. B. konkreter Mietgegenstand, Art der Nutzung, Vereinbarungen über die Miethöhe, Datum der letzten Mietänderung, Datum des Vertragsbeginns, Vertragslaufzeit sowie insbesondere bei Gewerbemietverträgen Verlängerungsmöglichkeiten sowie die Übernahme von Bewirtschaftungskosten oder Instandhaltungen einschließlich baulicher Maßnahmen durch den Mieter bzw. Pächter."

Unabhängig von der Verfahrensvariante sollten bei der Ermittlung des Ertragswerts stets die im Bewertungsobjekt realisierten Mieten geprüft werden. Dazu empfiehlt es sich, nicht nur eine Mieterliste mit den aktuellen Zahlungen, sondern auch die Mietverträge – zumindest stichprobenartig – einzusehen. Bei Objekten mit einheitlichen Formularmietverträgen kann es genügen, einen Mustervertrag zusammen mit einer Liste der wichtigsten Daten zu prüfen. Wie in den ImmoWertA beschrieben, sollten aus der Mieterliste oder den Mietverträgen alle relevanten Details hervorgehen. Diese Informationen ermöglichen z. B. Rückschlüsse auf die Mieterzusammensetzung, deren Bonität, Fluktuation, das wirtschaftliche Verhalten des Vermieters, potenzielle Leerstände und Mieterhöhungsmöglichkeiten und dienen als Indikatoren für das Objektrisiko der Immobilie. Das Unterlassen der Prüfung der Mietverträge stellt einen erheblichen Fehler bei der Wertermittlung dar.

Liegen die Nettokaltmieten des Bewertungsobjekts innerhalb der marktüblichen Bandbreite (siehe Abb. 8), können sie beim allgemeinen oder vereinfachten Ertragswertverfahren eingesetzt werden. Liegen die Mieten darunter, müssen zunächst mögliche Mieterhöhungen geprüft werden. Sind Erhöhungen kurzfristig umsetzbar und passen die neuen Mieten in die marktübliche Spanne, kann der darauf basierende Rohertrag verwendet werden. Besonders bei Wohnraummietverhältnissen sind die gesetzlichen Vorgaben des BGB sowie evtl. relevante landesrechtliche Verordnungen zu berücksichtigen (siehe dazu Kap. 3.4.3.3). Falls jedoch eine Mieterhöhung, z. B. aufgrund der Kappungsgrenze bei Wohnnutzung oder vertraglicher Bestimmungen bei Gewerbemieten, nicht zeitnah möglich ist, liegen sogenannte „besondere Ertragsverhältnisse" bzw. ein „Underrent" vor. Nach § 8 Abs. 3 Satz 3 ImmoWertV können in solchen Fällen marktübliche Abschläge vom vorläufigen Ertragswert als besonderes objektspezifisches Grundstücksmerkmal abgezogen werden. Alternativ lässt sich auch das periodische Ertragswertverfahren anwenden.

Liegen die tatsächlichen Mieten über den marktüblich erzielbaren, ist gemäß Marktlage abzuschätzen, ob Mieter deshalb zeitnah kündigen oder durch Kündigungsandrohung niedrigere Mieten durchsetzen könnten. Ist dies der Fall, wäre ein Zuschlag für die temporär über den marktüblich liegenden Erträgen als besonderes objektspezifisches Grundstücksmerkmal i.S. v. § 8 Abs. 3 Satz 2 Nr. 1 ImmoWertV evtl. nicht sachgerecht. Bei einer bspw. durch einen Mietvertrag gesicherten tatsächlich über der marktüblich liegenden Miete („Overrent") hingegen kann ein Zuschlag angesetzt oder ebenfalls das periodische Ertragswertverfahren angewendet werden.

Außer bestehenden Mietverhältnissen gibt es noch die Fälle von Neuvermietungen, Leerständen und eigengenutzten Immobilien. Zum ersten Fall empfehlen die ImmoWertA in Nr. 31.2 b): „Bei Neuvermietungen sind die zum Wertermittlungsstichtag für vergleichbare Objekte durchschnittlich und rechtmäßig erzielbaren Mieten anzusetzen." Für die anderen beiden Fälle Nr. 31.4: „Für vom Eigentümer genutzte Flächen und bei vorübergehendem Leerstand sind die am Wertermittlungsstichtag marktüblich erzielbaren Erträge anzusetzen."

Eine pauschale Aussage, welche Mieten bzw. Erträge genau als „marktüblich erzielbar" gelten, kann an dieser Stelle nicht getroffen werden, da das bei der Ableitung der Liegenschaftszinssätze verwendete Modell des zuständigen Gutachterausschusses berücksichtigt und zwischen Wohn- und Gewerbenutzungen unterschieden werden muss. In den Kapiteln 3.4.3.3, 3.4.3.4 und 3.4.6 werden hierzu noch weitere Hinweise gegeben.

3.4.3.3 Besonderheiten bei Wohnraum

Der in Nr. 5 (3). 2 ImmoWertA genannte Mietspiegel ist bei Wohnnutzung eine Übersicht über die ortsübliche Vergleichsmiete für nicht preisgebundenen Wohnraum. Diese ist in § 558 Abs. 2 des Bürgerlichen Gesetzbuches wie folgt definiert:

> ***§ 558 BGB (Mieterhöhung bis zur ortsüblichen Vergleichsmiete):***
>
> *(...)*
>
> *(2) Die* ***ortsübliche Vergleichsmiete*** *wird gebildet aus den üblichen Entgelten, die in der Gemeinde oder einer vergleichbaren Gemeinde für* ***Wohnraum vergleichbarer Art, Größe, Ausstattung, Beschaffenheit und Lage*** *einschließlich der energetischen Ausstattung und Beschaffenheit in den* ***letzten sechs Jahren vereinbart*** *oder, von Erhöhungen nach § 560 abgesehen,* ***geändert worden*** *sind. Ausgenommen ist Wohnraum, bei dem die Miethöhe durch Gesetz oder im Zusammenhang mit einer Förderzusage festgelegt worden ist.*
>
> *(...)*

Es müssen also unterschieden werden:

- Neumieten: Erstmalig zwischen Vermieter und Mieter vereinbarte Mieten. Bei wirtschaftlich denkenden Vermietern entsprechen sie i.d.R. den zum Zeitpunkt der Vereinbarung herrschenden Marktmieten, d.h. Mieten, die bei Neuvermietung (rechtmäßig) erzielt werden können.
- Bestandsmieten: Angepasste Mieten aus bestehenden Mietverhältnissen. Dies sind also nur Mieten aus bestehenden Vertragsverhältnissen, die schon einmal geändert wurden, keine unveränderten Mieten.[14]

Das Mischungsverhältnis von Neu- und Bestandsmieten sollte das Marktgeschehen repräsentativ abbilden, die Jahre sollten nach Intention des Gesetzgebers gleichrangig berücksichtigt werden.

In Märkten mit steigendem Mietniveau unterscheiden sich die Mietarten bzgl. der Höhe, es gilt i.d.R.: Markt-/Neumieten > ortsübliche Vergleichsmiete > Bestandsmieten. Marktmieten gehen nur mit Verzögerung und nur anteilig in die ortsübliche Vergleichsmiete ein, was aus deren Definition ersichtlich ist.

Mietspiegel werden ebenfalls im BGB definiert, wobei außerdem ein „qualifizierter" Mietspiegel näher erläutert wird.

> ***§ 558c BGB (Mietspiegel; Verordnungsermächtigung):***
>
> *(1) Ein Mietspiegel ist eine* ***Übersicht über die ortsübliche Vergleichsmiete,*** *soweit die Übersicht von der nach Landesrecht zuständigen Behörde oder von Interessenvertretern der Vermieter und der Mieter gemeinsam erstellt oder anerkannt worden ist.*
>
> *(2) Mietspiegel können für das Gebiet einer Gemeinde oder mehrerer Gemeinden oder für Teile von Gemeinden erstellt werden.*
>
> *(3) Mietspiegel sollen im Abstand von* ***zwei Jahren der Marktentwicklung*** *angepasst werden.*

14 Hinweis: Die Begriffe Neumieten und Bestandsmieten werden in der gängigen Wertermittlungsliteratur verwendet, sind jedoch nicht gesetzlich definiert. Andere Begriffsinterpretationen sind daher möglich.

(4) Die nach Landesrecht zuständigen Behörden sollen Mietspiegel erstellen, wenn hierfür ein Bedürfnis besteht und dies mit einem vertretbaren Aufwand möglich ist. Für Gemeinden mit ***mehr als 50 000 Einwohnern sind Mietspiegel*** *zu erstellen. Die Mietspiegel und ihre Änderungen sind zu veröffentlichen.*

(5) Die Bundesregierung wird ermächtigt, durch Rechtsverordnung mit Zustimmung des Bundesrates Vorschriften zu erlassen über den näheren Inhalt von Mietspiegeln und das Verfahren zu deren Erstellung und Anpassung einschließlich Dokumentation und Veröffentlichung.

§ 558d BGB (Qualifizierter Mietspiegel):

(1) Ein qualifizierter Mietspiegel ist ein Mietspiegel, der ***nach anerkannten wissenschaftlichen Grundsätzen*** *erstellt und von der nach Landesrecht zuständigen Behörde oder von Interessenvertretern der Vermieter und der Mieter anerkannt worden ist. Entspricht ein Mietspiegel den Anforderungen, die eine nach § 558c Absatz 5 erlassene Rechtsverordnung an qualifizierte Mietspiegel richtet, wird vermutet, dass er nach anerkannten wissenschaftlichen Grundsätzen erstellt wurde. Haben die nach Landesrecht zuständige Behörde und Interessenvertreter der Vermieter und der Mieter den Mietspiegel als qualifizierten Mietspiegel anerkannt, so wird vermutet, dass der Mietspiegel anerkannten wissenschaftlichen Grundsätzen entspricht.*

(2) Der qualifizierte Mietspiegel ist im Abstand von ***zwei Jahren der Marktentwicklung*** *anzupassen. Dabei kann eine Stichprobe oder die Entwicklung des vom Statistischen Bundesamt ermittelten Preisindexes für die Lebenshaltung aller privaten Haushalte in Deutschland zugrunde gelegt werden.* ***Nach vier Jahren ist der qualifizierte Mietspiegel neu zu erstellen.*** *Maßgeblicher Zeitpunkt für die Anpassung nach Satz 1 und für die Neuerstellung nach Satz 3 ist der Stichtag, zu dem die Daten für den Mietspiegel erhoben wurden. Satz 4 gilt entsprechend für die Veröffentlichung des Mietspiegels.*

(3) Ist die Vorschrift des Absatzes 2 eingehalten, so wird vermutet, dass ***die im qualifizierten Mietspiegel bezeichneten Entgelte die ortsübliche Vergleichsmiete wiedergeben.***

Eine weitere Möglichkeit, die ortsübliche Vergleichsmiete darzustellen, sind Mietdatenbanken gemäß § 558e BGB. Sie kommen in der Praxis jedoch eher selten vor.

§ 558e BGB (Mietdatenbank):

Eine Mietdatenbank ist eine zur ***Ermittlung der ortsüblichen Vergleichsmiete*** *fortlaufend geführte* ***Sammlung von Mieten,*** *die von der Gemeinde oder von Interessenvertretern der Vermieter und der Mieter gemeinsam geführt oder anerkannt wird und aus der Auskünfte gegeben werden, die für einzelne Wohnungen einen Schluss auf die ortsübliche Vergleichsmiete zulassen.*

Die ortsübliche Vergleichsmiete, z.B. dargestellt durch einen Mietspiegel oder eine Mietdatenbank, ist die Obergrenze, auf die Vermieter bei bestehenden Mietverträgen maximal erhöhen können, wenn gemäß § 558 Abs. 1 BGB nicht die Kappungsgrenze greift:

§ 558 BGB (Mieterhöhung bis zur ortsüblichen Vergleichsmiete):

(1) Der Vermieter kann die Zustimmung zu einer ***Erhöhung der Miete bis zur ortsüblichen Vergleichsmiete*** *verlangen, wenn die Miete in dem Zeitpunkt, zu dem die Erhöhung eintreten soll, seit* ***15 Monaten unverändert*** *ist. Das Mieterhöhungsverlangen kann* ***frühestens ein Jahr nach der letzten Mieterhöhung*** *geltend gemacht werden. Erhöhungen nach den §§ 559 bis 560 werden nicht berücksichtigt.*

(...)

(3) Bei Erhöhungen nach Absatz 1 darf sich die Miete ***innerhalb von drei Jahren,*** *von Erhöhungen nach den §§ 559 bis 560 abgesehen, nicht um mehr als* ***20 vom Hundert*** *erhöhen* ***(Kappungsgrenze)****. Der Prozentsatz nach Satz 1 beträgt* ***15 vom Hundert,*** *wenn die* ***ausreichende Versorgung der Bevölkerung mit Mietwohnungen*** *zu angemessenen Bedingungen in einer Ge-*

> *meinde oder einem Teil einer Gemeinde* ***besonders gefährdet*** *ist und diese Gebiete nach Satz 3 bestimmt sind. Die Landesregierungen werden ermächtigt, diese Gebiete durch Rechtsverordnung für die Dauer von jeweils höchstens fünf Jahren zu bestimmen.*

In den entsprechenden Länderverordnungen wird jeweils geregelt, für welche Städte und Gemeinden die verschärfte Kappungsgrenze (15 %) gilt. Bei der Wertermittlung ist es also notwendig, anhand der entsprechenden Länderverordnung festzustellen, ob für das Bewertungsobjekt 15 oder 20 % Kappungsgrenze zutreffen.

Bei Neuvermietungen – nicht bei bestehenden Mietverhältnissen – ist die sogenannte „Mietpreisbremse“ zu berücksichtigen. Demnach darf in ausgewiesen angespannten Wohnungsmärkten die Miete (für neue Mieter) maximal 10 % über der ortsüblichen Vergleichsmiete liegen. Dies wurde am 5.3.2015 vom Deutschen Bundestag beschlossen und im BGB durch § 556d verankert. Der politische Wille war, wie der Name ausdrückt, ein Bremsen des Mietanstiegs, der besonders in Metropolregionen in den Jahren vor 2015 bereits erheblich war. Das Gesetz wurde später dahingehend geändert, dass es mit Ende 2025 wieder außer Kraft treten sollte.[15]

> ***§ 556d BGB (Zulässige Miethöhe bei Mietbeginn; Verordnungsermächtigung):***
>
> *(1) Wird ein Mietvertrag über Wohnraum abgeschlossen, der in einem durch Rechtsverordnung nach Absatz 2 bestimmten Gebiet mit einem* ***angespannten Wohnungsmarkt*** *liegt, so darf die Miete zu Beginn des Mietverhältnisses die ortsübliche Vergleichsmiete (§ 558 Absatz 2)* ***höchstens um 10 Prozent*** *übersteigen.*
>
> *(2) Die Landesregierungen werden ermächtigt, Gebiete mit angespannten Wohnungsmärkten durch Rechtsverordnung zu bestimmen. Gebiete mit angespannten Wohnungsmärkten liegen vor, wenn die ausreichende Versorgung der Bevölkerung mit Mietwohnungen in einer Gemeinde oder einem Teil der Gemeinde zu angemessenen Bedingungen* ***besonders gefährdet*** *ist. Dies kann insbesondere dann der Fall sein, wenn*
>
> 1. *die Mieten deutlich* ***stärker steigen als im bundesweiten Durchschnitt****,*
> 2. *die durchschnittliche* ***Mietbelastung*** *der Haushalte den bundesweiten Durchschnitt deutlich* ***übersteigt,***
> 3. *die* ***Wohnbevölkerung wächst, ohne dass durch Neubautätigkeit*** *insoweit erforderlicher Wohnraum geschaffen wird, oder*
> 4. ***geringer Leerstand bei großer Nachfrage*** *besteht.*
>
> *Eine Rechtsverordnung nach Satz 1 muss spätestens mit Ablauf des 31. Dezember 2029 außer Kraft treten. Sie muss begründet werden. Aus der Begründung muss sich ergeben, auf Grund welcher Tatsachen ein Gebiet mit einem angespannten Wohnungsmarkt im Einzelfall vorliegt. Ferner muss sich aus der Begründung ergeben, welche Maßnahmen die Landesregierung in dem nach Satz 1 durch die Rechtsverordnung jeweils bestimmten Gebiet und Zeitraum ergreifen wird, um Abhilfe zu schaffen.*

15 Am 23.7.2025 trat die Verlängerung der Mietpreisbremse bis zum 31.12.2029 in Kraft, d.h. in § 556d Abs. 4 wurde „2025“ durch „2029“ ersetzt. Außerdem wurde in § 556d Abs. 2 BGB „für die Dauer von höchstens fünf Jahren“ gestrichen.

Zur genannten gültigen Fassung der Mietpreisbremse sind gemäß § 556f BGB Neubauwohnungen (erste Nutzung ab 1.10.2014) und die erste Vermietung bei umfassend modernisierten Wohnungen ausgeschlossen. Außerdem kann der Vermieter bei Neuvermietung die gleiche Miete wie vom Vormieter verlangen, wenn dieser mehr als 10 % über der ortsüblichen Vergleichsmiete bezahlt hatte (§ 556e BGB). Die Mietpreisbremse gilt auch bei Staffelmieten (für jede Erhöhung), nicht jedoch bei Indexmieten.

Eine weitere Beschränkung ist die so genannte „Wesentlichkeitsgrenze". Ordnungswidrig handelt ein Vermieter, wenn er unter Ausnutzung eines geringen Angebots eine Miete von mehr als 20 % über der ortsüblichen Vergleichsmiete verlangt. Diese Regelung findet sich in § 5 des Wirtschaftsstrafgesetzes:

§ 5 WiStrG (Mietpreisüberhöhung):

(1) ***Ordnungswidrig handelt,*** *wer vorsätzlich oder leichtfertig für die Vermietung von Räumen zum Wohnen oder damit verbundene Nebenleistungen* ***unangemessen hohe Entgelte*** *fordert, sich versprechen lässt oder annimmt.*

(2) Unangemessen hoch sind Entgelte, die infolge der Ausnutzung eines geringen Angebots an vergleichbaren Räumen die üblichen Entgelte um ***mehr als 20 vom Hundert*** *übersteigen, die in der Gemeinde oder in vergleichbaren Gemeinden für die Vermietung von Räumen vergleichbarer Art, Größe, Ausstattung, Beschaffenheit und Lage oder damit verbundene Nebenleistungen in den letzten sechs Jahren vereinbart oder, von Erhöhungen der Betriebskosten abgesehen, geändert worden sind. Nicht unangemessen hoch sind Entgelte, die zur Deckung der laufenden Aufwendungen des Vermieters erforderlich sind, sofern sie unter Zugrundelegung der nach Satz 1 maßgeblichen Entgelte nicht in einem auffälligen Missverhältnis zu der Leistung des Vermieters stehen.*

(3) Die Ordnungswidrigkeit kann mit einer Geldbuße bis zu fünfzigtausend Euro geahndet werden.

Zuletzt gibt es noch den Begriff „Wucher" nach § 291 des Strafgesetzbuches, wobei die Vermietung von Wohnräumen in § 219 Abs. 1 Nr. 1 StGB explizit aufgeführt ist. Gemäß Rechtsprechung ist ein Mietwucher dann gegeben, wenn die Miete über 50 % der ortsüblichen Vergleichsmiete liegt.

§ 291 StGB (Wucher):

(1) Wer die ***Zwangslage, die Unerfahrenheit, den Mangel an Urteilsvermögen oder die erhebliche Willensschwäche*** *eines anderen dadurch ausbeutet, daß er sich oder einem Dritten*

1. *für die* ***Vermietung von Räumen zum Wohnen*** *oder damit verbundene Nebenleistungen,*
2. *für die Gewährung eines Kredits,*
3. *für eine sonstige Leistung oder*
4. *für die Vermittlung einer der vorbezeichneten Leistungen*

Vermögensvorteile versprechen oder gewähren läßt, die in einem ***auffälligen Mißverhältnis zu der Leistung*** *oder deren Vermittlung stehen, wird mit Freiheitsstrafe bis zu drei Jahren oder mit Geldstrafe bestraft. Wirken mehrere Personen als Leistende, Vermittler oder in anderer Weise mit und ergibt sich dadurch ein auffälliges Mißverhältnis zwischen sämtlichen Vermögensvorteilen und sämtlichen Gegenleistungen, so gilt Satz 1 für jeden, der die Zwangslage oder sonstige Schwäche des anderen für sich oder einen Dritten zur Erzielung eines übermäßigen Vermögensvorteils ausnutzt.*

(2) In besonders schweren Fällen ist die Strafe Freiheitsstrafe von sechs Monaten bis zu zehn Jahren. Ein besonders schwerer Fall liegt in der Regel vor, wenn der Täter

1. *durch die Tat den anderen in wirtschaftliche Not bringt,*
2. *die Tat gewerbsmäßig begeht,*
3. *sich durch Wechsel wucherische Vermögensvorteile versprechen lässt.*

Somit lassen sich bei Wohnraum folgende Miethöhebeschränkungen zusammenfassen:

- Bei bestehenden Mietverträgen gilt generell die **Kappungsgrenze** (20 % Mieterhöhung in drei Jahren) oder, wenn die entsprechende Landesverordnung die betreffende Gemeinde explizit ausgewiesen hat, die verschärfte Kappungsgrenze (15 %).
- Bei Neuvermietungen gilt die **Mietpreisbremse**, aber nur für die in der entsprechenden Landesverordnung ausgewiesenen Gemeinden mit angepanntem Wohnungsmarkt. Hier darf die Miete bei Neuvermietung nicht mehr als 10 % über der ortsüblichen Vergleichsmiete liegen, mit einigen Ausnahmen.
- Die so genannte **Wesentlichkeitsgrenze** – als Ordnungswidrigkeit – wird dann überschritten, wenn die Miete um mehr als 20 % über der ortsüblichen Vergleichsmiete liegt. Hohe laufende Kosten des Vermieters hebeln die Ordnungswidrigkeit hierbei aus.
- Schließlich gibt es noch den strafbaren **Wucher**, bei dem die Miete mehr als 50 % über der ortsüblichen Vergleichsmiete liegt. Hierbei ist es jedoch erforderlich, dass eine Zwangslage, Unerfahrenheit, Mangel an Urteilsvermögen oder Willensschwäche die Ausbeutung des Mieters ermöglicht.

Die ortsübliche Vergleichsmiete kann bei Wohnnutzung also ein brauchbarer Ansatz für die marktüblich erzielbaren Erträge sein, weil sie gemäß § 558 Abs. 1 BGB die Obergrenze für Mieterhöhungen bei bestehenden Mietverträgen bildet. Über der ortsüblichen Vergleichsmiete liegende Neumieten werden im Laufe der Zeit durch diese eingeholt. Die Referenzmieten im Modell des zuständigen Gutachterausschusses zur Ableitung der Liegenschaftszinssätze sind für den Wertermittler bei diesen Überlegungen jedoch stets zu berücksichtigen, sodass keine einheitliche Vorgehensweise vorgeschlagen werden kann (siehe hierzu Kap. 3.4.6). Das Abgleichen von tatsächlichen Mieten zur jeweiligen ortsüblichen Vergleichsmiete, zudem pro Einheit, stellt für die Gutachterausschüsse einen großen Aufwand dar – sofern ein Mietspiegel überhaupt vorhanden ist. Auch liegen ihnen meist nicht alle für die Bestimmung der ortsüblichen Vergleichsmiete notwendigen Informationen der ausgewerteten Referenzobjekte vor. Insofern ist die ortsübliche Vergleichsmiete nur ein eventuelles Indiz für den marktüblich erzielbaren Rohertrag, nicht jedoch in jedem Fall der richtige Ansatz.

In kleineren Städten und ländlichen Gegenden sind oft keine Mietspiegel vorhanden, sodass die ortsübliche Vergleichsmiete dort kaum beziffert werden kann. Nicht selten leiten in denselben Regionen die zuständigen Gutachterausschüsse auch keine Liegenschaftszinssätze ab. In solchen Gebieten ist die Marktkenntnis der Wertermittler noch stärker gefordert als in Städten mit guter Informationslage.

Quellen für das ortsübliche Mietniveau, neben eventuell existierenden (qualifizierten) Mietspiegeln, sind regional ebenfalls unterschiedlich. Zum Beispiel werden von Verbänden der Wohnungswirtschaft, Mieter- und Vermietervereinen, Maklerhäusern, Banken usw. Informationen herausgegeben. Auch gibt es (kostenpflichtige) Datenbanken, die oft aber Angebotsmieten auswerten, sodass die Daten mit Vorsicht verwendet werden müssen. Insbesondere die frei im Internet kursierenden Daten und „Mietspiegel" sind kritisch zu prüfen. Angebotsmieten geben nur ein Indiz auf die Marktmiete, nicht auf die ortsübliche Vergleichsmiete, und es besteht die gute Möglichkeit, dass Vertragsabschlüsse nicht den Angeboten entsprechen. Je nach Auswertungsmethode können somit stärkere Verzerrungen auftreten, d.h. Angebotsmieten können, müssen aber nicht, der Marktmiete entsprechen. Selten entsprechen Angebotsmieten jedoch der ortsüblichen Vergleichsmiete.

Wertermittler könnten idealerweise selbst Datenbanken aufbauen, in die sie z.B. Informationen aus Mietverträgen, die sie durch Bewertungen kennen, einfüttern. Durch langjährige Erfahrung werden die ortsüblichen Mieten bekannt. Insbesondere größere Bewertungsunternehmen, Bewertungsabteilungen von größeren Maklerhäusern und Banken können über solche Datenbanken, z.T. in Verbindung mit KI-gestützter Software, verfügen.

3.4.3.4 Besonderheiten bei Gewerberaum

Vom Ansatz der marktüblich erzielbaren Erträge für Wohnraum zu unterscheiden ist jener für Gewerberaum. Eine ortsübliche Vergleichsmiete i.S.v. § 558 Abs. 2 BGB existiert im gewerblichen Bereich nicht. Daher ist die Marktmiete ein möglicher Ansatz für die marktüblich erzielbaren Erträge. Auch hier gilt jedoch, dass das Modell des Gutachterausschusses bei der Wertermittlung berücksichtigt werden muss, sofern dessen Liegenschaftszinssätze verwendet werden.

Der Begriff Marktmiete wird weder in der ImmoWertV, den ImmoWertA noch sonst einer gesetzlichen Bestimmung genau definiert. Nachfolgend wird daher die Definition der IVS (International Valuation Standards) aufgeführt:

- Die Marktmiete ist der „geschätzte Betrag, für den eine Immobilie am Bewertungsstichtag von einem bereitwilligen Vermieter zu angemessenen Mietvertragsbedingungen, nach ordnungsgemäßer Vermarktung und im Rahmen eines marktüblichen Geschäfts an einen bereitwilligen Mieter vermietet werden könnte, wobei Mieter und Vermieter sachkundig, umsichtig und ohne Zwang handeln".[25]

Alternativ lässt sich für die Marktmiete eine Definition in Anlehnung an den Verkehrswertbegriff von § 194 BauGB ableiten:

- Die Marktmiete wird durch die Mieten bestimmt, die in dem Zeitpunkt, auf den sich die Ermittlung bezieht, im gewöhnlichen Geschäftsverkehr nach den rechtlichen Gegebenheiten und tatsächlichen Eigenschaften, der sonstigen Beschaffenheit und Lage des Mietobjektes ohne Rücksicht auf ungewöhnliche oder persönliche Verhältnisse zu erzielen wären.[26]

Je nach Gewerbe, Branche und Ort sind unterschiedlich gute Informationen über Marktmieten erhältlich. Beispielsweise sind Büromieten in Großstädten durch diverse große Maklerhäuser wie JonesLangLasalle, CBRE, Savills, NaiApollo etc. als Spitzenmieten und Durchschnittsmieten problemlos, meist unentgeltlich, erhältlich. Datenanbieter wie ThomasDaily oder Riwis (Bulwiengesa/Scout24) listen in ihren kostenpflichtigen Portalen fast alle verfüg-

25 RICS (2017), S. 13.
26 Ähnlich *Dröge, F. (2005)*, S. 485.

baren Informationen auf. Auch Einzelhandelsmieten sind in großen Städten von diversen Anbietern verfügbar; oftmals geben auch städtische Wirtschaftsförderer oder Industrie- und Handelskammern Daten heraus. Grundsätzlich gilt wie bei Wohnungsmieten auch, dass in großen und attraktiven Städten meist gute Daten, in ländlichen und weniger beliebten Gegenden sowie kleineren Städten tendenziell weniger Informationen vorhanden sind.

Gewerbliche Marktmieten sind ebenfalls heterogene Größen. Sie liegen wie Wohnungsmieten in einer Spanne, die umso größer ist, je inhomogener Mietobjekte und Mietmärkte sind. Eine punktgenaue Marktmiete ist meist durch Durchschnittsbildung entstanden. Dieser Mittelwert spiegelt die marktüblichen Gegebenheiten je nach Höhe der Standardabweichung bzw. des Variationskoeffizienten unterschiedlich gut wider (siehe Kap. 2.4.2). So ist die Aussagekraft des gleichen arithmetischen Mittels bei den beiden grafisch dargestellten Teilmärkten von Abb. 9 nicht identisch:

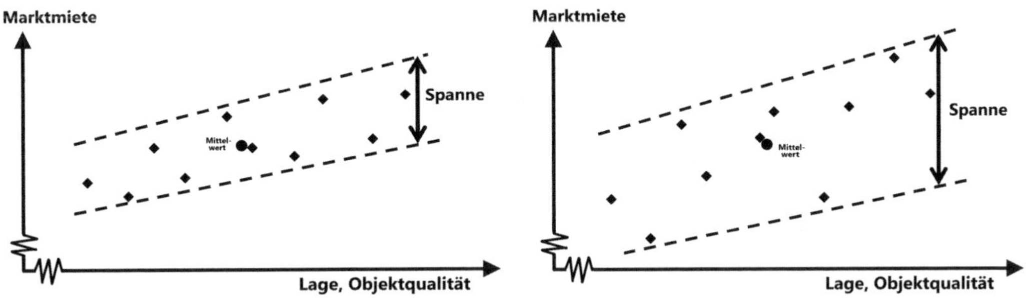

Abb. 9: Marktmieten in Spannen
Quelle: In Anlehnung an Netscher, H. (2013), S. 97

Die Anwendung der durchschnittlichen Marktmiete kann bei der Bewertung zu falschen Ergebnissen führen, wenn das Bewertungsobjekt nicht dem durchschnittlichen Objekt entspricht. Dies ist schon aufgrund der Lage oft der Fall. Der Wertermittler hat für den Ansatz des Rohertrags einen Spielraum und muss sich bewusst darüber sein, dass dessen Variation ceteris paribus bei Objekten mit längerer Restnutzungsdauer eine nahezu gleiche relative Veränderung des vorläufigen Ertragswertergebnisses bewirkt.

Der Ansatz des Rohertrags kann auch bei Gewerbeimmobilien nicht unabhängig vom verwendeten Liegenschaftszinssatzmodell gewählt werden. Das Modell wird normalerweise die am speziellen Mietmarkt gewöhnlichen Bedingungen unterstellen. Diese können zwischen unterschiedlichen räumlichen und sachlichen Teilmärkten (Büro, Handel, Logistik etc.) erheblich differieren, z.B. hinsichtlich Wertsicherungsklauseln, Incentives wie bspw. mietfreien Zeiten oder Übernahme von Bewirtschaftungskosten.

Die Umsatzsteuer fällt nur bei gewerblichen Mieterträgen an, bei denen die Vermieter zur Umsatzsteuer optiert haben; Wohnungsmieten, außer für Hotels und Ferienwohnungen, sind gemäß § 4 Nr. 12a UStG umsatzsteuerfrei. Die Umsatzsteuer darf, auch wenn sie erhoben wird, i.d.R. beim Ansatz des Jahresrohertrages nicht berücksichtigt werden, da sie einerseits vom Vermieter direkt an das Finanzamt gezahlt werden muss, andererseits vom Mieter meist als Vorsteuer geltend gemacht werden kann. Somit ist die Umsatzsteuer nicht Bestandteil des Jahresrohertrags. Bei Auflistungen der Mieterträge umsatzsteuerrelevanter Vermietungen und bei diesbezüglichen Informationen aus Kontoauszügen ist daher immer zu prüfen, ob es sich um Netto- oder Bruttoerträge handelt, da die Überweisungsbeträge der Mieter meist die Umsatzsteuer und z.T. auch noch die Nebenkostenvorauszahlungen enthalten. Benötigt wird jedoch die Information über die Höhe der Grundmiete/Nettokaltmiete ohne Umsatzsteuer.

3.4.4 Bewirtschaftungskosten

3.4.4.1 Umlegbare und nicht umlegbare Kosten, Modellansätze

Die vom Jahresrohertrag abzuziehenden Bewirtschaftungskosten werden in § 32 Abs. 1 ImmoWertV wie folgt definiert:

§ 32 ImmoWertV (Bewirtschaftungskosten):

(1) Bewirtschaftungskosten sind die für eine ***ordnungsgemäße Bewirtschaftung und zulässige Nutzung*** *entstehenden regelmäßigen Aufwendungen, die* ***nicht durch Umlagen oder sonstige Kostenübernahmen gedeckt*** *sind. Zu den Bewirtschaftungskosten gehören*

1. ***die Verwaltungskosten,***
2. ***die Instandhaltungskosten,***
3. ***das Mietausfallwagnis und***
4. ***die Betriebskosten*** *im Sinne des § 556 Absatz 1 Satz 2 des Bürgerlichen Gesetzbuchs.*

(...)

Bewirtschaftungskosten sind somit nur zu berücksichtigen, wenn sie nicht auf die Mieter umgelegt werden können. Von den Mietern übernommene Kosten für die Immobilie sind so genannte „Nebenkosten". Dabei handelt es sich um Betriebskosten. In der Regel erhält der Vermieter vom Mieter hierfür einen festen Betrag pro Monat als Vorauszahlung und hat daher zunächst eine zusätzliche Einnahme. Diese stellt jedoch keinen Ertrag im Sinne der ImmoWertV dar, da sie dafür verwendet werden muss, um die Rechnungen von Hausmeistern, Gärtnern, Schornsteinfegern, Aufzugswartungsfirmen etc. zu begleichen. Insofern bezahlt der Vermieter zwar diese Kosten, aber der Mieter trägt sie wirtschaftlich durch die Vorauszahlung an den Vermieter. Würde sich der Rohertrag um den vom Mieter an den Vermieter bezahlten Betrag erhöhen, die Kosten für den Vermieter aber um den gleichen Betrag ansteigen, bliebe das Ergebnis unverändert. Beim Ertragswertverfahren, welches die Sicht des Eigentümers widerspiegelt, verzichtet man auf dieses Nullsummenspiel und setzt die umlegbaren Bewirtschaftungskosten als durchlaufenden Posten erst gar nicht an. Differenzen zwischen den meist pauschalen Vorauszahlungen der Mieter und den tatsächlich entstandenen Kosten werden i.d.R. durch jährliche Abrechnungen egalisiert; der Mieter muss entweder eine Nachzahlung leisten oder erhält eine Gutschrift für zu viel bezahlte Nebenkosten. Die Unschärfen durch die zeitlichen Unterschiede zwischen den Ein- und Auszahlungen sowie den korrespondierenden Erträgen und Kosten werden beim Ertragswertverfahren i.d.R. nicht berücksichtigt, sofern sie keinen erheblichen Werteinfluss haben.

Manchmal werden Nebenkosten auch von Mietern direkt an den Dienstleister bezahlt, ohne Umweg über den Vermieter. Insofern können Nebenkosten verschiedener Immobilien unterschiedliche Bestandteile enthalten. Insbesondere gibt es auch Unterschiede zwischen wohnwirtschaftlichen und gewerblichen Grundstücken.

Obwohl die Nebenkosten in der Ertragswertberechnung als neutraler, durchlaufender Posten nicht aufgeführt werden, können sie dennoch wertbeeinflussend sein. Für Mieter bedeutet es einen Unterschied, ob man für eine Wohnung mit einer Nettokaltmiete von 1.035 € pro Monat mit Nebenkosten von 200 € oder von 350 € rechnen muss. Bei einer Wohnungsgröße von 90 m² Wohnfläche sind das im ersten Fall 13,72 €/m² WF, im zweiten Fall 15,39 €/m² WF, ein erheblicher Unterschied von 12,2 % der Bruttomiete! Von den Mietern, also der Nachfrageseite, kommt daher Druck auf die Nettokaltmieten, wenn die zu erwartenden Nebenkosten relativ hoch sind. Insofern drücken hohe Nebenkosten, z.B. in Gebäuden mit schlechter Energieeffizienz und daher hohen Heizkosten, tendenziell die Nettokaltmiete und niedrige Nebenkosten, die z.B. in Gebäuden mit hoher Energieeffizienz anfallen, lassen eine höhere Nettokaltmiete erwarten. Allerdings kommt es auch immer noch auf die Marktsituation an, ob und in welcher Höhe sich die Nebenkosten auf die Nettokaltmiete auswirken. Niedrigere Nettokaltmieten führen c.p. zu einem niedrigeren Ertragswert.

Die Bewirtschaftungskosten werden in § 32 Abs. 1 Satz 2 ImmoWertV näher bezeichnet bzw. untergliedert, nämlich in Verwaltungskosten (siehe Kap. 3.4.4.2), Instandhaltungskosten (siehe Kap. 3.4.4.3), Mietausfallwagnis (siehe Kap. 3.4.4.4) sowie Betriebskosten (siehe Kap. 3.4.4.5). Letztere sind inhaltlich meist deckungsgleich mit o.g. Nebenkosten und können nach § 556 Abs. 1 Satz 1 BGB durch Vereinbarung auf die Mieter übertragen werden. Somit gehören sie zwar zu den Bewirtschaftungskosten, aber sind beim Ertragswertverfahren i.d.R. nach oben beschriebener Logik nicht zu berücksichtigen. In § 556 Abs. 1 Satz 2 BGB erfolgt die Definition der Betriebskosten, in Satz 3 wird auf die Betriebskostenverordnung (BetrKV) hingewiesen, in welcher die Definition wiederholt wird. Die BetrKV führt in § 1 Abs. 2 gleichzeitig auf, was NICHT zu den Betriebskosten gehört und damit im wohnwirtschaftlichen Bereich nicht umlagefähig ist, nämlich die Verwaltungs- und Instandhaltungs- bzw. -setzungskosten.

> ***§ 1 BetrKV (Betriebskosten):***
>
> *(1) Betriebskosten sind die Kosten, die dem Eigentümer oder Erbbauberechtigten durch das Eigentum oder Erbbaurecht am Grundstück oder durch den bestimmungsmäßigen Gebrauch des Gebäudes, der Nebengebäude, Anlagen, Einrichtungen und des Grundstücks laufend entstehen. Sach- und Arbeitsleistungen des Eigentümers oder Erbbauberechtigten dürfen mit dem Betrag angesetzt werden, der für eine gleichwertige Leistung eines Dritten, insbesondere eines Unternehmers, angesetzt werden könnte; die Umsatzsteuer des Dritten darf nicht angesetzt werden.*
>
> *(2) Zu den Betriebskosten gehören* ***nicht:***
>
> 1. *die Kosten der zur* ***Verwaltung*** *des Gebäudes erforderlichen Arbeitskräfte und Einrichtungen, die Kosten der Aufsicht, der Wert der vom Vermieter persönlich geleisteten Verwaltungsarbeit, die Kosten für die gesetzlichen oder freiwilligen Prüfungen des Jahresabschlusses und die Kosten für die Geschäftsführung* ***(Verwaltungskosten),***
> 2. *die Kosten, die während der Nutzungsdauer zur* ***Erhaltung des bestimmungsmäßigen Gebrauchs*** *aufgewendet werden müssen, um die durch Abnutzung, Alterung und Witterungseinwirkung entstehenden baulichen oder sonstigen Mängel ordnungsgemäß zu beseitigen* ***(Instandhaltungs- und Instandsetzungskosten).***

Bei Gewerbenutzung gelten diese gesetzlichen Beschränkungen nicht. Es gibt Mietverträge, welche die zusätzliche Übernahme von Verwaltungs- und Instandhaltungskosten vorsehen. Diese Mietverträge werden, abgeleitet aus dem angelsächsischen Sprachraum, Double-Net (zweifach netto) oder Triple-Net (dreifach netto) genannt. Der Unterschied liegt darin, dass bei Triple-Net auch noch die Instandhaltungskosten an Dach und Fach (Dach, Außenmauern,

Fassade etc.) vom Mieter getragen werden. Bei Double-Net-Verträgen werden i.d.R. Grundsteuer und Versicherungen sowie Instandhaltungskosten (außer an Dach und Fach) vom Mieter bezahlt. Sehr oft entstehen solche Verträge im Rahmen von sogenannten Sale-and-lease-back-Geschäften, bei denen Unternehmen, um sich auf ihr Kerngeschäft zu konzentrieren oder Liquidität zu erhalten, ihre Immobilien verkaufen und vom Käufer/Investor zurückmieten, da sie die Räumlichkeiten für ihre Geschäftstätigkeit benötigen. Der Vorteil dieser Verträge für den Investor liegt hauptsächlich darin, dass er wenig Aufwand mit der Immobilie hat und einen Teil der Risiken abgeben kann.

Bei der Verwendung des allgemeinen und des vereinfachten Ertragswertverfahrens werden die Bewirtschaftungskosten jährlich als konstant angenommen. Ohne diese Modellvereinfachung wäre auch der Jahresreinertrag jährlich nicht konstant, somit könnte der Rentenbarwertfaktor nicht eingesetzt werden. Während die Verwaltungskosten bei einer Immobilie pro Jahr ungefähr in einer ähnlichen Größenordnung liegen, fallen Instandhaltungskosten und meistens auch das Mietausfallwagnis in der Realität jedoch unregelmäßig an.

In der ImmoWertV 2021 ist man dazu übergegangen, die Ansätze für die (nicht umlegbaren) Bewirtschaftungskosten den Gutachterausschüssen verbindlich für das ganze Land vorzuschreiben. Wertermittler wiederum müssen sich wegen der Forderung nach Modellkonformität an die von den Gutachterausschüssen angegebenen Ansätze halten, wenn sie deren Liegenschaftszinssätze anwenden wollen. So heißt es in Nr. 32.(1).1 ImmoWertA: „Zur Wahrung der Modellkonformität sind bei der Wertermittlung die Modellansätze für die Bewirtschaftungskosten zu beachten, die der Ermittlung des Liegenschaftszinssatzes zugrunde lagen." In Anlage 3 der ImmoWertV werden die Modellansätze teilweise in absoluten Beträgen (Verwaltungskosten Wohnnutzung als Betrag pro Einheit, Instandhaltungskosten pro m² Mietfläche), teilweise als Prozentsatz vom Jahresrohertrag (Verwaltungskosten Gewerbenutzung, Mietausfallwagnis) angegeben. Die absoluten Ansätze sind jährlich ab dem 1. Januar auf Basis des Verbraucherpreisindexes, den das Statistische Bundesamt für den vorausgehenden Oktober veröffentlicht, fortzuschreiben. Sie basieren im Wesentlichen auf den Ansätzen der Zweiten Berechnungverordnung mit Stand Oktober 2001, die in Nr. III der Anlage 3 aufgeführt werden. Auf die detaillierten Modellansätze wird nachfolgend pro Kostenart eingegangen.

3.4.4.2 Verwaltungskosten

In § 32 Abs. 2 ImmoWertV sind Verwaltungskosten näher definiert.

> ***§ 32 ImmoWertV (Bewirtschaftungskosten):***
>
> *(...)*
>
> *(2)* ***Verwaltungskosten*** *umfassen insbesondere die* ***Kosten der zur Verwaltung des Grundstücks*** *erforderlichen* ***Arbeitskräfte und Einrichtungen, die Kosten der Aufsicht und die Kosten der Geschäftsführung*** *sowie den Gegenwert der von Eigentümerseite persönlich geleisteten* ***Verwaltungsarbeit.***
>
> *(...)*

In Anlage 3 ImmoWertV werden unter Nr. I.1. (Bewirtschaftungskosten für Wohnnutzung, Verwaltungskosten) zunächst die absoluten Beträge mit Gültigkeitsstichtag 1.1.2021 aufgeführt, basierend auf dem Verbraucherpreisindex Oktober 2020. Die ursprünglichen Beträge mit Basis VPI Oktober 2001 sind in Nr. III.1. (Jährliche Anpassung, Verwaltungskosten) gelistet. Die absoluten Verwaltungskosten sind auf den vollen € zu runden. Abb. 10 zeigt die Ansätze seit Inkrafttreten der ImmoWertV bis zur Veröffentlichung dieses Textes.[16]

Ansätze Verwaltungskosten (Anlage 3 ImmoWertV)						
Gültigkeitsdatum	**(Basis)**	**01.2021**	**01.2022**	**01.2023**	**01.2024**	**01.2025**
Basis Verbraucherpreisindex	Okt 01	Okt 20	Okt 21	Okt 22	Okt 23	Okt 24
VPI (2015 = 100)	81,6	105,9	110,7	122,2		
VPI (2020 = 100)	77,1	(99,9)	(104,3)	(113,5)	117,8	120,2
Wohnung	230 €/m²	298 €/m²	312 €/m²	344 €/m²	351 €/m²	359 €/m²
Eigentumswohnung	275 €/m²	357 €/m²	373 €/m²	412 €/m²	420 €/m²	429 €/m²
Garagenstellplatz	30 €/Stk.	39 €/Stk.	41 €/Stk.	45 €/Stk.	46 €/Stk.	47 €/Stk.
Gewerbliche Nutzung	3% JRoE	3% JRoE	3% JRoE	3% JRoE	3% JRoE	3% JRoE

Abb. 10: Verwaltungskosten nach Anlage 3 ImmoWertV im Zeitablauf

Die anzusetzenden Verwaltungskosten sind reine Modellgrößen. Aufgrund zeitlicher Verzögerungen bei der Ableitung, anderer Interpretation von Rundungsregeln etc. sind die Werte der Tabelle nicht verbindlich, sondern stellen lediglich eine Übersicht dar. Anzuwenden sind, aufgrund der Forderung nach Modellkonformität, grundsätzlich die Ansätze des Gutachterausschusses, dessen Liegenschaftszinssatz verwendet wird.

Reale Verwaltungskosten werden durch den Markt für derartige Verwaltungsleistungen bestimmt und unterliegen, wie andere Märkte auch, dem Zusammenspiel von Angebot und Nachfrage. So können bspw. in Gegenden, in denen es im Vergleich zur Anzahl der zu verwaltenden Immobilien wenige Hausverwaltungsdienstleister gibt und hohe Auslastung herrscht, höhere Verwaltungskosten auftreten als in Regionen mit gutem Wettbewerb und schlechterer Auslastung der einzelnen Firmen. Auch das Gehaltsniveau der im Bereich Hausverwaltung tätigen Personen ist, neben vielen weiteren Kriterien, für die Höhe der Verwaltungskosten relevant.

Andererseits ist die Art der Immobilie maßgeblich. Da eine kleinere Wohnung ungefähr den gleichen Verwaltungsaufwand wie eine größere Wohnung (c.p., im gleichen Objekt, mit höherem absolutem Rohertrag) verursacht, ist der Ansatz eines fixen Betrags pro Wohneinheit nachvollziehbar. Allerdings steigen mit höheren Mieten auch die Ansprüche an die Hausverwaltung, sodass eine gewisse Abhängigkeit vom Rohertrag durchaus gegeben sein kann. Weiteres wichtiges Kriterium ist die Größe einer Immobilie bzw. die Anzahl der Einheiten. Tendenziell ist bei kleineren Wohnimmobilien mit wenigen Einheiten durch allgemeine Fixkosten mit höheren Verwaltungskosten für die einzelne Einheit zu rechnen als bei Objekten mit einer größeren Anzahl von Einheiten.

Bei gewerblichen Objekten ist ein relativer Ansatz von 3 % des Rohertrags in Anlage 3 Nr. II der ImmoWertV vorgegeben. In der Realität können bei einer Vielzahl von Mietern tatsächlich gänzlich andere Verwaltungskosten anfallen als bspw. bei einem Generalmieter. Weiterhin kann, wie bereits erwähnt, in Mietverträgen vorgesehen sein, dass die Mieter die Verwal-

16 Hinweis: Im Jahr 2023 wechselte die Basis von 2015 = 100 auf 2020 = 100. Verwendet wird in der Tabelle die zum Gültigkeitstag verfügbare Basis.

tungskosten übernehmen. Insofern ist der relative Ansatz von 3 % des Jahresrohertrags für die Verwaltungskosten nur eine grobe Modellgröße.

3.4.4.3 Instandhaltungskosten

Instandhaltungskosten sind die im Verhältnis zu den gesamten Bewirtschaftungskosten höchsten dieser Kosten. In § 32 Abs. 3 werden sie wie folgt definiert:

> ***§ 32 ImmoWertV (Bewirtschaftungskosten):***
>
> *(...)*
>
> *(3)* ***Instandhaltungskosten*** *umfassen die Kosten, die im langjährigen Mittel* ***infolge Abnutzung oder Alterung zur Erhaltung*** *des der Wertermittlung* ***zugrunde gelegten Ertragsniveaus*** *der baulichen Anlagen* ***während ihrer Restnutzungsdauer*** *marktüblich aufgewendet werden müssten.*
>
> *(...)*

In den ImmoWertA wird in Nr. 32.(3).1 präzisiert: „Instandhaltungskosten umfassen sowohl die für den laufenden Bauunterhalt als auch die für die Erneuerung einzelner baulicher Teile aufzuwendenden Kosten. Zur Instandhaltung gehören grundsätzlich auch die Schönheitsreparaturen, soweit sie vom Eigentümer zu tragen sind."

Außerdem wird in Nr. 32.(3).2 ImmoWertA klargestellt, dass Modernisierungskosten und Kosten zur Beseitigung eines Instandhaltungsrückstaus nicht zu den Instandhaltungskosten zählen. Während die laufenden Instandhaltungskosten im Rahmen des Ertragswertverfahrens zur Ermittlung des Reinertrags als Bewirtschaftungskosten vom Rohertrag abgezogen werden, sind zu erwartende Kosten für die Beseitigung eines Instandhaltungsrückstaus oder bei der Bewertung vorgesehene Modernisierungskosten – in der Regel – mit einem Wertabschlag als besonderes objektspezifisches Grundstücksmerkmal nach § 8 Abs. 3 ImmoWertV zu berücksichtigen. Nach Nr. 4.(3).2 ImmWertA sind „Modernisierungen (...) beispielsweise Maßnahmen, die eine wesentliche Verbesserung der Wohn- oder sonstigen Nutzungsverhältnisse oder wesentliche Einsparungen von Energie und Wasser bewirken". Sofern bei der Bewertung Modernisierungskosten als „besonderes objektspezifisches Grundstücksmerkmal" mit einem Wertabschlag berücksichtigt werden, muss allerdings geprüft werden, ob aufgrund der Aufwertung dann nicht auch die Restnutzungsdauer verlängert und/oder die Roherträge erhöht werden müssen, da marktüblich mit modernisierten Wohnungen höhere Erträge erzielt werden können als mit nicht modernisierten.

In der Praxis sind diese drei Arten von Kosten allerdings nicht immer eindeutig zu unterscheiden. Beispielsweise geht mit dem Ersatz eines schadhaften alten Fensters (Instandhaltungskosten oder Instandhaltungsrückstand, wenn es nicht zeitnah zum Entstehen des Schadensfalls ausgetauscht wurde) immer auch ein Modernisierungseffekt einher, da es kaum durch ein anderes baugleiches altes Fenster, sondern durch ein neues mit besseren Produkteigenschaften ausgetauscht wird.

Im Lebenszyklus einer Immobilie fallen Instandhaltungskosten zu unterschiedlichen Zeiten in verschiedener Höhe an. Während bei Neubauten in den ersten Jahren wenig bis gar keine Instandhaltungskosten entstehen oder diese noch durch Gewährleistungen gedeckt sind, sind bauliche Anlagen, je älter sie werden, umso anfälliger für Reparaturen oder den Ersatz von Bauteilen. Instandhaltungskosten steigen mit dem Baualter der Immobilie bzw. dem Abnehmen der Restnutzungsdauer also an. Dieser Umstand wird bei den Modellwerten, im Gegensatz zu früheren Ertragswertmodellen der WertV und der ImmoWertV 2010, seit der Ertragswertrichtlinie (2015 bis 2021) nicht mehr berücksichtigt. Der Ansatz für die Instandhaltungskosten lehnt sich zwar ebenfalls an die II. BV an, aber in dieser Verordnung waren die Kostenansätze noch nach Baualter differenziert und enthielten drei Stufen – je älter die Immobilie, desto höher wurden die Instandhaltungskosten angenommen. Nur die mittlere Stufe dient noch als Referenzgröße für die Instandhaltungskosten nach ImmoWertV 2021.

Weitere Bestimmungsgründe für die Höhe von Instandhaltungskosten gehen von den spezifischen Märkten für Baumaterialien und Bauleistungen aus. Insbesondere wegen der Auslastung von Handwerkern können Kosten in unterschiedlichen Zeiten und zwischen verschiedenen Regionen erheblich schwanken. Auch diese Umstände werden bei den Modellwerten vernachlässigt.

Im Gegensatz zu den Verwaltungskosten hängen Instandhaltungskosten stärker von der zugrunde liegenden Wohn-/Nutzfläche ab. Aber der Rohertrag ist auch hier ein starkes Indiz für die Höhe von (realen) Instandhaltungskosten. So ist anzunehmen, dass bei höheren Mieten Mieter auch hinsichtlich der Instandhaltung anspruchsvoller und die Mietobjekte wegen gehobener Ausstattung anfälliger für Reparaturen sind.

In Anlage 3 ImmoWertV werden unter Nr. I.2. (Bewirtschaftungskosten für Wohnnutzung, Instandhaltungskosten) zunächst die absoluten Beträge pro m² Wohnfläche mit Gültigkeitsstichtag 1.1.2021 aufgeführt, die ursprünglichen Beträge mit Basis VPI Oktober 2001 sind in Nr. III.2. (Jährliche Anpassung, Instandhaltungskosten) gelistet. Die Instandhaltungskosten pro m² sind auf eine Nachkommastelle, die pro PKW-Einstellplatz auf den vollen € zu runden. Die Instandhaltungskosten für gewerbliche Nutzungen werden als Prozentsatz der Instandhaltungskosten für Wohnnutzung dargestellt.

Anlage 3 ImmoWertV (Modellansätze für Bewirtschaftungskosten):

II. Bewirtschaftungskosten für gewerbliche Nutzung

2. Instandhaltungskosten

Den Instandhaltungskosten für gewerbliche Nutzung wird jeweils ein Prozentsatz der Instandhaltungskosten für Wohnnutzung zugrunde gelegt.

100 Prozent	für gewerbliche Nutzung wie z. B. Büros, Praxen, Geschäfte und vergleichbare Nutzungen bzw. gewerblich genutzte Objekte mit vergleichbaren Baukosten, wenn der Vermieter die Instandhaltung für „Dach und Fach" trägt
50 Prozent	für gewerbliche Nutzung wie z. B. SB-Verbrauchermärkte und vergleichbare Nutzungen bzw. gewerblich genutzte Objekte mit vergleichbaren Baukosten, wenn der Vermieter die Instandhaltung für „Dach und Fach" trägt
30 Prozent	für gewerbliche Nutzung wie z. B. Lager-, Logistik- und Produktionshallen und vergleichbare Nutzungen bzw. gewerblich genutzte Objekte mit vergleichbaren Baukosten, wenn der Vermieter die Instandhaltung für „Dach und Fach" trägt

Auch für den Ansatz der Instandhaltungskosten ist maßgeblich, was der jeweilige Gutachterausschuss bei der Ableitung der Liegenschaftszinssätze beschließt. Es besteht kein Zweifel, dass die Ansätze der Anlage 3 ImmoWertV für die meisten Märkte nicht marktüblich sind. Abweichungen von der tatsächlichen Marktüblichkeit werden, zumindest in der Theorie, vom Liegenschaftszinssatz aufgefangen.

Abb. 11 führt alle Daten seit Inkrafttreten der ImmoWertV 2021 auf.

Ansätze Instandhaltungskosten (Anlage 3 ImmoWertV)						
Gültigkeitsdatum	**(Basis)**	**01.2021**	**01.2022**	**01.2023**	**01.2024**	**01.2025**
Basis Verbraucherpreisindex	Okt 01	Okt 20	Okt 21	Okt 22	Okt 23	Okt 24
VPI (2015 = 100)	81,6	105,9	110,7	122,2		
VPI (2020 = 100)	77,1	(99,9)	(104,3)	(113,5)	117,8	120,2
Wohnen	9,00 €/m²	11,70 €/m²	12,20 €/m²	13,50 €/m²	13,80 €/m²	14,00 €/m²
Garagenstellplatz	68 €/Stk.	88 €/Stk.	92 €/Stk.	102 €/Stk.	104 €/Stk.	106 €/Stk.
Büros, Praxen u.ä. (100% Wohnen)	9,00 €/m²	11,70 €/m²	12,20 €/m²	13,50 €/m²	13,80 €/m²	14,00 €/m²
SB-Verbrauchermärkte u.ä. (50%)	4,50 €/m²	5,90 €/m²	6,10 €/m²	6,80 €/m²	6,90 €/m²	7,00 €/m²
Lager-/Logistik-/Produktionshallen (30%)	2,70 €/m²	3,50 €/m²	3,70 €/m²	4,10 €/m²	4,10 €/m²	4,20 €/m²

Abb. 11: Instandhaltungskosten nach Anlage 3 ImmoWertV im Zeitablauf

3.4.4.4 Mietausfallwagnis

Das Mietausfallwagnis wird in § 32 Abs. 4 ImmoWertV ausführlich definiert:

> ***§ 32 ImmoWertV (Bewirtschaftungskosten):***
>
> *(...)*
>
> *(4) Das **Mietausfallwagnis** umfasst*
>
> 1. *das **Risiko einer Ertragsminderung,** die durch **uneinbringliche Zahlungsrückstände** von Mieten, Pachten und sonstigen Einnahmen oder durch **vorübergehenden Leerstand** von Grundstücken oder Grundstücksteilen entstehen, die zur Vermietung, Verpachtung oder sonstigen Nutzung bestimmt sind,*
> 2. *das Risiko von bei uneinbringlichen Zahlungsrückständen oder bei vorübergehendem Leerstand anfallenden, vom **Eigentümer zusätzlich zu tragenden Bewirtschaftungskosten** sowie*
> 3. *das Risiko von uneinbringlichen **Kosten einer Rechtsverfolgung** auf Zahlung, auf Aufhebung eines Mietverhältnisses oder auf Räumung.*

Die ImmoWertA ergänzen unter Nr. 32.(4): „Die Einschätzung des Mietausfallwagnisses für ein einzelnes Wertermittlungsobjekt hängt von mehreren z. T. sehr individuellen Faktoren ab, die sich auch in kurzer Zeit ändern können. Für den Ansatz im Rahmen der Wertermittlung ist aus diesem Grund ein durchschnittliches Risiko zu ermitteln. Dauerhafter struktureller Leerstand wird nicht vom Mietausfallwagnis erfasst (...)."

Das Mietausfallwagnis sind kalkulatorische Kosten. Sie fallen in der Realität oft unregelmäßig an. So ist es möglich, dass im Lebenszyklus einer Immobilie lange Zeit kaum solche Kosten entstehen, aber dann plötzlich geballt. Üblich sind insbesondere Mietausfälle, die aufgrund der Kündigung von Mietverträgen entstehen und kurzfristigen Leerstand verursachen. Insofern ist bei Mietmärkten, in denen eine hohe Nachfrage und ein knappes Angebot herrschen, mit weniger Mietausfall zu rechnen als in Märkten mit einem Überangebot an Flächen. Weiterhin ist die grundsätzliche Bonität der Mieter in dem bestimmten Markt ein Indiz für die

Höhe der Kosten. Im gewerblichen Bereich ist dies u.a. von der Branche abhängig. Ein wichtiger Bestimmungsgrund ist auch der Zufall, d.h. Glück/Pech im Hinblick auf die Mieter (= Risiko). Eine Vielzahl von Mietparteien in einem Mietobjekt, z.B. einer großen Wohnanlage, kann diese Zufallskomponente relativieren, sodass sich bei solchen Immobilien die Kosten des Mietausfalls pro Jahr in einer ähnlicher Größenordnung bewegen.

Das Mietausfallwagnis wird in Prozent vom Jahresrohertrag angegeben. In Anlage 3 ImmoWertV werden 2 % des marktüblich erzielbaren Rohertrags bei Wohnnutzung und 4 % bei reiner bzw. gemischter gewerblicher Nutzung vorgegeben. Auch hier ist offensichtlich, dass diese Angaben nicht für alle Märkte im Durchschnitt und schon gar nicht für eine einzelne Immobilie gelten können. Es sind reine Modellgrößen.

3.4.4.5 Betriebskosten

Wie schon in Kapitel 3.4.4.1 ausführlich beschrieben, sind Betriebskosten i.d.R. umlegbar und werden daher meist nicht als Bewirtschaftungskosten vom Rohertrag abgezogen. Es gibt jedoch durchaus Fälle, in denen Betriebskosten vom Vermieter zu tragen sind. So ist bspw. bei insbesondere langfristigen strukturellen Leerständen kein Mieter vorhanden, der die zumindest teilweise anfallenden Betriebskosten begleicht. Bei kurzfristigem Leerstand werden diese Betriebskosten definitionsgemäß im Mietausfallwagnis erfasst.

Manche Gutachterausschüsse setzen in ihrem Modell einen kleinen Satz (z.B. 0,5 % des Rohertrags) für nicht umlegbare Betriebskosten als laufende Bewirtschaftungskosten an (was in der ImmoWertV eigentlich nicht vorgesehen ist);[17] dem wäre aufgrund der Forderung nach Modellkonformität bei der Wertermittlung zu folgen, sofern der entsprechende Liegenschaftszinssatz verwendet wird. In Bewertungsfällen, in denen zwar Betriebskosten von den Vermietern zu tragen sind, aber im Modell kein Ansatz vorgesehen ist, wäre – bei Wertrelevanz – ein Abschlag als besonderes objektspezifisches Grundstücksmerkmal eine Möglichkeit.

Obwohl Betriebskosten von den Mietern übernommen werden, ist es nützlich zu wissen, welche Betriebskosten gewöhnlich anfallen. Wie bereits beschrieben, können verhältnismäßig hohe Betriebskosten zu einem Druck auf die Nettokaltmieten führen. § 2 BetrKV listet die einzelnen Betriebskosten auf, die nach § 556 BGB im wohnwirtschaftlichen Bereich auf die Mieter umgelegt werden dürfen.[30]

Exkurs: CO2-Besteuerung

Am 1.1.2023 trat das „Gesetz zur Aufteilung der Kohlendioxidkosten“ (Kohlendioxidkostenaufteilungsgesetz – CO2KostAufG) in Kraft. Zweck dieses Gesetzes ist nach § 1 „die Aufteilung der Kohlendioxidkosten zwischen Vermieter und Mieter entsprechend ihren Verantwortungsbereichen und Einflussmöglichkeiten auf den Kohlendioxidausstoß eines Gebäudes“. Damit sollen Anreize für die Nutzer eines Gebäudes zu energieeffizientem Verhalten und für die Eigentümer zu Investitionen in klimaschonende Heizungssysteme und zu energetischen Sanierungen geschaffen werden. Ziel ist die Reduktion von Treib-

17 Z.B. Frankfurt am Main im Jahresbericht 2024.

30 Aufgrund des Umfangs (17 ausführlich beschriebene Positionen) wird hier auf einen Abdruck verzichtet.

hausgasen im Gebäudebereich. Das CO2KostAufG basiert wiederum auf dem Gesetz über einen nationalen Zertifikatehandel für Brennstoffemissionen (Brennstoffemissionshandelsgesetz – BEHG) vom 12.12.2019. Zweck des BEHG ist es nach § 1, „die Grundlagen für den Handel mit Zertifikaten für Emissionen aus Brennstoffen zu schaffen und für eine Bepreisung dieser Emissionen zu sorgen, soweit diese Emissionen nicht vom EU-Emissionshandel erfasst sind (...)". Grund dieser Gesetze ist der Klimaschutz.

Die Kohlendioxidkosten fallen nur für Gebäude an, die mit fossilen Brennstoffen beheizt werden, also mit Erdgas, Flüssiggas, Erdöl oder Kohle, und können in die Kategorie „Betriebskosten" eingeordnet werden. Sie sind jedoch nicht gesamthaft von den Mietern zu tragen, sondern werden anhand des CO2KostAufG zwischen Mietern und Vermietern aufgeteilt.

Bei der Aufteilung wird zwischen Wohngebäuden und Nichtwohngebäuden unterschieden. Bei Wohngebäuden ist für die Aufteilung der Kohlendioxidkosten ein Stufenmodell vorgegeben, das in Anlage zu den §§ 5 bis 7 CO2KostAufG dargestellt wird. Die Aufteilung ist abhängig nach dem Kohlendioxidausstoß pro m² Wohnfläche pro Jahr und sieht 10 Stufen vor. Je höher der Ausstoß, desto mehr muss der Vermieter prozentual an den Kosten tragen. Bei emissionsarmen Gebäuden (< 12 kg $CO_2/m^2/a$) trägt der Mieter noch 100 % der Kosten, bei Gebäuden mit hohen Emissionswerten (> = 52 kg $CO_2/m^2/a$) trägt der Mieter nur noch 5 %, die restlichen 95 % der Kosten trägt der Vermieter. Abb. 12 zeigt die Aufteilungsquoten.

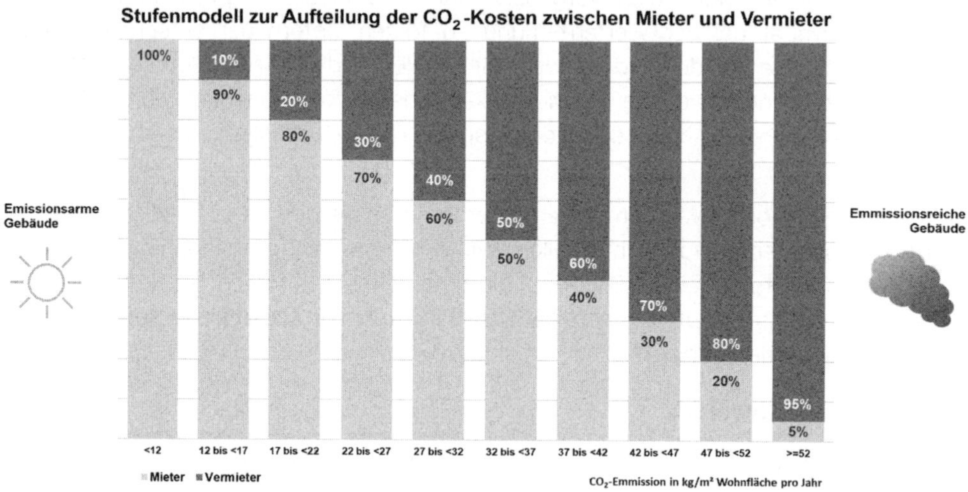

Abb. 12: Stufenmodell zur Aufteilung der CO2-Kosten

Bei Nichtwohngebäuden werden die Kohlendioxidkosten nach § 8 CO2KostAufG zur Hälfte von Mietern und Vermietern getragen. Hier ist nach § 8 Abs. 4 CO2KostAufG ab 2025 ebenfalls ein Stufenmodell vorgesehen.

Die erwartete beim Vermieter verbleibende Kostenbelastung kann mit einigen Unsicherheiten kalkuliert werden. Notwendige Informationen sind u.a. der Kohlendioxidausstoß des Bewertungsobjektes, ein von der Energieart abhängiger Emissionsfaktor, der erwartete CO2-Preis, damit die CO2-Kosten sowie die Laufzeit, auf welche die beim Vermieter verbleibenden Kosten voraussichtlich anfallen. Auf eine ausführliche Berechnungsanleitung wird an dieser Stelle verzichtet; hierfür stehen Berechnungstools zur Verfügung.

Sofern es das Modell des Gutachterausschusses vorsieht, können die Kohlendioxidkosten als nicht umlagefähige Bewirtschaftungskosten direkt vom Jahresrohertrag abgezogen werden. Dies wird jedoch bei den Modellen eher die Ausnahme sein, zumal die ImmoWertV und die ImmoWertA diesen Posten nicht vorgesehen haben. Es ist wahrscheinlich modellgerecht, den Barwert der beim Vermieter verbleibenden CO2-Kosten als „besonderes objektspezifisches Grundstücksmerkmal" nach § 8 Abs. 3 ImmoWertV mit einem Abschlag zu berücksichtigen. Eine andere Möglichkeit besteht darin, die schlechteren energetischen Eigenschaften im objektspezifisch angepassten Liegenschaftszinssatz einzuwerten. Wichtig bei allen Varianten ist es, die Marktreaktion auf diese vermieterseitigen Abgaben marktkonform zu erfassen und dabei die Modellkonformität zu beachten.

3.4.5 Restnutzungsdauer

Die wirtschaftliche Restnutzungsdauer von baulichen Anlagen wird bei allen drei Ertragswertverfahrensvarianten für die Kapitalisierung (im Rentenbarwertfaktor enthalten) sowie beim vereinfachten und periodischen Ertragswertverfahren für die Diskontierung des Bodenwertes (im Diskontierungsfaktor enthalten) benötigt. Sie wird in § 4 Abs. 3 ImmoWertV definiert. Zur Berechnung notwendig sind das Baualter und die Gesamtnutzungsdauer.

> ***§ 4 ImmoWertV (Alter-, Gesamt- und Restnutzungsdauer):***
>
> *(1) Das Alter einer baulichen Anlage ergibt sich aus der* ***Differenz zwischen dem Kalenderjahr des maßgeblichen Stichtags und dem Baujahr.***
>
> *(2) Die Gesamtnutzungsdauer bezeichnet die Anzahl der Jahre, in denen eine bauliche Anlage bei ordnungsgemäßer Bewirtschaftung vom Baujahr an gerechnet üblicherweise wirtschaftlich genutzt werden kann.*
>
> *(3) Die* ***Restnutzungsdauer*** *bezeichnet die Anzahl der Jahre, in denen eine bauliche Anlage* ***bei ordnungsgemäßer Bewirtschaftung voraussichtlich noch wirtschaftlich genutzt werden kann.*** *Die Restnutzungsdauer wird in der Regel auf Grundlage des Unterschiedsbetrags zwischen der Gesamtnutzungsdauer und dem Alter der baulichen Anlage am maßgeblichen Stichtag unter Berücksichtigung individueller Gegebenheiten des Wertermittlungsobjekts ermittelt. Individuelle Gegebenheiten des Wertermittlungsobjekts, beispielsweise durchgeführte Instandsetzungen oder Modernisierungen oder unterlassene Instandhaltungen des Wertermittlungsobjekts, können die sich aus dem Unterschiedsbetrag nach Satz 2 ergebende Dauer verlängern oder verkürzen.*

Im Gegensatz zum Sachwertverfahren ist bei der Ertragswertermittlung nur die Restnutzungsdauer relevant, nicht die Gesamtnutzungsdauer. Diese wird lediglich als Anhaltspunkt zur Berechnung der Restnutzungsdauer benötigt. Grundsätzliche Idee ist, die Restnutzungsdauer durch den Abzug des Baualters von der Gesamtnutzungsdauer zu ermitteln, allerdings ist das in vielen Fällen nicht so einfach möglich.

Die Bestimmung von Gesamt- und Restnutzungsdauern baulicher Anlagen wird ausführlich im Rahmen des Sachwertverfahrens in Kapitel 4.5.1.5 erläutert. An dieser Stelle soll nur betont werden, dass die Restnutzungsdauer nach wirtschaftlichen Gesichtspunkten bestimmt werden muss, rein technische Aspekte sind nicht ausschlaggebend. Die wirtschaftliche Gesamtnutzungsdauer entspricht somit nicht der gesamten Lebensdauer. Gebäude halten i.d.R. technisch länger, als sie wirtschaftlich sinnvoll nutzbar sind. Außerdem ist zu beachten, dass der Ansatz der Restnutzungsdauer konform mit dem Modell erfolgt, welches für den Ansatz des Liegenschaftszinssatzes verwendet wird.

Bei Anwendung des Ertragswertverfahrens ist die Bestimmung der Restnutzungsdauer regelmäßig eine Herausforderung, wenn auf einem Grundstück mehrere bauliche Anlagen mit unterschiedlicher Restnutzungsdauer vorhanden sind. Es gibt keine einheitliche Methode für diese Fälle, von rein schematischer Vorgehensweise ist abzuraten. Gefordert ist der Sachverstand des Wertermittlers, um individuelle, nach wirtschaftlichen Gesichtspunkten sinnvolle, methodisch fundierte Lösungen zu kreieren. Daher wird lediglich wie folgt angemerkt:

Können die Gebäude separaten Bodenflächen zugeordnet werden, lassen sich mehrere Ertragswerte berechnen und dann addieren. Hierzu ist außerdem erforderlich, dass die baulichen Anlagen nicht das gleiche Schicksal teilen.

Problematischer wird es, wenn sich Gebäude oder Gebäudeteile nicht separat auf bestimmte Bodenteile bzw. -werte zurechnen lassen. Hierzu führen die ImmoWertA in Nr. 4.(3).3 aus: „Bei baulichen Anlagen mit unterschiedlichen Restnutzungsdauern, die eine wirtschaftliche Einheit bilden, sowie bei baulichen Anlagen mit Bauteilen, die eine deutlich voneinander abweichende Restnutzungsdauer aufweisen, bestimmt sich die maßgebliche Restnutzungsdauer nicht zwingend nach der Anlage mit der kürzesten Restnutzungsdauer; sie ist vielmehr nach wirtschaftlichen Gesichtspunkten unter Einbeziehung der Möglichkeit der Modernisierung wirtschaftlich verbrauchter Gebäude und Bauteile zu bestimmen.“ Sowie in Nr. 4.(3).4: „Bilden bauliche Außenanlagen oder sonstige Anlagen mit der baulichen (Haupt-)Anlage eine wirtschaftliche Einheit, richtet sich die Restnutzungsdauer der baulichen Außenanlagen und sonstigen Anlagen in der Regel nach der Restnutzungsdauer der baulichen (Haupt-)Anlage.“

3.4.6 Liegenschaftszinssätze

3.4.6.1 Empirische Ermittlung durch Ableitung aus Kaufpreisen

Neben der Restnutzungsdauer geht der Liegenschaftszinssatz in den Rentenbarwertfaktor ein, mit dem der Reinertrag (vereinfachtes und periodisches Ertragswertverfahren Komponente 2) bzw. der um die Bodenwertverzinsung verminderte Reinertrag (allgemeines Ertragswertverfahren) kapitalisiert werden muss. Als Diskontierungszinssatz für die Periode der Einzelbetrachtung (Komponente 1) beim periodischen Ertragswertverfahren ist er nur bedingt geeignet (siehe Kap. 3.4.6.2). Der Bodenwert hingegen wird beim vereinfachten und beim periodischen Ertragswertverfahren mit dem Liegenschaftszinssatz abgezinst.

Liegenschaftszinssätze sind in § 21 Abs. 1 und Abs. 2 ImmoWertV definiert.

> ***§ 21 ImmoWertV (Liegenschaftszinssätze; ...):***
>
> *(1) Liegenschaftszinssätze und Sachwertfaktoren dienen der* ***Berücksichtigung der allgemeinen Wertverhältnisse*** *auf dem jeweiligen Grundstücksmarkt, soweit diese nicht auf andere Weise zu berücksichtigen sind.*
>
> *(2) Liegenschaftszinssätze sind* ***Kapitalisierungszinssätze, mit denen Verkehrswerte von Grundstücken je nach Grundstücksart im Durchschnitt marktüblich verzinst*** *werden. Liegen-*

schaftszinssätze werden nach den Grundsätzen des Ertragswertverfahrens nach den §§ 27 bis 34 auf der Grundlage von ***geeigneten Kaufpreisen*** *und den ihnen entsprechenden Reinerträgen ermittelt.*

(...)

Sie werden empirisch ermittelt. Die Ableitung aus geeigneten Kaufpreisen ist gemäß § 193 Abs. 5 Satz 2 Nr. 1 eine Pflichtaufgabe der Gutachterausschüsse:

§ 193 BauGB (Aufgaben des Gutachterausschusses):

(...)

(5) Der Gutachterausschuss führt eine Kaufpreissammlung, wertet sie aus und ermittelt Bodenrichtwerte und sonstige zur ***Wertermittlung erforderliche Daten****. Zu den sonstigen für die Wertermittlung erforderlichen Daten gehören insbesondere*

1. *Kapitalisierungszinssätze, mit denen die Verkehrswerte von Grundstücken im Durchschnitt marktüblich verzinst werden* ***(Liegenschaftszinssätze),*** *für die verschiedenen Grundstücksarten, insbesondere Mietwohngrundstücke, Geschäftsgrundstücke und gemischt genutzte Grundstücke,*

(...)

Die Kaufpreise, d.h. Transaktionsdaten, erhalten die Gutachterausschüsse von den Notaren über die Kaufverträge und bilden damit die Kaufpreissammlung. Sie können nun den einzelnen Kaufpreis als Ertragswert ansehen und rückwärts den realisierten Zinssatz berechnen. Hierfür müssen sie Annahmen über den Jahresrohertrag, die Bewirtschaftungskosten, die Restnutzungsdauer sowie den relevanten Bodenwert treffen bzw. diese in Erfahrung bringen (z.B. über Fragebögen). Außerdem ist der Kaufpreis vorab um eventuelle besondere objektspezifische Grundstücksmerkmale (§ 8 Abs. 3 ImmoWertV) zu bereinigen, damit das veräußerte, schadensfreie bzw. „normale" Objekt als Referenz dienen kann. Die von den Marktteilnehmern hypothetisch gemachten Abschläge (z.B. wegen Instandhaltungsrückstand, Underrent, Bauschäden, Baumängeln o.Ä.) müssen zum Kaufpreis addiert und Zuschläge (z.B. Overrent) von diesem abgezogen werden, sofern solche Ab- und Zuschläge überhaupt bekannt oder offensichtlich sind.

Die nach dem Liegenschaftszinssatz aufgelöste Ertragswertformel lautet:[32]

$$p = \frac{RE}{KP} - \frac{p}{(1+p)^n - 1} \times \frac{KP - BW}{KP}$$

mit KP = Kaufpreis/Ertragswert (u.U. durch boG modifiziert)
RE = Jahresreinertrag (= Jahresrohertrag/Bewirtschaftungskosten)
BW = Bodenwert
p = Liegenschaftszinssatz (als Dezimalzahl)
n = Restnutzungsdauer

Bei der Umrechnung der Ertragswertformel kann der Zinssatz nicht vollständig isoliert werden, ist also auch noch auf der rechten Seite der Formel vorhanden. Die Berechnung muss daher in mehreren Schritten erfolgen (= Iteration). Angefangen bei $p = RE / KP$ als erste Nähe-

32 Die Formel wurde von *Möckel, R. (1975)*, S. 129 bis 137, vorgestellt.

rung, muss der dann resultierende Zinssatz wiederholt in die Formel eingesetzt werden, bis das Ergebnis stabil ist. In der einschlägigen Literatur sind hierfür Beispiele, zum Teil auch mit Korrekturtabellen, angegeben.[33] Einfacher als die manuelle Berechnung geht es mit Excel über die Zielwertsuche. In der Zielzelle sollte die Ertragswertformel stehen, als Zielwert muss der Kaufpreis eingegeben werden und mit der veränderbaren Zelle wird der Zinssatz ausgerechnet. Das Ergebnis kann einfach plausibilisiert werden – mit dem wie auch immer ausgerechneten Zinssatz, eingesetzt in die Ertragswertformel, muss der Kaufpreis resultieren, d.h. ein Vorgehen gemäß „trial and error" ist auch möglich.

Die Einzelergebnisse werden von den Gutachterausschüssen dann in Kategorien gemäß Objektarten zusammengefasst, z.B. reine Büro-/Verwaltungsgebäude, Büro- und Geschäftshäuser, Mehrfamilienhäuser ohne Gewerbeanteil, Wohnhäuser mit Gewerbeanteil (zum Teil mit Prozentangabe), Handelsimmobilien, Eigentumswohnungen, Ein-/Zwei-/Dreifamilienhäuser, Lager- und Industriegebäude, Spezialimmobilien wie Hotels, Logistik etc.

Ausgewiesen werden idealerweise pro Kategorie Mittelwerte, Spannen, zusätzliche statistische Kennzahlen und weitere Informationen über die ausgewerteten Kauffälle. In Anhang A der ImmoWertA wird den Gutachterausschüssen eine ausführliche Modellbeschreibung vorgeschlagen.

Die Qualität und die Quantität der von den Gutachterausschüssen ausgewiesenen Informationen differieren erheblich. Wenn in ihren Einzugsgebieten keine oder nur wenige Immobilien eines bestimmten Teilmarkts veräußert werden, verzichten die Gutachterausschüsse notgedrungen auf die empirische Ermittlung von Liegenschaftszinssätzen. Auch in großen Städten liegen zum Teil bei manchen Objektarten zu wenige Transaktionen vor, um statistisch valide Aussagen treffen zu können.

Selbstverständlich können (basierend auf o.g. Formel) auch Wertermittler Liegenschaftszinssätze ausrechnen, wenn sie über Kaufpreise Kenntnis erlangen. Bei selbst bewerteten Immobilien, welche dann veräußert werden, empfiehlt sich dieses Vorgehen grundsätzlich, um die Qualität der eigenen Bewertung zu kontrollieren und den Zinssatz bei der nächsten Bewertung einer ähnlichen Immobilie evtl. modifizieren zu können.

3.4.6.2 Eigenschaften

Liegenschaftszinssätze sollen die Marktverhältnisse abbilden und das mit der Kapitalanlage verbundene Risiko widerspiegeln. Wie bei einer Rendite steigt der Zinssatz i.d.R. mit wachsendem Risiko. Somit sind bspw. zentral, aber ruhig gelegene Wohnimmobilien in Großstädten relativ risikoarm und weisen i.d.R. viel geringere Liegenschaftszinssätze auf als risikoreiche Gewerbeimmobilien, wenn diese sich noch in abgelegenen Gebieten befinden.

Im Umkehrschluss bedeutet dies, dass der Ertragswert umso geringer ist, je höher der Liegenschaftszinssatz ausfällt (siehe zur finanzmathematischen Logik auch den Exkurs unter Kap. 3.4.1). Der (vorläufige) Ertragswert vom Praxisbeispiel des Mehrfamilienhauses lässt sich in Abb. 13 mit variablen Liegenschaftszinssätzen in einer Bandbreite von 2 bis 5 % ablesen.

---

33 Siehe Korrekturtabelle bei *Kleiber, W. (2023)*, S. 1286.

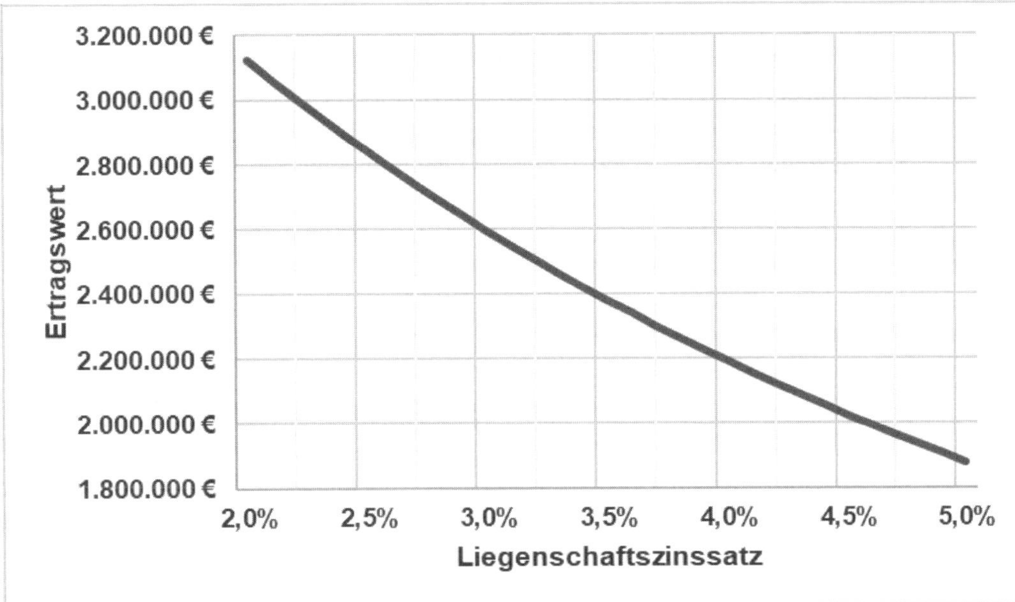

Abb. 13: Ertragswert in Abhängigkeit vom Liegenschaftszinssatz

Bei einem Zinssatz von 2,0 % ist der Ertragswert des Beispiels um über 1,2 Mio. € höher als bei einem Zinssatz von 5,0 % (rd. 66 %).

Da die regionalen und nutzungsspezifischen Teilmärkte sehr unterschiedlich sind, wird an dieser Stelle darauf verzichtet, beispielhafte Liegenschaftszinssätze anzugeben. Auch die in anderen Literaturquellen angegebenen Zinssätze sind im Einzelfall nur vorsichtig und bedingt anwendbar. Viel zweckmäßiger ist es, direkt die Liegenschaftszinssätze der Gutachterausschüsse zu verwenden.

Ob der Liegenschaftszinssatz eine Rendite darstellt, wird unterschiedlich beurteilt. Dafür spricht, dass viele unterschiedliche Renditebegriffe existieren und auch der Liegenschaftszinssatz hauptsächlich das Verhältnis von jährlichem Ertrag zu eingesetztem Kapital (p = RE / KP abzüglich Korrekturfaktor, siehe Formel) darstellt. Dagegen sprechen jedoch auch einige Faktoren.[34] Manchmal wird der Liegenschaftszinssatz nur als „Rechengröße" bezeichnet. Dies ist eine eher unglückliche Wortwahl, da alle anderen Ertragswertparameter (Rohertrag, Bewirtschaftungskosten, Bodenwert, Restnutzungsdauer) auch Rechengrößen bzw. Modellkomponenten sind. Tatsächlich ist der Liegenschaftszinssatz der spezielle, empirisch ermittelte Kapitalisierungszinssatz des nach der ImmoWertV normierten Ertragswertverfahrens und auch nur in diesem Modell verwendbar.

Folgt man der Theorie von Irving Fisher, ist der Liegenschaftszinssatz ein „Realzinssatz". Der Unterschied vom Realzinssatz zum Nominalzinssatz ist die (erwartete) Inflationsrate und es gilt: Nominalzinssatz ≈ Realzinssatz + Inflationsrate.[35] Bei Erwartung einer positiven Preisniveausteigerung ist der Realzinssatz niedriger als der entsprechende Nominalzinssatz.

34 Siehe *Moll-Amrein, M. (2009)*, S. 188 f.
35 Vgl. *Fisher, I. (1930)*, S. 36 bis 44.

Wie bereits mehrfach ausgeführt wurde, bleiben die Reinerträge beim (allgemeinen oder vereinfachten) Ertragswertverfahren, aus dem der Liegenschaftszinssatz empirisch abgeleitet wird, im Modell konstant. Die Erwartung tatsächlich konstanter Reinerträge ist jedoch meist realitätsfern. Theoretisch stellen die Marktteilnehmer Überlegungen an, wie sich Mieten und Bewirtschaftungskosten sowie die Inflationsrate zukünftig entwickeln. Lässt die Marktlage darauf schließen, dass die Reinerträge prozentual gleich steigen wie der Verbraucherpreisindex, evtl. über eine Wertsicherungsklausel gesichert, kann ein Investor nach o.g. Formel auf den Inflationsausgleich verzichten. Der zur Kapitalisierung verwendete Liegenschaftszinssatz ist dann niedriger als ein analoger, aber auf Geldeinheiten bezogener Nominalzinssatz wie bei einem Annuitätendarlehen. Die wirklich konstanten Zins- und Tilgungszahlungen einer solchen Anleihe unterliegen dem Kaufkraftverlust. Die im Ertragswertmodell konstanten Reinerträge jedoch nicht, wenn sie mit der Inflationsrate (annahmegemäß) tatsächlich – entgegen den Modellannahmen – steigen.

Der Liegenschaftszinssatz ist daher c.p. niedriger als der Zinssatz in Barwertmodellen, bei welchen ein erwarteter Mietanstieg direkt, d.h. nominal, in den Reinerträgen abgebildet wird (z.B. DCF-Verfahren).

Der Charakter als realer Zinssatz ist u.a. ein Grund, warum der Liegenschaftszinssatz für die Phase der Einzelbetrachtung beim periodischen Ertragswertverfahren oft nicht geeignet ist. Stellt bspw. ein Staffelmietvertrag lediglich explizit die ohnehin erwartete allgemeine Steigerung der Mieterträge dar, würde eine Abzinsung der nominalen Beträge mit dem niedrigeren (realen) Liegenschaftszinssatz zu einer Doppelberücksichtigung der Ertragssteigerung und zu einem zu hohen Ertragswert führen. Ein weiterer Grund können abweichende Risikostrukturen in den Einzelperioden sein. Die ImmoWertA führen in Nr. 30.(2).2 aus: „Im periodischen Ertragswertverfahrens kann der auf der Grundlage marktüblicher Erträge im allgemeinen Ertragswertverfahren ermittelte Liegenschaftszinssatz angewendet werden; er ist regelmäßig sachverständig anzupassen. Statt des Liegenschaftszinssatzes kann auch ein anderer Zinssatz zur Kapitalisierung gewählt werden."

Die Überlegungen bzgl. des realen Zinssatzes und des Risikos gelten auch für die Diskontierung bzw. Kapitalisierung von Differenzbeträgen aufgrund von Over- oder Underrent, die als besondere objektspezifische Grundstücksmerkmale mit Zu- oder Abschlägen angesetzt werden können. Da die Beträge der Differenz von den tatsächlichen zu den marktüblich erzielbaren Erträgen jedoch kleiner sind als die gesamten periodischen Erträge, ist auch der mögliche Fehler geringer. Zudem könnte bei Anwendung des allgemeinen oder vereinfachten Ertragswertverfahrens in Kombination mit Over-/Underrentberechnungen gemäß § 8 Abs. 3 ImmoWertV auch die Einhaltung der Modellkonformität unproblematischer sein als beim periodischen Ertragswertverfahren.

Neben den Erwartungen über die Inflation im Allgemeinen und die Steigerung der Mieterträge im Besonderen gehen weitere vielfältige Zukunftsvorstellungen der Marktakteure in die Liegenschaftszinssätze ein, z.B. bezüglich der Entwicklung der Grundstückspreise, der Finanzierungskosten, der Baukosten oder der Renditen/Risiken alternativer Anlagemöglichkeiten. Auch institutionelle Rahmenbedingungen (z.B. Steuerrecht, Energiegesetze) haben einen Einfluss. Die Abschreibung der baulichen Anlagen wird mit dem Rentenbarwertfaktor erfasst. Auch die Grundstückstransaktionskosten werden durch die Berechnung im Liegenschaftszinssatz berücksichtigt.

Die Auswirkung jeder einzelnen Größe ist unklar, daher gleicht der Liegenschaftszinssatz einer „Black Box". Durch die empirische Ermittlung wird die Aufschlüsselung dieser Black Box, d.h. die explizite Ausweisung der einzelnen Einflussgrößen, umgangen. Es bleibt jedoch das Problem, dass wegen der Heterogenität von Immobilien und der Unvollkommenheit der Immobilienmärkte Liegenschaftszinssätze eine hohe Streuung aufweisen, was statistisch z.B. über die Standardabweichung oder den Variationskoeffizienten ablesbar ist (siehe Kap. 2.4.2). Diese große Volatilität wird meist auch bei den Veröffentlichungen der Gutachterausschüsse offenbart, z.B. durch Anzeige von Spannen oder Vertrauensintervallen.

3.4.6.3 Anwendung und Beachtung der Modellkonformität

Bei der Wertermittlung für eine einzelne Immobilie sind vorzugsweise die Angaben des zuständigen Gutachterausschusses zu verwenden. Es muss jedoch geprüft werden, ob diese Liegenschaftszinssätze – sofern generell verfügbar – grundsätzlich für das Bewertungsobjekt geeignet sind. Außerdem darf nicht ungeprüft ein Mittelwert verwendet werden. Ein geeigneter, verfügbarer Liegenschaftszinssatz muss daher „objektspezifisch" angepasst werden.

> ***§ 33 ImmoWertV (Objektspezifisch angepasster Liegenschaftszinssatz):***
>
> *Zur Ermittlung des **objektspezifisch angepassten Liegenschaftszinssatzes** ist der nach § 21 Absatz 2 ermittelte Liegenschaftszinssatz auf seine Eignung im Sinne des § 9 Absatz 1 Satz 1 zu prüfen und bei etwaigen Abweichungen nach Maßgabe des § 9 Absatz 1 Satz 2 und 3 an die Gegebenheiten des Wertermittlungsobjekts anzupassen.*

In Bezug auf die Eignung (§ 9 Abs. 1 Satz 1 ImmoWertV) ist insbesondere der richtige Teilmarkt zu wählen, d.h. die so genannte „Referenzkonformität" (= hinreichende Übereinstimmung bzgl. der Merkmale des Bewertungsgrundstücks und der Referenzgrundstücke, aus denen die Liegenschaftszinssätze abgeleitet wurden) ist zu beachten. Weiterhin sollten die Transaktionstermine der ausgewerteten Kaufpreise möglichst nah beim Wertermittlungsstichtag liegen, oder Abweichungen zum Wertermittlungsobjekt und zum Stichtag können durch Indizes, Zu- und Abschläge, Umrechnungskoeffizienten oder auf sonstige Art und Weise erfasst werden (§ 9 Abs. 1 Satz 2 und 3 ImmoWertV).

Bei der Verwendung eines Liegenschaftszinssatzes müssen die bei der Ableitung eingesetzten Modellparameter berücksichtigt werden, da sonst die Modellkonformität nach § 10 ImmoWertV nicht gewährleistet wäre, was wiederum zu nicht marktkonformen Ertragswerten führen kann. Außerdem ist die Wertermittlung dann nicht konform mit der ImmoWertV und daher angreifbar. Nicht abgedeckte Wertanteile oder erhebliche Abweichungen zum Modell, die nicht sachgerecht im Liegenschaftszinssatz angepasst werden können, werden i.d.R. als „besondere objektspezifische Grundstücksmerkmale" (§ 8 Abs. 3 ImmoWertV) erfasst. Die Gutachterausschüsse geben die verwendeten Modellansätze i.d.R. in den Marktberichten an, ansonsten muss man entsprechend recherchieren.

Leitet der örtliche Gutachterausschuss keine Liegenschaftszinssätze für den notwendigen Teilmarkt ab, können solche von vergleichbaren Gebieten verwendet und sachverständig angepasst werden. Werden andere Quellen herangezogen oder wird der Liegenschaftszinssatz sachverständig eingeschätzt, sollte er besonders gut begründet und die Ableitung dargelegt werden. Dies ist manchmal nicht ganz einfach.

Wegen der unterschiedlichen Teilmärkte, Modelle und Ausweisungen der Gutachterausschüsse werden, wie bereits erwähnt, hier keine konkreten Liegenschaftszinssätze aufgeführt, auch keine allgemeingültigen Hinweise für die Anwendung von Liegenschaftszinssätzen. Aufgrund der Volatilität der ausgewerteten Kaufpreise und der z.T. großen Streuung der Zinssätze empfiehlt es sich, das Ergebnis zu plausibilisieren. Folgende Möglichkeiten sind denkbar:

- Vollvergleich: Ist ein Vergleich mit anderen Immobilien anhand von Auskünften aus der Kaufpreissammlung möglich? Sofern entsprechende Daten verfügbar sind, kann man den jeweiligen Liegenschaftszinssatz der Vergleichsobjekte selbst ermitteln und als Grundlage für die Bewertung verwenden.
- Ertragsfaktor: Stimmt das Vielfache der Vertragsmiete mit evtl. verfügbaren Marktdaten überein oder gibt es plausible Gründe, wenn dies nicht der Fall ist (siehe auch Kap. 2.6)?
- Rendite: Gibt es verlässliche Renditekennziffern des relevanten Teilmarktes und ist die Rendite des Wertermittlungsobjektes (ausrechnen!) unter Berücksichtigung des Risikos plausibel? Hierbei muss auf den Renditebegriff geachtet werden (Brutto- oder Nettorendite, inkl. oder exkl. Erwerbsnebenkosten).
- Gebäudefaktor (Wert pro m² Wohn-/Nutzfläche): Wenn man den ermittelten Ertragswert durch die Fläche teilt, ergibt sich oft ein guter Vergleichsparameter (Gebäudefaktor), für den Daten zur Verfügung stehen (siehe auch Kap. 2.6).

3.5 Ertragswertverfahren nach BelWertV

3.5.1 Vorbemerkungen

Für den Beleihungswert müssen gemäß § 4 Abs. 1 Satz 1 der Beleihungswertermittlungsverordnung (2022) i.d.R. sowohl Ertragswert als auch Sachwert ermittelt werden. Für Wohnungs- und Teileigentum sowie Ein- und Zweifamilienhäuser ist statt des Sachwerts auch der Vergleichswert möglich; wenn sie zweifelsfrei für eine Eigennutzung geeignet sind und hierfür dauerhaft nachgefragt werden, kann gemäß § 4 Abs. 2 BelWertV die Ertragswertermittlung für diese Objekte entfallen.

Das Ertragswertverfahren ist für die Ermittlung des Beleihungswertes somit, mit Ausnahme der o.g. Immobilienarten, das wichtigste Verfahren. Dies liegt in der Natur des Beleihungswertes. Durch das Erzielen von Erträgen aus einer Immobilie kann sichergestellt werden, dass ein von einer Bank gewährter Kredit durch Zins und Tilgung bedient werden kann. Der Beleihungswert darf daher den Ertragswert nicht übersteigen. Außerdem soll gemäß § 4 Abs. 1 Satz 3 BelWertV der Ertragswert nicht um mehr als 20 % höher als der Sachwert bzw. Vergleichswert sein (d.h. EW > SW × 0,8 bzw. EW > VW × 0,8). Bei einem höheren Ertragswert wird angezweifelt, ob wegen der Bausubstanz die Erträge nachhaltig erzielt werden können.

> ***§ 4 BelWertV (Verfahren zur Ermittlung des Beleihungswerts):***
>
> *(1) Zur Ermittlung des Beleihungswerts sind **der Ertragswert** (§§ 8 bis 13) und der Sachwert (§§ 14 bis 17) des Beleihungsobjekts getrennt zu ermitteln; anstelle des Sachwerts kann bei Ein- und Zweifamilienhäusern sowie Wohnungs- und Teileigentum auch der Vergleichswert (§ 19) er-*

mittelt werden. ***Maßgeblich für die Ableitung des Beleihungswerts ist regelmäßig der Ertragswert, der nicht überschritten werden darf.*** *Bleibt der Sachwert und in den Fällen von Satz 1 zweiter Halbsatz alternativ der Vergleichswert um mehr als 20 Prozent hinter dem Ertragswert zurück, bedarf es einer besonderen Überprüfung der Nachhaltigkeit der zugrunde gelegten Erträge und ihrer Kapitalisierung; hierbei sind im Rahmen der Kontrollbetrachtung für die Kosten- und Ertragsansätze die gleichen Annahmen, insbesondere in steuerlicher Hinsicht, zu berücksichtigen. Bestätigt sich der anfangs ermittelte Ertragswert, bedarf das Ergebnis der Überprüfung einer nachvollziehbaren Begründung, andernfalls ist der Ertragswert entsprechend zu mindern.*

(2) Bei Ein- und Zweifamilienhäusern sowie Wohnungseigentum kann der Beleihungswert am Sachwert oder Vergleichswert orientiert werden und eine Ertragswertermittlung entfallen, wenn das zu bewertende Objekt nach Objekt- und Standortqualität zweifelsfrei zur Eigennutzung geeignet ist und von potenziellen Erwerbern für die eigene Nutzung dauerhaft nachgefragt wird.

(...)

Die Ermittlung des Ertragswertes nach Beleihungswertermittlungsverordnung ähnelt jener der ImmoWertV, enthält jedoch einige spezifische Abweichungen und Einschränkungen. Diese dienen vorrangig dem Zweck der Sicherheit, d.h. dazu, den Beleihungswert unterhalb des Verkehrswerts zu positionieren.

3.5.2 Gemeinsamkeiten und Unterschiede zur ImmoWertV

3.5.2.1 Verfahren

Das Ertragswertverfahren, das in §§ 8 bis 13 BelWertV geregelt ist, entspricht methodisch weitgehend dem allgemeinen Ertragswertverfahren nach § 28 ImmoWertV:

§ 8 BelWertV (Grundlagen der Ertragswertermittlung):

(1) Für das Ertragswertverfahren ist der ***Ertragswert der baulichen Anlage, getrennt von dem Bodenwert,*** *nach den §§ 9 bis 12 zu ermitteln.*

(2) Der Bodenwert ist nach § 15 zu ermitteln.

(3) Bodenwert und Ertragswert der baulichen Anlage ergeben vorbehaltlich § 13 den Ertragswert des Beleihungsobjekts.

§ 9 BelWertV (Ermittlung des Ertragswerts der baulichen Anlage):

(1) Bei der ***Ermittlung des Ertragswerts der baulichen Anlage ist vom nachhaltig erzielbaren jährlichen Reinertrag*** *auszugehen. Der Reinertrag ergibt sich aus dem Rohertrag (§ 10) abzüglich der Bewirtschaftungskosten (§ 11).*

(2) Der Reinertrag ist um ***den Betrag zu vermindern****, der sich durch angemessene* ***Verzinsung des Bodenwerts*** *ergibt. Der Verzinsung ist der für die Kapitalisierung nach § 12 maßgebende Kapitalisierungszinssatz zugrunde zu legen. Ist das Grundstück wesentlich größer, als es einer der baulichen Anlage angemessenen Nutzung entspricht, und ist eine zusätzliche Nutzung oder Verwertung einer Teilfläche zulässig und möglich, ist bei der Berechnung des Verzinsungsbetrags der* ***Bodenwert dieser Teilfläche nicht anzusetzen.*** *In der Wertermittlung ist die zusätzliche Nutzung und Verwertung dieser Teilfläche auch in baurechtlicher Hinsicht nachvollziehbar darzulegen.*

(3) Der nach Absatz 2 verminderte Reinertrag ist nach § 12 zu kapitalisieren.

§ 12 BelWertV (Kapitalisierung der Reinerträge):

(1) Der um den Verzinsungsbetrag des Bodenwerts nach § 9 Abs. 2 verminderte Reinertrag ist in Abhängigkeit von der Restnutzungsdauer der baulichen Anlage und dem Kapitalisierungszinssatz mit dem sich daraus ergebenden Vervielfältiger zu kapitalisieren. Der Vervielfältiger V errechnet sich gemäß $V = (q^n - 1) / (q^n \times z)$, mit n = Restnutzungsdauer, q = 1 + z und z = Kapitalisierungszinssatz.

(...)

Der „Vervielfältiger" ist der übliche Rentenbarwertfaktor, in der Verordnung mit einer zusätzlichen, aber eigentlich unnötigen Variable „q" ausgewiesen (= 1 + Zinssatz).[18] Für den Kapitalisierungszinssatz nach BelWertV wird im Folgenden ebenfalls die Variable „z" als Notation verwendet, da „p" für den Liegenschaftszinssatz reserviert ist und „z" nicht entspricht. Die Ertragswertformel lautet also:

$$EW = (RoE - BewKo - BW \times z) \times RBF_z^n + BW \quad wobei\ RBF_z^n = \frac{(1+z)^n - 1}{(1+z)^n \times z}$$

mit EW = Ertragswert bzw. vorläufiger Ertragswert
RoE = Jahresrohertrag (marktüblich, nachhaltig)
BewKo = Bewirtschaftungskosten (jährlich)
RBF = Rentenbarwertfaktor
z = Kapitalisierungszinssatz (≠ Liegenschaftszinssatz)
n = Restnutzungsdauer

Abweichend vom allgemeinen Ertragswert gibt es einige Sonderfälle. Diese sind in § 13 BelWertV wie folgt geregelt:

§ 13 BelWertV (Ermittlung des Ertragswerts in besonderen Fällen):

(1) Verbleibt bei der Minderung des Reinertrags um den Verzinsungsbetrag des Bodenwerts nach § 9 Abs. 2 kein Anteil für die Ermittlung des Ertragswerts der baulichen Anlage, so ist als Ertragswert des Beleihungsobjekts abweichend von § 8 Abs. 3 nur der Bodenwert nach Maßgabe des Satzes 4 anzusetzen. Der ***Bodenwert ist in diesem Fall um die gewöhnlichen Kosten zu mindern,*** *die aufzuwenden wären, um das Grundstück vergleichbaren unbebauten Grundstücken anzugleichen. Gewöhnliche Kosten im Sinne des Satzes 2 sind insbesondere die* ***Abbruchkosten für die baulichen Anlagen.*** *Der so ermittelte, um die* ***Abbruchkosten verminderte Bodenwert*** *ist vom Zeitpunkt, an dem das Grundstück unbebaut zur Verfügung stünde, auf den Wertermittlungsstichtag mit dem für die zulässige Nutzung heranzuziehenden Kapitalisierungszinssatz* ***abzuzinsen.***

(2) Bei einer Restnutzungsdauer der baulichen Anlage von ***weniger als 30 Jahren*** *ist auch der* ***Anteil des Bodenwerts am Reinertrag über die Restnutzungsdauer der baulichen Anlage zu kapitalisieren*** *oder sind die ermittelten* ***Abbruchkosten der baulichen Anlage vom Ertragswert abzuziehen.*** *Hinsichtlich der Abzinsung der Abbruchkosten gilt Absatz 1 Satz 4 entsprechend.*

(3) In Fällen, in denen der ***Bodenwert mehr als die Hälfte des Ertragswerts*** *ausmacht, sind im Gutachten die bei der Ermittlung des Bodenwerts zugrunde gelegten Annahmen* ***zu begründen*** *und gegebenenfalls die Voraussetzungen für eine Ersatzbebauung und die dafür notwendigen Aufwendungen besonders darzulegen.*

18 Auf Vervielfältiger-Tabellen wurde in der neuen BelWertV (2022) verzichtet.

Der Liquidationsfall gemäß § 13 Abs. 1 BelWertV wird in der ImmoWertV analog geregelt. Es gilt: Bodenwert abzüglich Abbruch- bzw. Freilegungskosten – der Beleihungswert entspricht dem Liquidationswert, falls die Bodenwertverzinsung den Reinertrag übersteigt. In der BelWertV wird jedoch generell gefordert, dass der Bodenwert (abzüglich der Abbruchkosten) abgezinst werden muss. Sofern rechtliche oder sonstige Gründe eine Freilegung aufschieben, muss die Abzinsung über die geschätzte Dauer bis zur Freilegung erfolgen. Ist theoretisch eine baldige oder sofortige Freilegung möglich (z.B. Mieter schon alle ausgezogen), dauert es in der Praxis dennoch eine gewisse Zeit bis zur Möglichkeit der Neubebauung. Die Banken geben hierfür Empfehlungen und Mindestansätze heraus, z.B. in Anlehnung an Empfehlungen des Verbands Deutscher Pfandbriefbanken (VDP) zwei Jahre.[19]

Der Fall von baulichen Anlagen mit einer Restnutzungsdauer von unter 30 Jahren hingegen wird in der ImmoWertV nicht thematisiert. Bei der Beleihungswertermittlung wird eine unter 30 Jahren liegende Restnutzungsdauer als erhöhtes Risiko gesehen und führt daher zu Abschlägen im Vergleich zum üblichen Ertragswert. Hierzu gibt es zwei Möglichkeiten:

1. Alternative § 13 Abs. 2 BelWertV („Vereinfachtes Verfahren"):

   Der Bodenwertverzinsungsbetrag wird, wie der Gebäudeertragsanteil, nur mit der Restnutzungsdauer (< 30 Jahren) kapitalisiert, d.h., der Bodenwert stellt sich nicht mehr als ewige Rente dar. Somit entfällt eine Aufspaltung des Reinertrags. Dieses Verfahren ist ein verkürztes vereinfachtes Ertragswertverfahren gemäß § 29 ImmoWertV, wobei der abgezinste Bodenwert entfällt.

$$EW = (RoE - BewKo) \times RBF_z^n$$

2. Alternative § 13 Abs. 2 BelWertV:

   Die Abbruchkosten für die vorhandenen baulichen Anlagen müssen ermittelt, abgezinst und vom Ertragswert abgezogen werden.

$$\begin{aligned} EW &= (RoE - BewKo - BW \times p) \times RBF_z^n + BW - \frac{FLK}{(1+z)^n} \\ &= (RoE - BewKo) \times RBF_z^n + \frac{BW - FLK}{(1+z)^n} \end{aligned}$$

mit FLK = Freilegungskosten bzw. Abbruchkosten

n = Restnutzungsdauer < 30 Jahre

Aus der Gegenüberstellung der Formeln der beiden Alternativen – bei der zweiten Alternative entsprechend umgestellt – wird deutlich, dass immer dann, wenn der Bodenwert höher als die Freilegungskosten ist, der Ertragswert der ersten Alternative niedriger ist als bei der zweiten Alternative, da Bodenwert ./. Freilegungskosten, jeweils abgezinst, dann einen positiven Wert darstellt. Dies dürfte in den meisten Fällen gelten. Sofern ein höherer Ertragswert der Realität besser entspricht und der Bodenwert höher als die Abbruchkosten ist, wäre also die zweite Alternative sachgerecht. Wenn der Sicherheitsaspekt stärker im Vordergrund steht

19 Gemäß Aussagen von Bankenvertretern.

oder die Kalkulation der Abbruchkosten einen zu großen Aufwand darstellt, ist die erste Alternative – das vereinfachte Verfahren – die Wahl. Die Banken geben hierzu eigene Regelungen heraus.

Der dritte Sonderfall betrifft die relative Höhe des Bodenwertes im Vergleich zum gesamten Ertragswert. Ist der Bodenwert höher als 50 % des Ertragswertes (für den Beleihungswert), müssen verbale Begründungen und in Ausnahmefällen eventuelle weitere Untersuchungen und Berechnungen erfolgen. Bei der ImmoWertV wird dieses Verhältnis nicht thematisiert. Es tritt oft in sehr guten Lagen und bei größeren Grundstücken auf, wo die Lagebeschreibung i.d.R. für die entsprechende Rechtfertigung bei der Beleihungswertermittlung ausreicht.

3.5.2.2 Jahresrohertrag

Die Regelung für den Beleihungswert hinsichtlich des Jahresrohertrages ist ebenfalls auf den Sicherheitsaspekt ausgelegt.

> ***§ 10 BelWertV (Rohertrag):***
>
> *(1) Bei der Ermittlung des Rohertrags darf nur der Ertrag berücksichtigt werden, den das Objekt* ***bei ordnungsgemäßer Bewirtschaftung und zulässiger Nutzung*** *jedem Eigentümer* ***nachhaltig*** *gewähren kann.* ***Liegt die nachhaltige Miete über der vertraglich vereinbarten Miete, ist im Regelfall die vertraglich vereinbarte Miete anzusetzen.*** *Die Mietfläche entspricht der vermietbaren Wohnfläche bei wohnwirtschaftlicher Nutzung oder der dauerhaft vermietbaren Nutzfläche bei gewerblicher Nutzung. Bei verschiedenen Nutzungsarten sind die anteiligen Erträge getrennt darzustellen. Umlagen, die vom Mieter oder Pächter zur Deckung von Betriebskosten zu zahlen sind, sind nicht zu berücksichtigen.*
>
> *(2) Im Falle von Hotel-, Klinik-, Pflegeheim- oder einer vergleichbaren Nutzung sind die daraus resultierenden Roherträge nach Absatz 1 auf der Basis vorsichtig angenommener, durchschnittlich nach Region, Kategorie- und Ausstattungsgrad erzielbarer Umsätze pro Zimmer oder Bett herzuleiten.*
>
> *(3) Absatz 2 gilt im Falle von Objekten mit Gastronomie als Hauptnutzung, Kinos und vergleichbaren Freizeitobjekten mit der Maßgabe, dass die ermittelten durchschnittlichen Umsätze pro Sitzplatz herzuleiten sind.*
>
> *(4) Bestehen* ***strukturelle oder lang andauernde Leerstände,*** *ist besonders zu prüfen, ob das Objekt aufgrund der jeweiligen Marktlage und seines Zustands* ***überhaupt ertragsfähig ist*** *oder eine wirtschaftliche Nutzung zu den angesetzten Roherträgen in absehbarer Zeit noch zu erwarten ist.*

Der Begriff „nachhaltig" war in der früheren WertV 88/98 vorhanden und wurde in der ImmoWertV 2010 durch das Wort „marktüblich" ersetzt. Auch bei der Ermittlung des Beleihungswertes sind damit marktübliche Erträge gemeint, wenngleich der Sicherheitsaspekt eine größere Rolle spielt als bei der Verkehrswertermittlung. Insbesondere sollen als kurzfristig erachtete Ausschläge der Roherträge nach oben vermieden werden.

Der wichtigste Unterschied zur Verkehrswertermittlung besteht darin, dass tatsächliche Mieterträge angesetzt werden müssen, wenn diese unter den marktüblichen liegen. Liegen jedoch die tatsächlichen über den marktüblichen Mieten, dürfen nur die marktüblichen angesetzt werden. Zuschläge (Overrent) analog § 8 Abs. 3 ImmoWertV sind also nicht erlaubt. Der Ansatz eines „Underrent" widerspricht rein logisch der Vorschrift, dass die tatsächlichen Erträge angesetzt werden müssen. Da es jedoch „in der Regel" heißt, ist der Ansatz eines Underrent möglich, es muss aber sicher sein, dass die Vereinbarung einer niedrigeren Miete zeitlich sehr begrenzt ist. In der Praxis sind z.B. auch Staffelmietverträge problematisch. Aus Sicherheitsgründen werden die am Wertermittlungsstichtag erzielten Erträge angesetzt (wenn sie den marktüblichen entsprechen oder darunter liegen), die etappenweisen Erhöhungen werden nicht berücksichtigt.

Für Betreiberimmobilien wie Hotels, Kliniken, Pflegeheime o.ä. sowie für Leerstände gelten prinzipiell die gleichen Überlegungen wie beim Verkehrswert, wobei zusätzlich der Sicherheitsaspekt wichtig ist. In der ImmoWertV werden Ansätze von Roherträgen für diese Sonderimmobilien nicht separat thematisiert.

3.5.2.3 Bewirtschaftungskosten

Der Ansatz der Bewirtschaftungskosten ist in der Beleihungswertermittlungsverordnung ebenfalls stark reglementiert. Die grundsätzlichen Erläuterungen zu den einzelnen Bewirtschaftungskosten erfolgen in § 11 BelWertV.

§ 11 BelWertV (Bewirtschaftungskosten):

(1) Der nach § 10 ermittelte Rohertrag ist um die üblicherweise beim Vermieter verbleibenden Bewirtschaftungskosten zu kürzen. Dafür sind ertragsmindernde, aus langfristiger Markterfahrung gewonnene ***Einzelkostenansätze für Verwaltungskosten, Instandhaltungskosten, das Mietausfallwagnis und gegebenenfalls weitere nicht durch Umlagen gedeckte Betriebskosten*** *anzusetzen sowie objektartenspezifisch ein* ***Modernisierungsrisiko*** *nach Absatz 7 zu berücksichtigen.*

(2) Die Einzelkostenansätze dürfen die in Anlage 1 festgelegten Mindestsätze nicht unterschreiten. Ein erkennbares, akutes Mietausfallwagnis, welches über dem angesetzten Einzelkostenansatz liegt, ist als gesonderter Wertabschlag in Höhe des erwarteten Ausfalls anzusetzen. Die Mindesthöhe für den Abzug der in den Absätzen 3 bis 5 genannten Kosten insgesamt beträgt ***15 Prozent des Rohertrags.*** *Im Ergebnis dürfen aber die tatsächlichen oder kalkulierten Bewirtschaftungskosten eines Objekts nicht unterschritten werden.*

(3) ***Verwaltungskosten*** *im Sinne des Absatzes 1 Satz 2 sind*

1. *die Kosten der zur Verwaltung des Grundstücks erforderlichen Arbeitskräfte und Einrichtungen sowie der Aufsicht,*
2. *die Kosten für Buchhaltung, Rechnungsprüfung, Zahlungsverkehr und Jahresabschluss sowie*
3. *die Kosten für Abschluss und Änderung von Mietverträgen und die Bearbeitung von Versicherungsfällen.*

(4) ***Instandhaltungskosten*** *im Sinne des Absatzes 1 Satz 2 sind Kosten, die infolge Abnutzung, Alterung und Witterung zur Erhaltung des bestimmungsgemäßen Gebrauchs der baulichen Anlage während ihrer Nutzungsdauer aufgewendet werden müssen. Sie umfassen die laufende Instandhaltung und regelmäßige Instandsetzung der baulichen Anlage, nicht jedoch deren Modernisierung.*

(5) ***Mietausfallwagnis*** *im Sinne des Absatzes 1 Satz 2 ist das Wagnis einer Ertragsminderung, die durch uneinbringliche Mietrückstände oder Leerstehen von Raum, der zur Vermietung bestimmt ist, entsteht. Es dient auch zur Deckung der Kosten einer Rechtsverfolgung auf Zahlung oder Aufhebung eines Mietverhältnisses oder Räumung.*

(6) ***Betriebskosten*** *im Sinne des Absatzes 1 Satz 2 sind die Kosten, die durch das Eigentum am Grundstück oder durch den bestimmungsgemäßen Gebrauch des Grundstücks sowie seiner baulichen und sonstigen Anlagen laufend entstehen.*

(7) Die Kosten für notwendige Anpassungsmaßnahmen, die zusätzlich zu den Instandhaltungskosten zur Aufrechterhaltung der Marktgängigkeit und der dauerhaften Sicherung des Mietausgangsniveaus notwendig sind, bilden das ***Modernisierungsrisiko*** *nach Absatz 1 Satz 2. Sie sind als prozentualer Anteil an den Neubaukosten darzustellen.*

Im Gegensatz zur ImmoWertV handelt es sich um Mindest-Einzelkostenansätze, die in Anlage 1 der BelWertV wie folgt konkretisiert werden:

Anlage 1 (zu § 11 Abs. 2) BelWertV (Mindestsätze für die Einzelkostenansätze für die Ermittlung der Bewirtschaftungskosten):

Verwaltungskosten

a) Wohnungsbau

Für Wohnungen, Ein- und Zweifamilienhäuser, Eigentumswohnungen, Garagen und Tiefgaragenstellplätze:die in Anlage 3 (zu § 12 Absatz 5 Satz 2) der Immobilienwertermittlungsverordnung in der jeweils geltenden Fassung genannten Beträge

b) Gewerbliche Objekte

1 Prozent des Jahresrohertrags

In jedem Einzelfall ist darauf zu achten, dass der ausgewiesene absolute Betrag unzweifelhaft für eine ordnungsgemäße Verwaltung angemessen ist.

Instandhaltungskosten

Kalkulationsbasis: Herstellungskosten pro Quadratmeter Wohn- oder Nutzfläche (ohne Baunebenkosten und Außenanlagen). Objektzustand, Ausstattungsgrad und Alter sind bei der Bemessung der Instandhaltungskosten zu berücksichtigen.

a) Lager- und Produktionshallen, gewerbliche Objekte einfachen Standards und Selbstbedienungs-Verbrauchermärkte:

0,8 Prozent

b) Wohngebäude und gewerbliche Gebäude mit mittlerem Standard:

0,5 Prozent

c) Hochwertige Büro- und Handels- und andere gewerbliche Objekte:

0,4 Prozent

Mietausfallwagnis

a) Wohnungsbau:

2 Prozent

b) Gewerbliche Objekte:

4 Prozent

Modernisierungsrisiko

Berechnungsbasis sind die Herstellungskosten (ohne Baunebenkosten und Außenanlagen).

a) Geringes Modernisierungsrisiko

(zum Beispiel größere Bürogebäude, Wohn-, Büro- und Geschäftshäuser mit besonderen Ausstattungsmerkmalen, Einzelhandel mit einfachem Standard):

0,2 Prozent

b) Mittleres Modernisierungsrisiko

(zum Beispiel innerstädtische Hotels, Einzelhandel mit höherem Standard, Freizeitimmobilien mit einfachem Standard):

0,5 Prozent

c) Hohes Modernisierungsrisiko

(zum Beispiel Rehabilitationseinrichtungen, Kliniken, Freizeitimmobilien mit höherem Standard, Hotels und Einzelhandelsobjekte mit besonders hohem Standard):

0,75 Prozent.

Die Ansätze für Verwaltungskosten bei Wohnnutzung orientieren sich direkt an der ImmoWertV – mit den als absolute Beträge festgelegten Ansätzen, die jährlich mit dem Verbraucherpreisindex fortgeschrieben werden (siehe Kap. 3.4.4.2). Der Ansatz für Gewerbeimmobilien mit 1 % des Jahresrohertrags verbleibt unterhalb des Ansatzes in der ImmoWertV (3 %). Es wird jedoch zusätzlich in Anlage 1 explizit gefordert, dass der absolute Betrag für eine ordnungsgemäße Verwaltung „unzweifelhaft (...)" angemessen sein muss.

Die Mindestansätze für die Instandhaltungskosten unterscheiden sich von denen der ImmoWertV. Sie werden nicht als absolut definierte Beträge pro m² Wohn-/Nutzfläche, sondern als Prozent der Herstellungskosten angegeben, sodass die individuellen Gegebenheiten der Immobilie stärker berücksichtigt werden. Da der Sachwert aufgrund des Zwei-Säulen-Prinzips ebenfalls ermittelt wird, werden die Herstellungskosten dort bereits berechnet, sodass die Grundlage für diese Ansätze vorliegt.

Beim Mietausfallwagnis gelten wie in der ImmoWertV 2 % (Wohnnutzung) bzw. 4 % (Gewerbenutzung).

Als zusätzliche Sicherheit dürfen die mit den Einzelkostenansätzen kalkulierten Verwaltungskosten, Instandhaltungskosten und das Mietausfallwagnis nicht weniger als insgesamt 15 % des Jahresrohertrags betragen, ansonsten werden die nicht umlegbaren Bewirtschaftungskosten auf das Minimum von 15 % festgesetzt.

Anders als bei der Ermittlung des Verkehrswertes ist bei der des Beleihungswertes für bestimmte Immobilien der Ansatz eines zusätzlichen Modernisierungsrisikos gefordert, ebenfalls als Prozentsatz der Herstellungskosten. Die Höhe ist abhängig von der Art der Nutzung. Für Immobilien, die nicht genannt sind und auch kein Modernisierungsrisiko aufweisen (z.B. herkömmliche Wohnhäuser) ist ein Ansatz nicht erforderlich. Das Modernisierungsrisiko wird nicht im Minimum der 15 % des Jahresrohertrags erfasst, d.h. die Bewirtschaftungskosten für Immobilien mit einem anzusetzenden Modernisierungsrisiko liegen in jedem Fall höher als 15 %.

Schließlich müssen ggf. nicht auf Mieter umlegbare Betriebskosten berücksichtigt werden. Damit wird u.a. die CO2-Besteuerung erfasst.

3.5.2.4 Restnutzungsdauer

Die für die Beleihungswertermittlung zu verwendende Restnutzungsdauer wird in § 12 Abs. 2 BelWertV definiert. Demnach ist allein auf die wirtschaftliche Restnutzungsdauer abzustellen.

§ 12 BelWertV (Kapitalisierung der Reinerträge):

(...)

*(2) Bei der Bemessung der Restnutzungsdauer ist im Gegensatz zur technischen Lebensdauer ausschließlich auf den Zeitraum abzustellen, in dem die bauliche Anlage **bei ordnungsgemäßer Unterhaltung und Bewirtschaftung noch wirtschaftlich** betrieben werden kann. Die wirtschaftli-*

che Restnutzungsdauer ist unter Berücksichtigung der sich in zunehmend kürzer werdenden zeitlichen Abständen wandelnden Nutzeranforderungen objektspezifisch anhand der Fragestellung, wie lange die wirtschaftliche Nutzung des Objekts zu den angenommenen Erträgen gesichert erscheint, einzuschätzen. Bei im Inland belegenen Objekten sind die ***in Anlage 2 genannten Maximalsätze*** *für die Nutzungsdauer baulicher Anlagen zu berücksichtigen.*

(...)

Die in Anlage 2 (zu § 12 Abs. 2) BelWertV genannten Maximalsätze für die Gesamtnutzungsdauer sind wie folgt.

Anlage 2 (zu § 12 Abs. 2) BelWertV (Maximalsätze für die Nutzungsdauer in Deutschland belegener baulicher Anlagen):

A) Wohnwirtschaftliche Nutzung:

Wohnhäuser: 80 Jahre

B) Gewerbliche Nutzung:

a) Geschäftshäuser und Bürohäuser:

60 Jahre

b) Warenhäuser, Einkaufszentren, Hotels, landwirtschaftlich genutzte Objekte, Kliniken, Rehabilitationseinrichtungen, Pflegeheime, Lager- und Logistikimmobilien, Produktionsimmobilien und Parkhäuser:

40 Jahre

c) Freizeitimmobilien (zum Beispiel Sportanlagen), Selbstbedienungs- und Fachmärkte, Verbrauchermärkte und Tankstellen:

30 Jahre.

Die Restnutzungsdauer wird wie in der ImmoWertV rechnerisch durch die Gesamtnutzungsdauer abzüglich des Baualters ermittelt, was jedoch nicht explizit erklärt wird. Durch Modernisierungsmaßnahmen kann die Restnutzungsdauer entsprechend verlängert und ein fiktives, späteres Baujahr unterstellt werden. Ein Modell mit Modernisierungspunkten wie in der ImmoWertV ist in der BelWertV jedoch nicht vorhanden. Im Zweifel ist die Restnutzungsdauer gemäß Wortlaut des § 12 Abs. 2 vorsichtig zu schätzen.

3.5.2.5 Kapitalisierungszinssatz

Der Kapitalisierungszinssatz in der Beleihungswertermittlung soll gemäß § 12 Abs. 3 BelWertV nach „vorsichtiger Schätzung" festgelegt werden. Die regionale Marktentwicklung ist hierbei zu berücksichtigen. In § 12 Abs. 4 BelWertV wird das Berechnungsprozedere festgelegt. In § 12 Abs. 5 BelWertV werden Ausnahmen von dieser Regel – für erstklassige Immobilien – aufgeführt.

§ 12 BelWertV (Kapitalisierung der Reinerträge):

(...)

(3) Der Kapitalisierungszinssatz entspricht dem angenommenen Zinssatz, mit dem die ***künftig erzielbaren nachhaltigen Reinerträge*** *eines Grundstücks auf den Zeitraum ihrer angenommenen Zahlung* ***nach vorsichtiger Schätzung*** *erfahrungsgemäß diskontiert werden. Er muss aus der* ***regional maßgeblichen langfristigen und nutzungsspezifischen Marktentwicklung*** *abgeleitet werden. Verschiedene Nutzungsarten sind* ***jeweils gesondert*** *zu betrachten.*

(4) Der bei im Inland belegenen Objekten in Ansatz zu bringende Kapitalisierungszinssatz beträgt vorbehaltlich des Satzes 3 und des Absatzes 5 ***bei wohnwirtschaftlicher Nutzung mindestens 3 Prozentpunkte, bei gewerblicher Nutzung mindestens 4 Prozentpunkte*** *über der nach DIN 1333 auf die erste Nachkommastelle gerundeten von der Deutschen Bundesbank veröffentlichten* ***Rendite 30-jähriger Bundesanleihen*** *zuzüglich etwaiger für einzelne Nutzungsarten nach Anlage 3 zu berücksichtigender Aufschläge. Ist am 30. November eines Jahres die von der Deutschen Bundesbank veröffentlichte Rendite 30-jähriger Bundesanleihen mindestens 0,5 Prozentpunkte höher oder niedriger als zu Beginn des der letzten Veränderung der Mindestkapitalisierungszinssätze vorhergehenden Monats, so verändert er sich zum 1. Januar des Folgejahres um die entsprechenden nach DIN 1333 auf die erste Nachkommastelle gerundeten Prozentpunkte. Vorbehaltlich des Absatzes 5 beträgt der Mindestkapitalisierungszinssatz* ***bei wohnwirtschaftlicher Nutzung mindestens 3,5 Prozent und höchstens 5,5 Prozent, bei gewerblicher Nutzung mindestens 4,5 Prozent und höchstens 6,5 Prozent,*** *jeweils zuzüglich etwaiger für einzelne Nutzungsarten nach Anlage 3 zu berücksichtigender Aufschläge. Die Bundesanstalt gibt die geänderten Mindestkapitalisierungszinssätze unverzüglich nach dem in Satz 2 genannten Zeitpunkt auf ihrer Internetseite bekannt.*

(5) Die in Absatz 4 Satz 1 und 3 genannten Mindestkapitalisierungszinssätze dürfen für die Nutzungsarten Wohnen, Handel, Büro sowie Lager und Logistik ***um höchstens 0,5 Prozentpunkte unterschritten*** *werden, wenn es sich um* ***erstklassige Immobilien*** *handelt. Dies ist dann der Fall, wenn mindestens folgende Kriterien erfüllt sind:*

1. *eine sehr gute Lage im Verdichtungsraum,*
2. *ein entsprechend der jeweiligen Objektart bevorzugter Standort,*
3. *eine gute Infrastruktur,*
4. *eine gute Konzeption,*
5. *eine hochwertige Ausstattung,*
6. *eine hochwertige Bauweise,*
7. *eine besonders hohe Marktgängigkeit und*
8. *ein sehr guter Objektzustand.*

Ein Unterschreiten bedarf einer nachvollziehbaren, im Gutachten dokumentierten Begründung.

Die Aufschläge gemäß Anlage 3 BelWertV betreffen folgende Immobilienarten:

Anlage 3 (zu § 12 Abs. 4) BelWertV (Bei den Mindestkapitalisierungszinssätzen nach § 12 Abs. 4 für einzelne Nutzungsarten zu berücksichtigende Aufschläge):

A) Warenhäuser, Selbstbedienungs- und Fachmärkte, Hotels, Kliniken, Rehabilitationseinrichtungen, Pflegeheime, landwirtschaftlich genutzte Objekte, Verbrauchermärkte, Einkaufszentren, Freizeitimmobilien, Parkhäuser, Tankstellen sowie Lager- und Logistikimmobilien:

0,5 Prozentpunkte

B) Produktionsimmobilien:

1,0 Prozentpunkte.

Der Mindestansatz für den Kapitalisierungszinssatz ist der objektspezifisch angepasste Liegenschaftszinssatz. Im Unterschied zur Verkehrswertermittlung soll nach § 12 Abs. 3 Satz 3 BelWertV jedoch nach den Nutzungsarten getrennt werden. Sind bspw. in einer Immobilie sowohl wohnwirtschaftliche als auch gewerbliche Nutzungen oder verschiedene gewerbliche Nutzungsarten vorhanden, sollte nicht ein Zinssatz für gemischte Nutzung, sondern für jede Nutzungsart ein separater Kapitalisierungszinssatz angesetzt werden. Die einschlägigen Softwareprogramme sind auf diese Berechnungsweise i.d.R. ausgerichtet.

Gemäß § 12 Abs. 4 BelWertV werden die Zinssätze anhand der Zinssätze von 30-jährigen Bundesanleihen festgelegt, die jährlich mit den Werten vom 30.11. überprüft werden. Wenn die Abweichung gegenüber dem letzten Referenzzinssatz mehr als 0,5 % beträgt, gibt es eine Änderung. Abb. 14 zeigt die Ansatzvorschriften in der Übersicht.

Ansatzvorschriften Mindestkapitalisierungszinssätze (§ 12 Abs. 4 + 5, Anlage 3 BelWertV)	**Wohnnutzung**	**Gewerbenutzung**
Referenzgröße: (§ 12 Abs. 4 BelWertV)	Zinssatz 30-jährige Bundesanleihe (Stand: 30.11. des Vorjahres, sofern Abweichung > 0,5%)	Zinssatz 30-jährige Bundesanleihe (Stand: 30.11. des Vorjahres, sofern Abweichung > 0,5%)
Zuschlag für den Mindestansatz:	+ 3,0 %	+ 4,0 %
Regelbandbreite:	3,5 % - 5,5 %	4,5 % - 6,5 %
Weitere Aufschläge: (Anlage 3 BelWertV)		+ 0,5 % (Objektarten „A“) + 1,0 % (Objektarten „B“ = Produktionsimmobilien)
Mögliche Abschläge: (Katalog nach § 12 Abs. 5 BelWertV)	- 0,5 % für erstklassige Immobilien (Begründung erforderlich)	- 0,5 % für erstklassige Immobilien (Begründung erforderlich)
Weitere Untergrenze:	Objektspezifisch angepasster Liegenschaftszinssatz für Marktwert	Objektspezifisch angepasster Liegenschaftszinssatz für Marktwert

Abb. 14: Übersicht Ansatzvorschriften Mindestkapitalisierungszinssätze

Die Novellierung der BelWertV in 2022 fiel in die Zeit steigender Zinssätze, sodass sich in den folgenden Jahren die Kapitalisierungszinssätze der BelWertV im oberen Bereich der Regelbandbreite befanden. Vor der Novellierung der BelWertV waren fixe Mindestsätze für den Kapitalisierungszinssatz festgelegt, die im Vergleich zu den früheren Liegenschaftszinssätzen sehr hoch waren, sodass man einen dynamischen Zinssatz für erforderlich hielt. Die Bundesanstalt für Finanzdienstleistungsaufsicht (BaFin) veröffentlichte am 10.10.2022 als Anfangszinssätze 5,1 % (Wohnen) und 6,1 % (Gewerbe), die dann für 2022 und 2023 gültig waren. Ab dem 1.1.2024 erhöhten sich die Mindestsätze auf das Maximum, d.h. 5,5 % (Wohnen) bzw. 6,5 % (Gewerbe). Abb. 15 zeigt die Zinssätze im Zeitablauf.

Mindestkapitalisierungszinssätze **Gültigkeit**	**2022**	**2023**	**2024**	**2025**
Referenzzinssatz:	2,13 % (10.08.2022)	1,82 % (30.11.2022) keine Änderung	2,67 % (30.11.2023)	2,33 % (30.11.2024) keine Änderung
Wohnimmobilien:	**5,1 %**	**5,1 %**	**5,5 %**	**5,5 %**
Gewerbeimmobilien:	**6,1 %**	**6,1 %**	**6,5 %**	**6,5 %**

Abb. 15: Mindestkapitalisierungszinssätze der BaFin im Zeitablauf

3.6 Investment-Methode

3.6.1 Modellannahmen

Die Investment-Methode wird im Folgenden nur verkürzt wiedergegeben, um die Unterschiede zum Ertragswertverfahren nach ImmoWertV deutlich zu machen. Besonderheiten der verschiedenen nationalen Grundstücksmärkte, insbesondere institutioneller und rechtlicher Art, werden nicht berücksichtigt.[20] Oft werden die nachfolgend beschriebenen statisch gehaltenen Varianten mit dynamischen Elementen vermischt bzw. angereichert. Auch ist der Übergang zum Discounted-Cashflow-Verfahren fließend. Es finden sich gleiche Bezeichnungen für unterschiedliche Verfahren und unterschiedliche Bezeichnungen für ähnliche Verfahren. Die „Investment Method of Valuation" wird auch als „Income Approach" bezeichnet.

Bei der Investment-Methode wird i.d.R. von folgenden Annahmen ausgegangen:

- Es werden sowohl Mietvertragsmieten als auch marktübliche Mieten angesetzt.
- Die baulichen Anlagen haben keine Restnutzungsdauer, sondern es wird eine unendlich lange Ertragsfähigkeit unterstellt.
- Damit entfällt die Notwendigkeit, den Bodenwert ermitteln zu müssen.
- Die nicht umlegbaren Bewirtschaftungskosten werden von den Mieterträgen abgezogen.[21]
- Der Kapitalisierungszinssatz nennt sich „All Risks Yield" (ARY), der Zinssatz, der alle Risiken enthält.
- Der Rentenbarwertfaktor (RBF) nennt sich „Years' Purchase" (YP), der Rentenbarwertfaktor für eine unendliche Rente „Years' Purchase in Perpetuity". Weiterhin wird ebenfalls der Abzinsungs- bzw. Diskontierungsfaktor (DF) benötigt (discount factor bzw. meist „discount rate" genannt).

Bestimmt werden soll der Market Value, welcher definitionsgemäß inhaltlich dem Marktwert bzw. Verkehrswert entspricht.

3.6.2 Verfahrensvarianten

3.6.2.1 Berechnung mit marktüblichen Mieteinnahmen

Der einfachste Fall ist derjenige, bei dem eine Liegenschaft zur Marktmiete voll vermietet ist. Für die Zukunft ist weder eine direkte Änderung der Vertragsmiete vorgesehen noch wird eine Änderung der Marktmiete erwartet. Alternativ sind die Mietverträge so ausgestaltet, dass sich die Vertragsmiete im Einklang mit der Marktmiete entwickeln würde.

20 Die folgenden Ausführungen stützen sich auf die Veröffentlichungen von *Baum, A./ Mackmin, D./ Nunnington, N. (2018); White, D./ Turner, J./ Jenyon, B./ Lincoln, N. (2003)* sowie *VDP (2014)*.

21 In Großbritannien z.B. wird ein Großteil der Bewirtschaftungskosten auf die Mieter abgewälzt. Der Wertermittler muss die Mietverträge diesbezüglich eingehend prüfen.

Die Jahresnettomiete wird mit dem Rentenbarwertfaktor für eine unendliche Rente (Kehrwert des Zinssatzes) multipliziert.

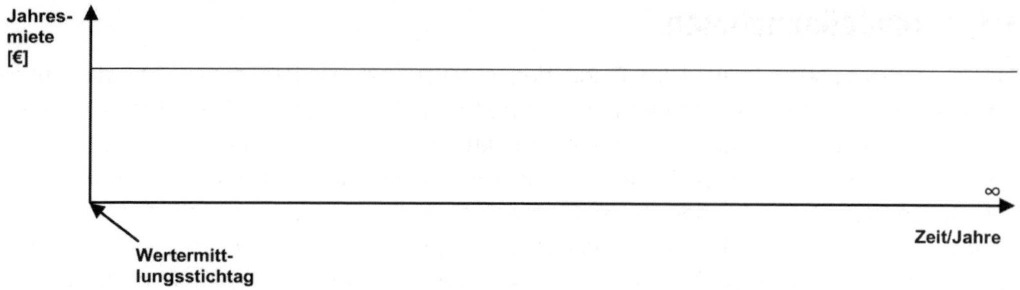

Abb. 16: Investment-Methode – Marktübliche Miete

Die Formel und ein einfaches Beispiel zeigen die Berechnung:

$$MV = RENT \times YP(i, \infty) = RENT \times \frac{1}{i}$$

mit MV = Market Value
RENT = Nettomiete pro Jahr (marktüblich)
YP = Years' Purchase (Rentenbarwertfaktor)
i = All Risks Yield (ARY)
∞ = unendlich

Beispiel

Büroimmobilie (Marktmiete)

Ausgangsdaten:

Rent p.a.:	*105.000 €*	
ARY (i):	*4,5 %*	
Berechnung:		
YP (4,5 %, ∞)	*22,2222*	
Present Value (Rent × YP)		*2.333.331 €*
Market Value		***2.330.000 €***

3.6.2.2 Term/Reversion

Bei dieser Methode wird die vertraglich vereinbarte Miete über die Vertragsrestlaufzeit kapitalisiert (Term). Es wird weiterhin angenommen, dass nach Ablauf dieser Zeit der Mietvertrag überprüft und die Miete an die Marktmiete angepasst wird (Reversion). Diese wird dann im Modell ab dem Mietanpassungszeitpunkt unendlich lange erzielt. Abb. 17 stellt die Situation einer Liegenschaft dar, die zum Wertermittlungsstichtag unter der Marktmiete vermietet ist (underrented property).

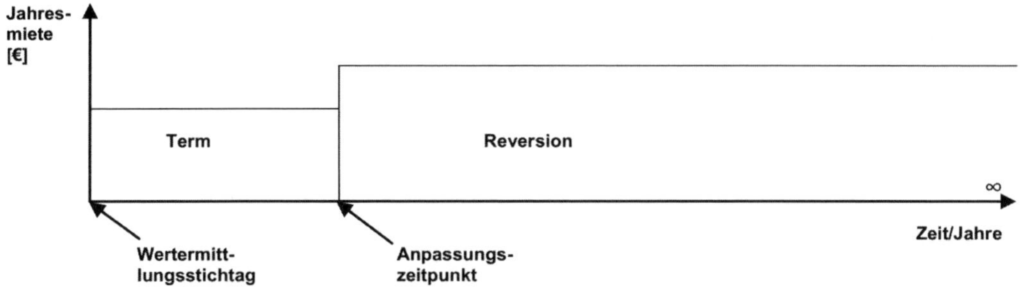

Abb. 17: Investment-Methode – Term/Reversion (Miete Term < Reversion)

Die Term-Miete kann auch über der Marktmiete liegen (overrented property), siehe Abb. 18:

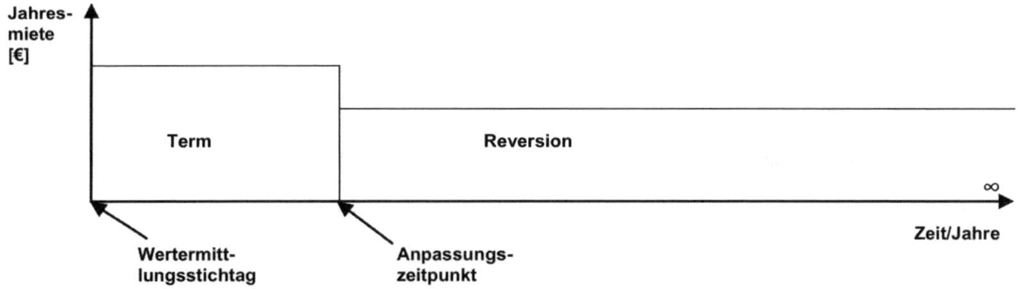

Abb. 18: Investment-Methode – Term/Reversion (Miete Term > Reversion)

Für die formale Berechnungsmethodik spielt es in diesem Fall keine Rolle, ob die Vertragsmiete größer oder kleiner ist als die Anpassungsmiete (Marktmiete). Im nachstehenden Rechenbeispiel wird der erste Fall unterstellt. Für den Term wird ein niedrigerer Zinssatz angenommen, da das Risiko, eine niedrigere Miete zu erhalten, eher geringer ist. Die Vertragsmiete wird über die Restlaufzeit, die Marktmiete auf unendlich kapitalisiert. Die Einnahmen der Reversion-Periode müssen über den Zeitraum der Vertragslaufzeit noch abgezinst werden, da der Barwert zunächst für den Anpassungszeitpunkt ermittelt wird – benötigt wird jedoch der Barwert zum Wertermittlungsstichtag.

Hierzu gibt es mehrere Berechnungsmöglichkeiten. Im folgenden Beispiel wird der Rentenbarwertfaktor direkt mit dem Diskontierungsfaktor multipliziert. Das resultierende Produkt entspricht auch der Vervielfältigerdifferenz, welche sich ergibt, wenn man den Rentenbarwertfaktor für die Vertragslaufzeit vom unendlichen Rentenbarwertfaktor subtrahiert. Alternativ wären auch noch die Ausweisung des gesamten Present Value der Reversion-Periode und danach eine Abzinsung zum Wertermittlungsstichtag möglich. Es gilt zu berücksichtigen, dass je nach Berechnungsvariante kleinere Rundungsdifferenzen auftreten können.

Nachrichtlich werden die Anfangsrendite (Initial Yield), die Anpassungsrendite (Revisionary Yield) sowie die Durchschnittsrendite (Equivalent Yield) angegeben. Letztere stellt den Zinssatz dar, bei dem sich der gleiche Marktwert ergibt, wenn man ihn sowohl für die Kapitalisierung der Term-Miete als auch der Reversion-Miete einsetzen würde.[22] Er liegt i.d.R. nahe beim Kapitalisierungszinssatz der Reversionperiode (Yield Reversion), da die Vertragsmiete für einen verhältnismäßig kurzen Zeitraum fließt.

Beispiel

Büroimmobilie (Underrented Property)

Ausgangsdaten:		
Rent term p.a.:	*90.000 €*	
Yield term (i_T):	*4,0 %*	
Vertragsrestlaufzeit (t):	*5 Jahre*	
Rent reversion p.a.:	*105.000 €*	
Yield reversion (i_R):	*4,5 %*	
Berechnung Term:		
YP (4,0 %, 5 Jahre)	*4,4518*	
Present Value Term		*400.662 €*
Berechnung Reversion:		
YP (4,5 %, ∞)	*22,2222*	
DF (4,5 %, 5 Jahre)	*0,8025*	
YP × DF	*17,8333*	
Present Value Reversion		*1.872.497 €*
Present Value Total		*2.273.159 €*
Market Value		***2.270.000 €***
Nachrichtlich:		
Anfangsrendite (= 90.000 € / 2.273.159 €):		*3,959 %*
Anpassungsrendite (= 105.000 € / 2.273.159 €):		*4,619 %*
Durchschnittsrendite:		*4,489 %*

Als Formel lässt sich die Term/Reversion Berechnung wie folgt darstellen:[23]

22 Er lässt sich durch „Trial and Error" oder durch die Zielwertsuche bei Excel ermitteln. Die Zinssätze wurden jeweils auf die ungerundeten Werte bezogen.

23 Die Formeln werden hier der Vollständigkeit halber dargestellt. Die Methodik lässt sich auch allein anhand der Beispiele begreifen.

$$MV = RENT_T \times YP(i_T, t) + RENT_R \times YP(i_R, \infty) \times DF(i_R, t)$$
$$= RENT_T \times \frac{(1 + i_T)^t - 1}{(1 + i_T)^t \times i_T} + RENT_R \times \frac{1}{(1 + i_R)^t \times i_R}$$

mit MV = Market Value

$RENT_T$ = Nettomiete in der Term-Periode

$RENT_R$ = Nettomiete in der Reversion-Periode (marktüblich)

YP = Years' Purchase (Rentenbarwartfaktor)

DF = Diskontierungsfaktor

∞ = unendlich

i_T = Kapitalisierungszinssatz für die Term-Periode (ARY modifiziert)

i_R = Kapitalisierungs-/Diskontierungszinssatz für die Reversion-Periode (ARY)

t = Laufzeit Mietvertrag Term

3.6.2.3 Layer (Hardcore/TopSlice)

Im Unterschied zum Term/Reversion-Modell, bei dem eine vertikale Zusammensetzung der Komponenten erfolgt, wird bei dieser Methode eine horizontale Schichtung vorgenommen. Es wird davon ausgegangen, dass eine bestimmte Jahresmiete (Hardcore) über die gesamte als unendlich angenommene Nutzungsdauer der Immobilie erzielt werden kann. Liegt die vertraglich vereinbarte Miete über dieser Hardcore-Miete (overrented property), wird über die Vertragslaufzeit ein Zuschlag in Form eines kapitalisierten Differenzbetrags (Top Slice) angesetzt (siehe Abb. 19).

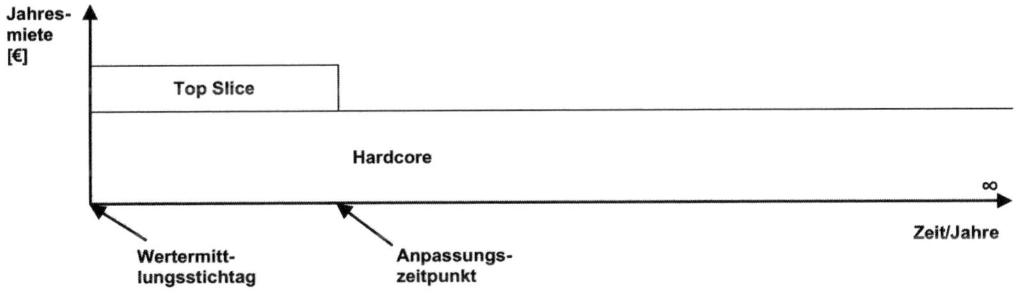

Abb. 19: Investment-Methode – Layer (overrented)

Das folgende Rechenbeispiel soll die Bewertungsmethodik verdeutlichen.

Beispiel

Büroimmobilie (Overrented Property)

Ausgangsdaten:

Hardcore Rent p.a.:	*90.000 €*
Yield hardcore (p_{HC}):	*4,0 %*
Term Rent p.a.:	*105.000 €*

Top Slice p.a.:	*15.000 €*	
Vertragsrestlaufzeit (t):	*5 Jahre*	
Yield Top Slice (i_{TS}):	*4,5 %*	
Berechnung Hardcore:		
YP (4,0 %, ∞)	*25,0000*	
Present Value Hardcore		*2.250.000 €*
Berechnung Top Slice:		
YP (4,5 %, 5 Jahre)	*4,3900*	
Present Value Top Slice		*65.850 €*
Present Value Total		*2.315.850 €*
Market Value		***2.316.000 €***
Nachrichtlich:		
Anfangsrendite (= 105.000 € / 2.315.850 €):		*4,534 %*
Anpassungsrendite (= 90.000 € / 2.315.850 €):		*3,886 %*
Durchschnittsrendite:		*4,002 %*

Die Formel für diese Berechnung lautet:

$$MV = RENT_{HC} \times YP(i_{HC}, \infty) + RENT_{TS} \times YP(i_{TS}, t)$$
$$= RENT_{HC} \times \frac{1}{i_{HC}} + RENT_{TS} \times \frac{(1 + i_{TS})^t - 1}{(1 + i_{TS})^t \times i_{TS}}$$

mit MV = Market Value

$RENT_{HC}$ = Nettomiete Hardcore

$RENT_{TS}$ = Miete Top Slice (Miete über Hardcore-Miete)

YP = Years' Purchase (Rentenbarwartfaktor)

∞ = unendlich

i_{HC} = Kapitalisierungszinssatz Hardcore

i_{TS} = Kapitalisierungszinssatz Top Slice

t = Laufzeit Mietvertrag

Auch mit der Layer-Methode kann der Fall betrachtet werden, dass die Vertragsmiete unter der Marktmiete liegt. In diesem Fall wird die Vertragsmiete als „Hardcore" aufgefasst. Der „Top Slice" ist dann der positive Differenzbetrag zur Marktmiete und wird auf unendlich erzielt.

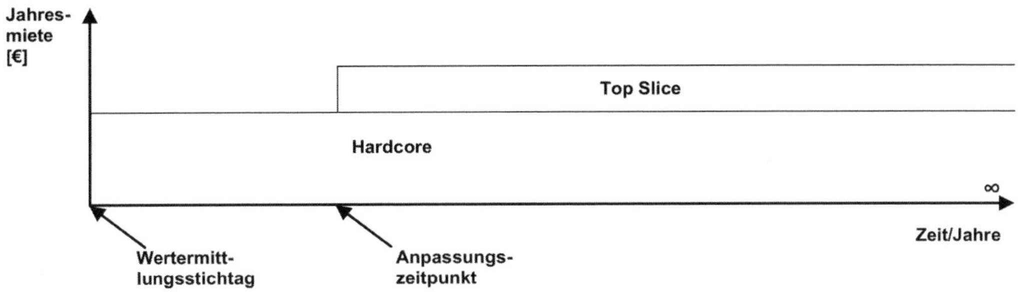

Abb. 20: Investment-Methode – Layer (underrented)

Die Berechnung kann nicht analog zur Overrented-Immobilie durchgeführt werden, da im Modell der Top Slice auf unendlich lange Zeit erzielt wird und auf den Wertermittlungsstichtag abgezinst werden muss. Das folgende Beispiel zeigt die Methodik:

Beispiel

Büroimmobilie (Underrented Property)

Ausgangsdaten:		
Hardcore Rent p.a.:	*90.000 €*	
Yield hardcore (i_{HC}):	*4,0 %*	
Vertragsrestlaufzeit (t) (zu Hardcore Rent):	*5 Jahre*	
Marktmiete p.a.:	*105.000 €*	
Top Slice p.a.:	*15.000 €*	
Yield Top Slice (p_{TS}):	*5,0 %*	
Berechnung Hardcore:		
YP (4,0 %, ∞)	*25,0000*	
Present Value Hardcore		*2.250.000 €*
Berechnung Top Slice:		
YP (5,0 %, ∞)	*20,0000*	
DF (5,0 %, 5 Jahre)	*0,7835*	
YP × DF	*15,6700*	
Present Value Top Slice		*235.050 €*
Present Value Total		*2.485.050 €*
Market Value		***2.485.000 €***
Nachrichtlich:		
Anfangsrendite (= 90.000 € / 2.485.050 €):		*3,622 %*

Anpassungsrendite (= 105.000 € / 2.485.050 €):	*4,225 %*
Durchschnittsrendite:	*4,117 %*

Als Formel dargestellt:

$$MV = RENT_{HC} \times YP(i_{HC}, \infty) + RENT_{TS} \times YP(i_{TS}, \infty) \times DF(i_{TS}, t)$$
$$= RENT_{HC} \times \frac{1}{i_{HC}} + RENT_{TS} \times \frac{1}{(1 + i_{TS})^t \times i_{TS}}$$

mit MV = Market Value

$RENT_{HC}$ = Nettomiete Hardcore

$RENT_{TS}$ = Miete Top Slice (Miete über Hardcore-Miete)

YP = Years' Purchase (Rentenbarwartfaktor)

∞ = unendlich

i_{HC} = Kapitalisierungszinssatz Hardcore

i_{TS} = Kapitalisierungs-/Diskontierungszinssatz Top Slice

t = Laufzeit Mietvertrag

Die Ergebnisse der letzten drei Beispielsfälle sind alle unterschiedlich, da die Ausgangsdaten zwar ähnlich sind, aber trotzdem leicht differieren.

Wie auch im Ertragswertverfahren nach ImmoWertV aufgrund finanzmathematischer Logik hat die Auswahl der Zinssätze eine starke Implikation auf die Ergebnisse. Die Wahl des Zinssatzes wird im nächsten Kapitel thematisiert.

3.6.3 Kapitalisierungs-/Diskontierungszinssätze

Die Ableitung des All Risks Yield, des Zinssatzes, der alle Risiken enthält, unterliegt ähnlicher Problematik wie der Liegenschaftszinssatz. Grundsätzliche Idee ist ebenfalls, den Zinssatz aus Marktdaten, d.h. aus Transaktionspreisen ähnlicher Immobilien, abzuleiten. Je nach regionalem und nutzungsspezifischem Markt sind unterschiedliche Informationen vorhanden. Eine ausführliche Darstellung der Ableitung des zur Kapitalisierung und zur Diskontierung verwendeten Zinssatzes der Investment-Methode in verschiedenen Märkten würde den Rahmen dieses Werkes weit überschreiten.

Sollte ein deutscher Wertermittler damit konfrontiert werden, mit der Investment-Methode bewerten zu müssen, z.B. wegen der Vorgabe eines ausländischen Investors eine Liegenschaft in Deutschland oder eine Immobilie im Ausland, muss er sich intensiv mit den spezifischen Marktgegebenheiten, insbesondere im Hinblick auf erzielbare Renditen, beschäftigen. Für Immobilien in Deutschland kann angesichts der Existenz von Liegenschaftszinssätzen die Strategie empfehlenswert sein, den Ertragswert mit dem Ertragswertverfahren nach ImmoWertV zu ermitteln und dann retrograd den passenden Kapitalisierungszinssatz für die Investment-Methode auszurechnen. Keinesfalls darf ein Liegenschaftszinssatz direkt eingesetzt werden, da die Modellbedingungen differieren, z.B. hinsichtlich der Restnutzungsdauer und dem damit verbundenen Ansatz eines Bodenwertes. Bei dem oft üblichen Verzicht auf den Ansatz eines Mietausfallwagnisses ist bei der Investment-Methode dieses Risiko ebenfalls im Kapitalisierungszinssatz eingepreist. Dieser muss daher notwendigerweise vom Liegenschaftszinssatz abweichen, um denselben Marktwert zu generieren.

Bei im Ausland zu bewertenden Immobilien kann sich der deutsche Wertermittler einer intensiven Auseinandersetzung mit den dort verfügbaren Kapitalisierungszinssätzen sowie den generellen Marktbedingungen nicht entziehen. Für Anfänger dürfte eine Bewertung im Ausland nahezu unmöglich, für erfahrene Wertermittler, die sonst nicht im Ausland bewerten, schwierig sein. Es empfiehlt sich, mit einem örtlichen Sachverständigenbüro zusammen zu arbeiten, sollte eine Bewertung im Ausland, z.B. im Rahmen eines Portfolios, notwendig werden. Internationale Wertermittlungsunternehmen mit Standorten in mehreren Ländern haben hier entsprechende Vorteile.

Im Gegensatz zur direkten Ableitung von Liegenschaftszinssätzen aus Kaufpreisen werden die Kapitalisierungszinssätze bei der Investment-Methode i.d.R. in einem zweigeteilten Verfahren ermittelt. Der ARY setzt sich aus einem Basiszinssatz sowie objektspezifischen Risikozuschlägen zusammen. Die aus dem Markt abgeleitete Basisrendite sollte sich auf ähnliche Immobilien im gleichen Marktsegment mit einer identischen Nutzung beziehen, die an solvente Mieter zu marktüblichen Mieten neu vermietet und bestens ausgestattet sind und sich in Toplage der betrachteten Stadt befinden. Diese Rendite wird auch von alternativen Anlagemöglichkeiten auf dem Kapitalmarkt beeinflusst.[24]

Für das Bewertungsobjekt werden dann Risikoaufschläge auf den Kapitalisierungszinssatz vorgenommen. Sie beziehen sich auf Eigenschaften, die für den jeweiligen Markt relevant sind, z.B. Lage mit Infrastruktur und Erreichbarkeit, Baualter, Bauzustand, Gebäudekonzeption, Objektgröße, Ausstattung, Mietverträge und Mieterbonität etc. Die Höhe der jeweiligen Risikoaufschläge bestimmt der Wertermittler, der deswegen über sehr gute Marktkenntnisse verfügen muss. Sie sollten die weniger optimalen Eigenschaften des Bewertungsobjektes im Vergleich zu den Referenzobjekten, welche die Basisrendite bestimmen, adäquat abbilden.

3.7 Discounted-Cash-Flow-Verfahren (DCF)

3.7.1 Eignung zur Marktwertermittlung

Das Discounted-Cash-Flow-Verfahren nach internationalem Verständnis wird in Deutschland von Vertretern der traditionellen und gesetzlich normierten Wertermittlung meist als nicht geeignet für die Verkehrswertermittlung angesehen. Neben Vorträgen und Fachdiskussion auf Seminaren und Kongressen sowie Literaturmeinungen war die Entscheidung des damaligen Bundesministeriums für Verkehr, Bau und Stadtentwicklung, das DCF-Verfahren nicht in die ImmoWertV 2010 aufzunehmen, ein Indiz für diese generelle Auffassung.[25] Es wird in Deutschland als „prognosegestützt" oder „Prognoseverfahren" bezeichnet und eigne sich gut zur Bestimmung investorenspezifischer Werte und Grenzpreise wie Verkaufsmindestpreise

24 So *VDP (2014)*, S. 53, für Großbritannien.

25 Siehe hierzu *Kleiber, W. (2023)*, S. 502. Das dann aufgenommene periodische Ertragswertverfahren nach § 30 ImmoWertV ist kein DCF-Verfahren, wie es international verwendet wird; siehe Kap. 3.7.6.

oder Einkaufhöchstpreise oder zur Berechnung der Vorteilhaftigkeit von Investitionen. Wegen der prognostischen Elemente und der Schwierigkeiten mit der Bestimmung von marktgerechten Diskontierungs- und Kapitalisierungszinssätzen könnten Marktwerte damit nicht verlässlich generiert werden, da die Fehlerquellen und Manipulationsmöglichkeiten zu groß seien und sich potenzieren könnten. Außerdem fehlten verbindliche Regeln, eine Vereinheitlichung, Transparenz bzgl. der Prognosen und die allgemeine Anerkennung.[26]

Andere Länder teilen diese Skepsis nicht in gleichem Maße. In der Schweiz bspw. ist das DCF-Verfahren die zur Marktwertermittlung bevorzugte Methode für (fertig gestellte) Renditeimmobilien. Auch in anderen, insbesondere angelsächsischen, Ländern sind Bewertungen mit dem DCF-Verfahren üblich. Es kommt auf die Modelle, die verfügbaren Daten und die Erfahrung der Wertermittler mit dieser Methode an, ob das DCF-Verfahren zur Marktwertermittlung geeignet ist. So gibt es ausgeklügelte Systeme für die Bestimmung der dafür benötigten Diskontierungs- und Kapitalisierungszinssätze. Auch in Deutschland verwenden größere Immobilien-Bestandshalter gemäß Geschäftsberichten das DCF-Verfahren zur Ermittlung der Marktwerte (z.B. Vonovia) und insbesonders internationale Immobiliendienstleister mit Niederlassungen in Deutschland benutzen für Immobilien in Deutschland dieses Verfahren (z.B. BNP Paribas Real Estate, Jones Lang LaSalle).

Die großen Vorteile des DCF-Verfahrens werden in der Übersichtlichkeit und der Transparenz gesehen. Die Übersichtlichkeit wird durch meist tabellarische Darstellungen erreicht, mit denen die verschiedenen Komponenten wie Mieteinnahmen, Bewirtschaftungskosten und daraus resultierende Cash Flows, die auf den Wertermittlungsstichtag diskontiert werden, periodenmäßig (i.d.R. jährlich) aufgeführt werden.

Die Transparenz ist dadurch gegeben, dass die mit der Immobilie verbundenen Zahlungsströme sowie die Annahmen des Wertermittlers periodengerecht klar offengelegt werden. Beispielsweise ist ersichtlich, wann die Wertermittler, z.B. aufgrund auslaufender Mietverträge, mit Leerständen rechnen, ob Incentives wie bspw. Mietausfallzeiten zu erwarten sind oder wann eine Heizungsanlage erneuert werden muss. Geplante Ausgaben, wie z.B. für eine Fassadenrenovierung, die in drei Jahren fällig ist, oder eine Modernisierung, die nach dem Auslaufen eines Mietvertrags notwendig wird, werden in dem dafür vorgesehenen Jahr angesetzt. Relativ „sichere" zukünftige Gegebenheiten (wie das Auslaufen von Mietverträgen mit den damit verbundenen Ertragsauswirkungen) werden mit eher prognostischen Elementen (wie eine in drei Jahren geplante Fassadenrenovierung mit den dafür geschätzten Kosten) gemischt. Damit ist für die Investoren auch eine Grundlage für Liquiditätsplanungen verbunden. Je nach Modell, Wertermittler und Bewertungsfall überwiegen eher sichere oder eher prognostische Ansätze.

Die Transparenz der Wertermittlung bedingt allerdings eine Angreifbarkeit, da die Ansätze im Nachhinein widerlegt werden können, sollte ein anderes Szenario eingetreten sein. Auch sind im Vorfeld viele verschiedene Annahmen möglich, was die Kritikanfälligkeit ebenfalls fördert. Der Vorwurf der mangelnden Vereinheitlichung hat ebenfalls eine gewisse Berechtigung. Generell ist die Zukunft jedoch immer unsicher, was für jegliche Art von auf Barwerten basierenden Verfahren – auch für das Ertragswertverfahren nach ImmoWertV – gilt, sodass die Ab-

26 Siehe hierzu *Kleiber, W. (2023)*, S. 1595 ff.

lehnung des DCF-Verfahrens für die Marktwertermittlung eine Meinung ist, die nicht jeder teilt. Auch der Liegenschaftszinssatz weist z.T. Unschärfen auf, die die Zukunftserwartungen der Marktteilnehmer nicht in jedem Fall korrekt widerspiegeln können, was die Überlegenheit des Ertragswertverfahrens nach ImmoWertV gegenüber einem erprobten DCF-Modell zumindest in Frage stellt.

3.7.2 Methodik

Wie beim Ertragswertverfahren nach ImmoWertV und der Investment-Methode werden beim DCF-Verfahren zukünftige Einnahmen abzüglich zukünftiger Ausgaben (Cash Flows) diskontiert und addiert. Alle Verfahren basieren auf dem Konzept des Present Value (Barwertes) bzw. auf der Kapitalwertmethode der Investitionsrechnung. Soll das Ergebnis der Berechnung einen Immobilienwert darstellen, besteht der Unterschied zum Kapitalwert (net present value, NPV) darin, dass die Anfangsinvestition vom Barwert nicht abgezogen wird. Der Kapitalwert, bei dem die anfänglichen Investitionskosten subtrahiert werden, zeigt hingegen die Vorteilhaftigkeit einer Investition auf. Ist er positiv, ist sie vorteilhaft; ist der Kapitalwert hingegen negativ, dann kann die Investition bei den angenommenen Eingangsgrößen die geforderte Verzinsung nicht erreichen. Ist er null, entspricht die geforderte Verzinsung genau der internen Verzinsung.

Das DCF-Verfahren für die Bewertung von Immobilien ist nicht normiert, s.o. Es gibt einfache und kompliziertere Varianten sowie länder- und marktspezifische Besonderheiten. Insofern können in diesem einführenden Werk nur die wichtigsten und weitgehend allgemeingültigen Verfahrensparameter angegeben werden. Für die Anwendung des DCF-Verfahrens ist eine intensive Beschäftigung mit der spezifischen Fachliteratur[27], den marktbezogenen Besonderheiten sowie Wertermittlungserfahrung notwendig. Die Ausführungen an dieser Stelle sollen lediglich einen Überblick über diese Methode geben.

Beim DCF-Verfahren werden für eine bestimmte Zeit ab dem Wertermittlungsstichtag, meist pro Jahr, die Einnahmen aus der Immobilie abzüglich der Ausgaben ermittelt (Phase 1). Dieser jährlich differierende Cash Flow wird dann jeweils auf den Stichtag abgezinst. Oft wählt man für die Einzeldiskontierung ein Zeitraum von zehn Jahren, davon kann aber auch abgewichen werden. Danach wird ein sogenannter „Exit Value" (manchmal auch Restwert genannt) angesetzt (Phase 2). Für diesen Wert wird i.d.R. ein konstanter, zukünftiger, als nachhaltig angenommener, Cash Flow unterstellt, der oft auf dem Cash Flow des Jahres, das auf das letzte Jahr der Einzelbetrachtung folgt, basiert und mit einer unendlichen Restnutzungsdauer kapitalisiert. Diesen Exit-Wert zinst man sodann auf den Wertermittlungsstichtag ab. Die diskontierten Cash Flows der Einzelperioden und der abgezinste Exit-Wert ergeben zusammen den Wert der Immobilie, der entsprechend der Fragestellung auch ein Marktwert sein kann.

Die Formel wird nachfolgend dargestellt. Der erste Term mit dem Summenzeichen stellt die Einzelbetrachtung von t (z.B. 10) Perioden dar (Phase 1), der zweite den abgezinsten Exit-Wert (Phase 2). Die Formel basiert hier auf einer jährlich nachschüssigen Diskontierung.

27 Siehe neben der englischsprachigen Literatur bspw. *Hersberger, D. (2012)*, *Edelhoff, D. (2010)* oder *HypZert (2008)*.

Möglich sind auch andere Abzinsungsmethoden, wie z.B. halb- oder vierteljährlich, mit veränderten (komplizierteren) Formeln, die zu leicht unterschiedlichen Ergebnissen führen.

$$PV = \sum_{i=1}^{t} \frac{CF_i}{(1+p_i)^i} + \frac{EV}{(1+p_i)^t} \qquad wobei\ EV = \frac{CF_{t+1}}{p_c}$$

$$\Rightarrow PV = \sum_{i=1}^{t} \frac{CF_i}{(1+p_i)^i} + \frac{CF_{t+1}}{p_c(1+p_i)^t}$$

$$(Phase\ 1) \quad (Phase\ 2)$$

mit PV = Present Value (Barwert)
i = Laufindex Einzelperioden
t = Anzahl Perioden Einzelbetrachtung
CF_i = Cash Flow (Einnahmen – Ausgaben) in Periode i
EV = Exit Value
p_i = Diskontierungszinssatz/-zinssätze[28]
p_C = Kapitalisierungszinssatz

3.7.3 Cash Flows

Der jährliche Cash Flow setzt sich grundsätzlich aus den Einnahmen (Einzahlungen) abzüglich der Ausgaben (Auszahlungen) zusammen. Je nach DCF-Modell sind hierbei unterschiedliche Ansätze möglich.[29]

Als Einnahmen werden periodengerecht die erwarteten Mieteinnahmen eingesetzt. Diese können modellabhängig – je nach länderspezifischen und mietvertraglichen Gepflogenheiten – Brutto- oder Nettomieten sein. So können bspw. umlegbare Nebenkosten, welche Mieter dem Vermieter zu bezahlen haben, zunächst als Einnahmen angesetzt und dann bei den Ausgaben wieder abgezogen werden. Meist werden umlegbare Kosten jedoch direkt saldiert (wie beim Ertragswertverfahren) und daher nicht angesetzt. Mietvertragliche Besonderheiten (z.B. Staffelmietverträge, Indexierungsvereinbarungen) lassen sich direkt abbilden, ebenfalls nicht marktgerechte Vertragsmieten und eventuelle geplante/erwartete Anpassungen an die Marktlage. Mietfreie Zeiten oder andere Incentives, Mietzinsreduktionen und struktureller Leerstand können direkt negativ bei den Einnahmen berücksichtigt werden.

Als Ausgaben werden Verwaltungskosten, (nicht umlegbare bzw. im Bruttomodell auch umlegbare) Betriebskosten, Instandhaltungskosten, Instandsetzungskosten, Modernisierungskosten und Wiedervermietungskosten sowie eventuelle weitere Kosten angesetzt. Sie wer-

28 Bei manchen DCF-Modellen werden für die einzelnen Perioden differierende Diskontierungszinssätze angenommen (daher p_i), in anderen Modellen wird nur ein Diskontierungszinssatz verwendet.

29 Auf die betriebswirtschaftliche Unterscheidung von Einzahlungen, Einnahmen und Erträgen bzw. Auszahlungen, Ausgaben und Kosten wird hier verzichtet.

den periodengerecht in erwarteter Höhe jeweils in dem Jahr berücksichtigt, in dem sie (geplant, erwartet oder geschätzt) anfallen.

Die erwarteten Einnahmen und Ausgaben müssen aufeinander abgestimmt sein. Wird bei einer Wohnanlage in einem bestimmten Jahr bspw. eine Modernisierung aller Badezimmer geplant, hat dies Auswirkungen sowohl auf die Ausgaben (Modernisierungskosten) als auch auf Einnahmen (z.B. Mietausfälle/Mietminderungen während der Bauzeit, höhere Mieteinnahmen nach Modernisierung).

Die Entwicklung der Einnahmen und Ausgaben kann nominal oder real abgebildet werden, d.h., die erwartete Inflation wird direkt bei den Ansätzen für die Einnahmen/Ausgaben berücksichtigt (nominal) oder nur im Zinssatz abgebildet (real). Daher müssen je nach Modell entsprechende, unterschiedliche Diskontierungszinssätze verwendet werden. Bei den nominalen Rechnungen werden die Erwartungen in den Einnahmen und Ausgaben abgebildet, bei den realen Rechnungen im Diskontierungszinssatz.

3.7.4 Diskontierungs-/Kapitalisierungszinssätze

Zinssätze werden für die Diskontierung der Einzelperioden sowie für die Kapitalisierung beim Exit-Wert benötigt. Für die Ableitung des Diskontierungszinssatzes werden drei Möglichkeiten aufgeführt:[30]

- Risikozuschlagsmodell (Konzept der Opportunitätskosten/Ableitung vom Finanzmarkt),
- Konzept der durchschnittlichen Kapitalkosten („WACC"),
- Ableitung vom Immobilienmarkt (aus tatsächlich erzielten Verkaufspreisen).

Dem Konzept der Opportunitätskosten liegt die Idee zugrunde, dass Investoren ihr Kapital auf dem Finanzmarkt in andere Anlagen investieren könnten, und richtet sich nach den dort erzielbaren Renditen. Der so abgeleitete Diskontierungszinssatz setzt sich aus einem Basiszinssatz und einer Risikoprämie zusammen. Dem Basiszinssatz sollten Renditen risikoarmer Alternativanlagen mit einer langen bzw. vergleichbaren Laufzeit zugrunde liegen. Geeignet sind hierfür z.B. inländische Staatsanleihen. Auf den Basiszinssatz werden Risikozuschläge gesetzt. Diese bilden das generelle Risiko für Immobilienanlagen sowie das objektspezifische Risiko für die bewertete Immobilie ab. Das Problem bei dieser Ableitung ist die Bestimmung der Risikoprämie.

Das Konzept der durchschnittlichen Kapitalkosten (WACC = Weighted Average Cost of Capital) unterstellt eine (markt-)übliche gemischte Finanzierung aus Fremdkapital und Eigenkapital, z.B. 75 % FK und 25 % EK. Sodann werden die üblich zu zahlenden Zinsen auf Fremdkapital und die allgemeinen Renditeerwartungen an das Eigenkapital bestimmt und mit dem Anteil gewichtet. Der mit dieser Gewichtung gebildete Zinssatz wird als Diskontierungszinssatz eingesetzt. (Einfaches Beispiel: FK-Zins = 3 %, EK-Renditeforderung = 6 %; WACC = 3 % × 0,75 + 6 % × 0,25 = 3,75 %). Diese Methode birgt das Problem, dass die Gewichtung zwischen EK und FK und die Eigenkapitalforderungen zwischen Investoren stark streuen.

30 Siehe z.B. *Hersberger, D. (2012)*, S. 110 f., *HypZert (2008)*, S. 26.

Schließlich ist eine Ableitung vom Immobilienmarkt aus Transaktionsdaten möglich. Für die Rekonstruktion aus erzielten Renditen sind entsprechende Daten aus zeitnahen Verkäufen ähnlicher Immobilien in ausreichender Anzahl notwendig. Dies ist nicht immer der Fall, was das Manko dieser Methode darstellt – ähnlich wie beim Liegenschaftsszinssatz. Die Verfügbarkeit solcher Informationen hängt von der Markttransparenz ab, die zwischen Ländern und Märkten erheblich variiert. Größere, meist international tätige Immobiliendienstleister, die sowohl Bewertungs- als auch Vermittlungsabteilungen haben, verwenden hierfür auch eigene Erfahrungswerte. Da jedoch unterschiedliche Modelle verwendet werden, sind auch die Zinssätze nicht allgemein verwendbar.

Zuletzt gilt es noch, den Kapitalisierungszinssatz für die Berechnung des Exit-Wertes zu bestimmen. Er wird „Exit Yield" oder „(Terminal) Cap Rate" genannt und ist wie der Liegenschaftszinssatz ein Realzinssatz, da mit einem konstanten Cash Flow gerechnet wird und Wachstumserwartungen im Zinssatz abgebildet werden. Ein Liegenschaftszinssatz kann jedoch nicht eingesetzt werden, da ein anderes Modell zugrunde liegt. Außerdem wird beim DCF-Verfahren der vermutete Cash Flow des Jahres nach dem letzten Jahr der Einzelbetrachtung für die Kapitalisierung verwendet, während sich der Liegenschaftszinssatz auf den Reinertrag am Wertermittlungsstichtag bezieht. Für eine Marktwertermittlung werden die Cap Rates idealerweise aus dem Immobilienmarkt abgeleitet bzw. übliche Renditeerwartungen angenommen. Es lässt sich erahnen, dass die Bestimmung dieses Kapitalisierungszinssatzes, welcher den Wert der Immobilie erheblich beeinflusst, ebenfalls eine Herausforderung darstellt, um einen realistischen Marktwert zu bestimmen. Da die einzelnen DCF-Modelle zudem unterschiedlich sind, können auch diese Zinssätze zwischen den Modellen variieren und Vergleiche sind oft schwer möglich.

3.7.5 Beispiele

Zur Illustration des DCF-Verfahrens wird ein übersichtliches Beispiel aus der Schweiz gewählt, basierend auf einem realen Fall. Wie bereits erwähnt, ist in der Schweiz bei Renditeliegenschaften das DCF-Verfahren für die Marktwertermittlung die gängige Praxis. Es werden jedoch andere Begriffe als in Deutschland gewählt.[31] Abb. 21 und Abb. 22 zeigen zwei Tabellen mit dem gleichen Fall, gegenüber der üblichen Praxisdarstellungen allerdings hier zusammengefasst und vereinfacht. Im ersten Beispiel wird für den Diskontierungszinssatz („Diskontsatz") ein Realzinssatz verwendet, d.h., mögliche Mieten- und Kostensteigerungen wegen der Inflation werden im Zinssatz berücksichtigt. Im zweiten Beispiel hingegen wird die Inflationserwartung direkt bei den Cash Flows angesetzt. Die Ergebnisse sind bis auf Rundungsdifferenzen identisch.

31 Die ebenfalls differierenden Trennzeichen der Zahlen wurden hier auf die deutschen Notionen angepasst. Bspw. 1.000.000 CHF für 1'000'000 CHF oder 4,03 % für 4.03 %.

DCF-Berechnung mit realem Zinssatz

[CHF]	1.Phase										2.Phase
	2025	2026	2027	2028	2029	2030	2031	2032	2033	2034	ab 2035
Periode n	1	2	3	4	5	6	7	8	9	10	ab 11
Mietertrag (Soll)	1.000.000	1.000.000	1.000.000	1.000.000	1.000.000	1.000.000	1.000.000	1.056.000	1.056.000	1.056.000	1.056.000
- Mietzinsausfälle	-20.000	-20.000	-20.000	-20.000	-20.000	-20.000	-20.000	-20.000	-20.000	-20.000	-20.000
- Mietreduktion	0	0	0	0	0	0	-83.000	0	0	0	0
+ Andere Erträge	0	0	0	0	0	0	0	0	0	0	0
Total Ertrag	980.000	980.000	980.000	980.000	980.000	980.000	897.000	1.036.000	1.036.000	1.036.000	1.036.000
- Ver-/ Entsorgung	-2.000	-2.000	-2.000	-2.000	-2.000	-2.000	-2.000	-2.000	-2.000	-2.000	-2.000
- Allg. Betrieb	-10.000	-10.000	-10.000	-10.000	-10.000	-10.000	-10.000	-10.500	-10.500	-10.500	-10.500
- Hauswartung	-3.000	-3.000	-3.000	-3.000	-3.000	-3.000	-3.000	-3.000	-3.000	-3.000	-3.000
- Versicherung	-8.400	-8.400	-8.400	-8.400	-8.400	-8.400	-8.400	-9.000	-9.000	-9.000	-9.000
- Verwaltung	-40.000	-40.000	-40.000	-40.000	-40.000	-40.000	-40.000	-42.200	-42.200	-42.200	-42.200
Total Betriebskosten	-63.400	-63.400	-63.400	-63.400	-63.400	-63.400	-63.400	-66.700	-66.700	-66.700	-66.700
- Instandhaltungskosten	-70.000	-70.000	-70.000	-70.000	-70.000	-70.000	-70.000	-60.000	-60.000	-60.000	-65.000
- Instandsetzungskosten	0	0	0	0	-100.000	0	-2.000.000	0	0	0	-180.000
Total Unterhaltskosten	-70.000	-70.000	-70.000	-70.000	-170.000	-70.000	-2.070.000	-60.000	-60.000	-60.000	-245.000
- Andere Kosten	0	0	0	0	0	0	0	0	0	0	0
Total Kosten	-133.400	-133.400	-133.400	-133.400	-233.400	-133.400	-2.133.400	-126.700	-126.700	-126.700	-311.700
Cash-Flow	**846.600**	**846.600**	**846.600**	**846.600**	**746.600**	**846.600**	**-1.236.400**	**909.300**	**909.300**	**909.300**	**724.300**
Restwert											**24.143.333**
Diskontfaktor	0,9709	0,9426	0,9151	0,8885	0,8626	0,8375	0,8131	0,7894	0,7664	0,7441	0,7441
Zinssatz real	3,00%	3,00%	3,00%	3,00%	3,00%	3,00%	3,00%	3,00%	3,00%	3,00%	3,00%
Cash-Flow diskontiert	**821.964**	**798.005**	**774.724**	**752.204**	**644.017**	**709.028**	**-1.005.317**	**717.801**	**696.888**	**676.610**	**17.965.054**
Marktwert (DCF-Wert)											**23.550.978** **rd. 23.550.000**

Dateneingaben:

Zinssatz real (1.+2. Phase)	3,00%
Dauer 1. Phase	1.-10. Jahr
Dauer 2. Phase	11. Jahr - ∞

Die Inflationserwartung ist im Zinssatz berücksichtigt!

Instandsetzung:
IS 2029: Heizung 100.000 CHF
IS 2031: Küchen / Bäder 2.000.000 CHF

Abb. 21: Beispiel DCF-Verfahren mit realem Zinssatz

Quelle: In Anlehnung an Hersberger, D. (2012), S. 112, mit aktualisierten Daten. Das Beispiel basiert auf der Bewertung eines Mehrfamilienhauses mit 60 Wohnungen in der Schweiz.

DCF-Berechnung mit nominalem Zinssatz

[CHF]	1.Phase										2.Phase
	2025	2026	2027	2028	2029	2030	2031	2032	2033	2034	ab 2035
Periode n	1	2	3	4	5	6	7	8	9	10	ab 11
Mietertrag (Soll)	1.010.000	1.020.100	1.030.301	1.040.604	1.051.010	1.061.520	1.072.135	1.143.497	1.154.932	1.166.481	1.166.481
- Mietzinsausfälle	-20.200	-20.402	-20.606	-20.812	-21.020	-21.230	-21.442	-21.656	-21.873	-22.092	-22.092
- Mietreduktion	0	0	0	0	0	0	-88.987	0	0	0	0
+ Andere Erträge	0	0	0	0	0	0	0	0	0	0	0
Total Ertrag	989.800	999.698	1.009.695	1.019.792	1.029.990	1.040.290	961.706	1.121.841	1.133.059	1.144.389	1.144.389
- Ver-/ Entsorgung	-2.020	-2.040	-2.060	-2.081	-2.102	-2.123	-2.144	-2.165	-2.187	-2.209	-2.209
- Allg. Betrieb	-10.100	-10.201	-10.303	-10.406	-10.510	-10.615	-10.721	-11.370	-11.484	-11.599	-11.599
- Hauswartung	-3.030	-3.060	-3.091	-3.122	-3.153	-3.185	-3.217	-3.249	-3.281	-3.314	-3.314
- Versicherung	-8.484	-8.569	-8.655	-8.742	-8.829	-8.917	-9.006	-9.746	-9.843	-9.941	-9.941
- Verwaltung	-40.400	-40.804	-41.212	-41.624	-42.040	-42.461	-42.885	-45.697	-46.154	-46.616	-46.616
Total Betriebskosten	-64.034	-64.674	-65.321	-65.975	-66.634	-67.301	-67.973	-72.227	-72.949	-73.679	-73.679
- Instandhaltungskosten	-70.700	-71.407	-72.121	-72.842	-73.570	-74.306	-75.049	-64.971	-65.621	-66.277	-71.800
- Instandsetzungskosten	0	0	0	0	-105.101	0	-2.144.271	0	0	0	-198.832
Total Unterhaltskosten	-70.700	-71.407	-72.121	-72.842	-178.671	-74.306	-2.219.320	-64.971	-65.621	-66.277	-270.632
- Andere Kosten	0	0	0	0	0	0	0	0	0	0	0
Total Kosten	-134.734	-136.081	-137.442	-138.817	-245.305	-141.607	-2.287.293	-137.198	-138.570	-139.956	-344.311
Cash-Flow	**855.066**	**863.617**	**872.253**	**880.975**	**784.685**	**898.683**	**-1.325.587**	**984.643**	**994.489**	**1.004.433**	**800.078**
Restwert											**26.669.283**
Diskontfaktor	0,9613	0,9240	0,8882	0,8538	0,8207	0,7889	0,7584	0,7290	0,7008	0,6736	0,6736
Zinssatz nominal / real	4,03%	4,03%	4,03%	4,03%	4,03%	4,03%	4,03%	4,03%	4,03%	4,03%	3,00%
Cash-Flow diskontiert	**821.975**	**797.982**	**774.735**	**752.176**	**643.991**	**708.971**	**-1.005.325**	**717.805**	**696.938**	**676.586**	**17.964.429**
Marktwert (DCF-Wert)											**23.550.263** **rd. 23.550.000**

Dateneingaben:

Zinssatz nominal (1. Phase)	4,03%	Dauer 1. Phase	1.-10. Jahr
Zinssatz real (2. Phase)	3,00%	Dauer 2. Phase	11. Jahr - ∞
Teuerung Ausgaben	1,00%		
Teuerung Einnahmen	1,00%		

Die Teuerungsrate wird in den Zahlungsströmen berücksichtigt!

Instandsetzung:

IS 2029: Heizung 100.000 CHF (nominal 105.101 CHF)

IS 2031: Küchen / Bäder 2.000.000 CHF (nominal 2.144.271 CHF)

Abb. 22: Beispiel DCF-Verfahren mit nominalem Zinssatz

Quelle: In Anlehnung an Hersberger, D. (2012), S. 114, mit aktualisierten Daten. Es handelt sich um das gleiche Beispiel wie bei Abb. 21.

3.7.6 Unterschiede zum periodischen Ertragswertverfahren

Manchmal wird das periodische Ertragswertverfahren nach § 30 ImmoWertV fälschlicherweise als Discounted-Cash-Flow-Verfahren bezeichnet. Diese Meinung ist vermutlich (u.a.) darauf zurückzuführen, dass die Kommission, welche für die Entstehung der ImmoWertV 2010 verantwortlich war, das DCF-Verfahren wegen internationaler Belange ursprünglich in die ImmoWertV aufnehmen wollte. In den Vorgesprächen sowie in der Drucksache 171/10 des Bundesrates vom 26.3.2010 über die Verordnung über die Grundsätze für die Ermittlung der Verkehrswerte von Grundstücken (Immobilienwertermittlungsverordnung) wurde das DCF-Verfahren explizit erwähnt. In die endgültige ImmoWertV 2010 fand das DCF-Verfahren nach internationalem Verständnis dennoch keinen Eingang. Hierfür sind mehrere Gründe verantwortlich. Eine Normierung des DCF-Verfahrens durch die ImmoWertV hätte sicherlich der Flexibilität dieses Verfahrens, auch hinsichtlich internationaler Unterschiedlichkeiten, ein Problem bereitet. Das DCF-Verfahren lässt sich schwerlich mit einer Verordnung normieren, auch wenn Vereinheitlichungen durchaus sinnvoll wären. Nicht überall ist die Regulierungswut mit Hilfe von Gesetzen und Verordnungen jedoch so ausgeprägt wie in Deutschland.

In die ImmoWertV 2010 aufgenommen und später in die ImmoWertV 2021 übernommen (§ 30) wurde das periodische Ertragswertverfahren – ein stark modifiziertes DCF-Verfahren, welches diesen Namen nicht mehr in Anspruch nehmen kann. Somit wird er richtigerweise in der ImmoWertV auch nicht genannt.

Nachfolgend werden die wichtigsten Unterschiede zwischen dem periodischen Ertragswertverfahren nach ImmoWertV und einem üblichen DCF-Verfahren zusammengefasst, um einer Verwechslungsgefahr entgegenzuwirken:

- Beim periodischen Ertragswertverfahren sind im Gegensatz zum DCF-Verfahren Prognosen, z.B. bei den Erträgen, nicht zulässig.
- Beim DCF-Verfahren werden auch geschätzte Instandhaltungskosten für größere Vorhaben, wie z.B. eine in drei Jahren geplante Fassadenrenovierung (was prinzipiell prognostischen Charakter hat), periodengerecht angesetzt. Beim periodischen Ertragswertverfahren ist dieses Vorgehen zumindest fraglich; in der ImmoWertA finden sich hierzu keine Ausführungen. Vielmehr ist davon auszugehen, dass solche Kosten in den laufenden Instandhaltungskosten enthalten sind und/oder Instandhaltungsrückstände mit einem Wertabschlag bei den besonderen objektspezifischen Grundstücksmerkmalen nach § 8 Abs. 3 ImmoWertV berücksichtigt werden.
- Bei der Ermittlung des Exit Values bzw. Restwertes gibt es zwei bedeutsame Unterschiede. Erstens wird beim Ertragswertverfahren – sofern der Restwert nicht (zulässigerweise) mit einer anderen Methode ermittelt wird – mit einer endlichen Restnutzungsdauer der baulichen Anlagen gerechnet und folglich auch ein (abzuzinsender) Bodenwert in Ansatz gebracht. Beim DCF-Verfahren hingegen wird auf unendlich kapitalisiert und die Bestimmung des Bodenwertes ist für die Berechnung daher nicht notwendig.

  Zweitens wird beim periodischen Ertragswertverfahren für den Restwert mit den am Wertermittlungsstichtag marktüblich erzielbaren Reinerträgen gerechnet. Beim DCF-Verfahren hingegen werden meist die (geschätzten) Cash Flows verwendet, die nach dem letzten Jahr der Einzelperioden voraussichtlich erzielt werden (z.B. im 11. Jahr ab Wertermittlungsstichtag).

- Die Diskontierungs- und Kapitalisierungszinssätze werden unterschiedlich abgeleitet. Schwierigkeiten bei der Ableitung der Zinssätze gibt es bei beiden Verfahren. Der Liegenschaftszinssatz ist nur für die Bestimmung des Restwertes beim periodischen Ertragswertverfahren geeignet und sollte keinesfalls bei einem DCF-Verfahren eingesetzt werden.
- Schließlich wird in Deutschland oft die Auffassung vertreten, das DCF-Verfahren eigne sich nicht für die Ermittlung von Verkehrs- bzw. Marktwerten. Diese Meinung teilen andere Akteure und Länder nicht in gleichem Maße. Das in der ImmoWertV dargestellte periodische Ertragswertverfahren dient explizit der Verkehrswertermittlung, da dies laut § 1 Abs. 1 Nr. 1 ImmoWertV genau der Zweck dieser Verordnung ist.

3.8 Verständnisfragen

(1) Bei welchen Immobilienarten wird das Ertragswertverfahren maßgeblich zur Verkehrswertermittlung eingesetzt und warum?

(2) Welche drei Verfahrensvarianten des Ertragswertverfahrens nach ImmoWertV gibt es und inwiefern unterscheiden sie sich?

(3) Wie wird im Ertragswertverfahren der Jahresrohertrag bestimmt und welche Unterschiede bestehen hierbei einerseits zwischen den Verfahrensvarianten und andererseits bei wohnwirtschaftlicher und gewerblicher Nutzung?

(4) Welche Arten von Bewirtschaftungskosten gibt es, welche werden bei der Ertragswertermittlung angesetzt und welche nicht?

(5) Wie werden Liegenschaftszinssätze abgeleitet und wer ist hauptsächlich dafür zuständig?

(6) Wie wird die Restnutzungsdauer beim Ertragswertverfahren bestimmt und welches Problem tritt u.U. bei mehreren Immobilien auf einem Grundstück auf?

(7) Warum ist das Ertragswertverfahren für die Ermittlung des Beleihungswertes das wichtigste Verfahren?

(8) Welche Bewertungsalternativen bestehen bei der Ermittlung des Beleihungswertes nach BelWertV, wenn die Restnutzungsdauer weniger als 30 Jahre beträgt?

(9) Wie unterscheiden sich das Ertragswertverfahren nach ImmoWertV und die Investment-Methode?

(10) Worin bestehen die hauptsächlichen Unterschiede vom Discounted-Cash-Flow-Verfahren (DCF) nach internationalem Verständnis und dem periodischen Ertragswertverfahren nach ImmoWertV?

Antworten:

(1) Das Ertragswertverfahren wird für Immobilien eingesetzt, bei denen die Renditeerzielung im Vordergrund steht (siehe Kap. 3.2).

(2) Es gibt das allgemeine, das vereinfachte und das periodische Ertragswertverfahren. Das allgemeine und das vereinfachte unterscheiden sich lediglich durch die Umstellung der Formel (siehe Kap. 3.4.1). Beim periodischen Ertragswertverfahren wird die Modellan-

nahme aufgegeben, dass der anzusetzende Jahresreinertrag bis zum Ende der Restnutzungsdauer konstant bleibt (siehe Kap. 3.4.2.3).

(3) Der Jahresrohertrag entspricht der jährlichen Netto(kalt)miete. Beim allgemeinen und vereinfachten Ertragswertverfahren werden marktüblich erzielbare Nettokaltmieten angesetzt. Beim periodischen Ertragswertverfahren werden für einen bestimmten Betrachtungszeitraum Vertragsmieten zugrunde gelegt (siehe Kap. 3.4.2.3).

Für die marktüblich erzielbaren Erträge bei wohnwirtschaftlicher Nutzung wird meist die ortsübliche Vergleichsmiete angesetzt (siehe Kap. 3.4.3.3), bei gewerblicher Nutzung eher die Marktmiete (siehe Kap. 3.4.3.4). Die Modelle, nach denen die Liegenschaftszinssätze abgeleitet wurden, müssen zwingend berücksichtigt werden.

(4) Es gibt Verwaltungskosten, Instandhaltungskosten, das Mietausfallwagnis sowie Betriebskosten. Bei der Ertragswertermittlung werden nur die Bewirtschaftungskosten angesetzt, die nicht auf die Mieter umgelegt werden können. Insbesondere Betriebskosten werden meist von den Mietern getragen und daher nicht bei der Ertragswertermittlung angesetzt (siehe Kap. 3.4.4).

(5) Liegenschaftszinssätze werden aus realisierten Kaufpreisen abgeleitet. Diese empirische Ermittlung sollte durch Gutachterausschüsse erfolgen (siehe Kap. 3.4.6.1).

(6) Die Ermittlung der Restnutzungsdauer erfolgt analog zum Sachwertverfahren (siehe Kap. 4.5.1.5). Wenn mehrere Immobilien auf einem bestimmten Grundstück unterschiedliche Baujahre aufweisen, muss eine sinnvolle Bewertungslösung gefunden werden (siehe Kap. 3.4.5).

(7) Das Ertragswertverfahren ist das maßgebliche Verfahren für die Ermittlung des Beleihungswertes, da u.a. durch das Erzielen von Erträgen aus einer Immobilie Zins und Tilgung eines Kredites bedient werden können (siehe Kap. 3.5.1).

(8) Es gibt zwei Möglichkeiten: Entweder der Bodenwertverzinsungsbetrag wird nur auf die Restnutzungsdauer und nicht auf unendlich kapitalisiert oder es werden (abgezinste) Abbruchkosten abgezogen (siehe Kap. 3.5.2.1).

(9) Bei der Investment-Methode wird nicht mit einer Restnutzungsdauer der baulichen Anlagen gerechnet, sondern eine unendliche Ertragsfähigkeit unterstellt. Damit entfällt die Notwendigkeit, den Bodenwert ermitteln zu müssen. Weiterhin unterscheidet sich diese Methode vom Ertragswertverfahren nach ImmoWertV hauptsächlich durch andere Ansätze des Jahresroh- und -reinertrags und des Kapitalisierungs-/Diskontierungszinssatzes (siehe Kap. 3.6.1).

(10) Im Gegensatz zum DCF-Verfahren sind beim periodischen Ertragswertverfahren Prognosen der Erträge nicht zulässig und Bewirtschaftungskosten sind eher kalkulatorischer Natur. Beim DCF-Verfahren wird rechnerisch von einer unendlichen Restnutzungsdauer der baulichen Anlagen ausgegangen, während beim periodischen (wie auch beim allgemeinen und vereinfachten) Ertragswertverfahren eine endliche Restnutzungsdauer angenommen wird, weshalb auch ein (abzuzinsender) Bodenwert angesetzt werden muss. Weiterhin gibt es Unterschiede beim Ansatz der Erträge in der zweiten Periode sowie beim Kapitalisierungs- und Diskontierungszinssatz (siehe ausführlich Kap. 3.7.6).

4. Sachwertverfahren

Übersicht Seite

4.1 Philosophie

Im Sachwertverfahren gemäß §§ 35 bis 39 ImmoWertV werden der Wert der endlich nutzbaren Bausubstanz auf Basis von Herstellungskosten einerseits und der Wert des unendlich nutzbaren Grund und Bodens andererseits zunächst getrennt ermittelt. Die Anwendungshinweise zur ImmoWertV enthalten unter Nr. 35.1 ImmoWertA ein Ablaufschema des Sachwertverfahrens (siehe Kap. 4.3).

Die Bodenwertermittlung erfolgt gemäß §§ 40 bis 43 ImmoWertV, vorrangig unter Anwendung des Vergleichswertverfahrens gemäß §§ 24 bis 26 ImmoWertV auf Basis von Bodenrichtwerten oder geeigneten Kaufpreisen. Es wird auf die Ausführungen in Kapitel 2 verwiesen.

Besondere Aufmerksamkeit gilt daher im Folgenden der Ermittlung des vorläufigen Sachwerts der baulichen Anlagen („Gebäudesachwert"). Hierfür sind die durchschnittlichen Herstellungskosten als Absolutbetrag zu ermitteln. Grundlage dafür bilden regelmäßig sogenannte Normalherstellungskosten, die als Euro-Betrag bezogen auf eine Flächenbezugsgröße (Brutto-Grundfläche) veröffentlicht werden. Die Normalherstellungskosten (NHK) werden bundeseinheitlich für ein bestimmtes Bezugsjahr ermittelt (z.B. NHK 2010) und mit Hilfe des Baupreisindex auf den Wertermittlungsstichtag angepasst. Durch die Wiedereinführung eines Regionalfaktors in der ImmoWertV 2021, der in der ImmoWertV 2010 entfallen war, können regionale Kostenunterschiede berücksichtigt werden.

Die Verwendung von Kostenkennwerten aus anderen Quellen ist denkbar und findet in der Praxis teilweise statt (z.B. Kostenkennwerte des Baukosteninformationszentrums der Architektenkammern BKI). Der Ansatz von „durchschnittlichen Kosten einzelner Bauleistungen" stellt jedoch einen Ausnahmefall dar (§ 36 Abs. 2 ImmoWertV).

Tatsächliche Baukosten können im Regelfall nicht angesetzt werden. Der Grund dafür liegt in der Definition des Verkehrswertes gemäß § 194 BauGB, der auf den gewöhnlichen Geschäftsverkehr abstellt. Es geht darum, den Wert des Objektes nach objektiven Maßstäben zu ermitteln. Im Einzelfall durch Verzögerungen im Bauablauf erhöhte oder durch besondere Umstände reduzierte Baukosten können nicht Grundlage einer objektiven Bewertung sein. Ungewöhnliche persönliche Verhältnisse i.S.v. § 9 Abs. 2 ImmoWertV sind auch in diesem Zusammenhang auszuschließen.

Zusätzlich sind die baulichen Außenanlagen und, sofern sie einen Werteinfluss haben, die sonstigen Anlagen auf Basis von durchschnittlichen Herstellungskosten, Erfahrungswerten oder einer Schätzung zu bewerten. Die vorläufigen Sachwerte der baulichen Anlagen, baulichen Außenanlagen und ggf. sonstigen Anlagen addiert mit dem Bodenwert bilden zusammen den vorläufigen Sachwert. Dieser entspricht i.d.R. nicht dem am Markt erzielbaren Kaufpreis.

Bei der Bodenwertermittlung fließt das Marktgeschehen im Rahmen des Vergleichswertverfahrens bereits mit ein, wobei der Boden, wie bereits ausgeführt, im Regelfall wie unbebaut zu ermitteln ist. Man ist davon abgegangen, bei Vorhandensein einer Bebauung per se einen Abschlag, eine sogenannte Bodenwertdämpfung, durchzuführen. Diese wurde damit begründet, dass das Grundstück aufgrund der vorhandenen Bebauung nicht frei verfügbar ist. Zu beachten sind vielmehr die in § 40 Abs. 5 ImmoWertV genannten Sonderfälle der Bodenwertermittlung (siehe Kap. 2.7).

Bei der Ermittlung des vorläufigen Sachwerts der baulichen Anlagen (Gebäudesachwerts) fließen bereits weitere wirtschaftliche Gesichtspunkte ein, z.B. bei der Bemessung der wirtschaftlichen Restnutzungsdauer. Auch sind nur „werthaltige" Bauteile (§ 36 Abs. 2 ImmoWertV) zu berücksichtigen, Bauteile ohne Werteinfluss dagegen nicht. Dennoch basiert die Ermittlung des Gebäudesachwerts in erster Linie auf technischen Kostenüberlegungen.

„Kosten" sind jedoch nicht gleich „Wert". Dies sei an zwei Beispielen erläutert. Im Falle einer luxuriös ausgestatteten Villa in unattraktiver Lage und noch dazu in einer strukturschwachen Region ist erkennbar, dass der Bauherr das Gebäude nach individuellen Vorstellungen errichtet hat. Der potenzielle Käuferkreis für Luxusobjekte wird jedoch erfahrungsgemäß nicht an diesem Standort kaufen. Umgekehrt wird der regionale Käuferkreis nach einfacheren Objekten suchen. Es ist offensichtlich, dass der an den Herstellungskosten orientierte Sachwert nicht als Kaufpreis am Markt erzielbar ist und somit nicht dem Verkehrswert entspricht. Im entgegengesetzten Fall könnte es sich bspw. um einen Altbau mit einfacher Bausubstanz und Ausstattung sowie mit unterdurchschnittlichen energetischen Eigenschaften in einer Großstadt mit Wohnungsmangel handeln. Da die Nachfrage das Angebot deutlich übersteigt, werden Käufer tendenziell einen Kaufpreis zahlen, der den Sachwert übersteigt. Diese Diskrepanz gilt es zu ermitteln und im Rahmen der Marktanpassung auszugleichen. Dabei kommt ein Sachwertfaktor zum Ansatz.

Hier besteht der deutlichste Unterschied zum Vergleichswert- und zum Ertragswertverfahren. Der Vergleichswert wird auf Basis von direkt aus dem Markt abgeleiteten Vergleichspreisen oder Vergleichsfaktoren ermittelt, sodass i.d.R. keine zusätzliche Marktanpassung mehr erforderlich ist. Beim Ertragswertverfahren fließen die Wertverhältnisse auf dem Grundstücksmarkt durch marktübliche Mieten und Liegenschaftszinssätze in die Bewertung ein, sodass im Regelfall ebenfalls keine zusätzliche Marktanpassung erfolgen muss.

Im Sachwertverfahren wird der Marktbezug letztlich vor allem durch einen Faktor hergestellt, den Sachwertfaktor. Neben der Marktanpassung kommt diesem auch die Rolle eines Korrekturfaktors zu, da die Normalherstellungskosten modellhafte Kostenkennwerte darstellen, deren „Verwendung zur Kalkulation von Baukosten oder Rekonstruktionskosten (...) nicht sachgerecht" ist (Nr. 36.(2).1 ImmoWertA).

4.2 Anwendungsbereich

Das Sachwertverfahren kommt in erster Linie bei der Verkehrswertermittlung von bebauten Grundstücken zur Anwendung, bei denen die Eigennutzung durch den jeweiligen Eigentümer im Vordergrund steht. Dies sind vor allem Ein- und Zweifamilienhäuser (siehe Kap. 1.5).

Dabei kommt es nicht darauf an, ob der Eigentümer die Immobilie tatsächlich selbst nutzt oder vermietet hat. In der Fachliteratur wird dies auch als „missverstandenes Eigennutzprinzip" bezeichnet.[1]

Ein freistehendes Einfamilienhaus bspw. kann auch vermietet werden. Nach den Gepflogenheiten des Immobilienmarktes stehen Renditeüberlegungen bei der Preisbildung jedoch nicht im Vordergrund. Entsprechend ist die Ermittlung marktüblicher Erträge und Liegenschaftszinssätze erfahrungsgemäß mit Schwierigkeiten verbunden. Dies gilt umso mehr, je größer und individueller das Haus gestaltet ist (z.B. villenartiges Einfamilienhaus). Die Gutachterausschüsse leiten erfahrungsgemäß für typische Sachwertobjekte selten Liegenschaftszinssätze ab. Umgekehrt werden für typische Ertragswertobjekte nur selten Sachwertfaktoren ermittelt, die für das Sachwertverfahren benötigt werden.

Da sich Ein- und Zweifamilienhäuser durch sehr viele individuelle Merkmale voneinander unterscheiden, ist das Vergleichswertverfahren als maßgebliches Verfahren i.d.R. ebenfalls nicht geeignet. Nur in Ausnahmefällen stehen genügend zum Vergleich geeignete Kaufpreise zur Verfügung, die hinsichtlich der wertrelevanten Grundstücksmerkmale hinreichend vergleichbar sind.

Für nicht freistehende Einfamilienhäuser (Reihenhäuser, Doppelhaushälften) kann etwas anderes gelten, wenn diese, z.B. in Ballungsgebieten, häufiger zur Vermietung angeboten werden. In diesen Fällen lassen sich marktübliche Mieten einfacher ermitteln. Teilweise werden dann von Gutachterausschüssen auch Liegenschaftszinssätze ermittelt. Handelt es sich um ein Quartier mit vielen gleichartigen Gebäuden, so finden sich zumeist auch geeignete Kaufpreise, um das Vergleichswertverfahren durchzuführen.

1 *Kleiber, W. (2023),* S. 1901; Als Beispiel werden hier u.a. eigengenutzte Gewerbe- und Industrieobjekte genannt, bei denen Renditeüberlegungen im Vordergrund stehen.

Voraussetzung für die Wahl des maßgeblichen Wertermittlungsverfahrens sind entsprechende Kenntnisse des Wertermittlers über die Marktgepflogenheiten und darüber hinaus die Verfügbarkeit geeigneter Daten.

4.3 Normative Grundlagen

Regelungen zum Sachwertverfahren finden sich in Teil 3 (Besondere Grundsätze zu den einzelnen Wertermittlungsverfahren), Abschnitt 3 (Sachwertverfahren), §§ 35 bis 39 ImmoWertV, sowie Nrn. 35.1 bis 39.3 ImmoWertA.

> ***§ 35 ImmoWertV (Grundlagen des Sachwertverfahrens):***
>
> *(1) Im Sachwertverfahren wird der Sachwert des Grundstücks aus den vorläufigen Sachwerten der nutzbaren baulichen und sonstigen Anlagen sowie aus dem Bodenwert ermittelt.*
>
> *(2) Der **vorläufige Sachwert des Grundstücks** ergibt sich durch Bildung der Summe aus*
>
> *1. dem **vorläufigen Sachwert der baulichen Anlagen** im Sinne des § 36,*
>
> *2. dem **vorläufigen Sachwert der baulichen Außenanlagen und sonstigen Anlagen** im Sinne des § 37 und*
>
> *3. dem nach den §§ 40 bis 43 zu ermittelnden **Bodenwert**.*
>
> *(3) Der **marktangepasste vorläufige Sachwert des Grundstücks** ergibt sich durch **Multiplikation des vorläufigen Sachwerts mit einem objektspezifisch angepassten Sachwertfaktor** im Sinne des § 39. Nach Maßgabe des § 7 Absatz 2 kann zusätzlich eine Marktanpassung durch marktübliche Zu- oder Abschläge erforderlich sein.*
>
> *(4) Der Sachwert des Grundstücks ergibt sich aus dem marktangepassten vorläufigen Sachwert und der **Berücksichtigung vorhandener besonderer objektspezifischer Grundstücksmerkmale** des Wertermittlungsobjekts.*

Der Hinweis in Absatz 1 auf *nutzbare* bauliche und sonstige Anlagen stellt klar, dass auch im Sachwertverfahren eine wirtschaftliche Betrachtungsweise im Mittelpunkt steht. Sofern Anlagen nicht wirtschaftlich nutzbar sind und ihnen im gewöhnlichen Geschäftsverkehr kein Wert beigemessen wird, ist auch kein Sachwert dafür zu ermitteln.

Bauliche Anlagen sind Bauwerke aller Art, bspw. Wohngebäude, gewerblich genutzte oder gemischt genutzte Gebäude, auch Nebengebäude wie Schuppen oder Garagen.

Gemäß Nr. 37.1 ImmoWertA zählen zu den baulichen Außenanlagen „z. B. befestigte Wege, Plätze und Terrassen, Ver- und Entsorgungseinrichtungen auf dem Grundstück und Einfriedungen. Zu den sonstigen Anlagen zählen insbesondere ortsübliche Gartenanlagen".

Ver- und Entsorgungsleitungen vom Gebäude bis zur Grundstücksgrenze gehören somit zu den baulichen Außenanlagen. Die Hausanschlüsse sind dem Gebäude zuzurechnen. Die Leitungen in der öffentlichen Straße gehören dem Versorgungsträger und betreffen die Erschließung. Der Erschließungszustand wird im Bodenwert erfasst.

Eine gewöhnliche Beschaffenheit des Gartens ist i.d.R. im Bodenwert enthalten. Bei gesondert anzusetzenden sonstigen Anlagen handelt es sich in erster Linie um Aufwuchs, also eine wertvolle Anpflanzung, sofern ihm im gewöhnlichen Geschäftsverkehr ein Wert beigemessen wird. Hier ist jedoch äußerste Vorsicht geboten. Im Falle von parkähnlichen Gartenlandschaften gehört möglicherweise ein Teil zur gewöhnlichen Beschaffenheit, die im Bodenwert (z.B.

Rasenfläche, normaler Baum- und Strauchbewuchs) enthalten ist, ein Teil zu den baulichen Außenanlagen (z.B. Treppen, Plätze, Teiche) und ein Teil zu den sonstigen Anlagen (z.B. Bambusanpflanzung). Der Wertermittler muss entscheiden, welche Bestandteile marktüblich im Wert anzusetzen sind und in welcher Höhe.

Bauliche Außenanlagen und sonstige Anlagen können auf Basis von durchschnittlichen Herstellungskosten, Erfahrungssätzen oder hilfsweise durch sachverständige Schätzung bewertet werden (§ 37 ImmoWertV). Bei der Verwendung von Sachwertfaktoren ist nach dem Grundsatz der Modell- und Referenzkonformität (§ 10 ImmoWertV) zu beachten, wie in der Modellbeschreibung das jeweilige Referenz- bzw. Normobjekt beschrieben ist und mit welchen Modellparametern eine Ableitung erfolgte. Hierbei sollten auch Informationen darüber enthalten sein, ob und mit welchen Ansätzen bauliche und sonstige Anlagen im Sachwertfaktor erfasst sind. Im Falle von Abweichungen kommt eine Berücksichtigung im Rahmen der objektspezifischen Anpassung des Sachwertfaktors oder der besonderen objektspezifischen Grundstücksmerkmale in Frage (vgl. Nr. 37.2 ImmoWertA). Dies gilt analog auch für andere Abweichungen vom Üblichen oder von Modellansätzen (siehe Kap. 1.6).

Das Ablaufschema des Sachwertverfahrens findet sich unter Nr. 35.1 ImmoWertA.

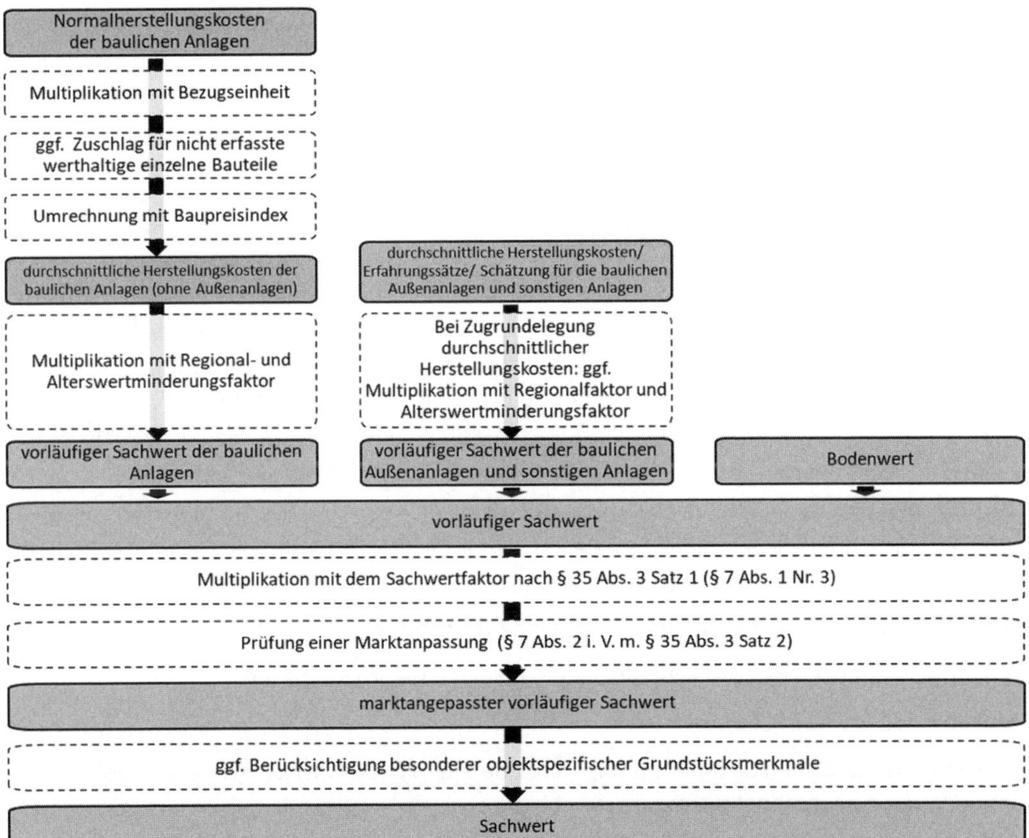

Abb. 1: Ablaufschema des Sachwertverfahrens (Nr. 35.1 ImmoWertA)

Die einzelnen Bausteine werden in den folgenden Kapiteln detailliert dargestellt.

Neu eingeführt wurde mit der ImmoWertV 2021 der Alterswertminderungsfaktor. Durch eine multiplikative Verknüpfung von Regionalfaktor und Alterswertminderungsfaktor ist sichergestellt, dass eine Alterswertminderung in jedem Fall auf regionalisierte Herstellungskosten erfolgt . Zu beachten ist ferner die Reihenfolge von Marktanpassung und Berücksichtigung besonderer objektspezifischer Grundstücksmerkmale.

Eine zentrale Größe im Sachwertverfahren ist der Sachwertfaktor, durch den die allgemeinen Wertverhältnisse berücksichtigt werden (Marktanpassung gemäß § 7 Abs. 1 Nr. 3 ImmoWertV). Während die allgemeinen Wertverhältnisse im Vergleichswertverfahren insbesondere durch Vergleichspreise, Vergleichsfaktoren und Indexreihen sowie im Ertragswertverfahren durch marktüblich erzielbare Erträge und Liegenschaftszinssätze verfahrensimmanent berücksichtigt werden, ist im Sachwertverfahren ein separater Verfahrensschritt notwendig. Dadurch unterscheiden sich die Verfahrensabläufe der drei Wertermittlungsverfahren (siehe Nr. 6.(3).2 ImmoWertA). Ungeachtet dessen ist bei allen Verfahrensabläufen zu prüfen, ob die allgemeinen Wertverhältnisse ausreichend berücksichtigt wurden oder eine zusätzliche Marktanpassung gemäß § 7 Abs. 2 ImmoWertV erforderlich ist.

Sachwertfaktoren gehören zu den sonstigen für die Wertermittlung erforderlichen Daten gemäß § 12 ImmoWertV und sind von den Gutachterausschüssen auf Basis der Kaufpreissammlung zu ermitteln (§ 193 BauGB). Wenn der Gutachterausschuss keine Sachwertfaktoren auswertet, kann dies keine Begründung dafür sein, auf den Ansatz eines Sachwertfaktors zu verzichten. Vielmehr ist es die Aufgabe des Wertermittlers, einen sachgerechten Faktor zu ermitteln.

4.4 Brutto-Grundfläche

Die Ermittlung des vorläufigen Sachwerts der baulichen Anlagen basiert auf durchschnittlichen Herstellungskosten. Grundlage sind i.d.R. modellhafte Kostenkennwerte (Normalherstellungskosten). Die in Anlage 4 ImmoWertV enthaltenen Normalherstellungskosten (NHK 2010) (siehe Kap. 4.5) werden als Euro-Betrag pro m² Brutto-Grundfläche (BGF) angegeben.[2] Frühere Ausgaben der NHK beinhalteten auch Kostenkennwerte (z.B. NHK 2000) mit Bezug auf eine Volumeneinheit (m³ Brutto-Rauminhalt). Dies wurde jedoch aufgegeben.

Die BGF gemäß Anlage 4, Nr. I. 2. ImmoWertV umfasst die „marktüblich nutzbaren Grundflächen aller Grundrissebenen eines Bauwerks". Unter Bezugnahme auf die DIN 277-1:2005-02 werden auch hier drei Bereiche unterschieden:

Bereich a: überdeckt und allseitig in voller Höhe umschlossen,

Bereich b: überdeckt, jedoch nicht allseitig in voller Höhe umschlossen,

Bereich c: nicht überdeckt.

Die NHK 2010 beziehen sich nur auf die Bereiche a und b. Es wird klargestellt, dass Balkone dem Bereich c zugeordnet werden.

---

2 Als Entwurf zur SW-RL vom 25.10.2011 vom BMVBS (Bundesministerium für Verkehr, Bau und Stadtentwicklung) veröffentlicht (siehe GuG, Ausgabe 1/2012, S. 29 ff.).

Maßgeblich sind die äußeren Maße der Baukonstruktion inklusive Bekleidungen, also auch Putz o.Ä., in Höhe der Oberseite der Boden- oder Deckenbeläge.

Exkurs: DIN 277

Maßgeblich für die NHK 2010 ist die DIN 277 von 2005. Die DIN 277 (Grundflächen und Rauminhalte von Bauwerken im Hochbau) ist eine zentrale Norm, auf die immer wieder Bezug genommen wird. Die nach der DIN 277 ermittelten Grundflächen und Rauminhalte dienen u.a. als Basis für die Kostenberechnung im Hochbau nach DIN 276. Die Unterscheidung diverser in ihr definierten Flächen ist auch in der Wertermittlung von Bedeutung.

Ausgehend von der Brutto-Grundfläche werden weitere Teilflächen unterschieden. Wird von der Brutto-Grundfläche die Konstruktions-Grundfläche (z.B. Wände, Pfeiler, Stützen) abgezogen, so erhält man die Netto-Grundfläche. Diese kann dann weiter unterteilt werden in die Verkehrsfläche (z.B. Gänge, Flure), die technische Funktionsfläche (z.B. Räume für betriebstechnische Anlagen, Heizungsräume, Aufzugsanlagen) und die Nutzfläche. Die Nutzfläche wurde in früheren Fassungen der DIN 277 noch in Haupt- und Nebennutzfläche unterteilt. Dies wurde zwischenzeitlich aufgegeben. Da die DIN 277 keine weiteren Vorgaben zur Ermittlung der Nutzfläche beinhaltet, wurde die Definition konkretisiert und weiterentwickelt. So bildet die DIN 277 bspw. die Grundlage für die Mietflächen-Richtlinien der g.i.f. (Gesellschaft für immobilienwirtschaftliche Forschung), z.B. die MF-G (Richtlinie zur Berechnung der Mietfläche für gewerblichen Raum). Häufig dient die Brutto-, Netto-Grundfläche oder Nutzfläche im Rahmen von gewerblichen Mietverträgen als Basis für die Mietpreisbemessung, möglicherweise jedoch in einer anderen Fassung (siehe auch Kap. 1.8.2).

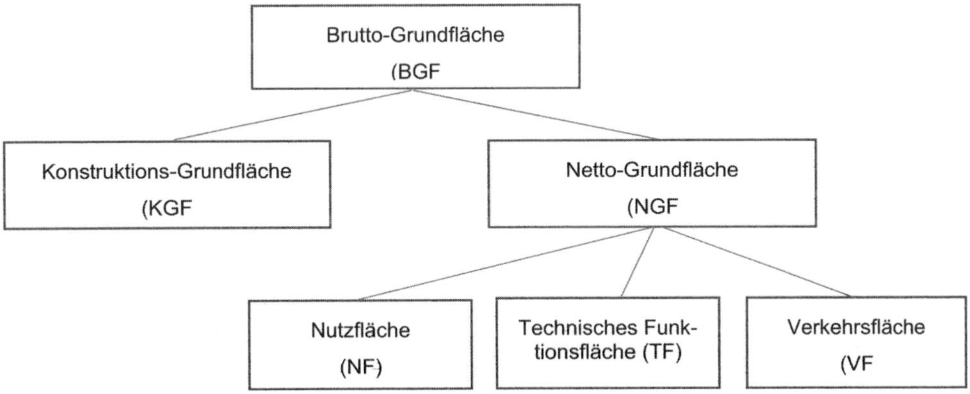

Abb. 2: Untergliederung der Flächen nach DIN 277-1:2005-01

Die Brutto-Grundfläche ist in der DIN 277-1:2005-01 unter Ziffer 3.1 wie folgt definiert:

Brutto-Grundfläche (BGF)
Summe der Grundflächen aller Grundrissebenen eines Bauwerks mit Nutzungen nach DIN 277-2:2005-02, Tabelle 1, Nr. 1 bis Nr. 9, und deren konstruktive Umschließungen.

Nicht zur Brutto-Grundfläche gehören Flächen, die ausschließlich der Wartung, Inspektion und Instandsetzung von Baukonstruktionen und technischen Anlagen dienen, z.B. nicht nutzbare Dachflächen, fest installierte Dachleitern und -stege, Wartungsstege in abgehängten Decken.

Die DIN 277 besteht aus drei Teilen. Teil 1 (DIN 277-1) beinhaltet Begriffsdefinitionen und Ermittlungsgrundlagen. Teil 2 (DIN 277-2) beinhaltet weitere Angaben zur Untergliederung der Netto-Grundfläche. So werden hier die Nutzfläche, die technische Funktionsfläche und die Verkehrsfläche in Nutzungsgruppen unterteilt, für die Beispiele gegeben werden. In Teil 3 (DIN 277-3) werden Mengen und Bezugseinheiten für Kostengruppen nach DIN 276 festgelegt, um auf dieser Basis eine Kostenplanung, die Bildung von Kostenkennwerten und einen Vergleich von Bauwerken zu ermöglichen. Im Zuge der Novellierungen der DIN 277 in 2016 und 2021 haben sich die Begrifflichkeiten geändert.[3]

Nicht auf die BGF anzurechnen sind Flächen, die (wirtschaftlich) nicht nutzbar sind:

- Spitzböden,
- Kriechkeller,
- Flächen, die nur für Wartung, Inspektion und Instandsetzung von Baukonstruktionen und technischen Anlagen dienen,
- konstruktive Hohlräume, z.B. über abgehängten Decken.

Die ImmoWertA enthält eine Abbildung, in der die bei Verwendung der NHK 2010 auf die BGF anzurechnenden Flächen veranschaulicht werden.

3 Nach der DIN 277:2021-08 gliedert sich die Brutto-Grundfläche auf in die Konstruktions-Grundfläche (KGF) und die Netto-Raumfläche (NRF). Die Netto-Raumfläche wird weiter aufgeteilt in die Nutzungsfläche (NUF, früher Nutzfläche), die Technikfläche (TF) und die Verkehrsfläche (VF).

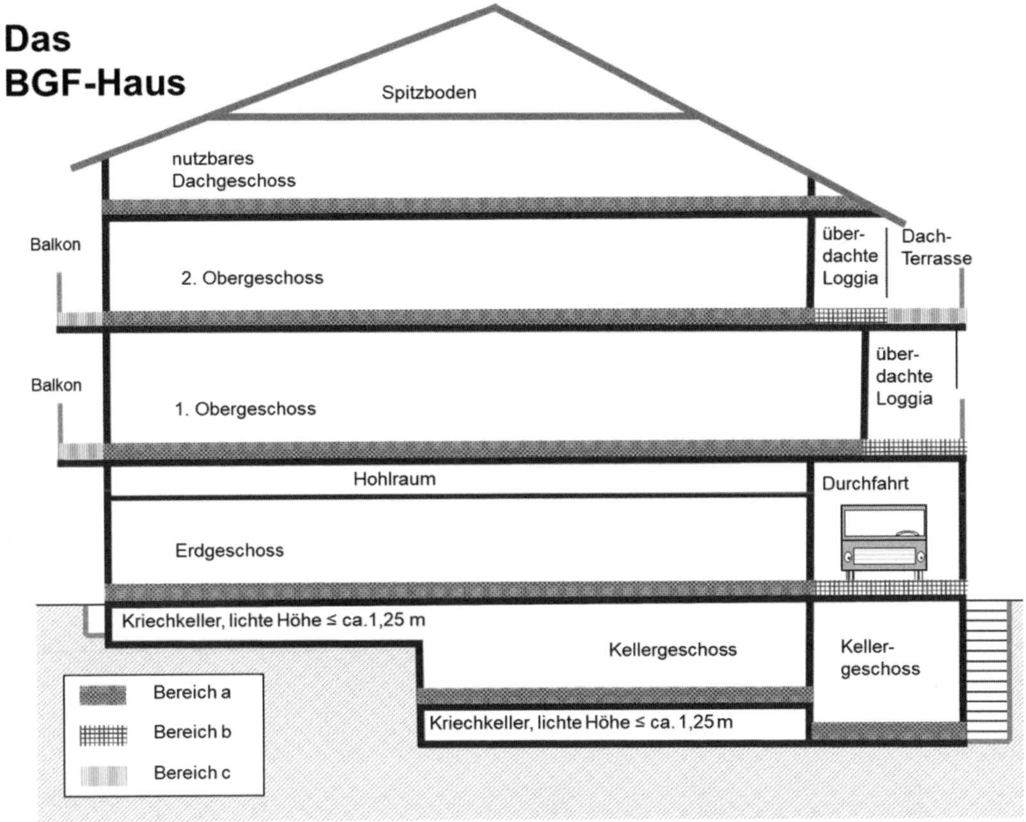

Abb. 3: Das BGF-Haus (zu Anlage 4, Nr. IV.(I).3 ImmoWertA)

Die BGF erfasst nicht besondere Bauteile wie Balkone, Dachgauben und Vordächer. Sofern ihnen ein Werteinfluss zukommt und sie nicht im Modell, das dem Sachwertfaktor zugrunde liegt, erfasst werden, erfolgt eine Berücksichtigung als besonderes objektspezifisches Grundstücksmerkmal (§ 8 Abs. 3 ImmoWertV) erst nach der Marktanpassung.

In ImmoWertV und ImmoWertA wird weiter präzisiert, unter welchen Voraussetzungen Flächen im Keller oder Dachgeschoss auf die BGF anzurechnen sind oder nicht.

Kriechkeller

Kriechkeller stellen keine nutzbare Grundrissebene dar und sind nicht auf die BGF anzurechnen. Ein nicht anrechenbarer Kriechkeller liegt bei einer lichte Höhe von ca. ≤ 1,25 m vor.

Die Kostenkennwerte der NHK für Einfamilienhäuser, Doppelhäuser und Reihenhäuser unterscheiden unterkellerte und nicht unterkellerte Gebäude. Bei teilunterkellerten Gebäuden ist eine Mischkalkulation notwendig (vgl. zu Anlage 4, Nr. IV.(I).5 ImmoWertA).

Dachgeschosse

Dachgeschosse mit einer lichten Höhe von ca. ≤ 1,25 m sind nicht auf die BGF anzurechnen.

Bei freistehenden Ein- und Zweifamilienhäusern, Doppelhäusern und Reihenhäusern wird weiter differenziert (siehe Anlage 4, Nr. I., 3. ImmoWertV sowie Nr. IV.(I).4 ImmoWertA):

- Bei einer lichten Höhe von ca. ≤ 1,25 m gilt das **Dachgeschoss** als **nicht nutzbar**. Wie bereits ausgeführt, erfolgt dann keine Anrechnung der Dachgeschossebene auf die BGF. Es sind die Kostenkennwerte für Gebäude mit Flachdach oder flach geneigtem Dach anzusetzen.
- Ist das Dachgeschoss nicht für eine Wohnnutzung als Hauptnutzung ausbaufähig und lässt nur eine untergeordnete Nutzung zu, z.B. als Lagerfläche, liegt eine **eingeschränkte Nutzbarkeit** vor. Die Dachflächen müssen jedoch eine feste Decke haben und zugänglich sein, um von einer Begehbarkeit ausgehen zu können. Von einer eingeschränkten Nutzbarkeit des Dachgeschosses wird bei einer lichten Höhe von ca. > 1,25 m, aber ca. ≤ 2 m, ausgegangen; dann erfolgt eine volle Anrechnung auf die BGF. Hierbei sind die Kostenkennwerte für Gebäude mit nicht ausgebautem Dachgeschoss anzuwenden.
- Bei einer lichten Höhe von ca. ≥ 2 m liegt ein **voll nutzbares Dachgeschoss** vor, das auf die BGF anzurechnen ist. In den NHK-Tabellen sind die Kostenkennwerte für die Gebäudeart mit voll ausgebautem Dachgeschoss zu wählen. Ist kein Drempel bzw. Kniestock vorhanden, so verringert sich dadurch die nutzbare Wohnfläche und es ist ein Abschlag vorzunehmen. Besteht ein ausgebauter Spitzboden als zusätzliche Ebene, so ist ein Zuschlag durchzuführen.

Dachgeschoss

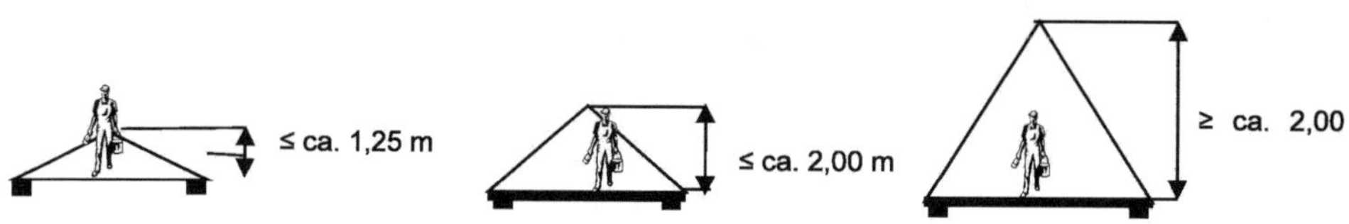

nicht nutzbar	eingeschränkt nutzbar	nutzbar
Einordnung in		
Gebäudeart mit Flachdach oder flach geneigtem Dach	Gebäudeart mit nicht ausgebautem Dachgeschoss	Gebäudeart mit nicht ausgebautem bzw. mit ausgebautem Dachgeschoss
Anrechnung der Grundfläche der Dachgeschossebene bei der Ermittlung der BGF		
keine Anrechnung	volle Anrechnung	volle Anrechnung

Abb. 4: Anrechnung von Dachgeschossebenen (Nr. IV.(I).4 ImmoWertA)

Natürlich gibt es auch Mischformen – Dachgeschosse ohne Drempel bzw. Kniestock, die ausgebaut sind, oder Dachgeschosse mit voller Nutzbarkeit, die nicht ausgebaut sind. Es ist sachverständig zu entscheiden, welcher Gebäudetyp am besten zum zu bewertenden Objekt passt. Abweichungen sind durch Zu- und Abschläge zu berücksichtigen.[4]

4 Vgl. *Kleiber, W. (2023),* S. 1943 ff., 2003 ff.

Kostenkennwerte für andere Gebäudetypen unterscheiden dagegen nicht nach der Anzahl von Geschossebenen. Beispielsweise wird bei Mehrfamilienhäusern hinsichtlich der Anzahl von Wohneinheiten im Gebäude und im Stockwerk, der Wohnungsgröße sowie nach Standardstufen unterschieden. Bei anderen Gebäudearten steht die Standardstufe im Mittelpunkt.

4.5 Sachwertverfahren auf Basis der NHK 2010

4.5.1 Gebäudesachwert

4.5.1.1 Herstellungskosten

Basis des (vorläufigen) Sachwerts der baulichen Anlagen bzw. des Gebäudesachwerts ist die Ermittlung der durchschnittlichen Herstellungskosten. Gemäß § 194 BauGB ist der gewöhnliche Geschäftsverkehr für die Ermittlung des Verkehrswertes maßgeblich. An die in § 36 Abs. 2 ImmoWertV definierten durchschnittlichen Herstellungskosten werden daher hohe Anforderungen gestellt.

> ***§ 36 ImmoWertV (Vorläufiger Sachwert der baulichen Anlagen; durchschnittliche Herstellungskosten):***
>
> *(...)*
>
> *(2) Die **durchschnittlichen Herstellungskosten der baulichen Anlagen** stehen für die aufzuwendenden Kosten, die sich unter Beachtung wirtschaftlicher Gesichtspunkte für die **Errichtung eines dem Wertermittlungsobjekt nach Art und Standard vergleichbaren Neubaus** am Wertermittlungsstichtag unter Zugrundelegung **zeitgemäßer, wirtschaftlicher Bauweisen** ergeben würden. Der Ermittlung der durchschnittlichen Herstellungskosten sind **in der Regel modellhafte Kostenkennwerte zugrunde zu legen**, die auf eine Flächen-, Raum- oder sonstige Bezugseinheit bezogen sind **(Normalherstellungskosten)**, und mit der Anzahl der entsprechenden Bezugseinheiten der baulichen Anlage zu multiplizieren. Von den Normalherstellungskosten nicht erfasste werthaltige einzelne Bauteile sind durch marktübliche Zuschläge bei den durchschnittlichen Herstellungskosten zu berücksichtigen. Zur Umrechnung auf den Wertermittlungsstichtag ist der für den Wertermittlungsstichtag aktuelle und für die jeweilige Art der baulichen Anlage zutreffende Preisindex für die Bauwirtschaft des Statistischen Bundesamtes **(Baupreisindex)** zu verwenden. **Ausnahmsweise können die durchschnittlichen Herstellungskosten der baulichen Anlagen nach den durchschnittlichen Kosten einzelner Bauleistungen ermittelt werden**.*
>
> *(...)*

Die am häufigsten verwendete Grundlage für die durchschnittlichen Herstellungskosten sind die Normalherstellungskosten NHK, die vom jeweils für Bausachen zuständigen Bundesministerium veröffentlicht werden (z.B. NHK 1913, NHK 1995, NHK 2000 und aktuell NHK 2010).[5]

Die NHK 2010 waren ursprünglich Bestandteil der SW-RL, so wie vorher die NHK 2000 Bestandteil der WertR 06 gewesen sind.

5 NHK 2010 als Entwurf zur SW-RL vom 25.10.2011 vom BMVBS (Bundesministerium für Verkehr, Bau und Stadtentwicklung) veröffentlicht (siehe GuG, Ausgabe 1/2012, S. 29 ff.).

Im Zuge der Novellierung der ImmoWertV sind die NHK 2010 nun in Anlage 4 Teil der Verordnung geworden. Dadurch sind sie nun von den Gutachterausschüssen verbindlich als Modellparameter bei der Ableitung von Sachwertfaktoren zu verwenden und bei deren Anwendung gemäß dem Grundsatz der Modellkonformität (§ 10 ImmoWertV) im Rahmen der Wertermittlung auch von den Wertermittlern. Wären sie in die ImmoWertA aufgenommen worden, so wäre diese Verbindlichkeit nur im Falle eines entsprechenden Ländererlasses gegeben (siehe Kap. 1.2).

Die NHK 2010 unterscheiden 31 Gebäudearten. Bei freistehenden Ein- und Zweifamilienhäusern, Doppel- und Reihenendhäusern sowie Reihenmittelhäusern wird nach Gebäuden mit ausgebautem und nicht ausgebautem Dachgeschoss, mit Flachdach oder geneigtem Dach sowie nach fünf Standardstufen (Gebäudestandards) unterschieden. Für andere Gebäudearten werden Kostenkennwerte für drei Standardstufen angegeben. Es handelt sich um bundeseinheitliche Kostenkennwerte mit dem Preisstand 2010. Sie enthalten die geltende Umsatzsteuer (in 2010: 19 %).

Die NHK 2010 sind modellhafte Kostenkennwerte, die als Euro-Beträge bezogen auf den m² Brutto-Grundfläche als Bezugsgröße angegeben werden (siehe Kap. 4.4). Die durchschnittlichen Herstellungskosten der baulichen Anlagen ergeben sich durch Multiplikation der Normalherstellungskosten mit der Bezugseinheit, also der Brutto-Grundfläche.

Die NHK 2010 nehmen direkten Bezug auf die Kostengruppen gemäß DIN 276 (Anlage 4, Nr. I, 1., Absatz 3 ImmoWertV). Es handelt sich um Kostenkennwerte für die Kostengruppen 300 und 400 in € pro m² Brutto-Grundfläche einschließlich (teilweiser) Baunebenkosten (Kostengruppen 730 und 771) und Umsatzsteuer.

Nur ausnahmsweise können die durchschnittlichen Herstellungskosten auch „nach den durchschnittlichen Kosten einzelner Bauleistungen ermittelt werden" (§ 36 Abs. 2 ImmoWertV).

Exkurs: DIN 276

Die NHK 2010 beziehen sich auf die DIN 276-1:2006-11 (Kosten im Bauwesen, Teil 1: Hochbau).[6] Die DIN 276 findet im Bauwesen zur Ermittlung von Projektkosten sowie zur Ermittlung von Architekten- und Ingenieurhonoraren Anwendung. Dabei sind die Baukosten in Kostengruppen untergliedert, auf die auch in der Wertermittlung immer wieder Bezug genommen wird.

Kostengruppen nach DIN 276:

- *100 Grundstück*
- *200 Vorbereitende Maßnahmen*
- *300 Bauwerk – Baukonstruktionen*
    - *310 Baugrube*
    - *320 Gründung*

6 Zwischenzeitlich liegt die DIN 276 in einer aktuelleren Fassung vor (DIN 276:2018-12, Kosten im Bauwesen, Teil 1: Hochbau).

- *330 Außenwände*
  - *331 Tragende Außenwände*
  - *332 Nichttragende Außenwände*
  - *333 Außenstützen*
  - *334 Außentüren und -fenster*
  - *335 Außenwandbekleidungen, außen*
  - *336 Außenwandbekleidungen, innen*
  - *337 Elementierte Außenwände*
  - *338 Sonnenschutz*
  - *339 Außenwände, sonstiges*
- *340 Innenwände*
- *350 Decken*
- *360 Dächer*
  - *361 Dachkonstruktionen*
  - *362 Dachfenster, Dachöffnungen*
  - *363 Dachbeläge*
  - *364 Dachbekleidungen*
  - *369 Dächer, sonstiges*
- *370 Baukonstruktive Einbauten*
- *390 Sonstige Maßnahmen für Baukonstruktionen*

• *400 Bauwerk – technische Anlagen*
- *410 Abwasser-, Wasser-, Gasanlagen*
- *420 Wärmeversorgungsanlagen*
- *430 Lufttechnische Anlagen*
- *440 Starkstromanlagen*
- *450 Fernmelde- und informationstechnische Anlagen*
- *460 Förderanlagen*
- *470 Nutzungsspezifische Anlagen*
- *480 Gebäudeautomation*
- *490 Sonstige Maßnahmen für technische Anlagen*

• *500 Außenanlagen*
- *510 Geländeflächen*
- *520 Befestigte Flächen*
- *530 Baukonstruktionen in Außenanlagen*

- *540 Technische Anlagen in Außenanlagen*
- *550 Einbauten in Außenanlagen*
- *560 Wasserflächen*
- *570 Pflanz- und Saatflächen*
- *590 Sonstige Außenanlagen*

- *600 Ausstattung und Kunstwerke*
- *700 Baunebenkosten*
  - *710 Bauherrenaufgaben*
  - *720 Vorbereitung der Objektplanung*
  - *730 Architekten- und Ingenieurleistungen*
  - *740 Gutachten, Beratung und Vermessung*
  - *770 Allgemeine Baunebenkosten*

Wie bereits ausgeführt, umfassen die Normalherstellungskosten die Kostengruppen 300 (Baukonstruktion) und 400 (technische Anlagen). Die Kostengruppen 100 (Grundstück) und 200 (Herrichten und Erschließen) sind i.d.R. im Bodenwert erfasst. Die Kostengruppe 600 (Ausstattung und Kunstwerke) ist zumeist nicht von Bedeutung, es sei denn, es handelt sich um besondere Bauteile, die einen wesentlichen Bestandteil des Gebäudes i.S.d. Sachenrechts[7] darstellen. Gegebenenfalls kommt eine Berücksichtigung als besondere objektspezifische Grundstücksmerkmale in Betracht. Auf die Berücksichtigung von Außenanlagen (500) wird gesondert eingegangen (siehe Kap. 4.5.3).

Die NHK 2010 basieren auf Auswertungen des BKI (Baukosteninformationszentrum Deutscher Architektenkammern).[8]

Das BKI wertet jährlich aus tatsächlich abgerechneten Bauvorhaben Kostenkennwerte aus und veröffentlicht diese in der Fachbuchreihe BKI Baukosten Neubau. In Wertgutachten, insbesondere im Rahmen der Beleihungswertermittlung (siehe auch Kap. 4.7), werden teilweise die Kostenkennwerte der aktuellen BKI-Publikation anstelle der NHK 2010 zur Ermittlung von Sachwerten herangezogen. Als Begründung wird angeführt, dass die jeweiligen BKI-Kostenkennwerte eine höhere Aktualität bezüglich der Preisverhältnisse und der zeitgemäßen Bauweisen aufweisen.[9]

---

7 Vgl. § 94 BGB: Wesentliche Bestandteile eines Grundstücks sind Sachen, die fest mit dem Grund und Boden verbunden sind. Bezogen auf ein Gebäude handelt es sich um die zur Herstellung eingefügten Sachen.

8 Im Rahmen eines Forschungsprojekts im Auftrag des damals zuständigen Bundesministeriums für Verkehr, Bau und Stadtentwicklung (BMVBS) wurden so genannte NHK 2005 abgeleitet. Diese wurden dann mit teilweisen Anpassungen auf die NHK 2010 fortgeschrieben. Da für einige Gebäudearten keine Daten vorhanden waren, wurden die NHK z.T. nicht empirisch aus Kostenkennwerten abgeleitet (vgl. hierzu *Sprengnetter, H.O./ Drießen, S. (2019)).*

9 Vgl. *Scherr, H./ Thiele, H. (2020).*

Exkurs

Die BKI-Kostenkennwerte sind im Vergleich zu den NHK 2010 differenziert zu betrachten:

- *Die Kostenkennwerte des BKI beziehen sich ebenfalls auf die Kostengruppen 300 und 400 der DIN 276 in der jeweils zum Auswertungszeitpunkt gültigen Fassung.*
- *Sie beinhalten ebenfalls die Umsatzsteuer.*
- *Nicht beinhaltet sind die Baunebenkosten, die in den NHK je nach Gebäudeart mit einem bestimmten Prozentsatz enthalten sind.*
- *Zu beachten ist der jeweilige Kostenstand der BKI-Kostenkennwerte, i.d.R. das 1. Quartal des jeweiligen Jahres der Publikation der BKI Baukosten Neubau. Entsprechend dem Wertermittlungsstichtag ist dann ein passender Baupreisindex mit entsprechendem Basisjahr bzw. Umrechnungen (siehe unten) zu verwenden.*
- *Die Kostenkennwerte beziehen sich auf den Bundesdurchschnitt. Das BKI gibt für Landkreise und kreisfreie Städte sogenannte Regionalfaktoren an, mit denen die Bundesdurchschnittswerte auf das jeweilige regionale Preisniveau angepasst werden können. Diese werden mangels eigener Regionalfaktoren auch von einigen Gutachterausschüssen hilfsweise bei der Ableitung von Sachwertfaktoren auf Basis der NHK 2010 verwendet.*[10]
- *Die BKI-Kostenkennwerte dienen in erster Linie der Kostenplanung von Bauvorhaben. Ausgewertet werden aktuell zum jeweiligen Zeitraum abgerechnete Bauprojekte. Daher ist eine Anwendung auf ältere Gebäude i.d.R. nicht möglich, da ältere Gebäude anderen Baustandards entsprechen. Bei den BKI-Kostenkennwerten werden Durchschnitte und Spannen angegeben, bezogen auf den Brutto-Rauminhalt, die Brutto-Grundfläche, die Nutzungsfläche nach DIN 277 oder die Wohnfläche nach Wohnflächenverordnung (WoFIV). Eine differenzierte Betrachtung von Standardstufen wie bei den NHK 2010 erfolgt nicht. Nur bei einigen Gebäudearten wird nach einfachem, mittlerem und gehobenem Standard unterschieden, bspw. bei Ein- und Zweifamilienhäusern.*[11]
- *Im Rahmen der NHK 2010 werden, wie bereits erläutert, nur die Bereiche a und b einbezogen und besondere Bauteile des Bereiches c gegebenenfalls durch separate Zuschläge berücksichtigt. Im Falle der BKI-Kostenkennwerte werden Balkone und Terrassen zu 25 % auf die Wohnfläche angerechnet.*[12]
- *Im Falle von freistehenden Ein- und Zweifamilienhäusern, Doppel- und Reihenhäusern erfolgt bei den BKI keine Differenzierung nach der Nutzbarkeit von Dachgeschossen.*

10 Vgl. Gutachterausschuss für Grundstückswerte im Bereich der Landeshauptstadt München, Der Immobilienmarkt in München, Jahresbericht für 2023, S. 58.

11 Vgl. *BKI (2024)*.

12 Vgl. *BKI (2024)*, S. 80.

Seit einigen Jahren werden so genannte BKI-NHK veröffentlicht, die im hinteren Teil der Publikation Baukosten Neubau zu finden sind[13] und von ihrer Struktur her den NHK 2010 ähneln. Sie werden auch in € pro m² Brutto-Grundfläche angegeben. Bei den Gebäudearten 1 bis 3 (Wohngebäude: freistehende Einfamilienhäuser, Doppel- und Reihenendhäuser, Reihenmittelhäuser mit unterschiedlicher Stockwerkszahl und Struktur der Dachgeschosse) wurde hinsichtlich der Differenzierung von Standardstufen auf die Auswertungen der NHK 2010 zurückgegriffen. Hinsichtlich der Unterscheidung von nicht ausgebauten Dachgeschossen und Flachdachtypen fanden Analysen auf Basis der BKI Neubau Datenbanken statt. Die BKI-NHK sind nicht auf das Jahr 2010 bezogen, sondern auf das 1. Quartal des jeweiligen Publikationsjahres.

Die Ausweisung von BKI-NKH erfolgte auf Anregung von Wertermittlern, die im Bereich der Beleihungswertermittlung tätig sind (siehe Kap. 4.6), für die „regional und objektspezifisch angemessene Herstellungskosten" benötigt werden.[14] Sie sind jedoch auch Gegenstand einer kontroversen Fachdiskussion. Bemängelt wird hier besonders eine zu geringe Datenbasis.[15]

Die BKI-NHK können als Grundlage zur Ermittlung des Gebäudesachwertes dienen. Sie sind jedoch nicht in gleichem Maße normiert wie die NHK 2010. Die wesentliche Begrenzung liegt darin, dass die Gutachterausschüsse Sachwertfaktoren auf der Grundlage der NHK 2010 ermitteln, sodass diese dann nicht mehr unmittelbar auf andere Kostenkennwerte anwendbar sind.

Die NHK 2010 unterscheiden 31 Gebäudearten. Einige Gebäudearten werden weiter untergliedert. Dies betrifft vor allem landwirtschaftliche Gebäude, die aufgrund der tatsächlich sehr unterschiedlichen Nutzungsarten und damit einhergehenden Bauweisen zu differenzieren sind.

Das Herzstück der NHK 2010 bilden jedoch nach wie vor die klassischen Sachwertobjekte, die freistehenden Einfamilienhäuser (Gebäudeart 1), Doppelhäuser (Gebäudeart 2) und Reihenhäuser (Gebäudeart 3). In einer Matrix wird weiter in folgende Bauweisen unterschieden:

- Dachgeschoss voll ausgebaut,
- Dachgeschoss nicht ausgebaut,
- Flachdach oder flach geneigtes Dach.

Des Weiteren wird nach der Anzahl der Geschosse unterschieden, d.h., ob zum Erdgeschoss zusätzlich ein Obergeschoss vorhanden ist und ob das Gebäude unterkellert ist oder nicht.

13 Vgl. *BKI (2024), S. 1035 ff.*

14 *Habel, F./ Kleinmann, B. (2018)*, S. 353; demnach seien in der Beleihungswertermittlung keine Herstellungskosten aus Modellgrößen abzuleiten. Dies betreffe vor allem das Massengeschäft für Kleindarlehensobjekte. Nach Untersuchungen des BKI liegen die BKI-NHK deutlich über den mittels Baupreisindex angepassten NHK 2010 (teilweise mehr als 50 %), sodass sich regelmäßig zu niedrige Sachwerte ergeben.

15 Vgl. *Sprengnetter, H.O./ Drießen, S. (2019);* bemängelt wird dabei u.a. auch eine fehlende Transparenz des Ableitungsmodells und fehlertheoretische Betrachtung.

Exkurs: NHK 2020

Der Bundesrat hat am 25.6.2021 der Bundesregierung aufgetragen, die in der ImmoWertV enthaltenen Normalherstellungskosten NHK 2010 schnellstmöglich zu überarbeiten, spätestens bis zum 31.12.2024.[16] *Gleichzeitig wurde vorgeschlagen, in einem Fünf- oder Zehn-Jahresrhythmus eine Aktualisierung vorzunehmen, um sicherzustellen, dass die NHK den Marktverhältnissen entsprechen und bei den Anwendern Akzeptanz finden.*

Es erfolgte eine Ausschreibung in Zusammenarbeit mit dem Bundesinstitut für Bau-, Stadt- und Raumforschung (BBSR) für ein Forschungsprojekt zur „Ermittlung von aktuellen Normalherstellungskosten und von Regionalfaktoren für die Sachwertermittlung". Die Überarbeitung der NHK soll auf den Bezugszeitpunkt 1.1.2020 vorgenommen werden.[17]

Das Projekt NHK 2020 ist jedoch in Verzug und war bis Redaktionsschluss noch nicht abgeschlossen (siehe Kap. 1.2). Die weitere Vorgehensweise war bis zum Redaktionsschluss unklar.

4.5.1.2 Gebäudestandard und weitere Eigenschaften

Für jede Gebäudeart werden in den NHK 2010 verschiedene Standardstufen in tabellarischer Form beschrieben. Diese stehen jeweils für einen Gebäudestandard in Bezug auf die Bauweise und -qualität. Die Gebäudearten 1 bis 3 werden auch hier am stärksten differenziert und nach fünf Standardstufen unterschieden.

Damit werden insbesondere unterschiedliche bauzeittypische Bauweisen berücksichtigt, da bei den NHK 2010 die Bildung von Baualtersklassen, wie sie bei den NHK 2000 noch vorhanden waren, aufgegeben wurde.

Um die für das bewertungsgegenständliche Gebäude passende Standardstufe zu finden, ist das Gebäude getrennt nach Bauteilen zu beurteilen. Die Gebäudestandards werden tabellarisch je Bauteil beschrieben. Diese Beschreibung ist beispielhaft. Die in den Tabellen angegebenen Jahreszahlen beziehen sich auf die in der jeweiligen Zeit geltenden Wärmeschutzanforderungen (vgl. zu Anlage 4, Nrn. IV.(III).3 und IV.(III).4 ImmoWertA). Das jeweilige Bauteil entspricht dann entweder eindeutig einer der Standardstufen 1 bis 5. Es kann jedoch auch sein, dass das Bauteil Merkmale verschiedener Standardstufen aufweist, z.B. zur Hälfte der Stufe 2 und zur Hälfte der Stufe 3.

Da die Bauteile einen unterschiedlich hohen Anteil am Gebäude haben, wird das Ergebnis je Bauteil mit einem Wägungsanteil gewichtet.

---

16 BR-Drucks. 407/21 (Beschluss) vom 25.6.2021.

17 Vgl. Anschreiben des BMI an die Verbände vom 29.6.2021 sowie www.evergabe-onlinde.de, ABl.-Nummer.: 2021/S 193–502753.

Gebäudeart 1 bis 3, Bauteile und Wägungsanteile:

Bauteil	**Wägungsanteil**
Außenwände	23 %
Dach	15 %
Fenster und Außentüren	11 %
Innenwände und -türen	11 %
Deckenkonstruktion und Treppen	11 %
Fußböden	5 %
Sanitäreinrichtungen	9 %
Heizung	9 %
sonstige technische Ausstattung	6 %
Summe	**100 %**

Abb. 5: Wägungsanteile von Bauteilen
Quelle: Anlage 4 ImmoWertV, Tabelle 1. Beschreibung der Gebäudestandards für freistehende Ein- und Zweifamilienhäuser, Doppelhäuser und Reihenhäuser.

Für jede Standardstufe sind Kostenkennwerte in € pro m² BGF angegeben. Die auf die BGF anzuwendenden Normalherstellungskosten ergeben sich durch die Addition der Teil-Kostenkennwerte entsprechend den Standardstufen der Bauteile, gewichtet mit den Wägungsanteilen (vgl. zu Anlage 4, Nr. IV.(III).5 ImmoWertA).

Beispiel

Bei dem zu bewertenden Objekt handelt es sich um eine Doppelhaushälfte mit Erd- und Obergeschoss sowie nicht ausgebautem, eingeschränkt nutzbarem Dachgeschoss. Das Gebäude ist voll unterkellert.

Damit entspricht das Gebäude der Gebäudeart 2.12.

Die Standardstufe und die Normalherstellungskosten werden wie folgt ermittelt:

Ermittlung der Standardstufe

Bauteil	***Standardstufe***					***Wägungs-anteil***
	1	***2***	***3***	***4***	***5***	
Außenwände			*1*			*23 %*
Dächer			*1*			*15 %*
Außentüren und Fenster			*1*			*11 %*
Innenwände und -türen			*1*			*11 %*
Deckenkonstruktion und Treppen			*1*			*11 %*
Fußböden			*0,5*	*0,5*		*5 %*
Sanitäreinrichtungen				*1*		*9 %*
Heizung			*1*			*9 %*
sonstige technische Ausstattung			*1*			*6 %*
Ø Standard	***3,12***					*100 %*
Kostenkennwerte für Gebäudeart	*535*	*595*	*685*	*825*	*1035*	
2.12	*€/m² BGF*	*€/m² BGF*	*€/m² BGF*	*€/m² BGF*	*€/m² BGF*	

Ermittlung des Kostenkennwertes

Außenwände	*158*	*€/m² BGF*
Dächer	*103*	*€/m² BGF*
Außentüren und Fenster	*75*	*€/m² BGF*
Innenwände und -türen	*75*	*€/m² BGF*
Deckenkonstruktion und Treppen	*75*	*€/m² BGF*
Fußböden	*38*	*€/m² BGF*
Sanitäreinrichtungen	*74*	*€/m² BGF*
Heizung	*62*	*€/m² BGF*
sonstige technische Ausstattung	*41*	*€/m² BGF*
Kostenkennwert (Summe)	***701***	***€/m² BGF***

Abb. 6: Ermittlung der Normalherstellungskosten

z.B. Fußböden: 0,5 × 5 % × 685 € + 0,5 × 5 % × 825 € = 37,75 €, rd. 38 €/m² BGF

Standardstufe :

Das Wertermittlungsobjekt hat einen überwiegend mittleren Gebäudestandard. Dies entspricht der Standardstufe 3.

Normalherstellungskosten:

Es ergeben sich Normalherstellungskosten von rund 701 € pro m² Brutto-Grundfläche. Da zumeist eine computergestützte Berechnung erfolgt, sind Rundungsdifferenzen möglich.

Bei diesen Normalherstellungskosten handelt es sich um durchschnittliche Kosten, wie sie angefallen wären, wenn das zu bewertende Objekt im Jahr 2010 irgendwo in Deutschland nochmals errichtet worden wäre.

Die Werte enthalten die gesetzliche Umsatzsteuer in Höhe von 19 %.

Bei anderen Gebäudearten werden weniger Standardstufen unterschieden, z.B. bei Mehrfamilienhäusern (Gebäudeart 4) nur drei. Hier werden die Kostenkennwerte dann weiter differenziert nach der Anzahl Wohneinheiten. Zu- und Abschläge (Korrekturfaktoren) ergeben sich aufgrund der Bauweise hinsichtlich der Wohnungsgrößen und der Grundrissart:

Gebäudetyp 4 Mehrfamilienhäuser	
Korrekturfaktoren für die Wohnungsgröße	
ca. 35 m^2 WF/WE	1,10
ca. 50 m^2 WF/WE	1,00
ca. 135 m^2 WF/WE	0,85
Korrekturfaktoren für die Grundrissart	
Einspänner (1 WE/Etage)	1,05
Zweispänner (2 WE/Etage)	1,00
Dreispänner (3 WE/Etage)	0,97
Vierspänner (4 WE/Etage)	0,95
WF = Wohnfläche, WE = Wohneinheit	

Abb. 7: Korrekturfaktoren – Gebäudeart 4
Quelle: Anlage 4 ImmoWertV, Kostenkennwerte für Mehrfamilienhäuser (Gebäudeart 4.1 – 4.3)

Bei den Garagen (Gebäudeart 14) werden ebenfalls nur drei Standardstufen unterschieden, die dann mit unterschiedlichen Bauweisen in Verbindung gebracht werden:

Standardstufe 3: Fertiggaragen,

Standardstufe 4: Garagen in Massivbauweise,

Standardstufe 5: individuelle Garagen in Massivbauweise mit besonderen Ausführungen wie Ziegeldach, Gründach, Bodenbeläge, Fliesen o.ä., Wasser, Abwasser und Heizung.

Je höher die Standardstufe, desto höher sind also die Kostenkennwerte.

Bei den landwirtschaftlichen Gebäuden, dies sei abschließend noch erwähnt, ist die Systematik zwar grundsätzlich gleich, jedoch mit einigen Besonderheiten. Auch hier werden drei Standardstufen unterschieden. Die Kostenkennwerte werden jedoch aufgeteilt nach Kostengruppe 300 und 400 angegeben, da sich Unterschiede vor allem aufgrund unterschiedlicher technischer Ausstattungsmerkmale ergeben. Als Bezugsgrößen werden Angaben zur Traufhöhe der Gebäude und der BGF pro Nutzungseinheit (z.B. m^2 pro Tier) gemacht sowie Korrekturfaktoren für die Gebäudegröße insgesamt und Besonderheiten wie z.B. mit/ohne Güllekanäle o.ä. angegeben.

4.5.1.3 Baupreisindex

Für die Wertermittlung gilt das Stichtagsprinzip (siehe Kap. 1.4). So sind die allgemeinen Wertverhältnisse auf dem Grundstücksmarkt zum Wertermittlungsstichtag nachzuvollziehen. Die NHK 2010 beziehen sich auf das Jahr 2010 und spiegeln das durchschnittliche Baupreisniveau des Jahres wieder. Somit muss eine Anpassung der Kostenkennwerte an das Baupreisniveau zum jeweiligen Wertermittlungsstichtag erfolgen. Dies geschieht durch Verwendung des Baupreisindex (BPI), der vom Statistischen Bundesamt ermittelt wird.

Der Baupreisindex berücksichtigt Bauarbeiten am Hochbau und wird für Wohngebäude und Nichtwohngebäude ermittelt. Bei Letzteren wird zusätzlich in Bürogebäude und Gewerbliche Betriebsgebäude unterschieden.[18]

Zu beachten ist das Basisjahr, auf welches sich der BPI bezieht. Sichtbar ist dies bspw. durch die Angabe „2010 = 100", dann ist 2010 das Basisjahr. Liegt der BPI bei über 100, sind die Baupreise gegenüber dem Durchschnitt des Jahres 2010 gestiegen (z.B. 110 bedeutet 10 % höhere Baupreise gegenüber dem Durchschnitt von 2010).

> **§ 36 ImmoWertV (Vorläufiger Sachwert der baulichen Anlagen; durchschnittliche Herstellungskosten):**
>
> *(...)*
>
> *(2) (...) Zur Umrechnung auf den Wertermittlungsstichtag ist der für den Wertermittlungsstichtag aktuelle und für die jeweilige Art der baulichen Anlage zutreffende Preisindex für die Bauwirtschaft des Statistischen Bundesamtes (Baupreisindex) zu verwenden. (...)*

Der BPI wird etwa alle fünf Jahre umbasiert. Zu Wertermittlungsstichtagen, an denen der BPI sich auf das Basisjahr 2010 bezog, ist die Anwendung recht unkompliziert.

Beispiel

Wertermittlungsstichtag = 30.7.2015

Baupreisindex für Wohngebäude (2010 = 100):[19]

II. Quartal 2015 (Mai): 110,9

Kostenkennwert NHK 2010: 701 €/m² BGF

Anpassung auf den Wertermittlungsstichtag:

$$701\text{ €} = \frac{110{,}9}{100} = 777{,}41$$

rund 777 €/m² BGF

Zuletzt wurde das Basisjahr auf 2021 = 100 geändert. Für die Anpassung der NHK 2010 muss daher eine Umbasierung erfolgen. Dies sei anhand eines weiteren Beispiels aufgezeigt.

Beispiel

Wertermittlungsstichtag = 22.6.2024

Baupreisindex für Wohngebäude (2021 = 100):[20]

Durchschnitt des Jahres 2010: 70,8

I. Quartal 2024 (Februar): 128,5

Kostenkennwert NHK 2010: 500 €/m² BGF

---

18 Vgl. hierzu *Moll-Amrein, M. (2025)* sowie zur Methodik *Destatis (2012)*.

19 Quelle: Statistisches Bundesamt www.destatis.de.

20 Quelle: Statistisches Bundesamt www.destatis.de.

Anpassung auf den Wertermittlungsstichtag:

$$Index\ 1.\,Quartal\ 2024(2010 = 100) = \frac{Index\ 1.\,Quartal\ 2024\ (2021 = 100)}{Durchschnitt\ 2010\ (2021 = 100)} \times 100$$

$$= \frac{128{,}5}{70{,}8} \times 100 = 181{,}5$$

$$500\ € \times \frac{181{,}5}{100} = 907{,}50\ €$$

rund 908 €/m² BGF

In Bezug auf das Stichtagsprinzip ist zu beachten, dass der zum Wertermittlungsstichtag verfügbare, d.h. veröffentlichte BPI zu verwenden ist. Der BPI wird von Destatis für Wohngebäude und Nichtwohngebäude quartalsweise für den jeweiligen Monat in der Mitte des Quartals (Februar, Mai, August, November) ermittelt. Die Veröffentlichung erfolgt mit etwa zwei Monaten Verzögerung. Es ist im Zweifel auf der Homepage von Destatis zu prüfen, wann die letzte Bekanntgabe, z.B. in einer Pressemitteilung, erfolgte.

Die Normalherstellungskosten NHK 2010 beinhalten die Umsatzsteuer. Wenn sich zwischen 2010 und Wertermittlungsstichtag der geltende Umsatzsteuersatz verändert hat, ist keine gesonderte Anpassung der Kostenkennwerte erforderlich, da dies im BPI mit erfasst wird.

4.5.1.4 Regionale Anpassung

Die Normalherstellungskosten NHK 2010 bilden das bundesdurchschnittliche Baupreisniveau ab.

Die vorherigen NHK 2000 wurden mit Hilfe von Korrekturfaktoren an regionale Verhältnisse und die Ortsgröße angepasst, da sich das Baupreisniveau in den einzelnen Bundesländern und auch in Abhängigkeit von städtischem oder mehr ländlichem Umfeld stark unterscheidet. Diese Anpassung wurde zunächst mit der ImmoWertV 2010 aufgegeben. Einige Gutachterausschüsse, insbesondere in hochpreisigen Regionen, haben weiterhin Regionalfaktoren in Abweichung zum damals geltenden Wertermittlungsrecht verwendet, um einen stärkeren Marktbezug herzustellen und überhöhte Sachwertfaktoren zu vermeiden.[21]

Mit der Novelle der ImmoWertV 2021 wurde die Regionalisierung wieder eingeführt.

§ 36 ImmoWertV (Vorläufiger Sachwert der baulichen Anlagen; durchschnittliche Herstellungskosten):

(1) Zur Ermittlung des vorläufigen Sachwerts der baulichen Anlagen, ohne bauliche Außenanlagen, sind die durchschnittlichen Herstellungskosten mit dem ***Regionalfaktor*** *und dem Alterswertminderungsfaktor zu multiplizieren.*

(...)

(3) Der ***Regionalfaktor*** *ist ein vom örtlich zuständigen Gutachterausschuss festgelegter Modellparameter zur Anpassung der durchschnittlichen Herstellungskosten an die* ***Verhältnisse am örtlichen Grundstücksmarkt****.*

21 Beispiel: Der Gutachterausschuss München verwendete hierzu die Regionalfaktoren des BKI, vgl. Immobilienmarktbericht 2023, S. 58.

In Nr. 36.(3) ImmoWertA wird klargestellt, dass der Regionalfaktor dazu dient, den „Unterschied zwischen dem bundesdurchschnittlichen und dem regionalen Baukostenniveau" zu berücksichtigen. Diese Klarstellung ist insofern sinnvoll, da durch § 36 Abs. 3 ImmoWertV zunächst der Eindruck entsteht, der Regionalfaktor diene allein der Marktanpassung.

Trotz wieder eingeführter Regionalisierung wird Kritik an den NHK 2010 geübt, sie seien synthetische Modellwerte bzw. „konstruierte Kostenkennwerte aus der Retorte"[22] ohne Bezug zum tatsächlichen Baupreisniveau. Letztlich könne nur der Sachwertfaktor den Bezug zum Marktgeschehen herstellen (siehe Kap. 4.5.4).

Aus § 53 ImmoWertV ergab sich eine Übergangsfrist bis 31.12.2024 für die Gutachterausschüsse zur Anpassung des Modells für die Ableitung von Sachwertfaktoren. Diese Übergangsfrist stand in Zusammenhang mit der Einführung neuer Normalherstellungskosten. Bestandteil des in Kap. 4.5.1.1 erwähnten Projektes zur Erarbeitung neuer Normalherstellungskosten ist auch die Erarbeitung einer bundesweit einheitlichen Methode zur Ermittlung von Regionalfaktoren. Dies soll auch eine Berücksichtigung eines vom Bundesdurchschnitt abweichenden Baukostenniveaus bis auf die Ebene von Landkreisen, gegebenenfalls Subkreisen, ermöglichen.[23]

Derzeit ist die Verfahrensweise der Gutachterausschüsse uneinheitlich. Überwiegend werden von Gutachterausschüssen keine Regionalfaktoren ausgewertet. Teilweise werden hilfsweise Regionalfaktoren aus anderen Quellen angesetzt (z.B. des BKI).[24] Erfolgt bei der Ableitung von Sachwertfaktoren keine Regionalisierung,[25] so ist dies gleichbedeutend mit einem Regionalfaktor von 1,0. Der Vollständigkeit halber ist dieser im Gutachten auszuweisen. Von manchen Gutachterausschüssen wird in Ermangelung eigener Regionalfaktoren ein „wertneutraler Regionalfaktor von 1,0" in Ansatz gebracht.[26] Die Regionalisierung ist damit weiterhin im Sachwertfaktor enthalten.

Daher sei auch an dieser Stelle nochmals darauf hingewiesen, dass vor Anwendung von Sachwertfaktoren des Gutachterausschusses die zugrunde liegenden Modellparameter zu beachten sind.

4.5.1.5 Bestimmung von Gesamtnutzungsdauer und Restnutzungsdauer

Der Wert einer Immobilie hängt stark davon ab, über welche Zeit sie nutzbar ist. Dabei kommt es nicht darauf an, wie lange ein Bauwerk technisch erhalten bleibt. Vielmehr ist die wirtschaftliche Nutzbarkeit das ausschlaggebende Kriterium. Dies wird auch vom Markt so gesehen. Eine alte Gewerbehalle kann noch mit allen Wänden stehen, also technisch vorhanden sein, jedoch nicht mehr aktuellen Anforderungen entsprechen. Die Immobilie ist dann wirt-

22 *Kleiber, W. (2023)*, S. 1919.

23 AK OGA, Immobilienmarktbericht Deutschland 2019 der Gutachterausschüsse in der Bundesrepublik Deutschland, S. 12.

24 Vgl. Gutachterausschuss für Grundstückswerte im Bereich der Landeshauptstadt München, Der Immobilienmarkt in München, Jahresbericht 2023, S. 58.

25 Vgl. Gutachterausschuss für Immobilienwerte für den Bereich der Stadt Frankfurt am Main, Immobilienmarktbericht 2024, S. 79.

26 Siehe AG Bewertungsmodelle der AGVGA.NRW, Handlungsempfehlungen zur ImmoWertV 2021 und ImmoWertA, Stand: Dezember 2023 (www.boris.nrw.de), S. 12; Beispiel: Gutachterausschuss für Grundstückswerte im Kreis Gütersloh und in der Stadt Gütersloh, Grundstücksmarktbericht 2024, S. 61.

schaftlich verbraucht. Das hat Auswirkungen auf den im gewöhnlichen Geschäftsverkehr erzielbaren Kaufpreis, den Markt- bzw. Verkehrswert.

Die wirtschaftliche Gesamtnutzungsdauer (§ 4 Abs. 2 ImmoWertV) ist definiert als die übliche Dauer, über die bauliche Anlagen vom Baujahr an wirtschaftlich nutzbar sind. Sie gibt gewissermaßen die Nutzungsintervalle an, nach deren Ablauf eine durchgreifende Sanierung und Modernisierung der wirtschaftlich verbrauchten Bausubstanz durchgeführt werden muss oder ein Abbruch erfolgt. In diesem Zusammenhang wird auch die Bewertung von denkmalgeschützten Gebäuden kontrovers diskutiert. Unter wirtschaftlichen Gesichtspunkten unterliegen auch Denkmäler einer wirtschaftlichen Alterung und müssen nach Ablauf bestimmter Zeiträume durchgreifend saniert und modernisiert werden, natürlich nur in einem unter Berücksichtigung des Denkmalschutzes erlaubten Umfang.

Die wirtschaftliche Restnutzungsdauer (§ 4 Abs. 3 ImmoWertV) gibt die Anzahl der Jahre an, in denen bauliche Anlagen noch wirtschaftlich genutzt werden können. Sie entspricht bei Neubauten der wirtschaftlichen Gesamtnutzungsdauer und bei älteren Gebäuden der Differenz zwischen wirtschaftlicher Gesamtnutzungsdauer und (fiktivem) Alter.

Das Alter ergibt sich als Differenz zwischen dem Jahr, in dem der Wertermittlungsstichtag liegt, und dem Baujahr (§ 4 Abs. 1 ImmoWertV). Die Bestimmung des Baujahrs kann durchaus kompliziert sein. Ein Gebäude muss bezugsfertig sein, d.h., die wirtschaftliche Nutzung muss aufgenommen werden können. In Nr. 4.(1) ImmoWertA wird dies weiter präzisiert. Bei dem Baujahr handelt es sich um „das Kalenderjahr der Fertigstellung bzw. der überwiegenden Fertigstellung der baulichen Anlagen", ersatzweise um das „Jahr der Einleitung des bauaufsichtlichen Zulassungsverfahrens" oder das „Jahr der Nutzungsaufnahme". Wie auch an anderer Stelle, kann ausnahmsweise das Baujahr geschätzt werden. Wirtschaftliche Gesamtnutzungsdauer und Restnutzungsdauer sind im Sachwertverfahren für die Bestimmung der Alterswertminderung von Bedeutung. Die ImmoWertV enthält in Anlage 1 wirtschaftliche Gesamtnutzungsdauern für einzelne Gebäudearten.

Speziell für Wohnimmobilien gelten darüber hinaus in Anlage 2 konkrete Vorgaben für die Bestimmung einer (modifizierten) Restnutzungsdauer nach Modernisierungen. Modernisierungen führen zu einer „Verjüngung" der baulichen Anlagen und somit einer Verlängerung der wirtschaftlichen Restnutzungsdauer.

Gemäß § 12 Abs. 5 ImmoWertV sind die nach Anlagen 1 und 2 bestimmten Gesamt- und Restnutzungsdauern bei der Auswertung der für die Wertermittlung erforderlichen Daten anzusetzen. Wertet der Gutachterausschuss auf Basis der Kaufpreissammlung Sachwertfaktoren aus, so sind dabei diese Vorgaben zu beachten. Der Wertermittler muss entsprechend bei Verwendung der Sachwertfaktoren diese Modellansätze beachten, um im System zu bleiben (Grundsatz der Modellkonformität § 10 ImmoWertV; vgl. Nrn. 4.(2) und 4.(3).1 ImmoWertA).

§ 4 ImmoWertV (Alter; Gesamt- und Restnutzungsdauer):

(1) Das ***Alter*** *einer baulichen Anlage ergibt sich aus der Differenz zwischen dem Kalenderjahr des maßgeblichen Stichtags und dem Baujahr.*

(2) Die ***Gesamtnutzungsdauer*** *bezeichnet die Anzahl der Jahre, in denen eine bauliche Anlage bei ordnungsgemäßer Bewirtschaftung vom Baujahr an gerechnet üblicherweise wirtschaftlich genutzt werden kann.*

*(3) Die **Restnutzungsdauer** bezeichnet die Anzahl der Jahre, in denen eine bauliche Anlage bei ordnungsgemäßer Bewirtschaftung voraussichtlich noch wirtschaftlich genutzt werden kann. Die Restnutzungsdauer wird in der Regel auf Grundlage des Unterschiedsbetrags zwischen der Gesamtnutzungsdauer und dem Alter der baulichen Anlage am maßgeblichen Stichtag unter Berücksichtigung individueller Gegebenheiten des Wertermittlungsobjekts ermittelt. Individuelle Gegebenheiten des Wertermittlungsobjekts wie beispielsweise durchgeführte Instandsetzungen oder Modernisierungen oder unterlassene Instandhaltungen des Wertermittlungsobjekts können die sich aus dem Unterschiedsbetrag nach Satz 2 ergebende Dauer verlängern oder verkürzen.*

Im Verordnungstext werden mehrere Begriffe genannt, die weiter zu erläutern sind.[27]

- **Ordnungsgemäße Bewirtschaftung**:

  Die Gesamt- und Restnutzungsdauer setzen eine ordnungsgemäße Bewirtschaftung voraus. Der Begriff ordnungsgemäß bezieht sich auf die jeweilige Nutzungsart des Gebäudes. Für die Bewirtschaftung einer Büroimmobilie gelten andere Gesichtspunkte als für eine Wohnimmobilie. Bewirtschaftung beinhaltet letztlich den gesamten Umgang mit der Immobilie, von der Verwaltung über die Vermietung bis hin zur regelmäßigen Instandhaltung.

- **Instandhaltung**:

  Unter Instandhaltung fallen laufende Aufwendungen aufgrund von Abnutzung und Witterungseinwirkungen. Es lässt sich hier eine Verbindung zur II. Berechnungsverordnung herstellen. Gemäß § 28 Abs. 1 Satz 1 II. BV sind „Instandhaltungskosten (...) die Kosten, die während der Nutzungsdauer zur Erhaltung des bestimmungsmäßigen Gebrauchs aufgewendet werden müssen, um die durch Abnutzung, Alterung und Witterungseinwirkung entstehenden baulichen oder sonstigen Mängel ordnungsgemäß zu beseitigen". Die Instandhaltungskosten der II. BV bilden auch die Grundlage für die Bewirtschaftungskosten im Ertragswertverfahren gemäß § 32 Abs. 3 ImmoWertV (siehe Kap. 3.4.4.3).

- **Instandsetzung**:

  Instandsetzungsmaßnahmen werden dann nötig, wenn die Instandhaltung nicht auf dem Laufenden ist oder durch externe Einflüsse Schäden aufgetreten sind. Es kann bspw. auf § 177 BauGB (Modernisierungs- und Instandsetzungsgebot) verwiesen werden, wonach eine Instandsetzung der Beseitigung von Mängeln dient, die durch „Abnutzung, Alterung, Witterungseinflüsse oder Einwirkungen Dritter" entstanden sind und die die „bestimmungsgemäße Nutzung der baulichen Anlage" beeinträchtigen. Die Begriffe „Abnutzung und Alterung" finden sich auch in § 32 Abs. 3 ImmoWertV.

- **Sanierung**:

  Der Begriff Sanierung wird im allgemeinen Sprachgebrauch häufig als Synonym für Instandsetzung verwendet. In der Immobilienwirtschaft wird der Begriff Sanierung vor allem mit städtebaulichen Entwicklungsmaßnahmen und der Festsetzung von Sanierungsgebieten in Verbindung gebracht.[28] Eine Sanierung im Sinne der nachfolgenden Ausführungen dient insbesondere der Beseitigung von Baumängeln und Bauschäden, bspw. im Rahmen einer Dachsanierung oder Fassadensanierung. Die Abgrenzung zur Modernisierung

27 Vgl. auch *Kleiber, W. (2023)*, S. 747 ff., 1847 ff.
28 Vgl. a.a.O., S. 2580 ff.

ist manchmal schwierig. So hat eine durchgreifende Sanierung i.d.R. auch eine modernisierende Wirkung. Dies liegt am Prinzip „neu für alt", d.h., indem Altes durch Neues ersetzt wird, kommt es häufig automatisch zu Modernisierungseffekten. Es handelt sich um eine modernisierende Sanierung.

- **Modernisierung**:

  Demgegenüber bestehen verhältnismäßig klare Vorstellungen darüber, was unter einer Modernisierung zu verstehen ist. Das mag daran liegen, dass Modernisierungsmaßnahmen bspw. im Mietrecht eine Möglichkeit zur Mieterhöhung gemäß § 559 BGB i.V.m § 555b BGB bieten. Daran orientieren sich auch die Hinweise unter Nr. 4.(3).2 ImmoWertA.

§ 555b BGB (Modernisierungsmaßnahmen):

Modernisierungsmaßnahmen sind bauliche Veränderungen,

1. *durch die in Bezug auf die Mietsache Endenergie nachhaltig eingespart wird* ***(energetische Modernisierung)****,*

   1a. durch die mittels Einbaus oder Aufstellung einer Heizungsanlage zum Zwecke der Inbetriebnahme in einem Gebäude die Anforderungen des § 71 des Gebäudeenergiegesetzes erfüllt werden,

2. *durch die nicht erneuerbare Primärenergie nachhaltig eingespart oder das Klima nachhaltig geschützt wird, sofern nicht bereits eine energetische Modernisierung nach Nummer 1 vorliegt,*
3. *durch die der* ***Wasserverbrauch*** *nachhaltig reduziert wird,*
4. *durch die der* ***Gebrauchswert*** *der Mietsache nachhaltig erhöht wird,*

   4a. durch die die Mietsache ***erstmalig*** *mittels* ***Glasfaser*** *an ein öffentliches Netz mit sehr hoher Kapazität im Sinne des § 3 Nummer 33 des Telekommunikationsgesetzes angeschlossen wird,*

5. *durch die die* ***allgemeinen Wohnverhältnisse*** *auf Dauer verbessert werden,*
6. *die auf Grund von Umständen durchgeführt werden, die der Vermieter nicht zu vertreten hat und die keine Erhaltungsmaßnahmen nach § 555a sind, oder*
7. *durch die* ***neuer Wohnraum*** *geschaffen wird.*

ImmoWertA: zu **§ 4 (Alter, Gesamt- und Restnutzungsdauer)**

4.(3).2 Modernisierungen sind beispielsweise Maßnahmen, die eine ***wesentliche Verbesserung der Wohn- oder sonstigen Nutzungsverhältnisse oder wesentliche Einsparungen von Energie und Wasser*** *bewirken.* ***In Anlehnung an § 555b BGB****, der den Modernisierungsbegriff für Mietwohnungen konkretisiert, sind Modernisierungsmaßnahmen insbesondere solche baulichen Veränderungen,*

- *durch die in Bezug auf die bauliche Anlage Endenergie nachhaltig, d. h. von einiger Dauer und Erheblichkeit, eingespart wird* ***(energetische Modernisierung)****,*
- *durch die nicht erneuerbare Primärenergie nachhaltig eingespart oder das Klima nachhaltig geschützt wird, sofern nicht bereits eine energetische Modernisierung erfolgt ist,*
- *durch die der* ***Wasserverbrauch*** *nachhaltig reduziert wird,*
- *durch die der* ***Gebrauchswert*** *der baulichen Anlage nachhaltig erhöht wird,*
- *durch die die bauliche Anlage* ***erstmalig*** *mittels* ***Glasfaser*** *an ein öffentliches Netz mit sehr hoher Kapazität im Sinne des § 3 Nummer 33 des Telekommunikationsgesetzes angeschlossen wird,*

- *durch die die* ***allgemeinen Wohn- oder sonstigen Nutzungsverhältnisse*** *auf Dauer verbessert werden,*
- *durch die* ***neuer Wohnraum oder sonstiger dem Nutzungszweck der baulichen Anlage dienender Raum*** *geschaffen wird.*

Die ImmoWertV 2010 i.V.m. der SW-RL erlaubte gewisse Spielräume bei der Bemessung der wirtschaftlichen Gesamtnutzungsdauer. In Anlage 3 SW-RL wurden „Orientierungswerte für die übliche Gesamtnutzungsdauer" angegeben. Im Falle der klassischen Sachwertobjekte (Ein- und Zweifamilienhäuser, Doppelhäuser, Reihenhäuser) wurde die wirtschaftliche Gesamtnutzungsdauer entsprechend der Standardstufe differenziert in einer Spanne von 60 Jahren in der niedrigsten Standardstufe 1 bis 80 Jahren in der höchsten Standardstufe 5. Bei anderen Gebäudearten war eine Gesamtnutzungsdauer in Jahren zuzüglich einer Spanne von ±10 Jahren angegeben. Im Zuge der Novellierung des Wertermittlungsrechts sind nunmehr in Anlage 1 ImmoWertV 2021 die Spannen weggefallen. Für die einzelnen Gebäudearten werden eindeutige Gesamtnutzungsdauern vorgegeben. Es handelt sich um „Modellansätze", die verbindlich bei der Ableitung der sonstigen für die Wertermittlung erforderlichen Daten durch die Gutachterausschüsse, z.B. Sachwertfaktoren, anzuwenden sind. Beispielsweise sind für Ein- und Zweifamilienhäuser, Doppelhäuser und Reihenhäuser nun einheitlich 80 Jahre anzusetzen.

Modellansätze für die Gesamtnutzungsdauer

Zur Festlegung der Gesamtnutzungsdauer sind bei Ermittlung der sonstigen für die Wertermittlung erforderlichen Daten die nachfolgenden Modellansätze zugrunde zu legen.

Art der baulichen Anlage	Gesamtnutzungsdauer
freistehende Ein- und Zweifamilienhäuser, Doppelhäuser, Reihenhäuser	80 Jahre
Mehrfamilienhäuser	80 Jahre
Wohnhäuser mit Mischnutzung	80 Jahre
Geschäftshäuser	60 Jahre
Bürogebäude, Banken	60 Jahre
Gemeindezentren, Saalbauten, Veranstaltungsgebäude	40 Jahre
Kindergärten, Schulen	50 Jahre
Wohnheime, Alten- und Pflegeheime	50 Jahre
Krankenhäuser, Tageskliniken	40 Jahre
Beherbergungsstätten, Verpflegungseinrichtungen	40 Jahre
Sporthallen, Freizeitbäder, Heilbäder	40 Jahre
Verbrauchermärkte, Autohäuser	30 Jahre
Kauf- und Warenhäuser	50 Jahre
Einzelgaragen	60 Jahre
Tief- und Hochgaragen als Einzelbauwerk	40 Jahre
Betriebs- und Werkstätten, Produktionsgebäude	40 Jahre
Lager- und Versandgebäude	40 Jahre
Landwirtschaftliche Betriebsgebäude	30 Jahre

Für nicht aufgeführte Arten baulicher Anlagen ist die Gesamtnutzungsdauer aus der Gesamtnutzungsdauer vergleichbarer baulicher Anlagen abzuleiten.

Abb. 8: Modellansätze für die Gesamtnutzungsdauer (Anlage 1 ImmoWertV)

Der Zustand der baulichen Anlagen hat einen großen Einfluss auf die Beurteilung der zum Wertermittlungsstichtag noch verbleibenden wirtschaftlichen Restnutzungsdauer.

Sind die baulichen Anlagen ordnungsgemäß bewirtschaftet, so ergibt sich die wirtschaftliche Restnutzungsdauer im Regelfall durch Abzug des Alters von der wirtschaftlichen Gesamtnutzungsdauer (s. Beispiel 1).

Beispiel 1: Ordnungsgemäße Instandhaltung

Restnutzungsdauer = Gesamtnutzungsdauer – Alter

bzw. Alter = Gesamtnutzungsdauer – Restnutzungsdauer

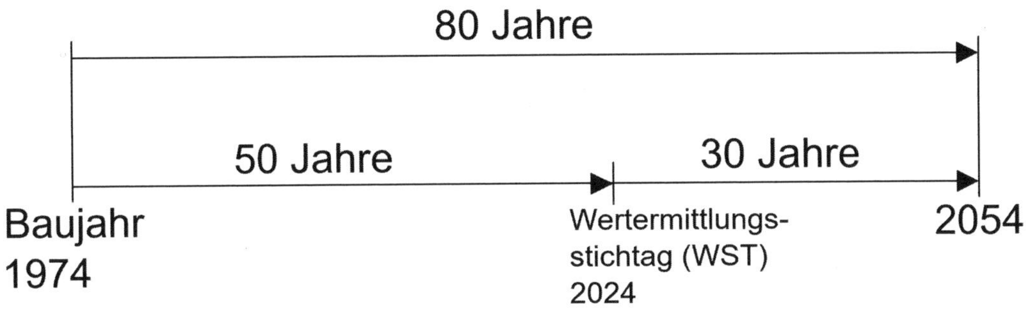

Abb. 9: Beispiel: wirtschaftliche Restnutzungsdauer bei ordnungsgemäßer Instandhaltung[14]

Wenn die Instandhaltung nicht auf dem Laufenden ist, ist eine differenzierte Betrachtung erforderlich.

Beispiel 2: unterlassene Instandhaltung/Bauschäden/Baumängel

Eine unterlassene Instandhaltung führt zu einem schnelleren Altern der baulichen Anlagen. Im Allgemeinen wird man den Instandhaltungsstau beheben. In diesem Zusammenhang kann eine Instandsetzung notwendig werden. Dadurch kann die normale wirtschaftliche Restnutzungsdauer wieder erreicht werden. Der vorläufige Sachwert ist dann zunächst mit der wirtschaftlichen Restnutzungsdauer unter der Annahme einer laufenden Instandhaltung zu ermitteln. Im Gegenzug kommt dann eine Wertminderung aufgrund von Bauschäden (z.B. auf Basis von Schadensbeseitigungskosten) als besonderes objektspezifisches Grundstücksmerkmal in Betracht, sofern dies dem gewöhnlichen Geschäftsverkehr entspricht (siehe Kap. 4.5.5).

Es kann jedoch auch zu einer Verkürzung der wirtschaftlichen Restnutzungsdauer kommen.

14 Darstellung in Anlehnung an: *Sommer, G./Kröll, R. (2022)*, S. 83, 84; eigenes Beispiel.

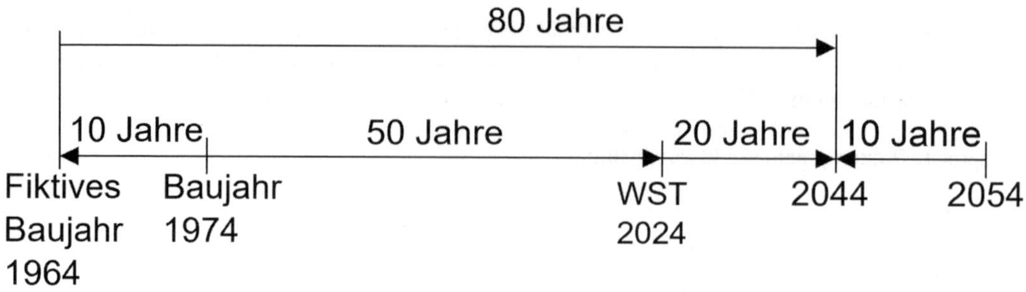

Abb. 10: Beispiel: Verkürzte wirtschaftliche Restnutzungsdauer[29]

Ein Beispiel hierfür sind bauliche Anlagen, die wirtschaftlich schon weitgehend verbraucht sind und die nur noch erhalten bleiben, weil z.B. mietvertragliche Bindungen einen Abriss verhindern. Dann ist eine aufwendige Sanierung möglicherweise unwirtschaftlich. Es handelt sich zumeist um Objekte, bei denen eine Freilegung nicht in allzu weiter Ferne liegt (siehe Kap. 2.7.8.1 und 2.7.8.3).

Ein weiteres Beispiel stellen Baumängel dar, deren Beseitigung nicht möglich ist oder nur mit einem unverhältnismäßig hohen Aufwand.

Exkurs

Es ist zwischen Baumängeln und Bauschäden zu unterscheiden.

Ein Baumangel entsteht während der Herstellung eines Bauwerks durch fehlerhafte Planung oder Ausführung sowie durch mangelhafte Baustoffe.

Bauschäden können verschiedene Ursachen haben. Sie können bspw. in Folge eines Baumangels auftreten (Mangelfolgeschäden) oder durch äußere Einwirkungen sowie unterlassene Instandhaltung/Instandsetzung entstehen (siehe Abb. 11).

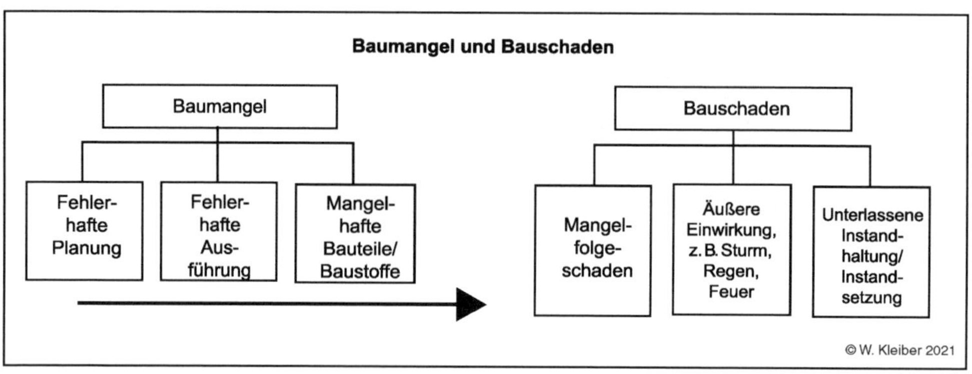

Abb. 11: Erläuterung der Begriffe Baumangel und Bauschaden
Quelle: Kleiber, W. (2023), S. 996

29 Darstellung in Anlehnung an: *Sommer, G./Kröll, R. (2022),* S. 83, 84; eigenes Beispiel.

ImmoWertA: zu § 8 (Berücksichtigung der allgemeinen und besonderen objektspezifischen Grundstücksmerkmale)

8.(3).3 ***Baumängel*** *(§ 8 Absatz 3 Satz 2 Nummer 2) sind Fehler, die bei der Herstellung eines Bauwerks infolge* ***fehlerhafter Planung oder Bauausführung*** *einschließlich der Verwendung* ***mangelhafter Baustoffe*** *den Wert oder die Tauglichkeit zu dem gewöhnlichen oder dem nach dem Vertrag vorausgesetzten Gebrauch einer baulichen Anlage aufheben oder mindern.* ***Bauschäden*** *sind Beeinträchtigungen eines Bauwerks, die infolge eines Baumangels* ***(Mangelfolgeschäden)****, äußerer (gewaltsamer)* ***Einwirkungen*** *(wie z. B. durch Sturm, Starkregen oder Feuer) oder* ***unterlassener oder nicht ordnungsgemäß ausgeführter Instandhaltung*** *auftreten. Eine Abgrenzung von Baumängeln und den daraus resultierenden Mangelfolgeschäden einerseits sowie den (sonstigen) Bauschäden andererseits ist im Rahmen der Wertermittlung im Regelfall nicht erforderlich. (...)*

Damit bewegt man sich jedoch streng genommen nicht mehr im normierten Bereich, da das besondere objektspezifische Grundstücksmerkmal der Baumängel und Bauschäden i.S.v. § 8 Abs. 3 ImmoWertV bereits verfahrensimmanent durch die Verkürzung der wirtschaftlichen Restnutzungsdauer berücksichtigt wird und somit vor der Marktanpassung. § 8 Abs. 3 ImmoWertV eröffnet jedoch die Möglichkeit dazu. Da sich Sachwertfaktoren des Gutachterausschusses im Allgemeinen auf ordnungsgemäß instandgehaltene Objekte beziehen, ist deren Anwendbarkeit sachverständig zu würdigen. [15]

Beispiel 3: Modernisierung

Die Modernisierung durch Erneuerung von Bauteilen (Mauern, Decken, Treppen, Dach etc.) nach zeitgemäßen Standards oder sonstige Maßnahmen zur Verbesserung eines Gebäudestandards führen zu einer künstlichen Verjüngung. Das Gebäude wird vergleichbar mit einem jüngeren Gebäude. Die wirtschaftliche Restnutzungsdauer verlängert sich. Um eine Bewertung im Sachwertverfahren durchführen zu können, ist ein fiktives Alter zu bilden, wodurch sich auch ein fiktives Baujahr ergibt.

Fiktives Alter = wirtschaftliche Gesamtnutzungsdauer – modifizierte Restnutzungsdauer

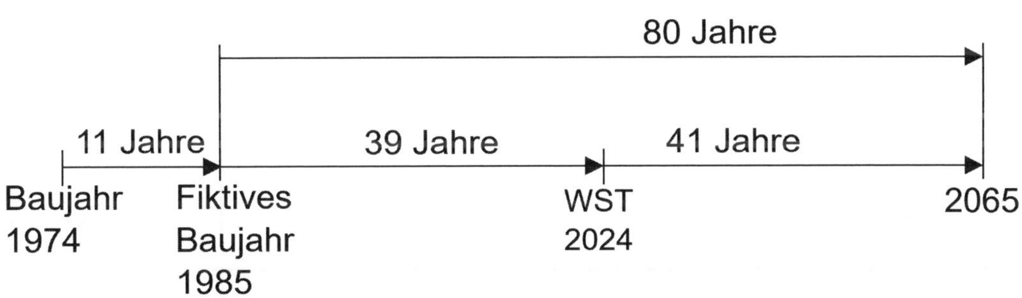

Abb. 12: Beispiel: wirtschaftliche Restnutzungsdauer bei Modernisierung
Quelle: Darstellung in Anlehnung an: Sommer, G./ Kröll, R. (2022), S. 83, 84; eigenes Beispiel

Es stellt sich die Frage, nach welchen Kriterien die Verlängerung der Restnutzungsdauer zu beurteilen ist. In vielen Fällen ist dies nur nach sachverständigem Ermessen auf Basis von Erfahrungswerten möglich. Dies setzt entsprechende Erfahrungswerte darüber voraus, wie

15 Vgl. z.B. *Schaper, D. (2013).*

Marktteilnehmer dies beurteilen. So beinhalteten die Vorgängernormen WertV 88 und WertR 06 keine klaren Vorgaben zur Ermittlung der verlängerten Restnutzungsdauer.

Allerdings hatten sich auch schon damals Erfahrungswerte etabliert,[17] die zunächst in veränderter Form Eingang in die SW-RL gefunden haben und nunmehr als Anlage 2 ImmoWertV verbindlich bei der Ableitung der für die Wertermittlung erforderlichen Daten für Wohngebäude anzusetzen sind und somit auch vom Wertermittler bei Verwendung der Daten.

Grundlage des in Anlage 2 ImmoWertV aufgeführten Modells ist ein Punktesystem. Verschiedene Modernisierungsmaßnahmen werden mit Punkten bewertet. Daraus ergibt sich ein Modernisierungsgrad. Auf Basis einer Regressionsanalyse wurde eine Formel ermittelt, wodurch sich in Abhängigkeit von Gesamtnutzungsdauer und Gebäudealter eine modifizierte (verlängerte) Restnutzungsdauer berechnen lässt.

In Anlage 2 ImmoWertV wird jedoch explizit darauf hingewiesen, dass die Verwendung des Modells „nicht die erforderliche sachverständige Würdigung des Einzelfalls" ersetzt. Die rechnerischen Ergebnisse dürfen somit nicht ungeprüft übernommen werden.

Modernisierungsmaßnahmen sind auch daraufhin zu überprüfen, ob sie sich noch auf die Restnutzungsdauer auswirken, wenn sie bereits einige Zeit zurückliegen. Länger zurückliegende oder unwirtschaftliche Maßnahmen können keinen Eingang in die Berechnung finden.

Eine Orientierungshilfe bietet die in Nr. II.3 ImmoWertA angegebene Tabelle zur Vergabe von Modernisierungspunkten in Abhängigkeit davon, wie lange Modernisierungsmaßnahmen zurückliegen. Demnach werden nach maximal 20 Jahren keine Punkte mehr vergeben und bei einigen Maßnahmen, wie z.B. Badmodernisierung, bereits nach mehr als 10 Jahren nicht mehr.

Modernisierungselemente	**Maximal zu vergebende Punkte**
Dacherneuerung inklusive Verbesserung der Wärmedämmung	4
Modernisierung der Fenster und Außentüren	2
Modernisierung der Leitungssysteme (Strom, Gas, Wasser, Abwasser)	2
Modernisierung der Heizungsanlage	2
Wärmedämmung der Außenwände	4
Modernisierung von Bädern	2
Modernisierung des Innenausbaus, z.B. Decken, Fußböden, Treppen	2
Wesentliche Verbesserung der Grundrissgestaltung	2

Abb. 13: Einzelne Modernisierungselemente mit den maximal zu vergebenden Punkten
Quelle: Anlage 2 Tabelle 1 ImmoWertV

17 Vgl. Modell der Arbeitsgemeinschaft der Vorsitzenden der Gutachterausschüsse für Grundstückswerte in Nordrhein-Westfalen, *Kleiber, W. (2010)*, S. 906 ff.; berücksichtigt wurden im alten Modell Maßnahmen, die maximal 20 Jahre zurückliegen.

Modernisierungsgrad	Modernisierungspunktzahl
nicht modernisiert	0 bis 1 Punkt
kleine Modernisierung im Rahmen der Instandhaltung	2 bis 5 Punkte
mittlerer Modernisierungsgrad	6 bis 10 Punkte
überwiegend modernisiert	11 bis 17 Punkte
umfassend modernisiert	18 bis 20 Punkte

Abb. 14: Ermittlung des Modernisierungsgrads
Quelle: Anlage 2 Tabelle 2 ImmoWertV

Modernisierungselemente	Maximal zu vergebende Punkte			
	bis ca. 5 Jahre zurück	bis ca. 10 Jahre zurück	bis ca. 15 Jahre zurück	bis ca. 20 Jahre zurück
Dacherneuerung inklusive Verbesserung der Wärmedämmung	4	3	2	1
Modernisierung der Fenster und Außentüren	2	2	1	0
Modernisierung der Leitungssysteme (Strom, Gas, Wasser, Abwasser)	2	2	2	1
Modernisierung der Heizungsanlage	2	2	1	0
Wärmedämmung der Außenwände	4	3	2	1
Modernisierung von Bädern	2	1	0	0
Modernisierung des Innenausbaus, z. B. Decken, Fußböden, Treppen	2	2	2	1
Wesentliche Verbesserung der Grundrissgestaltung*	1 bis 2			
*Grundsätzlich zeitunabhängig; z. B. Badeinbau, Beseitigung gefangener Räume, Verkehrsflächenoptimierung (nicht dazu gehört der Ausbau des Dachgeschosses)				

Abb. 15: Orientierung zur Vergabe von Modernisierungspunkten für Anlage 2 Tabelle 1
Quelle: Nr. II.3 Tabelle a ImmoWertA

Die Restnutzungsdauer kann mit Hilfe folgender Formel ermittelt werden:

$$RND = a \times \frac{Alter^2}{GND} - b \times Alter + c \times GND$$

wobei:

RND = Restnutzungsdauer

GND = Gesamtnutzungsdauer

Neben der Gesamtnutzungsdauer und dem Alter sind die Variablen a, b und c gemäß der in Anlage 2 ImmoWertV angegebenen Tabelle 3 einzusetzen.

Modernisierungs-punkte	a	b	c	ab einem relativen Alter von
0	1,2500	2,6250	1,5250	60 %
1	1,2500	2,6250	1,5250	60 %
2	1,0767	2,2757	1,3878	55 %
3	0,9033	1,9263	1,2505	55 %
4	0,7300	1,5770	1,1133	40 %
5	0,6725	1,4578	1,0850	35 %
6	0,6150	1,3385	1,0567	30 %
7	0,5575	1,2193	1,0283	25 %
8	0,5000	1,1000	1,000	20 %
9	0,4660	1,0270	0,9906	19 %
10	0,4320	0,9540	0,9811	18 %
11	0,3980	0,8810	0,9717	17 %
12	0,3640	0,8080	0,9622	16 %
13	0,3300	0,7350	0,9528	15 %
14	0,3040	0,6760	0,9506	14 %
15	0,2780	0,6170	0,9485	13 %
16	0,2520	0,5580	0,9463	12 %
17	0,2260	0,4990	0,9442	11 %
18	0,2000	0,4400	0,9420	10 %
19	0,2000	0,4400	0,9420	10 %
20	0,2000	0,4400	0,9420	10 %

Abb. 16: Angabe der Variablen a, b, c und des relativen Alters für die Anwendung der Formel zur Ermittlung der Restnutzungsdauer

Zu beachten ist dabei, dass eine Verlängerung der Restnutzungsdauer erst ab einem bestimmten relativen Alter in Frage kommt. Das relative Alter bestimmt sich nach folgender Formel:

$$relatives\ Alter = \frac{Alter}{GND} \times 100\ \%$$

Liegt das relative Alter darunter, ist die Restnutzungsdauer aus der Differenz von Gesamtnutzungsdauer und Alter zu ermitteln.

Die modifizierte Restnutzungsdauer kann auch einem Tabellenwerk entnommen werden. Die ImmoWertA enthält Tabellen für Gebäude mit Gesamtnutzungsdauern von 30, 40, 50, 60 und 80 Jahren.

GND 80	Modernisierungspunkte										
	0	1	2	3	4	5	6	7	8	9	10
Gebäude-alter	modifizierte Restnutzungsdauer										
45	35	35	36	36	37	38	40	42	43	45	46
46	34	34	35	35	36	38	39	41	43	44	46
47	33	33	34	34	35	37	39	40	42	44	46
48	32	32	33	34	34	36	38	40	42	43	45
49	31	31	32	33	34	36	37	39	41	43	45
50	30	30	31	32	33	35	37	39	41	42	44
51	29	29	30	31	32	34	36	38	40	42	44
52	28	28	29	30	32	34	36	38	40	42	43
53	27	27	28	30	31	33	35	37	39	41	43
54	26	26	27	29	31	33	35	37	39	41	43
55	25	25	27	28	30	32	34	36	38	40	42
56	24	24	26	28	29	32	34	36	38	40	42
57	23	23	25	27	29	31	33	35	38	40	42
58	22	22	24	26	28	31	33	35	37	39	41
59	22	22	24	26	28	30	32	35	37	39	41
60	21	21	23	25	27	30	32	34	37	39	41
61	20	20	22	25	27	29	31	34	36	38	40
62	19	19	22	24	26	29	31	33	36	38	40
63	19	19	21	23	26	28	31	33	36	38	40
64	18	18	21	23	26	28	30	33	35	37	40
65	17	17	20	23	25	28	30	32	35	37	39
66	17	17	19	22	25	27	30	32	35	37	39
67	16	16	19	22	24	27	29	32	34	37	39

Abb. 17: Modifizierte Restnutzungsdauer bei einer üblichen Gesamtnutzungsdauer von 80 Jahren
Quelle: Nr. II.3 Tabelle b ImmoWertA – Auszug

Beispiel

Ausgangsdaten:

- *Doppelhaushälfte*
- *Baujahr 1974*
- *Wertermittlungsstichtag 30.7.2024*
- *Alter 50 Jahre*
- *Modernisierungsmaßnahmen:*

Dacherneuerung mit Dämmung der Dachschrägen	*4 Punkte*
Modernisierung der Fenster und Außentüren	*2 Punkte*
Wärmedämmung der Außenwände vor 10 Jahren	*2 Punkte*
Summe	*8 Punkte*

Das relative Alter beträgt 62,5 % (= 50 / 80 × 100 %).

Entsprechend der vergebenen Punktezahl sind die Eingangsgrößen a, b und c in die Formel zur Bestimmung der Restnutzungsdauer einzusetzen:

a = 0,5000

b = 1,1000

c = 1,000

GND = 80 Jahre

Alter = 50 Jahre

$$RND = 0{,}5000 \times \frac{50^2}{80} - 1{,}1000 \times 50 + 1{,}000 \times 80 = 40{,}625 \; rund \; 41 \, Jahre$$

In Nr. II.1 ImmoWertA findet sich der Hinweis, dass das Modell auch auf Verwaltungs-, Büro- und Geschäftsgebäude angewendet werden kann und das Modell nicht auf empirischen Daten beruht. Es soll vielmehr „im Rahmen der Wertermittlung einer nachvollziehbaren Berücksichtigung von Modernisierungsmaßnahmen dienen".

Erfahrungsgemäß erfolgt insbesondere bei Gewerbeimmobilien eine sachverständige Einschätzung in Hinblick auf die wirtschaftliche Nutzungsfähigkeit, die branchenabhängig ist.

Zuweilen bestehen baulichen Anlagen aus Bauteilen, die eine wirtschaftliche Einheit[30] bilden, jedoch unterschiedliche Restnutzungsdauern haben. Hier ist eine wirtschaftliche Betrachtungsweise notwendig, ob z.B. alle Bauteile das Schicksal miteinander teilen und dadurch die kürzere Restnutzungsdauer anzusetzen ist oder ggf. durch eine Modernisierung der Bauteile mit einer kürzen Restnutzungsdauer eine homogene längere Restnutzungsdauer für die gesamten baulichen Anlagen erreicht werden kann (vgl. Nr. 4.(3).3 ImmoWertA). Da bauliche Außenanlagen und sonstige Anlagen eine wirtschaftliche Einheit mit den baulichen Anlagen bilden, ist die „Restnutzungsdauer der baulichen (Haupt-)Anlage" maßgeblich (Nr. 4.(3).4 ImmoWertA).

Nach dem zugrunde liegenden Modell von ImmoWertV und ImmoWertA kann die Restnutzungsdauer auf maximal 70 Prozent der Gesamtnutzungsdauer verlängert werden. Bei kernsanierten Objekten, die also nahezu Neubaustandard haben, wird davon ausgegangen, dass eine Verlängerung der Restnutzungsdauer auf maximal 90 % der ursprünglichen Gesamtnutzungsdauer beschränkt ist, da in Teilbereichen noch alte Bausubstanz verbleibt, z.B. Fundamente und Keller.

Gemäß § 53 Abs. 2 ImmoWertV galt eine Übergangsfrist bis zum 31.12.2024. Bis dahin konnten Gesamt- und Restnutzungsdauern in Abweichung zu § 12 Abs. 5 Satz 1 und Anlage 1 sowie § 12 Abs. 5 Satz 1 und Anlage 2 ImmoWertV bei der Ermittlung der sonstigen für die

30 Wirtschaftliche Einheit ist ein Begriff aus dem Steuerrecht (BewG), ist jedoch auch im Rahmen der Verkehrswertermittlung gebräuchlich. Sind bspw. mehrere Gebäude oder Gebäudeteile vorhanden, die auch selbstständig genutzt werden könnten, die jedoch im gewöhnlichen Geschäftsverkehr als zusammengehörig betrachtet werden, so spricht man von einer wirtschaftlichen Einheit (zur Verwendung im Bewertungsgesetz BewG vgl. *Kleiber (2023),* S. 525 ff.).

Wertermittlung erforderlichen Daten verwendet werden. Da das im Auftrag des BMWSB durchgeführte Projekt zur Erarbeitung neuer NHK und einheitlicher Vorgehensweisen für die Ermittlung von Regionalfaktoren bis zum 31.12.2024 terminiert war, wollte man den Gutachterausschüssen die Möglichkeit einräumen, die Sachwertmodelle nur einmal an die neuen Modellvorgaben der ImmoWertV anzupassen (Nr. 53.(2) ImmoWertA). Wie bereits in Kapitel 1.2 und 4.5.1.1 dargestellt, kam es zu einer Verzögerung des Projektes und keiner Fristverlängerung. Somit sind die neuen Modellansätze seit 1.1.2025 verbindlich anzuwenden.

4.5.1.6 Alterswertminderung

Es gibt verschiedene Modelle der Alterswertminderung. Im Rahmen der Grundstückswertermittlung erfolgt die Wahl der angemessenen Alterswertminderung nach wirtschaftlichen Aspekten und nicht nach technischen Gesichtspunkten. Ein Gebäude kann technisch gesehen sehr viel länger existent sein, als es wirtschaftlich genutzt werden kann. Ist ein Gebäude wirtschaftlich verbraucht, so ist ihm kein Wert mehr beizumessen.

Die lineare Alterswertminderung, d.h. die über die wirtschaftliche Gesamtnutzungsdauer gleichmäßig verlaufende Wertminderung, ist der Standardfall nach ImmoWertV.

> **§ 36 ImmoWertV (Vorläufiger Sachwert der baulichen Anlagen; durchschnittliche Herstellungskosten):**
>
> *(1) Zur Ermittlung des vorläufigen Sachwerts der baulichen Anlagen, ohne bauliche Außenanlagen, sind die durchschnittlichen Herstellungskosten mit einem Regionalfaktor und dem* ***Alterswertminderungsfaktor*** *zu multiplizieren.*
>
> *(...)*
>
> ***§ 38 ImmoWertV (Alterswertminderungsfaktor):***
>
> *Der Alterswertminderungsfaktor entspricht dem* ***Verhältnis der Restnutzungsdauer zur Gesamtnutzungsdauer****.*

Daneben gibt es noch die progressive Alterswertminderung nach Ross, der die Annahme eines mit zunehmendem Alter steigenden Wertverzehrs zugrunde liegt, sowie die degressive Alterswertminderung, die von mit zunehmendem Alter abnehmendem Wertverzehr ausgeht.

In den Wertermittlungsrichtlinien WertR 06 waren die Ross'sche Alterswertminderung und die lineare Alterswertminderung als Standardalternativen enthalten. In der Praxis ist es daher möglich, dass bei zurückliegenden Wertermittlungsstichtagen Marktanpassungsfaktoren auf Basis der Ross'schen Alterswertminderung Verwendung finden.

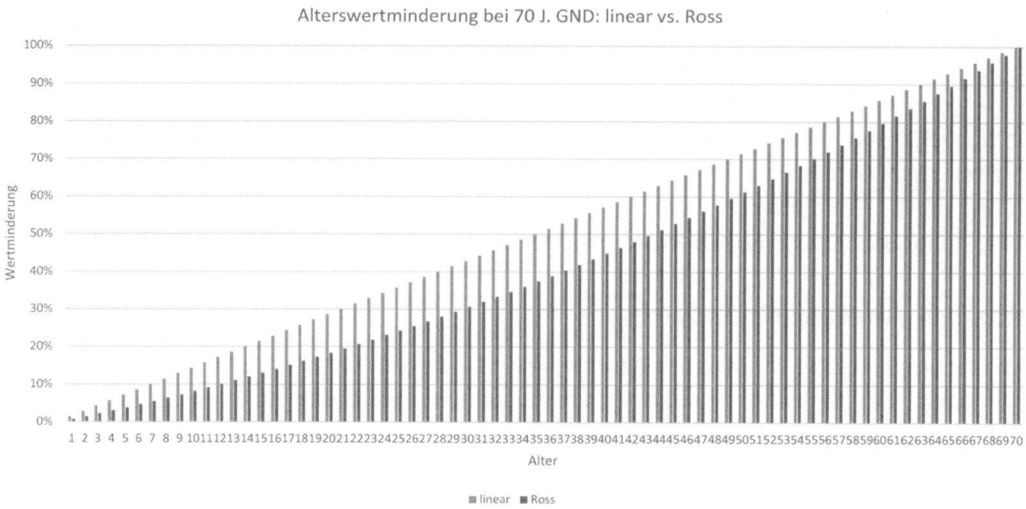

Abb. 18: Lineare und Ross'sche Alterswertminderung im Vergleich

Die Ross'sche Alterswertminderung liegt unter der linearen Alterswertminderung. Die Differenz ist etwa in der Mitte der Gesamtnutzungsdauer am größten.

In der bisherigen Systematik wurde als Alterswertminderung ein prozentualer Abschlag angesetzt, der sich aus dem Verhältnis von Alter zu Gesamtnutzungsdauer ergab. Der Bundesrat hatte im Rahmen der Novellierung des Wertermittlungsrechts eine Änderung der Systematik gefordert, um sicherzustellen, dass die Alterswertminderung auf Grundlage der „regionalisierten durchschnittlichen Herstellungskosten" erfolgt.[31] Daher findet ein Alterwertminderungsfaktor Anwendung, der sich aus dem Verhältnis von Restnutzungsdauer zu Gesamtnutzungsdauer ergibt und multiplikativ mit dem Regionalfaktor verknüpft wird.

Beispiel

- *Durchschnittliche Herstellungskosten der baulichen Anlagen 400.000 €*
- *Gesamtnutzungsdauer 80 Jahre*
- *Alter 50 Jahre*
- *Restnutzungsdauer 30 Jahre*
- *Regionalfaktor 1,10*
- *Lineare Alterswertminderung*

Bisherige Vorgehensweise (ImmoWertV 2010)

$$Alterswertminderung = \frac{Alter}{Gesamtnutungsdauer} \times 100$$

$$\frac{50}{80} \times 100 = 62{,}50\ \%$$

31 BR-Drucksache 407/21 (Beschluss) vom 25.6.2021.

Durchschnittliche Herstellungskosten	*400.000 €*
× Regionalfaktor 1,10	*440.000 €*
– Alterswertminderung 62,50 %	*– 275.000 €*
Ergebnis	***165.000 €***

neue Vorgehensweise (ImmoWertV 2021)

$$Alterswertminderungfaktor = \frac{Restnutzungsdauer}{Gesamtnutungsdauer}$$

$$\frac{30}{80} = 0{,}375$$

durchschnittliche Herstellungskosten	*400.000 €*
× Regionalfaktor 1,10	*440.000 €*
× Alterswertminderungsfaktor 0,375	*165.000 €*
Ergebnis	***165.000 €***

Das Ergebnis ist gleich.

4.5.2 Besondere Betriebseinrichtungen

In den bisherigen Berechnungsschritten wurden der Grund und Boden sowie die baulichen Anlagen berücksichtigt.

Blickt man zurück auf frühere Fassungen der Wertermittlungsverordnung, so wurden in § 15 Abs. 3 WertV 72 (vom 15.8.1972) sowie § 21 Abs. 1 WertV 88 (vom 6.12.1988) darüber hinaus besondere Betriebseinrichtungen als Bewertungsgegenstand genannt.

§ 15 WertV 72 (Ermittlungsgrundlagen):

(...)

*(3) Der Bauwert ist der Herstellungswert der Gebäude sowie der Außenanlagen und der **besonderen Betriebseinrichtungen nach Anlage 2** dieser Verordnung unter Berücksichtigung der technischen und wirtschaftlichen Wertminderung sowie sonstiger wertbeeinflussender Umstände. Er ist nach den §§ 16 bis 19 zu ermitteln.*

(...)

§ 16 WertV 72 (Ermittlung des Herstellungswertes):

(...)

*(5) Für die Ermittlung des Herstellungswertes der Außenanlagen und der **besonderen Betriebseinrichtungen** gelten die Absätze 1 bis 4 sinngemäß. Der Wert kann auch nach Erfahrungssätzen ermittelt werden.*

Anlage 2:

Besondere Betriebseinrichtungen

Zu den besonderen Betriebseinrichtungen gehören

1. *bei Wohngebäuden: Personen- und Lastenaufzüge, Müllbeseitigungsanlagen, Hausfernsprecher, Uhrenanlagen, gemeinschaftliche Wasch- und Badeeinrichtungen usw.;*
2. *bei öffentlichen Bauten, Anstalten und Gebäuden für Sonderzwecke: Anlagen und Einrichtungen, die für die Zweckbestimmung des Gebäudes notwendig sind, z.B. Einrichtungen für Lehr- und Hörsäle, Meldeanlagen, Einrichtungen für Archive und Büchereien, Einrichtungen für Kassen- und Tresoreinrichtungen, Tankanlagen;*
3. *bei gewerblich genutzten Gebäuden usw.: Anlagen und Einrichtungen, die für die Zweckbestimmung des Gebäudes notwendig sind, z.B. Schankanlagen, Back-, Koch-, Kühlanlagen, Hebevorrichtungen, Gleisanlagen, Förderanlagen.*

§ 21 WertV 88 (Ermittlungsgrundlagen):

(1) Bei Anwendung des Sachwertverfahrens ist der Wert der baulichen Anlagen, wie Gebäude, Außenanlagen und ***besondere Betriebseinrichtungen****, und der Wert der sonstigen Anlagen, getrennt vom Bodenwert nach Herstellungswerten zu ermitteln.*

(...)

(3) (...) Für die Ermittlung des Herstellungswerts der besonderen Betriebseinrichtungen gelten die §§ 22 bis 25 entsprechend.

(...)

§ 22 WertV 88 (Ermittlung des Herstellungswerts):

(1) Zur Ermittlung des Herstellungswerts der Gebäude sind die gewöhnlichen Herstellungskosten je Raum- oder Flächeneinheit (Normalherstellungskosten) mit der Anzahl der entsprechenden Raum-, Flächen- oder sonstigen Bezugseinheiten der Gebäude zu vervielfachen. Einzelne Bauteile, ***Einrichtungen oder sonstige Vorrichtungen****, die insoweit nicht erfasst werden, sind durch Zu- oder Abschläge zu berücksichtigen.*

(...)

Auch in den Wertermittlungsrichtlinien von 2006 fanden sich Hinweise dazu. Gemäß Ziffer 3.6.1.3 WertR 06 sind besondere Betriebseinrichtungen zu berücksichtigen, sofern sie noch nicht in den Herstellungskosten des Gebäudes enthalten sind. Der Wert kann nach Erfahrungssätzen bestimmt werden.

In der ImmoWertV 2010 wurden besondere Betriebseinrichtungen in § 21 Abs. 1 hinter „baulichen Anlagen" nicht mehr aufgeführt aufgrund der damit verbundenen Abgrenzungsprobleme.[32]

Es ist vielmehr davon auszugehen, dass sie im üblichen Umfang regelmäßig im Gebäudewert enthalten sind, da sie in der Kostengruppe 400 ff. der DIN 276 mit erfasst werden.[33]

Eine davon abweichende Betrachtung kann sich unter steuerlichen Gesichtspunkten ergeben. So zählen gemäß § 176 BewG „Maschinen und sonstige Vorrichtungen aller Art, die zu einer Betriebsanlage gehören (Betriebsvorrichtungen)," nicht zum Grundvermögen, „auch wenn sie wesentliche Bestandteile sind".

32 BR-Drucksache 171/10 vom 26.3.2010, Begründung, S. 65.
33 Vgl. *Kleiber (2023)*, S. 535 f.

Im Rahmen der Beleihungswertermittlung für kreditwirtschaftliche Zwecke sind gemäß § 23 BelWertV „Maschinen und Betriebseinrichtungen (...) bei der Ermittlung des Sachwerts grundsätzlich unberücksichtigt zu lassen, sofern sie nicht wesentliche Bestandteile des Gegenstands der Beleihungswertermittlung im Sinne des § 2 sind. Der Wert solcher wesentlicher Bestandteile ist, wenn sich das Grundpfandrecht darauf erstreckt, unter Berücksichtigung einer normalen Abschreibung und ausreichender Abschläge für Abnutzung und technische Entwertung gesondert zu schätzen".[22]

In der Verkehrswertermittlung sind die Abgrenzungen der in § 1 ImmoWertV differenzierten Bewertungsgegenstände zu berücksichtigen. Dabei sind gemäß dem Grundsatz der Modellkonformität die Modellansätze zu beachten, die der Ermittlung der sonstigen für die Wertermittlung erforderlichen Daten zugrunde lagen. Insbesondere bei Gewerbeimmobilien bedarf es hierzu auch einer Branchenbetrachtung.

Im Gutachten ist der Bewertungsgegenstand in jedem Fall detailliert zu beschreiben.

4.5.3 Bauliche Außenanlagen und sonstige Anlagen

Die ImmoWertV unterscheidet bauliche Außenanlagen und sonstige Anlagen. Zu den baulichen Außenanlagen gehören insbesondere Platzbefestigungen, Einfriedungen sowie Ver- und Entsorgungseinrichtungen außerhalb des Gebäudes auf dem zu bewertenden Grundstück. Die sonstigen Anlagen umfassen vor allem Gartenanlagen oder Aufwuchs.

§ 37 ImmoWertV (Vorläufiger Sachwert der baulichen Außenanlagen und sonstigen Anlagen):

*Der vorläufige Sachwert der für die jeweilige Gebäudeart **üblichen baulichen Außenanlagen** und **sonstigen Anlagen** ist gesondert zu ermitteln, soweit die Anlagen wertbeeinflussend sind und nicht bereits anderweitig erfasst wurden. Der vorläufige Sachwert kann entsprechend § 36 nach den **durchschnittlichen Herstellungskosten**, nach **Erfahrungssätzen** oder hilfsweise durch **sachverständige Schätzung** ermittelt werden. Werden durchschnittliche Herstellungskosten zugrunde gelegt, richtet sich die bei Ermittlung der Alterswertminderung anzusetzende Restnutzungsdauer in der Regel nach der Restnutzungsdauer der baulichen Anlage.*

ImmoWertA: zu § 37 (Vorläufiger Sachwert der baulichen Außenanlagen und sonstigen Anlagen)

37.1 Zu den baulichen Außenanlagen zählen z. B. befestigte Wege, Plätze und Terrassen, Ver- und Entsorgungseinrichtungen auf dem Grundstück und Einfriedungen. Zu den sonstigen Anlagen zählen insbesondere ortsübliche Gartenanlagen.

37.2 Weichen bauliche Außenanlagen und sonstige Anlagen erheblich vom Üblichen ab, ist ein bestehender Werteinfluss als besonderes objektspezifisches Grundstücksmerkmal zu berücksichtigen (vgl. auch § 8 Absatz 3 Satz 2; Nummer 8.(3).1).

Sonstige Anlagen in Form einer lage- oder objekttypischen Gartengestaltung werden üblicherweise bereits im Bodenwert erfasst. Im Falle einer überdurchschnittlichen Gartengestaltung durch besonderen Aufwuchs (z.B. Baumbestand, Bambuswald) ist abzuwägen, ob dieser überhaupt Gegenstand der Grundstückswertermittlung ist, fraglich z.B. bei Baumbestand einer Baumschule, ob er wertbeeinflussend ist und ob hierzu ggf. ein Spezialsachverständiger herangezogen werden muss.

22 Vgl. hierzu auch *Kleiber (2023)*, S. 1956.

Zu den baulichen Außenanlagen gehören auch die Ver- und Entsorgungsleitungen von der Grundstücksgrenze bis zum Hausanschluss. Innerhalb des Gebäudes sind die Ver- und Entsorgungsleitungen bereits im Gebäudewert enthalten. Leitungen außerhalb des Grundstücks, i.d.R. in öffentlichem Grund, gehören dem jeweiligen Versorgungsträger bzw. der Kommune. Die Kosten der Herstellung werden als Abgaben und Beiträge auf die Anlieger umgelegt und sind im Bodenwert mit erfasst (siehe Kap. 2.7.3).

Gemäß § 37 ImmoWertV sind die baulichen Außenanlagen in einem „für die jeweilige Gebäudeart üblichen" Umfang ansetzen. Dies kann auf Basis von Erfahrungssätzen erfolgen. Es hat sich anhand von Erfahrungswerten gezeigt, dass je nach Gebäudetyp der Wert der baulichen Außenanlagen in einem bestimmten Verhältnis zum Gebäudewert steht und als pauschaler Vomhundertsatz des Gebäudesachwerts ausgedrückt werden kann (Abb. 19).

Pauschale Ermittlung des Wertanteils von Außenanlagen als Vomhundertsatz des mangelfreien und alterswertgeminderten Sachwerts der baulichen Anlage (Gebäudesachwert) einschließlich Zeitwert der Nebengebäude				
			Wohn- und Geschäftsgebäude	
Kategorie	Beschreibung	Ein- und Zweifamilienhäuser	3- bis 5-geschossig	> als 5-geschossig
Einfachste Anlagen	Ver- und Entsorgungsanlagen Hofflächenbefestigung in geringem Umfang, Gehwegplatten, einfachste Holz- oder Metallzäune	1–2 %	1–2 %	0,5–1,0 %
Einfache Anlagen	Ver- und Entsorgungsanlagen Hofflächenbefestigung, Gehwegplatten in winterfester Ausführung, gemauerte Einfriedung mit Holz- oder Metallzäunen	2 %–4 %	2 %–3 %	1 %–2 %
Durchschnittliche Anlagen	Ver- und Entsorgungsanlagen großflächig befahrbare Weg- und Hoffläche; Gehwege und Einfriedung in Natur- oder Kunststein	4 %–6 %	3 %–4 %	2 %–3 %
Aufwendige Anlagen	Ver- und Entsorgungsanlagen großflächig befahrbare Weg- und Hoffläche; Gehwege und Einfriedung in Natur- oder Kunststein, Pergola; Stützmauern und Treppenanlagen für Grundstücke mit Höhenunterschieden, Zierteiche	bis 10 %	bis 6 %	bis 5 %

Abb. 19: Pauschale Ermittlung des Wertanteils von Außenanlagen als Vomhundertsatz des Gebäudewerts

Quelle: Kleiber, W. (2023), S. 1978

Bei Verwendung von Sachwertfaktoren sind nach dem Grundsatz der Modellkonformität (§ 10 ImmoWertV) die Angaben in der Modellbeschreibung zu beachten. Beispielsweise wird vom Gutachterausschuss München angegeben, dass bei der Auswertung von Sachwertfaktoren „Außenanlagen pauschal mit 5 % des alterswertgeminderten Gebäudesachwerts berücksichtigt" werden, jedoch mindestens mit einem Betrag von 5.000 €.[34] Der Ansatz eines Mindestbetrags ist sachgerecht, da jedes bebaute Grundstück, auch mit einer weitgehend wirtschaftlich verbrauchten Bausubstanz, baulicher Außenanlagen bedarf.

34 Gutachterausschuss für Grundstückswerte im Bereich der Landeshauptstadt München, Der Immobilienmarkt in München, Jahresbericht 2023, S. 58.

Der marktangepasste vorläufige Sachwert ist daher zunächst auf Basis dieser Modellparameter zu ermitteln. Sind die baulichen Außenanlagen tatsächlich höher oder niedriger zu bewerten, so kann eine Berücksichtigung durch Zu- oder Abschläge als besondere objektspezifische Grundstücksmerkmale in Frage kommen. Handelt es sich um nach den individuellen Wünschen des Eigentümers gestaltete Gartenanlagen (baulich und/oder nicht baulich), werden diese von einem Käufer möglicherweise nicht durch einen entsprechenden Kaufpreisaufschlag honoriert.

Im Ertragswertverfahren werden die baulichen Außenanlagen in marktüblichem Umfang im Rohertrag berücksichtigt.

4.5.4 Marktanpassung/Sachwertfaktor

Die Summe der vorläufigen Sachwerte der baulichen Anlagen, baulichen Außenanlagen und sonstigen Anlagen sowie des Bodenwertes ergibt den vorläufigen Sachwert.

In Hinblick auf die Marktanpassung unterscheidet sich der Ablauf des Sachwertverfahrens von dem des Vergleichs- und Ertragswertverfahrens. Gemäß § 7 Abs. 1 ImmoWertV werden die allgemeinen Wertverhältnisse im Vergleichswertverfahren insbesondere in den Vergleichspreisen, Vergleichsfaktoren und Indexreihen und im Ertragswertverfahren in den marktüblich erzielbaren Erträgen und objektspezifisch angepassten Liegenschaftszinssätzen berücksichtigt.

Wie in jedem Wertermittlungsverfahren ist auch im Vergleichs- und Ertragswertverfahren zu prüfen, ob die allgemeinen Wertverhältnisse ausreichend in den Wertansätzen berücksichtigt wurden. Ist dies nicht der Fall, kommt eine weitere Marktanpassung, nun i.S.v. § 7 Abs. 2 ImmoWertV, durch marktübliche Zu- und Abschläge in Frage.

Auch im Rahmen des Sachwertverfahrens sollen bei den einzelnen Berechnungsschritten die Wertansätze auf ihren Marktbezug geprüft werden. Dennoch stehen kostenorientierte Überlegungen im Vordergrund. Der vorläufige Sachwert spiegelt daher regelmäßig nicht den Marktwert wider, sodass eine Marktanpassung durch einen zusätzlichen Verfahrensschritt notwendig ist. Hierfür werden Sachwertfaktoren verwendet, die zu den von Gutachterausschüssen auf Basis der Kaufpreissammlung abgeleiteten sonstigen für die Wertermittlung erforderlichen Daten (§ 12 ImmoWertV) gehören.

> ***§ 21 ImmoWertV (Liegenschaftszinssätze; Sachwertfaktoren):***
>
> *(1) Liegenschaftszinssätze und **Sachwertfaktoren** dienen der **Berücksichtigung der allgemeinen Wertverhältnisse** auf dem jeweiligen Grundstücksmarkt, soweit diese nicht auf andere Weise zu berücksichtigen sind.*
>
> *(...)*
>
> *(3) **Sachwertfaktoren geben das Verhältnis des vorläufigen marktangepassten Sachwertes zum vorläufigen Sachwert an**. Die Sachwertfaktoren werden nach den Grundsätzen des Sachwertverfahrens nach den §§ 35 bis 38 auf der Grundlage von geeigneten Kaufpreisen und den ihnen entsprechenden vorläufigen Sachwerten ermittelt.*

Die Sachwertfaktoren werden gewissermaßen in einer Rückwärtsrechnung mit dem Sachwertverfahren aus tatsächlichen Kaufpreisen ermittelt und geben das Verhältnis von vorläufigem marktangepasstem Sachwert und vorläufigem Sachwert an.

Sachwertfaktoren sind gemäß § 9 ImmoWertV auf ihre Eignung zu prüfen. Sie müssen den sachlichen und räumlichen Teilmarkt (z.B. Objektart, regionale Marktsituation), dem das Wertermittlungsobjekt zuzuordnen ist, repräsentieren. Die Aktualität in Bezug auf den Wertermittlungsstichtag und die Möglichkeit einer sachgerechten Anpassung an zeitliche Differenzen, z.B. mit Hilfe von Indexreihen (§ 18 ImmoWertV), muss gegeben sein. Auch eine Anpassung an unterschiedliche Grundstücksmerkmale, z.B. mit Hilfe von Umrechnungskoeffizienten (§ 19 ImmoWertV), muss möglich sein. Hierfür ist es notwendig, dass die Modelle, nach denen die Daten ermittelt wurden, hinreichend genau beschrieben sind. Grundlage der Sachwertermittlung ist dann ein objektspezifisch angepasster Sachwertfaktor (§ 39 ImmoWertV).

§ 39 ImmoWertV (Objektspezifisch angepasster Sachwertfaktor):

Zur Ermittlung des objektspezifisch angepassten Sachwertfaktors ist der nach § 21 Absatz 3 ermittelte Sachwertfaktor auf seine Eignung im Sinne des § 9 Absatz 1 Satz 1 zu prüfen und bei etwaigen Abweichungen nach § 9 Absatz 1 Satz 2 und 3 an die Gegebenheiten des Wertermittlungsobjekts anzupassen.

Es ist theoretisch möglich, für alle Grundstücksarten Sachwertfaktoren zu ermitteln. Gutachterausschüsse konzentrieren sich hier zumeist auf klassische Sachwertobjekte, bei denen der Bedarf am größten ist.

Zuweilen ergeben sich auch große Differenzen zwischen dem vorläufigen Sachwert und dem vorläufigen Verfahrenswert des eigentlich maßgeblichen Verfahrens, z.B. dem vorläufigen Ertragswert bei renditeorientieren Grundstücken; die Anwendung des Sachwertverfahrens ist dann nicht sachgerecht. In einigen Fällen, wie z.B. im Rahmen der Beleihungswertermittlung, kann sich dennoch die Notwendigkeit für die Ermittlung des Sachwerts ergeben (siehe Kap. 4.6).

Eine modellkonforme Anwendung von Sachwertfaktoren (Grundsatz der Modellkonformität nach § 10 ImmoWertV) erfordert eine Modellbeschreibung, aus der hervorgeht, mit welchen Modellparametern sie ermittelt wurden (z.B. Regionalfaktor, Ansatz für Außenanlagen) und durch welche allgemeinen Grundstücksmerkmale das typische Grundstück (Referenzobjekt), für das der jeweilige Sachwertfaktor Anwendung findet, gekennzeichnet ist (z.B. Objekttyp, Restnutzungsdauer, Lagequalität, Größe).

Beispiel

Es ist der Verkehrswert eines freistehenden Einfamilienhauses mit folgenden wertrelevanten Merkmalen zu ermitteln:

- *Freistehendes Einfamilienhaus mit Kellergeschoss (KG), Erdgeschoss (EG) und ausgebautem Dachgeschoss (DG) (Gebäudetyp 1.01), Einzelgarage*
- *Baujahr 1990*
- *Gebäudestandardstufe überwiegend 3 bis 4 (siehe Tabelle unten)*
- *Brutto-Grundfläche 300 m², Wohnfläche 160 m²*
- *Grundstücksgröße 400 m²*
- *Drempel bzw. Kniestock ist vorhanden, Spitzboden ist nicht vorhanden*

- *guter Zustand*
- *keine besonderen objektspezifischen Grundstücksmerkmale*

Der Wertermittlungsstichtag ist der 1.2.2022.

	Standardstufe					Wägungs-anteil	
	1	2	3	4	5		
Außenwände			1			23	192 €
Dächer			0,5	0,5		15	138 €
Außentüren und Fenster				1		11	111 €
Innenwände und -türen			0,5	0,5		11	101 €
Deckenkonstruktion und Treppen				1		11	111 €
Fußböden			0,5	0,5		5	46 €
Sanitäreinrichtungen				1		9	90 €
Heizung			0,6	0,4		9	81 €
sonstige technische Ausstattung		0,5	0,5			6	47 €

Kostenkennwerte für Gebäudeart 1.01:	655 € pro m² BGF	725 € pro m² BGF	835 € pro m² BGF	1.005 € pro m² BGF	1.260 € pro m² BGF	917 €

Der örtlich zuständige Gutachterausschuss ermittelt Sachwertfaktoren. Es gelten folgende Modellprämissen:

Modellparameter für die Ermittlung von Sachwertfaktoren für Doppelhaushälften und Reiheneckhäuser im Landkreis X	
Normalherstellkosten	NHK 2010
Baunebenkosten	in den NHK 2010 enthalten
Regionalfaktor	1,3
Bezugseinheit	Brutto-Grundfläche
Baupreisindex	Preisindex für Wohngebäude des Statistischen Bundesamtes
Baujahr	ursprüngliches Baujahr
Gesamtnutzungsdauer (GND)	80 Jahre
Restnutzungsdauer (RND)	Anlage 2 ImmoWertV
Alterswertminderung	linear
Wertansatz für bauliche Außenanlagen	5 % des alterswertgeminderten Gebäudesachwerts
Wertansatz für übliche Einzelgaragen	10.000 €
besondere objektspezifische Grundstücksmerkmale	Kaufpreise bereinigt
Bodenwert	Bodenrichtwert quartalsweise fortgeschrieben, WGFZ-Anpassung

Der Baupreisindex des statistischen Bundesamts zum IV. Quartal 2021 beträgt 146,8 (2010 = 100)

Der Bodenwert wurde im Vergleichswertverfahren in Höhe von 400.000 € ermittelt.

Der Gutachterausschuss veröffentlicht folgenden Sachwertfaktor:

Sachwertfaktoren für Doppelhaushälften und Reiheneckhäuser	
Merkmal	**Ausprägung**
Wohnanlage	Mittel bis gut
Baujahr	1990 bis 1999
Wohnfläche	120 bis 170 m²
Grundstücksgröße	350 bis 550 m²
Sachwertfaktor	1,10 (Spanne ± 0,20)

Umrechnungskoeffizienten hat der Gutachterausschuss nicht abgeleitet.

Kaufpreise für Doppelhaushälften und Reiheneckhäuser der Baujahresklasse 1990 bis 1999 in mittlerer bis guter Lage mit einer Wohnfläche zwischen 120 und 170 m² und einer Grundstücksgröße zwischen 350 und 550 m² liegen im Mittel 10 % über dem vorläufigen Sachwert in einer Spanne von –10 % darunter bis 30 % darüber.

Nach sachverständiger Einschätzung auf Basis weiterer Marktuntersuchungen wird ein objektspezifisch angepasster Sachwertfaktor in Höhe von 1,15 angesetzt.

Das entspricht einem Marktzuschlag von 15 %.

freistehendes Einfamilienhaus mit Garage

Normalherstellungskosten der baulichen Anlagen		917,00 €
Multiplikation mit Bezugseinheit BGF		300,00 m²
Zuschlag für nicht erfasste werthaltige einzelne Bauteile		0 €
Umrechnung mit BPI (2010=100) Deutschland, IV/2021		146,8
durchschnittliche Herstellungskosten der baulichen Anlagen		**403.847 €**
Multiplikation mit Regionalfaktor (gemäß Gutachterausschuss)		1,30
durchschnittliche Herstellungskosten der baulichen Anlagen, regionalisiert		**525.001 €**
Multiplikation mit Alterswertminderungsfaktor	linear	0,66
Gesamtnutzungsdauer (GND)	80	
Restnutzungsdauer (RND)	53	
Alter	27	
Baujahr	1995	
vorläufiger Sachwert des Wohngebäudes		346.501 €
vorläufiger Sachwert der Garage (pauschal)		10.000 €
vorläufiger Sachwert der baulichen Anlagen		**356.501 €**
vorläufiger Sachwert der Außenanlagen, 5 %		17.825 €
vorläufiger Sachwert der sonstigen Anlagen		0 €
vorläufiger Sachwert der baulichen Anlagen, baulichen Außenanlagen und sonstigen Anlagen		**374.326 €**
Bodenwert		**400.000 €**
vorläufiger Sachwert		**774.326 €**
objektspezifisch angepasster Sachwertfaktor	1,15	
marktangepasster vorläufiger Sachwert		**890.475 €**
besondere objektspezifische Grundstücksmerkmale		0 €
Sachwert		890.475 €
gerundet		**890.000 €**

Abb. 20: Sachwertermittlung[35]

35 Zu Rundungsregeln vgl. z.B. *Kleiber, W. (2023)*, S. 483. Die Berechnung erfolgt computergestützt, Rundungsdifferenzen sind möglich.

Durch Anwendung des objektspezifisch angepassten Sachwertfaktors gelangt man vom vorläufigen Sachwert zum marktangepassten vorläufigen Sachwert. In diesem Beispiel liegen keine besonderen objektspezifischen Grundstücksmerkmale vor, so dass der Sachwert dem marktangepassten vorläufigen Sachwert entspricht. Abschließend sind die Ergebnisse der Bewertung in den Markt einzuordnen. Dafür können bspw. Kaufpreise aus der Kaufpreissammlung des Gutachterausschusses sowie weitere Marktdaten (z.B. Immobilienmarktberichte) herangezogen werden.

4.5.5 Besondere objektspezifische Grundstücksmerkmale (boG)

In einem letzten Schritt sind die besonderen objektspezifischen Grundstücksmerkmale zu berücksichtigen (siehe auch Kap. 1.6).

Die Marktanpassung setzt eine gewisse Typisierung voraus, um verschiedene Immobilien miteinander vergleichen zu können. Die Typisierung ergibt sich durch das der Ermittlung eines Sachwertfaktors zugrunde liegende Modell, insbesondere die allgemeinen Grundstücksmerkmale des Referenzobjektes. Abweichungen sind als besondere objektspezifische Grundstücksmerkmale zu berücksichtigen.

Ermittelt der Gutachterausschuss Sachwertfaktoren, bspw. für Einfamilienhäuser mit einer Grundstücksgröße von 600 m², und das bewertungsgegenständliche Objekt verfügt tatsächlich über 800 m², so ist zunächst zu prüfen, ob die Grundstücksgrößenunterschiede bereits im Rahmen der objektspezifischen Anpassung des Sachwertfaktors gewürdigt werden können, z.B. mit Hilfe von Umrechnungskoeffizienten oder marktüblichen Zu- und Abschlägen.

Der marktangepasste vorläufige Sachwert kann auch unter der Annahme einer marktüblichen Grundstücksgröße von 600 m² ermittelt werden. Der Bodenwert der zusätzlichen (selbständig nutzbaren oder sonstigen) Teilfäche von 200 m² wäre dann durch einen Zuschlag als besonderes objektspezifisches Grundstücksmerkmal zu berücksichtigen. In diesem Fall ist zusätzlich zu prüfen, ob der gleiche Bodenwert wie die übrige Grundstücksfläche zum Ansatz kommt oder ein abweichender Wert (§ 41 ImmoWertV; siehe Kap. 2.7.6).

Abweichungen vom Referenzobjekt sind immer daraufhin zu prüfen, ob sie wertbeeinflussend sind. Insofern setzt dies eine gewisse Erheblichkeit voraus. Nachfolgend werden einige typische Fallkonstellationen dargestellt.

Häufig sind Baumängel und Bauschäden (§ 8 Abs. 3 Nr. 2 ImmoWertV) als besondere objektspezifische Grundstücksmerkmale wertmindernd zu berücksichtigen. Die Höhe des Werteinflusses richtet sich nach den individuellen Gegebenheiten des Einzelfalls, sodass keine Standardisierung für verschiedene Objekte möglich ist (siehe Kap. 2.5.5.1).

Im Rahmen der Ableitung von Sachwertfaktoren auf Basis von Kaufpreisen durch die Gutachterausschüsse erfolgt eine Bereinigung um Werteinflüsse durch besondere objektspezifische Grundstücksmerkmale. Weichen Kaufpreise erkennbar vom Durchschnitt ab und können die Gründe dafür nicht eindeutig identifiziert werden, fallen die betroffenen Kaufpreise möglicherweise als ungeeignet aus der Auswertung heraus. Somit kann davon ausgegangen werden, dass sich die Sachwertfaktoren auf weitgehend schad- oder mangelfreie Referenzobjekte beziehen.

Gemäß § 8 Abs. 3 ImmoWert sind deshalb besondere objektspezifische Grundstücksmerkmale erst nach Anwendung des Sachwertfaktors, also erst nach einer Marktanpassung, auf Basis des marktangepassten vorläufigen Sachwerts zu würdigen (siehe Kap. 4.5.5).

Im Falle von Baumängeln und Bauschäden ist der Einfluss auf die wirtschaftliche Restnutzungdauer zu prüfen (siehe Kap. 4.5.1.5). Beispielsweise kommt eine Verkürzung der wirtschaftlichen Restnutzungsdauer in Frage, wenn eine Behebung von Baumängeln oder Bauschäden wirtschaftlich nicht sinnvoll ist. Die Wertminderung fließt somit verfahrensimmanent bereits in den vorläufigen Sachwert ein. Ein weiterer Abschlag als besonderes objektspezifisches Grundstücksmerkmal entfällt dann, da es sonst zu einer Doppelberücksichtigung käme.

Kommt es durch Sanierungsmaßnahmen zu Modernisierungseffekten, kann sich dies verlängernd auf die wirtschaftliche Restnutzungsdauer auswirken (Prinzip „neu für alt", siehe Kap. 4.5.1.5) und/oder erhöhend auf die Standardstufe bei der Bestimmung der Herstellungskosten. Ein Abschlag für die Schadens- oder Mangelbehebung ist dann als besonderes objektspezifisches Grundstücksmerkmal gegebenenfalls zusätzlich durchzuführen. Jedoch wird die Wertminderung in diesem Fall teilweise durch die werterhöhende Verlängerung der Restnutzungsdauer kompensiert.

Eine ähnlich Systematik ergibt sich auch bei einem überdurchschnittlichen Erhaltungszustand (Nr. 8.(3).8 b) ImmoWertA). Dieser kann in Form eines Zuschlags als besonderes objektspezifisches Grundstücksmerkmal berücksichtigt werden. Anders als bei einer Modernisierung kommt es hierbei nicht zu einer verlängerten wirtschaftlichen Restnutzungsdauer. Doppelberücksichtigungen sind auch hier zu vermeiden.

Bei einer wirtschaftlichen Überalterung, durch die „das Bewertungsobjekt nur noch eingeschränkt verwendungsfähig und marktgängig ist", kann gegebenenfalls ein Abschlag durchgeführt werden (Nr. 8.(3).8 a) ImmoWertA).

Die ImmoWertA nennt auch den merkantilen Minderwert als besonderes objektspezifisches Grundstücksmerkmal, der gegebenenfalls durch einen Abschlag zu berücksichtigen ist (Nr. 8.(3).8 c) ImmoWertA; siehe Kap. 1.2).

Eine häufig gestellte Frage ist, wie sich im Rahmen des Sachwertverfahrens besondere Ertragsverhältnisse (§ 8 Abs. 3 Nr. 1 ImmoWertV) auswirken, wenn also ein Sachwertobjekt vermietet ist und die tatsächlichen Erträge von den marktüblichen Erträgen abweichen. Wenn bspw. ein typischerweise durch einen Eigentümer selbst genutztes Einfamilienhaus vermietet ist, ist dann überhaupt das Sachwertverfahren noch das richtige Verfahren?

Die Frage kann bejaht werden, da der gewöhnliche Geschäftsverkehr auf Basis einer marktüblichen Nutzung nachzuvollziehen ist. In dem geschilderten Fall ergibt sich unter Umständen allein schon aufgrund des Vermietungsstatus eine Wertminderung in Abhängigkeit von der Marktsituation. Ein vermietetes Einfamilienhaus steht einem Eigentümer zunächst nicht zur Verfügung. Er muss sich mit dem Mieter einigen und den Vertrag auflösen, um selbst einziehen zu können (siehe Kap. 2.5.5.2). Wenn die vertraglich erzielbare Miete darüber hinaus nicht der marktüblichen Miete entspricht, kommt ein Zuschlag bzw. Abschlag in Abhängigkeit von der Höhe der Mietdifferenz in Frage, wenn die Abweichung erheblich ist. Die Vorgehensweise basiert dann auf der Systematik des Ertragswertverfahrens durch Kapitalisierung der Differenzbeträge (siehe Kap. 3.4.2.3, Beispiel Underrentberechnung).

Beispiel

Das Beispiel aus Kapitel 4.5.4 zur Bewertung eines freistehenden Einfamilienhauses wird fortgesetzt.

Situation: Die Instandhaltung des Wohngebäudes ist nicht auf dem Laufenden. Es sind Bauschäden festzustellen. Der Werteinfluss beträgt 40.000 €.

Im Anschluss an die Marktanpassung sind besondere objektspezifische Grundstücksmerkmale i.S.v. § 8 Abs. 3 Nr. 2 ImmoWertV zu berücksichtigen.

marktangepasster vorläufiger Sachwert	890.475 €
besondere objektspezifische Grundstücksmerkmale, hier: Bauschäden	– 40.000 €
Sachwert	850.475 €
gerundet	**850.000 €**

Abb. 21: Berücksichtigung besonderer objektspezifischer Grundstücksmerkmale

Sofern ein weiteres Wertermittlungsverfahren durchgeführt wird, sind die Ergebnisse in die Ableitung des Verkehrswertes einzubeziehen.

Im vorliegenden Fall entspricht der Sachwert dem Verkehrswert in Höhe von rund 850.000 €.

An dieser Stelle wird nochmals darauf hingewiesen, dass die Bemessung eines Zu- oder Abschlags aufgrund von besonderen objektspezifischen Grundstücksmerkmalen das Marktgeschehen abbilden muss. Die Höhe orientiert sich somit am Verhalten der Marktteilnehmer. Es gilt den Werteinfluss einzuschätzen. Im Falle von Bauschäden bilden Schadensbeseitigungskosten nur einen Ausgangspunkt für weitere Überlegungen. Trifft eine hohe Nachfrage auf ein geringes Angebot, so werden regelmäßig Kaufpreise bezahlt, in denen nicht der volle Kostenabzug Berücksichtigung findet. Umgekehrt kann es passieren, dass in einer strukturschwachen Region ein sanierungsbedürftiges Objekt nur mit deutlichen Abschlägen verkäuflich ist. Auch an dieser Stelle ist somit die Marktkenntnis des Wertermittlers unerlässlich (siehe Kap. 2.5.5.1).

4.6 Sachwertverfahren nach BelWertV

4.6.1 Vorbemerkungen

Das Sachwertverfahren hat in der Beleihungswertermittlung gemäß BelWertV eine geringere Bedeutung als das Ertragswertverfahren, das regelmäßig für die Beleihungswertableitung maßgeblich ist. Jedoch hat das Sachwertverfahren dem Zwei-Säulen-Prinzip folgend in fast jeder Beleihungswertermittlung einen festen Platz. Die Vorgehensweise im Rahmen der Beleihungswertermittlung folgt einem Sicherheitsdenken (siehe Kap. 1.1).

Bestimmt sich der Beleihungswert nach dem Ertragswert, dem bevorzugten Verfahren in der Beleihungswertermittlung, so dient das Sachwertverfahren gewissermaßen als Kontrollwert. Gemäß BelWertV sind die Erträge und deren Kapitalisierung einer Überprüfung zu unterziehen, wenn der Sachwert mehr als 20 % unter dem Ertragswert liegt (§ 4 Abs. 1 BelWertV). Dies gilt analog, wenn anstelle des Sachwerts der Vergleichswert als zweiter Wert ermittelt wird. Dann muss befürchtet werden, dass bspw. die Wertigkeit, d.h. die Qualität und der Zustand der Bausubstanz und die Höhe der angesetzten Erträge in einem auffälligen Missverhältnis zueinander stehen, sodass die Nachhaltigkeit in der Ertragserzielung mit Risiken behaftet ist. Dies ist mit dem Sicherheitsgedanken des Beleihungswertes nicht vereinbar.

Sachwertverfahren oder Vergleichswertverfahren können als maßgebliches Verfahren für die Ermittlung des Beleihungswertes im Falle von eigengenutzten Immobilien (Ein- und Zweifamilienhäuser oder Wohnungseigentum) herangezogen werden. Dann kann das Ertragswertverfahren entfallen (§ 4 Abs. 2 BelWertV).

> ***§ 4 BelWertV (Verfahren zur Ermittlung des Beleihungswerts):***
>
> *(1) Zur Ermittlung des Beleihungswerts sind* ***der Ertragswert*** *(§§ 8 bis 13)* ***und der Sachwert*** *(§§ 14 bis 17) des Beleihungsobjekts getrennt zu ermitteln;* ***anstelle des Sachwerts*** *kann bei Ein- und Zweifamilienhäusern sowie Wohnungs- und Teileigentum* ***auch der Vergleichswert*** *(§ 19) ermittelt werden.* ***Maßgeblich*** *für die Ableitung des Beleihungswerts ist* ***regelmäßig der Ertragswert****, der nicht überschritten werden darf.* ***Bleibt der Sachwert und in den Fällen von Satz 1 zweiter Halbsatz alternativ der Vergleichswert um mehr als 20 Prozent hinter dem Ertragswert zurück****, bedarf es einer besonderen Überprüfung der Nachhaltigkeit der zugrunde gelegten Erträge und ihrer Kapitalisierung; hierbei sind im Rahmen der Kontrollbetrachtung für die Kosten- und Ertragsansätze die gleichen Annahmen, insbesondere in steuerlicher Hinsicht, zu berücksichtigen. Bestätigt sich der anfangs ermittelte Ertragswert, bedarf das Ergebnis der Überprüfung einer nachvollziehbaren Begründung, andernfalls ist der Ertragswert entsprechend zu mindern.*
>
> *(2)* ***Bei Ein- und Zweifamilienhäusern sowie Wohnungseigentum kann der Beleihungswert am Sachwert oder Vergleichswert orientiert werden und eine Ertragswertermittlung entfallen,*** *wenn das zu bewertende Objekt nach Objekt- und Standortqualität zweifelsfrei zur* ***Eigennutzung*** *geeignet ist und von potenziellen Erwerbern für die eigene Nutzung dauerhaft nachgefragt wird. Ist das Objekt noch vermietet, ist die hiermit verbundene Wertminderung nachvollziehbar zu ermitteln und vom Beleihungswert abzuziehen. Bei Ein- und Zweifamilienhäusern darf eine Orientierung am Vergleichswert vorbehaltlich des § 19 Absatz 2 jedoch nur dann erfolgen, wenn der Ermittlung aktuelle Vergleichspreise von mindestens fünf Objekten zugrunde liegen, die auch hinsichtlich der Wohnfläche mit dem zu bewertenden Objekt hinreichend übereinstimmen.* ***Bei der Ableitung des Beleihungswerts aus dem Sachwert ist regelmäßig zu prüfen, ob aufgrund der Merkmale des Objekts und der regionalen Marktgegebenheiten unter besonderer Berücksichtigung der Nachhaltigkeit ein Abschlag vom Sachwert erforderlich ist.***
>
> *(3) Sind im Rahmen der Wertermittlung ein* ***Instandhaltungsrückstau, Baumängel oder Bauschäden*** *erkennbar, die noch nicht in geeigneter Weise in die Ermittlung von Ertragswert, Sachwert und Vergleichswert eingeflossen sind, so sind die auf der* ***Grundlage der für ihre Beseitigung am Wertermittlungsstichtag bekannten oder vorsichtig geschätzten Aufwendungen als gesonderter Abschlag vom Beleihungswert zu berücksichtigen.*** *Vorgenanntes gilt auch für sonstige bauliche Aufwände, insbesondere für Maßnahmen zur Ertüchtigung des zu bewertenden Objekts bei Nutzungsänderungen.*
>
> *(...)*

4.6.2 Gemeinsamkeiten und Unterschiede zur ImmoWertV

Auf den ersten Blick unterscheidet sich das Sachwertverfahren nach BelWertV nicht wesentlich von dem nach ImmoWertV. Der Sachwert besteht ebenfalls aus dem Bodenwert, dem Wert der baulichen Anlagen und der Außenanlagen. Auch eine Alterswertminderung ist vorzunehmen.

§ 14 BelWertV (Grundlagen der Sachwertermittlung):

*Der Sachwert des Beleihungsobjekts setzt sich aus dem **Bodenwert** und dem nach § 16 zu ermittelnden **Wert der baulichen Anlage** zusammen. Die **Wertminderung wegen des Alters** gemäß § 17 ist dabei zu berücksichtigen. Zu der baulichen Anlage gehören auch die **Außenanlagen**. Bei einer **Restnutzungsdauer** der baulichen Anlage von **weniger als 30 Jahren** sind die **Abbruchkosten** der baulichen Anlage zu ermitteln und vom Sachwert abzuziehen. Hinsichtlich der Abzinsung der Abbruchkosten gilt § 13 Absatz 1 Satz 4 entsprechend.*

Auf die Besonderheiten hinsichtlich der Bodenwertermittlung wurde bereits in Kapitel 2.7 eingegangen. Hier kommen die Regelungen gemäß § 15 BelWertV zum Tragen. Bereits im Rahmen der Bodenwertermittlung greifen somit gewisse Sicherheitsmechanismen dadurch, dass keine höherwertigere Nutzung als zulässig zugrunde gelegt werden darf.

Wie auch im Sachwertverfahren im Sinne der ImmoWertV ist zunächst gemäß § 16 BelWertV der Herstellungswert der baulichen Anlagen zu ermitteln. Basis dafür sind die auf Grundlage von Erfahrungswerten abzuleitenden Herstellungskosten. Diese können sich auf Flächeneinheiten (m^2) oder, in Abweichung zur ImmoWertV, auch auf Raumeinheiten (m^3) beziehen. Es wird insofern nicht direkt auf die NHK Bezug genommen, sodass Raum für die Anwendung anderer Kostenkennwerte besteht, wie z.B. der BKI-NHK (siehe Kap. 4.5.1.1).

Anzusetzen sind regional und objektspezifisch angemessene Herstellungskosten. Die Anpassung mit Hilfe von Korrekturfaktoren an die regionalen Preisverhältnisse, die in der ImmoWertV 2010 entfallen war, wurde mit der ImmoWertV 2021 durch die Regionalfaktoren wieder eingeführt. Es geht somit darum, möglichst realitätsnahe Herstellungswerte zu ermitteln.

§ 16 BelWertV (Wert der baulichen Anlage):

*(1) Zur Ermittlung des Werts der baulichen Anlage sind die **aus Erfahrungssätzen abzuleitenden Herstellungskosten** je Raum- oder Flächeneinheit mit der Anzahl der entsprechenden Bezugseinheit des zu bewertenden Gebäudes zu vervielfachen (Herstellungswert). Die angesetzten Herstellungskosten müssen **regional und objektspezifisch angemessen** sein. Wertmäßig zu berücksichtigen sind dabei insbesondere*

1. *die beabsichtigte und mögliche Verwendung,*
2. *der Umfang und die Raumaufteilung,*
3. *die Bauweise und die für den Rohbau verwendeten Materialien,*
4. *die Ausstattung und die wertbeeinflussenden Nebenanlagen.*

*Die Kosten für **Außenanlagen** dürfen im Regelfall mit **nicht mehr als 5 Prozent des Herstellungswerts angesetzt werden**.*

*(2) Um **eventuellen Baupreissenkungen** und damit der nachhaltigen Gültigkeit der Ansätze Rechnung zu tragen, ist der nach Absatz 1 ermittelte Herstellungswert um einen **Sicherheitsabschlag von mindestens 10 Prozent** zu kürzen. Aus allen Bewertungen müssen der Ausgangswert je Raum- oder Flächeneinheit, der Sicherheitsabschlag sowie gegebenenfalls die **Wertminderung wegen Alters** ersichtlich sein.*

> *(3) **Baunebenkosten**, insbesondere Kosten für Planung, Baudurchführung, behördliche Prüfungen und Genehmigungen, können nur **in üblicher Höhe** und soweit Berücksichtigung finden, wie ihnen eine dauernde Werterhöhung entspricht. Der Ansatz von Baunebenkosten ist auf **bis zu 20 Prozent** des nach Absatz 2 verminderten Herstellungswerts beschränkt.*

Bei den NHK 2010 handelt es sich um Modellansätze , die die tatsächlichen Baukosten nicht abbilden. So wird in Nr. 36.(2).1 ImmoWertA klargestellt, dass die Verwendung der durchschnittlichen Herstellungskosten „zur Kalkulation von Baukosten oder Rekonstruktionskosten (...) nicht sachgerecht" ist.

Im Sachwertverfahren nach ImmoWertV fungiert der Sachwertfaktor daher nicht nur als ein Marktanpassungsfaktor, sondern auch als ein „Systemkorrekturfaktor".[36] Dies mag ein Grund dafür sein, dass Kreditinstitute bzw. Gutachter für Beleihungswertermittlung dazu übergehen, die NHK 2010 nicht anzuwenden, sondern auf die Anwendung der Kostenkennwerte des BKI auszuweichen. Hierfür werden vom BKI auch Regionalfaktoren für Landkreise und kreisfreie Städte ermittelt. Auf die Besonderheiten der BKI gegenüber den NHK wurde bereits in Kapitel 4.5.1.1 eingegangen.

Zum Wert des Gebäudes werden die Außenanlagen hinzuaddiert. Hier greift eine Begrenzung dergestalt, dass die Herstellungskosten von Außenanlagen nicht mehr als 5 % des Herstellungswertes des Gebäudes betragen dürfen.

Eine Besonderheit des Sachwertverfahrens nach BelWertV stellt der Sicherheitsabschlag in Höhe von 10 % vom Herstellungswert dar, mit dem das Risiko von Baupreissenkungen und sonstiger Negativänderungen von Wertansätzen berücksichtigt wird.

Der Ansatz von Baunebenkosten ist auf bis zu 20 % des um den Sicherheitsabschlag reduzierten Herstellungswertes beschränkt. Die Baunebenkosten sind in den NHK 2010 bereits enthalten. Diese liegen überwiegend unter 20 %.

Auch nach BelWertV ist eine Alterswertminderung vorzusehen. Die BelWertV (§ 17) sieht sowohl die Möglichkeit einer linearen als auch einer mit zunehmendem Alter sich verändernden Wertminderung vor, z.B. nach Ross (siehe Kap. 4.5.1.6). Dies erinnert an die frühere WertV (§ 23 WertV 88/98). Dagegen sieht die ImmoWertV 2021 regelmäßig nur eine lineare Alterswertminderung vor, die insofern auch den von Gutachterausschüssen ermittelten Sachwertfaktoren zugrunde zu legen ist.

Der Alterswertminderung ergibt sich auf Basis der für die Objektart üblichen Gesamtnutzungsdauer und der wirtschaftlichen Restnutzungsdauer. Letztere kann sich im Falle von Modernisierungsmaßnahmen verlängern oder im Falle von unterlassener Instandhaltung oder unbehebbaren Baumängeln verkürzen. Anlage 2 BelWertV enthält maximale Nutzungsdauern, die sich allerdings explizit nur auf das Ertragswertverfahren für die Kapitalisierung von Erträgen bezieht (§ 12 Abs. 2 BelWertV). Insofern ist nicht sicher erkennbar, inwieweit diese Obergrenzen auch im Sachwertverfahren gelten.

Neu eingeführt in § 14 BelWertV ist der Passus, dass, wie im Ertragswertverfahren (§ 13 Abs. 2 BelWertV), bei Restnutzungsdauern der baulichen Anlagen von weniger als 30 Jahren die Abbruchkosten, abgezinst über die Restnutzungsdauer, vom Sachwert in Abzug zu bringen sind.

---

36 *Kleiber, W. (2023)*, S. 2031.

§ 17 BelWertV (Wertminderung wegen Alters):

*(1) Die **Wertminderung wegen Alters** bestimmt sich nach dem Verhältnis der Restnutzungsdauer zur Nutzungsdauer der baulichen Anlage; sie ist in einem Prozentsatz des Herstellungswerts auszudrücken. Bei der Bestimmung der Wertminderung kann je nach Art und Nutzung der baulichen Anlage von einer **gleichmäßigen oder von einer mit zunehmendem Alter sich verändernden Wertminderung** ausgegangen werden.*

*(2) Ist die bei ordnungsgemäßem Gebrauch **übliche Nutzungsdauer** der baulichen Anlage durch Instandsetzungen oder Modernisierungen verlängert worden oder haben unterlassene Instandhaltung oder andere Gegebenheiten zu einer Verkürzung der Restnutzungsdauer geführt, soll der Bestimmung der Wertminderung wegen Alters die geänderte Restnutzungsdauer und die für die bauliche Anlage übliche Nutzungsdauer zugrunde gelegt werden.*

Gemäß § 4 Abs. 2 BelWertV ist „bei der Ableitung des Beleihungswerts aus dem Sachwert (...) regelmäßig zu prüfen, ob aufgrund der Merkmale des Objekts und der regionalen Marktgegebenheiten unter besonderer Berücksichtigung der Nachhaltigkeit ein Abschlag vom Sachwert erforderlich ist". Dies entspricht einer Marktanpassung nach unten. Eine Marktanpassung nach oben, d.h. ein den vorläufigen Sachwert übersteigenden Verkehrswert, sieht die BelWertV nicht vor.[37]

Im Fall von Instandhaltungsrückstau, Baumängeln oder Bauschäden sind diese „auf der Grundlage der für ihre Beseitigung am Wertermittlungsstichtag bekannten oder vorsichtig geschätzten Aufwendungen als gesonderter Abschlag vom Beleihungswert zu berücksichtigen. Vorgenanntes gilt auch für sonstige bauliche Aufwände, insbesondere für Maßnahmen zur Ertüchtigung des zu bewertenden Objekts bei Nutzungsänderungen" (§ 4 Abs. 3 BelWertV). Es erfolgt somit eine stärkere Orientierung an Kosten.

Der Sachwert im Sinne der BelWertV entspricht insofern teilweise nicht dem Sachwert nach ImmoWertV, was regelmäßig Probleme bereitet, wenn beides im Gutachten dazustellen ist. Gegebenenfalls sind dann zwei Bewertungen in unterschiedlichen Systemen durchzuführen.[38]

4.7 Verständnisfragen

(1) Bei welchen Immobilientypen ist das Sachwertverfahren als maßgebliches Verfahren zur Ermittlung des Verkehrswertes geeignet?

(2) Was versteht man unter Normalherstellungskosten und durchschnittlichen Herstellungskosten?

(3) Was versteht man unter einer linearen Alterswertminderung und wie wird der Alterswertminderungsfaktor ermittelt?

(4) In welcher Reihenfolge sind die allgemeinen Wertverhältnisse und die besonderen objektspezifischen Grundstücksmerkmale zu berücksichtigen und warum?

(5) Was ist der Unterschied zwischen vorläufigem Sachwert und Sachwert?

---

37 Gemäß Werling ist dies jedoch auch nicht explizit unzulässig (vgl. *Werling, U. (2023),* S. 3346 f.).

38 Vgl. *Werling, U. (2023),* S. 3337.

(6) Was ist ein Regionalfaktor?

(7) Was versteht man unter wirtschaftlicher Restnutzungsdauer?

(8) Wie verändert sich die wirtschaftliche Restnutzungsdauer aufgrund von Modernisierungsmaßnahmen?

(9) Was ist der Unterschied zwischen Baumängeln und Bauschäden?

(10) Wie werden im Falle von freistehenden Ein- und Zweifamilienhäusern, Doppelhäusern und Reihenhäusern unterschiedlich gestaltete Dachgeschosse bei Anwendung der NHK 2010 berücksichtigt?

Antworten:

(1) Vor allem bei Immobilien, die typischerweise zur Eigennutzung erworben werden und bei denen Gewinnerzielungsabsichten im Hintergrund stehen, findet das Sachwertverfahren gemäß §§ 35 bis 39 ImmoWertV Anwendung. Dies sind vor allem Ein- und Zweifamilienhäuser und villenartige Gebäude (siehe Kap. 1.5 und 4.2).

(2) Normalherstellungskosten sind modellhafte Kostenkennwerte, die auf eine Bezugseinheit (z.B. Flächen- oder Raumeinheit) bezogen sind und auf deren Basis regelmäßig die durchschnittlichen Herstellungskosten der baulichen Anlagen ermittelt werden. Die durchschnittlichen Herstellungskosten sind die Kosten, die marktüblich für die Neuerrichtung einer baulichen Anlage aufzuwenden wären, die mit der zu bewertenden Anlage vergleichbar ist (§ 36 Abs. 2 ImmoWertV) (siehe Kap. 4.5.1.1).

(3) Die lineare Alterswertminderung entspricht einer über die wirtschaftliche Gesamtnutzungsdauer gleichmäßig verlaufenden Wertminderung und ist der Standardfall gemäß § 38 ImmoWertV. Der Alterswertminderungsfaktor ergibt sich aus dem Verhältnis von Restnutzungsdauer zu Gesamtnutzungsdauer (siehe Kap. 4.5.1.6).

(4) Zunächst sind die allgemeinen Wertverhältnisse zu würdigen. Dies erfolgt im Sachwertverfahren mit Hilfe des Sachwertfaktors. Im zweiten Schritt sind die besonderen objektspezifischen Grundstücksmerkmale zu berücksichtigen (§ 8 Abs. 3 ImmoWertV). Dies ist erforderlich, da Sachwertfaktoren auf Basis von Kaufpreisen ausgewertet werden, die um Werteinflüsse durch besondere objektspezifische Grundstücksmerkmale bereinigt wurden. In Ausnahmefällen kann es erforderlich sein, besondere objektspezifische Grundstücksmerkmale bereits verfahrensimmanent zu berücksichtigen (z.B. Verkürzung der wirtschaftlichen Restnutzungsdauer) (siehe Kap. 4.5.1.5).

(5) Der Sachwert ergibt sich aus dem vorläufigen Sachwert durch Berücksichtigung der Marktanpassung (marktangepasster vorläufiger Sachwert) und der besonderen objektspezifischen Grundstücksmerkmale (siehe Kap. 4.5.4 und 4.5.5).

(6) Mit Hilfe des Regionalfaktors werden die durchschnittlichen Herstellungskosten an die Verhältnisse am örtlichen Grundstücksmarkt angepasst. Der Regionalfaktor ist eine Modellgröße und vom örtlich zuständigen Gutachterausschuss festzulegen (§ 36 Abs. 3 ImmoWertV, siehe Kap. 4.5.1.4)

(7) Die wirtschaftliche Restnutzungsdauer (§ 4 Abs. 3 ImmoWertV) gibt die Anzahl der Jahre an, in denen eine bauliche Anlage bei ordnungsgemäßer Bewirtschaftung noch wirtschaftlich genutzt werden kann (siehe Kap. 4.5.1.5).

(8) Eine Modernisierung kann zur Verlängerung der wirtschaftlichen Restnutzungsdauer führen und entspricht dann einer Verjüngung der Bausubstanz. Es ergeben sich ein fiktives Alter und ein fiktives Baujahr (siehe Kap. 4.5.1.5).

(9) Ein Baumangel entsteht während der Bauzeit durch fehlerhafte Planung oder Ausführung sowie auch durch mangelhafte Baustoffe. Bauschäden können als Folge eines Baumangels auftreten (Mangelfolgeschäden) oder durch äußere Einwirkungen sowie unterlassene Instandhaltung/Instandsetzung entstehen (siehe Kap. 4.5.1.5).

(10) Es wird unterschieden zwischen eingeschränkt nutzbaren, nutzbaren und nicht nutzbaren Dachgeschossen in Abhängigkeit von der Höhe. Entsprechend erfolgen eine Einordnung in unterschiedliche Objektklassen sowie gegebenenfalls weitere Anpassungen (Anlage 4 ImmoWertV, siehe Kap. 4.4).

5. Zusammenfassung zentraler Regelungsinhalte der ImmoWertV 2021

Mit der Novellierung des Wertermittlungsrechts durch die ImmoWertV 2021 und die Anwendungshinweise der ImmoWertA haben sich zahlreiche Änderungen gegenüber der vorher gültigen ImmoWertV 2010 nebst den dazu erlassenen Wertermittlungsrichtlinien (Bodenrichtwertrichtlinie BRW-RL von 2011, Sachwertrichtlinie SW-RL von 2012, Vergleichswertrichtlinie VW-RL von 2014, Ertragswertrichtlinie EW-RL von 2015 sowie Zweiter Teil, Nummer 4 der Wertermittlungsrichtlinien WertR 06) ergeben.[1]

Obwohl sich die Wertermittlungsverfahren in den Grundzügen nicht geändert haben, hat die Novellierung des Wertermittlungsrechts zur Folge, dass Verkehrswertgutachten entsprechend angepasst werden müssen. So finden sich ähnliche oder gleiche Inhalte aus der ImmoWertV 2010 in der ImmoWertV 2021 in anderen Paragraphen. Außerdem wurden neue Begriffe eingeführt, deren Verwendung erkennen lässt, dass ein Gutachten dem neuesten Stand entspricht. Eine Nichtbeachtung kann dazu führen, dass Gutachten in Frage gestellt werden.

In der Bezeichnung der Verordnung wurde der Begriff „Grundstücke“ durch „Immobilien“ ersetzt und durch eine Ergänzung dahingehend präzisiert, dass die Verordnung auch für die Ermittlung der für die Wertermittlung erforderlichen Daten gilt.

Die nachfolgende Aufstellung fasst die zentralen Regelungsinhalte der ImmoWertV 2021 in Abgrenzung zur ImmoWertV 2010 zusammen und soll u.a. der Überprüfung der Gutachten in Hinblick auf die geänderten Anforderungen dienen. Sie ist chronologisch nach Paragraphen sortiert, die sich auf die ImmoWertV 2021 beziehen. Die Aufstellung ist nicht abschließend.

- **Anwendungsbereich (§ 1 ImmoWertV)**
  Wertermittlungsobjekte können auch Bestandteile von Grundstücken und Zubehör sein. In Nr. 1.(1).1 ImmoWertA wird weiter konkretisiert, dass drei Anwendungsbereiche zu unterscheiden sind: „originärer Anwendungsbereich“, „Anwendungsbereich kraft Verweisung“, „faktischer Anwendungsbereich“.
- **Sonstige Flächen (§ 3 Abs. 5 ImmoWertV)**
  Hinsichtlich der Zuordnung von Flächen zu einem Entwicklungszustand erfolgte eine Ergänzung. Flächen, die weder Flächen der Land- und Forstwirtschaft, Bauerwartungsland, Rohbauland oder baureifes Land sind und daher keinem Entwicklungszustand zugeordnet werden können, werden als „sonstige Flächen“ (§ 3 Abs. 5 ImmoWertV) bezeichnet.
  Gemäß Nr. 3.(1) ImmoWertA kann insbesondere bei begünstigtem Agrarland eine Einstufung als sonstige Flächen in Frage kommen. Die Kategorien weisen somit teilweise Überschneidungen auf.

1 Vgl. ausführliche Synopsen bspw. des Deutschen Institutes für Bewertungssachverständige, https://www.ifbsv.de/ifbs.html.

- **Grundsätze zu den Verfahrensschritten (§ 6 Abs. 3 ImmoWertV)**
  Die normierten Verfahren (Vergleichswert, Ertragswert, Sachwert) unterliegen den gleichen Verfahrensschritten. Der Verfahrensablauf wird unter Nr. 6.(3).2 ImmoWertA durch eine Grafik visualisiert. Der Begriff „Verfahrenswert" wurde hierbei eingeführt.

- **Allgemeine Wertverhältnisse, allgemeine und besondere objektspezifische Grundstücksmerkmale (§§ 7, 8 ImmoWertV)**
  Die „allgemeinen Wertverhältnisse" und „allgemeinen Grundstücksmerkmale" fließen i.d.R. in den marktangepassten vorläufigen Verfahrenswert ein.
  Können die „allgemeinen Wertverhältnisse" durch die Verfahrensparameter nicht ausreichend berücksichtigt werden, ist eine Marktanpassung nach § 7 Abs. 2 ImmoWertV zu prüfen und ggf. durch Zu- oder Abschläge zu erfassen.
  Von den „allgemeinen Grundstücksmerkmalen" sind die „besonderen objektspezifischen Grundstücksmerkmale" zu unterscheiden.
  Letztere werden gemäß § 8 Abs. 3 ImmoWertV entsprechend ihrem Werteinfluss durch marktübliche Zu- oder Abschläge vom marktangepassten vorläufigen Verfahrenswert berücksichtigt.

- **Prüfung auf Eignung von Kaufpreisen und weiteren Daten (§ 9 ImmoWertV)**
  Eingeführt wurde die explizite Forderung, dass die für die Wertermittlung verwendeten Daten auf ihre Eignung geprüft werden müssen. Dies betrifft die Aktualität in Hinblick auf den Wertermittlungsstichtag, die Repräsentativität in Bezug auf den sachlichen und räumlichen Teilmarkt und die sachgerechte Anpassungsfähigkeit entsprechend der Modellbeschreibung.

- **Grundsatz der Modellkonformität (§ 10 ImmoWertV)**
  Für die Anwendung der sonstigen für die Wertermittlung erforderlichen Daten (z.B. Sachwertfaktoren, Liegenschaftszinssätze, siehe § 12 Abs. 1 ImmoWertV) ist das entsprechende Modell zu berücksichtigen, das der Ableitung zugrunde lag. Dieser Grundsatz, der bereits bisher implizit galt, wurde nun explizit in der ImmoWertV normiert. Um eine modellkonforme Datenverwendung zu ermöglichen, wird seitens des Datenlieferanten eine Modellbeschreibung eingefordert. Diese umfasst auch die Beschreibung des Referenzobjektes (Referenzkonformität).

- **Modelle und Modellansätze (§ 12, Anlagen 1, 2, 3 und 4 ImmoWertV)**
  Zur Beschreibung des Modells, der Modellansätze und der Bezugseinheiten für die Ableitung der sonstigen für die Wertermittlung erforderlichen Daten erfolgen Vorgaben. Die ImmoWertV enthält verbindliche Modellansätze (Gesamtnutzungsdauer, Restnutzungsdauer, Bewirtschaftungskosten und Normalherstellungskosten/NHK 2010).

- **Objektspezifische Anpassung (§§ 26, 33, 39 ImmoWertV)**
  Vergleichsfaktoren, Bodenrichtwerte, Liegenschaftszinssätze und Sachwertfaktoren sind bei der Wertermittlung objektspezifisch anzupassen. Dies wird in den Gutachten durch die Bezeichnung als objektspezifisch angepasster Vergleichsfaktor (§ 26 Abs. 1 ImmoWertV), objektspezifisch angepasster Bodenrichtwert (§ 26 Abs. 2 ImmoWertV), objektspezifisch angepasster Liegenschaftszinssatz (§ 33 ImmoWertV), objektspezifisch angepasster Sachwertfaktor (§ 39 ImmoWertV) kenntlich gemacht.

- **Normalherstellungskosten, durchschnittliche Herstellungskosten und Regionalfaktor (§ 36 ImmoWertV)**
  Die Normalherstellungskosten werden als modellhafte Kostenkennwerte präzisiert und von durchschnittlichen Herstellungskosten unterschieden. Der in der ImmoWertV 2010 weggefallene Regionalfaktor, mit dem die Anpassung der durchschnittlichen Herstellungskosten an die örtlichen Verhältnisse möglich ist, wurde wieder eingeführt.
- **Alterswertminderungsfaktor (§ 38 ImmoWertV)**
  Das Prinzip der linearen Alterswertminderung wird durch eine Formel präzisiert. Der Begriff „Alterswertminderungsfaktor" als Verhältnis von Restnutzungsdauer zu Gesamtnutzungsdauer wird neu eingeführt. Hierdurch ändert sich die Berechnungsweise beim Sachwertverfahren nur leicht. Während die Alterswertminderung bislang durch einen prozentualen Abschlag erfolgte, werden nun die regionalisierten Herstellungskosten mit dem Alterswertminderungsfaktor multipliziert. Am Ergebnis ändert sich dadurch nichts.
- **Wartezeit und Realisierungsrisiko bei Bauerwartungs- und Rohbauland (§ 42 ImmoWertV)**
  Bei der Bewertung von Bauerwartungs- und Rohbauland kann das deduktive Verfahren verwendet werden, wobei neben der Wartezeit nun auch ein Realisierungsrisiko berücksichtigt werden kann.
- **Modellansätze für die Gesamtnutzungsdauer (Anlage 1 ImmoWertV)**
  Es gelten nunmehr verbindliche Modellansätze für die Gesamtnutzungsdauer. Die Differenzierung nach Standardstufen bei freistehenden Ein- und Zweifamilienhäusern, Doppelhäusern und Reihenhäusern nach der früheren Sachwertwertrichtlinie (Anlage 3) und Spannenangaben für andere Gebäudetypen sind weggefallen.
- **Restnutzungsdauer bei Modernisierungen (Anlage 2 ImmoWertV)**
  Die Ermittlung der Restnutzungsdauer bei Modernisierung gemäß dem in Anlage 2 dargestellten Modell war bisher in ähnlicher Form in der Sachwertrichtlinie (Anlage 4) enthalten. Das Modell gilt für Wohngebäude, kann aber auch bei anderen Gebäudearten Anwendung finden (Nr. II.1 ImmoWertA). Für die Berechnung der modifizierten Restnutzungsdauer wird eine Formel angegeben. Die hierfür benötigten Modernisierungspunkte können einerseits anhand von Modernisierungselementen vergeben werden. Andererseits kann auch sachverständig ein Modernisierungsgrad festgelegt werden.
  In der ImmoWertA stehen Tabellen (zu Anlage 2 ImmoWertV) zur Verfügung, sodass die Berechnung der Restnutzungsdauer durch die Formel überprüft werden kann.
- **Bewirtschaftungskosten (Anlage 3 ImmoWertV)**
  Es gelten verbindliche Modellansätze für Bewirtschaftungskosten im Ertragswertverfahren (früher in Anlage 1 der Ertragswertrichtlinie) sowohl für Wohnnutzung als auch gewerbliche Nutzung.
  Die Modellansätze für Wohnnutzung basieren auf der Zweiten Berechnungsverordnung aus dem Jahr 2002 und sind für Verwaltungs- und Instandhaltungskosten jährlich mit dem Verbraucherpreisindex fortzuschreiben. Die Ansätze für den 1.1.2021 sind in der ImmoWertV angegeben. Die Instandhaltungskosten für Gewerbe orientieren sich, prozentual nach Nutzungsart abgestuft, an denen für Wohnnutzung. Wie schon in der Ertragswertrichtlinie werden Instandhaltungskosten nicht mehr nach dem Baualter differenziert. Die

Verwaltungskosten für Gewerbe werden in Prozent des marktüblichen Rohertrages (bei reiner bzw. gemischter gewerblicher Nutzung) angegeben. Gleiches gilt für das Mietausfallwagnis, sowohl bei Wohnen als auch Gewerbe.

- **Normalherstellungskosten (Anlage 4 ImmoWertV)**
  Die NHK 2010 sind nunmehr Bestandteil der Verordnung (vorher Anlage 1 der Sachwertrichtlinie) und somit als Modellansätze verbindlich vorgegeben.
- **Grundstücksmerkmale des Bodenrichtwertgrundstücks (Anlage 5 ImmoWertV)**
  Es wird ein Katalog der Grundstücksmerkmalen des Bodenrichtwertgrundstücks vorgegeben, der vormals Bestandteil der Bodenrichtwertrichtlinie (Anlage 1) war. In Hinblick auf das Maß der baulichen Nutzung wurde zusätzlich zur WGFZ (wertrelevante Geschossflächenzahl) auch die GFZ (Geschossflächenzahl) in den Katalog aufgenommen.

Die ImmoWertV 2021 enthält in den §§ 46 bis 52 Regelungen zu grundstücksbezogenen Rechten und Belastungen, insbesondere Erbbaurechten, die in den ImmoWertA entsprechend präzisiert werden. Diese Sachverhalte sind jedoch nicht Gegenstand dieses Buchs.

6. Schlussbemerkungen

Gegenstand des vorliegenden Buches sind die in der ImmoWertV normierten Wertermittlungsverfahren zu Ermittlung des Verkehrswertes gemäß § 194 BauGB. Die Anwendungshinweise zur Immobilienwertermittlungsverordnung (ImmoWertA) enthalten Ergänzungen und Präzisierungen, auf die ebenfalls eingegangen wurde. Die ImmoWertV, die zum 1.1.2022 novelliert wurde, und die ImmoWertA ersetzen die Richtlinien zu den einzelnen Wertermittlungsverfahren (BRW-RL, VW-RL, SW-RL, EW-RL) sowie die Wertermittlungsrichtlinien WertR 06.

Außerdem werden die Verfahren nach ImmoWertV mit den jeweiligen Regelungen der BelWertV, die der Ermittlung von Beleihungswerten dienen, verglichen. Schließlich wird das Ertragswertverfahren nach ImmoWertV mit zwei weiteren, auch international gebräuchlichen Barwertverfahren ergänzt.

Zur Verbindlichkeit von ImmoWertV und ImmoWertA wurden bereits in Kapitel 1 Ausführungen gemacht. Diese besteht in erster Linie bei Regelungsgegenständen des Baugesetzbuches, bei denen Bewertungen notwendig sind (z.B. Umlegungsverfahren, Enteignungsentschädigungen) sowie für Gutachterausschüsse im Rahmen der amtlichen Wertermittlung und Ableitung der für die Wertermittlung erforderlichen Daten.

Die ImmoWertV regelt zwar nicht explizit eine Verbindlichkeit für freie Sachverständige. Hier macht die ImmoWertA jedoch klar, dass von einer „faktischen" Verbindlichkeit ausgegangen werden muss, da die ImmoWertV den Stand der Technik abbildet.

Auch bei Verwendung von für die Wertermittlung erforderlichen Daten, insbesondere der Sachwertfaktoren im Sachwertverfahren und der Liegenschaftszinssätze im Ertragswertverfahren sowie der Bodenrichtwerte und Vergleichsfaktoren im Vergleichswertverfahren, die von den Gutachterausschüssen verbindlich nach den Vorgaben der ImmoWertV zu ermitteln sind, ergibt sich eine Verbindlichkeit aus Gründen der Modellkonformität (§ 10 ImmoWertV).

Die Forderung nach Modellkonformität würde jedoch eine theoretische bleiben, wenn die Gutachterausschüsse das Modell, mit dem die Auswertungen der Kaufpreissammlung erfolgen, und die Objekteigenschaften der Referenzobjekte nicht in einer Modellbeschreibung offenlegen. Daher hat der Gesetzgeber verbindlich geregelt, dass den Daten eine Modellbeschreibung beizufügen ist (§ 12 ImmoWertV). Eine Beschreibung von Modellparametern und Merkmalen der Referenzobjekte stellt auch die Voraussetzung dafür dar, dass Daten auf ihre Eignung geprüft werden können und eine sachgerechte objektspezifische Anpassung erfolgen kann (§ 9 ImmoWertV).

Die Vorgabe gemäß § 8 ImmoWertV, dass zunächst die Marktanpassung durchzuführen ist und danach erst besondere objektspezifische Grundstücksmerkmale gewürdigt werden, wurde bereits in der ImmoWertV von 2010 normiert. Dabei denkt man zunächst an klar als Besonderheiten identifizierbare Merkmale wie Bauschäden oder grundstücksbezogene Rechte und Belastungen (z.B. Wohnungsrecht, Nießbrauch), durch die eine erhebliche Abweichung vom für den sachlichen und räumlichen Teilmarkt Üblichen gegeben ist. Besondere objektspezifische Grundstücksmerkmale können sich jedoch auch dadurch ergeben, dass die Modellkonformität(und Referenzkonformität) bei der Bewertung beachtet wird. Grundstücksmerkmale, durch die sich das Bewertungsobjekt vom Referenzobjekt unterscheidet, stellen bereits besondere objektspezifische Grundstücksmerkmale im weiteren Sinne dar, auch wenn es sich um übliche Merkmale für den sachlichen und räumlichen Teilmarkt handelt.[2] Auch aus Abweichungen vom Modell oder von Modellparametern können sich besondere objektspezifische Grundstücksmerkmale ergeben.

Das Streben nach Vereinheitlichung dient vor allem der Grundstücksmarkttransparenz, da Marktinformationen einfacher aggregiert werden können. Fraglich ist jedoch, ob auch eine Vereinfachung der Wertermittlung erreicht wird oder nicht auch eine gewisse Verkomplizierung der Wertermittlung zu Lasten der Nachvollziehbarkeit eintritt.

Ferner ist seit der ImmoWertV von 2010 bereits eine starke Bindung an die Daten der Gutachterausschüsse eingetreten, die durch die Novellierung noch stärker geworden ist und durch frühere Verordnungen (z.B. WertV 88/98) nicht explizit gegeben war. Dies hat zunächst zu einer gewissen Verunsicherung darüber geführt, welche Freiheiten den Wertermittlern noch bleiben. Hier hat die ImmoWertA zu einer Konkretisierung geführt, da sowohl die Anwendungsbereiche der ImmoWertV als auch Öffnungs- und Abweichungsmöglichkeiten genauer definiert sind. Für Wertermittler bleibt die oberste Maxime, das Marktgeschehen abzubilden und den Verkehrswert nachvollziehbar zu ermitteln.

Neue Herausforderungen ergeben sich durch die immer stärkere Verbreitung von Künstlicher Intelligenz, deren Algorithmen auch in die Wertermittlung Einzug halten. Die Standardisierung der Datenableitung und Wertermittlung auf Basis verbindlicher Modellansätze schafft die Voraussetzungen dafür, Bewertungsprozesse zu automatisieren. Zumindest für Standardfälle wird die Automatisierte Wertermittlung (AVM, Automated Valuation Models) zunehmend an Bedeutung gewinnen. Limitierender Faktor ist hier die Verfügbarkeit geeigneter Daten. Die Nutzung von Transaktionsdaten, die sich in den Kaufpreissammlungen der Gutachterausschüsse finden, wäre ein Quantensprung. Derzeit arbeiten die Gutachterausschüsse in den Bundesländern jedoch mit unterschiedlichen Standards, sowohl technisch als auch von den Datenstrukturen her. Die digitale Übermittlung von Notarverträgen, digitale Erhebungsbögen und die Führung einer zentralen Kaufpreissammlung, zunächst auf Länderebene und dann bundesweit, sind eine Wunschvorstellung vieler, aber nicht aller Gutachterausschüsse. Das heißt, die Digitalisierung ist zunächst der erste Schritt, um den Einsatz von Künstlicher Intelligenz sinnvoll zu ermöglichen.

Bei all dem werden Wertermittler jedoch nicht obsolet. Im Gegenteil liegt die Zukunft in der Kombination der menschlichen und künstlichen Intelligenz. Diese ist notwendig, um Fehlbewertungen zu verhindern. Darüber hinaus stellen sich immer wieder komplexe Wertermittlungsaufgaben, die sachverständige Kompetenzen und Erfahrungswerte erfordern.

2 Vgl. hierzu *Kleiber, W. (2016)*, S. 40.

Anhang

Verordnung über die Grundsätze für die Ermittlung der Verkehrswerte von Immobilien und der für die Wertermittlung erforderlichen Daten (Immobilienwertermittlungsverordnung – ImmoWertV)

vom 14. Juli 2021 (BGBl. I S. 2805)

Auf Grund des § 199 Absatz 1 des Baugesetzbuchs in der Fassung der Bekanntmachung vom 3. November 2017 (BGBl. I S. 3634) verordnet die Bundesregierung:

Teil 1 – Allgemeines

Abschnitt 1 – Anwendungsbereich; Gegenstand und Grundlagen der Wertermittlung

§ 1 Anwendungsbereich; Wertermittlungsobjekt

(1) Diese Verordnung ist anzuwenden

1. bei der Ermittlung der Verkehrswerte (Marktwerte) der in Absatz 2 bezeichneten Gegenstände, auch wenn diese nicht marktfähig oder marktgängig sind (Wertermittlung), und
2. bei der Ermittlung der für die Wertermittlung erforderlichen Daten.

(2) Gegenstände der Wertermittlung (Wertermittlungsobjekte) sind

1. Grundstücke und Grundstücksteile einschließlich ihrer Bestandteile sowie ihres Zubehörs,
2. grundstücksgleiche Rechte, Rechte an diesen und Rechte an Grundstücken (grundstücksbezogene Rechte) sowie grundstücksbezogene Belastungen.

§ 2 Grundlagen der Wertermittlung

(1) Der Wertermittlung sind die allgemeinen Wertverhältnisse auf dem Grundstücksmarkt zum Wertermittlungsstichtag und der Grundstückszustand zum Qualitätsstichtag zugrunde zu legen.

(2) Die allgemeinen Wertverhältnisse richten sich nach der Gesamtheit der am Wertermittlungsstichtag für die Preisbildung von Grundstücken im gewöhnlichen Geschäftsverkehr maßgebenden Umstände, wie nach der allgemeinen Wirtschaftssituation, nach den Verhältnissen am Kapitalmarkt sowie nach den wirtschaftlichen und demografischen Entwicklungen des Gebiets.

(3) Der Grundstückszustand ergibt sich aus der Gesamtheit der rechtlichen Gegebenheiten, der tatsächlichen Eigenschaften, der sonstigen Beschaffenheit und der Lage des Wertermittlungsobjekts (Grundstücksmerkmale). Zu den Grundstücksmerkmalen können insbesondere zählen

1. der Entwicklungszustand,
2. die Art und das Maß der baulichen oder sonstigen Nutzung,

3. die tatsächliche Nutzung,
4. der beitragsrechtliche Zustand,
5. die Lagemerkmale,
6. die Ertragsverhältnisse,
7. die Grundstücksgröße,
8. der Grundstückszuschnitt,
9. die Bodenbeschaffenheit,
10. bei bebauten Grundstücken zusätzlich
    a) die Art der baulichen Anlagen,
    b) die Bauweise und die Baugestaltung der baulichen Anlagen,
    c) die Größe der baulichen Anlagen,
    d) die Ausstattung und die Qualität der baulichen Anlagen einschließlich ihrer energetischen Eigenschaften und ihrer Barrierefreiheit,
    e) der bauliche Zustand der baulichen Anlagen,
    f) das Alter, die Gesamtnutzungsdauer und die Restnutzungsdauer der baulichen Anlagen,
11. bei landwirtschaftlichen Grundstücken Dauerkulturen und bei forstwirtschaftlichen Grundstücken die Bestockung,
12. die grundstücksbezogenen Rechte und Belastungen.

(4) Der Wertermittlungsstichtag ist der Zeitpunkt, auf den sich die Wertermittlung bezieht und der für die Ermittlung der allgemeinen Wertverhältnisse maßgeblich ist.

(5) Der Qualitätsstichtag ist der Zeitpunkt, auf den sich der für die Wertermittlung maßgebliche Grundstückszustand bezieht. Er entspricht dem Wertermittlungsstichtag, es sei denn, dass aus rechtlichen oder sonstigen Gründen der Zustand des Grundstücks zu einem anderen Zeitpunkt maßgeblich ist.

Abschnitt 2 – Begriffsbestimmungen zu einzelnen Grundstücksmerkmalen

§ 3 Entwicklungszustand; sonstige Flächen

(1) Flächen der Land- oder Forstwirtschaft sind Flächen, die, ohne Bauerwartungsland, Rohbauland oder baureifes Land zu sein, land- oder forstwirtschaftlich nutzbar sind.

(2) Bauerwartungsland sind Flächen, die nach ihren weiteren Grundstücksmerkmalen eine bauliche Nutzung aufgrund konkreter Tatsachen, insbesondere nach dem Stand der Bauleitplanung und nach der sonstigen städtebaulichen Entwicklung des Gebiets, mit hinreichender Sicherheit erwarten lassen.

(3) Rohbauland sind Flächen, die nach den §§ 30, 33 oder 34 des Baugesetzbuchs für eine bauliche Nutzung bestimmt sind, deren Erschließung aber noch nicht gesichert ist oder die nach Lage, Form oder Größe für eine bauliche Nutzung unzureichend gestaltet sind.

(4) Baureifes Land sind Flächen, die nach öffentlich-rechtlichen Vorschriften und nach den tatsächlichen Gegebenheiten baulich nutzbar sind.

(5) Sonstige Flächen sind Flächen, die sich keinem der Entwicklungszustände nach den Absätzen 1 bis 4 zuordnen lassen.

§ 4 Alter, Gesamt- und Restnutzungsdauer

(1) Das Alter einer baulichen Anlage ergibt sich aus der Differenz zwischen dem Kalenderjahr des maßgeblichen Stichtags und dem Baujahr.

(2) Die Gesamtnutzungsdauer bezeichnet die Anzahl der Jahre, in denen eine bauliche Anlage bei ordnungsgemäßer Bewirtschaftung vom Baujahr an gerechnet üblicherweise wirtschaftlich genutzt werden kann.

(3) Die Restnutzungsdauer bezeichnet die Anzahl der Jahre, in denen eine bauliche Anlage bei ordnungsgemäßer Bewirtschaftung voraussichtlich noch wirtschaftlich genutzt werden kann. Die Restnutzungsdauer wird in der Regel auf Grundlage des Unterschiedsbetrags zwischen der Gesamtnutzungsdauer und dem Alter der baulichen Anlage am maßgeblichen Stichtag unter Berücksichtigung individueller Gegebenheiten des Wertermittlungsobjekts ermittelt. Individuelle Gegebenheiten des Wertermittlungsobjekts wie bspw. durchgeführte Instandsetzungen oder Modernisierungen oder unterlassene Instandhaltungen des Wertermittlungsobjekts können die sich aus dem Unterschiedsbetrag nach Satz 2 ergebende Dauer verlängern oder verkürzen.

§ 5 Weitere Grundstücksmerkmale

(1) Art und Maß der baulichen oder sonstigen Nutzung ergeben sich vorbehaltlich des Satzes 2 aus den für die planungsrechtliche Zulässigkeit von Vorhaben maßgeblichen Vorschriften des Städtebaurechts und aus den sonstigen Vorschriften, die die Nutzbarkeit betreffen. Wird vom städtebaulich zulässigen Maß im Sinne des Satzes 1 in der Umgebung regelmäßig abgewichen oder wird das Maß bei der Kaufpreisbemessung regelmäßig abweichend von den für die planungsrechtliche Zulässigkeit maßgeblichen Vorschriften des Städtebaurechts bestimmt, so ist das Maß der Nutzung maßgebend, das auf dem jeweiligen Grundstücksmarkt üblicherweise zugrunde gelegt wird.

(2) Für den beitragsrechtlichen Zustand des Grundstücks ist die Verpflichtung zur Entrichtung von grundstücksbezogenen Beiträgen maßgebend. Als Beiträge im Sinne des Satzes 1 gelten auch grundstücksbezogene Sonderabgaben und beitragsähnliche Abgaben.

(3) Die Ertragsverhältnisse ergeben sich aus den tatsächlich erzielten und aus den marktüblich erzielbaren Erträgen. Marktüblich erzielbare Erträge sind die nach den Marktverhältnissen am Wertermittlungsstichtag für die jeweilige Nutzung in vergleichbaren Fällen durchschnittlich erzielten Erträge.

(4) Lagemerkmale von Grundstücken ergeben sich aus der räumlichen Position des Grundstücks und beziehen sich insbesondere auf die Verkehrsanbindung, die Nachbarschaft, die Wohn- und Geschäftslage sowie die Umwelteinflüsse.

(5) Die Bodenbeschaffenheit umfasst beispielsweise die Bodengüte, die Eignung als Baugrund und das Vorhandensein von Bodenverunreinigungen.

§ 4 Alter, Gesamt- und Restnutzungsdauer

(1) Das Alter einer baulichen Anlage ergibt sich aus der Differenz zwischen dem Kalenderjahr des maßgeblichen Stichtags und dem Baujahr.

(2) Die Gesamtnutzungsdauer bezeichnet die Anzahl der Jahre, in denen eine bauliche Anlage bei ordnungsgemäßer Bewirtschaftung vom Baujahr an gerechnet üblicherweise wirtschaftlich genutzt werden kann.

(3) Die Restnutzungsdauer bezeichnet die Anzahl der Jahre, in denen eine bauliche Anlage bei ordnungsgemäßer Bewirtschaftung voraussichtlich noch wirtschaftlich genutzt werden kann. Die

Restnutzungsdauer wird in der Regel auf Grundlage des Unterschiedsbetrags zwischen der Gesamtnutzungsdauer und dem Alter der baulichen Anlage am maßgeblichen Stichtag unter Berücksichtigung individueller Gegebenheiten des Wertermittlungsobjekts ermittelt. Individuelle Gegebenheiten des Wertermittlungsobjekts wie beispielsweise durchgeführte Instandsetzungen oder Modernisierungen oder unterlassene Instandhaltungen des Wertermittlungsobjekts können die sich aus dem Unterschiedsbetrag nach Satz 2 ergebende Dauer verlängern oder verkürzen.

Abschnitt 3 – Allgemeine Grundsätze der Wertermittlung

§ 6 Wertermittlungsverfahren; Ermittlung des Verkehrswerts

(1) Grundsätzlich sind zur Wertermittlung das Vergleichswertverfahren, das Ertragswertverfahren, das Sachwertverfahren oder mehrere dieser Verfahren heranzuziehen. Die Verfahren sind nach der Art des Wertermittlungsobjekts unter Berücksichtigung der im gewöhnlichen Geschäftsverkehr bestehenden Gepflogenheiten und der sonstigen Umstände des Einzelfalls, insbesondere der Eignung der zur Verfügung stehenden Daten, zu wählen; die Wahl ist zu begründen.

(2) In den in Absatz 1 Satz 1 genannten Wertermittlungsverfahren sind regelmäßig in folgender Reihenfolge zu berücksichtigen:

1. die allgemeinen Wertverhältnisse;
2. die besonderen objektspezifischen Grundstücksmerkmale.

(3) Die in Absatz 1 Satz 1 genannten Wertermittlungsverfahren gliedern sich in folgende Verfahrensschritte:

1. Ermittlung des vorläufigen Verfahrenswerts;
2. Ermittlung des marktangepassten vorläufigen Verfahrenswerts;
3. Ermittlung des Verfahrenswerts.

Bei der Ermittlung des vorläufigen Verfahrenswerts und des marktangepassten vorläufigen Verfahrenswerts sind § 7 und § 8 Absatz 2 zu beachten; bei der Ermittlung des Verfahrenswerts ist § 8 Absatz 3 zu beachten.

(4) Der Verkehrswert ist aus dem Verfahrenswert des oder der angewendeten Wertermittlungsverfahren unter Würdigung seiner oder ihrer Aussagefähigkeit zu ermitteln.

§ 7 Berücksichtigung der allgemeinen Wertverhältnisse

(1) Die Berücksichtigung der allgemeinen Wertverhältnisse erfolgt

1. im Vergleichswertverfahren bei Ermittlung des vorläufigen Verfahrenswerts insbesondere durch den Ansatz von Vergleichspreisen, Vergleichsfaktoren und Indexreihen,
2. im Ertragswertverfahren bei Ermittlung des vorläufigen Verfahrenswerts insbesondere durch den Ansatz von marktüblich erzielbaren Erträgen und Liegenschaftszinssätzen und
3. im Sachwertverfahren bei Ermittlung des marktangepassten vorläufigen Verfahrenswerts insbesondere durch den Ansatz von Sachwertfaktoren.

(2) Lassen sich die allgemeinen Wertverhältnisse bei Verwendung der Daten nach Absatz 1 auch durch eine Anpassung nach § 9 Absatz 1 Satz 2 nicht ausreichend berücksichtigen, ist zur Ermittlung des marktangepassten vorläufigen Verfahrenswerts eine Marktanpassung durch marktübliche Zu- oder Abschläge erforderlich.

§ 8 Berücksichtigung der allgemeinen und besonderen objektspezifischen Grundstücksmerkmale

(1) Im Rahmen der Wertermittlung sind Grundstücksmerkmale zu berücksichtigen, denen der Grundstücksmarkt einen Werteinfluss beimisst.

(2) Allgemeine Grundstücksmerkmale sind wertbeeinflussende Grundstücksmerkmale, die hinsichtlich Art und Umfang auf dem jeweiligen Grundstücksmarkt regelmäßig auftreten. Ihr Werteinfluss wird bei der Ermittlung des vorläufigen Verfahrenswerts berücksichtigt.

(3) Besondere objektspezifische Grundstücksmerkmale sind wertbeeinflussende Grundstücksmerkmale, die nach Art oder Umfang erheblich von dem auf dem jeweiligen Grundstücksmarkt Üblichen oder erheblich von den zugrunde gelegten Modellen oder Modellansätzen abweichen. Besondere objektspezifische Grundstücksmerkmale können insbesondere vorliegen bei

1. besonderen Ertragsverhältnissen,
2. Baumängeln und Bauschäden,
3. baulichen Anlagen, die nicht mehr wirtschaftlich nutzbar sind (Liquidationsobjekte) und zur alsbaldigen Freilegung anstehen,
4. Bodenverunreinigungen,
5. Bodenschätzen sowie
6. grundstücksbezogenen Rechten und Belastungen.

Die besonderen objektspezifischen Grundstücksmerkmale werden, wenn sie nicht bereits anderweitig berücksichtigt worden sind, erst bei der Ermittlung der Verfahrenswerte insbesondere durch marktübliche Zu- oder Abschläge berücksichtigt. Bei paralleler Durchführung mehrerer Wertermittlungsverfahren sind die besonderen objektspezifischen Grundstücksmerkmale, soweit möglich, in allen Verfahren identisch anzusetzen.

§ 9 Eignung und Anpassung der Daten; ungewöhnliche oder persönliche Verhältnisse; Herkunft der Daten

(1) Kaufpreise sowie weitere Daten wie insbesondere Bodenrichtwerte und sonstige für die Wertermittlung erforderliche Daten sind zur Wertermittlung geeignet, wenn die Daten hinsichtlich Aktualität in Bezug auf den maßgeblichen Stichtag und hinsichtlich Repräsentativität den jeweiligen Grundstücksmarkt zutreffend abbilden und etwaige Abweichungen in den allgemeinen Wertverhältnissen sowie wertbeeinflussende Abweichungen der Grundstücksmerkmale des Wertermittlungsobjekts nach Maßgabe der Sätze 2 und 3 berücksichtigt werden können. Bei Abweichungen der allgemeinen Wertverhältnisse sind die Daten durch geeignete Indexreihen oder in anderer Weise an die Wertverhältnisse am Wertermittlungsstichtag anzupassen. Wertbeeinflussende Abweichungen der Grundstücksmerkmale des Wertermittlungsobjekts sind durch geeignete Umrechnungskoeffizienten, durch eine Anpassung mittels marktüblicher Zu- oder Abschläge oder in anderer Weise zu berücksichtigen. Die Kaufpreise sind um die Werteinflüsse besonderer objektspezifischer Grundstücksmerkmale zu bereinigen.

(2) Zur Wertermittlung sind solche Kaufpreise und andere Daten wie beispielsweise Mieten heranzuziehen, bei denen angenommen werden kann, dass sie nicht durch ungewöhnliche oder persönliche Verhältnisse beeinflusst worden sind. Eine Beeinflussung durch ungewöhnliche oder persönliche Verhältnisse kann angenommen werden, wenn die Kaufpreise und anderen Daten erheblich von den Kaufpreisen und anderen Daten in vergleichbaren Fällen abweichen.

(3) Maßstab für die Wahl der Quelle, aus der die Daten herangezogen werden, ist ihre Eignung nach Absatz 1 Satz 1. Stehen keine geeigneten sonstigen für die Wertermittlung erforderlichen Daten zur Verfügung, können sie oder die entsprechenden Werteinflüsse auch sachverständig geschätzt werden; die Grundlagen der Schätzung sind zu dokumentieren.

§ 10 Grundsatz der Modellkonformität

(1) Bei Anwendung der sonstigen für die Wertermittlung erforderlichen Daten sind dieselben Modelle und Modellansätze zu verwenden, die der Ermittlung dieser Daten zugrunde lagen (Grundsatz der Modellkonformität). Hierzu ist die nach § 12 Absatz 6 erforderliche Modellbeschreibung zu berücksichtigen.

(2) Liegen für den maßgeblichen Stichtag lediglich solche für die Wertermittlung erforderlichen Daten vor, die nicht nach dieser Verordnung ermittelt worden sind, ist bei Anwendung dieser Daten im Rahmen der Wertermittlung von dieser Verordnung abzuweichen, soweit dies zur Wahrung des Grundsatzes der Modellkonformität erforderlich ist.

§ 11 Künftige Änderungen des Grundstückszustands

(1) Künftige Änderungen des Grundstückszustands sind zu berücksichtigen, wenn sie am Qualitätsstichtag mit hinreichender Sicherheit aufgrund konkreter Tatsachen zu erwarten sind.

(2) Bei künftigen Änderungen des Grundstückszustands ist die voraussichtliche Dauer bis zum Eintritt dieser Änderung (Wartezeit) auch in Verbindung mit einer verbleibenden Unsicherheit des Eintritts dieser Änderung (Realisierungsrisiko) angemessen zu berücksichtigen.

Teil 2 – Für die Wertermittlung erforderliche Daten

Abschnitt 1 – Allgemeines

§ 12 Allgemeines zu den für die Wertermittlung erforderlichen Daten

(1) Zu den für die Wertermittlung erforderlichen Daten gehören die Bodenrichtwerte und die sonstigen für die Wertermittlung erforderlichen Daten. Sonstige für die Wertermittlung erforderliche Daten sind insbesondere

1. Indexreihen,
2. Umrechnungskoeffizienten,
3. Vergleichsfaktoren,
4. Liegenschaftszinssätze,
5. Sachwertfaktoren,
6. Erbbaurechts- und Erbbaugrundstücksfaktoren sowie
7. Erbbaurechts- und Erbbaugrundstückskoeffizienten.

Die sonstigen für die Wertermittlung erforderlichen Daten sind auf einen Stichtag zu beziehen.

(2) Die für die Wertermittlung erforderlichen Daten werden insbesondere aus der Kaufpreissammlung auf der Grundlage einer ausreichenden Anzahl geeigneter Kaufpreise ermittelt.

(3) Geeignet im Sinne des Absatzes 2 sind Kaufpreise, die hinsichtlich der allgemeinen Wertverhältnisse und des jeweiligen Grundstückszustands hinreichend übereinstimmen. Eine hinreichende Übereinstimmung liegt vor, wenn sich etwaige Abweichungen

1. bei Vorliegen einer hinreichend großen Anzahl von Kaufpreisen in ihren Auswirkungen auf die Preise ausgleichen oder
2. in entsprechender Anwendung des § 9 Absatz 1 Satz 2 und 3 berücksichtigen lassen.

Die Kaufpreise sind um die Werteinflüsse besonderer objektspezifischer Grundstücksmerkmale zu bereinigen. Hinsichtlich einer Beeinflussung durch ungewöhnliche oder persönliche Verhältnisse gilt § 9 Absatz 2 entsprechend.

(4) Zur Ermittlung der sonstigen für die Wertermittlung erforderlichen Daten sind geeignete statistische Verfahren heranzuziehen.

(5) Bei Ermittlung der sonstigen für die Wertermittlung erforderlichen Daten sind zur Festlegung der Gesamtnutzungsdauer die Modellansätze der Anlage 1 und ist zur Ermittlung der Restnutzungsdauer im Fall der Modernisierung von Wohngebäuden das in Anlage 2 beschriebene Modell zugrunde zu legen. Bei Ermittlung der Liegenschaftszinssätze sind als Bewirtschaftungskosten im Sinne des § 32 Absatz 1 Satz 2 Nummer 1 bis 3 die Modellansätze der Anlage 3 zugrunde zu legen. Bei Ermittlung der Sachwertfaktoren sind der Ermittlung der durchschnittlichen Herstellungskosten im Sinne des § 36 Absatz 2 die Normalherstellungskosten nach Anlage 4 zugrunde zu legen.

(6) Zur Sicherstellung der nach § 10 Absatz 1 gebotenen modellkonformen Anwendung der sonstigen für die Wertermittlung erforderlichen Daten sind die zugrunde gelegten Modellansätze, Modelle und Bezugseinheiten sowie weitere Informationen in einer Modellbeschreibung anzugeben; hierzu gehören insbesondere

1. die Angabe von Rahmendaten zum Beispiel zum Stichtag, auf den sich das zur Wertermittlung erforderliche Datum bezieht, zum sachlichen und räumlichen Anwendungsbereich und zur Datengrundlage,
2. die Beschreibung der Stichprobe,
3. die Beschreibung der Ermittlungsmethodik,
4. die Beschreibung der verwendeten Parameter und der zugrunde gelegten Bezugseinheiten sowie
5. sonstige Selektionsparameter.

Abschnitt 2 – Bodenrichtwerte

§ 13 Bodenrichtwert und Bodenrichtwertgrundstück

(1) Der Bodenrichtwert ist bezogen auf einen Quadratmeter Grundstücksfläche des Bodenrichtwertgrundstücks.

(2) Das Bodenrichtwertgrundstück ist ein unbebautes und fiktives Grundstück, dessen Grundstücksmerkmale weitgehend mit den vorherrschenden grund- und bodenbezogenen wertbeeinflussenden Grundstücksmerkmalen in der nach § 15 gebildeten Bodenrichtwertzone übereinstimmen. Je Bodenrichtwertzone ist ein Bodenrichtwert anzugeben. Bodenrichtwertspannen sind nicht zulässig.

§ 14 Grundlagen der Bodenrichtwertermittlung

(1) Bodenrichtwerte sind vorrangig im Vergleichswertverfahren nach den §§ 24 und 25 zu ermitteln. Für die Anpassung der Kaufpreise an die Grundstücksmerkmale des Bodenrichtwertgrundstücks und an den Bodenrichtwertstichtag gilt § 9 Absatz 1 Satz 2 und 3 entsprechend.

(2) Für die Bodenrichtwertermittlung in Gebieten ohne oder mit geringem Grundstücksverkehr können Kaufpreise und Bodenrichtwerte aus vergleichbaren Gebieten oder aus vorangegangenen Jahren herangezogen werden; Absatz 1 Satz 2 gilt entsprechend. Darüber hinaus können deduktive oder andere geeignete Verfahrensweisen angewendet werden.

(3) Bei der Bodenrichtwertermittlung in bebauten Gebieten können der Zustand und die Struktur der das Gebiet prägenden Bebauung zu berücksichtigen sein.

(4) Bodenrichtwerte enthalten keinen Wertanteil für den Aufwuchs.

(5) Das oder die angewendeten Verfahren für die Ermittlung der Bodenrichtwerte sind zu dokumentieren. Einzelne Bodenrichtwerte sind nicht zu begründen.

§ 15 Bildung der Bodenrichtwertzonen

(1) Eine Bodenrichtwertzone besteht aus einem räumlich zusammenhängenden Gebiet. Die Bodenrichtwertzonen sind so abzugrenzen, dass lagebedingte Wertunterschiede zwischen den Grundstücken, für die der Bodenrichtwert gelten soll, und dem Bodenrichtwertgrundstück grundsätzlich nicht mehr als 30 Prozent betragen. Wertunterschiede, die sich aus nicht mit dem Bodenrichtwertgrundstück übereinstimmenden Grundstücksmerkmalen einzelner Grundstücke ergeben, sind bei der Abgrenzung nicht zu berücksichtigen.

(2) Einzelne Grundstücke oder Grundstücksteile mit einer vom Bodenrichtwertgrundstück abweichenden Art der Nutzung oder Qualität, wie zum Beispiel Grünflächen, Waldflächen, Wasserflächen, Verkehrsflächen und Gemeinbedarfsflächen, können Bestandteil der Bodenrichtwertzone sein; der dort angegebene Bodenrichtwert gilt nicht für diese Grundstücke.

(3) Bodenrichtwertzonen können sich in begründeten Fällen deckungsgleich überlagern; dies gilt insbesondere, wenn sich aufgrund der unregelmäßigen Verteilung von Grundstücken mit unterschiedlichen Nutzungen oder anderen erheblichen Unterschieden in wertbeeinflussenden Grundstücksmerkmalen keine eigenen Bodenrichtwertzonen abgrenzen lassen. Bei der Bildung von sich deckungsgleich überlagernden Bodenrichtwertzonen muss eine eindeutige Zuordnung der Grundstücke zu einem Bodenrichtwertgrundstück möglich sein; hierbei ist unschädlich, wenn sich einzelne Grundstücke nicht eindeutig zuordnen lassen. Bei Bodenrichtwerten nach § 196 Absatz 1 Satz 7 des Baugesetzbuchs können sich die Bodenrichtwertzonen auch nicht deckungsgleich überlagern.

(4) Bei der Bildung von Bodenrichtwertzonen für die Entwicklungszustände Bauerwartungsland und Rohbauland sind Bauleitpläne sowie die Entwicklung am Grundstücksmarkt zu berücksichtigen. Die Bodenrichtwertzonen sind so abzugrenzen, dass in der Bodenrichtwertzone ein überwiegend einheitlicher Entwicklungsgrad der Grundstücke gegeben ist.

§ 16 Grundstücksmerkmale des Bodenrichtwertgrundstücks

(1) Das Bodenrichtwertgrundstück weist keine Grundstücksmerkmale auf, die nur im Rahmen einer Einzelbegutachtung ermittelt werden können; dies betrifft insbesondere nur für einzelne Grundstücke bestehende privatrechtliche, öffentlich-rechtliche und tatsächliche Besonderheiten. Satz 1 findet keine Anwendung auf wertbeeinflussende Grundstücksmerkmale, die in der Bodenrichtwertzone vorherrschend sind.

(2) Von den wertbeeinflussenden Grundstücksmerkmalen des Bodenrichtwertgrundstücks sind der Entwicklungszustand und die Art der Nutzung darzustellen. Weitere Grundstücksmerkmale sind darzustellen, wenn sie wertbeeinflussend sind; hierzu können insbesondere gehören

1. das Maß der baulichen Nutzung nach § 5 Absatz 1,
2. die Bauweise oder die Gebäudestellung zur Nachbarbebauung,
3. die Grundstücksgröße,
4. die Grundstückstiefe und
5. die Bodengüte als Acker- oder Grünlandzahl.

Bei baureifem Land gehört zu den darzustellenden Grundstücksmerkmalen zusätzlich stets der beitragsrechtliche Zustand. Bei förmlich festgelegten Sanierungsgebieten und förmlich festgelegten Entwicklungsbereichen ist zusätzlich darzustellen, ob sich der Bodenrichtwert auf den sanierungs- oder entwicklungsunbeeinflussten Zustand oder auf den sanierungs- oder entwicklungsbeeinflussten Zustand bezieht; dies gilt nicht, wenn nach § 142 Absatz 4 des Baugesetzbuchs ein vereinfachtes Sanierungsverfahren durchgeführt wird.

(3) Die wertbeeinflussenden Grundstücksmerkmale des Bodenrichtwertgrundstücks sind nach Anlage 5 zu spezifizieren.

(4) Wird beim Maß der baulichen Nutzung auf das Verhältnis der Flächen der Geschosse zur Grundstücksfläche abgestellt und ist hierbei nach § 5 Absatz 1 Satz 2 ein gegenüber den planungsrechtlichen Zulässigkeitsvorschriften abweichend bestimmtes Maß wertbeeinflussend, so sind zur Ermittlung dieses Maßes die Flächen aller oberirdischen Geschosse mit Ausnahme von nicht ausbaufähigen Dachgeschossen nach den jeweiligen Außenmaßen zu berücksichtigen. Geschosse gelten in Abgrenzung zu Kellergeschossen als oberirdische Geschosse, soweit ihre Deckenoberkanten im Mittel mehr als 1,40 Meter über die Geländeoberfläche hinausragen; § 20 Absatz 1 der Baunutzungsverordnung findet keine Anwendung. Ausgebaute oder ausbaufähige Dachgeschosse sind mit 75 Prozent ihrer Fläche zu berücksichtigen. Staffelgeschosse werden in vollem Umfang berücksichtigt. Hohlräume zwischen der obersten Decke und der Bedachung, in denen Aufenthaltsräume nicht möglich sind, sind keine Geschosse. Das nach Satz 1 bis 5 ermittelte Verhältnis der Flächen der oberirdischen Geschosse zur Grundstücksfläche ist die wertrelevante Geschossflächenzahl (WGFZ).

(5) Bodenrichtwerte für baureifes Land sind vorbehaltlich des Satzes 2 für beitragsfreie Grundstücke zu ermitteln. Aufgrund örtlicher Gegebenheiten können vorübergehend Bodenrichtwerte für Grundstücke ermittelt werden, für die noch Beiträge zu entrichten oder zu erwarten sind.

§ 17 Automatisiertes Führen der Bodenrichtwerte

Die Bodenrichtwerte sind in automatisierter Form auf der Grundlage der amtlichen Geobasisdaten zu führen.

Abschnitt 3 – Sonstige für die Wertermittlung erforderliche Daten

§ 18 Indexreihen

(1) Indexreihen dienen der Berücksichtigung von im Zeitverlauf eintretenden Änderungen der allgemeinen Wertverhältnisse.

(2) Indexreihen bestehen aus Indexzahlen, die sich aus dem durchschnittlichen Verhältnis der Preise eines Erhebungszeitraums zu den Preisen eines Basiszeitraums mit der Indexzahl 100 ergeben. Die Indexzahlen können auch auf bestimmte Zeitpunkte innerhalb des Erhebungs- und Basiszeitraums bezogen werden.

(3) Die Indexzahlen werden aus geeigneten Kaufpreisen für Grundstücke bestimmter räumlicher und sachlicher Teilmärkte ermittelt.

§ 19 Umrechnungskoeffizienten

(1) Umrechnungskoeffizienten dienen der Berücksichtigung von Wertunterschieden ansonsten gleichartiger Grundstücke, die sich aus Abweichungen einzelner Grundstücksmerkmale, insbesondere aus dem unterschiedlichen Maß der baulichen Nutzung oder der Grundstücksgröße und -tiefe, ergeben.

(2) Umrechnungskoeffizienten geben das Verhältnis des Werts eines Grundstücks mit einer bestimmten Ausprägung eines Grundstücksmerkmals zu dem Wert eines Grundstücks mit einer bestimmten Basisausprägung dieses Grundstücksmerkmals (Normgrundstück) an.

(3) Die Umrechnungskoeffizienten werden aus geeigneten Kaufpreisen für solche Grundstücke abgeleitet, die sich abgesehen von solchen Abweichungen, die durch Anpassung der Kaufpreise nach § 9 Absatz 1 Satz 2 und 3 berücksichtigt werden, im Wesentlichen nur in dem Grundstücksmerkmal unterscheiden, für das die Umrechnungskoeffizienten abgeleitet werden.

§ 20 Vergleichsfaktoren

(1) Vergleichsfaktoren dienen der Ermittlung von Vergleichswerten insbesondere für bebaute Grundstücke.

(2) Vergleichsfaktoren sind durchschnittliche, auf eine geeignete Bezugseinheit bezogene Werte für Grundstücke mit bestimmten wertbeeinflussenden Grundstücksmerkmalen (Normobjekte).

(3) Vergleichsfaktoren werden ermittelt auf der Grundlage von

1. geeigneten Kaufpreisen und
2. der diesen Kaufpreisen entsprechenden Flächen- oder Raumeinheit (Gebäudefaktoren), den diesen Kaufpreisen entsprechenden marktüblich erzielbaren jährlichen Erträgen (Ertragsfaktoren) oder einer sonstigen geeigneten Bezugseinheit.

§ 21 Liegenschaftszinssätze; Sachwertfaktoren

(1) Liegenschaftszinssätze und Sachwertfaktoren dienen der Berücksichtigung der allgemeinen Wertverhältnisse auf dem jeweiligen Grundstücksmarkt, soweit diese nicht auf andere Weise zu berücksichtigen sind.

(2) Liegenschaftszinssätze sind Kapitalisierungszinssätze, mit denen Verkehrswerte von Grundstücken je nach Grundstücksart im Durchschnitt marktüblich verzinst werden. Liegenschaftszinssätze werden nach den Grundsätzen des Ertragswertverfahrens nach den §§ 27 bis 34 auf der Grundlage von geeigneten Kaufpreisen und den ihnen entsprechenden Reinerträgen ermittelt.

(3) Sachwertfaktoren geben das Verhältnis des vorläufigen marktangepassten Sachwerts zum vorläufigen Sachwert an. Die Sachwertfaktoren werden nach den Grundsätzen des Sachwertverfahrens nach den §§ 35 bis 38 auf der Grundlage von geeigneten Kaufpreisen und den ihnen entsprechenden vorläufigen Sachwerten ermittelt.

§ 22 Erbbaurechts- und Erbbaugrundstücksfaktoren

(1) Erbbaurechts- und Erbbaugrundstücksfaktoren dienen im Wesentlichen der Berücksichtigung der dem Erbbaurecht allgemein beizumessenden Werteinflüsse, soweit sie nicht bereits im finanzmathematischen Wert berücksichtigt sind.

(2) Erbbaurechtsfaktoren geben das Verhältnis des vorläufigen Vergleichswerts des Erbbaurechts zum finanzmathematischen Wert des Erbbaurechts an. Erbbaugrundstücksfaktoren geben das

Verhältnis des vorläufigen Vergleichswerts des Erbbaugrundstücks zum finanzmathematischen Wert des Erbbaugrundstücks an.

(3) Die Erbbaurechtsfaktoren und Erbbaugrundstücksfaktoren werden nach den Grundsätzen der §§ 50 und 52 auf der Grundlage von geeigneten Kaufpreisen und den diesen Kaufpreisen entsprechenden finanzmathematischen Werten ermittelt.

§ 23 Erbbaurechts- und Erbbaugrundstückskoeffizienten

(1) Erbbaurechts- und Erbbaugrundstückskoeffizienten dienen im Wesentlichen der Berücksichtigung der dem Erbbaurecht allgemein beizumessenden Werteinflüsse.

(2) Die Erbbaurechtskoeffizienten geben das Verhältnis des vorläufigen Vergleichswerts des Erbbaurechts zum Wert des fiktiven Volleigentums im Sinne des § 49 Absatz 1 Satz 2 an. Die Erbbaugrundstückskoeffizienten geben das Verhältnis des vorläufigen Vergleichswerts des Erbbaugrundstücks zum Bodenwert des fiktiv unbelasteten Grundstücks im Sinne des § 47 Absatz 1 Satz 1 Nummer 2 an.

(3) Die Erbbaurechtskoeffizienten werden auf der Grundlage von geeigneten Kaufpreisen und den diesen Kaufpreisen entsprechenden Werten des fiktiven Volleigentums ermittelt. Die Erbbaugrundstückskoeffizienten werden auf der Grundlage von geeigneten Kaufpreisen und den diesen Kaufpreisen entsprechenden Bodenwerten der fiktiv unbelasteten Grundstücke ermittelt.

Teil 3 – Besondere Grundsätze zu den einzelnen Wertermittlungsverfahren

Abschnitt 1 – Vergleichswertverfahren

§ 24 Grundlagen des Vergleichswertverfahrens

(1) Im Vergleichswertverfahren wird der Vergleichswert aus einer ausreichenden Anzahl von Vergleichspreisen im Sinne des § 25 ermittelt. Neben oder anstelle von Vergleichspreisen können insbesondere bei bebauten Grundstücken ein objektspezifisch angepasster Vergleichsfaktor im Sinne des § 26 Absatz 1 und bei der Bodenwertermittlung ein objektspezifisch angepasster Bodenrichtwert im Sinne des § 26 Absatz 2 herangezogen werden.

(2) Der vorläufige Vergleichswert kann ermittelt werden

1. auf Grundlage einer statistischen Auswertung einer ausreichenden Anzahl von Vergleichspreisen oder
2. durch Multiplikation eines objektspezifisch angepassten Vergleichsfaktors oder eines objektspezifisch angepassten Bodenrichtwerts mit der entsprechenden Bezugsgröße des Wertermittlungsobjekts.

(3) Der marktangepasste vorläufige Vergleichswert entspricht nach Maßgabe des § 7 dem vorläufigen Vergleichswert.

(4) Der Vergleichswert ergibt sich aus dem marktangepassten vorläufigen Vergleichswert und der Berücksichtigung vorhandener besonderer objektspezifischer Grundstücksmerkmale des Wertermittlungsobjekts.

§ 25 Vergleichspreise

Zur Ermittlung von Vergleichspreisen sind Kaufpreise solcher Grundstücke (Vergleichsgrundstücke) heranzuziehen, die mit dem zu bewertenden Grundstück hinreichend übereinstimmende Grundstücksmerkmale aufweisen und die zu Zeitpunkten verkauft worden sind (Vertragszeitpunkte), die in hinreichender zeitlicher Nähe zum Wertermittlungsstichtag stehen. Die Kaufpreise sind auf ihre Eignung im Sinne des § 9 Absatz 1 Satz 1 zu prüfen und bei etwaigen Abweichungen nach Maßgabe des § 9 Absatz 1 Satz 2 und 3 an die Gegebenheiten des Wertermittlungsobjekts anzupassen.

§ 26 Objektspezifisch angepasster Vergleichsfaktor; objektspezifisch angepasster Bodenrichtwert

(1) Zur Ermittlung des objektspezifisch angepassten Vergleichsfaktors ist der nach § 20 ermittelte Vergleichsfaktor auf seine Eignung im Sinne des § 9 Absatz 1 Satz 1 zu prüfen und bei etwaigen Abweichungen nach Maßgabe des § 9 Absatz 1 Satz 2 und 3 an die Gegebenheiten des Wertermittlungsobjekts anzupassen.

(2) Zur Ermittlung des objektspezifisch angepassten Bodenrichtwerts sind die nach den §§ 13 bis 16 ermittelten Bodenrichtwerte auf ihre Eignung im Sinne des § 9 Absatz 1 Satz 1 zu prüfen und bei etwaigen Abweichungen nach Maßgabe des § 9 Absatz 1 Satz 2 und 3 an die Gegebenheiten des Wertermittlungsobjekts anzupassen.

Abschnitt 2 – Ertragswertverfahren

Unterabschnitt 1 – Allgemeines

§ 27 Grundlagen des Ertragswertverfahrens

(1) Im Ertragswertverfahren wird der Ertragswert auf der Grundlage marktüblich erzielbarer Erträge ermittelt. Soweit die Ertragsverhältnisse mit hinreichender Sicherheit aufgrund konkreter Tatsachen wesentlichen Veränderungen unterliegen oder wesentlich von den marktüblich erzielbaren Erträgen abweichen, kann der Ertragswert auf der Grundlage periodisch unterschiedlicher Erträge ermittelt werden.

(2) Der vorläufige Ertragswert wird auf der Grundlage des nach den §§ 40 bis 43 zu ermittelnden Bodenwerts und des Reinertrags im Sinne des § 31 Absatz 1, der Restnutzungsdauer im Sinne des § 4 Absatz 3 und des objektspezifisch angepassten Liegenschaftszinssatzes im Sinne des § 33 ermittelt.

(3) Der marktangepasste vorläufige Ertragswert entspricht nach Maßgabe des § 7 dem vorläufigen Ertragswert.

(4) Der Ertragswert ergibt sich aus dem marktangepassten vorläufigen Ertragswert und der Berücksichtigung vorhandener besonderer objektspezifischer Grundstücksmerkmale des Wertermittlungsobjekts.

(5) Für die Ermittlung des Ertragswerts stehen folgende Verfahrensvarianten zur Verfügung:

1. das allgemeine Ertragswertverfahren;
2. das vereinfachte Ertragswertverfahren;
3. das periodische Ertragswertverfahren.

Unterabschnitt 2 – Verfahrensvarianten

§ 28 Allgemeines Ertragswertverfahren

Im allgemeinen Ertragswertverfahren wird der vorläufige Ertragswert ermittelt durch Bildung der Summe aus

1. dem kapitalisierten jährlichen Reinertragsanteil der baulichen Anlagen zum Wertermittlungsstichtag, der unter Abzug des Bodenwertverzinsungsbetrags ermittelt wurde (vorläufiger Ertragswert der baulichen Anlagen), und
2. dem Bodenwert.

Der Ermittlung des Bodenwertverzinsungsbetrags und der Kapitalisierung des jährlichen Reinertragsanteils der baulichen Anlagen ist jeweils derselbe objektspezifisch angepasste Liegenschaftszinssatz zugrunde zu legen. Die Kapitalisierungsdauer entspricht der Restnutzungsdauer der baulichen Anlagen.

§ 29 Vereinfachtes Ertragswertverfahren

Im vereinfachten Ertragswertverfahren wird der vorläufige Ertragswert ermittelt durch Bildung der Summe aus

1. dem kapitalisierten jährlichen Reinertrag zum Wertermittlungsstichtag (Barwert des Reinertrags) und
2. dem über die Restnutzungsdauer der baulichen Anlagen abgezinsten Bodenwert.

Der Kapitalisierung des jährlichen Reinertrags und der Abzinsung des Bodenwerts ist jeweils derselbe objektspezifisch angepasste Liegenschaftszinssatz zugrunde zu legen. Die Kapitalisierungs- oder Abzinsungsdauer entspricht der Restnutzungsdauer der baulichen Anlagen.

§ 30 Periodisches Ertragswertverfahren

(1) Im periodischen Ertragswertverfahren kann der vorläufige Ertragswert ermittelt werden durch Bildung der Summe aus

1. den zu addierenden und auf den Wertermittlungsstichtag abgezinsten, aus gesicherten Daten abgeleiteten Reinerträgen der Perioden innerhalb des Betrachtungszeitraums und
2. dem über den Betrachtungszeitraum auf den Wertermittlungsstichtag abgezinsten Restwert des Grundstücks.

(2) Der Betrachtungszeitraum, für den die periodisch unterschiedlichen Erträge ermittelt werden, ist so zu wählen, dass die Höhe der im Betrachtungszeitraum anfallenden Erträge mit hinreichender Sicherheit ermittelt werden kann; hierbei sollen zehn Jahre nicht überschritten werden. Der Abzinsung ist in der Regel der objektspezifisch angepasste Liegenschaftszinssatz zugrunde zu legen.

(3) Der Restwert des Grundstücks kann ermittelt werden durch Bildung der Summe aus

1. dem Barwert des Reinertrags der Restperiode und
2. dem über die Restperiode abgezinsten Bodenwert.

Die Restperiode ist die um den Betrachtungszeitraum reduzierte Restnutzungsdauer. Die Kapitalisierung des Reinertrags der Restperiode erfolgt über die Dauer der Restperiode. Der Kapitalisierung und der Abzinsung ist jeweils derselbe objektspezifisch angepasste Liegenschaftszinssatz zugrunde zu legen.

Unterabschnitt 3 – Ermittlung des Ertragswerts

§ 31 Reinertrag; Rohertrag

(1) Der jährliche Reinertrag ergibt sich aus dem jährlichen Rohertrag abzüglich der Bewirtschaftungskosten.

(2) Der Rohertrag ergibt sich aus den bei ordnungsgemäßer Bewirtschaftung und zulässiger Nutzung marktüblich erzielbaren Erträgen; hierbei sind die tatsächlichen Erträge zugrunde zu legen, wenn sie marktüblich erzielbar sind. Bei Anwendung des periodischen Ertragswertverfahrens ergibt sich der Rohertrag insbesondere aus den vertraglichen Vereinbarungen.

§ 32 Bewirtschaftungskosten

(1) Bewirtschaftungskosten sind die für eine ordnungsgemäße Bewirtschaftung und zulässige Nutzung entstehenden regelmäßigen Aufwendungen, die nicht durch Umlagen oder sonstige Kostenübernahmen gedeckt sind. Zu den Bewirtschaftungskosten gehören

1. die Verwaltungskosten,
2. die Instandhaltungskosten,
3. das Mietausfallwagnis und
4. die Betriebskosten im Sinne des § 556 Absatz 1 Satz 2 des Bürgerlichen Gesetzbuchs.

(2) Verwaltungskosten umfassen insbesondere die Kosten der zur Verwaltung des Grundstücks erforderlichen Arbeitskräfte und Einrichtungen, die Kosten der Aufsicht und die Kosten der Geschäftsführung sowie den Gegenwert der von Eigentümerseite persönlich geleisteten Verwaltungsarbeit.

(3) Instandhaltungskosten umfassen die Kosten, die im langjährigen Mittel infolge Abnutzung oder Alterung zur Erhaltung des der Wertermittlung zugrunde gelegten Ertragsniveaus der baulichen Anlagen während ihrer Restnutzungsdauer marktüblich aufgewendet werden müssten.

(4) Das Mietausfallwagnis umfasst

1. das Risiko einer Ertragsminderung, die durch uneinbringliche Zahlungsrückstände von Mieten, Pachten und sonstigen Einnahmen oder durch vorübergehenden Leerstand von Grundstücken oder Grundstücksteilen entstehen, die zur Vermietung, Verpachtung oder sonstigen Nutzung bestimmt sind,
2. das Risiko von bei uneinbringlichen Zahlungsrückständen oder bei vorübergehendem Leerstand anfallenden, vom Eigentümer zusätzlich zu tragenden Bewirtschaftungskosten sowie
3. das Risiko von uneinbringlichen Kosten einer Rechtsverfolgung auf Zahlung, auf Aufhebung eines Mietverhältnisses oder auf Räumung.

§ 33 Objektspezifisch angepasster Liegenschaftszinssatz

Zur Ermittlung des objektspezifisch angepassten Liegenschaftszinssatzes ist der nach § 21 Absatz 2 ermittelte Liegenschaftszinssatz auf seine Eignung im Sinne des § 9 Absatz 1 Satz 1 zu prüfen und bei etwaigen Abweichungen nach Maßgabe des § 9 Absatz 1 Satz 2 und 3 an die Gegebenheiten des Wertermittlungsobjekts anzupassen.

§ 34 Barwertfaktor

(1) Der Kapitalisierung und der Abzinsung sind Barwertfaktoren auf der Grundlage der Restnutzungsdauer und des objektspezifisch angepassten Liegenschaftszinssatzes zugrunde zu legen.

(2) Der jährlich nachschüssige Rentenbarwertfaktor für die Kapitalisierung (Kapitalisierungsfaktor) ist nach der folgenden Formel zu ermitteln:

$$Kapitalisierungsfaktor\ (KF) = \frac{q^n - 1}{q^n \times (q - 1)}$$

$$q = 1 + LZ \qquad LZ = \frac{p}{100}$$

LZ	= Liegenschaftszinssatz
p	= Zinsfuß
n	= Restnutzungsdauer

(3) Der Barwertfaktor für die Abzinsung (Abzinsungsfaktor) ist nach der folgenden Formel zu ermitteln:

$$Abzinsungsfaktor\ (AF) = \frac{1}{q^n}$$

$$q = 1 + LZ \qquad LZ = \frac{p}{100}$$

LZ	= Liegenschaftszinssatz
p	= Zinsfuß
n	= Restnutzungsdauer

Abschnitt 3 – Sachwertverfahren

§ 35 Grundlagen des Sachwertverfahrens

(1) Im Sachwertverfahren wird der Sachwert des Grundstücks aus den vorläufigen Sachwerten der nutzbaren baulichen und sonstigen Anlagen sowie aus dem Bodenwert ermittelt.

(2) Der vorläufige Sachwert des Grundstücks ergibt sich durch Bildung der Summe aus

1. dem vorläufigen Sachwert der baulichen Anlagen im Sinne des § 36,
2. dem vorläufigen Sachwert der baulichen Außenanlagen und sonstigen Anlagen im Sinne des § 37 und
3. dem nach den §§ 40 bis 43 zu ermittelnden Bodenwert.

(3) Der marktangepasste vorläufige Sachwert des Grundstücks ergibt sich durch Multiplikation des vorläufigen Sachwerts mit einem objektspezifisch angepassten Sachwertfaktor im Sinne des § 39. Nach Maßgabe des § 7 Absatz 2 kann zusätzlich eine Marktanpassung durch marktübliche Zu- oder Abschläge erforderlich sein.

(4) Der Sachwert des Grundstücks ergibt sich aus dem marktangepassten vorläufigen Sachwert und der Berücksichtigung vorhandener besonderer objektspezifischer Grundstücksmerkmale des Wertermittlungsobjekts.

§ 36 Vorläufiger Sachwert der baulichen Anlagen; durchschnittliche Herstellungskosten

(1) Zur Ermittlung des vorläufigen Sachwerts der baulichen Anlagen, ohne bauliche Außenanlagen, sind die durchschnittlichen Herstellungskosten mit dem Regionalfaktor und dem Alterswertminderungsfaktor zu multiplizieren.

(2) Die durchschnittlichen Herstellungskosten der baulichen Anlagen stehen für die aufzuwendenden Kosten, die sich unter Beachtung wirtschaftlicher Gesichtspunkte für die Errichtung eines dem Wertermittlungsobjekt nach Art und Standard vergleichbaren Neubaus am Wertermittlungsstichtag unter Zugrundelegung zeitgemäßer, wirtschaftlicher Bauweisen ergeben würden. Der Ermitt-

lung der durchschnittlichen Herstellungskosten sind in der Regel modellhafte Kostenkennwerte zugrunde zu legen, die auf eine Flächen-, Raum- oder sonstige Bezugseinheit bezogen sind (Normalherstellungskosten), und mit der Anzahl der entsprechenden Bezugseinheiten der baulichen Anlage zu multiplizieren. Von den Normalherstellungskosten nicht erfasste werthaltige einzelne Bauteile sind durch marktübliche Zuschläge bei den durchschnittlichen Herstellungskosten zu berücksichtigen. Zur Umrechnung auf den Wertermittlungsstichtag ist der für den Wertermittlungsstichtag aktuelle und für die jeweilige Art der baulichen Anlage zutreffende Preisindex für die Bauwirtschaft des Statistischen Bundesamtes (Baupreisindex) zu verwenden. Ausnahmsweise können die durchschnittlichen Herstellungskosten der baulichen Anlagen nach den durchschnittlichen Kosten einzelner Bauleistungen ermittelt werden.

(3) Der Regionalfaktor ist ein vom örtlich zuständigen Gutachterausschuss festgelegter Modellparameter zur Anpassung der durchschnittlichen Herstellungskosten an die Verhältnisse am örtlichen Grundstücksmarkt.

§ 37 Vorläufiger Sachwert der baulichen Außenanlagen und sonstigen Anlagen

Der vorläufige Sachwert der für die jeweilige Gebäudeart üblichen baulichen Außenanlagen und sonstigen Anlagen ist gesondert zu ermitteln, soweit die Anlagen wertbeeinflussend sind und nicht bereits anderweitig erfasst wurden. Der vorläufige Sachwert kann entsprechend § 36 nach den durchschnittlichen Herstellungskosten, nach Erfahrungssätzen oder hilfsweise durch sachverständige Schätzung ermittelt werden. Werden durchschnittliche Herstellungskosten zugrunde gelegt, richtet sich die bei Ermittlung der Alterswertminderung anzusetzende Restnutzungsdauer in der Regel nach der Restnutzungsdauer der baulichen Anlage.

§ 38 Alterswertminderungsfaktor

Der Alterswertminderungsfaktor entspricht dem Verhältnis der Restnutzungsdauer zur Gesamtnutzungsdauer.

§ 39 Objektspezifisch angepasster Sachwertfaktor

Zur Ermittlung des objektspezifisch angepassten Sachwertfaktors ist der nach § 21 Absatz 3 ermittelte Sachwertfaktor auf seine Eignung im Sinne des § 9 Absatz 1 Satz 1 zu prüfen und bei etwaigen Abweichungen nach § 9 Absatz 1 Satz 2 und 3 an die Gegebenheiten des Wertermittlungsobjekts anzupassen.

§ 35 Grundlagen des Sachwertverfahrens

(1) Im Sachwertverfahren wird der Sachwert des Grundstücks aus den vorläufigen Sachwerten der nutzbaren baulichen und sonstigen Anlagen sowie aus dem Bodenwert ermittelt.

(2) Der vorläufige Sachwert des Grundstücks ergibt sich durch Bildung der Summe aus

1. dem vorläufigen Sachwert der baulichen Anlagen im Sinne des § 36,
2. dem vorläufigen Sachwert der baulichen Außenanlagen und sonstigen Anlagen im Sinne des § 37 und
3. dem nach den §§ 40 bis 43 zu ermittelnden Bodenwert.

(3) Der marktangepasste vorläufige Sachwert des Grundstücks ergibt sich durch Multiplikation des vorläufigen Sachwerts mit einem objektspezifisch angepassten Sachwertfaktor im Sinne des § 39. Nach Maßgabe des § 7 Absatz 2 kann zusätzlich eine Marktanpassung durch marktübliche Zu- oder Abschläge erforderlich sein.

(4) Der Sachwert des Grundstücks ergibt sich aus dem marktangepassten vorläufigen Sachwert und der Berücksichtigung vorhandener besonderer objektspezifischer Grundstücksmerkmale des Wertermittlungsobjekts.

Teil 4 – Bodenwertermittlung; grundstücksbezogene Rechte und Belastungen

Abschnitt 1 – Bodenwertermittlung

§ 40 Allgemeines zur Bodenwertermittlung

(1) Der Bodenwert ist vorbehaltlich des Absatzes 5 ohne Berücksichtigung der vorhandenen baulichen Anlagen auf dem Grundstück vorrangig im Vergleichswertverfahren nach den §§ 24 bis 26 zu ermitteln.

(2) Neben oder anstelle von Vergleichspreisen kann nach Maßgabe des § 26 Absatz 2 ein objektspezifisch angepasster Bodenrichtwert verwendet werden.

(3) Steht keine ausreichende Anzahl von Vergleichspreisen oder steht kein geeigneter Bodenrichtwert zur Verfügung, kann der Bodenwert deduktiv oder in anderer geeigneter Weise ermittelt werden. Werden hierbei die allgemeinen Wertverhältnisse nicht ausreichend berücksichtigt, ist eine Marktanpassung durch marktübliche Zu- oder Abschläge erforderlich.

(4) Bei der Ermittlung der sanierungs- oder entwicklungsbedingten Bodenwerterhöhung zur Bemessung von Ausgleichsbeträgen nach § 154 Absatz 1 oder § 166 Absatz 3 Satz 4 des Baugesetzbuchs sind die Anfangs- und Endwerte bezogen auf denselben Wertermittlungsstichtag zu ermitteln. Der jeweilige Grundstückszustand ist nach Maßgabe des § 154 Absatz 2 des Baugesetzbuchs zu ermitteln.

(5) Die tatsächliche bauliche Nutzung kann insbesondere in folgenden Fällen den Bodenwert beeinflussen:

1. wenn dies dem gewöhnlichen Geschäftsverkehr entspricht, ist ein erhebliches Abweichen der tatsächlichen von der nach § 5 Absatz 1 maßgeblichen Nutzung bei der Ermittlung des Bodenwerts bebauter Grundstücke zu berücksichtigen;
2. wenn bauliche Anlagen auf einem Grundstück im Außenbereich rechtlich und wirtschaftlich weiterhin nutzbar sind, ist dieser Umstand bei der Ermittlung des Bodenwerts in der Regel werterhöhend zu berücksichtigen;
3. wenn bei einem Grundstück mit einem Liquidationsobjekt im Sinne des § 8 Absatz 3 Satz 2 Nummer 3 mit keiner alsbaldigen Freilegung zu rechnen ist, gilt § 43.

§ 41 Erhebliche Überschreitung der marktüblichen Grundstücksgröße

Bei einer erheblichen Überschreitung der marktüblichen Grundstücksgröße kommt eine getrennte Ermittlung des Werts der über die marktübliche Grundstücksgröße hinausgehenden selbstständig nutzbaren oder sonstigen Teilfläche in Betracht; der Wert der Teilfläche ist in der Regel als besonderes objektspezifisches Grundstücksmerkmal zu berücksichtigen.

§ 42 Bodenwert von Bauerwartungsland und Rohbauland

Der Bodenwert von Bauerwartungs- oder Rohbauland kann in Anwendung des § 40 Absatz 3 ausgehend vom Bodenwert für entsprechend genutztes oder nutzbares baureifes Land deduktiv durch angemessene Berücksichtigung der auf dem örtlichen Grundstücksmarkt marktüblichen Kosten der Baureifmachung und unter Berücksichtigung der Wartezeit in Verbindung mit einem Realisierungsrisiko nach Maßgabe des § 11 Absatz 2 oder in sonstiger geeigneter Weise ermittelt werden.

§ 43 Nutzungsabhängiger Bodenwert bei Liquidationsobjekten

(1) Ist bei einem Grundstück mit einem Liquidationsobjekt im Sinne des § 8 Absatz 3 Satz 2 Nummer 3 insbesondere aus rechtlichen Gründen mit der Freilegung erst zu einem späteren Zeitpunkt zu rechnen (aufgeschobene Freilegung) oder ist langfristig nicht mit einer Freilegung zu rechnen, so ist bei der Bodenwertermittlung von dem sich unter Berücksichtigung der tatsächlichen Nutzung ergebenden Bodenwert (nutzungsabhängiger Bodenwert) auszugehen, soweit dies marktüblich ist.

(2) Im Fall einer aufgeschobenen Freilegung ist der Wertvorteil, der sich aus der künftigen Nutzbarkeit ergibt, bei der Wertermittlung als besonderes objektspezifisches Grundstücksmerkmal zu berücksichtigen, soweit dies marktüblich ist. Der Wertvorteil ergibt sich aus der abgezinsten Differenz zwischen dem Bodenwert, den das Grundstück ohne das Liquidationsobjekt haben würde, und dem nutzungsabhängigen Bodenwert. Die Freilegungskosten sind über den Zeitraum bis zur Freilegung abzuzinsen und als besonderes objektspezifisches Grundstücksmerkmal zu berücksichtigen, soweit dies marktüblich ist.

§ 44 Gemeinbedarfsflächen

Gemeinbedarfsflächen sind Flächen, für die eine öffentlichen Zweckbindung besteht. Bei Ermittlung des Werts ist danach zu differenzieren, ob es sich um Gemeinbedarfsflächen handelt, die

1. weiterhin für denselben öffentlichen Zweck genutzt werden oder die unter der Änderung der öffentlichen Zweckbindung einem anderen Gemeinbedarf zugeführt werden sollen (bleibende Gemeinbedarfsflächen),
2. ihre öffentliche Zweckbindung verlieren (abgehende Gemeinbedarfsflächen) oder
3. bislang keiner öffentlichen Zweckbestimmung unterlagen und erst für Gemeinbedarfszwecke zu beschaffen sind (künftige Gemeinbedarfsflächen).

§ 45 Wasserflächen

Der Verkehrswert von Wasserflächen hängt in erster Linie von der rechtlich zulässigen Nutzungsmöglichkeit ab. Dabei kann insbesondere eine Abhängigkeit von dem Verkehrswert einer mit der Wasserfläche in unmittelbarem wirtschaftlichen Zusammenhang stehenden Landfläche bestehen oder eine ertragsorientierte Nutzung der Wasserfläche maßgeblich sein.

Abschnitt 2 – Grundstücksbezogene Rechte und Belastungen

Unterabschnitt 1 – Allgemeines

§ 46 Allgemeines zu grundstücksbezogenen Rechten und Belastungen

(1) Grundstücksbezogene Rechte und Belastungen können den Wert des begünstigten und den Wert des belasteten Grundstücks beeinflussen sowie Gegenstand einer eigenständigen Wertermittlung sein.

(2) Als grundstücksbezogene Rechte und Belastungen kommen insbesondere in Betracht

1. grundstücksgleiche Rechte,
2. weitere beschränkte dingliche Rechte,
3. Baulasten,

4. grundstücksbezogene gesetzliche Beschränkungen des Eigentums sowie
5. miet-, pacht- und wohnungsrechtliche Bindungen.

§ 47 Grundsätze der Wertermittlung bei Rechten und Belastungen

(1) Der Wert des begünstigten oder des belasteten Grundstücks kann ermittelt werden

1. aus Vergleichspreisen oder
2. ausgehend vom Wert des fiktiv nicht begünstigten oder des fiktiv unbelasteten Grundstücks.

Hierbei sind die allgemeinen Wertverhältnisse im Hinblick auf das Recht oder die Belastung zu berücksichtigen.

(2) In den Fällen nach Absatz 1 Satz 1 Nummer 2 kann der Wert des begünstigten oder des belasteten Grundstücks ermittelt werden

1. durch den Ansatz von Umrechnungskoeffizienten oder
2. durch Berücksichtigung des Werteinflusses des Rechts oder der Belastung.

(3) Der Werteinfluss im Sinne des Absatzes 2 Nummer 2 kann ermittelt werden

1. durch Berücksichtigung der wirtschaftlichen Vor- und Nachteile oder
2. in anderer geeigneter Weise.

(4) Der Wert eines Rechts oder einer Belastung kann ermittelt werden

1. aus dem Vergleich mit Kaufpreisen für vergleichbare Rechte oder Belastungen,
2. durch Berücksichtigung der wirtschaftlichen Vor- und Nachteile,
3. ausgehend vom Wert des fiktiv nicht begünstigten oder des fiktiv unbelasteten Grundstücks oder
4. in anderer geeigneter Weise.

Hierbei sind die allgemeinen Wertverhältnisse im Hinblick auf das Recht oder die Belastung zu berücksichtigen.

(5) Wird der Werteinfluss oder der Wert des Rechts oder der Belastung aus wirtschaftlichen Vor- und Nachteilen ermittelt, so sind die jährlichen Vor- und Nachteile über die Restlaufzeit des Rechts oder der Belastung zu kapitalisieren. Sind Rechte oder Belastungen an das Leben gebunden, ist mit Leibrentenbarwertfaktoren zu kapitalisieren. Ist der Berechtigte eine juristische Person, ist von einem angemessenen Zeitrentenbarwertfaktor auszugehen.

Unterabschnitt 2 – Erbbaurecht und Erbbaugrundstück

§ 48 Allgemeines zum Erbbaurecht und Erbbaugrundstück

Der Verkehrswert des Erbbaurechts und der Verkehrswert des Erbbaugrundstücks sind unter Berücksichtigung der vertraglichen Vereinbarungen und der sonstigen wertbeeinflussenden Umstände in Abhängigkeit von den zur Verfügung stehenden Daten zu ermitteln. Der Verkehrswert des Erbbaurechts kann im Vergleichswertverfahren nach den §§ 49 und 50 oder auf andere geeignete Weise ermittelt werden. Der Verkehrswert des Erbbaugrundstücks kann im Vergleichswertverfahren nach den §§ 51 und 52 oder auf andere geeignete Weise ermittelt werden.

§ 49 Vergleichswertverfahren für das Erbbaurecht

(1) Im Vergleichswertverfahren kann der Wert des Erbbaurechts insbesondere ermittelt werden

1. aus Vergleichspreisen für veräußerte Erbbaurechte,
2. ausgehend von dem nach § 50 zu ermittelnden finanzmathematischen Wert des Erbbaurechts oder
3. ausgehend vom Wert des fiktiven Volleigentums im Sinne des Satzes 2.

Der Wert des fiktiven Volleigentums ist der Wert des fiktiv unbelasteten Grundstücks, der dem marktangepassten vorläufigen Vergleichs-, Ertrags- oder Sachwert ohne Berücksichtigung von besonderen objektspezifischen Grundstücksmerkmalen entspricht.

(2) Der vorläufige Vergleichswert des Erbbaurechts kann insbesondere ermittelt werden

1. auf der Grundlage einer statistischen Auswertung einer ausreichenden Anzahl von Vergleichspreisen,
2. durch Multiplikation des finanzmathematischen Werts des Erbbaurechts mit einem objektspezifisch angepassten Erbbaurechtsfaktor oder
3. durch Multiplikation des Werts des fiktiven Volleigentums mit einem objektspezifisch angepassten Erbbaurechtskoeffizienten.

Zur Ermittlung des objektspezifisch angepassten Erbbaurechtsfaktors und des objektspezifisch angepassten Erbbaurechtskoeffizienten ist das nach dem § 22 oder § 23 *ermittelte*[1] Datum auf seine Eignung im Sinne des § 9 Absatz 1 Satz 1 zu prüfen und bei etwaigen *Abweichungen*[2] nach Maßgabe des § 9 Absatz 1 Satz 2 und 3 an die Gegebenheiten des Wertermittlungsobjekts anzupassen.

(3) Der marktangepasste vorläufige Vergleichswert des Erbbaurechts entspricht nach Maßgabe des § 7 dem vorläufigen Vergleichswert des Erbbaurechts.

(4) Der Vergleichswert des Erbbaurechts ergibt sich aus dem marktangepassten vorläufigen Vergleichswert des Erbbaurechts und der Berücksichtigung vorhandener besonderer objektspezifischer Grundstücksmerkmale des Wertermittlungsobjekts.

§ 50 Finanzmathematischer Wert des Erbbaurechts

(1) Ausgangsgröße für die Ermittlung des finanzmathematischen Werts des Erbbaurechts ist der Wert des fiktiven Volleigentums im Sinne des § 49 Absatz 1 Satz 2.

(2) Der finanzmathematische Wert des Erbbaurechts wird ermittelt durch Bildung der Summe aus

1. dem Wert des fiktiven Volleigentums abzüglich des Bodenwerts des fiktiv unbelasteten Grundstücks und
2. der über die Restlaufzeit des Erbbaurechts kapitalisierten Differenz aus dem angemessenen und dem erzielbaren Erbbauzins oder ausnahmsweise der Differenz aus dem jeweils über die Restlaufzeit des Erbbaurechts kapitalisierten angemessenen und erzielbaren Erbbauzins.

---

1 § 49 Abs. 2 Satz 2 Kursivdruck: Auf Grund offensichtlicher Unrichtigkeit wurde das Wort „emittelte“ durch das Wort „ermittelte“ ersetzt.

2 § 49 Abs. 2 Satz 2 Kursivdruck: Auf Grund offensichtlicher Unrichtigkeit wurde das Wort „Abweichnungen“ durch das Wort „Abweichungen“ ersetzt.

Bei einer über die Restlaufzeit des Erbbaurechts hinausgehenden Restnutzungsdauer der baulichen Anlagen ist ergänzend zu Satz 1 der bei Zeitablauf nicht zu entschädigende Wertanteil der baulichen Anlagen abzuzinsen und abzuziehen.

(3) Der angemessene Erbbauzins wird in der Regel auf der Grundlage des angemessenen Erbbauzinssatzes und des Bodenwerts des Grundstücks, an dem das Erbbaurecht bestellt wird, ermittelt. Der angemessene Erbbauzinssatz ist der Zinssatz, der sich bei Neubestellung von Erbbaurechten der betroffenen Grundstücksart am Wertermittlungsstichtag im gewöhnlichen Geschäftsverkehr ergibt oder ein anderer geeigneter Zinssatz.

(4) Der erzielbare Erbbauzins ist der Betrag, der sich aus dem im Erbbaurechtsvertrag vereinbarten Erbbauzins unter Berücksichtigung vertraglich vereinbarter und gesetzlich zulässiger Anpassungsmöglichkeiten ergibt.

§ 51 Vergleichswertverfahren für das Erbbaugrundstück

(1) Im Vergleichswertverfahren kann der Wert des Erbbaugrundstücks insbesondere ermittelt werden

1. aus Vergleichspreisen für veräußerte Erbbaugrundstücke,
2. ausgehend von dem nach § 52 zu ermittelnden finanzmathematischen Wert des Erbbaugrundstücks oder
3. ausgehend vom Bodenwert des fiktiv unbelasteten Grundstücks.

(2) Der vorläufige Vergleichswert des Erbbaugrundstücks kann insbesondere ermittelt werden

1. auf Grundlage einer statistischen Auswertung einer ausreichenden Anzahl von Vergleichspreisen für Erbbaugrundstücke,
2. durch Multiplikation des finanzmathematischen Werts des Erbbaugrundstücks mit einem objektspezifisch angepassten Erbbaugrundstücksfaktor oder
3. durch Multiplikation des Bodenwerts des fiktiv unbelasteten Grundstücks mit einem objektspezifisch angepassten Erbbaugrundstückskoeffizienten.

Für die Ermittlung des objektspezifisch angepassten Erbbaugrundstücksfaktors und des objektspezifisch angepassten Erbbaugrundstückskoeffizienten gilt § 49 Absatz 2 Satz 2 entsprechend.

(3) Der marktangepasste vorläufige Vergleichswert des Erbbaugrundstücks entspricht nach Maßgabe des § 7 dem vorläufigen Vergleichswert des Erbbaugrundstücks.

(4) Der Vergleichswert des Erbbaugrundstücks ergibt sich aus dem marktangepassten vorläufigen Vergleichswert des Erbbaugrundstücks und der Berücksichtigung vorhandener besonderer objektspezifischer Grundstücksmerkmale des Wertermittlungsobjekts.

§ 52 Finanzmathematischer Wert des Erbbaugrundstücks

(1) Ausgangsgröße für die Ermittlung des finanzmathematischen Werts des Erbbaugrundstücks ist der Bodenwert des fiktiv unbelasteten Grundstücks.

(2) Der finanzmathematische Wert des Erbbaugrundstücks wird ermittelt durch Bildung der Summe aus

1. dem über die Restlaufzeit des Erbbaurechts abgezinsten Bodenwert des fiktiv unbelasteten Grundstücks und
2. dem über die Restlaufzeit des Erbbaurechts kapitalisierten erzielbaren Erbbauzins im Sinne des § 50 Absatz 4.

Bei einer über die Restlaufzeit hinausgehenden Restnutzungsdauer der baulichen Anlagen ist ergänzend zu Satz 1 der bei Zeitablauf nicht zu entschädigende Wertanteil der baulichen und sonstigen Anlagen abzuzinsen und hinzuzuaddieren.

Teil 5 – Schlussvorschriften

§ 53 Übergangsregelungen

(1) Bei Verkehrswertgutachten, die ab dem 1. Januar 2022 erstellt werden, ist unabhängig vom Wertermittlungsstichtag diese Verordnung anzuwenden.

(2) Bis zum Ablauf des 31. Dezember 2024 kann bei Ermittlung der sonstigen für die Wertermittlung erforderlichen Daten die Gesamtnutzungsdauer abweichend von § 12 Absatz 5 Satz 1 und Anlage 1 festgelegt sowie die Restnutzungsdauer abweichend von § 12 Absatz 5 Satz 1 und Anlage 2 ermittelt werden.

§ 54 Inkrafttreten, Außerkrafttreten

Diese Verordnung tritt am 1. Januar 2022 in Kraft. Gleichzeitig tritt die Immobilienwertermittlungsverordnung vom 19. Mai 2010 (BGBl. I S. 639), die durch Artikel 16 des Gesetzes vom 26. November 2019 (BGBl. I S. 1794) geändert worden ist, außer Kraft.

Schlussformel

Der Bundesrat hat zugestimmt.

Anlagen

Anlage 1 (zu § 12 Absatz 5 Satz 1)

Modellansätze für die Gesamtnutzungsdauer

Zur Festlegung der Gesamtnutzungsdauer sind bei Ermittlung der sonstigen für die Wertermittlung erforderlichen Daten die nachfolgenden Modellansätze zugrunde zu legen.

Art der baulichen Anlage Gesamtnutzungsdauer	Gesamtnutzungsdauer
freistehende Ein- und Zweifamilienhäuser, Doppelhäuser, Reihenhäuser	80 Jahre
Mehrfamilienhäuser	80 Jahre
Wohnhäuser mit Mischnutzung	80 Jahre
Geschäftshäuser	60 Jahre
Bürogebäude, Banken	60 Jahre
Gemeindezentren, Saalbauten, Veranstaltungsgebäude	40 Jahre
Kindergärten, Schulen	40 Jahre
Wohnheime, Alten- und Pflegeheime	50 Jahre
Krankenhäuser, Tageskliniken	40 Jahre
Beherbergungsstätten, Verpflegungseinrichtungen	40 Jahre
Sporthallen, Freizeitbäder, Heilbäder	40 Jahre
Verbrauchermärkte, Autohäuser	30 Jahre
Kauf- und Warenhäuser	50 Jahre
Einzelgaragen	60 Jahre
Tief- und Hochgaragen als Einzelbauwerk	40 Jahre
Betriebs- und Werkstätten, Produktionsgebäude	40 Jahre
Lager- und Versandgebäude	40 Jahre
Landwirtschaftliche Betriebsgebäude	30 Jahre

Für nicht aufgeführte Arten baulicher Anlagen ist die Gesamtnutzungsdauer aus der Gesamtnutzungsdauer vergleichbarer baulicher Anlagen abzuleiten.

Anlage 2 (zu § 12 Absatz 5 Satz 1)
Modell zur Ermittlung der Restnutzungsdauer von Wohngebäuden bei Modernisierungen

Bei Ermittlung der sonstigen für die Wertermittlung erforderlichen Daten ist zur Ermittlung der Restnutzungsdauer von Wohngebäuden im Fall von Modernisierungen das nachfolgend beschriebene Modell zugrunde zu legen.

Die Verwendung des nachfolgenden Modells ersetzt nicht die erforderliche sachverständige Würdigung des Einzelfalls.

I. Ermittlung der Modernisierungspunktzahl

Die Modernisierungspunktzahl kann durch Punktevergabe für einzelne Modernisierungselemente nach Nummer 1 oder durch sachverständige Einschätzung des Modernisierungsgrades nach Nummer 2 ermittelt werden.

1. Punktevergabe für einzelne Modernisierungselemente

Auf der Grundlage der nachfolgende Tabelle 1 sind unter Berücksichtigung der zum Stichtag oder der kurz vor dem Stichtag durchgeführten Modernisierungsmaßnahmen entsprechende Punkte für Modernisierungselemente zu vergeben. Aus den für die einzelnen Modernisierungselemente vergebenen Punkten ist eine Gesamtpunktzahl für die Modernisierung (Modernisierungspunkte) zu bilden.

Liegen die Maßnahmen weiter zurück, ist zu prüfen, ob nicht weniger als die maximal zu vergebenden Punkte anzusetzen sind. Wenn nicht modernisierte Bauelemente noch zeitgemäßen Ansprüchen genügen, sind mit einer Modernisierung vergleichbare Punkte zu vergeben.

Tab. 1: einzelne Modernisierungselemente mit den maximal zu vergebenden Punkten.

Modernisierungselemente	max. Punkte
Dacherneuerung inklusive Verbesserung der Wärmedämmung	4
Modernisierung der Fenster und Außentüren	2
Modernisierung der Leitungssysteme (Strom, Gas, Wasser, Abwasser)	2
Modernisierung der Heizungsanlage	2
Wärmedämmung der Außenwände	4
Modernisierung von Bädern	2
Modernisierung des Innenausbaus, z.B. Decken, Fußböden, Treppen	2
Wesentliche Verbesserung der Grundrissgestaltung	2

2. Sachverständige Einschätzung des Modernisierungsgrades

Auf der Grundlage einer sachverständigen Einschätzung des Modernisierungsgrades kann aufgrund der Tabelle 2 eine Gesamtpunktzahl für die Modernisierung ermittelt werden.

Tab. 2: Ermittlung des Modernisierungsgrades.

Modernisierungsgrad	Modernisierungspunktzahl
nicht modernisiert	0 bis 1 Punkt
kleine Modernisierungen im Rahmen der Instandhaltung	2 bis 5 Punkte
mittlerer Modernisierungsgrad	6 bis 10 Punkte
überwiegend modernisiert	11 bis 17 Punkte
umfassend modernisiert	18 bis 20 Punkte

II. Ermittlung der Restnutzungsdauer bei Modernisierungen

1. Allgemeines

Aus der nach I. ermittelten Modernisierungspunktzahl ergibt sich die Restnutzungsdauer der baulichen Anlage unter Nutzung der Formel unter II.2 auf der Grundlage der zugrunde gelegten Gesamtnutzungsdauer und des Alters der baulichen Anlage.

Davon abweichend kann die Restnutzungsdauer bei kernsanierten Objekten bis zu 90 Prozent der jeweiligen Gesamtnutzungsdauer betragen. Durch eine Kernsanierung wird das Gebäude in einen Zustand versetzt, der nahezu einem neuen Gebäude entspricht. Bei einer Kernsanierung ist als Baujahr das Jahr der fachgerechten Sanierung zugrunde zu legen. Die teilweise noch verbliebene alte Bausubstanz oder der von neuen Gebäuden abweichende Zustand z. B. des Kellers ist durch einen Abschlag zu berücksichtigen.

2. Formel zur Ermittlung der Restnutzungsdauer

Der Ermittlung der Restnutzungsdauer im Fall von Modernisierungen liegt ein theoretischer Modellansatz zugrunde. Das Modell geht davon aus, dass die Restnutzungsdauer (RND) auf maximal 70 Prozent der jeweiligen Gesamtnutzungsdauer (GND) gestreckt und nach der folgenden Formel berechnet wird:

$$RND = a \times \frac{Alter^2}{GND} - b \times Alter + c \times GND$$

Für die Variablen a, b und c sind die Werte der Tabelle 3 zu verwenden. Dabei ist zu beachten, dass Modernisierungen erst ab einem bestimmten Alter der baulichen Anlagen Auswirkungen auf die Restnutzungsdauer haben. Aus diesem Grund ist die Formel in Abhängigkeit von der anzusetzenden Gesamtnutzungsdauer erst ab einem bestimmten Alter (relatives Alter) anwendbar.

Das relative Alter wird nach der folgenden Formel ermittelt:

$$\frac{Alter}{GND} \times 100\%$$

Liegt das relative Alter unterhalb des in der Tabelle 3 angegebenen Wertes, gilt für die Ermittlung der Restnutzungsdauer die Formel:

RND = GND – Alter

Tab. 3: Angabe der Variablen a, b, c und des relativen Alters für die Anwendung der Formel zur Ermittlung der Restnutzungsdauer.

Modernisierungspunkte	a	b	c	ab einem relativen Alter von
0	1,25	2,62	1,52	60 %
1	1,25	2,62	1,52	55 %
2	1,08	2,27	1,38	50 %
3	0,90	1,93	1,25	45 %
4	0,73	1,58	1,11	40 %
5	0.67	1,46	1,08	35 %
6	0,62	1,34	1,06	30 %
7	0,56	1,22	1,03	25 %
8	0,50	1,10	1,00	20 %
9	0,47	1,03	0,99	19 %
10	0,43	0,96	0,98	18 %
11	0,40	0,88	0,97	17 %
12	0,36	0,81	0,96	16 %
13	0,33	0,74	0,95	15 %
14	0,30	0,68	0,95	14 %
15	0,28	0,62	0,95	13 %
16	0,25	0,56	0,94	12 %
17	0,23	0,50	0,94	11 %
18	0,20	0,44	0,04	10 %
19	0,20	0,44	0,94	10 %
20	0,20	0,44	0,94	10 %

Anlage 3 (zu § 12 Absatz 5 Satz 2)

Modellansätze für Bewirtschaftungskosten

Bei Ermittlung der Liegenschaftszinssätze sind die nachfolgenden Modellansätze zugrunde zu legen.

I. Bewirtschaftungskosten für Wohnnutzung

1. Verwaltungskosten (Stand 1. Januar 2021)

298 Euro	jährlich je Wohnung bzw. je Wohngebäude bei Ein- und Zweifamilienhäusern
357 Euro	jährlich je Eigentumswohnung
39 Euro	jährlich je Garage oder ähnlichem Einstellplatz

Die vorstehend genannten Werte gelten für das Jahr 2021. Für Wertermittlungsstichtage in den Folgejahren sind sie wie unter III. dargestellt anzupassen

2. Instandhaltungskosten (Stand 1. Januar 2021)

11,70 Euro	jährlich je Quadratmeter Wohnfläche, wenn die Schönheitsreparaturen von den Mietern getragen werden
88 Euro	jährlich je Garage oder ähnlichem Einstellplatz einschließlich der Kosten für Schönheitsreparaturen

Die vorstehend genannten Beträge gelten für das Jahr 2021. Für Wertermittlungsstichtage in den Folgejahren sind sie künftig wie unter III. dargestellt anzupassen.

3. Mietausfallwagnis

2 Prozent	des marktüblich erzielbaren Rohertrags bei Wohnnutzung

II. Bewirtschaftungskosten für gewerbliche Nutzung

1. Verwaltungskosten

3 Prozent	des marktüblich erzielbaren Rohertrags bei reiner und gemischter gewerblicher Nutzung

2. Instandhaltungskosten

Den Instandhaltungskosten für gewerbliche Nutzung wird jeweils ein Prozentsatz der Instandhaltungskosten für Wohnnutzung zugrunde gelegt.

100 Prozent	für gewerbliche Nutzung wie z. B. Büros, Praxen, Geschäfte und vergleichbare Nutzungen bzw. gewerblich genutzte Objekte mit vergleichbaren Baukosten, wenn der Vermieter die Instandhaltung für „Dach und Fach" trägt
50 Prozent	für gewerbliche Nutzung wie z. B. SB-Verbrauchermärkte und vergleichbare Nutzungen bzw. gewerblich genutzte Objekte mit vergleichbaren Baukosten, wenn der Vermieter die Instandhaltung für „Dach und Fach" trägt
30 Prozent	für gewerbliche Nutzung wie z. B. Lager-, Logistik- und Produktionshallen und vergleichbare Nutzungen bzw. gewerblich genutzte Objekte mit vergleichbaren Baukosten, wenn der Vermieter die Instandhaltung für „Dach und Fach" trägt

3. Mietausfallwagnis

4 Prozent	des marktüblich erzielbaren Rohertrags bei reiner bzw. gemischter gewerblicher Nutzung

III. Jährliche Anpassung

Die Anpassung der Werte nach den I.1 und I.2 erfolgt jährlich auf der Grundlage der in Satz 3 genannten Basiswerte mit dem Prozentsatz, um den sich der vom Statistischen Bundesamt festgestellte Verbraucherpreisindex für Deutschland für den Monat Oktober 2001 gegenüber demjenigen für den Monat Oktober des Jahres, das dem Stichtag der Ermittlung des Liegenschaftszinssatzes vorausgeht, erhöht oder verringert hat. Die Werte für die In-standhaltungskosten pro m^2 sind auf eine Nachkommastelle und bei den Instandhaltungs-kosten pro Garage oder ähnlichem Einstellplatz sowie Verwaltungskosten auf den vollen Euro kaufmännisch zu runden ist.

Es wird von folgenden Basiswerten für die Verwaltungs- und Instandhaltungskosten ausgegangen:

1. Verwaltungskosten

230 Euro	jährlich je Wohnung bzw. je Wohngebäude bei Ein- und Zweifamilienhäusern
275 Euro	jährlich je Eigentumswohnung
30 Euro	jährlich je Garage oder ähnlichem Einstellplatz

2. Instandhaltungskosten

9,00 Euro	jährlich je Quadratmeter Wohnfläche, wenn die Schönheitsreparaturen von den Mietern getragen werden
68 Euro	jährlich je Garage oder ähnlichem Einstellplatz einschließlich der Kosten für Schönheitsreparaturen

Anlage 4 (zu § 12 Absatz 5 Satz 3)

Normalherstellungskosten 2010 (NHK 2010)

I. Grundlagen

1. Allgemeines

(1) Bei Ermittlung der Sachwertfaktoren sind der Ermittlung der durchschnittlichen Herstellungskosten die Modellkosten dieser Anlage zugrunde zu legen.

(2) Die Kostenkennwerte der Normalherstellungskosten 2010 nach Nummer II beziehen sich auf eine Art der baulichen Anlage (Gebäudeart) unter Berücksichtigung einer Standardstufe. Die Zuordnung des Wertermittlungsobjekts zu einer Gebäudeart erfolgt aufgrund seiner Nutzung. Die Zuordnung zu einer Standardstufe erfolgt nach Nummer III aufgrund seiner Standardmerkmale; dabei sind zur Ermittlung eines zutreffenden Kostenkennwerts alle wertrelevanten Standardmerkmale des Wertermittlungsobjekts sachverständig einzustufen, auch wenn sie nicht in Nummer III beschrieben sind.

(3) Die Normalherstellungskosten 2010 erfassen die Kostengruppen 300 und 400 der DIN 276[3]), die Umsatzsteuer und die üblicherweise entstehenden Baunebenkosten (Kostengruppen 730 und 771 der DIN 276[1]), insbesondere Kosten für Planung, Baudurchführung, behördliche Prüfungen und Genehmigungen. Darüber hinaus enthalten sie weitere Angaben zur Höhe der eingerechneten Baunebenkosten, teilweise Korrekturfaktoren zur Anpassung des jeweiligen Kostenkennwerts wegen der speziellen Merkmale des Wertermittlungsobjekts sowie teilweise weitergehende Erläuterungen.

(4) Die Kostenkennwerte der Normalherstellungskosten sind in Euro pro Quadratmeter Grundfläche angegeben. Sie sind bezogen auf den im Jahresdurchschnitt bestehenden Kostenstand des Jahres 2010.

2. Brutto-Grundfläche

(1) Die Brutto-Grundfläche (BGF) ist die Summe der bezogen auf die jeweilige Gebäudeart marktüblich nutzbaren Grundflächen aller Grundrissebenen eines Bauwerks. Für die Ermittlung der Brutto-Grundfläche ist die DIN 277[1]) anzuwenden, deren Vorgaben für die Anwendung der Normalherstellungskosten durch die nachfolgenden Absätze teilweise ergänzt werden.

(2) In Anlehnung an die DIN 277[1] sind bei den Grundflächen folgende Bereiche zu unterscheiden:

a) Bereich a: überdeckt und allseitig in voller Höhe umschlossen,

b) Bereich b: überdeckt, jedoch nicht allseitig in voller Höhe umschlossen,

c) Bereich c: nicht überdeckt.

Für die Ermittlung der Brutto-Grundfläche sind nur die Grundflächen der Bereiche a und b zu berücksichtigen. Balkone, einschließlich überdeckter Balkone, sind dem Bereich c zuzuordnen.

(3) Für die Ermittlung der Brutto-Grundfläche sind die äußeren Maße der Baukonstruktionen einschließlich Bekleidung in Höhe der Oberseite der Boden- oder Deckenbeläge anzusetzen.

3 DIN 276-1:2006-11, Kosten im Bauwesen – Teil 1: Hochbau. Das Normblatt ist bei der Beuth Verlag GmbH, 10772 Berlin, zu beziehen und ist bei dem DeutschenPatentamt archivmäßig gesichert niedergelegt.

1 DIN 277-1:2005-02, Grundflächen und Rauminhalte von Bauwerken im Hochbau – Teil 1: Begriffe, Ermittlungsgrundlagen. Das Normblatt ist bei der Beuth Verlag GmbH, 10772 Berlin, zu beziehen und ist bei dem Deutschen Patentamt archivmäßig gesichert niedergelegt.

(4) Nicht zur Brutto-Grundfläche gehören beispielsweise Flächen von neben dem Dachgeschoss bestehenden weiteren untergeordneten Ebenen innerhalb des Dachraums (Spitzböden), Flächen von Kriechkellern, Flächen, die ausschließlich der Wartung, Inspektion und Instandsetzung von Baukonstruktionen und technischen Anlagen dienen, sowie Flächen unter konstruktiven Hohlräumen, zum Beispiel über abgehängten Decken.

(5) Im Dachgeschoss richtet sich die Anrechenbarkeit der Grundflächen nach ihrer Nutzbarkeit. Ausreichend ist, wenn eine untergeordnete Nutzung möglich ist, die beispielsweise als Lager- und Abstellraum der Hauptnutzung dient (eingeschränkte Nutzbarkeit). Die Nutzbarkeit von Dachgeschossen setzt eine lichte Höhe von circa 1,25 Metern und ihre Begehbarkeit voraus; eine Begehbarkeit setzt eine feste Decke und die Zugänglichkeit voraus, wobei sich die Art der Zugänglichkeit nach der Intensität der Nutzung richtet. Nicht nutzbare Dachgeschossebenen sind nicht anzurechnen.

3. Besonderheiten und Grad der wirtschaftlichen Nutzbarkeit bei freistehenden Ein- und Zweifamilienhäusern, Doppelhäusern und Reihenhäusern

(1) Freistehende Ein- und Zweifamilienhäuser, Doppelhäuser und Reihenhäuser mit nicht nutzbaren Grundrissebenen im Dachraum sind der Gebäudeart mit Flachdach oder flach geneigtem Dach zuzuordnen.

(2) Trotz gleicher Brutto-Grundfläche können sich bei freistehenden Ein- und Zweifamilienhäusern, Doppelhäusern und Reihenhäusern mit ausgebautem oder ausbaufähigem Dachgeschoss im Sinne der Absätze 3 und 4 Unterschiede hinsichtlich des Grades der wirtschaftlichen Nutzbarkeit ergeben, die insbesondere auf Unterschieden der Dachkonstruktion, der Gebäudegeometrie und der Giebelhöhe beruhen können.

(3) Bei Gebäuden mit nicht ausgebautem Dachgeschoss ist zu unterscheiden zwischen

a) Gebäuden mit Dachgeschossen, die nicht zu einer Wohnnutzung als Hauptnutzung ausbaubar sind, jedoch im Unterschied zur Gebäudeart mit Flachdach oder flach geneigten Dach eine untergeordnete Nutzung zulassen (nicht ausbaufähig) und

b) Gebäuden mit Dachgeschossen, die für eine Wohnnutzung als Hauptnutzung ausbaubar sind.

Bei nicht ausgebauten Dachgeschossen, die nicht im Sinne des Satzes 1 Buchstabe a ausbaufähig sind, ist in der Regel ein Abschlag vom Kostenkennwert anzusetzen.

(4) Bei Gebäuden mit ausgebautem Dachgeschoss bestimmt sich der Grad der wirtschaftlichen Nutzbarkeit des Dachgeschosses insbesondere nach dem Verhältnis der vorhandenen Wohnfläche zur Grundfläche. Die Wohnfläche ist im Wesentlichen abhängig von Dachneigung, Giebelbreite und Drempelhöhe. Ein fehlender Drempel ist in der Regel durch Abschläge zu berücksichtigen. Ein ausgebauter Spitzboden im Sinne von Nummer 2 Absatz 4 ist in der Regel durch Zuschläge zu berücksichtigen.

(5) Ein teilweiser Ausbau des Dachgeschosses oder eine teilweise Unterkellerung können durch anteilige Heranziehung der jeweiligen Kostenkennwerte für die verschiedenen Gebäudearten berücksichtigt werden (Mischkalkulation).

II. Kostenkennwerte – Normalherstellungskosten 2010 (NHK 2010)

1. Kostenkennwerte für freistehende Ein- und Zweifamilienhäuser, Doppelhäuser, Reihenhäuser[1]

Keller-, Erdgeschoss		Dachgeschoss voll ausgebaut						Dachgeschoss nicht ausgebaut						Flachdach oder flach geneigtes Dach				
Standardstufe		1	2	3	4	5		1	2	3	4	5		1	2	3	4	5
freistehende Einfamilienhäuser[2]	1.01	655	725	835	1005	1260	1.02	545	605	695	840	1050	1.03	705	785	900	1085	1360
Doppel- und Reihenendhäuser	2.01	615	685	785	945	1180	2.02	515	570	655	790	985	2.03	665	735	845	1020	1275
Reihenmittelhäuser	3.01	575	640	735	885	1105	3.02	480	535	615	740	925	3.03	620	690	795	955	1195

Keller-, Erd-, Obergeschoss		Dachgeschoss voll ausgebaut						Dachgeschoss nicht ausgebaut						Flachdach oder flach geneigtes Dach				
Standardstufe		1	2	3	4	5		1	2	3	4	5		1	2	3	4	5
freistehende Einfamilienhäuser[2]	1.11	655	725	835	1005	1260	1.12	570	635	730	880	1100	1.13	665	740	850	1025	1285
Doppel- und Reihenendhäuser	2.11	615	685	785	945	1180	2.12	535	595	685	825	1035	2.13	625	695	800	965	1205
Reihenmittelhäuser	3.11	575	640	735	885	1105	3.12	505	560	640	775	965	3.13	585	650	750	905	1130

Erdgeschoss, nicht unterkellert		Dachgeschoss voll ausgebaut						Dachgeschoss nicht ausgebaut						Flachdach oder flach geneigtes Dach				
Standardstufe		1	2	3	4	5		1	2	3	4	5		1	2	3	4	5
freistehende Einfamilienhäuser[2]	1.21	790	875	1005	1215	1515	1.22	585	650	745	900	1125	1.23	920	1025	1180	1420	1775
Doppel- und Reihenendhäuser	2.21	740	825	945	1140	1425	2.22	550	610	700	845	1055	2.23	865	965	1105	1335	1670
Reihenmittelhäuser	3.21	695	770	885	1065	1335	3.22	515	570	655	790	990	3.23	810	900	1035	1250	1560

Erd-, Obergeschoss, nicht unterkellert		Dachgeschoss voll ausgebaut						Dachgeschoss nicht ausgebaut						Flachdach oder flach geneigtes Dach				
Standardstufe		1	2	3	4	5		1	2	3	4	5		1	2	3	4	5
freistehende Einfamilienhäuser[2]	1.31	720	800	920	1105	1385	1.32	620	690	790	955	1190	1.33	785	870	1000	1205	1510
Doppel- und Reihenendhäuser	2.31	675	750	865	1040	1300	2.32	580	645	745	895	1120	2.33	735	820	940	1135	1415
Reihenmittelhäuser	3.31	635	705	810	975	1215	3.32	545	605	695	840	1050	3.33	690	765	880	1060	1325

[1] einschließlich Baunebenkosten in Höhe von 17%

[2] Korrekturfaktor für freistehende Zweifamilienhäuser: 1,05

2. Kostenkennwerte für Mehrfamilienhäuser[3]

		Standardstufe		
		3	4	5
4.1	Mehrfamilienhäuser[4, 5] mit bis zu 6 WE	825	985	1 190
4.2	Mehrfamilienhäuser[4, 5] mit 7 bis 20 WE	765	915	1 105
4.3	Mehrfamilienhäuser[4, 5] mit mehr als 20 WE	755	900	1 090

[3] einschließlich Baunebenkosten in Höhe von	Gebäudeart	4.1 – 4.3	19 %
[4] Korrekturfaktoren für die Wohnungsgröße	ca. 35 m² WF/WE	= 1,10	
	ca. 50 m² WF/WE	= 1,00	
	ca. 135 m² WF/WE	= 0,85	
[5] Korrekturfaktoren für die Grundrissart	Einspänner	= 1,05	
	Zweispänner	= 1,00	
	Dreispänner	= 0,97	
	Vierspänner	= 0,95	

3. Kostenkennwerte für Wohnhäuser mit Mischnutzung, Banken und Geschäftshäuser

		Standardstufe		
		3	4	5
5.1	Wohnhäuser mit Mischnutzung[7, 8, 9]	860	1 085	1 375
5.2	Banken und Geschäftshäuser mit Wohnungen[10]	890	1 375	1 720
5.3	Banken und Geschäftshäuser ohne Wohnungen	930	1 520	1 900

[6] einschließlich Baunebenkosten in Höhe von	Gebäudeart	5.1	18 %
	Gebäudeart	5.2 – 5.3	22 %
[7] Korrekturfaktoren für die Wohnungsgröße	ca. 35 m² WF/WE	= 1,10	
	ca. 50 m² WF/WE	= 1,00	
	ca. 135 m² WF/WE	= 0,85	

[8] Korrekturfaktoren für die Grundrissart

	Einspänner	= 1,05
	Zweispänner	= 1,00
	Dreispänner	= 0,97
	Vierspänner	= 0,95

[9] Wohnhäuser mit Mischnutzung sind Gebäude mit überwiegend Wohnnutzung und einem geringen gewerblichen Anteil. Anteil der Wohnfläche ca. 75 %. Bei deutlich abweichenden Nutzungsanteilen ist eine Ermittlung durch Gebäudemix sinnvoll.

[10] Geschäftshäuser sind Gebäude mit überwiegend gewerblicher Nutzung und einem geringen Wohnanteil. Anteil der Wohnfläche ca. 20 – 25 %.

4. Kostenkennwerte für Bürogebäude[11]

		Standardstufe		
		3	**4**	**5**
6.1	Bürogebäude, Massivbau	1 040	1 685	1 900
6.2	Bürogebäude, Stahlbetonskelettbau	1 175	1 840	2 090

[11] einschließlich Baunebenkosten in Höhe von | Gebäudeart | 6.1 – 6.2 | 18 %

5. Kostenkennwerte für Gemeindezentren, Saalbauten, Veranstaltungsgebäude[12]

		Standardstufe		
		3	**4**	**5**
7.1	Gemeindezentren	1 130	1 425	1 905
7.2	Saalbauten/ Veranstaltungsgebäude	1 355	1 595	2 085

[12] einschließlich Baunebenkosten in Höhe von | Gebäudeart | 7.1 – 7.2 | 18 %

6. Kostenkennwerte für Kindergärten, Schulen[13]

		Standardstufe		
		3	**4**	**5**
8.1	Kindergärten	1 300	1 495	1 900
8.2	Allgemeinbildende Schulen, Berufsbildende Schulen	1 450	1 670	2 120
8.3	Sonderschulen	1 585	1 820	2 315

[13] einschließlich Baunebenkosten in Höhe von

Gebäudeart	8.1	20 %
Gebäudeart	8.2	21 %
Gebäudeart	8.3	17 %

7. Kostenkennwerte für Wohnheime, Alten- oder Pflegeheime[14]

		Standardstufe		
		3	4	5
9.1	Wohnheime/Internate	1 000	1 225	1 425
9.2	Alten-/Pflegeheime	1 170	1 435	1 665

[14] einschließlich Baunebenkosten in Höhe von — Gebäudeart 9.1 – 9.2 — 18 %

8. Kostenkennwerte für Krankenhäuser, Tageskliniken[15]

		Standardstufe		
		3	4	5
10.1	Krankenhäuser/Kliniken	1 720	2 080	2 765
10.2	Tageskliniken/Ärztehäuser	1 585	1 945	2 255

[15] einschließlich Baunebenkosten in Höhe von — Gebäudeart 10.1 – 10.2 — 21 %

9. Kostenkennwerte für Beherbergungsstätten, Verpflegungseinrichtungen[16]

		Standardstufe		
		3	4	5
11.1	Hotels	1 385	1 805	2 595

[16] einschließlich Baunebenkosten in Höhe von — Gebäudeart 11.1 — 21 %

10. Kostenkennwerte für Sporthallen, Freizeitbäder oder Heilbäder[17]

		Standardstufe		
		3	4	5
12.1	Sporthallen (Einfeldhallen)	1 320	1 670	1 955
12.2	Sporthallen (Dreifeldhallen/Mehrzweckhallen)	1 490	1 775	2 070
12.3	Tennishallen	1 010	1 190	1 555
12.4	Freizeitbäder/Heilbäder	2 450	2 985	3 840

[17] einschließlich Baunebenkosten in Höhe von	Gebäudeart	12.1 + 12.3	17 %
	Gebäudeart	12.2	19 %
	Gebäudeart	12.4	24 %

11. Kostenkennwerte für Verbrauchermärkte, Kauf- oder Warenhäuser, Autohäuser[18]

		Standardstufe		
		3	4	5
13.1	Verbrauchermärkte	720	870	1 020
13.2	Kauf-/Warenhäuser	1 320	1 585	1 850
13.3	Autohäuser ohne Werkstatt	940	1 240	1 480

[18] einschließlich Baunebenkosten in Höhe von	Gebäudeart	13.1	16 %
	Gebäudeart	13.2	22 %
	Gebäudeart	13.3	21 %

12. Kostenkennwerte für Garagen[19]

		Standardstufe		
		3	4	5
14.1	Einzelgaragen/Mehrfachgaragen[20]	245	485	780
14.2	Hochgaragen	480	655	780
14.3	Tiefgaragen	560	715	850
14.4	Nutzfahrzeuggaragen	530	680	810

[19] einschließlich Baunebenkosten in Höhe von	Gebäudeart	14.1	12 %
	Gebäudeart	14.2 – 14.3	15 %
	Gebäudeart	14.4	13 %

[20] Standardstufe 3: Fertiggaragen; Standardstufe 4: Garagen in Massivbauweise; Standardstufe 5: individuelle Garagen in Massivbauweise mit besonderen Ausführungen wie Ziegeldach, Gründach, Bodenbeläge, Fliesen o.ä., Wasser, Abwasser und Heizung

13. Kostenkennwerte für Betriebs- oder Werkstätten, Produktionsgebäude[21]

		Standardstufe		
		3	4	5
15.1	Betriebs-/Werkstätten, eingeschossig	970	1 165	1 430
15.2	Betriebs-/Werkstätten, mehrgeschossig ohne Hallenanteil	910	1 090	1 340
15.3	Betriebs-/Werkstätten, mehrgeschossig, hoher Hallenanteil	620	860	1 070
15.4	Industrielle Produktionsgebäude, Massivbauweise	950	1 155	1 440
15.5	Industrielle Produktionsgebäude, überwiegend Skelettbauweise	700	965	1 260

[21] einschließlich Baunebenkosten in Höhe von	Gebäudeart	15.1 – 15.4	19 %
	Gebäudeart	15.5	18 %

14. Kostenkennwerte für Lagergebäude[22]

		Standardstufe		
		3	4	5
16.1	Lagergebäude ohne Mischnutzung, Kaltlager	350	490	640
16.2	Lagergebäude mit bis zu 25 % Mischnutzung[23]	550	690	880
16.3	Lagergebäude mit mehr als 25 % Mischnutzung[23]	890	1 095	1 340

[22] einschließlich Baunebenkosten in Höhe von	Gebäudeart	16.1	16 %
	Gebäudeart	16.2	17 %
	Gebäudeart	16.3	18 %

[23] Lagergebäude mit Mischnutzung sind Gebäude mit einem überwiegenden Anteil an Lagernutzung und einem geringeren Anteil an anderen Nutzungen wie Büro, Sozialräume, Ausstellungs- oder Verkaufsflächen etc.

15. Kostenkennwerte für sonstige Gebäude (Museen, Theater, Sakralbauten, Friedhofsgebäude)[24]

		Standardstufe		
		3	4	5
17.1	Museen	1 880	2 295	2 670
17.2	Theater	2 070	2 625	3 680
17.3	Sakralbauten	1 510	2 060	2 335
17.4	Friedhofsgebäude	1 320	1 490	1 720

[24] einschließlich Baunebenkosten in Höhe von

Gebäudeart	17.1	18 %
Gebäudeart	17.2	22 %
Gebäudeart	17.3	16 %
Gebäudeart	17.4	19 %

16. Kostenkennwerte für Reithallen

18.1.1 Reithallen			
Standardstufe	**3**	**4**	**5**
300 Bauwerk – Baukonstruktion	215	235	280
400 Bauwerk – Technische Anlagen	20	25	30
Bauwerk	235	260	310
einschließlich Baunebenkosten in Höhe von	12 %		
Traufhöhe	5,00 m		
BGF/Nutzeinheit	–		
Korrekturfaktoren	Gebäudegröße BGF		
	500 m² 1,20		
	1 000 m² 1,00		
	1 500 m² 0,90		

17. Kostenkennwerte für Pferdeställe

18.1.2 Pferdeställe			
Standardstufe	**3**	**4**	**5**
300 Bauwerk – Baukonstruktion	310	450	535
400 Bauwerk – Technische Anlagen	55	70	90
Bauwerk	365	520	625
einschließlich Baunebenkosten in Höhe von	12 %		
Traufhöhe	3,50 m		
BGF/Nutzeinheit	15,00 – 20,00 m²/Tier		
Korrekturfaktoren	Gebäudegröße BGF		
	250 m² 1,20		
	500 m² 1,00		
	750 m² 0,90		

18. Kostenkennwerte für Kälberställe

18.2.1 Kälberställe			
Standardstufe	**3**	**4**	**5**
300 Bauwerk – Baukonstruktion	335	375	455
400 Bauwerk – Technische Anlagen	145	165	195
Bauwerk	480	540	650
einschließlich Baunebenkosten in Höhe von	12 %		
Traufhöhe	3,00 m		
BGF/Nutzeinheit	4,00 – 4,50 m²/Tier		
Korrekturfaktoren	Gebäudegröße BGF	Unterbau	
	100 m² 1,20	Güllekanäle (Tiefe 1,00 m)	1,05
	150 m² 1,00	ohne Güllekanäle	1,00
	250 m² 0,90		

19. Kostenkennwerte für Jungvieh-, Mastbullen- oder Milchviehställe ohne Melkstand und Warteraum

18.2.2 Jungvieh-/Mastbullen-/Milchviehställe ohne Melkstand und Warteraum				
Standardstufe	**3**	**4**		**5**
300 Bauwerk – Baukonstruktion	235	260		310
400 Bauwerk – Technische Anlagen	55	65		80
Bauwerk	290	325		390
einschließlich Baunebenkosten in Höhe von	12 %			
Traufhöhe	4,00 m			
BGF/Nutzeinheit	6,50 – 10,50 m²/Tier			
Korrekturfaktoren	Gebäudegröße BGF	Unterbau		
	500 m² 1,20	Güllekanäle (Tiefe 1,00 m)	1,20	
	1 000 m² 1,00	ohne Güllekanäle	1,00	
	1 500 m² 0,90	Güllelagerraum (Tiefe 2,00 m)	1,40	

20. Kostenkennwerte für Milchviehställe mit Melkstand und Milchlager

18.2.3 Milchviehställe mit Melkstand und Milchlager				
Standardstufe	**3**	**4**		**5**
300 Bauwerk – Baukonstruktion	225	255		310
400 Bauwerk – Technische Anlagen	100	110		130
Bauwerk	325	365		440
einschließlich Baunebenkosten in Höhe von	12 %			
Traufhöhe	4,00 m			
BGF/Nutzeinheit	10,00 – 15,00 m²/Tier			
Korrekturfaktoren	Gebäudegröße BGF	Unterbau		
	1 000 m² 1,20	Güllekanäle (Tiefe 1,00 m)	1,20	
	1 500 m² 1,00	ohne Güllekanäle	1,00	
	2 000 m² 0,90	Güllelagerraum (Tiefe 2,00 m)	1,40	

21. Kostenkennwerte für Melkhäuser mit Milchlager und Nebenräumen als Einzelgebäude ohne Warteraum und Selektion

18.2.4 Melkhäuser mit Milchlager und Nebenräumen als Einzelgebäude ohne Warteraum und Selektion			
Standardstufe	**3**	**4**	**5**
300 Bauwerk – Baukonstruktion	700	780	935
400 Bauwerk – Technische Anlagen	470	520	625
Bauwerk	1 170	1 300	1 560
einschließlich Baunebenkosten in Höhe von	12 %		
Traufhöhe	3,00 m		
BGF/Nutzeinheit	–		
Korrekturfaktoren	Gebäudegröße BGF		
	100 m² 1,20		
	150 m² 1,00		
	250 m² 0,90		

22. Kostenkennwerte für Ferkelaufzuchtställe

18.3.1 Ferkelaufzuchtställe				
Standardstufe	**3**	**4**	**5**	
300 Bauwerk – Baukonstruktion	300	330	395	
400 Bauwerk – Technische Anlagen	155	175	215	
Bauwerk	455	505	610	
einschließlich Baunebenkosten in Höhe von	12 %			
Traufhöhe	3,00 m			
BGF/Nutzeinheit	0,45 – 0,65 m²/Tier			
Korrekturfaktoren	Gebäudegröße BGF	Unterbau		
	400 m² 1,20	Güllekanäle (Tiefe 0,60 m)	1,10	
	600 m² 1,00	ohne *Güllekanäle*[4]	1,00	
	800 m² 0,90	Güllelagerraum (Tiefe 1,50 m)	1,20	

4 Anlage 4 Abschnitt II Nr 22 und 23 Kursivdruck: Aufgrund offensichtlicher Unrichtigkeit wurde das Wort „Güllekänale" durch das Wort „Güllekanäle" ersetzt.

23. Kostenkennwerte für Mastschweineställe

18.3.2 Mastschweineställe			
Standardstufe	**3**	**4**	**5**
300 Bauwerk – Baukonstruktion	290	325	400
400 Bauwerk – Technische Anlagen	125	145	170
Bauwerk	415	470	570
einschließlich Baunebenkosten in Höhe von	12 %		
Traufhöhe	3,00 m		
BGF/Nutzeinheit	0,90 – 1,30 m^2/Tier		
Korrekturfaktoren	Gebäudegröße BGF	Unterbau	
	750 m^2 1,20	Güllekanäle (Tiefe 0,60 m)	1,10
	1 250 m^2 1,00	ohne *Güllekanäle*[5]	1,00
	2 000 m^2 0,90	Güllelagerraum (Tiefe 1,50 m)	1,20

5 Anlage 4 Abschnitt II Nr 22 und 23 Kursivdruck: Aufgrund offensichtlicher Unrichtigkeit wurde das Wort „Güllekänale" durch das Wort „Güllekanäle" ersetzt.

24. Kostenkennwerte für Zuchtschweineställe, Deck-, Warte- oder Abferkelbereich

18.3.3 Zuchtschweineställe, Deck-/Warte-/Abferkelbereich				
Standardstufe	**3**	**4**	**5**	
300 Bauwerk – Baukonstruktion	305	340	405	
400 Bauwerk – Technische Anlagen	165	180	220	
Bauwerk	470	520	625	
einschließlich Baunebenkosten in Höhe von	12 %			
Traufhöhe	3,00 m			
BGF/Nutzeinheit	4,50 – 5,00 m²/Tier			
Korrekturfaktoren	Gebäudegröße BGF	Unterbau		
	750 m² 1,20	Güllekanäle (Tiefe 0,60 m)	1,10	
	1 250 m² 1,00	ohne Güllekanäle	1,00	
	2 000 m² 0,90	Güllelagerraum (Tiefe 1,50 m)	1,20	

25. Kostenkennwerte für Abferkelstall als Einzelgebäude

18.3.4 Abferkelstall als Einzelgebäude			
Standardstufe	**3**	**4**	**5**
300 Bauwerk – Baukonstruktion	320	350	420
400 Bauwerk – Technische Anlagen	205	235	280
Bauwerk	525	585	700
einschließlich Baunebenkosten in Höhe von	12 %		
Traufhöhe	3,00 m		
BGF/Nutzeinheit	6,30 – 6,50 m²/Tier		
Korrekturfaktoren	Gebäudegröße BGF	Unterbau	
	200 m² 1,20	Güllekanäle (Tiefe 0,60 m)	1,10
	400 m² 1,00	ohne Güllekanäle	1,00
	600 m² 0,90		

26. Kostenkennwerte für Mastgeflügel, Bodenhaltung (Hähnchen, Puten, Gänse)

18.4.1 Mastgeflügel, Bodenhaltung (Hähnchen, Puten, Gänse)			
Standardstufe	**3**	**4**	**5**
300 Bauwerk – Baukonstruktion	210	235	280
400 Bauwerk – Technische Anlagen	50	55	70
Bauwerk	260	290	350
einschließlich Baunebenkosten in Höhe von	12 %		
Traufhöhe	3,00 m		
BGF/Nutzeinheit	0,05 – 0,06 m²/Tier		
Korrekturfaktoren	Gebäudegröße BGF		
	1 000 m² 1,20		
	1 900 m² 1,00		
	3 800 m² 0,90		

27. Kostenkennwerte für Legehennen, Bodenhaltung

18.4.2 Legehennen, Bodenhaltung			
Standardstufe	**3**	**4**	**5**
300 Bauwerk – Baukonstruktion	290	325	390
400 Bauwerk – Technische Anlagen	130	145	170
Bauwerk	420	470	560
einschließlich Baunebenkosten in Höhe von	12 %		
Traufhöhe	3,00 m		
BGF/Nutzeinheit	0,15 – 0,20 m²/Tier		
Korrekturfaktoren	Gebäudegröße BGF	Unterbau	
	1 000 m² 1,20	Kotgrube (Tiefe 1,00 m)	1,10
	2 500 m² 1,00		
	3 500 m² 0,90		

28. Kostenkennwerte für Legehennen, Volierenhaltung

18.4.3 Legehennen, Volierenhaltung			
Standardstufe	**3**	**4**	**5**
300 Bauwerk – Baukonstruktion	335	370	445
400 Bauwerk – Technische Anlagen	275	305	365
Bauwerk	610	675	810
einschließlich Baunebenkosten in Höhe von	12 %		
Traufhöhe	3,00 m		
BGF/Nutzeinheit	0,07 – 0,10 m²/Tier		
Korrekturfaktoren	Gebäudegröße BGF		
	500 m² 1,20		
	1 600 m² 1,00		
	2 200 m² 0,90		

29. Kostenkennwerte für Legehennen, Kleingruppenhaltung, ausgestalteter Käfig

18.4.4 Legehennen, Kleingruppenhaltung, ausgestalteter Käfig			
Standardstufe	**3**	**4**	**5**
300 Bauwerk – Baukonstruktion	340	370	450
400 Bauwerk – Technische Anlagen	335	370	445
Bauwerk	675	740	895
einschließlich Baunebenkosten in Höhe von	12%		
Traufhöhe	3,00 m		
BGF/Nutzeinheit	0,05 – 0,07 m²/Tier		
Korrekturfaktoren	Gebäudegröße BGF		
	500 m² 1,20		
	1 200 m² 1,00		
	1 500 m² 0,90		

30. Kostenkennwerte für landwirtschaftliche Mehrzweckhallen

18.5 Landwirtschaftliche Mehrzweckhallen			
Standardstufe	**3**	**4**	**5**
300 Bauwerk – Baukonstruktion	230	255	330
400 Bauwerk – Technische Anlagen	15	15	20
Bauwerk	245	270	350
einschließlich Baunebenkosten in Höhe von	11 %		
Traufhöhe	5,00 m		
BGF/Nutzeinheit	–		
Korrekturfaktoren	Gebäude-größe BGF	Unterbau	
	250 m^2 1,20	Remise (ohne Betonboden)	0,80
	800 m^2 1,00		
	1 500 m^2 0,90		

31. Kostenkennwerte für Außenanlagen zu allen landwirtschaftlichen Betriebsgebäuden

Raufutter-Fahrsilo	60–100	€/m^3 Nutzraum
Kraftfutter-Hochsilo	170–350	€/m^3 Nutzraum
Fertigfutter-Hochsilo	170–350	€/m^3 Nutzraum
Mistlager	60–100	€/m^3 Nutzraum
Beton-Güllebehälter	30–60	€/m^3 Nutzraum
Waschplatz (4,00 5,00 m) mit Kontrollschacht und Ölabscheider	4 000–5 000	€/Stck.
Vordach am Hauptdach angeschleppt	80–100	€/m^2
Hofbefestigung aus Beton-Verbundsteinen	40–50	€/m^2
Laufhof für Rinder	70–100	€/m^2 Nutzfläche
Auslauf mit Spaltenboden	150–220	€/m^2 Nutzfläche
Auslauf, Wintergarten für Geflügel	100–120	€/m^2 Nutzfläche
Schüttwände bis 3,00 m Höhe	100–125	€/m^2

III. Beschreibung der Standards der baulichen Anlagen (Gebäudestandards) zur Ermittlung der Kostenkennwerte

1. Beschreibung der Gebäudestandards für freistehende Ein- und Zweifamilienhäuser, Doppelhäuser und Reihenhäuser

	Standardstufe					Wägungsanteil
	1	2	3	4	5	
Außenwände	Holzfachwerk, Ziegelmauerwerk; Fugenglattstrich, Putz, Verkleidung mit Faserzementplatten, Bitumen-Schindeln oder einfachen Kunststoffplatten; kein oder deutlich nicht zeitgemäßer Wärmeschutz (vor ca. 1980)	ein- /zweischaliges Mauerwerk, z. B. Gitterziegel oder Hohlblocksteine; verputzt und gestrichen oder Holzverkleidung; nicht zeitgemäßer Wärmeschutz (vor ca. 1995)	ein- /zweischaliges Mauerwerk, z. B. aus Leichtziegeln, Kalksandsteinen, Gasbetonsteinen; Edelputz; Wärmedämmverbundsystem oder Wärmedämmputz (nach ca. 1995)	Verblendmauerwerk, zweischalig, hinterlüftet, Vorhangfassade (z. B. Naturschiefer); Wärmedämmung (nach ca. 2005)	aufwendig gestaltete Fassaden mit konstruktiver Gliederung (Säulenstellungen, Erker etc.), Sichtbeton-Fertigteile, Natursteinfassade, Elemente aus Kupfer- /Eloxalblech, mehrgeschossige Glasfassaden; Dämmung im Passivhausstandard	23
Dach	Dachpappe, Faserzementplatten/Wellplatten; keine bis geringe Dachdämmung	einfache Betondachsteine oder Tondachziegel, Bitumenschindeln; nicht zeitgemäße Dachdämmung (vor ca. 1995)	Faserzement-Schindeln, beschichtete Betondachsteine und Tondachziegel, Folienabdichtung; Rinnen und Fallrohre aus Zinkblech; Dachdäm-	glasierte Tondachziegel, Flachdachausbildung tlw. als Dachterrassen; Konstruktion in Brettschichtholz, schweres Massivflachdach; besondere Dachfor-	hochwertige Eindeckung z. B. aus Schiefer oder Kupfer, Dachbegrünung, befahrbares Flachdach; aufwendig gegliederte Dachlandschaft, sichtbare Bogendachkonstruktionen;	15

	Standardstufe					Wägungsanteil
	1	2	3	4	5	
			mung (nach ca. 1995)	men, z. B. Mansarden-, Walmdach; Aufsparrendämmung, überdurchschnittliche Dämmung (nach ca. 2005)	Rinnen und Fallrohre aus Kupfer; Dämmung im Passivhausstandard	
Fenster und Außentüren	Einfachverglasung; einfache Holztüren	Zweifachverglasung (vor ca. 1995); Haustür mit nicht zeitgemäßem Wärmeschutz (vor ca. 1995)	Zweifachverglasung (nach ca. 1995), Rollläden (manuell); Haustür mit zeitgemäßem Wärmeschutz (nach ca. 1995)	Dreifachverglasung, Sonnenschutzglas, aufwendigere Rahmen, Rollläden (elektr.); höherwertige Türanlage z. B. mit Seitenteil, besonderer Einbruchschutz	große, feststehende Fensterflächen, Spezialverglasung (Schall- und Sonnenschutz); Außentüren in hochwertigen Materialien	11
Innenwände und -türen	Fachwerkwände, einfache Putze/Lehmputze, einfache Kalkanstriche; Füllungstüren, gestrichen, mit einfa-	massive tragende Innenwände, nicht tragende Wände in Leichtbauweise (z. B. Holzständerwände mit Gips-	nicht tragende Innenwände in massiver Ausführung bzw. mit Dämmmaterial gefüllte Ständerkonstruktionen;	Sichtmauerwerk, Wandvertäfelungen (Holzpaneele); Massivholztüren, Schiebetürelemente, Glastüren, struktu-	gestaltete Wandabläufe (z. B. Pfeilervorlagen, abgesetzte oder geschwungene Wandpartien); Vertäfelungen (Edelholz, Metall),	11

	Standardstufe 1	2	3	4	5	Wägungsanteil
	chen Beschlägen ohne Dichtungen	karton), Gipsdielen; leichte Türen, Stahlzargen	schwere Türen, Holzzargen	rierte Türblätter	*Akustikputz*[6], Brandschutzverkleidung; raumhohe aufwendige Türelemente	
Deckenkonstruktion und Treppen	Holzbalkendecken ohne Füllung, Spalierputz; Weichholztreppen in einfacher Art und Ausführung; kein Trittschallschutz	Holzbalkendecken mit Füllung, Kappendecken; Stahl- oder Hartholztreppen in einfacher Art und Ausführung	Beton- und Holzbalkendecken mit Tritt- und Luftschallschutz (z. B. schwimmender Estrich); geradläufige Treppen aus Stahlbeton oder Stahl, Harfentreppe, Trittschallschutz	Decken mit größerer Spannweite, Deckenverkleidung (Holzpaneele/Kassetten); gewendelte Treppen aus Stahlbeton oder Stahl, Hartholztreppenanlage in besserer Art und Ausführung	Decken mit großen Spannweiten, gegliedert, Deckenvertäfelungen (Edelholz, Metall); breite Stahlbeton-, Metall- oder Hartholztreppenanlage mit hochwertigem Geländer	11
Fußböden	ohne Belag	Linoleum-, Teppich-, Laminat- und PVC-Böden einfacher Art und Ausführung	Linoleum-, Teppich-, Laminat- und PVC-Böden besserer Art und Ausführung, Fliesen, Kunststeinplatten	Natursteinplatten, Fertigparkett, hochwertige Fliesen, Terrazzobelag, hochwertige Massivholzböden auf gedämmter Unterkonstruktion	hochwertiges Parkett, hochwertige Natursteinplatten, hochwertige Edelholzböden auf gedämmter Unterkonstruktion	5

6 Anlage 4 Abschnitt III Nr 1 Tab Zeile 5 Spalte 5 Kursivdruck: Aufgrund offensichtlicher Unrichtigkeit wurde das Wort „Akkustikputz" durch das Wort „Akustikputz" ersetzt.

	Standardstufe					Wägungsanteil
	1	2	3	4	5	
Sanitäreinrichtungen	einfaches Bad mit Stand-WC; Installation auf Putz; Ölfarbenanstrich, einfache PVC-Bodenbeläge	1 Bad mit WC, Dusche oder Badewanne; einfache Wand- und Bodenfliesen, teilweise gefliest	1 Bad mit WC, Dusche und Badewanne, Gäste-WC; Wand- und Bodenfliesen, raumhoch gefliest	1 bis 2 Bäder mit tlw. zwei Waschbecken, tlw. Bidet/Urinal, Gäste-WC, bodengleiche Dusche; Wand- und Bodenfliesen; jeweils in gehobener Qualität	mehrere großzügige, hochwertige Bäder, Gäste-WC; hochwertige Wand- und Bodenplatten (oberflächenstrukturiert, Einzel- und Flächendekors)	9
Heizung	Einzelöfen, Schwerkraftheizung	Fern- oder Zentralheizung, einfache Warmluftheizung, einzelne Gasaußenwandthermen, Nachtstromspeicher-, Fußbodenheizung (vor ca. 1995)	elektronisch gesteuerte Fern- oder Zentralheizung, Niedertemperatur- oder Brennwertkessel	Fußbodenheizung, Solarkollektoren für Warmwassererzeugung, zusätzlicher Kaminanschluss	Solarkollektoren für Warmwassererzeugung und Heizung, Blockheizkraftwerk, Wärmepumpe, Hybrid-Systeme; aufwendige zusätzliche Kaminanlage	9
Sonstige technische Ausstattung	sehr wenige Steckdosen, Schalter und Sicherungen, kein Fehlerstromschutzschalter (FI-Schalter),	wenige Steckdosen, Schalter und Sicherungen	zeitgemäße Anzahl an Steckdosen und Lichtauslässen, Zählerschrank (ab ca. 1985) mit Unterverteilung	zahlreiche Steckdosen und Lichtauslässe, hochwertige Abdeckungen, dezentrale Lüftung mit Wärmetau-	Video- und zentrale Alarmanlage, zentrale Lüftung mit Wärmetauscher, Klimaanlage, Bussystem	6

	Standardstufe					Wägungsanteil
	1	2	3	4	5	
	Leitungen teilweise auf Putz		und Kippsicherungen	scher, mehrere LAN- und Fernsehanschlüsse		

2. Beschreibung der Gebäudestandards für Mehrfamilienhäuser, Wohnhäuser mit Mischnutzung

	Standardstufe		
	3	4	5
Außenwände	ein- /zweischaliges Mauerwerk, z. B. aus Leichtziegeln, Kalksandsteinen, Gasbetonsteinen; Edelputz; Wärmedämmverbundsystem oder Wärmedämmputz (nach ca. 1995)	Verblendmauerwerk, zweischalig, hinterlüftet, Vorhangfassade (z. B. Naturschiefer); Wärmedämmung (nach ca. 2005)	aufwendig gestaltete Fassaden mit konstruktiver Gliederung (Säulenstellungen, Erker etc.), Sichtbeton-Fertigteile, Natursteinfassade, Elemente aus Kupfer- /Eloxalblech, mehrgeschossige Glasfassaden; hochwertigste Dämmung
Dach	Faserzement-Schindeln, beschichtete Betondachsteine und Tondachziegel, Folienabdichtung; Dachdämmung (nach ca. 1995)	glasierte Tondachziegel; Flachdachausbildung tlw. als Dachterrasse; Konstruktion in Brettschichtholz, schweres Massivflachdach; besondere Dachform, z. B. Mansarden-, Walmdach; Aufsparrendämmung, überdurchschnittliche Dämmung (nach ca. 2005)	hochwertige Eindeckung z. B. aus Schiefer oder Kupfer, Dachbegrünung, befahrbares Flachdach; stark überdurchschnittliche Dämmung
Fenster und Außentüren	Zweifachverglasung (nach ca. 1995), Rollläden (manuell); Haustür mit zeitgemäßem Wärmeschutz (nach ca. 1995)	Dreifachverglasung, Sonnenschutzglas, aufwendigere Rahmen, Rollläden (elektr.); höherwertige Türanlagen z. B. mit Seitenteil, besonderer Einbruchschutz	große, feststehende Fensterflächen, Spezialverglasung (Schall- und Sonnenschutz); Außentüren in hochwertigen Materialien

	Standardstufe		
	3	4	5
Innenwände und -türen	nicht tragende Innenwände in massiver Ausführung bzw. mit Dämmmaterial gefüllte Ständerkonstruktionen; schwere Türen	Sichtmauerwerk; Massivholztüren, Schiebetürelemente, Glastüren, strukturierte Türblätter	gestaltete Wandabläufe (z. B. Pfeilervorlagen, abgesetzte oder geschwungene Wandpartien); Brandschutzverkleidung; raumhohe aufwendige Türelemente
Deckenkonstruktion	Betondecken mit Tritt- und Luftschallschutz (z. B. schwimmender Estrich); einfacher Putz	zusätzlich Deckenverkleidung	Deckenvertäfelungen (Edelholz, Metall)
Fußböden	Linoleum-, Teppich-, Laminat- und PVC-Böden besserer Art und Ausführung, Fliesen, Kunststeinplatten	Natursteinplatten, Fertigparkett, hochwertige Fliesen, Terrazzobelag, hochwertige Massivholzböden auf gedämmter Unterkonstruktion	hochwertiges Parkett, hochwertige Natursteinplatten, hochwertige Edelholzböden auf gedämmter Unterkonstruktion
Sanitäreinrichtungen	1 Bad mit WC je Wohneinheit; Dusche und Badewanne; Wand- und Bodenfliesen, raumhoch gefliest	1 bis 2 Bäder je Wohneinheit mit tlw. zwei Waschbecken, tlw. Bidet/Urinal, Gäste-WC, bodengleiche Dusche; Wand- und Bodenfliesen jeweils in gehobener Qualität	2 und mehr Bäder je Wohneinheit; hochwertige Wand- und Bodenplatten (oberflächenstrukturiert, Einzel- und Flächendekors)
Heizung	elektronisch gesteuerte Fern- oder Zentralheizung, Niedertemperatur- oder Brennwertkessel	Fußbodenheizung, Solarkollektoren für Warmwassererzeugung	Solarkollektoren für Warmwassererzeugung und Heizung, Blockheizkraftwerk, Wärmepumpe, Hybrid-Systeme
Sonstige technische Ausstattung	zeitgemäße Anzahl an Steckdosen und Lichtauslässen; Zählerschrank (ab ca. 1985) mit Unterverteilung und Kippsicherungen	zahlreiche Steckdosen und Lichtauslässe, hochwertige Abdeckungen, dezentrale Lüftung mit Wärmetauscher, mehrere LAN- und Fernsehanschlüsse, Personenaufzugsanlagen	Video- und zentrale Alarmanlage, zentrale Lüftung mit Wärmetauscher, Klimaanlage; Bussystem; aufwendige Personenaufzugsanlagen

3. Beschreibung der Gebäudestandards für Bürogebäude, Banken, Geschäftshäuser

	Standardstufe		
	3	4	5
Außenwände	ein- /zweischalige Konstruktion; Wärmedämmverbundsystem oder Wärmedämmputz (nach ca. 1995)	Verblendmauerwerk, zweischalig, hinterlüftet, Vorhangfassade (z. B. Naturschiefer); Wärmedämmung (nach ca. 2005)	aufwendig gestaltete Fassaden mit konstruktiver Gliederung (Säulenstellungen, Erker etc.), Sichtbeton-Fertigteile, Natursteinfassade, Elemente aus Kupfer- /Eloxalblech, mehrgeschossige Glasfassaden; Vorhangfassade aus Glas; stark überdurchschnittliche Dämmung
Dach	Faserzement-Schindeln, beschichtete Betondachsteine und Tondachziegel, Folienabdichtung; Dachdämmung (nach ca. 1995)	glasierte Tondachziegel; schweres Massivflachdach; besondere Dachform; überdurchschnittliche Dämmung (nach ca. 2005)	hochwertige Eindeckung z. B. aus Schiefer oder Kupfer; Dachbegrünung; befahrbares Flachdach; aufwendig gegliederte Dachlandschaft; stark überdurchschnittliche Dämmung
Fenster und Außentüren	Zweifachverglasung (nach ca. 1995)	Dreifachverglasung, Sonnenschutzglas, aufwendigere Rahmen, höherwertige Türanlagen	große, feststehende Fensterflächen, Spezialverglasung (Schall- und Sonnenschutz); Außentüren in hochwertigen Materialien; Automatiktüren
Innenwände und -türen	nicht tragende Innenwände in massiver Ausführung; schwere Türen	Sichtmauerwerk, Massivholztüren, Schiebetürelemente, Glastüren, Innenwände für flexible Raumkonzepte (größere statische Spannweiten der Decken)	gestaltete Wandabläufe (z. B. Pfeilervorlagen, abgesetzte oder geschwungene Wandpartien); Wände aus großformatigen Glaselementen, Akustikputz, tlw. Automatiktüren; rollstuhlgerechte Bedienung
Deckenkonstruktion	Betondecken mit Tritt- und Luftschallschutz; einfacher Putz; abgehängte Decken	höherwertige abgehängte Decken	Deckenvertäfelungen (Edelholz, Metall)

	Standardstufe		
	3	**4**	**5**
Fußböden	Linoleum- oder Teppich-Böden besserer Art und Ausführung; Fliesen, Kunststeinplatten	Natursteinplatten, Fertigparkett, hochwertige Fliesen, Terrazzobelag, hochwertige Massivholzböden auf gedämmter Unterkonstruktion	hochwertiges Parkett, hochwertige Natursteinplatten, hochwertige Edelholzböden auf gedämmter Unterkonstruktion
Sanitäreinrichtungen	ausreichende Anzahl von Toilettenräumen in Standard-Ausführung	Toilettenräume in gehobenem Standard	großzügige Toilettenanlagen jeweils mit Sanitäreinrichtung in gehobener Qualität
Heizung	elektronisch gesteuerte Fern- oder Zentralheizung, Niedertemperatur- oder Brennwertkessel	Fußbodenheizung; Solarkollektoren für Warmwassererzeugung	Solarkollektoren für Warmwassererzeugung und Heizung, Blockheizkraftwerk, Wärmepumpe, Hybrid-Systeme; Klimaanlage
Sonstige technische Ausstattung	zeitgemäße Anzahl an Steckdosen und Lichtauslässen; Zählerschrank (ab ca. 1985) mit Unterverteilung und Kippsicherungen; Kabelkanäle; Blitzschutz	zahlreiche Steckdosen und Lichtauslässe; hochwertige Abdeckungen, hochwertige Beleuchtung; Doppelboden mit Bodentanks zur Verkabelung; ausreichende Anzahl von LAN-Anschlüssen; dezentrale Lüftung mit Wärmetauscher, Messverfahren von Verbrauch, Regelung von Raumtemperatur und Raumfeuchte, Sonnenschutzsteuerung; elektronische Zugangskontrolle; Personenaufzugsanlagen	Video- und zentrale Alarmanlage; zentrale Lüftung mit Wärmetauscher, Klimaanlage; Bussystem; aufwendige Personenaufzugsanlagen

4. Beschreibung der Gebäudestandards für Gemeindezentren, Saalbauten, Veranstaltungsgebäude, Kindergärten, Schulen

	Standardstufe		
	3	**4**	**5**
Außenwände	ein- /zweischalige Konstruktion; Wärmedämmverbundsystem oder Wärmedämmputz (nach ca. 1995)	Verblendmauerwerk, zweischalig, hinterlüftet; Vorhangfassade (z. B. Naturschiefer); Wärmedämmung (nach ca. 2005)	aufwendig gestaltete Fassaden mit konstruktiver Gliederung (Säulenstellungen, Erker etc.), Sichtbeton-Fertigteile, Natursteinfassade, Elemente aus Kupfer- /Eloxalblech, mehrgeschossige Glasfassaden; stark überdurchschnittliche Dämmung
Dach	Faserzement-Schindeln, beschichtete Betondachsteine und Tondachziegel, Folienabdichtung; Dachdämmung (nach ca. 1995)	glasierte Tondachziegel; besondere Dachform; Dämmung (nach ca. 2005)	hochwertige Eindeckung z. B. aus Schiefer oder Kupfer, Dachbegrünung, befahrbares Flachdach; aufwendig gegliederte Dachlandschaft, stark überdurchschnittliche Dämmung
Fenster und Außentüren	Zweifachverglasung (nach ca. 1995)	Dreifachverglasung, Sonnenschutzglas, aufwendigere Rahmen, höherwertige Türanlagen	große, feststehende Fensterflächen, Spezialverglasung (Schall- und Sonnenschutz); Außentüren in hochwertigen Materialien
Innenwände und -türen	nicht tragende Innenwände in massiver Ausführung bzw. mit Dämmmaterial gefüllte Ständerkonstruktionen; schwere und große Türen	Sichtmauerwerk, Massivholztüren, Schiebetürelemente, Glastüren	gestaltete Wandabläufe (z. B. Pfeilervorlagen, abgesetzte oder geschwungene Wandpartien); Vertäfelungen (Edelholz, Metall), Akustikputz, raumhohe aufwendige Türelemente; tlw. Automatiktüren; rollstuhlgerechte Bedienung
Deckenkonstruktion	Betondecken mit Tritt- und Luftschallschutz; einfacher Putz; abgehängte Decken	Decken mit großen Spannweiten, Deckenverkleidung	Decken mit größeren Spannweiten

	Standardstufe		
	3	4	5
Fußböden	Linoleum- oder Teppich-Böden besserer Art und Ausführung; Fliesen, Kunststeinplatten	Natursteinplatten, hochwertige Fliesen, Terrazzobelag, hochwertige Massivholzböden auf gedämmter Unterkonstruktion	hochwertiges Parkett, hochwertige Natursteinplatten, hochwertige Edelholzböden auf gedämmter Unterkonstruktion
Sanitäreinrichtungen	ausreichende Anzahl von Toilettenräumen in Standard-Ausführung	Toilettenräume in gehobenem Standard	großzügige Toilettenanlagen mit Sanitäreinrichtung in gehobener Qualität
Heizung	elektronisch gesteuerte Fern- oder Zentralheizung, Niedertemperatur- oder Brennwertkessel	Solarkollektoren für Warmwassererzeugung; Fußbodenheizung	Solarkollektoren für Warmwassererzeugung und Heizung; Blockheizkraftwerk, Wärmepumpe, Hybrid-Systeme; Klimaanlage
Sonstige technische Ausstattung	zeitgemäße Anzahl an Steckdosen und Lichtauslässen; Zählerschrank (ab 1985) mit Unterverteilung und Kippsicherungen; Kabelkanäle; Blitzschutz	zahlreiche Steckdosen und Lichtauslässe; hochwertige Abdeckungen, hochwertige Beleuchtung; Doppelboden mit Bodentanks zur Verkabelung, ausreichende Anzahl von LAN-Anschlüssen; dezentrale Lüftung mit Wärmetauscher, Messverfahren von Raumtemperatur, Raumfeuchte, Verbrauch, Einzelraumregelung, Sonnenschutzsteuerung; elektronische Zugangskontrolle; Personenaufzugsanlagen	Video- und zentrale Alarmanlage; zentrale Lüftung mit Wärmetauscher, Klimaanlage; Bussystem

5. Beschreibung der Gebäudestandards für Wohnheime, Alten- oder Pflegeheime, Krankenhäuser, Tageskliniken, Beherbergungsstätten, Verpflegungseinrichtungen

	Standardstufe		
	3	4	5
Außenwände	ein- /zweischalige Konstruktion; Wärmedämmverbundsystem oder Wärmedämmputz (nach ca. 1995)	Verblendmauerwerk, zweischalig, hinterlüftet, Vorhangfassade (z. B. Naturschiefer); Wärmedämmung (nach ca. 2005)	aufwendig gestaltete Fassaden mit konstruktiver Gliederung (Säulenstellungen, Erker etc.), Sichtbeton-Fertigteile, Natursteinfassade, Elemente aus Kupfer- /Eloxalblech, mehrgeschossige Glasfassaden; hochwertigste Dämmung
Dach	Faserzement-Schindeln, beschichtete Betondachsteine und Tondachziegel, Folienabdichtung; Dachdämmung (nach ca. 1995)	glasierte Tondachziegel; besondere Dachformen; überdurchschnittliche Dämmung (nach ca. 2005)	hochwertige Eindeckung z. B. aus Schiefer oder Kupfer, Dachbegrünung, befahrbares Flachdach; aufwendig gegliederte Dachlandschaft; sichtbare hochwertigste Dämmung
Fenster und Außentüren	Zweifachverglasung (nach ca. 1995) nur Wohnheime, Altenheime, Pflegeheime, Krankenhäuser und Tageskliniken: Automatik-Eingangstüren	Dreifachverglasung, Sonnenschutzglas, aufwendigere Rahmen; nur Beherbergungsstätten und Verpflegungseinrichtungen: Automatik-Eingangstüren	große, feststehende Fensterflächen, Spezialverglasung (Schall- und Sonnenschutz)
Innenwände und -türen	nicht tragende Innenwände in massiver Ausführung bzw. mit Dämmmaterial gefüllte Ständerkonstruktionen; schwere Türen; nur Wohnheime, Altenheime, Pflegeheime, Krankenhäuser und Tageskliniken: Automatik-Flurzwischentüren; rollstuhlgerechte Bedienung	Sichtmauerwerk; nur Beherbergungsstätten und Verpflegungseinrichtungen: Automatik-Flurzwischentüren; rollstuhlgerechte Bedienung	gestaltete Wandabläufe (z. B. Pfeilervorlagen, abgesetzte oder geschwungene Wandpartien); Akustikputz, raumhohe aufwendige Türelemente

	Standardstufe		
	3	**4**	**5**
Deckenkonstruktion und Treppen	Betondecken mit Tritt- und Luftschallschutz; Deckenverkleidung, einfacher Putz	Decken mit großen Spannweiten	Decken mit größeren Spannweiten; hochwertige breite Stahlbeton-, Metalltreppenanlage mit hochwertigem Geländer
Fußböden	Linoleum- oder PVC-Böden besserer Art und Ausführung; Fliesen, Kunststeinplatten	Natursteinplatten, hochwertige Fliesen, Terrazzobelag, hochwertige Massivholzböden auf gedämmter Unterkonstruktion	hochwertiges Parkett, hochwertige Natursteinplatten, hochwertige Edelholzböden auf gedämmter Unterkonstruktion
Sanitäreinrichtungen	mehrere WCs und Duschbäder je Geschoss; Waschbecken im Raum	je Raum ein Duschbad mit WC nur Wohnheime, Altenheime, Pflegeheime, Krankenhäuser und Tageskliniken: behindertengerecht	je Raum ein Duschbad mit WC in guter Ausstattung; nur Wohnheime, Altenheime, Pflegeheime, Krankenhäuser und Tageskliniken: behindertengerecht
Heizung	elektronisch gesteuerte Fern- oder Zentralheizung, Niedertemperatur- oder Brennwertkessel	Solarkollektoren für Warmwassererzeugung	Solarkollektoren für Warmwassererzeugung und Heizung; Blockheizkraftwerk, Wärmepumpe, Hybrid-Systeme; Klimaanlage
Sonstige technische Ausstattung	zeitgemäße Anzahl an Steckdosen und Lichtauslässen; Blitzschutz, Personenaufzugsanlagen	zahlreiche Steckdosen und Lichtauslässe; hochwertige Abdeckungen; dezentrale Lüftung mit Wärmetauscher; mehrere LAN- und Fernsehanschlüsse	Video- und zentrale Alarmanlage, zentrale Lüftung mit Wärmetauscher, Klimaanlage, Bussystem; aufwendige Aufzugsanlagen

6. Beschreibung der Gebäudestandards für Sporthallen, Freizeitbäder oder Heilbäder

	Standardstufe		
	3	4	5
Außenwände	ein- /zweischalige Konstruktion; Wärmedämmverbundsystem oder Wärmedämmputz (nach ca. 1995)	Verblendmauerwerk, zweischalig, hinterlüftet; Vorhangfassade (z. B. Naturschiefer); Wärmedämmung (nach ca. 2005)	aufwendig gestaltete Fassaden mit konstruktiver Gliederung (Säulenstellungen, Erker etc.), Sichtbeton-Fertigteile, Elemente aus Kupfer- / Eloxalblech, mehrgeschossige Glasfassaden; hochwertigste Dämmung
Dach	Faserzement-Schindeln, beschichtete Betondachsteine und Tondachziegel, Folienabdichtung; Dachdämmung (nach ca. 1995)	glasierte Tondachziegel; besondere Dachformen, überdurchschnittliche Dämmung (nach ca. 2005)	hochwertige Eindeckung z. B. aus Schiefer oder Kupfer, Dachbegrünung; aufwendig gegliederte Dachlandschaft, sichtbare Bogendachkonstruktionen; hochwertigste Dämmung
Fenster und Außentüren	Zweifachverglasung (nach ca. 1995)	Dreifachverglasung, Sonnenschutzglas, aufwendigere Rahmen, höherwertige Türanlagen	große, feststehende Fensterflächen, Spezialverglasung (Schall- und Sonnenschutz); Automatik-Eingangstüren
Innenwände und -türen	nicht tragende Innenwände in massiver Ausführung bzw. mit Dämmmaterial gefüllte Ständerkonstruktionen; schwere Türen	Sichtmauerwerk; rollstuhlgerechte Bedienung	gestaltete Wandabläufe (z. B. Pfeilervorlagen, abgesetzte oder geschwungene Wandpartien); Akustikputz, raumhohe aufwendige Türelemente
Deckenkonstruktion und Treppen	Betondecke	Decken mit großen Spannweiten	Decken mit größeren Spannweiten; hochwertige breite Stahlbeton-, Metalltreppenanlage mit hochwertigem Geländer
Fußböden	nur Sporthallen: Beton, Asphaltbeton, Estrich oder Gussasphalt auf Beton; Teppichbelag, PVC;	nur Sporthallen: hochwertigere flächenstatische Fußbodenkonstruktion, Spezialteppich mit Gummigranulatauf-	nur Sporthallen: hochwertigste flächenstatische Fußbodenkonstruktion, Spezialteppich mit Gummigranulatauf-

	Standardstufe		
	3	4	5
	nur Freizeitbäder/Heilbäder: Fliesenbelag	lage; hochwertigerer Schwingboden	lage; hochwertigster Schwingboden; nur Freizeitbäder/Heilbäder: hochwertiger Fliesenbelag und Natursteinboden
Sanitäreinrichtungen	wenige Toilettenräume und Duschräume bzw. Waschräume	ausreichende Anzahl von Toilettenräumen und Duschräumen in besserer Qualität	großzügige Toilettenanlagen und Duschräume mit Sanitäreinrichtung in gehobener Qualität
Heizung	elektronisch gesteuerte Fern- oder Zentralheizung, Niedertemperatur- oder Brennwertkessel	Fußbodenheizung; Solarkollektoren für Warmwassererzeugung	Solarkollektoren für Warmwassererzeugung und Heizung, Blockheizkraftwerk, Wärmepumpe, Hybrid-Systeme
Sonstige technische Ausstattung	zeitgemäße Anzahl an Steckdosen und Lichtauslässen; Blitzschutz	zahlreiche Steckdosen und Lichtauslässe, hochwertige Abdeckungen, Lüftung mit Wärmetauscher	Video- und zentrale Alarmanlage; Klimaanlage; Bussystem

7. Beschreibung der Gebäudestandards für Verbrauchermärkte, Kauf- oder Warenhäuser, Autohäuser

	Standardstufe		
	3	4	5
Außenwände	ein- /zweischalige Konstruktion, Wärmedämmverbundsystem oder Wärmedämmputz (nach ca. 1995)	Verblendmauerwerk, zweischalig, hinterlüftet; Vorhangfassade (z. B. Naturschiefer); Wärmedämmung (nach ca. 2005)	aufwendig gestaltete Fassaden mit konstruktiver Gliederung (Säulenstellungen, Erker etc.), Sichtbeton-Fertigteile, Natursteinfassade, Elemente aus Kupfer- /Eloxalblech, mehrgeschossige Glasfassaden; hochwertigste Dämmung
Dach	Faserzement-Schindeln, beschichtete Betondachsteine und Ton-	glasierte Tondachziegel; besondere Dachform; überdurchschnittliche	hochwertige Eindeckung z. B. aus Schiefer oder Kupfer, Dachbegrünung;

	Standardstufe		
	3	4	5
	dachziegel, Folienabdichtung; Rinnen und Fallrohre aus Zinkblech; Dachdämmung (nach ca. 1995)	Dämmung (nach ca. 2005)	aufwendig gegliederte Dachlandschaft; hochwertigste Dämmung
Fenster und Außentüren	Zweifachverglasung (nach ca. 1995)	Dreifachverglasung, Sonnenschutzglas, aufwendigere Rahmen, höherwertige Türanlagen	große, feststehende Fensterflächen, Spezialverglasung (Schall- und Sonnenschutz); Außentüren in hochwertigen Materialien
Innenwände und -türen	nicht tragende Innenwände in massiver Ausführung bzw. mit Dämmmaterial gefüllte Ständerkonstruktionen; schwere Türen	Sichtmauerwerk	gestaltete Wandabläufe (z. B. Pfeilervorlagen, abgesetzte oder geschwungene Wandpartien); Akustikputz, raumhohe aufwendige Türelemente; rollstuhlgerechte Bedienung, Automatiktüren
Deckenkonstruktion	Betondecken mit Tritt- und Luftschallschutz, einfacher Putz, Deckenverkleidung	Decken mit großen Spannweiten	Decken mit größeren Spannweiten, Deckenvertäfelungen (Edelholz, Metall)
Fußböden	Linoleum- oder Teppich-Böden besserer Art und Ausführung; Fliesen, Kunststeinplatten	Natursteinplatten, Fertigparkett, hochwertige Fliesen, Terrazzobelag, hochwertige Massivholzböden auf gedämmter Unterkonstruktion	hochwertiges Parkett, hochwertige Natursteinplatten, hochwertige Edelholzböden auf gedämmter Unterkonstruktion
Sanitäreinrichtungen	Toilettenräume	ausreichende Anzahl von Toilettenräumen, jeweils in gehobenem Standard	großzügige Toilettenanlagen mit Sanitäreinrichtung in gehobener Qualität
Heizung	elektronisch gesteuerte Fern- oder Zentralheizung; Niedertemperatur- oder Brennwertkessel	Fußbodenheizung; Solarkollektoren für Warmwassererzeugung	Solarkollektoren für Warmwassererzeugung und Heizung; Blockheizkraftwerk, Wärmepumpe, Hybrid-Systeme; Klimaanlage

	Standardstufe		
	3	4	5
Sonstige technische Ausstattung	zeitgemäße Anzahl an Steckdosen und Lichtauslässen, Zählerschrank (ab 1985) mit Unterverteilung und Kippsicherungen; Kabelkanäle; Blitzschutz; Personenaufzugsanlagen	zahlreiche Steckdosen und Lichtauslässe; hochwertige Abdeckungen, hochwertige Beleuchtung; Doppelboden mit Bodentanks zur Verkabelung, ausreichende Anzahl von LAN-Anschlüssen; dezentrale Lüftung mit Wärmetauscher, Messverfahren von Raumtemperatur, Raumfeuchte, Verbrauch, Einzelraumregelung, Sonnenschutzsteuerung	Video- und zentrale Alarmanlage; zentrale Lüftung mit Wärmetauscher, Klimaanlage; Bussystem; Doppelboden mit Bodentanks zur Verkabelung; aufwendigere Aufzugsanlagen

8. Beschreibung der Gebäudestandards für Garagen

	Standardstufe		
	3	4	5
Außenwände	offene Konstruktion	Einschalige Konstruktion	aufwendig gestaltete Fassaden mit konstruktiver Gliederung (Säulenstellungen, Erker etc.)
Konstruktion	Stahl- und Betonfertigteile	überwiegend Betonfertigteile; große stützenfreie Spannweiten	größere stützenfreie Spannweiten
Dach	Flachdach, Folienabdichtung	Flachdachausbildung; Wärmedämmung	befahrbares Flachdach (Parkdeck)
Fenster und Außentüren	einfache Metallgitter	begrünte Metallgitter, Glasbausteine	Außentüren in hochwertigen Materialien
Fußböden	Beton	Estrich, Gussasphalt	beschichteter Beton oder Estrichboden
Sonstige technische Ausstattung	Strom- und Wasseranschluss; Löschwasseranlage; Treppenhaus; Brandmelder	Sprinkleranlage; Rufanlagen; Rauch- und Wärmeabzugsanlagen; mechanische Be- und Entlüftungsanlagen; Parksysteme für zwei PKW übereinander; Personenaufzugsanlagen	Video- und zentrale Alarmanlage; Beschallung; Parksysteme für drei oder mehr PKW übereinander; aufwendigere Aufzugsanlagen

9. Beschreibung der Gebäudestandards für Betriebs- oder Werkstätten, Produktionsgebäude, Lagergebäude

	Standardstufe		
	3	4	5
Außenwände	ein- /zweischaliges Mauerwerk, z. B. aus Leichtziegeln, Kalksandsteinen, Gasbetonsteinen; Edelputz; gedämmte Metall-Sandwichelemente; Wärmedämmverbundsystem oder Wärmedämmputz (nach ca. 1995)	Verblendmauerwerk, zweischalig, hinterlüftet; Vorhangfassade (z. B. Naturschiefer); Wärmedämmung (nach ca. 2005)	Sichtbeton-Fertigteile; Natursteinfassade, Elemente aus Kupfer- /Eloxalblech; mehrgeschossige Glasfassaden; hochwertigste Dämmung
Konstruktion	Stahl- und Betonfertigteile	überwiegend Betonfertigteile; große stützenfreie Spannweiten; hohe Deckenhöhen; hohe Belastbarkeit der Decken und Böden	größere stützenfreie Spannweiten; hohe Deckenhöhen; höhere Belastbarkeit der Decken und Böden
Dach	Faserzement-Schindeln, beschichtete Betondachsteine und Tondachziegel; Folienabdichtung; Dachdämmung (nach ca. 1995)	schweres Massivflachdach; besondere Dachformen; überdurchschnittliche Dämmung (nach ca. 2005)	hochwertige Eindeckung z. B. aus Schiefer oder Kupfer, hochwertigste Dämmung
Fenster und Außentüren	Zweifachverglasung (nach ca. 1995)	Dreifachverglasung, Sonnenschutzglas, aufwendigere Rahmen; höherwertige Türanlage	große, feststehende Fensterflächen, Spezialverglasung (Schall- und Sonnenschutz); Außentüren in hochwertigen Materialien
Innenwände und -türen	Anstrich	tlw. gefliest, Sichtmauerwerk; Schiebetürelemente, Glastüren	überwiegend gefliest; Sichtmauerwerk; gestaltete Wandabläufe
Fußböden	Beton	Estrich, Gussasphalt	beschichteter Beton oder Estrichboden; Betonwerkstein, Verbundpflaster
Sanitäreinrichtungen	einfache und wenige Toilettenräume	ausreichende Anzahl von Toilettenräumen	großzügige Toilettenanlagen

	Standardstufe		
	3	4	5
Heizung	elektronisch gesteuerte Fern- oder Zentralheizung; Niedertemperatur- oder Brennwertkessel	Fußbodenheizung; Solarkollektoren für Warmwassererzeugung; zusätzlicher Kaminanschluss	Solarkollektoren für Warmwassererzeugung und Heizung; Blockheizkraftwerk; Wärmepumpe; Hybrid-Systeme; aufwendige zusätzliche Kaminanlage
Sonstige technische Ausstattung	zeitgemäße Anzahl an Steckdosen und Lichtauslässen; Blitzschutz; Teeküchen	zahlreiche Steckdosen und Lichtauslässe; hochwertige Abdeckungen; Kabelkanäle; dezentrale Lüftung mit Wärmetauscher; kleinere Einbauküchen mit Kochgelegenheit, Aufenthaltsräume; Aufzugsanlagen	Video- und zentrale Alarmanlage; zentrale Lüftung mit Wärmetauscher, Klimaanlage; Bussystem; Küchen, Kantinen; aufwendigere Aufzugsanlagen

10. Beschreibung der Gebäudestandards für Reithallen

	Standardstufe		
	3	4	5
Außenwände	Holzfachwerkwand; Holzstützen, Vollholz; Brettschalung oder Profilblech auf Holz-Unterkonstruktion	Kalksandstein- oder Ziegel-Mauerwerk; Metallstützen, Profil; Holz-Blockbohlen zwischen Stützen, Wärmedämmverbundsystem, Putz	Betonwand, Fertigteile, mehrschichtig; Stahlbetonstützen, Fertigteil; Kalksandstein-Vormauerung oder Klinkerverblendung mit Dämmung
Dach	Holzkonstruktionen, Nagelbrettbinder; Bitumenwellplatten, Profilblech	Stahlrahmen mit Holzpfetten; Faserzementwellplatten; Hartschaumplatten	Brettschichtholzbinder; Betondachsteine oder Dachziegel; Dämmung mit Profilholz oder Paneelen
Fenster und Außentüren bzw. -tore	Lichtplatten aus Kunststoff, Holz-Brettertüren	Kunststofffenster, Windnetze aus Kunststoff, Jalousien mit Motorantrieb	Türen und Tore mehrschichtig mit Wärmedämmung, Holzfenster, hoher Fensteranteil
Innenwände	keine	tragende bzw. nicht tragende Innenwände aus Holz; Anstrich	tragende bzw. nicht tragende Innenwände als Mauerwerk; Sperrholz, Gipskarton, Fliesen

	Standardstufe		
	3	4	5
Deckenkonstruktion	keine	Holzkonstruktionen über Nebenräumen; Hartschaumplatten	Stahlbetonplatte über Nebenräumen; Dämmung mit Profilholz oder Paneelen
Fußböden	Tragschicht: Schotter, Trennschicht: Vlies, Tretschicht: Sand	zusätzlich/alternativ: Tragschicht: Schotter, Trennschicht: Kunststoffgewebe, Tretschicht: Sand und Holzspäne	Estrich auf Dämmung, Fliesen oder Linoleum in Nebenräumen; zusätzlich/alternativ: Tragschicht: Schotter, Trennschicht: Kunststoffplatten, Tretschicht: Sand und Textilflocken, Betonplatte im Bereich der Nebenräume
baukonstruktive Einbauten	Reithallenbande aus Nadelholz zur Abgrenzung der Reitfläche	zusätzlich/alternativ: Vollholztafeln fest eingebaut	zusätzlich/alternativ: Vollholztafeln, Fertigteile zum Versetzen
Abwasser-, Wasser-, Gasanlagen	Regenwasserableitung	zusätzlich/alternativ: Abwasserleitungen, Sanitärobjekte (einfache Qualität)	zusätzlich/alternativ: Sanitärobjekte (gehobene Qualität), Gasanschluss
Wärmeversorgungsanlagen	keine	Raumheizflächen in Nebenräumen, Anschluss an Heizsystem	zusätzlich/alternativ: Heizkessel
lufttechnische Anlagen	keine	Firstentlüftung	Be- und Entlüftungsanlage
Starkstrom-Anlage	Leitungen, Schalter, Dosen, Langfeldleuchten	zusätzlich/alternativ: Sicherungen und Verteilerschrank	zusätzlich/alternativ: Metall-Dampfleuchten
nutzungsspezifische Anlagen	keine	Reitbodenbewässerung (einfache Ausführung)	Reitbodenbewässerung (komfortable Ausführung)

11. Beschreibung der Gebäudestandards für Pferdeställe

	Standardstufe		
	3	4	5
Außenwände	Holzfachwerkwand; Holzstützen, Vollholz; Brettschalung oder Profilblech auf Holz-Unterkonstruktion	Kalksandstein- oder Ziegel-Mauerwerk; Metallstützen, Profil; Holz-Blockbohlen zwischen Stützen, Wärmedämmverbundsystem, Putz	Betonwand, Fertigteile, mehrschichtig; Stahlbetonstützen, Fertigteil; Kalksandstein-Vormauerung oder Klinkerverblendung mit Dämmung
Dach	Holzkonstruktionen, Vollholzbalken; Nagelbrettbinder; Bitumenwellplatten, Profilblech	Stahlrahmen mit Holzpfetten; Faserzementwellplatten; Hartschaumplatten	Brettschichtholzbinder; Betondachsteine oder Dachziegel; Dämmung mit Profilholz oder Paneelen
Fenster und Außentüren bzw. -tore	Lichtplatten aus Kunststoff, Holz-Brettertüren	Kunststofffenster, Windnetze aus Kunststoff, Jalousien mit Motorantrieb	Türen und Tore mehrschichtig mit Wärmedämmung, Holzfenster, hoher Fensteranteil
Innenwände	keine	tragende bzw. nicht tragende Innenwände aus Holz; Anstrich	tragende bzw. nicht tragende Innenwände als Mauerwerk; Sperrholz, Putz, Fliesen
Deckenkonstruktion	keine	Holzkonstruktionen über Nebenräumen; Hartschaumplatten	Stahlbetonplatten über Nebenräumen; Dämmung mit Profilholz oder Paneelen
Fußböden	Beton-Verbundpflaster in Stallgassen, Stahlbetonplatte im Tierbereich	zusätzlich/alternativ: Stahlbetonplatte; Anstrich, Gummimatten im Tierbereich	zusätzlich/alternativ: Stahlbetonplatte als Stallprofil mit versetzten Ebenen; Nutzestrich auf Dämmung, Anstrich oder Fliesen in Nebenräumen, Kautschuk im Tierbereich
baukonstruktive Einbauten	Fütterung: Futtertrog PVC	Fütterung: Krippenschalen aus Polyesterbeton	Fütterung: Krippenschalen aus Steinzeug
Abwasser-, Wasser-, Gasanlagen	Regenwasserableitung, Wasserleitung	zusätzlich/alternativ: Abwasserleitungen, Sanitärobjekte (einfache Qualität) in Nebenräumen	zusätzlich/alternativ: Sanitärobjekte (gehobene Qualität), Gasanschluss

	Standardstufe		
	3	4	5
Wärmeversorgungsanlagen	keine	Elektroheizung in Sattelkammer	zusätzlich/alternativ: Raumheizflächen, Heizkessel
lufttechnische Anlagen	keine	Firstentlüftung	Be- und Entlüftungsanlage
Starkstrom-Anlage	Leitungen, Schalter, Dosen, Langfeldleuchten	zusätzlich/alternativ: Sicherungen und Verteilerschrank	zusätzlich/alternativ: Metall-Dampfleuchten
nutzungsspezifische Anlagen	Aufstallung: Boxentrennwände aus Holz, Anbindevorrichtungen Fütterung: Tränken, Futterraufen	Aufstallung: zusätzlich/alternativ: Boxentrennwände: Hartholz/Metall Fütterung: zusätzlich/alternativ: Fressgitter, Futterautomaten, Rollraufe mit elektr. Steuerung	Aufstallung: zusätzlich/alternativ: Komfort-Pferdeboxen, Pferde-Solarium Fütterung: zusätzlich/alternativ: Futter-Abrufstationen für Rau- und Kraftfutter mit elektr. Tiererkennung und Selektion, Automatische Futterzuteilung für Boxenställe

12. Beschreibung der Gebäudestandards für Rinderställe und Melkhäuser

	Standardstufe		
	3	4	5
Außenwände	Holzfachwerkwand; Holzstützen, Vollholz; Brettschalung oder Profilblech auf Holz-Unterkonstruktion	Kalksandstein- oder Ziegel-Mauerwerk; Metallstützen, Profil; Holz-Blockbohlen zwischen Stützen	Betonwand, Fertigteile, mehrschichtig; Stahlbetonstützen, Fertigteil; Klinkerverblendung
Dach	Holzkonstruktionen, Vollholzbalken, Nagelbrettbinder; Bitumenwellplatten, Profilblech	Stahlrahmen mit Holzpfetten; Faserzementwellplatten; Hartschaumplatten	Brettschichtholzbinder; Betondachsteine oder Dachziegel; Dämmung mit Profilholz oder Paneelen
Fenster und Außentüren bzw. -tore	Lichtplatten aus Kunststoff	Kunststofffenster, Windnetze aus Kunststoff, Jalousien mit Motorantrieb	Türen und Tore mehrschichtig mit Wärmedämmung, Holzfenster, hoher Fensteranteil

	Standardstufe		
	3	4	5
Innenwände	keine	tragende und nicht tragende Innenwand aus Holz; Anstrich	tragende und nicht tragende Innenwände aus Mauerwerk; Sperrholz, Putz, Fliesen
Deckenkonstruktion	keine	Holzkonstruktionen über Nebenräumen; Hartschaumplatten	Stahlbetonplatte über Nebenräumen; Dämmung mit Profilholz oder Paneelen
Fußböden	Stahlbetonplatte	zusätzlich/alternativ: Stahlbetonplatte mit Oberflächenprofil, Rautenmuster; Epoxidharzbeschichtung am Fressplatz, Liegematten im Tierbereich	zusätzlich/alternativ: Stahlbetonplatte als Stallprofil mit versetzten Ebenen; Estrich auf dem Futtertisch, Liegematratzen im Tierbereich, Gussasphalt oder Gummiauflage
baukonstruktive Einbauten	Aufstallung: Beton-Spaltenboden, Einzelbalken	Aufstallung: Beton-Spaltenboden, Flächenelemente; Krippenschalen aus Polyesterbeton; Güllerohre vom Stall zum Außenbehälter	Aufstallung: Spaltenboden mit Gummiauflage, Gussroste über Treibmistkanal; Krippenschalen aus Steinzeug; zusätzlich/alternativ: Spülleitungen für Einzelkanäle
Abwasser-, Wasser-, Gasanlagen	Regenwasserableitung; Wasserleitung	zusätzlich/alternativ: Abwasserleitungen, Sanitärobjekte (einfache Qualität) in Nebenräumen	zusätzlich/alternativ: Sanitärobjekte (gehobene Qualität); Gasanschluss
Wärme-, Versorgungsanlagen	keine	Elektroheizung im Melkstand	zusätzlich/alternativ: Raumheizflächen, Heizkessel
lufttechnische Anlagen	keine	Firstentlüftung	Be- und Entlüftungsanlage
Starkstrom-Anlage	Leitungen, Schalter, Dosen, Langfeldleuchten	zusätzlich/alternativ: Sicherungen und Verteilerschrank	zusätzlich/alternativ: Metall-Dampfleuchten

	Standardstufe		
	3	4	5
nutzungsspezifische Anlagen	Aufstallung: Fressgitter, Liegeboxenbügel, Kälberboxen, Abtrennungen aus Holz, Kurzstandanbindung Fütterung: Selbsttränke, Balltränke Entmistung: keine Technik (Schlepper) Tierproduktentnahme: Fischgrätenmelkstand, Melkanlage, Maschinensatz, Milchkühltank, Kühlaggregat, Wärmerückgewinnung	Aufstallung: zusätzlich/alternativ: Einrichtungen aus verz. Stahlrohren Fütterung: Tränkewanne mit Schwimmer, Tränkeautomat für Kälber Entmistung: Faltschieber mit Seilzug und Antrieb, Tauchschneidpumpe, Rührmixer Tierproduktentnahme: zusätzlich/alternativ Milchflussgesteuerte Anrüst- und Abschaltautomatik	Aufstallung: zusätzlich/alternativ: Komfortboxen Fütterung: Edelstahl-Kipptränke, computergesteuerte Kraftfutteranlage mit Tiererkennung Entmistung: Schubstangenentmistung Tierproduktentnahme: zusätzlich/alternativ: Melkstand-Schnellaustrieb, Tandem oder Karussellmelkstand, Automatisches Melksystem (Roboter)

13. Beschreibung der Gebäudestandards für Schweineställe

	Standardstufe		
	3	4	5
Außenwände	Holzfachwerkwand; Holzstützen, Vollholz; Brettschalung oder Profilblech auf Holz-Unterkonstruktion	Kalksandstein- oder Ziegel-Mauerwerk; Metallstützen, Profil; Holz-Blockbohlen zwischen Stützen, Beton-Schalungssteine mit Putz	Betonwand, Fertigteile, mehrschichtig; Stahlbetonstützen, Fertigteil; Kalksandstein-Vormauerung oder Klinkerverblendung mit Dämmung
Dach	Holzkonstruktionen, Vollholzbalken; Nagelbrettbinder; Bitumenwellplatten, Profilblech	Stahlrahmen mit Holzpfetten; Faserzementwellplatten; Hartschaumplatten	Brettschichtholzbinder; Betondachsteine oder Dachziegel; Dämmung, Kunststoffplatten, Paneele
Fenster und Außentüren bzw. -tore	Lichtplatten aus Kunststoff, Holz-Brettertüren	Kunststofffenster, Windnetze aus Kunststoff, Jalousien mit Motorantrieb, Metalltüren	Türen und Tore mehrschichtig mit Wärmedämmung, Holzfenster, hoher Fensteranteil
Innenwände	keine Innenwände	tragende Innenwände aus Mauerwerk, Putz und Anstrich; nichttragende Innenwände aus Kunststoff-Paneele mit Anstrich	tragende Innenwände als Betonwand, Fertigteile, Anstrich; nichttragende Innenwände aus Mauerwerk, Putz und Anstrich; Sperrholz, Putz, Fliesen

	Standardstufe		
	3	**4**	**5**
Deckenkonstruktion	keine Decke	Holzkonstruktionen über Nebenräumen; Hartschaumplatten	Stahlbetonplatten über Nebenräumen; Dämmung, Kunststoffplatten, Paneele
Fußböden	Stahlbetonplatte	Stahlbetonplatte; Verbundestrich	zusätzlich/alternativ: Stahlbetonplatte als Stallprofil mit versetzten Ebenen; Stallbodenplatten mit Dämmung, Fliesen auf Estrich in Nebenräumen
baukonstruktive Einbauten	Fütterung: Tröge aus Polyesterbeton	Aufstallung: Beton-Spaltenboden, Flächenelemente Fütterung: Tröge aus Polyesterbeton Entmistung: Güllerohre vom Stall zum Außenbehälter, Absperrschieber in Güllekanälen	Aufstallung: Gussroste in Sauenställen, Kunststoffroste in Ferkelställen Fütterung: Tröge aus Steinzeug Entmistung: zusätzlich/alternativ: Spülleitungen für Einzelkanäle
Abwasser-, Wasser-, Gasanlagen	Regenwasserableitung, Wasserleitung	zusätzlich/alternativ: Abwasserleitungen, Sanitärobjekte (einfache Qualität) in Nebenräumen	zusätzlich/alternativ: Sanitärobjekte (gehobene Qualität), Gasanschluss
Wärmeversorgungsanlagen	Warmluftgebläse, Elt.-Anschluss	Raumheizflächen oder Twin- bzw. Delta-Heizungsrohren, Anschluss an vorh. Heizsystem	zusätzlich/alternativ: Warmwasser-Fußbodenheizung, Heizkessel mit Gasbefeuerung, Wärmerückgewinnung aus Stallluft
lufttechnische Anlagen	Zuluftklappen, Lüftungsfirst	Be- und Entlüftungsanlage im Unterdruckverfahren; Zuluftkanäle oder Rieseldecke; Einzelabsaugung, Abluftkanäle, Ventilatoren	zusätzlich/alternativ: Gleichdrucklüftung, Zentralabsaugung, Luftwäscher
Starkstrom-Anlage	Leitungen, Schalter, Dosen, Langfeldleuchten	zusätzlich/alternativ: Sicherungen und Verteilerschrank	zusätzlich/alternativ: Metall-Dampfleuchten

	Standardstufe		
	3	4	5
nutzungsspezifische Anlagen	Aufstallung: Buchtenabtrennungen aus Kunststoff-Paneelen, Pfosten und Beschläge aus verz. Stahl, Abferkelbuchten, Selbstfang-Kastenstände für Sauen Fütterung: Trockenfutterautomaten, Tränkenippel	Aufstallung: zusätzlich/alternativ: Pfosten und Beschläge aus V2A, Ruhekisten, Betteneinrichtungen Fütterung: zusätzlich/alternativ: Transportrohre, Drahtseilförderer, Rohrbreiautomaten mit Dosierung Entmistung: Tauchschneidpumpe, Rührmixer	Aufstallung: zusätzlich/alternativ: Sortierschleuse Fütterung: zusätzlich/alternativ: Flüssigfütterungsanlage mit Mixbehälter, Sensorsteuerung, Fütterungscomputer, Abrufstation, Tiererkennung, Selektion Entmistung: Schubstangenentmistung

14. Beschreibung der Gebäudestandards für Geflügelställe

	Standardstufe		
	3	4	5
Außenwände	Holzfachwerkwand, Holzstützen, Vollholz, Brettschalung oder Profilblech auf Holz-Unterkonstruktion	Kalksandstein- oder Ziegel-Mauerwerk, Metallstützen, Profil, Metall-Sandwichelemente mit Hartschaumdämmung	Betonwand, Fertigteile, mehrschichtig, Stahlbetonstützen, Fertigteil, Klinkerverblendung
Dach	Holzkonstruktionen, Vollholzbalken, Nagelbrettbinder, Bitumenwellplatten, Profilblech	Stahlrahmen mit Holzpfetten, Faserzementwellplatten, Hartschaumplatten	Brettschichtholzbinder, Betondachsteine oder Dachziegel, Dämmung, Profilholz oder Paneele
Fenster und Außentüren bzw. -tore	Lichtplatten aus Kunststoff; Holz-Brettertüren	Kunststofffenster; Windnetze aus Kunststoff, Jalousien mit Motorantrieb	Türen und Tore mehrschichtig mit Wärmedämmung, Holzfenster, hoher Fensteranteil
Innenwände	keine	tragende bzw. nicht tragende Innenwände aus Holz; Anstrich	tragende bzw. nicht tragende Innenwände als Mauerwerk; Profilblech, Plantafeln, Putz
Deckenkonstruktion	keine	Holzkonstruktionen über Nebenräumen; Hartschaumplatten	Stahlbetonplattenüber Nebenräumen; Dämmung, Profilblech oder Paneelen
Fußböden	Stahlbetonplatte	zusätzlich/alternativ: Oberfläche maschinell geglättet; Estrich mit Anstrich (Eierverpackung)	zusätzlich/alternativ: Stallprofil mit versetzten Ebenen, Estrich mit Fliesen (Eierverpackung)

	Standardstufe		
	3	4	5
Abwasser-, Wasser-, Gasanlagen	Regenwasserableitung, Wasserleitung	zusätzlich/alternativ: Abwasserleitungen, Sanitärobjekte (einfache Qualität) in Nebenräumen	zusätzlich/alternativ: Sanitärobjekte (gehobene Qualität), Gasanschluss
Wärmeversorgungsanlagen	Warmluftgebläse, Elt.-Anschluss	zusätzlich/alternativ: Raumheizflächen oder Twin- bzw. Delta-Heizungsrohre, Heizkessel	zusätzlich: Wärmerückgewinnung aus der Stallluft
lufttechnische Anlagen	Firstentlüftung	Be- und Entlüftungsanlage im Unterdruckverfahren; Zuluftklappen, Abluftkamine, Ventilatoren	zusätzlich/alternativ: Gleichdrucklüftung, Zentralabsaugung, Luftwäscher
Starkstrom-Anlage	Leitungen, Schalter, Dosen, Langfeldleuchten	zusätzlich/alternativ: Sicherungen und Verteilerschrank	zusätzlich/alternativ: Metall-Dampfleuchten
nutzungsspezifische Anlagen	Aufstallung: Geflügelwaage	Aufstallung: zusätzlich/alternativ: Kotroste, Sitzstangen, Legenester Fütterung: Vollautomatische Kettenfütterung, Strang-Tränkeanlage, Nippeltränken Entmistung: Kotbandentmistung Tierproduktentnahme: Eier-Sammelband	Aufstallung: zusätzlich/alternativ: Etagensystem (Voliere, Kleingruppe) Entmistung: zusätzlich/alternativ: Entmistungsbänder mit Belüftung Tierproduktentnahme: zusätzlich/alternativ: Sortieranlage, Verpackung

15. Beschreibung der Gebäudestandards für landwirtschaftliche Mehrzweckhallen

	Standardstufe		
	3	4	5
Außenwände	Holzfachwerkwand; Holzstützen, Vollholz; Brettschalung oder Profilblech auf Holz-Unterkonstruktion	Kalksandstein- oder Ziegel-Mauerwerk; Metallstützen, Profil; Holz-Blockbohlen zwischen Stützen, Wärmedämmverbundsystem, Putz	Betonwand, Fertigteile, mehrschichtig; Stahlbetonstützen, Fertigteil; Kalksandstein-Vormauerung oder Klinkerverblendung mit Dämmung

	Standardstufe		
	3	4	5
Dach	Holzkonstruktionen, Nagelbrettbinder; Bitumenwellplatten, Profilblech	Stahlrahmen mit Holzpfetten; Faserzementwellplatten; Hartschaumplatten	Brettschichtholzbinder; Betondachsteine oder Dachziegel; Dämmung mit Profilholz oder Paneelen
Fenster und Außentüren bzw. -tore	Lichtplatten aus Kunststoff, Holztore	Kunststofffenster, Metall-Sektionaltore	Türen und Tore mehrschichtig mit Wärmedämmung, Holzfenster, hoher Fensteranteil
Innenwände	keine	tragende bzw. nicht tragende Innenwände aus Holz; Anstrich	tragende bzw. nicht tragende Innenwände als Mauerwerk; Sperrholz, Gipskarton, Fliesen
Deckenkonstruktion	keine	Holzkonstruktionen über Nebenräumen; Hartschaumplatten	Stahlbetonplatte über Nebenräumen; Dämmung mit Profilholz oder Paneelen
Fußböden	Beton-Verbundsteinpflaster	zusätzlich/alternativ: Stahlbetonplatte	zusätzlich/alternativ: Oberfläche maschinell geglättet; Anstrich
Abwasser-, Wasser-, Gasanlagen	Regenwasserableitung	zusätzlich/alternativ: Abwasserleitungen, Sanitärobjekte (einfache Qualität) in Nebenräumen	zusätzlich/alternativ: Sanitärobjekte (gehobene Qualität) in Nebenräumen, Gasanschluss
Wärmeversorgungsanlagen	keine	Raumheizflächen in Nebenräumen, Anschluss an Heizsystem	zusätzlich/alternativ: Heizkessel
lufttechnische Anlagen	keine	Firstentlüftung	Be- und Entlüftungsanlage
Starkstrom-Anlage	Leitungen, Schalter, Dosen, Langfeldleuchten	zusätzlich/alternativ: Sicherungen und Verteilerschrank	zusätzlich/alternativ: Metall-Dampfleuchten
nutzungsspezifische Anlagen	keine	Schüttwände aus Holz zwischen Stahlstützen, Trocknungsanlage für Getreide	Schüttwände aus Beton-Fertigteilen

Anlage 5 (zu § 16 Absatz 3)

Katalog der Grundstücksmerkmale des Bodenrichtwertgrundstücks

Wertbeeinflussende Grundstücksmerkmale, die nicht in dieser Anlage aufgeführt sind, dürfen nur dann berücksichtigt werden, wenn die aufgeführten Grundstücksmerkmale zur marktgerechten Beschreibung des Bodenrichtwertgrundstücks nicht ausreichend sind.

I. Nutzungsartenkatalog

Für jeden Bodenrichtwert ist der Entwicklungszustand und die Art der Nutzung anzugeben. Lässt sich das Bodenrichtwertgrundstück aufgrund seiner rechtlichen und tatsächlichen Merkmale keinem der Entwicklungszustände nach § 3 Absatz 1 bis 4 zuordnen, ist das Bodenrichtwertgrundstück der Kategorie „Sonstige Flächen" im Sinne des § 3 Absatz 5 zuzuordnen. Zusätzlich zur Art der Nutzung kann eine Ergänzung zur Art der Nutzung angegeben werden.

Nr.	Art der Nutzung bzw. Ergänzung zur Art der Nutzung	Art der Nutzung	Ergänzung zur Art der Nutzung
Baureifes Land (B) **Rohbauland (R)** **Bauerwartungsland (E)**			
1	Wohnbaufläche	W	
1.1	Kleinsiedlungsgebiet	WS	
1.2	reines Wohngebiet	WR	
1.3	allgemeines Wohngebiet	WA	
1.4	besonderes Wohngebiet	WB	
2	gemischte Baufläche (auch Baufläche ohne nähere Spezifizierung)	M	
2.1	Dorfgebiet	MD	
2.2	Dörfliches Wohngebiet	MDW	
2.3	Mischgebiet	MI	
2.4	Kerngebiet	MK	
2.5	Urbanes Gebiet	MU	
3	gewerbliche Baufläche	G	
3.1	Gewerbegebiet	GE	
3.2	Industriegebiet	GI	
4	Sonderbaufläche	S	
4.1	Sondergebiet für Erholung	SE	
4.2	sonstige Sondergebiete	SO	
5	Baufläche für Gemeinbedarf	GB	

Nr.	Art der Nutzung bzw. Ergänzung zur Art der Nutzung	Art der Nutzung	Ergänzung zur Art der Nutzung
Die Bauflächen (1 bis 5) können zusätzlich durch folgende Ergänzungen zur Art der Nutzung weiter spezifiziert werden in:			
	Ein- und Zweifamilienhäuser		EFH
	Mehrfamilienhäuser		MFH
	Sozialer Mietwohnungsbau		SOW
	Geschäftshäuser (mehrgeschossig)		GH
	Wohn- und Geschäftshäuser		WGH
	Büro- und Geschäftshäuser		BGH
	Bürohäuser		BH
	Produktion und Logistik		PL
	Wochenendhäuser		WO
	Handel und dienstleistungsorientiertes Gewerbe		GD
	Ferienhäuser		FEH
	Freizeit und Touristik		FZT
	Läden (eingeschossig), nicht großflächiger Einzelhandel		LAD
	Einkaufszentren, großflächiger Einzelhandel		EKZ
	Messen, Ausstellungen, Kongresse, Großveranstaltungen aller Art		MES
	Bildungseinrichtungen		BI
	Gesundheitseinrichtungen		MED
	Hafen		HAF
	Garagen, Stellplatzanlagen, Parkhäuser		GAR
	Militär		MIL
	landwirtschaftliche Produktion		LP
	Bebaute Flächen im Außenbereich		ASB
	Bauflächen für Energieerzeugung		EE
Flächen der Land- oder Forstwirtschaft (LF)			
6	landwirtschaftliche Fläche	L	
6.1	Acker	A	
6.2	Grünland	GR	
6.3	Erwerbsgartenanbaufläche	EGA	

Nr.	Art der Nutzung bzw. Ergänzung zur Art der Nutzung	Art der Nutzung	Ergänzung zur Art der Nutzung
6.3.1	Obstanbaufläche	EGA	OG
6.3.2	Gemüseanbaufläche	EGA	GEM
6.3.3	Blumen- und Zierpflanzenanbaufläche	EGA	BLU
6.3.4	Baumschulfläche	EGA	BMS
6.4	Anbaufläche für Sonderkulturen	SK	
6.4.1	Spargelanbaufläche	SK	SPA
6.4.2	Hopfenanbaufläche	SK	HPF
6.4.3	Tabakanbaufläche	SK	TAB
6.5	Weingarten	WG	
6.5.1	Weingarten in Flachlage	WG	FL
6.5.2	Weingarten in Hanglage	WG	HL
6.5.3	Weingarten in Steillage	WG	STL
6.6	Kurzumtriebsplantagen, Agroforst	KUP	
6.7	Unland, Geringstland, Bergweide, Moor	UN	
7	forstwirtschaftliche Fläche	F	
Sonstige Flächen (SF)			
8.1	private Grünfläche	PG	
8.2	Kleingartenfläche (Bundeskleingartengesetz)	KGA	
8.3	Freizeitgartenfläche	FGA	
8.4	Campingplatz	CA	
8.5	Sportfläche (u.a. Golfplatz)	SPO	
8.6	sonstige private Fläche	SG	
8.7	Friedhof	FH	
8.8	Wasserfläche	WF	
8.9	Flughäfen, Flugplätze usw.	FP	
8.10	private Parkplätze, Stellplatzfläche	PP	
8.11	Lagerfläche	LG	
8.12	Abbauland	AB	
8.12.1	Abbauland von Sand und Kies	AB	SND
8.12.2	Abbauland von Ton und Mergel	AB	TON
8.12.3	Abbauland von Torf	AB	TOF

Nr.	Art der Nutzung bzw. Ergänzung zur Art der Nutzung	Art der Nutzung	Ergänzung zur Art der Nutzung
8.12.4	Steinbruch	AB	STN
8.12.5	Braunkohletagebau	AB	KOH
8.13	Gemeinbedarfsfläche (kein Bauland)	GF	
8.14	Sondernutzungsfläche	SN	

II. Weitere Grundstücksmerkmale

1. Beitragsrechtlicher Zustand

frei	beitragsfrei
ebf	erschließungsbeitrags-/kostenerstattungsbetragsfrei und beitragspflichtig nach Kommunalabgabenrecht,
ebp	erschließungsbeitrags-/kostenerstattungsbetragspflichtig und beitragspflichtig nach Kommunalabgabenrecht

2. Bauweise oder Gebäudestellung zur Nachbarbebauung

o	offene Bauweise
g	geschlossene Bauweise
a	abweichende Bauweise
eh	Einzelhäuser
ed	Einzel- und Doppelhäuser
dh	Doppelhaushälften
rh	Reihenhäuser
rm	Reihenmittelhäuser
re	Reihenendhäuser

3. Maß der baulichen Nutzung

ZVG	Zahl der Vollgeschosse
ZOG	Zahl der oberirdischen Geschosse (§ 16 Absatz 4)
GFZ	Geschossflächenzahl
WGFZ	wertrelevante Geschossflächenzahl (§ 16 Absatz 4)
GRZ	Grundflächenzahl
BMZ	Baumassenzahl

4. Angaben zum Grundstück

t	Grundstückstiefe in Metern
b	Grundstücksbreite in Metern
f	Grundstücksfläche in Quadratmetern

5. Sanierungs- oder Entwicklungszusatz

SU	sanierungsunbeeinflusster Zustand, ohne Berücksichtigung der rechtlichen und tatsächlichen Neuordnung
SB	sanierungsbeeinflusster Zustand, unter Berücksichtigung der rechtlichen und tatsächlichen Neuordnung
EU	entwicklungsunbeeinflusster Zustand, ohne Berücksichtigung der rechtlichen und tatsächlichen Neuordnung
EB	entwicklungsbeeinflusster Zustand, unter Berücksichtigung der rechtlichen und tatsächlichen Neuordnung

6. Bewertung der Bodenschätzung

AZ	Ackerzahl
GZ	Grünlandzahl

Muster-Anwendungshinweise zur Immobilienwertermittlungsverordnung (ImmoWertV-Anwendungshinweise – ImmoWertA) (Auszug)

Vorgelegt vom Bundesministerium für Wohnen, Stadtentwicklung und Bauwesen.

Die Fachkommission Städtebau hat diese Muster-Anwendungshinweise am 20. September 2023 zur Kenntnis genommen.

Zu § 1 (Anwendungsbereich; Wertermittlungsobjekt)

1.(1).1 Die ImmoWertV bildet für die Wertermittlung im Sinne des § 1 Absatz 1 Nummer 1 den allgemeinen Standard ab und ist deshalb grundsätzlich bei allen Wertermittlungen anzuwenden:

a) Originärer Anwendungsbereich: Die Verordnung ist bei der Ausführung des BauGB anzuwenden, wenn

  - es nach den Vorschriften des BauGB auf den Verkehrswert nach § 194 BauGB ankommt, z. B.
    - beim preislimitierten Vorkaufsrecht (§ 28 Absatz 3 BauGB),
    - bei der Umlegung (§ 57, § 59 Absatz 2, § 60 BauGB),
    - bei Enteignungsentschädigungen (§ 95 Absatz 1 BauGB) und
  - wenn die Gutachterausschüsse auf Grundlage des § 193 Absatz 1 BauGB Gutachten erstatten.

b) Anwendungsbereich kraft Verweisung: Die Anwendung der ImmoWertV kann sich auch aus einem ausdrücklichen Verweis in Rechtsvorschriften anderer Regelungsbereiche ergeben (z. B. § 198 Absatz 1 Satz 2 BewG).

c) Faktischer Anwendungsbereich: Da es sich insbesondere im Hinblick auf die in Teil 1 der ImmoWertV normierten Grundsätze der Verkehrswertermittlung um allgemein anerkannte Standards der Wertermittlung in Deutschland handelt, entfaltet die ImmoWertV eine faktische Bindungswirkung bei der Ermittlung des Verkehrswerts im Sinne des § 194 BauGB, wenn hierbei der Anwendung der ImmoWertV weder Rechtsvorschriften noch die konkrete Zweckbestimmung der Verkehrswertermittlung entgegenstehen. Die zur Verfügung stehenden Daten und deren Eignung sowie die Gepflogenheiten des gewöhnlichen Geschäftsverkehrs können es hierbei insbesondere erfordern, bei der Wertermittlung von den in den §§ 6 bis 10 vorgesehenen Öffnungs- und Abweichungsmöglichkeiten Gebrauch zu machen.

1.(1).2 Die ImmoWertV ist nach § 1 Absatz 1 Nummer 2 auch bei Ermittlung der für die Wertermittlung erforderlichen Daten anzuwenden (§ 193 Absatz 5 BauGB).

1.(1).3 Nicht marktfähige Wertermittlungsobjekte sind z. B. Grundstücke, grundstücksbezogene Rechte und Belastungen, die grundsätzlich nicht veräußerbar sind. Eine Ermittlung ihrer Werte kann jedoch z. B. für Zwecke der Ablösung von Rechten notwendig sein. Zu diesen Wertermittlungsobjekten zählen insbesondere das Wohnungsrecht (§ 1093 BGB) und der

Nießbrauch (§§ 1030 ff. BGB). Nicht marktgängige Objekte sind Grundstücke, für die es auf dem jeweiligen Grundstücksmarkt keine Nachfrage gibt.

1.(2).1 Ein Wertermittlungsobjekt kann auch aus mehreren der in § 1 Absatz 2 genannten Gegenständen bestehen. Maßgeblich hierfür ist insbesondere die Verkehrsanschauung.

1.(2).2 Wesentliche Bestandteile des Grundstücks oder des Gebäudes können selbständiger Gegenstand einer Wertermittlung sein. Zu den wesentlichen Bestandteilen gehören die zur Herstellung des Gebäudes eingefügten Sachen (§ 94 Absatz 2 BGB). Sachen, die nur zu einem vorübergehenden Zweck in ein Gebäude eingefügt sind, z. B. Einbauküchen und sonstige Einbauten von Mietern, sind keine Bestandteile des Gebäudes.

1.(2).3 Anlagen und Einrichtungen, die kein wesentlicher Bestandteil des Grundstücks oder des Gebäudes sind oder nur zu einem vorübergehenden Zweck eingefügt wurden (z. B. Anlagen für erneuerbare Energien), können auch selbständiger Gegenstand der Wertermittlung sein.

1.(2).4 Rechte, die mit dem Eigentum an dem Grundstück verbunden sind (§ 96 BGB), können selbständiger Gegenstand einer Wertermittlung sein. Dazu zählen insbesondere subjektiv-dingliche Rechte, also Rechte, die dem jeweiligen Eigentümer des begünstigten Grundstücks hinsichtlich eines anderen Grundstücks zustehen. Darunter fallen insbesondere die Grunddienstbarkeiten (§ 1018 BGB), der Überbau (§ 912 BGB), das Notwegerecht (§ 917 BGB), das Rentenrecht des Nachbarn, der den Überbau oder den Notweg zu dulden hat (§ 913 BGB) und das Jagdrecht; dingliche Vorkaufsrechte und Rechte aus einer Reallast, wenn sie gemäß § 1094 Absatz 2 BGB und § 1105 Absatz 2 BGB zugunsten des jeweiligen Eigentümers eines anderen Grundstücks bestellt sind. Daneben sind auch ein vereinbarter Heimfallanspruch (§ 3 ErbbauRG) und der Erbbauzinsanspruch (§ 9 Absatz 1 und 2 ErbbauRG) Rechte im Sinne des § 96 BGB. Zu grundstücksbezogenen Rechten und Belastungen finden sich weiterführende Regelungen in den §§ 46 bis 52. Mit dem Eigentum am Grundstück ist auch das Eigentum an grundeigenen, nicht aber an bergfreien Bodenschätzen verbunden (§ 3 Absatz 2 BBergG).

1.(2).5 Zubehör sind bewegliche Sachen, die ohne Bestandteil der Hauptsache zu sein, dem wirtschaftlichen Zweck der Hauptsache zu dienen bestimmt sind und zu ihr in einem dementsprechenden räumlichen Verhältnis stehen; eine Sache ist nicht Zubehör, wenn sie nach der Verkehrsanschauung nicht als Zubehör angesehen wird (§ 97 BGB). Bei gewerblich genutzten Gebäuden dienen die zu dem Betrieb bestimmten Maschinen und sonstigen Gerätschaften (gewerbliches Inventar) dem Zweck der Hauptsache (§ 98 Nummer 1 BGB) und sind somit Zubehör.

Zu § 2 (Grundlagen der Wertermittlung)

2.(2) Bei den allgemeinen Wertverhältnissen (auf dem Grundstücksmarkt) handelt es sich um eine Vielzahl von Umständen, die aus allgemeinen wirtschaftlichen Entwicklungen hervorgehen oder nur örtlich (z. B. Bevölkerungsentwicklung) anzutreffen sind, sowie solche Umstände, die nur Grundstücksmärkte bestimmter Grundstücksarten (z. B. Mietenentwicklung) betreffen.

2.(3) § 2 Absatz 3 Satz 2 listet eine nicht abschließende, beispielhafte Auswahl von Grundstücksmerkmalen auf. Zu einzelnen Grundstücksmerkmalen enthalten die §§ 3 bis 5 weitergehende Vorgaben. Darüber hinaus werden nachfolgend weitere Hinweise zu einzelnen Grundstücksmerkmalen gegeben:

- Die tatsächliche Nutzung bestimmt sich nach der am Qualitätsstichtag ausgeübten oder kurzfristig realisierbaren Nutzung.
- Grundstückszuschnitt und Topographie bestimmen die Nutzbarkeit des Grundstücks z. B. durch einzuhaltende Abstandsflächen, notwendige Erschließungsflächen, realisierbare Gebäudemaße, Bewirtschaftungserschwernisse, Vor- und Nachteile bei Hanglagen.
- Zur Bodenbeschaffenheit (§ 5 Absatz 5) gehört bei landwirtschaftlichen Grundstücken auch die Art und Qualität der Böden.
- Art der Anlage: z. B. Gebäude, bauliche Außenanlagen wie Ver- und Entsorgungseinrichtungen, Bodenbefestigungen, Einfriedungen.
- Ergänzung zur Art der Nutzung: z. B. Ein- und Zweifamilienhäuser, Mehrfamilienhäuser, Geschäftshäuser (vgl. Anlage 5 Nummer I).
- Bauweise bzw. Gebäudestellung zur Nachbarbebauung: z. B. offene Bauweise, geschlossene Bauweise bzw. Einzelhaus, Doppelhaushälfte, Reihenend- bzw. Reihenmittelhaus (vgl. auch Nummer 16.(2)).
- Baugestaltung: z. B. Konstruktionsart (beispielsweise Fachwerk, Massivbau, Holzbau, Fertigteilbauweise) und Dachform (beispielsweise Flachdach, Pultdach, Satteldach).
- Größe der baulichen Anlagen: z. B. Wohnfläche, Brutto-Grundfläche (vgl. Anlage 4 Nummer I.2), Zahl der Vollgeschosse oder oberirdischen Geschosse, Zahl der Wohnungen oder Zimmer.
- Ausstattung, Qualität des Rohbaus und des Ausbaus, Gebäudestandard (vgl. Anlage 4 Nummer III).
- Der energetische Zustand wird z. B. im Energieausweis und dort insbesondere durch den Endenergiebedarf beschrieben.
- Gesetzliche Anforderungen an die Barrierefreiheit baulicher Anlagen ergeben sich insbesondere aus den Bauordnungen der Länder.

2.(4) Der Wertermittlungsstichtag kann ein gegenwärtiger oder ein vergangener sein. Bei einem in der Vergangenheit liegenden Wertermittlungsstichtag sind die allgemeinen Wertverhältnisse und die für die Wertermittlung erforderlichen Daten (vgl. dazu auch Nummer 9.(1).3) maßgeblich, die zum damaligen Zeitpunkt vorgelegen haben bzw. bekannt waren.

2.(5).1 Bei einem in der Vergangenheit liegenden Qualitätsstichtag ist der Grundstückszustand maßgeblich, der zum damaligen Zeitpunkt vorlag.

2.(5).2 Ein vom Wertermittlungsstichtag abweichender Qualitätsstichtag (§ 2 Absatz 5 Satz 2) kann aufgrund rechtlicher oder sonstiger Gründe maßgeblich sein. Beispiele für einen abweichenden Qualitätsstichtag sind Wertermittlungen im Rahmen von

- Umlegungsverfahren,
- Enteignungsverfahren,
- städtebaulichen Sanierungsverfahren,
- städtebaulichen Entwicklungsverfahren.

2.(5).3 Beim Qualitätsstichtag kommt auch eine Beschreibung bestimmter Annahmen zum Grundstückszustand in Betracht, ohne dass es insoweit einer bestimmten kalendarischen Festlegung bedarf. Für ein Wertermittlungsobjekt können auch unterschiedliche Qualitätsstichtage in Betracht kommen (z. B. unterschiedliche Qualitätsstichtage für den Grund und Boden einerseits und die baulichen Anlagen andererseits).

Zu § 3 (Entwicklungszustand; sonstige Flächen)

3.(1) Zu den Flächen der Land- oder Forstwirtschaft gehören auch Brachflächen oder stillgelegte landwirtschaftliche Anbauflächen. Die Zuordnung zum Entwicklungszustand „Flächen der Land- oder Forstwirtschaft" entfällt grundsätzlich nicht dadurch, dass sich die entsprechenden Flächen insbesondere durch

- ihre besondere landschaftliche oder verkehrliche Lage,
- durch ihre Funktion oder
- durch ihre Nähe zu Siedlungsgebieten

auch für außerlandwirtschaftliche oder außerforstwirtschaftliche Nutzungen eignen, aber eine Entwicklung zu Bauerwartungsland oder Rohbauland in absehbarer Zeit nicht bevorsteht. Es handelt sich bei diesen Flächen, die unter den Begriffen „begünstigtes Agrarland", „beeinträchtigtes Agrarland" oder auch „besondere Flächen der Land- und Forstwirtschaft" bekannt sind, nicht um einen eigenen Entwicklungszustand, sondern um Einzelflächen oder Gebiete, die einen Wert aufweisen, der vom Wert für land- oder forstwirtschaftliche Flächen, die sich nicht für außerland- oder außerforstwirtschaftliche Nutzungen eignen, abweicht, jedoch im Fall des begünstigten Agrarlandes noch nicht unter den Entwicklungszustand „Bauerwartungsland" eingeordnet werden können (vgl. Nummer 11.(1).1). Insbesondere bei begünstigtem Agrarland kann eine Einstufung als „sonstige Flächen" nach § 3 Absatz 5 in Frage kommen.

Eine Eignung für außerlandwirtschaftliche oder außerforstwirtschaftliche Nutzungen kann wertbeeinflussend sein, wenn im gewöhnlichen Geschäftsverkehr eine dahingehende Nachfrage besteht. Eine besondere Funktionsgebundenheit und eine damit verbundene geringe Nachfrage können den Wert auch negativ beeinflussen.

3.(2) Konkrete Tatsachen, aus denen sich eine Bauerwartung ergeben kann, können z. B. Ziele und Grundsätze der Regional- und Landesplanung, eine entsprechende Darstellung der Flächen im Flächennutzungsplan, informelle Planungen in Form von städtebaulichen Entwicklungskonzepten, die förmliche Einleitung eines Bebauungsplanverfahrens oder Planfeststellungsverfahren, oder auch entsprechende Absichtsbekundungen und Verhaltensweisen der Gemeinde (etwa Gemeinderatsbeschlüsse) oder von Fachplanungsträgern sein, sofern die jeweiligen Planungsabsichten zum Wertermittlungsstichtag allgemein bekannt und noch aktuell sind. Eine Bauerwartung erfordert zudem die Eignung der Flächen für eine bauliche Nutzung. Für eine Eignung kann z. B. eine günstige Verkehrslage (z. B. unmittelbare Stadtnähe) sprechen. Umgekehrt können tatsächliche und rechtliche (z. B. umwelt-, naturschutz- oder planungsrechtliche) Hemmnisse, die sich nicht in absehbarer Zeit ausräumen lassen, der Bauerwartung entgegenstehen. Darüber hinaus muss in absehbarer Zeit mit einer baulichen Nutzung gerechnet werden können. Der voraussichtliche Zeitraum bis zur Baureife ist wertbeeinflussend und sachverständig zu schätzen.

3.(3) Bei Rohbauland sind Art und Umfang des jeweils verbleibenden Erschließungs- und Bodenordnungsbedarfs zu ermitteln. Der voraussichtliche Zeitraum bis zur Baureife ist wertbeeinflussend und sachverständig zu schätzen.

3.(4).1 Flächen sind nach öffentlich-rechtlichen Vorschriften baulich nutzbar, wenn

- städtebaurechtliche Vorschriften (§ 30 Absatz 1, 2, § 33 oder § 34 [ggf. i. V. m. § 30 Absatz 3] BauGB; siehe hierzu auch Nummer 3.(4).2) oder fachplanungsrechtliche Vorschriften (vgl. § 38 BauGB) eine bauliche Nutzung zulassen und
- sich aus anderen öffentlich-rechtlichen Vorschriften keine Bauhindernisse ergeben; hierzu können z. B. Vorschriften des Umwelt- und Naturschutzrechts (z. B. Bauverbote in festgesetzten Überschwemmungsgebieten nach § 78 des Wasserhaushaltsgesetzes) gehören.

3.(4).2 Wenn Rechtsvorschriften die bauliche Nutzung nur für einen bestimmten Zeitraum aussetzen, steht das der Einstufung als baureifes Land nicht entgegen; die zeitlich eingeschränkte Bebaubarkeit ist bei der Wertermittlung zu berücksichtigen. Entsprechendes gilt, wenn Rechtsvorschriften nur eine befristete bauliche Nutzung ermöglichen (z. B. befristete oder auflösend bedingte Festsetzungen nach § 9 Absatz 2 BauGB).

3.(4).3 Die Erschließung ist im Sinne des § 30 Absatz 1, 2 und § 34 Absatz 1 BauGB gesichert, wenn nach objektiven Kriterien erwartet werden kann, dass die Erschließungsanlagen spätestens bis zur Fertigstellung der anzuschließenden baulichen Anlagen benutzbar sind. Maßgeblich ist insbesondere, ob für das Grundstück im Zeitpunkt der Inbetriebnahme der baulichen Anlage bzw. der Aufnahme der Nutzung

- die Anbindung an öffentliche Verkehrsflächen (vgl. § 4 der Musterbauordnung) sowie
- die (nicht zwangsläufig externe) Versorgung mit Strom und Wasser und die Abwasserbeseitigung

gewährleistet ist.

Nicht zur Erschließung im Sinne des Städtebaurechts gehört dagegen das Vorhandensein von weiteren Einrichtungen, deren Vorhandensein oder Ausbauzustand für die Zulässigkeit einer baulichen Nutzung nicht erforderlich ist, gleichwohl aber von Werteinfluss sein kann, wie z. B. Leitungen für digitale Infrastruktur, Gas und Fernwärme (Erschließung im weiteren Sinne).

3.(4).4 Der Entwicklungszustand „baureifes Land" ist in der Regel auch bei bebauten Grundstücken im Außenbereich zugrunde zu legen (faktisches Bauland).

3.(5) Nicht alle Flächen lassen sich einem Entwicklungszustand im Sinne von § 3 Absatz 1 bis 4 zuordnen. Die entsprechenden Flächen werden als sonstige Flächen bezeichnet (vgl. Anlage 5 Nummer I, Ordnungsnummern 8.1 bis 8.14). Somit lässt sich jedes Grundstück einem definierten Entwicklungszustand oder den sonstigen Flächen nach § 3 Absatz 5 zuordnen.

Zu § 4 (Alter, Gesamt- und Restnutzungsdauer)

4.(1) Das Baujahr bezeichnet grundsätzlich das Kalenderjahr der Fertigstellung bzw. der überwiegenden Fertigstellung der baulichen Anlage. Wenn sich das Jahr der Fertigstellung nicht feststellen lässt, kann auch das Jahr der Einleitung des bauaufsichtlichen Zulassungsverfahrens oder das Jahr der Nutzungsaufnahme zugrunde gelegt oder das Baujahr geschätzt werden.

4.(2) Zur Sicherstellung der Modellkonformität (§ 10 Absatz 1) ist bei der Wertermittlung dieselbe Gesamtnutzungsdauer zugrunde zu legen, die auch der Ermittlung der verwendeten sonstigen für die Wertermittlung erforderlichen Daten zugrunde lag (vgl. § 12 Absatz 5 Satz 1).

4.(3).1 Zur Sicherstellung der Modellkonformität (§ 10 Absatz 1) ist bei der Wertermittlung die Restnutzungsdauer grundsätzlich nach demselben Modell zu ermitteln, welches der Ermittlung der verwendeten sonstigen für die Wertermittlung erforderlichen Daten zugrunde lag (vgl. § 12 Absatz 5 Satz 1). Eine Berücksichtigung individueller Gegebenheiten ist bei Wahrung der Modellkonformität möglich.

4.(3).2 Modernisierungen sind beispielsweise Maßnahmen, die eine wesentliche Verbesserung der Wohn- oder sonstigen Nutzungsverhältnisse oder wesentliche Einsparungen von Energie und Wasser bewirken. In Anlehnung an § 555b BGB, der den Modernisierungsbegriff für Mietwohnungen konkretisiert, sind Modernisierungsmaßnahmen insbesondere solche baulichen Veränderungen,

- durch die in Bezug auf die bauliche Anlage Endenergie nachhaltig, d. h. von einiger Dauer und Erheblichkeit, eingespart wird (energetische Modernisierung),
- durch die nicht erneuerbare Primärenergie nachhaltig eingespart oder das Klima nachhaltig geschützt wird, sofern nicht bereits eine energetische Modernisierung erfolgt ist,
- durch die der Wasserverbrauch nachhaltig reduziert wird,
- durch die der Gebrauchswert der baulichen Anlage nachhaltig erhöht wird,
- durch die die bauliche Anlage erstmalig mittels Glasfaser an ein öffentliches Netz mit sehr hoher Kapazität im Sinne des § 3 Nummer 33 des Telekommunikationsgesetzes angeschlossen wird,
- durch die die allgemeinen Wohn- oder sonstigen Nutzungsverhältnisse auf Dauer verbessert werden,
- durch die neuer Wohnraum oder sonstiger dem Nutzungszweck der baulichen Anlage dienender Raum geschaffen wird.

4.(3).3 Bei baulichen Anlagen mit unterschiedlichen Restnutzungsdauern, die eine wirtschaftliche Einheit bilden, sowie bei baulichen Anlagen mit Bauteilen, die eine deutlich voneinander abweichende Restnutzungsdauer aufweisen, bestimmt sich die maßgebliche Restnutzungsdauer nicht zwingend nach der Anlage mit der kürzesten Restnutzungsdauer; sie ist vielmehr nach wirtschaftlichen Gesichtspunkten unter Einbeziehung der Möglichkeit der Modernisierung wirtschaftlich verbrauchter Gebäude und Bauteile zu bestimmen.

4.(3).4 Bilden bauliche Außenanlagen oder sonstige Anlagen mit der baulichen (Haupt-) Anlage eine wirtschaftliche Einheit, richtet sich die Restnutzungsdauer der baulichen Außenanlagen und sonstigen Anlagen in der Regel nach der Restnutzungsdauer der baulichen (Haupt-)Anlage.

Zu § 5 (Weitere Grundstücksmerkmale)

5.(1).1 Art und Maß der nach dem Städtebaurecht zulässigen Nutzung ergeben sich

- im Geltungsbereich eines qualifizierten Bebauungsplans aus den entsprechenden Bebauungsplanfestsetzungen (§ 30 Absatz 1 BauGB),
- im künftigen Geltungsbereich eines in Aufstellung befindlichen Bebauungsplans unter den Voraussetzungen des § 33 BauGB aus den beabsichtigten Bebauungsplanfestsetzungen,
- im unbeplanten Innenbereich (d. h. in den im Zusammenhang bebauten Ortsteilen) aus den Vorgaben des § 34 BauGB,

- im Geltungsbereich eines Bebauungsplans, der nicht über die Mindestfestzungen nach § 30 Absatz 1 BauGB verfügt (einfacher Bebauungsplan), aus den Festsetzungen des Bebauungsplans und im Übrigen aus den Vorgaben des § 34 oder des § 35 BauGB (§ 30 Absatz 3 BauGB).

Von den Festsetzungen eines Bebauungsplans können nach § 31 Absatz 1 BauGB solche Ausnahmen zugelassen werden, die im Bebauungsplan ausdrücklich vorgesehen sind. Im Außenbereich ist eine Bebauung nur nach Maßgabe des § 35 BauGB zulässig.

Für Vorhaben des Bundes oder eines Landes sind nach Maßgabe des § 37 BauGB Abweichungen von den §§ 29 bis 36 möglich. Nach Maßgabe des § 38 BauGB finden die §§ 30 bis 37 BauGB keine Anwendung auf Planfeststellungsverfahren und die sonstigen in § 38 BauGB genannten Verfahren.

5.(1).2 In Bebauungsplänen wird die Art der zulässigen Nutzung durch die Festsetzung von Baugebieten bestimmt. Die zulässigen Nutzungen ergeben sich aus der Baugebietsfestsetzung in Verbindung mit der für dieses Baugebiet einschlägigen Vorschrift der §§ 2 bis 10 BauNVO oder im Fall eines sonstigen Sondergebiets im Sinne des § 11 BauNVO aus der im Bebauungsplan festgesetzten Art der Nutzung. Die Regelungen zu den allgemein zulässigen oder ausnahmsweise zulässigen Nutzungen in den §§ 2 bis 10 BauNVO können dabei nach Maßgabe des § 1 Absatz 4 bis 10 BauNVO modifiziert sein. Im Regelfall ist die Fassung der Baunutzungsverordnung zugrunde zu legen, die zum Zeitpunkt der Beschlussfassung über den Bebauungsplan Anwendung fand. Für Baugebietsfestsetzungen in Plänen, die vor Inkrafttreten des Bundesbaugesetzes von 1960 erlassen worden sind und die nach § 233 Absatz 3 BauGB als Bebauungspläne fortgelten (sog. übergeleitete Pläne), können die Vorgaben der BauNVO entsprechend herangezogen werden, wenn die festgesetzten Baugebiete mit den in der BauNVO genannten Baugebieten vergleichbar sind.

5.(1).3 In Bebauungsplänen kann das Maß der (höchst-)zulässigen Nutzung nach den §§ 16 bis 21a BauNVO bestimmt werden durch Festsetzung

- der Grundflächenzahl (GRZ) oder der Größe der Grundfläche,
- der Geschossflächenzahl (GFZ) oder der Größe der Geschossfläche,
- der Baumassenzahl (BMZ) oder der Baumasse,
- der Zahl der Vollgeschosse,
- der Höhe der baulichen Anlagen.

Die planungsrechtlich zulässige GFZ ist von der wertrelevanten Geschossflächenzahl (WGFZ; hierzu § 16 Absatz 4) zu unterscheiden.

5.(1).4 Die Ausnutzbarkeit eines Grundstücks kann in Bebauungsplangebieten nicht nur durch Festsetzungen zum Maß der baulichen Nutzung, sondern u. a. auch durch Festsetzungen zur Bauweise (§ 22 BauNVO), zur überbaubaren Grundstücksfläche (§ 23 BauNVO: Baulinien, Baugrenzen, Bebauungstiefe) und zur Abstandsflächentiefe (§ 9 Absatz 1 Nummer 2a BauGB) eingeschränkt sein.

5.(1).5 Im unbeplanten Innenbereich (im Zusammenhang bebauter Ortsteil) richtet sich die Zulässigkeit einer Bebauung danach, ob sich das Vorhaben nach Art und Maß in die nähere Umgebung einfügt (§ 34 Absatz 1 BauGB). Hierfür ist die vorhandene Bebauung maßgeblich, die das Gebiet prägt. Wenn die Eigenart der näheren Umgebung einem Baugebiet im Sinne der §§ 2 bis 5, 6, 7 bis 9 BauNVO entspricht, bestimmt sich die Art der zulässigen baulichen Nutzung nach der für dieses Baugebiet geltenden Vorschrift der BauNVO (§ 34 Absatz 2

BauGB; sog. „faktisches Baugebiet"), während hinsichtlich der übrigen Faktoren (Maß der baulichen Nutzung, Bauweise; überbaubare Grundstücksfläche) § 34 Absatz 1 BauGB maßgeblich bleibt. Zu beachten ist, dass es bei dörflichen Wohngebieten (§ 5a BauNVO) und bei urbanen Gebieten (§ 6a BauNVO) keine faktischen Baugebiete gibt; denn § 34 Absatz 2 BauGB findet bei diesen Baugebieten nach § 245c Absatz 3 bzw. § 245d Absatz 1 BauGB keine Anwendung. Bei Sondergebieten, die der Erholung dienen, kommen faktische Baugebiete nur bei Wochenendhausgebieten, Ferienhausgebieten und Campingplatzgebieten (§ 10 Absatz 3 bis 5 BauNVO) in Betracht. Die dargestellten Maßstäbe sind auch in Gebieten mit einfachem Bebauungsplan (§ 30 Absatz 3 BauGB) anwendbar, soweit dieser keine Festsetzungen trifft.

5.(1).6 Sonstige Vorgaben, die die Nutzbarkeit eines Grundstücks betreffen, können insbesondere aus dem Bauordnungsrecht, aus dem Nachbarrecht oder aus umweltrechtlichen Vorschriften (z. B. § 78 des Wasserhaushaltsgesetzes – WHG) folgen.

5.(1).7 Eine regelmäßige Abweichung vom städtebaulich (höchst-)zulässigen Maß der baulichen Nutzung (§ 5 Absatz 1 Satz 2 Variante 1) kann bei Unterschreitung oder Überschreitung vorliegen. Bei einer regelmäßigen Unterschreitung des im Bebauungsplan zulässigen Nutzungsmaßes, wie sie insbesondere in Ein- und Zweifamilienhausgebieten häufig vorkommen kann, fehlt es im Regelfall an einem Werteinfluss des Maßes der baulichen Nutzung. Eine Überschreitung des Nutzungsmaßes kommt insbesondere in Betracht bei Befreiungen (§ 31 Absatz 2 BauGB) und bei Bestandsschutz (z. B. das tatsächlich realisierte Maß einer baulichen Nutzung wäre nach den Festsetzungen eines zwischenzeitlich neu aufgestellten oder geänderten Bebauungsplans nicht mehr zulässig).

5.(1).8 § 5 Absatz 1 Satz 2 Variante 2 trägt dem Umstand Rechnung, dass für die Wertermittlung vielfach die tatsächliche bauliche Ausnutzbarkeit eines Grundstücks relevant ist, die aber nicht gleichbedeutend mit dem städtebaulichen (höchst-) zulässigen Maß der Nutzung ist. Dies ist insbesondere dann der Fall, wenn der Kaufpreis auch durch Flächen bestimmt wurde, die bei Ermittlung der für die Beurteilung der planungsrechtlichen Zulässigkeit von Vorhaben maßgeblichen GFZ nach § 20 Absatz 3 Satz 2 BauNVO nicht mitzurechnen sind. So bleiben nach § 20 Absatz 3 Satz 2 BauNVO bei der Berechnung der Geschossfläche und der Geschossflächenzahl Nicht-Vollgeschosse bei Fehlen anderweitiger Bebauungsplanfestsetzungen unberücksichtigt, obwohl das Vorhandensein oder die Möglichkeit der Nutzung solcher Flächen, etwa durch die erzielbaren zusätzlichen Mieterträge, durchaus für die Kaufpreisbildung von Bedeutung sein kann. In Fällen, in denen der Kaufpreis regelmäßig durch ein, von den für die planungsrechtliche Zulässigkeit maßgeblichen Vorschriften des Städtebaurechts abweichendes Maß beeinflusst wird, ist das Maß der Nutzung maßgebend, das im gewöhnlichen Geschäftsverkehr zugrunde gelegt wird. Bedeutung hat dies auch, wenn nach § 16 Absatz 4 die WGFZ zugrunde gelegt wird.

5.(2).1 Der beitragsrechtliche Zustand im Sinne des § 5 Absatz 2 erfasst grundstücksbezogene Beiträge, grundstücksbezogene Sonderabgaben (z. B. Stellplatzabgaben) und grundstücksbezogene beitragsähnliche Abgaben (z. B. Ausgleichsbeträge nach § 154 BauGB). Vom beitragsrechtlichen Zustand sind insbesondere folgende Beiträge, grundstücksbezogene Sonderabgaben und beitragsähnliche Abgaben erfasst:

- Erschließungsbeiträge (§§ 127 ff. BauGB bzw. Landesrecht); sie bemessen sich nach dem Erschließungsaufwand für die erstmalige Herstellung von Erschließungsanlagen; dazu gehören z. B. der Wert der für die Erschließungsanlagen in Anspruch genommenen Flächen sowie die Kosten des Straßenbaus, der Straßenentwässerung und Straßenbeleuchtung;

- (naturschutzrechtliche) Kostenerstattungsbeträge für Ausgleichsmaßnahmen (§ 135a BauGB);
- Ausgleichsleistungen für Mehrwerte in der Umlegung (§ 64 BauGB);
- Ausgleichsbeträge für sanierungs- und entwicklungsbedingte Erhöhungen des Bodenwerts (§ 154, § 169 Absatz 1 Nummer 7 BauGB);
- grundstücksbezogene Beiträge nach den kommunalen Abgabengesetzen (z. B. Anschluss- und Ausbaubeiträge);
- grundstücksbezogene Abgaben aufgrund kommunaler Satzungen (z. B. Stellplatzabgaben).

5.(2).2 Für die Einstufung des beitragsrechtlichen Zustands ist der Zustand bereits vorhandener, endgültig hergestellter Erschließungsanlagen nicht relevant. Gibt der Zustand der Erschließungsanlagen Anlass zu der Erwartung, dass es zu einer Beitragspflicht kommen kann, wirkt sich dies nur dann auf den beitragsrechtlichen Zustand aus, wenn die Entstehung der Beitragspflicht am Qualitätsstichtag mit hinreichender Sicherheit aufgrund konkreter Tatsachen (z. B. in der Haushaltsplanung bereits enthalten) kurzfristig zu erwarten ist (§ 11 Absatz 1).

5.(3).1 Grundlage der Ermittlung der tatsächlich erzielten Erträge sind die bestehenden Miet- und Pachtverhältnisse mit ihren wesentlichen Vertragsdaten, z. B. konkreter Mietgegenstand, Art der Nutzung, Vereinbarungen über die Miethöhe, Datum der letzten Mietänderung, Datum des Vertragsbeginns, Vertragslaufzeit sowie insbesondere bei Gewerbemietverträgen Verlängerungsmöglichkeiten sowie die Übernahme von Bewirtschaftungskosten oder Instandhaltungen einschließlich baulicher Maßnahmen durch den Mieter bzw. Pächter.

5.(3).2 Grundlage der Ermittlung der marktüblich erzielbaren Erträge ist bei bestehenden Wohnraummietverhältnissen insbesondere die ortsübliche Vergleichsmiete aus geeigneten Mietspiegeln und Mietpreisübersichten.

5.(4) Zu den Lagemerkmalen gehören z.B.

- Zugehörigkeit zu Bundesland, Region, Gemeinde, Ortsteil, Quartier,
- Wohn- und Geschäftslage,
- demografische und soziale Struktur des räumlichen (z. B. Quartier, Ortsteil) und sachlichen Teilmarkts (z. B. Mehrfamilienhäuser),
- Entfernung zu Versorgungs- und Infrastruktureinrichtungen,
- Verkehrsanbindung,
- Art und Ausbau der Straße,
- Nachbarschaft,
- Wasserlage,
- Aussichtslage,
- vorhandene Immissionsbelastungen, insbesondere hinsichtlich Staub-, Geräusch- und Geruchsimmissionen z. B. durch benachbarte störende Betriebe und Gebäude,
- Nachbarschaft zu Störfallbetrieben.

5.(5).1 Die Bodengüte ist insbesondere für landwirtschaftlich nutzbare Flächen relevant und wird üblicherweise mittels Acker- oder Grünlandzahl beschrieben.

5.(5).2 Die Eignung als Baugrund und als Anbaufläche wird insbesondere durch die physikalischen Eigenschaften des Bodens und durch das Grundwasserniveau bestimmt.

5.(5).3 Bodenverunreinigungen können vorliegen bei schädlichen Bodenveränderungen, Verdachtsflächen, Altlasten und altlastenverdächtigen Flächen i. S. des § 2 BBodSchG sowie beim Vorhandensein von Kampfmitteln im Sinne der Landes-Kampfmittelverordnungen.

Zu § 6 (Wertermittlungsverfahren; Ermittlung des Verkehrswerts)

6.(1).1 Anstelle der in § 6 Absatz 1 Satz 1 ausdrücklich genannten Wertermittlungsverfahren (normierte Verfahren) können ausnahmsweise auch andere Wertermittlungsverfahren angewendet werden. Dies kommt insbesondere in Betracht, wenn die normierten Verfahren nicht zu marktgerechten Ergebnissen führen. Die Wahl eines nicht normierten Verfahrens hat marktgerecht zu erfolgen und ist ebenso wie die Wahl eines normierten Verfahrens zu begründen (z. B. unzureichende Datenlage, die normierten Verfahren können die Werteinflüsse nicht sachgerecht erfassen).

6.(1).2 Das Vergleichswertverfahrens kann bei bebauten und unbebauten Grundstücken zur Anwendung kommen, wenn eine ausreichende Anzahl von geeigneten Kaufpreisen, ein geeigneter Bodenrichtwert oder ein geeigneter Vergleichsfaktor zur Verfügung steht.

6.(1).3 Das Ertragswertverfahren kann zur Anwendung kommen, wenn im gewöhnlichen Geschäftsverkehr die Erzielung von Erträgen für die Preisbildung ausschlaggebend ist und geeignete Daten, wie zum Beispiel marktüblich erzielbare Erträge und geeignete Liegenschaftszinssätze zur Verfügung stehen.

6.(1).4 Das Sachwertverfahren kann zur Anwendung kommen, wenn im gewöhnlichen Geschäftsverkehr der Sachwert von nutzbaren baulichen oder sonstigen Anlagen für die Preisbildung ausschlaggebend ist und geeignete Daten, wie insbesondere geeignete Sachwertfaktoren zur Verfügung stehen.

6.(3).1 § 6 Absatz 3 konkretisiert § 6 Absatz 2 und stellt im Zusammenwirken mit § 7 (Berücksichtigung der allgemeinen Wertverhältnisse) und § 8 Absatz 2 und 3 (Berücksichtigung der allgemeinen und der besonderen objektspezifischen Grundstücksmerkmale) die zentrale Verfahrensgrundnorm für die normierten Verfahren dar.

6.(3).2 Die normierten Verfahren nach § 6 Absatz 1 Satz 1 gliedern sich in dieselben grundlegenden Verfahrensschritte:

- Ermittlung des vorläufigen Verfahrenswerts: vorläufiger Vergleichs-, Ertrags-, oder Sachwert,
- Ermittlung des marktangepassten vorläufigen Verfahrenswerts: marktangepasster vorläufiger Vergleichs-, Ertrags-, oder Sachwert,
- Ermittlung des Verfahrenswerts: Vergleichs-, Ertrags- oder Sachwert.

Der Verkehrswert wird aus dem Verfahrenswert oder den Verfahrenswerten ermittelt (§ 6 Absatz 4; vgl. Nummer 6.(4)). Folgendes Ablaufschema gibt einen Überblick über die Wertermittlungsverfahren:

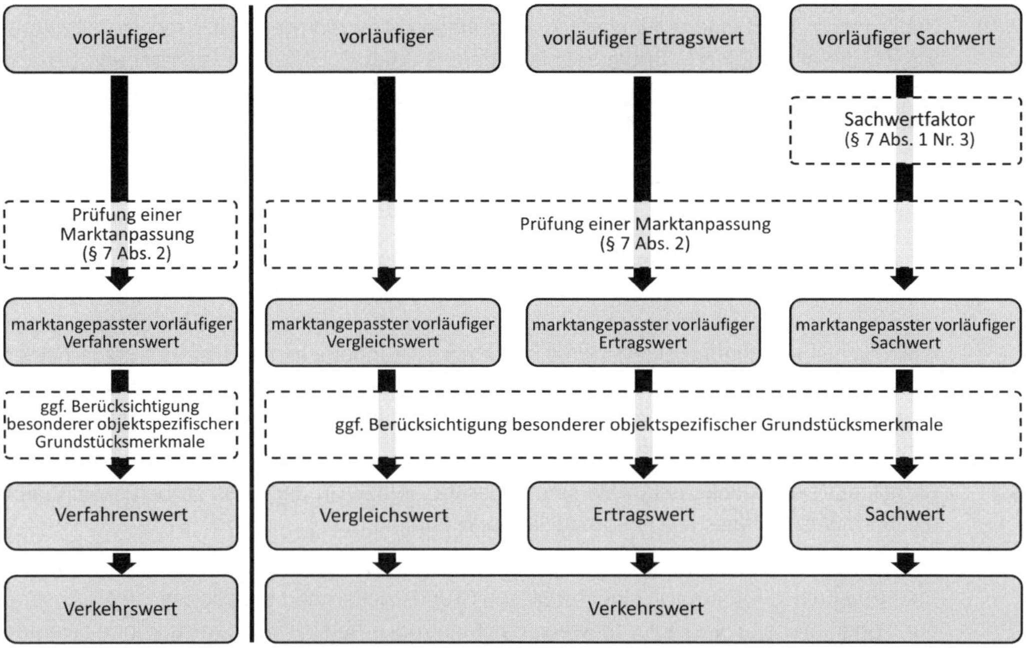

Detaillierte Ablaufschemata zu den einzelnen Wertermittlungsverfahren finden sich unter den Nummern 24.1, 27.(5) und 35.1.

6.(3).3 Bei den Wertermittlungsverfahren erfolgt die Berücksichtigung

a) der allgemeinen Grundstücksmerkmale jeweils bei der Ermittlung des vorläufigen Verfahrenswerts (§ 8 Absatz 2),

b) der allgemeinen Wertverhältnisse

- im Vergleichs- und Ertragswertverfahren insbesondere bei Ermittlung des vorläufigen Verfahrenswerts (§ 7 Absatz 1 Nummer 1 und 2) und
- im Sachwertverfahren insbesondere bei der Ermittlung des marktangepassten vorläufigen Verfahrenswerts (§ 7 Absatz 1 Nummer 3),

c) der besonderen objektspezifischen Grundstücksmerkmale erst bei der Ermittlung der Verfahrenswerte (§ 8 Absatz 3).

6.(4) Bei der Ermittlung des Verkehrswerts ist der Vergleichswert, Sachwert oder Ertragswert auf seinen Marktbezug hin zu plausibilisieren. Bei Anwendung mehrerer Verfahren ist die Aussagefähigkeit der jeweiligen Verfahren, insbesondere im Hinblick auf die Qualität der zugrunde gelegten Daten, zu würdigen.

Zu § 7 (Berücksichtigung der allgemeinen Wertverhältnisse)

7.(1) Im Regelfall werden die allgemeinen Wertverhältnisse durch die jeweiligen Eingangsdaten und sonstigen für die Wertermittlung erforderlichen Daten bereits ausreichend berücksichtigt. Das erfolgt beim Vergleichs- und Ertragswertverfahren in der Regel bereits bei der Ermittlung des vorläufigen Verfahrenswertes, beim Sachwertverfahren erst durch Anwendung des Sachwertfaktors auf den vorläufigen Sachwert.

7.(2) Zur Ermittlung des marktangepassten vorläufigen Verfahrenswerts ist in jedem Fall zu prüfen, ob die allgemeinen Wertverhältnisse bereits nach § 7 Absatz 1 ausreichend berücksichtigt worden sind. Wird dabei weiterer Anpassungsbedarf festgestellt, so sind marktgerechte Zu- oder Abschläge (Marktanpassung) vorzunehmen.

Zu § 8 (Berücksichtigung der allgemeinen und besonderen objektspezifischen Grundstücksmerkmale)

8.1 Die Zuordnung eines Grundstücksmerkmals zu den allgemeinen oder zu den besonderen objektspezifischen Grundstücksmerkmalen obliegt sachverständiger Einschätzung. Hierbei sind die Gegebenheiten des jeweiligen Grundstücksmarkts zu berücksichtigen. Dabei kann dasselbe Grundstücksmerkmal auf einem Grundstücksmarkt zu den allgemeinen Merkmalen zählen, auf einem anderen Grundstücksmarkt jedoch, auf dem das Vorliegen dieses Merkmals unüblich ist, kann eine Berücksichtigung als besonderes objektspezifisches Grundstücksmerkmal sachgerecht sein.

8.2 Sämtliche Grundstücksmerkmale sind in der Weise bzw. in der Höhe zu berücksichtigen, die ihrem Werteinfluss am Grundstücksmarkt entspricht.

8.(3).1 Eine Einordnung als besonderes objektspezifisches Grundstücksmerkmal kommt in Betracht, wenn das Merkmal in einer für diesen Grundstücksmarkt unüblichen Weise, Ausprägung oder Intensität vorliegt oder wenn das Merkmal erheblich von den zugrunde gelegten Modellen oder Modellansätzen abweicht.

8.(3).2 Besondere Ertragsverhältnisse (§ 8 Absatz 3 Satz 2 Nummer 1) liegen bei einer erheblichen Abweichung der tatsächlich erzielten von den marktüblich erzielbaren Erträgen vor. Sie können sich u. a. ergeben

- auf Grund wohnungs-, vertrags-, pacht- oder mietrechtlicher Bindungen (s. hierzu auch Nummer 46.(2).5),
- bei vorhandenen Baumängeln und Bauschäden (sofern entsprechende Wertminderungen nicht nach § 8 Absatz 3 Satz 2 Nummer 2 [vgl. auch Nummer 8.(3).3] als besondere objektspezifische Grundstücksmerkmale erfasst werden),
- bei Erträgen aus Werbeträgern, Mobilfunkmasten und Ähnlichem,
- bei Vorliegen von Ertragsbestandteilen für Inventar, Zubehör und Ähnliches oder
- aus abweichenden Vereinbarungen zur Umlage von Kosten (z. B. zu den üblicherweise vom Mieter zu tragenden Betriebskosten und zu den üblicherweise vom Vermieter zu tragenden Instandhaltungskosten).

8.(3).3 Baumängel (§ 8 Absatz 3 Satz 2 Nummer 2) sind Fehler, die bei der Herstellung eines Bauwerks infolge fehlerhafter Planung oder Bauausführung einschließlich der Verwendung mangelhafter Baustoffe den Wert oder die Tauglichkeit zu dem gewöhnlichen oder dem nach dem Vertrag vorausgesetzten Gebrauch einer baulichen Anlage aufheben oder mindern. Bauschäden sind Beeinträchtigungen eines Bauwerks, die infolge eines Baumangels (Mangelfolgeschäden), äußerer (gewaltsamer) Einwirkungen (wie z. B. durch Sturm, Starkregen oder Feuer) oder unterlassener oder nicht ordnungsgemäß ausgeführter Instandhaltung auftreten. Eine Abgrenzung von Baumängeln und den daraus resultierenden Mangelfolgeschäden einerseits sowie den (sonstigen) Bauschäden andererseits ist im Rahmen der Wertermittlung im Regelfall nicht erforderlich. Wertminderungen aufgrund von Baumängeln oder Bauschäden können

- nach Erfahrungswerten,
- unter Zugrundelegung von Bauteiltabellen oder
- unter Berücksichtigung der Schadensbeseitigungskosten

ermittelt werden.

8.(3).4 § 8 Absatz 3 Satz 2 Nummer 3 regelt nicht nur die Berücksichtigung von Liquidationsobjekten, die zur alsbaldigen Freilegung anstehen, als besondere objektspezifische Grundstücksmerkmale, sondern enthält auch eine Legaldefinition der Liquidationsobjekte.

a) Von einer fehlenden wirtschaftlichen Nutzbarkeit einer baulichen Anlage im Sinne der Legaldefinition ist, unter Berücksichtigung des Handelns der Marktteilnehmer im gewöhnlichen Geschäftsverkehr, insbesondere auszugehen,

   - wenn sie aus tatsächlichen Gründen, z. B. aufgrund von Mängeln und Schäden der Bausubstanz, ungeeigneter Lage oder aus rechtlichen Gründen nicht genutzt werden kann und die Nutzbarkeit nicht in wirtschaftlich vertretbarer Weise herbeigeführt werden kann,
   - wenn eine erhebliche Unterausnutzung vorliegt und eine Anpassung der Bebauung oder Nutzung rechtlich oder tatsächlich nicht möglich oder sie wirtschaftlich nicht vorteilhaft ist,
   - wenn dauerhaft von einer fehlenden Nachfrage zur Nutzung des Objektes auszugehen ist.

   Bei Anwendung des Ertragswertverfahrens kann sich ein Hinweis auf eine nicht mehr wirtschaftlich nutzbare bauliche Anlage ergeben, wenn der Bodenwertverzinsungsbetrag den Reinertrag erreicht oder übersteigt bzw. wenn der nicht abgezinste Bodenwert für eine planungsrechtlich zulässige Nutzung ohne Berücksichtigung der Freilegungskosten den vorläufigen Ertragswert erreicht oder übersteigt.

b) Bei Liquidationsobjekten, die im Sinne des § 8 Absatz 3 Satz 2 Nummer 3 zur alsbaldigen Freilegung anstehen, sind zur Ermittlung der Wertminderungen, die entsprechend dem Handeln der Marktteilnehmer im gewöhnlichen Geschäftsverkehr durch Freilegungs-, Teilabbruch- oder Sicherungsmaßnahmen entstehen, gegebenenfalls zu berücksichtigen

   - die anfallenden Kosten,
   - die Verwertungserlöse für abgängige Bauteile und
   - die ersparten Baukosten z. B. durch die Verwendung vorhandener Bauteile.

c) Wenn bei Liquidationsobjekten eine Freilegung vorübergehend aufgeschoben oder dauerhaft ausgeschlossen ist, ist im Hinblick auf die Bodenwertermittlung § 43 (nutzungsabhängiger Bodenwert) zu beachten.

8.(3).5 Die Wertminderung von Grundstücken, bei denen Bodenverunreinigungen vorliegen (§ 8 Absatz 3 Satz 2 Nummer 4), kann unter Berücksichtigung der Kosten ermittelt werden, die für Bodenuntersuchungen, Sicherungs-, Sanierungs- oder andere geeignete Maßnahmen zur Gefahrenabwehr erforderlich sind. Der hierfür erforderliche Aufwand orientiert sich an der vorgesehenen Nutzung des Grundstücks. Soweit zur Vermeidung von anderenfalls anfallenden höheren Kosten für die Sanierung des Bodens auf die Realisierung einer an sich naheliegenden Bebauung oder Nutzung verzichtet wird, ist dies bei Ermittlung der Wertminderung zu berücksichtigen (z. B. Verzicht auf Unterkellerung, gewerbliche Bebauung anstelle von Wohnbebauung).

8.(3).6 Bei Bodenschätzen ist zwischen bergfreien Bodenschätzen im Sinne des § 3 Absatz 3 BBergG und grundeigenen Bodenschätzen im Sinne des § 3 Absatz 4 BBergG zu differenzieren. Grundeigene Bodenschätze stehen im Eigentum des Grundstückseigentümers; auf bergfreie Bodenschätze erstreckt sich das Eigentum an einem Grundstück nicht (§ 3 Absatz 2 BBergG).

8.(3).7 Zu grundstücksbezogenen Rechten und Belastungen (§ 8 Absatz 3 Satz 2 Nummer 6) siehe §§ 46 bis 52.

8.(3).8 Die Aufzählung in § 8 Absatz 3 Satz 2 ist nicht abschließend. Darüber hinaus kann eine Berücksichtigung als besonderes objektspezifisches Grundstücksmerkmal z. B. in folgenden Fällen in Betracht kommen:

a) Ein Abschlag wegen wirtschaftlicher Überalterung kommt in Betracht, wenn das Bewertungsobjekt nur noch eingeschränkt verwendungsfähig und marktgängig ist. Anhaltspunkte für eine wirtschaftliche Überalterung sind z. B. erhebliche Ausstattungsmängel, unzweckmäßige Gebäudegrundrisse und eine unzweckmäßige Anordnung der Gebäude auf dem Grundstück.

b) Ein Zuschlag wegen eines überdurchschnittlichen Erhaltungszustands kommt in Betracht, wenn sich das Wertermittlungsobjekt in einem außergewöhnlich gepflegten Zustand befindet. In Abgrenzung zur Modernisierung handelt es sich hier um über das übliche Maß hinausgehende Instandhaltungsmaßnahmen, die in ihrer Gesamtheit zwar das Erscheinungsbild des Wertermittlungsobjekts überdurchschnittlich positiv beeinflussen, jedoch keine Erhöhung der Restnutzungsdauer bewirken.

c) Ein Abschlag wegen eines merkantilen Minderwerts kommt in Betracht, wenn das Wertermittlungsobjekt trotz vollständiger Beseitigung bzw. Wegfalls eines Mangels, Schadens oder sonstigen wertmindernden Grundstücksmerkmals (z. B. Bodenverunreinigungen, Schimmel, Asbest) aufgrund eines fortwirkenden Imageschadens am Markt einen geringeren Kaufpreis erzielen würde, als ein vergleichbares Grundstück, das zu keinem Zeitpunkt einen entsprechenden Mangel etc. aufgewiesen hat. Der merkantile Minderwert sinkt dabei mit zunehmender Dauer der Zeitspanne, die zwischen dem Qualitätsstichtag und dem Zeitpunkt des Schadensereignisses bzw. dem Zeitpunkt der Behebung des Mangels liegt.

Zu § 9 (Eignung und Anpassung der Daten; ungewöhnliche oder persönliche Verhältnisse; Herkunft der Daten)

9.(1).1 § 9 Absatz 1 regelt für die Wertermittlung:

a) die Anforderungen an die Eignung von Kaufpreisen und weiterer Daten wie insbesondere der Bodenrichtwerte und der sonstigen für die Wertermittlung erforderlichen Daten (§ 9 Absatz 1 Satz 1),

b) ihre Anpassung an abweichende allgemeine Wertverhältnisse (§ 9 Absatz 1 Satz 2) und

c) ihre Anpassung an abweichende Grundstücksmerkmale (§ 9 Absatz 1 Satz 3).
Auf § 9 Absatz 1 wird zudem verwiesen bei der Ermittlung

- von Vergleichspreisen (§ 25 Satz 2),
- des objektspezifisch angepassten Vergleichsfaktors (§ 26 Absatz 1),
- des objektspezifisch angepassten Bodenrichtwerts (§ 26 Absatz 2),
- des objektspezifisch angepassten Liegenschaftszinssatzes (§ 33),

- des objektspezifisch angepassten Sachwertfaktors (§ 39),
- des objektspezifisch angepassten Erbbaurechtsfaktors (§ 49 Absatz 2 Satz 2),
- des objektspezifisch angepassten Erbbaurechtskoeffizienten (§ 49 Absatz 2 Satz 2),
- des objektspezifisch angepassten Erbbaugrundstücksfaktors (§ 51 Absatz 2 Satz 2 i. V. m. § 49 Absatz 2 Satz 2) und
- des objektspezifisch angepassten Erbbaugrundstückskoeffizienten (§ 51 Absatz 2 Satz 2 i. V. m. § 49 Absatz 2 Satz 2).

Zudem verweist § 12 Absatz 3 Satz 2 für die Ermittlung der für die Wertermittlung erforderlichen Daten hinsichtlich der Anpassung der Kaufpreise auf § 9 Absatz 1 Satz 2 und 3.

9.(1).2 Die Eignung von Daten kann nur dann sachgerecht nach § 9 Absatz 1 geprüft werden, wenn zu den jeweiligen Daten ausreichende Informationen vorliegen. Das setzt insbesondere voraus

a) bei Vergleichspreisen die hinreichend genaue Beschreibung der wertbeeinflussenden Grundstücksmerkmale der Vergleichsgrundstücke und des Vertragszeitpunkts (vgl. § 25),

b) bei Bodenrichtwerten die Darstellung der wertbeeinflussenden Grundstücksmerkmale des Bodenrichtwertgrundstücks (§ 16 Absatz 2),

c) bei den sonstigen für die Wertermittlung erforderlichen Daten das Vorliegen einer Modellbeschreibung (§ 12 Absatz 6).

9.(1).3 Der Wertermittlung sind die am Wertermittlungsstichtag bereits vorliegenden für die Wertermittlung erforderlichen Daten zugrunde zu legen (vgl. Nummer 2.(4)). In der Regel erfassen diese nicht den Wertermittlungsstichtag; eine mögliche Änderung der allgemeinen Wertverhältnisse zwischen dem Stichtag dieser Daten und dem Wertermittlungsstichtag ist bei der Wertermittlung erforderlichenfalls durch eine angemessene Anpassung der Daten zu berücksichtigen.

9.(1).4 Kaufpreise sind zunächst hinsichtlich der allgemeinen Wertverhältnisse sowie der Grundstücksmerkmale vor allem mit Indexreihen und Umrechnungskoeffizienten auf einen festzulegenden Referenzzustand anzupassen. Bei starken Abweichungen der allgemeinen Wertverhältnisse bzw. der Grundstücksmerkmale ist zu prüfen, ob eine Anpassung noch sachgerecht ist.

9.(1).5 Zur Berücksichtigung von wertbeeinflussenden Abweichungen einzelner Grundstücksmerkmale im Rahmen der Bodenwertermittlung:

a) Bei wertbeeinflussenden Abweichungen des Maßes der baulichen Nutzung können Umrechnungskoeffizienten verwendet werden. Insbesondere in Geschäftslagen kann die Abhängigkeit des Bodenwerts von den höherwertig genutzten Flächen (z. B. ebenerdige Läden) erheblich größer sein, als die Abhängigkeit z. B. von der WGFZ (vgl. § 16 Absatz 4). In diesen Lagen ist zu prüfen, ob eine sachgerechte Anpassung der Kaufpreise unter Verwendung der Mieten erfolgen kann (z. B. mittels des Mietsäulenverfahrens).

b) Bei wertbeeinflussenden Abweichungen der Grundstücksgröße können – vorbehaltlich des § 41 bei erheblicher Überschreitung der marktüblichen Grundstücksgröße – Umrechnungskoeffizienten verwendet werden, soweit der Wertunterschied nicht bereits in sonstiger Weise berücksichtigt wurde.

c) Die Kaufpreise sind ggf. an den beitragsrechtlichen Zustand des Wertermittlungsobjekts (vgl. Nummer 5.(2).1 und 5.(2).2) anzupassen. Zu- oder Abschläge sind, soweit dies marktüblich ist, nach der Höhe des zu erwartenden Beitrags (z. B. Erschließungsbeitrag), ggf. unter Berücksichtigung einer angemessenen Abzinsung, zu bemessen.

d) Die Berücksichtigung von wertbeeinflussenden Unterschieden kann auch durch geeignete statistische Methoden erfolgen.

9.(1).6 Werden mehrere Anpassungen erforderlich, sind eventuelle Abhängigkeiten zwischen den unterschiedlichen Einflussgrößen zu beachten; eine Doppelberücksichtigung ist auszuschließen.

9.(1).7 Die Vorgabe des § 9 Absatz 1 Satz 4, wonach Kaufpreise um die Werteinflüsse von besonderen objektspezifischen Grundstücksmerkmalen zu bereinigen sind, ergänzt die Vorgaben zur Eignung der Daten (§ 9 Absatz 1 Satz 1) und ist der Anpassung von Kaufpreisen an abweichende Grundstücksmerkmale (§ 9 Absatz 1 Satz 3) vorgelagert.

9.(2).1 Ungewöhnliche oder persönliche Verhältnisse liegen vor, wenn z. B. ein Kaufpreis nicht unter den im gewöhnlichen Geschäftsverkehr üblichen Verhältnissen zustande kommt, beispielsweise, weil die Vertragsparteien unter Zwang, aus Not oder unter besonderer Rücksichtnahme handeln. Bei Vorliegen einer erheblichen Abweichung ist es jedoch nicht unbedingt erforderlich, die ungewöhnlichen oder persönlichen Verhältnisse zu kennen, auf denen die Abweichung beruht.

9.(2).2 Eine erhebliche Abweichung von Kaufpreisen und anderen Daten liegt dann vor, wenn sie nicht mehr mit der üblichen Streuung erklärt werden kann. Dies ist nicht fest definierbar, sondern abhängig von der Homogenität bzw. Heterogenität des jeweiligen Grundstücksmarkts. Ausreißer können z. B. mittels statistischer Verfahren erkannt werden.

9.(2).3 Auch die öffentliche Hand kann Marktteilnehmer sein. Veräußert die öffentliche Hand Grundstücke zu Preisen, die sich innerhalb normaler Preisschwankungen bewegen (vgl. Nummer 9.(2).2), können die entsprechenden Kaufpreise grundsätzlich herangezogen werden. Werden von der öffentlichen Hand Grundstücke zu Preisen veräußert, die deutlich unter den Preisen anderer Grundstücksanbieter liegen, können gewöhnliche Verhältnisse vorliegen, wenn der jeweilige Grundstücksmarkt dadurch nachhaltig, d. h. von einiger Dauer und Erheblichkeit, beeinflusst wird; dies ist insbesondere der Fall, wenn sich wegen des Umfangs entsprechender Veräußerungen andere Grundstücksanbieter an diesen Preisen orientieren.

9.(3).1 Maßstab für die Wahl der Quelle ist die Eignung der Daten. Dabei gilt in der Regel Folgendes:

a) vorrangig sind die Daten des örtlich zuständigen Gutachterausschusses zu verwenden;

b) stehen beim örtlich zuständigen Gutachterausschuss keine geeigneten Daten zur Verfügung, können Daten von anderen Gutachterausschüssen und Stellen nach § 198 BauGB (Obere Gutachterausschüsse und Zentrale Geschäftsstellen) herangezogen werden;

c) im Übrigen können auch geeignete Kaufpreise und geeignete sonstige für die Wertermittlung erforderliche Daten aus anderen Quellen herangezogen werden.

9.(3).2 Sollen Daten aus anderen Quellen herangezogen werden, steht es der Eignung dieser Daten nicht entgegen, wenn bei Ermittlung dieser Daten Modellansätze und Modelle angewendet wurden, die von § 12 Absatz 5 i. V. m. den Anlagen 1 bis 4 abweichen. Bei Anwendung dieser Daten ist der Grundsatz der Modellkonformität zu beachten.

9.(3).3 Die Quelle der verwendeten Daten ist anzugeben.

9.(3).4 Eine Schätzung nach § 9 Absatz 3 kommt nur in Betracht, wenn keine geeigneten Daten vorliegen.

Zu § 10 (Grundsatz der Modellkonformität)

10.(1) Der Grundsatz der Modellkonformität ist bei Anwendung der sonstigen für die Wertermittlung erforderlichen Daten zu beachten. Dies gilt bei Ermittlung des

a) Vergleichswerts insbesondere hinsichtlich der zur Anpassung von Kaufpreisen verwendeten Daten und bei Verwendung von Vergleichsfaktoren;

b) Ertragswerts insbesondere hinsichtlich der Verwendung von Liegenschaftszinssätzen und der ihnen zugrundeliegenden Modellansätze;

c) Sachwerts insbesondere hinsichtlich der Verwendung von Sachwertfaktoren bezüglich der ihnen zugrundeliegenden Modellansätze.

10.(2) § 10 Absatz 2 ermöglicht, soweit dies zur Wahrung des Grundsatzes der Modellkonformität erforderlich ist, eine Abweichung von Vorgaben der ImmoWertV. Die Vorschrift schafft damit die erforderliche Grundlage, um dem übergeordneten Charakter des Grundsatzes der Modellkonformität Rechnung tragen zu können. Die Regelung zielt auf Fälle, in denen für den Wertermittlungsstichtag lediglich solche sonstigen für die Wertermittlung erforderlichen Daten vorliegen, die nicht nach der geltenden ImmoWertV ermittelt worden sind. Gemeint sind insbesondere folgende Fallkonstellationen:

a) Der Wertermittlungsstichtag liegt vor Inkrafttreten der geltenden ImmoWertV,

b) d. h. vor dem 1. Januar 2022 (§ 54). Für solche Wertermittlungsstichtage können in der Regel nur solche Daten vorliegen, die nach den für diesen Zeitpunkt geltenden Regelungen und Vorgaben ermittelt worden sind.

c) Der Wertermittlungsstichtag liegt zwar nach dem 1. Januar 2022, jedoch liegen aufgrund des zeitlich geringen Abstands zum Tag des Inkrafttretens der ImmoWertV noch keine nach neuem Recht ermittelten sonstigen für die Wertermittlung erforderlichen Daten vor.

d) Es werden sonstige für die Wertermittlung erforderliche Daten aus anderen Quellen herangezogen. In diesen Fällen ist insoweit von der ImmoWertV abzuweichen, als die Daten nach anderen Modellen bzw. Modellansätzen ermittelt wurden (vgl. Nummer 9.(3).2).

Zu § 11 (Künftige Änderungen des Grundstückszustands)

11.(1).1 Sind künftige Änderungen des Grundstückszustands nicht mit hinreichender Sicherheit absehbar, ist von einer Beibehaltung des Grundstückszustands, wie er sich am Qualitätsstichtag darstellt, auszugehen. Gleichwohl kann in diesen Fällen eine auf eine Änderung des Grundstückszustands gerichtete Erwartung der Marktteilnehmer den Wert beeinflussen (vgl. z. B. Nummer 3.(1)).

11.(1).2 Liegt der maßgebliche Stichtag in der Vergangenheit, sind nur solche Änderungen zu berücksichtigen, die bereits am maßgeblichen Stichtag hinreichend konkret absehbar waren.

11.(1).3 Bei der Wertermittlung von Grundstücken mit verschiedenen Möglichkeiten der Entwicklung ihres Grundstückszustands kann es geboten sein, für mehrere mögliche Nutzungsvarianten Werte zu ermitteln. Die so erhaltenen Verfahrensergebnisse sind zu würdigen.

11.(1).4 Konkret absehbare künftige Änderungen des Grundstückszustands können insbesondere in folgenden Fällen vorliegen:

a) Eine anderweitige Nutzung ist konkret absehbar, wenn sie im gewöhnlichen Geschäftsverkehr erwartet wird. Davon abweichende anderweitige persönliche Nutzungsabsichten des Erwerbers bleiben außer Betracht. Von einer anderweitigen künftigen Nutzung ist z. B. auszugehen, wenn

   aa) im Bebauungsplan eine bauliche oder sonstige Nutzung nur für einen bestimmten Zeitraum zulässig oder bis zum Eintritt bestimmter Umstände zulässig oder unzulässig ist; dabei ist die festgesetzte Folgenutzung zu berücksichtigen (§ 9 Absatz 2 BauGB);

   bb) Grundstücke von städtebaulichen Missständen oder erheblichen städtebaulichen Funktionsverlusten betroffen sind und nicht von einer Fortsetzung der bisherigen Grundstücksnutzungen auszugehen ist; hier kann es sich insbesondere um Grundstücke in förmlich festgesetzten Sanierungs- (vgl. § 136 ff. BauGB), Stadtumbaugebieten (vgl. § 171 ff. BauGB) oder Gebieten der Sozialen Stadt (§ 171e BauGB) handeln, bei denen sich eine absehbare anderweitige Folgenutzung aus Stadtentwicklungs-/ Stadtumbaukonzepten ergeben kann; entscheidend für eine absehbare anderweitige Nutzung in diesen Fällen ist jedoch nicht nur die formale Ausweisung, sondern auch die tatsächliche Situation.

b) Eine wesentliche Änderung der Ertragsverhältnisse ist absehbar, wenn sie auf Veränderungen der qualitativen Eigenschaften des Wertermittlungsobjekts (z. B. Modernisierung, Umstrukturierung, Dachgeschossausbau), auf gesetzlichen Änderungen, auf vertraglichen Vereinbarungen wie Miet- oder Pachtverträgen oder deren Änderungen beruhen. Allgemein erwartete Änderungen der Ertragsverhältnisse sind dagegen bereits im Liegenschaftszinssatz berücksichtigt.

11.(2).1 Im Falle einer absehbaren Nutzungsänderung richtet sich die Wartezeit nach der voraussichtlichen Dauer bis zum Eintritt der rechtlichen und tatsächlichen Voraussetzungen, die für die Zulässigkeit der Nutzung erforderlich sind, z. B. wenn eine Veränderungssperre einer sofortigen Bebauung entgegensteht.

11.(2).2 Das Realisierungsrisiko trägt dem Umstand Rechnung, dass auch eine hinreichend konkrete Erwartung hinsichtlich einer künftigen Änderung nicht gleichbedeutend mit einer hundertprozentigen Sicherheit ist, sondern stets eine Prognoseentscheidung bleibt. Das Realisierungsrisiko ist in der Regel umso höher, je länger die Wartezeit ist.

Zu § 12 (Allgemeines zu den für die Wertermittlung erforderlichen Daten)

12.(1).1 Die Aufgabe der Gutachterausschüsse, die für die Wertermittlung erforderlichen Daten zu ermitteln, ergibt sich aus § 193 Absatz 5 BauGB. Eine flächendeckende Ermittlungspflicht besteht nur bei Bodenrichtwerten (§ 196 Absatz 1 Satz 1 BauGB).

12.(1).2 Bei den sonstigen für die Wertermittlung erforderlichen Daten ist eine Ermittlung zum Bodenrichtwertstichtag nach § 196 Absatz 1 Satz 5 Halbsatz 1 BauGB empfehlenswert.

12.(2) Die ausreichende Anzahl von Kaufpreisen soll insbesondere unter Berücksichtigung statistischer Anforderungen sachverständig bestimmt werden. Liegen keine oder nur wenige geeignete Kaufpreise vor, können andere geeignete Daten oder Verfahren unterstützend herangezogen werden (vgl. auch § 14 Absatz 2).

12.(3) Hinsichtlich einer Beeinflussung durch ungewöhnliche und persönliche Verhältnisse gelten die Hinweise in den Nummern 9.(2).1 bis 9.(2).3 entsprechend.

12.(4) Der Gutachterausschuss soll in geeigneter Form – ggf. auf Nachfrage – darüber informieren, wenn sonstige für die Wertermittlung erforderliche Daten nicht ermittelt werden konnten.

12.(6).1 Durch die Beschreibung des Modells zur Ermittlung von sonstigen für die Wertermittlung erforderlichen Daten (Modellbeschreibung) sollen

a) eine Prüfung der Eignung dieser Daten nach § 9 Absatz 1 Satz 1 ermöglicht und

b) eine modellkonforme Anwendung der Daten entsprechend § 10 Absatz 1 sichergestellt

werden.

12.(6).2 Zur Modellbeschreibung nach § 12 Absatz 6 gehört neben der Beschreibung des Modells für die Ermittlung des für die Wertermittlung erforderlichen Datums auch die Darstellung des Ergebnisses. In Anhang A werden Hinweise zu den Mindestanforderungen und Beispiele für deren Darstellung gegeben.

Zu § 13 (Bodenrichtwert und Bodenrichtwertgrundstück)

13.(1) Der Bodenrichtwert ist als ein Betrag in Euro pro Quadratmeter Grundstücksfläche anzugeben.

13.(2) Bei dem Bodenrichtwertgrundstück handelt es sich um ein unbebautes und fiktives Grundstück. Das Wort „fiktiv" bezieht sich sowohl auf die Lage als auch auf die dargestellten Grundstücksmerkmale. Die Darstellung des Bodenrichtwerts lässt somit keine Rückschlüsse auf die Lage des Bodenrichtwertgrundstücks innerhalb der Bodenrichtwertzone zu, da der Bodenrichtwert auch hinsichtlich der Lage einen Durchschnittswert für die Mehrheit der Grundstücke innerhalb der Bodenrichtwertzone darstellt.

Zu § 14 (Grundlagen der Bodenrichtwertermittlung)

14.(1).1 Bei der Ermittlung von Bodenrichtwerten am Rande des Zuständigkeitsbereiches des Gutachterausschusses sollte eine Abstimmung mit den benachbarten Gutachterausschüssen erfolgen. Dies kann auch eine Zurverfügungstellung von Vergleichskaufpreisen zur Vergrößerung der jeweiligen Stichprobe beinhalten.

14.(1).2 Für die Ermittlung der Bodenrichtwerte können neben den Daten der Kaufpreissammlung und den sonstigen für die Wertermittlung erforderlichen Daten zweckdienliche sonstige Daten und Informationen herangezogen werden. Hierzu können zum Beispiel gehören:

- Geobasisdaten, z. B. Liegenschaftskarte und topografische Informationen,
- Bauleitpläne, Satzungen zur Abgrenzung von Innen- und Außenbereich, Landschaftspläne,
- Schutzgebiete, z. B. nach Denkmalschutzrecht (Grabungsschutzgebiete), Naturschutzrecht (bspw. Naturschutzgebiete, Natura 2000-Gebiete) und Wasserrecht (bspw. Wasserschutzgebiete),
- Überschwemmungsgebiete und Risikogebiete nach den Vorgaben zum Hochwasserschutz (vgl. §§ 72 bis 81 WHG),

- Lärmkarten (vgl. Vierunddreißigste Verordnung zur Durchführung des Bundes-Immissionsschutzgesetzes [Verordnung über die Lärmkartierung] vom 6. März 2006 (BGBl. I S. 516), die zuletzt durch Artikel 1 der Verordnung vom 28. Mai 2021 (BGBl. I S. 1251) geändert worden ist),
- Erhaltungssatzungen (§ 172 BauGB),
- Verordnungen nach § 250 BauGB,
- städtebauliche Entwicklungskonzepte beim Stadtumbau (§ 171b Absatz 2 BauGB),
- städtebauliche Entwicklungskonzepte zur Stärkung der Innenentwicklung (§ 176a BauGB),
- Daten über Bodenordnungs-, Sanierungs- und Entwicklungsmaßnahmen, Planfeststellungen,
- Daten über Art und Umfang der Erschließung,
- Daten über die Abrechnung von Erschließungsbeiträgen und von anderen in Betracht kommenden Beiträgen,
- Informationen über Mieten,
- Informationen über Pachten,
- Bodengütekarten,
- Ergebnisse der Bodenschätzung,
- Ergebnisse örtlicher Ermittlungen (z. B. Passantenfrequenzzählungen),
- Daten zur demografischen Entwicklung,
- Daten aus Wald-, Grünflächen- und Rebflächenkatastern.

14.(2) Als andere geeignete Verfahrensweisen im Sinne des § 14 Absatz 2 Satz 2 kommen z. B. Mietlage- und Mietsäulenverfahren, Wohn-/Geschäftslagenklassifizierung, Ermittlung auf der Grundlage der Miet- und Pachtentwicklung oder auf der Grundlage des Verhältnisses der Mieten in Geschäftslagen sowie die Zielbaummethode in Betracht.

14.(4) Die Vorgabe des § 14 Absatz 4, wonach der Bodenrichtwert keinen Wertanteil für den Aufwuchs enthält, hat nur in den Fällen Bedeutung, in denen dem Aufwuchs ein Werteinfluss beizumessen ist. Dies hat regelmäßig nur für land- und forstwirtschaftliche Grundstücke Bedeutung.

14.(5) Die Dokumentation ist nicht Bestandteil der Veröffentlichungs- und Auskunftspflicht nach § 196 Absatz 3 BauGB.

Zu § 15 (Bildung der Bodenrichtwertzonen)

15.(1) Der Abgrenzung der Bodenrichtwertzonen sind die tatsächlichen Grenzen des vorhandenen Bebauungszusammenhangs zugrunde zu legen. Vorhandene Satzungen zur Abgrenzung von Innen- und Außenbereich sind zu berücksichtigen. Vom Gutachterausschuss vorgenommene Abgrenzungen entfalten keine planungsrechtlichen Wirkungen.

15.(3) Eine nicht deckungsgleiche Überlagerung von Bodenrichtwertzonen (§ 15 Absatz 3 Satz 3) kann sich ergeben, wenn sich z. B. durch die Sanierung oder die städtebauliche Entwicklungsmaßnahme die Grundstücksqualitäten geändert haben und dies durch eine unterschiedliche Ausweisung der Bodenrichtwertzonen für den sanierungs- oder entwicklungsunbeeinflussten und den sanierungs- oder entwicklungsbeeinflussten Bodenrichtwert berücksichtigt wird.

Zu § 16 (Grundstücksmerkmale des Bodenrichtwertgrundstücks)

16.(1).1 Privatrechtliche Besonderheiten im Sinne des § 16 Absatz 1 Satz 1 Halbsatz 2 können z. B. auf Miet- oder Pachtverträgen beruhen; öffentlich-rechtliche Besonderheiten können z. B. aus Baulasten, aus Vorgaben des Denkmalschutzes oder aus Miet- und Belegungsbindungen der sozialen Wohnraumförderung resultieren; tatsächliche Besonderheiten können z. B. aus Bodenverunreinigungen resultieren.

16.(1).2 § 16 Absatz 1 Satz 2 gilt z. B. bei Miet- und Belegungsbindungen der sozialen Wohnraumförderung, wenn für die Grundstücke in der Bodenrichtwertzone Bebauungsplanfestsetzungen nach § 9 Absatz 2d Satz 1 Nummer 3 und Satz 3, 4 BauGB gelten (vgl. hierzu auch Anlage 5 Nummer I: sozialer Mietwohnungsbau als Ergänzung zur Art der Nutzung).

16.(1).3 § 16 Absatz 1 Satz 2 kann auch bei Grundstücksmerkmalen zur Anwendung kommen, die nicht in Anlage 5 aufgeführt sind, deren Berücksichtigung aber zur marktgerechten Beschreibung des Bodenrichtwertgrundstücks erforderlich sind. Dies kann beispielsweise der Fall sein bei Pachtverträgen, wenn landwirtschaftliche Grundstücke auf dem örtlichen Grundstücksmarkt üblicherweise im verpachteten Zustand veräußert werden.

16.(2) Der städtebaurechtliche Begriff „Bauweise“ in § 16 Absatz 2 Satz 2 Nummer 2 meint – wie in § 22 BauNVO – die Anordnung der Gebäude in Bezug auf die seitliche Grundstücksgrenze. Dementsprechend bezeichnen die Hausformen „Doppelhaus“ und „Hausgruppe“ im Sinne des § 22 BauNVO aufgrund ihrer ausschließlich städtebaurechtlichen Bedeutung nur solche Gebäude, die an der Grundstücksgrenze zusammengebaut und somit ohne seitlichen Abstand zur Grundstücksgrenze errichtet worden sind. Gebäude dagegen, die zum Teil im Sprachgebrauch als Doppelhäuser bezeichnet werden, sich aber auf nur einem Grundstück befinden, sind keine Doppelhäuser im Sinne des § 22 BauNVO und des städtebaurechtlichen Begriffs der Bauweise. Damit auch solche Fallgestaltungen erfasst werden, tritt in § 16 Absatz 2 Satz 2 neben den Begriff der Bauweise die (von Grundstücksgrenzen unabhängige) Gebäudestellung zur Nachbarbebauung.

16.(3) Nicht in Anlage 5 aufgeführte wertbeeinflussende Merkmale, die zur marktgerechten Beschreibung des Bodenrichtwertgrundstücks erforderlich sind, sind ergänzend anzugeben (vgl. Anlage 5 Satz 1 und Nummer I Satz 2).

16.(4).1 Die WGFZ beschreibt das Verhältnis der Flächen der oberirdischen Geschosse zur Grundstücksfläche, während die (städtebauliche) GFZ das Verhältnis der Flächen der Vollgeschosse (im Sinne der Bauordnungen der Länder) zur Grundstücksfläche ausdrückt (§ 20 Absatz 2 und Absatz 3 Satz 1 BauNVO). GFZ oder WGFZ sind nur anzugeben, wenn sie wertbeeinflussend sind.

16.(4).2 Folgende Übersichten veranschaulichen die Ermittlung der WGFZ. Die angegebenen Faktoren beziehen sich jeweils auf die Grundfläche der Geschosse:

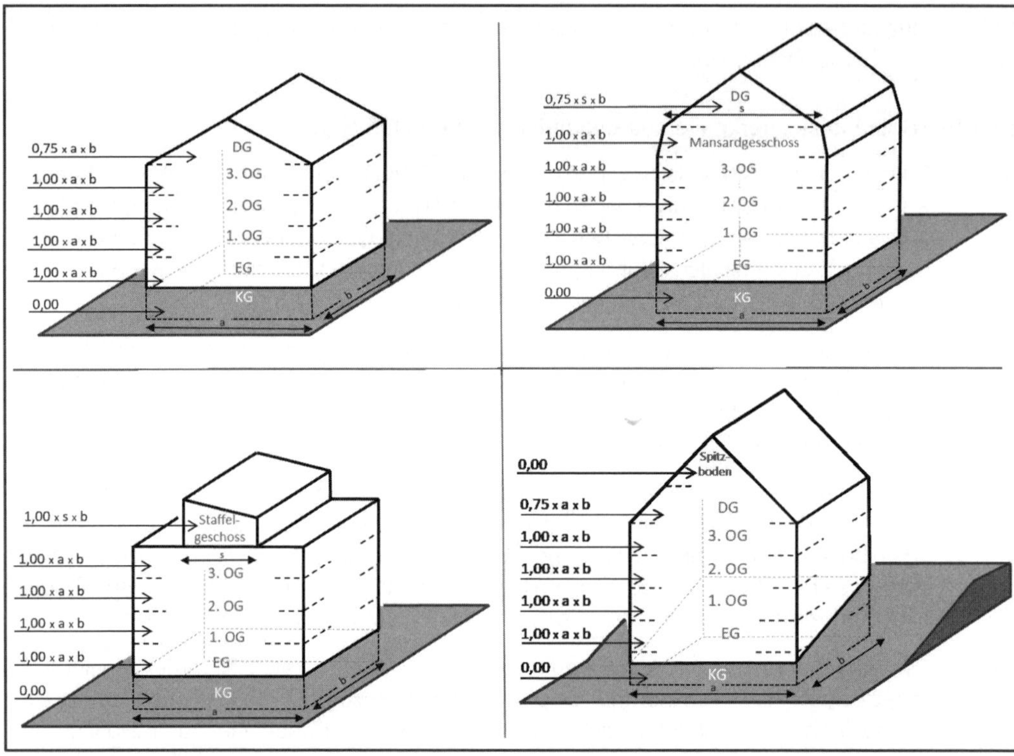

6.(4).3 Sind im Dachraum mehrere Dachgeschossebenen ausgebaut oder ausbaufähig, ist § 16 Absatz 4 Satz 3 für alle Dachgeschossebenem anzuwenden. Staffelgeschosse werden dagegen nach § 16 Absatz 4 Satz 4 in vollem Umfang angerechnet; aufgrund der insoweit vergleichbaren Situation gilt dies in der Regel analog auch für Mansardgeschosse. In Hanglagen kann in der Regel davon ausgegangen werden, dass die untersten Geschosse nach § 16 Absatz 4 Satz 2 als oberirdische Geschosse gelten.

16.(5) Die Beitragsfreiheit bezieht sich auf

- die Erschließungsbeiträge (§ 127 BauGB oder Landesrecht),
- (naturschutzrechtliche) Kostenerstattungsbeträge für Ausgleichsmaßnahmen (§ 135a BauGB) sowie
- grundstücksbezogene Beiträge nach dem Kommunalabgabenrecht (z. B. Anschlussbeträge für die Wasserversorgung und Grundstücksentwässerung, Straßenausbaubeiträge).

Nach Artikel 125a Absatz 1 des Grundgesetzes gilt das Erschließungsbeitragsrecht der §§ 127 bis 135 BauGB als Bundesrecht fort, kann aber durch Landesrecht ersetzt werden.

Zu § 17 (Automatisiertes Führen der Bodenrichtwerte)

17.1 Das automatisierte Führen der Bodenrichtwerte dient einer breiten digitalen Verwendbarkeit der Bodenrichtwerte, insbesondere in einem geografischen Informationssystem zum Immobilienmarkt.

17.2 Für die Veröffentlichung gelten die auf Grundlage des § 199 Absatz 2 Nummer 4 BauGB erlassenen Landesvorschriften.

Zu § 18 (Indexreihen)

18.1 Bei der Ermittlung von Indexreihen sind Preisveränderungen auszuschließen, die auf Veränderungen des Grundstückszustands beruhen.

18.2 Indexreihen können insbesondere abgeleitet werden für

- Bodenpreise,
- Preise für Eigentumswohnungen und
- Preise für Einfamilienhäuser.

Zu § 19 (Umrechnungskoeffizienten)

Keine Anmerkungen

Zu § 20 (Vergleichsfaktoren)

20. Bei bebauten Grundstücken sind Vergleichsfaktoren durchschnittliche Lagewerte für modellhafte Immobilien mit detailliert beschriebenen Grundstücksmerkmalen, die auf eine Bezugseinheit (z. B. Quadratmeter Wohn-/ Nutzfläche) bezogen sind. Immobilienrichtwerte sind Vergleichsfaktoren, wenn sie als Grundlage der Ermittlung von Vergleichswerten und nicht nur einer überschlägigen Wertermittlung dienen.

Zu § 21 (Liegenschaftszinssätze; Sachwertfaktoren)

21.(1) Liegenschaftszinssätze und Sachwertfaktoren werden auf der Grundlage geeigneter Kaufpreise und den diesen Kaufpreisen entsprechenden, in den Formeln unter Nummer 21.(2) und 21.(3).2 genannten Eingangsgrößen ermittelt. Dabei sind die Kaufpreise und die Eingangsgrößen ggf. entsprechend anzupassen (vgl. § 12 Absatz 3 Satz 2 Nummer 2). Aus einer ausreichenden Anzahl dementsprechend für einzelne Kauffälle ermittelter Liegenschaftszinssätze und Sachwertfaktoren werden mit Hilfe statistischer Verfahren durchschnittliche regional gültige Liegenschaftszinssätze und Sachwertfaktoren für bestimmte Teilmärkte ermittelt.

21.(2) Formel zur iterativen Ermittlung des einzelnen Liegenschaftszinssatzes (LZ):

$$LZ_i = \frac{RE}{KP^*} - \frac{q-1}{q^n - 1} \times \frac{KP^* - BW}{KP^*}$$

Erste Nährung: $LZ_0 = \frac{RE}{KP^*}$

KP*	geeigneter Kaufpreis +/– boG
RE	Reinertrag
BW	Bodenwert
boG	besondere objektspezifische Grundstücksmerkmale
n	Restnutzungsdauer
q	$1+LZ_{0-i}$
LZi	Liegenschaftszinssatz in i-ter Näherung

21.(3).1 Sachwertfaktoren dienen der Anpassung an die allgemeinen Wertverhältnisse (§ 7 Absatz 1 Nummer 3) der modellhaft ermittelten vorläufigen Sachwerte.

21.(3).2 Formel zur Ermittlung des einzelnen Sachwertfaktors (SWF):

$$SWF = \frac{KP \pm boG}{vSW}$$

KP	geeigneter Kaufpreis
boG	besondere objektspezifische Grundstücksmerkmale
vSW	vorläufiger Sachwert

Zu § 22 (Erbbaurechts- und Erbbaugrundstücksfaktoren)

22.1 Die Erbbaurechts- und Erbbaugrundstücksfaktoren sollten möglichst differenziert nach den unterschiedlichen Werteinflüssen aus dem Erbbaurecht (insbesondere nach dem sachlichen und regionalen Teilmarkt, der Nutzung, der Restlaufzeit, der Höhe des erzielbaren Erbbauzinses, dessen Anpassungsmöglichkeiten, der Lage und der Höhe des unbelasteten Bodenwertes) ermittelt werden.

22.2 Mit dem Ansatz von Erbbaurechts- und Erbbaugrundstücksfaktoren werden die dem Erbbaurecht allgemein beizumessenden Werteinflüsse berücksichtigt, soweit sie nicht bereits bei der Ermittlung des finanzmathematischen Werts berücksichtigt worden sind. Sie dienen dagegen nicht der Berücksichtigung der allgemeinen Wertverhältnisse im Sinne des § 2 Absatz 2, die bereits bei der Ermittlung des finanzmathematischen Werts berücksichtigt werden, indem hier vom Wert des fiktiven Volleigentums bzw. vom Bodenwert des fiktiv unbelasteten Grundstücks ausgegangen wird.

22.3 Auch für Erbbaurechts- und Erbbaugrundstücksfaktoren ist nach § 12 Absatz 6 eine Modellbeschreibung vorzunehmen. Dabei ist auch anzugeben, mit welchen Zinssätzen der marktübliche bzw. der tatsächliche Erbbauzins kapitalisiert wurde.

Zu § 23 (Erbbaurechts- und Erbbaugrundstückskoeffizienten)

23.1 Die Erbbaurechts- und Erbbaugrundstückskoeffizienten sollten möglichst differenziert nach den unterschiedlichen Werteinflüssen aus dem Erbbaurecht (insbesondere nach dem sachlichen und regionalen Teilmarkt, der Nutzung, der Restlaufzeit, der Höhe des erzielbaren Erbbauzinses, dessen Anpassungsmöglichkeiten, der Lage und der Höhe des unbelasteten Bodenwertes) ermittelt werden.

23.2 Mit dem Ansatz von Erbbaurechts- und Erbbaugrundstückskoeffizienten werden die dem Erbbaurecht allgemein beizumessenden Werteinflüsse berücksichtigt. Sie dienen dagegen nicht der Berücksichtigung der allgemeinen Wertverhältnisse im Sinne des § 2 Absatz 2, die bereits bei der Ermittlung des Werts des fiktiven Volleigentums bzw. im Bodenwert des fiktiv unbelasteten Grundstücks berücksichtigt werden.

23.3 Auch für Erbbaurechts- und Erbbaugrundstückskoeffizienten ist nach § 12 Absatz 6 eine Modellbeschreibung vorzunehmen.

Zu § 24 (Grundlagen des Vergleichswertverfahrens)

24.1 Für das Vergleichswertverfahren gilt folgendes Ablaufschema:

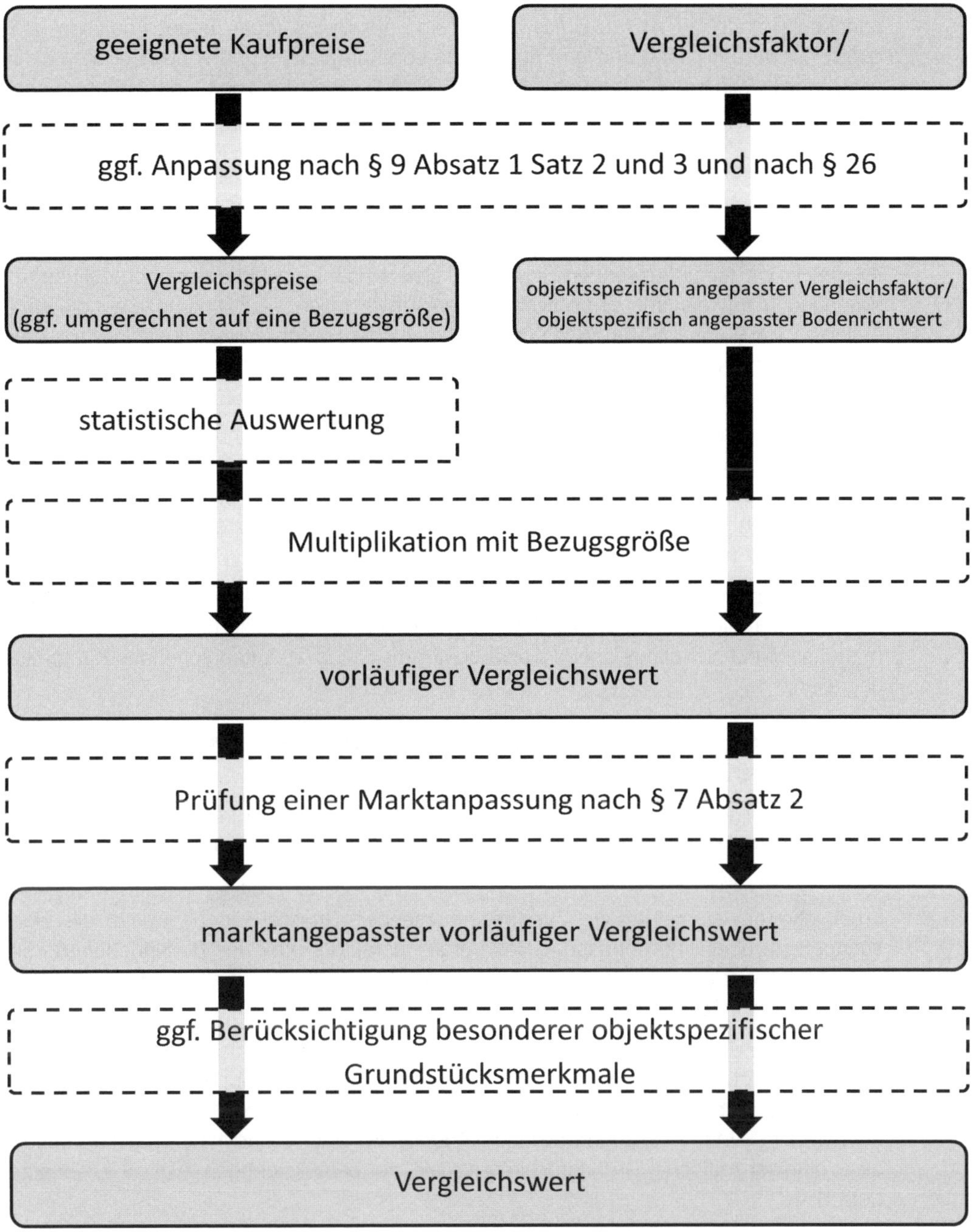

24.(2) Die ausreichende Anzahl von Vergleichspreisen nach § 24 Absatz 2 Nummer 1 soll insbesondere unter Berücksichtigung statistischer Anforderungen sachverständig bestimmt werden.

24.(3) Eine Marktanpassung nach § 7 Absatz 2 ist erforderlich, wenn die Vergleichspreise oder der objektspezifisch angepasste Vergleichsfaktor bzw. der objektspezifisch angepasste Bodenrichtwert die allgemeinen Wertverhältnisse auch nach einer ggf. erfolgten Anpassung nach § 9 Absatz 1 Satz 2 nicht detailliert oder aktuell genug abbilden. Ist eine Marktanpassung nach § 7 Absatz 2 notwendig, sind auf Grund ergänzender Analysen (z. B. durch Auswertung der aktuellen Entwicklung von Kaufpreisen und von Angebotspreisen beispielsweise in Immobilienportalen sowie durch Auswertung von Marktberichten) nach sachverständiger Würdigung Zu- oder Abschläge vorzunehmen.

Zu § 25 (Vergleichspreise)

25.1 Eine hinreichende Übereinstimmung der Grundstücksmerkmale eines Vergleichsgrundstücks mit dem Wertermittlungsobjekt liegt vor, wenn das Vergleichsgrundstück hinsichtlich seiner wertbeeinflussenden Grundstücksmerkmale keine oder nur unerhebliche Abweichungen aufweist oder nur Abweichungen aufweist, deren Auswirkungen auf die Kaufpreise nach § 9 Absatz 1 Satz 3 in sachgerechter Weise durch Umrechnungskoeffizienten oder durch sachverständig geschätzte Zu- oder Abschläge berücksichtigt werden können.

25.2 Eine hinreichende Übereinstimmung eines Vertragszeitpunktes mit dem Wertermittlungsstichtag liegt vor, wenn sich die allgemeinen Wertverhältnisse zu den jeweiligen Stichtagen nicht wesentlich geändert haben oder bei solchen Änderungen der allgemeinen Wertverhältnisse, deren Auswirkungen nach § 9 Absatz 1 Satz 2 in sachgerechter Weise, insbesondere durch Indexreihen oder durch sachverständig geschätzte Zu- oder Abschläge, berücksichtigt werden können.

25.3 Lassen sich die Auswirkungen der Abweichungen der Grundstücksmerkmale oder der Änderungen der allgemeinen Wertverhältnisse zwischen Vergleichsgrundstück und Wertermittlungsobjekt nicht hinreichend sicher bestimmen, sind die entsprechenden Kaufpreise ungeeignet.

Zu § 26 (Objektspezifisch angepasster Vergleichsfaktor; objektspezifisch angepasster Bodenrichtwert)

26.1 Zur Sicherstellung der Modellkonformität sind das bei der Ermittlung des Vergleichsfaktors (§ 20 Absatz 3) verwendete Ableitungsmodell und die zugrunde gelegten Modellansätze zu beachten (§ 10 Absatz 1).

26.2 Erhebliche Abweichungen der wertbeeinflussenden Grundstücksmerkmale, die nicht sachgerecht über eine Anpassung des Vergleichsfaktors oder des Bodenrichtwerts berücksichtigt werden können, sind in der Regel als besondere objektspezifische Grundstücksmerkmale zu berücksichtigen (vgl. § 8 Absatz 3 Satz 1).

26.3 Der objektspezifisch angepasste Vergleichsfaktor und der objektspezifisch angepasste Bodenrichtwert dürfen nur auf solche Wertanteile des Wertermittlungsobjekts angewandt werden, die auch der Ermittlung des Vergleichsfaktors (§ 20 Absatz 3) bzw. des Bodenrichtwerts (§§ 14 bis 16) zugrunde lagen. Andere Wertanteile sind in der Regel als besondere objektspezifische Grundstücksmerkmale zu berücksichtigen (vgl. § 8 Absatz 3 Satz 1).

Zu § 27 (Grundlagen des Ertragswertverfahrens)

27.(3) Eine Marktanpassung nach § 7 Absatz 2 ist erforderlich, wenn der objektspezifisch angepasste Liegenschaftszinssatz oder die verwendeten sonstigen Daten (z. B. Erträge) die allgemeinen Wertverhältnisse auch nach einer ggf. erfolgten Anpassung nach § 9 Absatz 1 Satz 2 nicht detailliert oder aktuell genug abbilden. Ist eine Marktanpassung nach § 7 Absatz 2 notwendig, sind auf Grund ergänzender Analysen (z.B. durch Auswertung der aktuellen Entwicklung von Kaufpreisen und von Angebotspreisen beispielsweise in Immobilienportalen sowie durch Auswertung von Marktberichten und von Erhebungen zur Erstellung von Mietspiegeln) nach sachverständiger Würdigung Zu- oder Abschläge vorzunehmen.

27.(5) Für die verschiedenen Varianten des Ertragswertverfahrens gilt folgendes Ablaufschema:

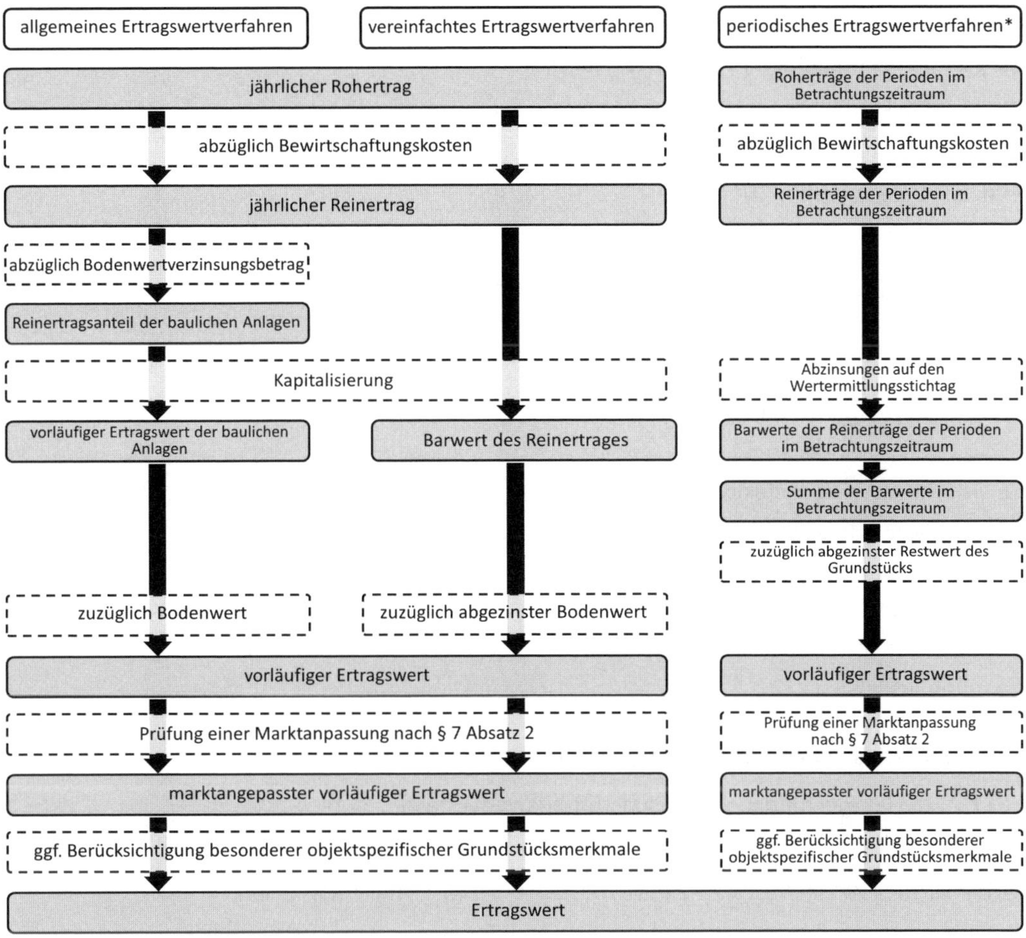

* periodisches Ertragswertverfahren nach § 30

Zu § 28 (Allgemeines Ertragswertverfahren)

28. Die Formel für das allgemeine Ertragswertverfahren lautet

$$vEW = (RE - BW \times LZ) \times KF + BW$$

$$wobei\ KF = \frac{q^n - 1}{q^n \times (q-1)} \qquad q = 1 + LZ \quad wobei\ LZ = \frac{p}{100}$$

vEW vorläufiger Ertragswert

RE jährlicher Reinertrag

BW Bodenwert

LZ Liegenschaftszinssatz
KF Kapitalisierungsfaktor
n Restnutzungsdauer
p Zinsfuß

Zu § 29 (Vereinfachtes Ertragswertverfahren)

29. Die Formel für das vereinfachte Ertragswertverfahren lautet:

$$vEW = RE \times KF + BW \times AF$$

$$wobei\ KF = \frac{q^n - 1}{q^n \times (q-1)} \qquad q = 1 + LZ \qquad wobei\ LZ = \frac{p}{100}$$

$$wobei\ AF = q^{-n}$$

vEW vorläufiger Ertragswert
RE jährlicher Reinertrag
KF Kapitalisierungsfaktor
AF Abzinsungsfaktor
BW Bodenwert
LZ Liegenschaftszinssatz
n Restnutzungsdauer
p Zinsfuß

Zu § 30 (Periodisches Ertragswertverfahren)

30.(1).1 Die Formel für das periodische Ertragswertverfahren lautet:

$$vEW = RE_1 \times AF_1 + RE_2 \times AF_2 + RE_3 \times AF_3 + \cdots RE_i \times AF_i + RW \times AF_b$$

$$RW = RE_R \times KF_R + BW \times AF_R$$

$$wobei\ AF_{1...b} = q^{-1...-b}$$

$$wobei\ AF_b = q^{-b}$$

$$wobei\ AF_R = q^{-(n-b)}$$

$$wobei\ KF_R = \frac{q^{n-b} - 1}{q^{n-b} \times (q-1)} \qquad q = 1 + LZ \qquad wobei\ LZ = \frac{p}{100}$$

vEW	vorläufiger Ertragswert
RE_i	Reinerträge der einzelnen Perioden innerhalb des Betrachtungszeitraums
RE_R	Reinertrag der Restperiode
RW	Restwert des Grundstücks (hier ermittelt im vereinfachten Ertragswertverfahren)
BW	Bodenwert
LZ	Liegenschaftszinssatz
AF_i	Abzinsungsfaktor für die einzelnen Perioden innerhalb des Betrachtungszeitraums
AF_b	Abzinsungsfaktor für den Betrachtungszeitraum
AF_R	Abzinsungsfaktor für die Restperiode
KF_R	Kapitalisierungsfaktor für die Restperiode (Restperiode = n–b)
i	Periode (z. B. 1 Jahr) innerhalb des Betrachtungszeitraums
p	Zinsfuß
n	Restnutzungsdauer
b	Dauer des Betrachtungszeitraums

30.(1).2 Der Restwert kann neben dem Ertragswertverfahren auch mit Hilfe anderer Wertermittlungsverfahren ermittelt werden.

30.(1).3 Abweichend von den Regelungen zum allgemeinen und zum vereinfachten Ertragswertverfahren ist die Ermittlung des vorläufigen Ertragswerts mit Hilfe des periodischen Ertragswertverfahrens als „Kann"-Vorschrift gestaltet. Dies verdeutlicht, dass die in § 30 geregelte Vorgehensweise nur eine von weiteren möglichen Vorgehensweisen des periodischen Ertragswertverfahrens beschreibt.

30.(2).1 Ein wichtiges Kriterium für die Festlegung des Betrachtungszeitraums ist die Laufzeit der Miet- bzw. Pachtverträge.

30.(2).2 Im periodischen Ertragswertverfahrens kann der auf der Grundlage marktüblicher Erträge im allgemeinen Ertragswertverfahren ermittelte Liegenschaftszinssatz angewendet werden; er ist regelmäßig sachverständig anzupassen. Statt des Liegenschaftszinssatzes kann auch ein anderer Zinssatz zur Kapitalisierung gewählt werden.

Zu § 31 (Reinertrag; Rohertrag)

31.1 Für die Bemessung des Rohertrags sind die Ertragsverhältnisse (§ 5 Absatz 3) zu ermitteln.

31.2 Für das allgemeine und das vereinfachte Ertragswertverfahren gilt Folgendes:

a) Der Ermittlung des Rohertrags sind die marktüblich erzielbaren Erträge (vgl. Nummer 5.(3).2) zugrunde zu legen. Hierzu ist von den tatsächlichen Erträgen auszugehen, wenn sie innerhalb der Bandbreite marktüblich erzielbarer Erträge liegen; andernfalls gilt Buchstabe c.

b) Im Rahmen der Wertermittlung ist bei Ermittlung der marktüblich erzielbaren Erträge zwischen bestehenden Mietverhältnissen und Neuvermietungen zu unterscheiden:

- Bei bestehenden Mietverhältnissen sind Mieterhöhungsmöglichkeiten zu berücksichtigen. Bei Wohnraummietverhältnissen sind insoweit – anders als bei gewerblichen Mietverhältnissen – die differenzierten Vorgaben des BGB und ggf. ergänzende landesrechtliche Verordnungen zu beachten. Anhaltspunkte für die in diesen

Fällen zutreffenden marktüblich erzielbaren Erträge können z. B. Daten aus Mietspiegeln liefern.

- Bei Neuvermietungen sind die zum Wertermittlungsstichtag für vergleichbare Objekte durchschnittlich und rechtmäßig erzielbaren Mieten anzusetzen.
- Bei Anwendung des Liegenschaftszinssatzes ist im Hinblick auf die zugrunde gelegten Erträge der Grundsatz der Modellkonformität zu beachten.

c) Liegen besondere Ertragsverhältnisse (vgl. Nummer 8.(3).2) vor, ist der vorläufige Ertragswert auf der Grundlage der marktüblich erzielbaren Erträge zu ermitteln; die entsprechende Abweichung ist als besonderes objektspezifisches Grundstücksmerkmal zu berücksichtigen (§ 8 Absatz 3). Möglichkeiten der Anpassung der tatsächlichen Erträge (Mieterhöhungsmöglichkeiten) sind zu berücksichtigen.

31.3 Im periodischen Ertragswertverfahren umfasst der Rohertrag der Perioden alle innerhalb des Betrachtungszeitraums mit hinreichender Sicherheit zu erwartenden tatsächlichen Erträge, die sich insbesondere aus den vertraglichen Vereinbarungen ergeben. Für die Ermittlung des Restwerts, die zum Beispiel im vereinfachten Ertragswertverfahren erfolgen kann, sind als Rohertrag die am Wertermittlungsstichtag marktüblich erzielbaren Erträge anzusetzen.

31.4 Für vom Eigentümer genutzte Flächen und bei vorübergehendem Leerstand sind die am Wertermittlungsstichtag marktüblich erzielbaren Erträge anzusetzen.

31.5 Mit dem Rohertrag sind in der Regel auch die Werteinflüsse der baulichen Außenanlagen und sonstigen Anlagen erfasst.

Zu § 32 (Bewirtschaftungskosten)

32.(1).1 Zur Wahrung der Modellkonformität sind bei der Wertermittlung die Modellansätze für die Bewirtschaftungskosten zu beachten, die der Ermittlung des Liegenschaftszinssatzes zugrunde lagen.

32.(1).2 Betriebskosten (§ 32 Absatz 1 Nummer 4) sind nach § 556 Absatz 1 Satz 2 BGB die Kosten, die dem Eigentümer oder Erbbauberechtigten durch das Eigentum oder das Erbbaurecht am Grundstück oder durch den bestimmungsgemäßen Gebrauch des Gebäudes, der Nebengebäude, Anlagen, Einrichtungen und des Grundstücks laufend entstehen. Bei Wohnraummietverträgen werden sie üblicherweise nach § 556 Absatz 1 Satz 1 BGB auf den Mieter umgelegt; in diesen Fällen sind sie bei den Bewirtschaftungskosten nicht zu berücksichtigen. Soweit Betriebskosten nur teilweise umgelegt werden, sind nur die nicht umgelegten Kostenanteile zu berücksichtigen. Die bei dauerhaftem strukturellem Leerstand auch weiterhin anfallenden, sonst üblicherweise vom Mieter zu tragenden Betriebskosten sind in der Regel als besonderes objektspezifisches Grundstücksmerkmal zu berücksichtigen.

32.(3).1 Instandhaltungskosten umfassen sowohl die für den laufenden Bauunterhalt als auch die für die Erneuerung einzelner baulicher Teile aufzuwendenden Kosten. Zur Instandhaltung gehören grundsätzlich auch die Schönheitsreparaturen, soweit sie vom Eigentümer zu tragen sind.

32.(3).2 Nicht zu den Instandhaltungskosten zählen Modernisierungskosten (zu Modernisierung vgl. Nummer 4.(3).2) und solche Aufwendungen, die auf Grund unterlassener Instandhaltung erforderlich sind.

32.(4) Die Einschätzung des Mietausfallwagnisses für ein einzelnes Wertermittlungsobjekt hängt von mehreren z. T. sehr individuellen Faktoren ab, die sich auch in kurzer Zeit ändern können. Für den Ansatz im Rahmen der Wertermittlung ist aus diesem Grund ein durchschnittliches Risiko zu ermitteln. Dauerhafter struktureller Leerstand wird nicht vom Mietausfallwagnis erfasst (zu den Betriebskosten in diesen Fällen vgl. Nummer 32.(1).2).

Zu § 33 (Objektspezifisch angepasster Liegenschaftszinssatz)

33.1 Zur Sicherstellung der Modellkonformität sind bei der Wertermittlung das bei der Ermittlung des Liegenschaftszinssatzes (§ 21 Absatz 2) verwendete Ableitungsmodell und die zugrunde gelegten Modellansätze zu beachten (vgl. § 10 Absatz 1).

33.2 Erhebliche Abweichungen der wertbeeinflussenden Grundstücksmerkmale, die nicht sachgerecht über eine Anpassung des Liegenschaftszinssatzes oder anderweitig berücksichtigt werden können, sind in der Regel als besondere objektspezifische Grundstücksmerkmale zu berücksichtigen (vgl. § 8 Absatz 3 Satz 1).

33.3 Der objektspezifisch angepasste Liegenschaftszinssatz darf nur auf solche Wertanteile des Wertermittlungsobjekts angewandt werden, die auch der Ermittlung des Liegenschaftszinssatzes (§ 21 Absatz 2) zugrunde lagen. Andere Wertanteile sind in der Regel als besondere objektspezifische Grundstücksmerkmale zu berücksichtigen (vgl. § 8 Absatz 3 Satz 1).

Zu § 34 (Barwertfaktor)

34.1 Es ist zu beachten, dass die Kapitalisierung der jährlichen Erträge mit einem jährlich nachschüssigen Barwertfaktor erfolgt. Dies gilt ungeachtet dessen, dass in der Praxis eine monatlich vorschüssige Zahlungsweise üblich ist.

34.2 Die sich unter Anwendung der Formel in § 34 Absatz 2 für bestimmte Zinssätze ergebenden Barwertfaktoren für die Kapitalisierung finden sich in Anhang B. Die sich unter Anwendung der Formel in § 34 Absatz 3 für bestimmte Zinssätze ergebenden Barwertfaktoren für die Abzinsung finden sich in Anhang C. Die Barwertfaktoren für nicht in der Tabelle aufgeführte Zinssätze oder Zeiträume sind nicht zu interpolieren, sondern individuell aus den Formeln zu berechnen.

34.3 Es ist zu beachten, dass es sich bei den tabellierten Werten der Anhänge B und C um gerundete Werte handelt. Deshalb können sich bei Anwendung der Anhänge abweichende Ergebnisse gegenüber digital ermittelten Daten ergeben.

Zu § 35 (Grundlagen des Sachwertverfahrens)

35.1 Für das Sachwertverfahren gilt folgendes Ablaufschema:

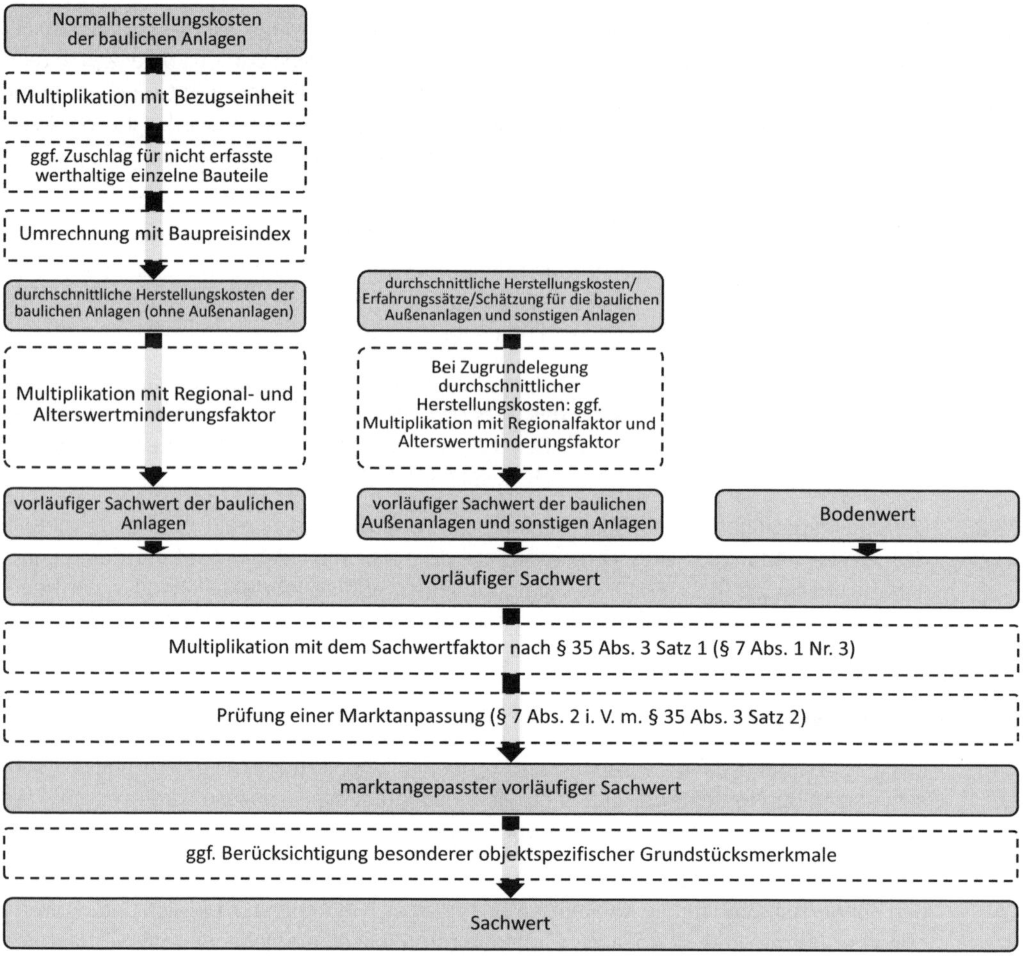

Ergänzend ist Folgendes zu beachten:

- Bei mehreren baulichen Anlagen kann der vorläufige Sachwert jeder baulichen Anlage jeweils nach § 36 ermittelt werden. Insbesondere wenn eine bauliche Anlage einem Hauptgebäude untergeordnet ist (z. B. Garagen), kommt alternativ auch ein Zuschlag nach Erfahrungswerten oder hilfsweise eine Schätzung in Betracht. Dieser Wert fließt in den vorläufigen Sachwert des Hauptgebäudes ein, bedarf aber weder einer Umrechnung mit dem Baupreisindex noch einer Multiplikation mit dem Alterswertminderungs- bzw. Regionalfaktor. Abweichend davon können entsprechende Anlagen auch als besondere objektspezifische Grundstücksmerkmale berücksichtigt werden.
- Für werthaltige einzelne Bauteile, die von den Normalherstellungskosten nicht erfasst sind, kommt alternativ zu einem Zuschlag nach § 36 Absatz 2 Satz 3 auch ein isolierter marktgerechter Zuschlag nach Erfahrungswerten oder hilfsweise nach sachverständiger Schätzung in Betracht. Dieser Wert fließt in den vorläufigen Sachwert der baulichen Anlage ein, bedarf aber weder einer Umrechnung mit dem Baupreisindex noch einer Multiplikation mit dem Alterswertminderungsfaktor und dem Regionalfaktor.

35.2 Zur Berücksichtigung der allgemeinen Wertverhältnisse ist der vorläufige Sachwert des Grundstücks mit dem objektspezifisch angepassten Sachwertfaktor (§ 39) zu multiplizieren.

35.3 Eine Marktanpassung nach § 7 Absatz 2 ist erforderlich, wenn der objektspezifisch angepasste Sachwertfaktor oder die verwendeten sonstigen Daten die allgemeinen Wertverhältnisse auch nach einer ggf. erfolgten Anpassung nach § 9 Absatz 1 Satz 2 nicht detailliert oder aktuell genug abbilden. Ist eine Marktanpassung nach § 7 Absatz 2 notwendig, sind auf Grund ergänzender Analysen (z. B. durch Auswertung der aktuellen Entwicklung von Kaufpreisen und von Angebotspreisen beispielsweise in Immobilienportalen sowie durch Auswertung von Marktberichten) nach sachverständiger Würdigung Zu- oder Abschläge vorzunehmen.

Zu § 36 (Vorläufiger Sachwert der baulichen Anlagen; durchschnittliche Herstellungskosten)

36.(2).1 Durchschnittliche Herstellungskosten dienen als Grundlage für die Ermittlung des Sachwerts baulicher Anlagen. Eine Verwendung zur Kalkulation von Baukosten oder Rekonstruktionskosten ist nicht sachgerecht.

36.(2).2 Zur Sicherstellung der Modellkonformität (§ 10 Absatz 1) sind bei der Wertermittlung dieselben Modellansätze für die durchschnittlichen Herstellungskosten anzusetzen, die der Ermittlung des Sachwertfaktors zugrunde lagen (vgl. § 12 Absatz 5 Satz 3 i. V. m Anlage 4).

36.(2).3 Bei der Zuordnung zu einem Kostenkennwert der Normalherstellungskosten der Anlage 4 ist auf die Art der baulichen Anlage (Gebäudeart) abzustellen, die der am Qualitätsstichtag aktuellen Nutzung entspricht. Eine konkret absehbare Änderung ist nach Maßgabe des § 11 zu berücksichtigen.

36.(3) Anders als der weitergehende Wortlaut des § 36 Absatz 3 suggeriert, sollen die Regionalfaktoren der Berücksichtigung des Unterschieds zwischen dem bundesdurchschnittlichen und dem regionalen Baukostenniveau dienen.

Zu § 37 (Vorläufiger Sachwert der baulichen Außenanlagen und sonstigen Anlagen)

37.1 Zu den baulichen Außenanlagen zählen z. B. befestigte Wege, Plätze und Terrassen, Ver- und Entsorgungseinrichtungen auf dem Grundstück und Einfriedungen. Zu den sonstigen Anlagen zählen insbesondere ortsübliche Gartenanlagen.

37.2 Weichen bauliche Außenanlagen und sonstige Anlagen erheblich vom Üblichen ab, ist ein bestehender Werteinfluss als besonderes objektspezifisches Grundstücksmerkmal zu berücksichtigen (vgl. auch § 8 Absatz 3 Satz 2; Nummer 8.(3).1).

Zu § 38 (Alterswertminderungsfaktor)

38.1 Der Alterswertminderungsfaktor ist linear nach folgender Formel zu ermitteln:

$$Alterswertminderungsfaktor = \frac{Restnutzungsdauer}{Gesamtnutzungsdauer}$$

38.2 Wenn bei zurückliegenden Stichtagen der Sachwertfaktor auf Grundlage eines anderen Modells für die Alterswertminderung ermittelt wurde, ist diese Alterswertminderung aufgrund des übergeordneten Grundsatzes der Modellkonformität (§ 10 Absatz 2) auch bei der Wertermittlung anzusetzen.

Zu § 39 (Objektspezifisch angepasster Sachwertfaktor)

39.1 Zur Sicherstellung der Modellkonformität sind bei der Wertermittlung das bei der Ermittlung des Sachwertfaktors (§ 21 Absatz 3) verwendete Ableitungsmodell und die zugrunde gelegten Modellansätze zu berücksichtigen (§ 10 Absatz 1).

39.2 Erhebliche Abweichungen der wertbeeinflussenden Grundstücksmerkmale, die nicht sachgerecht über eine Anpassung des Sachwertfaktors berücksichtigt werden können, sind in der Regel als besondere objektspezifische Grundstücksmerkmale zu berücksichtigen (vgl. § 8 Absatz 3 Satz 1).

39.3 Der objektspezifisch angepasste Sachwertfaktor darf nur auf solche Wertanteile des Wertermittlungsobjekts angewandt werden, die auch der Ermittlung des Sachwertfaktors (§ 21 Absatz 3) zugrunde lagen. Andere Wertanteile sind in der Regel als besondere objektspezifische Grundstücksmerkmale zu berücksichtigen (vgl. § 8 Absatz 3 Satz 1).

Zu § 40 (Allgemeines zur Bodenwertermittlung)

40.(1).1 Zur Berücksichtigung von wertbeeinflussenden Abweichungen der Grundstücksmerkmale wird auf Nummer 9.(1).5 verwiesen.

40.(1).2 Bei der Wertermittlung bebauter Grundstücke sind die den Bodenwert betreffenden besonderen objektspezifischen Grundstücksmerkmale in der Regel nicht im Rahmen der Bodenwertermittlung, sondern erst am Ende des Wertermittlungsverfahrens für das bebaute Grundstück zu berücksichtigen.

40.(1).3 Der Bodenwert enthält – ebenso wie der Bodenrichtwert (§ 14 Absatz 4) – keinen Wertanteil für (wertbeeinflussenden) Aufwuchs. Soweit der Aufwuchs einen Werteinfluss hat, ist dieser zusätzlich – z. B. nach § 37 oder als besonderes objektspezifisches Grundstücksmerkmal – zum Bodenwert zu berücksichtigen. Gebietstypische Gartenbepflanzungen haben in der Regel keinen eigenständigen Werteinfluss.

40.(5).1 Einfluss der tatsächlichen baulichen Nutzung auf den Bodenwert bei erheblicher Abweichung der tatsächlichen von der nach § 5 Absatz 1 maßgeblichen Nutzung (§ 40 Absatz 5 Nummer 1):

a) Abweichung bei der Art der Nutzung

Eine werterhöhende Abweichung von der bauplanungsrechtlich zulässigen Art der Nutzung kann beispielsweise vorliegen, wenn eine bestehende bauliche Anlage bei Neuerrichtung nach den Festsetzungen eines zwischenzeitlich neu aufgestellten oder geänderten Bebauungsplans unzulässig wäre, jedoch unter Bestandsschutz steht. Eine wertmindernde Abweichung kann beispielsweise vorliegen, wenn Vorgaben des Denkmalschutzes die Realisierung einer an sich planungsrechtlich zulässigen Art der Nutzung nicht zulassen.

b) Abweichung beim Maß der Nutzung

aa) Bei einer erheblichen Unterausnutzung gilt Folgendes:

- Ist eine Anpassung der Bebauung oder Nutzung rechtlich und tatsächlich möglich sowie wirtschaftlich, wird der Bodenwert in der Regel nicht beeinflusst.
- Ist eine Anpassung rechtlich oder tatsächlich nicht möglich oder ist sie unwirtschaftlich, handelt es sich um ein Liquidationsobjekt im Sinne der Legaldefinition des § 8 Absatz 3 Satz 2 Nummer 3 (vgl. Nummer 8.(3).4 Buchstabe a). Wenn bei Liquidationsobjekten mit einer alsbaldigen Freilegung zu rechnen ist,

sind die daraus resultierenden Wertminderungen nach § 8 Absatz 3 Satz 2 Nummer 3 als besonderes objektspezifisches Grundstücksmerkmal zu berücksichtigen. Im Fall einer aufgeschobenen Freilegung oder wenn langfristig nicht mit einer Freilegung zu rechnen ist, gilt § 43.

bb) Liegt eine Überausnutzung auf Dauer vor, ist der nutzungsabhängige Bodenwert (§ 43) anzusetzen.

40.(5).2 Bebaute Grundstücke im Außenbereich (§ 40 Absatz 5 Nummer 2), deren bauliche Anlagen rechtlich und wirtschaftlich weiterhin nutzbar sind, haben in der Regel einen höheren Bodenwert als unbebaute Grundstücke im Außenbereich. Der Bodenwert derartiger Grundstücke kann auf der Grundlage des Bodenwerts vergleichbarer baureifer Grundstücke benachbarter Baugebiete unter Berücksichtigung wertbeeinflussender Grundstücksmerkmale wie besonderer Lagemerkmale (z. B. Entfernung zur Ortslage), der Erschließungssituation, eingeschränkter Nutzungsänderungs- bzw. Erweiterungsmöglichkeiten oder der Grundstücksgröße ermittelt werden.

Zu § 41 (Erhebliche Überschreitung der marktüblichen Grundstücksgröße)

Keine Anmerkungen

Zu § 42 (Bodenwert von Bauerwartungsland und Rohbauland)

42.1 § 42 bezieht sich auf Fälle im Sinne des § 40 Absatz 3, bei denen keine ausreichende Anzahl von Vergleichspreisen oder kein geeigneter Bodenrichtwert zur Verfügung stehen.

42.2 Kosten der Baureifmachung sind insbesondere

- Kosten für die Bereitstellung der Erschließungsflächen und für die Herstellung der Erschließungsanlagen,
- Kosten für Maßnahmen, die Gegenstand städtebaulicher Verträge nach § 11 BauGB sein können,
- Kosten für Ausgleichs- und Ersatzmaßnahmen,
- Kosten für den Rückbau von nicht nachnutzbaren baulichen und sonstigen Anlagen und
- Kosten zur Beseitigung von Bodenkontaminationen.

42.3 Ergänzend wird auf die Nummern 3.(2) und 3.(3) verwiesen.

Zu § 43 (Nutzungsabhängiger Bodenwert bei Liquidationsobjekten)

43.1 § 43 regelt Fälle, in denen bei Grundstücken mit Liquidationsobjekten (zum Begriff vgl. Nummer 8.(3).4 Buchstabe a) keine alsbaldige Freilegung ansteht. Während der Werteinfluss von Liquidationsobjekten, die zur alsbaldigen Freilegung anstehen, als besondere objektspezifische Grundstücksmerkmale bei der Ermittlung des Verfahrenswerts, nicht aber im Bodenwert zu berücksichtigen ist, kommt es in den Fällen der von § 43 erfassten aufgeschobenen Freilegung oder des dauerhaften Ausschlusses der Freilegung zu einer Beeinflussung des Bodenwerts.

43.2 Eine Freilegung kann z. B. durch Vorgaben des Denkmalschutzes unzulässig sein. In diesem Fall ist auch langfristig nicht mit einer Freilegung zu rechnen.

43.3 § 43 ist sinngemäß auch anwendbar, wenn eine künftige Nutzung ohne Freilegung, z. B. durch eine Umnutzung bestehender baulicher Anlagen, möglich ist, aber aus anderen Gründen, z. B. aufgrund von rechtlichen Bindungen, aufgeschoben werden muss.

Zu § 44 (Gemeinbedarfsflächen)

44.1 Bleibende Gemeinbedarfsflächen:

Eine Verkehrswertermittlung für bleibende Gemeinbedarfsflächen ist in der Regel allenfalls bei einem Eigentümerwechsel erforderlich.

a) Den Anforderungen aus der Praxis folgend kann im Falle des Eigentumswechsels an einen anderen Gemeinbedarfsträger zur Festlegung des maßgeblichen Grundstückszustands in Einzelfällen auch das aktualisierte Beschaffungswertprinzip zur Anwendung kommen. Danach ist der Grundstückszustand maßgeblich, der sich bei Wegfall der bisherigen öffentlichen Zweckbindung (z. B. militärische Nutzung) auf Grund der allgemeinen Situationsgebundenheit (insbesondere Umgebungssituation, Planungsrechte, Entwicklungszustand, Lage, Erschließungszustand, verkehrliche Anbindung, wirtschaftlich und städtebaulich sich aufdrängende Nutzbarkeit baulicher Anlagen) für das Grundstück ergeben würde. Als Qualitätsstichtag ist der Zeitpunkt unmittelbar vor dem weiteren Ausschluss des Grundstücks von der konjunkturellen Entwicklung zu Grunde zu legen.

b) Im Gemeingebrauch befindliche Flächen (insbesondere öffentliche Verkehrs- und Parkflächen) sind nicht zu bewerten, soweit gesetzliche Regelungen vorhanden sind, die eine unentgeltliche Übertragung vorsehen (z. B. § 6 FStrG); dies kann vor allem der Fall sein, wenn die Flächen nach dem Eigentümerwechsel derselben öffentlichen Nutzung vorbehalten sind. Bleiben die Flächen nach dem Eigentümerwechsel derselben öffentlichen Nutzung vorbehalten, ohne dass eine unentgeltliche Übertragung vorgesehen ist, wird üblicherweise allenfalls ein geringer Anerkennungsbetrag in Ansatz gebracht.

44.2 Abgehende Gemeinbedarfsflächen:

Verlieren Gemeinbedarfsflächen ihre öffentliche Zweckbindung, so ist für deren Verkehrswert die sich nach den baurechtlichen Bestimmungen ergebende oder die zu erwartende Nutzungsmöglichkeit – unter Berücksichtigung des übrigen Grundstückszustands – maßgebend.

44.3 Künftige Gemeinbedarfsflächen:

a) Für die Ermittlung des für die Enteignungsentschädigung maßgeblichen Werts von Grundstücken, die für Gemeinbedarfszwecke zu beschaffen sind und keine renditeorientierte Nutzung zulassen und bei denen eine Enteignung zulässig wäre, ist in der Regel als Qualitätsstichtag der Zeitpunkt zugrunde zu legen, der unmittelbar vor dem Zeitpunkt liegt, zu dem das Grundstück infolge der künftigen öffentlichen Zweckbindung von jeder konjunkturellen Entwicklung ausgeschlossen worden ist (enteignungsrechtliche Vorwirkung).

b) Wird bei einer Enteignung, im Falle von Übernahmeansprüchen oder bei Nutzungsbeschränkungen auf Grund gesetzlicher Vorschriften oder bei freihändigem Erwerb zur Vermeidung einer Enteignung neben dem Rechtsverlust (§ 95 BauGB) auch die Höhe der Entschädigung für andere Vermögensnachteile (§ 96 BauGB) ermittelt, sollen beide voneinander abgegrenzt werden.

Die Ausführungen nach den Buchstaben a und b gelten sinngemäß auch für die Grundstücke, die für Zwecke der Verteidigung beschafft werden sollen.

Zu § 45 (Wasserflächen)

45.1 Wasserflächen sind die von oberirdischen Gewässern ständig bedeckten Flächen. Die eigentumsrechtliche Abgrenzung der Gewässer gegen ihre Ufer richtet sich nach den wasserrechtlichen Vorschriften.

45.2 Besteht eine Abhängigkeit zwischen dem Verkehrswert einer Wasserfläche und dem Verkehrswert einer mit dieser Wasserfläche in unmittelbarem wirtschaftlichem Zusammenhang stehenden Landfläche, ist der Verkehrswert der Wasserfläche in der Regel ein sachverständig ermittelter Vomhundertsatz des Verkehrswerts der Bezugsfläche an Land. Die Höhe dieses Vomhundertsatzes bestimmt sich insbesondere nach dem Grad des wirtschaftlichen Zusammenhangs der Wasserfläche mit der Bezugsfläche.

45.3 Wenn kein wirtschaftlicher Zusammenhang zwischen den Wasser- und Landflächen besteht, bilden i. d. R. Vergleichspreise die Grundlage für die Ermittlung des Verkehrswerts der Wasserfläche.

45.4 Bei ertragsorientierten Nutzungen, wie z. B. Häfen und Fischteichen, kann der Verkehrswert der Wasserfläche aus dem daraus erzielten Ertrag ermittelt werden.

§§ 46 bis 52 weggelassen, da nicht Gegenstand des Buches

Zu § 53 (Übergangsregelungen)

53.(1) § 53 Absatz 1 stellt klar, dass es für die zeitliche Anwendung der ImmoWertV nicht auf den Wertermittlungsstichtag, sondern auf den Zeitpunkt der Gutachtenerstellung ankommt. Für die Ermittlung der für die Wertermittlung erforderlichen Daten ab dem 1. Januar 2022 ist die geltende ImmoWertV anzuwenden. Auf § 10 Absatz 2 wird verwiesen.

53.(2) Die Übergangsregelung in § 53 Absatz 2 zur Gesamt- und Restnutzungsdauer trägt dem Umstand Rechnung, dass vor Ablauf des 31. Dezember 2024 eine Überarbeitung der NHK (Anlage 4) in Kraft gesetzt sein soll. Die Regelung ermöglicht es, zur Vermeidung mehrfacher Modelländerungen bis zum 31. Dezember 2024 von den Vorgaben zur Gesamt- und Restnutzungsdauer in § 12 Absatz 5 Satz 1 i. V. m. Anlage 1 und 2 abzuweichen. Auf § 10 Absatz 2 wird verwiesen.

Zu § 54 (Inkrafttreten, Außerkrafttreten)

Keine Anmerkungen

Anlagen

Zu Anlage 1 (Modellansätze für die Gesamtnutzungsdauer)

Die Modellansätze der Anlage 1 für die Gesamtnutzungsdauer stehen als Annahme für die Anzahl der Jahre, in denen die baulichen Anlagen ab Fertigstellung durchschnittlich wirtschaftlich genutzt werden können. Die Gesamtnutzungsdauer beruht somit nicht auf empirischen Daten, sondern ist eine Modellgröße, die der Ermittlung der Restnutzungsdauer für Zwecke der Wertermittlung dient. Anlage 1 räumt insoweit keinen Spielraum ein.

Zu Anlage 2 (Modell zur Ermittlung der Restnutzungsdauer von Wohngebäuden bei Modernisierungen)

II.1 Anlage 2 enthält ein Modell zur Ermittlung der Restnutzungsdauer, das bei der Ermittlung der sonstigen für die Wertermittlung erforderlichen Daten bei Modernisierungen von Wohngebäuden anzuwenden ist. Es kann bei der Modernisierung anderer Gebäudearten insbesondere bei Verwaltungs-, Büro- und Geschäftsgebäuden entsprechende Anwendung finden. Das Modell beruht nicht auf empirischen Daten, sondern soll im Rahmen der Wertermittlung einer nachvollziehbaren Berücksichtigung von Modernisierungsmaßnahmen dienen.

II.2 Die Modernisierungspunkte können ermittelt werden

a) aufgrund einer Punktevergabe für einzelne Modernisierungselemente (Anlage 2 Tabelle 1) oder

b) aufgrund einer Zuordnung zu einem Modernisierungsgrad (Anlage 2 Tabelle 2).

Die Zuordnung zu einem Modernisierungsgrad nach Anlage 2 Tabelle 2 kommt dann in Frage, wenn detaillierte Angaben zur Modernisierung fehlen, so dass Anlage 2 Tabelle 1 nicht anwendbar ist. In diesem Fall kann durch sachverständige Einschätzung eine grobe Zuordnung zu einem Modernisierungsgrad erfolgen, aus dem sich dann innerhalb der angegebenen Punktespanne eine entsprechende Gesamtpunktzahl ableiten lässt (Anlage 2 Tabelle 2), die wiederum für die Ermittlung der Restnutzungsdauer maßgeblich ist.

II.3 Folgende Tabelle bietet eine Orientierung zur Vergabe von Modernisierungspunkten für Anlage 2 Tabelle 1:

Modernisierungselemente	**Maximal zu vergebende Punkte bis ca.**			
	5 Jahre	10 Jahre	15 Jahre	20 Jahre
	zurück			
Dacherneuerung inklusive Verbesserung der Wärmedämmung	4	3	2	1
Modernisierung der Fenster und Außentüren	2	2	1	0
Modernisierung der Leitungssysteme (Strom, Gas, Wasser, Abwasser)	2	2	2	1
Modernisierung der Heizungsanlage	2	2	1	0
Wärmedämmung der Außenwände	4	3	2	1
Modernisierung von Bädern	2	1	0	0
Modernisierung des Innenausbaus, z.B. Decken, Fußböden, Treppen	2	2	2	1
Wesentliche Verbesserung der Grundrissgestaltung*	1 – 2			
* Grundsätzlich zeitunabhängig; z. B. Badeinbau, Beseitigung gefangener Räume, Verkehrsflächenoptimierung (nicht dazu gehört der Ausbau des Dachgeschosses)				

Tabelle a: *Orientierung zur Vergabe von Modernisierungspunkten für Anlage 2 Tabelle 1*

II.4 Zur Ermittlung der verlängerten Restnutzungsdauer können entweder

- die Formel nach Anlage 2 Nummer II.2 unter Berücksichtigung der in der Anlage 2 Tabelle 3 vorgegebenen Werte für die Variablen a, b und c oder
- die Tabellen a bis e unter der nachfolgenden Nummer II.9 angewendet werden.

II.5 Es ist zu beachten, dass bei Anwendung der Formel als Alter der baulichen Anlagen höchstens die jeweilige Gesamtnutzungsdauer anzusetzen ist.

II.6 In den Tabellen b bis f sind für die in Anlage 1 ausgewiesenen Gesamtnutzungsdauern in Abhängigkeit von dem Alter der baulichen Anlagen und der nach Anlage 2 Nummer I ermittelten Modernisierungspunktzahl auf Grundlage der Formel nach Anlage 2 Nummer II.2 Restnutzungsdauern für Wohngebäude im Falle von Modernisierungen angegeben. Die Tabellenwerte sind auf die volle Jahreszahl gerundet.

GND	**Modernisierungspunkte**																				
80	**0**	**1**	**2**	**3**	**4**	**5**	**6**	**7**	**8**	**9**	**10**	**11**	**12**	**13**	**14**	**15**	**16**	**17**	**18**	**19**	**20**
Gebäudealter	**modifizierte Restnutzungsdauer**																				
0	80	80	80	80	80	80	80	80	80	80	80	80	80	80	80	80	80	80	80	80	80
1	79	79	79	79	79	79	79	79	79	79	79	79	79	79	79	79	79	79	79	79	79
2	78	78	78	78	78	78	78	78	78	78	78	78	78	78	78	78	78	78	78	78	78
3	77	77	77	77	77	77	77	77	77	77	77	77	77	77	77	77	77	77	77	77	77
4	76	76	76	76	76	76	76	76	76	76	76	76	76	76	76	76	76	76	76	76	76
5	75	75	75	75	75	75	75	75	75	75	75	75	75	75	75	75	75	75	75	75	75
6	74	74	74	74	74	74	74	74	74	74	74	74	74	74	74	74	74	74	74	74	74
7	73	73	73	73	73	73	73	73	73	73	73	73	73	73	73	73	73	73	73	73	73
8	72	72	72	72	72	72	72	72	72	72	72	72	72	72	72	72	72	72	72	72	72
9	71	71	71	71	71	71	71	71	71	71	71	71	71	71	71	71	71	71	72	72	72
10	70	70	70	70	70	70	70	70	70	70	70	70	70	70	70	70	70	71	71	71	71
11	69	69	69	69	69	69	69	69	69	69	69	69	69	69	69	70	70	70	71	71	71
12	68	68	68	68	68	68	68	68	68	68	68	68	68	68	68	69	69	70	70	70	70
13	67	67	67	67	67	67	67	67	67	67	67	67	67	67	68	68	69	70	70	70	70
14	66	66	66	66	66	66	66	66	66	66	66	66	67	67	67	68	69	69	70	70	70
15	65	65	65	65	65	65	65	65	65	65	65	66	66	66	67	67	68	69	69	69	69
16	64	64	64	64	64	64	64	64	64	64	65	65	65	66	66	67	68	68	69	69	69
17	63	63	63	63	63	63	63	63	63	63	64	64	65	65	66	66	67	68	69	69	69
18	62	62	62	62	62	62	62	62	62	63	63	63	64	64	65	66	67	67	68	68	68
19	61	61	61	61	61	61	61	61	61	62	62	63	63	64	65	65	66	67	68	68	68

GND	Modernisierungspunkte																				
80	**0**	**1**	**2**	**3**	**4**	**5**	**6**	**7**	**8**	**9**	**10**	**11**	**12**	**13**	**14**	**15**	**16**	**17**	**18**	**19**	**20**
Gebäudealter	**modifizierte Restnutzungsdauer**																				
20	60	60	60	60	60	60	60	61	61	61	62	62	63	63	64	65	66	67	68	68	68
21	59	59	59	59	59	59	59	60	60	60	61	61	62	63	64	64	65	66	67	67	67
22	58	58	58	58	58	58	58	59	59	59	60	61	61	62	63	64	65	66	67	67	67
23	57	57	57	57	57	57	57	58	58	59	59	60	61	62	63	64	65	66	67	67	67
24	56	56	56	56	56	56	57	57	57	58	59	59	60	61	62	63	64	65	66	66	66
25	55	55	55	55	55	55	56	56	56	57	58	59	60	60	62	63	64	65	66	66	66
26	54	54	54	54	54	54	55	55	56	56	57	58	59	60	61	62	63	64	66	66	66
27	53	53	53	53	53	53	54	54	55	56	57	58	58	59	61	62	63	64	65	65	65
28	52	52	52	52	52	53	53	54	54	55	56	57	58	59	60	61	63	64	65	65	65
29	51	51	51	51	51	52	52	53	53	54	55	56	57	58	60	61	62	63	65	65	65
30	50	50	50	50	50	51	51	52	53	54	55	56	57	58	59	60	62	63	64	64	64
31	49	49	49	49	49	50	50	51	52	53	54	55	56	57	59	60	61	63	64	64	64
32	48	48	48	48	48	49	50	50	51	52	53	55	56	57	58	60	61	62	64	64	64
33	47	47	47	47	47	48	49	50	51	52	53	54	55	56	58	59	61	62	64	64	64
34	46	46	46	46	46	47	48	49	50	51	52	54	55	56	57	59	60	62	63	63	63
35	45	45	45	45	45	46	47	48	49	50	52	53	54	56	57	59	60	62	63	63	63
36	44	44	44	44	44	45	46	47	49	50	51	52	54	55	57	58	60	61	63	63	63
37	43	43	43	43	43	44	46	47	48	49	51	52	53	55	56	58	59	61	63	63	63
38	42	42	42	42	42	44	45	46	47	49	50	51	53	54	56	57	59	61	62	62	62
39	41	41	41	41	41	43	44	45	47	48	49	51	52	54	55	57	59	60	62	62	62
40	40	40	40	40	41	42	43	45	46	47	49	50	52	53	55	57	58	60	62	62	62
41	39	39	39	39	40	41	43	44	45	47	48	50	51	53	55	56	58	60	62	62	62
42	38	38	38	38	39	40	42	43	45	46	48	50	51	53	54	56	58	60	61	61	61
43	37	37	37	37	38	40	41	43	44	46	47	49	51	52	54	56	58	59	61	61	61
44	36	36	37	37	37	39	41	42	44	45	47	49	50	52	54	55	57	59	61	61	61
45	35	35	36	36	37	38	40	42	43	45	46	48	50	52	53	55	57	59	61	61	61
46	34	34	35	35	36	38	39	41	43	44	46	48	49	51	53	55	57	59	60	60	60
47	33	33	34	34	35	37	39	40	42	44	46	47	49	51	53	55	56	58	60	60	60
48	32	32	33	34	34	36	38	40	42	43	45	47	49	50	52	54	56	58	60	60	60

GND	Modernisierungspunkte																				
80	**0**	**1**	**2**	**3**	**4**	**5**	**6**	**7**	**8**	**9**	**10**	**11**	**12**	**13**	**14**	**15**	**16**	**17**	**18**	**19**	**20**
Gebäudealter	**modifizierte Restnutzungsdauer**																				
49	31	31	32	33	34	36	37	39	41	43	45	47	48	50	52	54	56	58	60	60	60
50	30	30	31	32	33	35	37	39	41	42	44	46	48	50	52	54	56	58	60	60	60
51	29	29	30	31	32	34	36	38	40	42	44	46	48	49	51	53	55	57	59	59	59
52	28	28	29	30	32	34	36	38	40	42	43	45	47	49	51	53	55	57	59	59	59
53	27	27	28	30	31	33	35	37	39	41	43	45	47	49	51	53	55	57	59	59	59
54	26	26	27	29	31	33	35	37	39	41	43	45	47	49	51	53	55	57	59	59	59
55	25	25	27	28	30	32	34	36	38	40	42	44	46	48	50	52	55	57	59	59	59
56	24	24	26	28	29	32	34	36	38	40	42	44	46	48	50	52	54	56	59	59	59
57	23	23	25	27	29	31	33	35	38	40	42	44	46	48	50	52	54	56	58	58	58
58	22	22	24	26	28	31	33	35	37	39	41	43	45	47	50	52	54	56	58	58	58
59	22	22	24	26	28	30	32	35	37	39	41	43	45	47	49	52	54	56	58	58	58
60	21	21	23	25	27	30	32	34	37	39	41	43	45	47	49	51	54	56	58	58	58
61	20	20	22	25	27	29	31	34	36	38	40	43	45	47	49	51	53	56	58	58	58
62	19	19	22	24	26	29	31	33	36	38	40	42	44	47	49	51	53	55	58	58	58
63	19	19	21	23	26	28	31	33	36	38	40	42	44	46	49	51	53	55	58	58	58
64	18	18	21	23	26	28	30	33	35	37	40	42	44	46	48	51	53	55	57	57	57
65	17	17	20	23	25	28	30	32	35	37	39	41	44	46	48	50	53	55	57	57	57
66	17	17	19	22	25	27	30	32	35	37	39	41	43	46	48	50	53	55	57	57	57
67	16	16	19	22	24	27	29	32	34	37	39	41	43	45	48	50	52	55	57	57	57
68	16	16	19	21	24	27	29	32	34	36	39	41	43	45	48	50	52	55	57	57	57
69	15	15	18	21	24	26	29	31	34	36	38	41	43	45	47	50	52	55	57	57	57
70	15	15	18	21	23	26	29	31	34	36	38	40	43	45	47	50	52	54	57	57	57
71	14	14	17	20	23	26	28	31	33	36	38	40	43	45	47	50	52	54	57	57	57
72	14	14	17	20	23	25	28	31	33	36	38	40	42	45	47	49	52	54	57	57	57
73	14	14	17	20	23	25	28	30	33	35	38	40	42	45	47	49	52	54	57	57	57
74	13	13	16	19	22	25	28	30	33	35	37	40	42	44	47	49	52	54	56	56	56
75	13	13	16	19	22	25	27	30	33	35	37	40	42	44	47	49	52	54	56	56	56
76	13	13	16	19	22	25	27	30	33	35	37	40	42	44	47	49	51	54	56	56	56
77	13	13	16	19	22	24	27	30	32	35	37	39	42	44	47	49	51	54	56	56	56

GND	**Modernisierungspunkte**																				
80	**0**	**1**	**2**	**3**	**4**	**5**	**6**	**7**	**8**	**9**	**10**	**11**	**12**	**13**	**14**	**15**	**16**	**17**	**18**	**19**	**20**
Gebäudealter	**modifizierte Restnutzungsdauer**																				
78	12	12	15	18	22	24	27	30	32	35	37	39	42	44	46	49	51	54	56	56	56
79	12	12	15	18	21	24	27	29	32	34	37	39	42	44	46	49	51	54	56	56	56
80	12	12	15	18	21	24	27	29	32	34	37	39	41	44	46	49	51	54	56	56	56

Tabelle b: *Restnutzungsdauer bei einer üblichen Gesamtnutzungsdauer von 80 Jahren*

GND	**Modernisierungspunkte**																				
60	**0**	**1**	**2**	**3**	**4**	**5**	**6**	**7**	**8**	**9**	**10**	**11**	**12**	**13**	**14**	**15**	**16**	**17**	**18**	**19**	**20**
Gebäudealter	**modifizierte Restnutzungsdauer**																				
0	60	60	60	60	60	60	60	60	60	60	60	60	60	60	60	60	60	60	60	60	60
1	59	59	59	59	59	59	59	59	59	59	59	59	59	59	59	59	59	59	59	59	59
2	58	58	58	58	58	58	58	58	58	58	58	58	58	58	58	58	58	58	58	58	58
3	57	57	57	57	57	57	57	57	57	57	57	57	57	57	57	57	57	57	57	57	57
4	56	56	56	56	56	56	56	56	56	56	56	56	56	56	56	56	56	56	56	56	56
5	55	55	55	55	55	55	55	55	55	55	55	55	55	55	55	55	55	55	55	55	55
6	54	54	54	54	54	54	54	54	54	54	54	54	54	54	54	54	54	54	54	54	54
7	53	53	53	53	53	53	53	53	53	53	53	53	53	53	53	53	53	53	54	54	54
8	52	52	52	52	52	52	52	52	52	52	52	52	52	52	52	52	53	53	53	53	53
9	51	51	51	51	51	51	51	51	51	51	51	51	51	51	51	52	52	52	53	53	53
10	50	50	50	50	50	50	50	50	50	50	50	50	50	50	51	51	52	52	52	52	52
11	49	49	49	49	49	49	49	49	49	49	49	49	50	50	50	51	51	52	52	52	52
12	48	48	48	48	48	48	48	48	48	48	48	49	49	49	50	50	51	51	52	52	52
13	47	47	47	47	47	47	47	47	47	47	48	48	48	49	49	50	50	51	51	51	51
14	46	46	46	46	46	46	46	46	46	47	47	47	48	48	49	49	50	50	51	51	51
15	45	45	45	45	45	45	45	45	45	46	46	47	47	47	48	49	49	50	51	51	51
16	44	44	44	44	44	44	44	45	45	45	45	46	46	47	48	48	49	50	50	50	50
17	43	43	43	43	43	43	43	44	44	44	45	45	46	46	47	48	49	49	50	50	50
18	42	42	42	42	42	42	43	43	43	43	44	45	45	46	47	47	48	49	50	50	50

GND	Modernisierungspunkte																				
60	**0**	**1**	**2**	**3**	**4**	**5**	**6**	**7**	**8**	**9**	**10**	**11**	**12**	**13**	**14**	**15**	**16**	**17**	**18**	**19**	**20**
Gebäudealter	**modifizierte Restnutzungsdauer**																				
19	41	41	41	41	41	41	42	42	42	43	43	44	45	45	46	47	48	49	49	49	49
20	40	40	40	40	40	40	41	41	41	42	43	43	44	45	46	46	47	48	49	49	49
21	39	39	39	39	39	39	40	40	41	41	42	43	43	44	45	46	47	48	49	49	49
22	38	38	38	38	38	38	39	39	40	41	41	42	43	44	45	46	47	47	48	48	48
23	37	37	37	37	37	37	38	39	39	40	41	42	42	43	44	45	46	47	48	48	48
24	36	36	36	36	36	37	37	38	38	39	40	41	42	43	44	45	46	47	48	48	48
25	35	35	35	35	35	36	36	37	38	39	40	40	41	42	43	44	45	47	48	48	48
26	34	34	34	34	34	35	36	36	37	38	39	40	41	42	43	44	45	46	47	47	47
27	33	33	33	33	33	34	35	36	36	37	38	39	40	41	42	44	45	46	47	47	47
28	32	32	32	32	32	33	34	35	36	37	38	39	40	41	42	43	44	46	47	47	47
29	31	31	31	31	31	32	33	34	35	36	37	38	39	40	42	43	44	45	47	47	47
30	30	30	30	30	30	31	32	33	35	36	37	38	39	40	41	43	44	45	46	46	46
31	29	29	29	29	30	31	32	33	34	35	36	37	39	40	41	42	44	45	46	46	46
32	28	28	28	28	29	30	31	32	33	35	36	37	38	39	41	42	43	45	46	46	46
33	27	27	28	28	28	29	30	32	33	34	35	36	38	39	40	42	43	44	46	46	46
34	26	26	27	27	27	28	30	31	32	33	35	36	37	39	40	41	43	44	45	45	45
35	25	25	26	26	27	28	29	30	32	33	34	36	37	38	40	41	42	44	45	45	45
36	24	24	25	25	26	27	29	30	31	33	34	35	37	38	39	41	42	44	45	45	45
37	23	23	24	24	25	27	28	29	31	32	33	35	36	38	39	40	42	43	45	45	45
38	22	22	23	24	24	26	27	29	30	32	33	34	36	37	39	40	42	43	45	45	45
39	21	21	22	23	24	25	27	28	30	31	33	34	35	37	38	40	41	43	44	44	44
40	20	20	21	22	23	25	26	28	29	31	32	34	35	37	38	40	41	43	44	44	44
41	19	19	20	21	23	24	26	27	29	30	32	33	35	36	38	39	41	43	44	44	44
42	18	18	19	21	22	24	25	27	29	30	31	33	34	36	38	39	41	42	44	44	44
43	17	17	19	20	21	23	25	26	28	30	31	33	34	36	37	39	41	42	44	44	44
44	16	16	18	19	21	23	24	26	28	29	31	32	34	35	37	39	40	42	44	44	44
45	16	16	17	19	20	22	24	26	27	29	31	32	34	35	37	39	40	42	43	43	43
46	15	15	17	18	20	22	24	25	27	29	30	32	33	35	37	38	40	42	43	43	43
47	14	14	16	18	20	21	23	25	27	28	30	32	33	35	36	38	40	42	43	43	43

GND	Modernisierungspunkte																				
60	**0**	**1**	**2**	**3**	**4**	**5**	**6**	**7**	**8**	**9**	**10**	**11**	**12**	**13**	**14**	**15**	**16**	**17**	**18**	**19**	**20**
Gebäudealter	**modifizierte Restnutzungsdauer**																				
48	14	14	15	17	19	21	23	25	26	28	30	31	33	35	36	38	40	41	43	43	43
49	13	13	15	17	19	21	22	24	26	28	29	31	33	34	36	38	40	41	43	43	43
50	12	12	14	16	18	20	22	24	26	28	29	31	32	34	36	38	39	41	43	43	43
51	12	12	14	16	18	20	22	24	26	27	29	31	32	34	36	37	39	41	43	43	43
52	11	11	13	16	18	20	22	23	25	27	29	30	32	34	36	37	39	41	43	43	43
53	11	11	13	15	17	19	21	23	25	27	29	30	32	34	35	37	39	41	43	43	43
54	11	11	13	15	17	19	21	23	25	27	28	30	32	34	35	37	39	41	42	42	42
55	10	10	12	15	17	19	21	23	25	26	28	30	32	33	35	37	39	41	42	42	42
56	10	10	12	14	17	19	21	23	25	26	28	30	32	33	35	37	39	41	42	42	42
57	10	10	12	14	16	18	20	22	24	26	28	30	31	33	35	37	39	40	42	42	42
58	9	9	12	14	16	18	20	22	24	26	28	30	31	33	35	37	39	40	42	42	42
59	9	9	11	14	16	18	20	22	24	26	28	29	31	33	35	37	38	40	42	42	42
60	9	9	11	14	16	18	20	22	24	26	28	29	31	33	35	37	38	40	42	42	42

Tabelle c: *Restnutzungsdauer bei einer üblichen Gesamtnutzungsdauer von 60 Jahren*

GND	Modernisierungspunkte																				
50	**0**	**1**	**2**	**3**	**4**	**5**	**6**	**7**	**8**	**9**	**10**	**11**	**12**	**13**	**14**	**15**	**16**	**17**	**18**	**19**	**20**
Gebäudealter	**modifizierte Restnutzungsdauer**																				
0	50	50	50	50	50	50	50	50	50	50	50	50	50	50	50	50	50	50	50	50	50
1	49	49	49	49	49	49	49	49	49	49	49	49	49	49	49	49	49	49	49	49	49
2	48	48	48	48	48	48	48	48	48	48	48	48	48	48	48	48	48	48	48	48	48
3	47	47	47	47	47	47	47	47	47	47	47	47	47	47	47	47	47	47	47	47	47
4	46	46	46	46	46	46	46	46	46	46	46	46	46	46	46	46	46	46	46	46	46
5	45	45	45	45	45	45	45	45	45	45	45	45	45	45	45	45	45	45	45	45	45
6	44	44	44	44	44	44	44	44	44	44	44	44	44	44	44	44	44	44	45	45	45
7	43	43	43	43	43	43	43	43	43	43	43	43	43	43	43	43	44	44	44	44	44
8	42	42	42	42	42	42	42	42	42	42	42	42	42	42	43	43	43	44	44	44	44

GND	Modernisierungspunkte																				
50	**0**	**1**	**2**	**3**	**4**	**5**	**6**	**7**	**8**	**9**	**10**	**11**	**12**	**13**	**14**	**15**	**16**	**17**	**18**	**19**	**20**
Gebäudealter	**modifizierte Restnutzungsdauer**																				
9	41	41	41	41	41	41	41	41	41	41	41	41	41	42	42	42	43	43	43	43	43
10	40	40	40	40	40	40	40	40	40	40	40	41	41	41	41	42	42	43	43	43	43
11	39	39	39	39	39	39	39	39	39	39	40	40	40	40	41	41	42	42	43	43	43
12	38	38	38	38	38	38	38	38	38	39	39	39	39	40	40	41	41	42	42	42	42
13	37	37	37	37	37	37	37	37	37	38	38	38	39	39	40	40	41	41	42	42	42
14	36	36	36	36	36	36	36	37	37	37	37	38	38	39	39	40	40	41	42	42	42
15	35	35	35	35	35	35	36	36	36	36	37	37	38	38	39	39	40	41	41	41	41
16	34	34	34	34	34	34	35	35	35	35	36	37	37	38	38	39	40	40	41	41	41
17	33	33	33	33	33	33	34	34	34	35	35	36	36	37	38	39	39	40	41	41	41
18	32	32	32	32	32	32	33	33	33	34	35	35	36	37	37	38	39	40	40	40	40
19	31	31	31	31	31	31	32	32	33	33	34	35	35	36	37	38	39	39	40	40	40
20	30	30	30	30	30	30	31	31	32	33	33	34	35	36	36	37	38	39	40	40	40
21	29	29	29	29	29	30	30	31	31	32	33	34	34	35	36	37	38	39	40	40	40
22	28	28	28	28	28	29	29	30	31	31	32	33	34	35	36	37	37	38	39	39	39
23	27	27	27	27	27	28	29	29	30	31	32	33	33	34	35	36	37	38	39	39	39
24	26	26	26	26	26	27	28	29	29	30	31	32	33	34	35	36	37	38	39	39	39
25	25	25	25	25	25	26	27	28	29	30	31	32	32	33	34	35	37	38	39	39	39
26	24	24	24	24	25	25	26	27	28	29	30	31	32	33	34	35	36	37	38	38	38
27	23	23	23	23	24	25	26	27	28	29	30	31	32	33	34	35	36	37	38	38	38
28	22	22	23	23	23	24	25	26	27	28	29	30	31	32	33	35	36	37	38	38	38
29	21	21	22	22	22	23	24	25	27	28	29	30	31	32	33	34	35	37	38	38	38
30	20	20	20	21	21	23	24	25	26	27	28	29	30	32	33	34	35	36	38	38	38
31	19	19	20	20	21	22	23	24	26	27	28	29	30	31	32	34	35	36	37	37	37
32	18	18	19	19	20	21	23	24	25	26	27	29	30	31	32	33	35	36	37	37	37
33	17	17	18	19	20	21	22	23	25	26	27	28	29	31	32	33	34	36	37	37	37
34	16	16	17	18	19	20	22	23	24	25	27	28	29	30	32	33	34	35	37	37	37
35	15	15	16	17	18	20	21	22	24	25	26	28	29	30	31	33	34	35	37	37	37
36	14	14	15	17	18	19	21	22	23	25	26	27	28	30	31	32	34	35	36	36	36
37	13	13	15	16	17	19	20	22	23	24	26	27	28	29	31	32	34	35	36	36	36

GND	Modernisierungspunkte																				
50	**0**	**1**	**2**	**3**	**4**	**5**	**6**	**7**	**8**	**9**	**10**	**11**	**12**	**13**	**14**	**15**	**16**	**17**	**18**	**19**	**20**
Ge-bäu-deal-ter	**modifizierte Restnutzungsdauer**																				
38	13	13	14	15	17	18	20	21	23	24	25	27	28	29	31	32	33	35	36	36	36
39	12	12	13	15	16	18	19	21	22	24	25	26	28	29	30	32	33	35	36	36	36
40	11	11	13	14	16	17	19	20	22	23	25	26	27	29	30	32	33	34	36	36	36
41	11	11	12	14	16	17	19	20	22	23	24	26	27	29	30	31	33	34	36	36	36
42	10	10	12	13	15	17	18	20	21	23	24	26	27	28	30	31	33	34	36	36	36
43	10	10	11	13	15	16	18	20	21	23	24	25	27	28	30	31	33	34	36	36	36
44	9	9	11	13	15	16	18	19	21	22	24	25	27	28	30	31	33	34	35	35	35
45	9	9	11	12	14	16	18	19	21	22	24	25	26	28	29	31	32	34	35	35	35
46	8	8	10	12	14	16	17	19	21	22	23	25	26	28	29	31	32	34	35	35	35
47	8	8	10	12	14	15	17	19	20	22	23	25	26	28	29	31	32	34	35	35	35
48	8	8	10	12	14	15	17	19	20	22	23	25	26	28	29	31	32	34	35	35	35
49	8	8	10	12	13	15	17	18	20	22	23	25	26	27	29	31	32	34	35	35	35
50	8	8	9	11	13	15	17	18	20	21	23	24	26	27	29	30	32	34	35	35	35

Tabelle d: *Restnutzungsdauer bei einer üblichen Gesamtnutzungsdauer von 50 Jahren*

GND	Modernisierungspunkte																				
40	**0**	**1**	**2**	**3**	**4**	**5**	**6**	**7**	**8**	**9**	**10**	**11**	**12**	**13**	**14**	**15**	**16**	**17**	**18**	**19**	**20**
Ge-bäu-deal-ter	**modifizierte Restnutzungsdauer**																				
0	40	40	40	40	40	40	40	40	40	40	40	40	40	40	40	40	40	40	40	40	40
1	39	39	39	39	39	39	39	39	39	39	39	39	39	39	39	39	39	39	39	39	39
2	38	38	38	38	38	38	38	38	38	38	38	38	38	38	38	38	38	38	38	38	38
3	37	37	37	37	37	37	37	37	37	37	37	37	37	37	37	37	37	37	37	37	37
4	36	36	36	36	36	36	36	36	36	36	36	36	36	36	36	36	36	36	36	36	36
5	35	35	35	35	35	35	35	35	35	35	35	35	35	35	35	35	35	35	36	36	36
6	34	34	34	34	34	34	34	34	34	34	34	34	34	34	34	34	35	35	35	35	35
7	33	33	33	33	33	33	33	33	33	33	33	33	33	33	34	34	34	35	35	35	35
8	32	32	32	32	32	32	32	32	32	32	32	32	33	33	33	33	34	34	34	34	34

GND	**Modernisierungspunkte**																			
40	**0**	**1**	**2**	**3**	**4**	**5**	**6**	**7**	**8**	**9**	**10**	**11**	**12**	**13**	**14**	**15**	**16**	**17**	**18**	**19**	**20**
Gebäudealter	**modifizierte Restnutzungsdauer**																				
9	31	31	31	31	31	31	31	31	31	31	32	32	32	32	33	33	33	34	34	34	34
10	30	30	30	30	30	30	30	30	30	31	31	31	31	32	32	32	33	33	34	34	34
11	29	29	29	29	29	29	29	29	29	30	30	30	31	31	32	32	32	33	33	33	33
12	28	28	28	28	28	28	28	29	29	29	29	30	30	30	31	32	32	33	33	33	33
13	27	27	27	27	27	27	27	28	28	28	29	29	30	30	31	31	32	32	33	33	33
14	26	26	26	26	26	26	27	27	27	28	28	28	29	29	30	31	31	32	33	33	33
15	25	25	25	25	25	25	26	26	26	27	27	28	28	29	30	30	31	32	32	32	32
16	24	24	24	24	24	24	25	25	26	26	27	27	28	28	29	30	31	31	32	32	32
17	23	23	23	23	23	23	24	24	25	26	26	27	27	28	29	29	30	31	32	32	32
18	22	22	22	22	22	23	23	24	24	25	26	26	27	28	28	29	30	31	31	31	31
19	21	21	21	21	21	22	22	23	24	24	25	26	26	27	28	29	30	30	31	31	31
20	20	20	20	20	20	21	22	22	23	24	24	25	26	27	28	28	29	30	31	31	31
21	19	19	19	19	19	20	21	22	22	23	24	25	26	26	27	28	29	30	31	31	31
22	18	18	18	19	19	19	20	21	22	23	23	24	25	26	27	28	29	30	30	30	30
23	17	17	17	18	18	19	20	20	21	22	23	24	25	26	26	27	28	29	30	30	30
24	16	16	16	17	17	18	19	20	21	22	23	23	24	25	26	27	28	29	30	30	30
25	15	15	15	16	17	17	18	19	20	21	22	23	24	25	26	27	28	29	30	30	30
26	14	14	15	15	16	17	18	19	20	21	22	23	24	25	26	27	28	29	30	30	30
27	13	13	14	14	15	16	17	18	19	20	21	22	23	24	25	26	27	28	29	29	29
28	12	12	13	14	15	16	17	18	19	20	21	22	23	24	25	26	27	28	29	29	29
29	11	11	12	13	14	15	16	17	19	20	21	22	23	24	25	26	27	28	29	29	29
30	10	10	11	13	14	15	16	17	18	19	20	21	22	23	25	26	27	28	29	29	29
31	10	10	11	12	13	14	16	17	18	19	20	21	22	23	24	25	27	28	29	29	29
32	9	9	10	12	13	14	15	16	18	19	20	21	22	23	24	25	26	28	29	29	29
33	8	8	10	11	12	14	15	16	17	18	20	21	22	23	24	25	26	27	29	29	29
34	8	8	9	11	12	13	15	16	17	18	19	20	22	23	24	25	26	27	29	29	29
35	7	7	9	10	12	13	14	16	17	18	19	20	21	22	24	25	26	27	28	28	28
36	7	7	8	10	11	13	14	15	17	18	19	20	21	22	24	25	26	27	28	28	28
37	7	7	8	10	11	12	14	15	16	18	19	20	21	22	23	25	26	27	28	28	28

GND	Modernisierungspunkte																				
40	**0**	**1**	**2**	**3**	**4**	**5**	**6**	**7**	**8**	**9**	**10**	**11**	**12**	**13**	**14**	**15**	**16**	**17**	**18**	**19**	**20**
Gebäudealter	**modifizierte Restnutzungsdauer**																				
38	6	6	8	9	11	12	14	15	16	17	19	20	21	22	23	25	26	27	28	28	28
39	6	6	8	9	11	12	13	15	16	17	18	20	21	22	23	24	26	27	28	28	28
40	6	6	8	9	11	12	13	15	16	17	18	20	21	22	23	24	26	27	28	28	28

Tabelle e: *Restnutzungsdauer bei einer üblichen Gesamtnutzungsdauer von 40 Jahren*

GND	Modernisierungspunkte																				
30	**0**	**1**	**2**	**3**	**4**	**5**	**6**	**7**	**8**	**9**	**10**	**11**	**12**	**13**	**14**	**15**	**16**	**17**	**18**	**19**	**20**
Gebäudealter	**modifizierte Restnutzungsdauer**																				
0	30	30	30	30	30	30	30	30	30	30	30	30	30	30	30	30	30	30	30	30	30
1	29	29	29	29	29	29	29	29	29	29	29	29	29	29	29	29	29	29	29	29	29
2	28	28	28	28	28	28	28	28	28	28	28	28	28	28	28	28	28	28	28	28	28
3	27	27	27	27	27	27	27	27	27	27	27	27	27	27	27	27	27	27	27	27	27
4	26	26	26	26	26	26	26	26	26	26	26	26	26	26	26	26	26	26	27	27	27
5	25	25	25	25	25	25	25	25	25	25	25	25	25	25	25	26	26	26	26	26	26
6	24	24	24	24	24	24	24	24	24	24	24	24	24	25	25	25	25	26	26	26	26
7	23	23	23	23	23	23	23	23	23	23	23	24	24	24	24	25	25	25	26	26	26
8	22	22	22	22	22	22	22	22	22	22	23	23	23	23	24	24	24	25	25	25	25
9	21	21	21	21	21	21	21	21	21	22	22	22	23	23	23	24	24	24	25	25	25
10	20	20	20	20	20	20	20	21	21	21	21	22	22	22	23	23	24	24	25	25	25
11	19	19	19	19	19	19	19	20	20	20	21	21	21	22	22	23	23	24	24	24	24
12	18	18	18	18	18	18	19	19	19	20	20	20	21	21	22	22	23	23	24	24	24
13	17	17	17	17	17	17	18	18	19	19	19	20	20	21	21	22	23	23	24	24	24
14	16	16	16	16	16	17	17	17	18	18	19	19	20	20	21	22	22	23	23	23	23
15	15	15	15	15	15	16	16	17	17	18	18	19	19	20	21	21	22	23	23	23	23
16	14	14	14	14	14	15	16	16	17	17	18	18	19	20	20	21	22	22	23	23	23
17	13	13	13	13	14	14	15	15	16	17	17	18	19	19	20	21	21	22	23	23	23
18	12	12	12	13	13	14	14	15	16	16	17	18	18	19	20	20	21	22	23	23	23

GND	**Modernisierungspunkte**																				
30	**0**	**1**	**2**	**3**	**4**	**5**	**6**	**7**	**8**	**9**	**10**	**11**	**12**	**13**	**14**	**15**	**16**	**17**	**18**	**19**	**20**
Gebäudealter	**modifizierte Restnutzungsdauer**																				
19	11	11	11	12	12	13	14	14	15	16	17	17	18	19	19	20	21	22	22	22	22
20	10	10	10	11	12	12	13	14	15	15	16	17	18	18	19	20	21	21	22	22	22
21	9	9	10	10	11	12	13	13	14	15	16	17	17	18	19	20	20	21	22	22	22
22	8	8	9	10	10	11	12	13	14	15	15	16	17	18	19	19	20	21	22	22	22
23	7	7	8	9	10	11	12	13	14	14	15	16	17	17	18	19	20	21	22	22	22
24	7	7	8	9	10	10	11	12	13	14	15	16	16	17	18	19	20	21	22	22	22
25	6	6	7	8	9	10	11	12	13	14	15	15	16	17	18	19	20	21	21	21	21
26	6	6	7	8	9	10	11	12	13	14	14	15	16	17	18	19	20	20	21	21	21
27	5	5	6	7	9	10	11	11	12	13	14	15	16	17	18	19	19	20	21	21	21
28	5	5	6	7	8	9	10	11	12	13	14	15	16	17	18	18	19	20	21	21	21
29	5	5	6	7	8	9	10	11	12	13	14	15	16	17	17	18	19	20	21	21	21
30	5	5	6	7	8	9	10	11	12	13	14	15	16	16	17	18	19	20	21	21	21

Tabelle f: *Restnutzungsdauer bei einer üblichen Gesamtnutzungsdauer von 30 Jahren*

Zu Anlage 3 (Modellansätze für Bewirtschaftungskosten)

III.1 Anlage 3 enthält – in Anlehnung an die II. BV – Modellansätze für die Verwaltungskosten, die Instandhaltungskosten und das Mietausfallwagnis. Die Modellansätze beruhen nicht auf empirischen Daten, sondern sollen für die Gutachterausschüsse handhabbare Ansätze für Bewirtschaftungskosten vorgeben, um die Auswertung der Kaufpreise und die Ermittlung der Liegenschaftszinssätze nach einheitlichen Standards zu ermöglichen. Die in Anlage 3 angegebenen Modellansätze sind abschließend.

III.2 Abweichend von der II. BV wird auf eine Differenzierung der Werte für die Instandhaltungskosten nach Bezugsfertigkeit verzichtet, da ältere Gebäude vielfach modernisiert wurden und dies in der Wertermittlung bereits mit einer verlängerten Restnutzungsdauer berücksichtigt wird. Daher wird nur der Wert für Wohnungen, deren Bezugsfertigkeit am Ende des Kalenderjahres mindestens 22 Jahre zurückliegt, übernommen. Eine darüberhinausgehende Differenzierung erfolgt nicht. Damit gilt dieser Wert für alle Gebäude unabhängig von ihrer Bezugsfertigkeit. Mit dem Ansatz der Restnutzungsdauer wird eine übliche, das heißt von jedem wirtschaftlich handelnden Grundstückseigentümer vorgenommene Instandhaltung unterstellt, die den Bestand und die wirtschaftliche Nutzung des Gebäudes für diesen Zeitraum sicherstellt.

III.3 Zur Vermeidung von Wertsprüngen soll wie bisher abweichend von der in § 26 Absatz 4 und § 28 Absatz 5a II. BV vorgesehenen dreijährigen Anpassung eine jährliche Anpassung erfolgen (vgl. Beispielrechnung unter Nummer III.4).

Zur Harmonisierung der nach der ImmoWertV und nach der II. BV angepassten Werte wird auch in der ImmoWertV als Bezugsgröße auf den Verbraucherpreisindex für Deutschland für den Monat Oktober 2001 sowie auf die Basiswerte der II. BV (vgl. Anlage 3 Nummer III) abgestellt, um die Anpassung nach der ImmoWertV und nach der II. BV auf Grundlage gleicher Ausgangsdaten zu ermitteln. (vgl. Anlage 3 Nummer III).

III.4 Beispielrechnung:

Das nachstehende Beispiel zeigt ausgehend von den Werten für das Jahr 2002 (vgl. § 26 Absatz 2 und 3, § 28 Absatz 2 Nummer 5 und Absatz 5 sowie § 41 Absatz 2 II. BV) die Berechnungsmethodik für die Ermittlung der jährlichen Verwaltungskosten je Wohnung für das Jahr 2023.

jährliche Verwaltungskosten je Wohnung im Jahr 2002 (vgl. § 26 Absatz 2 II. BV)	230 €
Verbraucherpreisindex Oktober 2001 (2020 = 100)	77,1
Verbraucherpreisindex Oktober 2022 (2020 = 100)	113,5

* Der Verbraucherpreisindex für Deutschland wird in regelmäßigen Abständen einer Revision unterzogen und auf ein neues Basisjahr umgestellt. Mit der Veröffentlichung für den Berichtsmonat Januar 2023 am 22. Februar 2023 erfolgte die Umstellung von der bisherigen Basis 2015 auf das Basisjahr 2020. Dementsprechend ist der hier errechnete Wert für die Verwaltungskosten 2023 in Höhe von 339 € nur anwendbar, wenn der Stichtag des Liegenschaftszinssatzes nach dem 22. Februar 2023 liegt. Andernfalls ist der Ansatz für die Verwaltungskosten 2023 in Höhe von 344 € zu verwenden, der auf der Grundlage der Indexwerte auf der Basis 2015 wie nachfolgend dargestellt berechnet wurde:

230 € × ((122,2) / (81,6)) = 344,44 → gerundet 344 €

Verwaltungskosten 2023 = Verwaltungskosten 2002 × ((Index Oktober 2022) / (Index Oktober 2001))

= 230 € × ((113,5) / (77,1)) = 338,59 €

Für die Verwendung in der Wertermittlung werden die Verwaltungskosten kaufmännisch auf 1 Euro auf den Betrag von 339 € gerundet.

Zu Anlage 4 (Normalherstellungskosten 2010 (NHK 2010))

IV.(I).1 Die Kostenkennwerte der NHK 2010 sind auf Basis abgerechneter Baumaßnahmen nach wissenschaftlichen Standards modellhaft abgeleitete bundesdurchschnittliche Kostenkennwerte für unterschiedliche Gebäudearten.

IV.(I).2 Anzuwenden ist die DIN 277 in der Fassung von 2005 (vgl. Fußnote 2 zu Anlage 4 Nummer I). Diese Fassung lag auch der Ermittlung der NHK 2010 zugrunde.

IV.(I).3 Die Zuordnung der Grundflächen zu den Bereichen a, b, c für die Berechnung der Brutto-Grundfläche nach Nummer I.2 Absatz 2 ergibt sich aus der folgenden Abbildung:

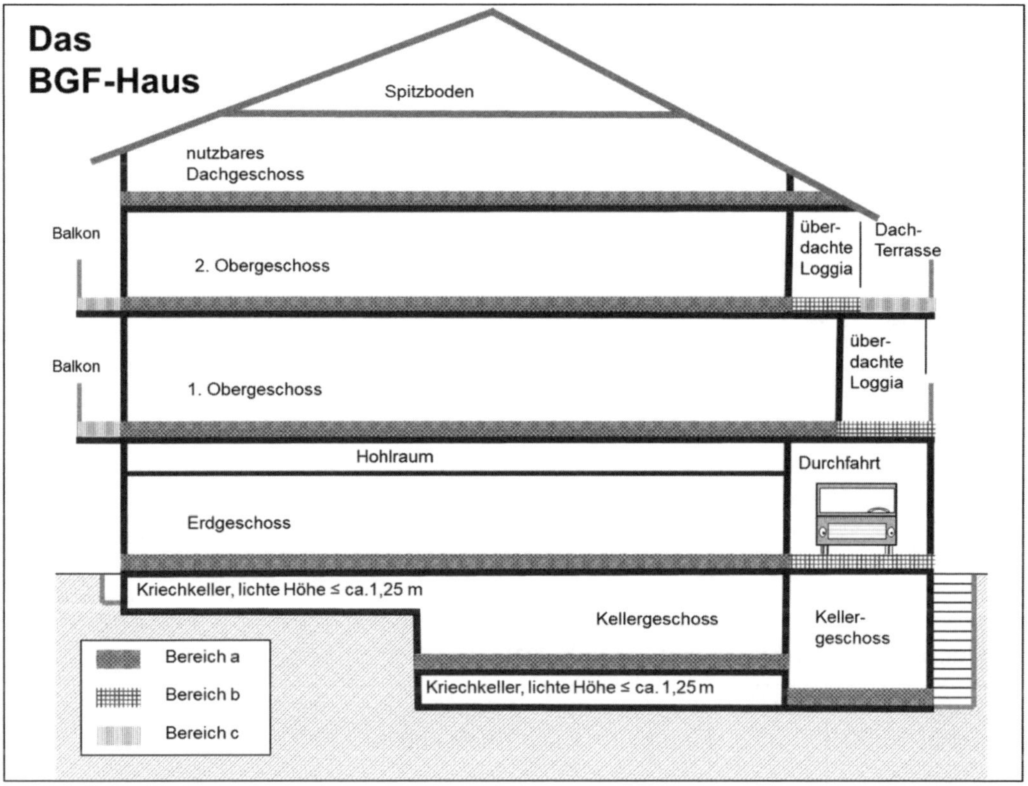

IV.(I).4 Die Anrechenbarkeit der Grundflächen im Dachgeschoss nach Anlage 4 Nummer I.2 Absatz 5 verdeutlicht folgende Abbildung:

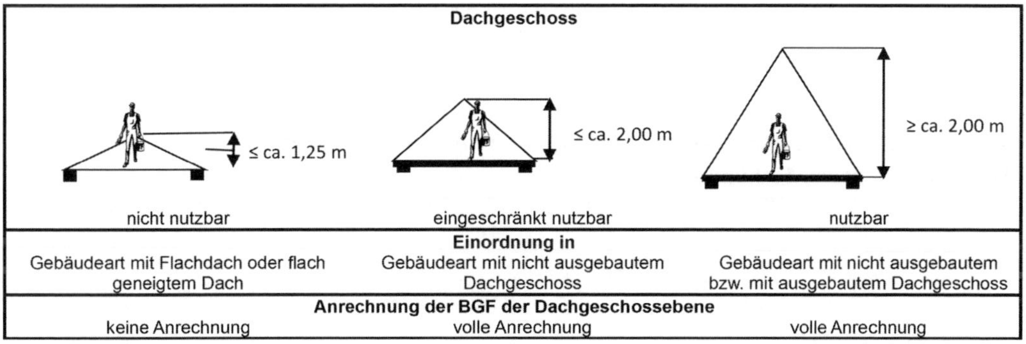

Einordnung in		
Gebäudeart mit Flachdach oder flach geneigtem Dach	Gebäudeart mit nicht ausgebautem Dachgeschoss	Gebäudeart mit nicht ausgebautem bzw. mit ausgebautem Dachgeschoss
Anrechnung der BGF der Dachgeschossebene		
keine Anrechnung	volle Anrechnung	volle Anrechnung

IV.(I).5 Die Mischkalkulation nach Anlage 4 Nummer I.3 Absatz 5 verdeutlicht folgende Beispielrechnung:

a) Mischkalkulation zur Ermittlung der Herstellungskosten bei teilweiser Unterkellerung

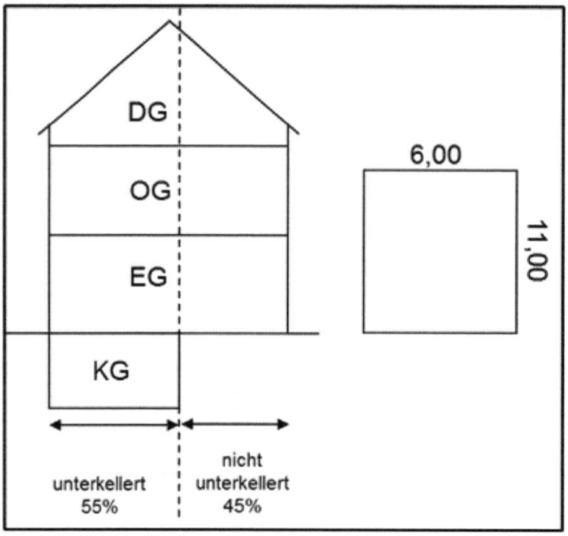

Gebäudedaten

Reihenendhaus — teilweise unterkellert, Erdgeschoss, Obergeschoss, ausgebautes Dachgeschoss Standardstufe 3

Gebäudeart und Kostenkenntwert der NHK 2010

Gebäudeart unterkellert	2.11	785 €/m² BGF	Gebäudeart nicht unterkellert	2.31	865 €/m² BGF

unterkellerter Gebäudeteil:	Grundfläche:	3,3 m × 11 m	= 36,3 m²
	BGF:	4 Ebenen × 36,3 m²	= 145,2 m²
nicht unterkellerter Gebäudeteil:	Grundfläche	2,7 m × 11 m	= 29,7 m²
	BGF:	3 Ebenen × 29,7 m³	= 89,1 m²

145,2 m² BGF × 785 €/m² BGF + 89,1 m² BGF × 865 €/m² BGF = 191.053 €
Herstellungskosten: **190.000 €**

b) Mischkalkulation zur Ermittlung der Herstellungskosten eines nicht unterkellerten Anbaus

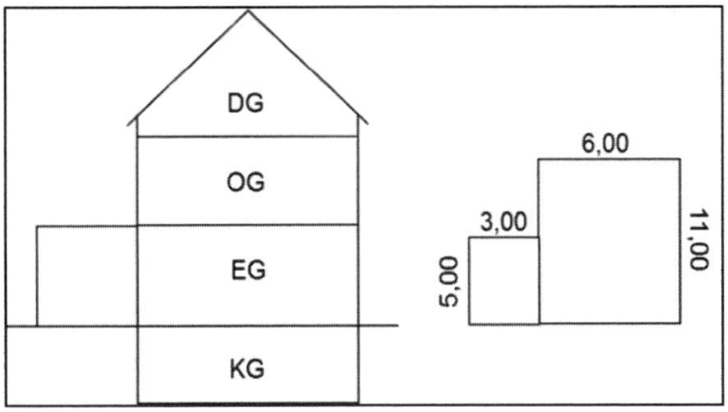

Gebäudedaten

Reihenendhaus	unterkellert, Erdgeschoss, Obergeschoss, ausgebautes Dachgeschoss nicht unterkellerter Anbau Standardstufe 3

Gebäudeart und Kostenkenntwert der NHK 2010

Gebäudeart unterkellert	2.11	785 €/m² BGF	Gebäudeart nicht unterkellert, Flachdach	2.23	1.105 €/m² BGF

Gebäude ohne Anbau:	Grundfläche:	6 m × 11 m	= 66 m²
	BGF:	4 Ebenen × 66 m²	= 264 m²
Anbau:	Grundfläche/ BGF:	3 m × 5 m	= 15 m²

264 m² BGF × 785 €/m² BGF + 15 m² BGF × 1.105 €/m² BGF = 223.815 €
Herstellungskosten: **225.000 €**

IV.(II) Die Ordnungsnummern innerhalb der einzelnen Tabellen in Anlage 4 Nummer II entsprechen unverändert den Ordnungsnummern der Anlage 1 der früheren Sachwertrichtlinie vom 5. September 2012 (BAnz AT 18.10.2021 B1). Dies vermeidet bis zur geplanten Aktualisierung der NHK einen zusätzlichen Umstellungsaufwand für die Praxis. Die davon abweichende Nummerierung der Tabellenüberschriften ist den Anforderungen förmlicher Rechtssetzung geschuldet.

IV.(III).1 Die Einordnung in eine Standardstufe nach Anlage 4 Nummer III ist insbesondere abhängig vom Stand der technischen Entwicklung und den bestehenden rechtlichen Anforderungen am Wertermittlungsstichtag. Sie hat unter Berücksichtigung der für das jeweilige Wertermittlungsobjekt am Wertermittlungsstichtag relevanten Marktverhältnisse zu erfolgen. Dafür sind die Qualität der verwandten Materialien und der Bauausführung, die energetischen Eigenschaften sowie solche Standardmerkmale, die für die jeweilige Nutzungs- und Gebäudeart besonders relevant sind, wie z. B. Schallschutz oder Aufzugsanlagen in Mehrfamilienhäusern von Bedeutung.

IV.(III).2 Bei den freistehenden Ein- und Zweifamilienhäusern, Doppelhäusern und Reihenhäusern (Gebäudearten Nummer 1.01 bis 3.33) enthalten die NHK 2010 zwei weitere Standardstufen (1 und 2) mit Kostenkennwerten für Gebäude, deren Standardmerkmale zwar nicht mehr zeitgemäß sind, aber dennoch eine zweckentsprechende Nutzung des Gebäudes erlauben. Bei den übrigen Gebäudearten ist bei nicht mehr zeitgemäßen Standardmerkmalen ein entsprechender Abschlag sachverständig vorzunehmen.

IV.(III).3 Für die Beschreibung der Standards für sämtliche Gebäudearten in Anlage 4 Nummer III gilt Folgendes:

Die Beschreibung der Gebäudestandards ist beispielhaft und dient der Orientierung. Sie kann nicht alle in der Praxis auftretenden Standardmerkmale aufführen. Merkmale, die die Tabelle nicht beschreibt, sind zusätzlich sachverständig zu berücksichtigen. Es müssen nicht alle aufgeführten Merkmale zutreffen. Die Beschreibung der Gebäudestandards basiert auf dem Bezugsjahr der NHK 2010.

IV.(III).4 Für die Beschreibung der Standards bestimmter Gebäudearten nach Anlage 4 Nummer III gilt zusätzlich Folgendes:

a) Gebäudearten nach Anlage 4 Nummer III.1 bis III.7 und III.9

   Die in der Tabelle angegebenen Jahreszahlen beziehen sich auf die im jeweiligen Zeitraum gültigen Wärmeschutzanforderungen; in Bezug auf das konkrete Bewertungsobjekt ist zu prüfen, ob von diesen Wärmeschutzanforderungen abgewichen wird.

b) Gebäudearten nach Anlage 4 Nummer III.2 bis III.9

   Bei nicht mehr zeitgemäßen Standardmerkmalen ist ein Abschlag sachverständig vorzunehmen.

IV.(III).5 Im folgendem Beispiel erfolgt die Ermittlung des Kostenkennwerts unter Berücksichtigung der Standardbeschreibung in Anlage 4 Tabelle III 1:

Einfamilienhaus freistehend

Gebäudeart: 1.01

Keller-, Erdgeschoss, ausgebautes Dachgeschoss

Nach sachverständiger Würdigung werden den in Anlage 4 Tabelle III. 1 angegebenen Standardmerkmalen die zutreffenden Standardstufen zugeordnet. Eine Mehrfachnennung ist möglich, wenn die verwendeten Bauteile Merkmale mehrerer Standardstufen aufweisen, z. B. im Bereich Fußboden: 50% Teppichbelag und 50% Parkett.

	Standardstufe					
	1	2	3	4	5	Wägungsanteil
Außenwände			1			**23**
Dächer			0,5	0,5		**15**
Außentüren und Fenster				1		**11**
Innenwände und -türen			0,5	0,5		**11**
Deckenkonstruktion und Treppen				1		**11**
Fußböden			0,5	0,5		**5**
Sanitäreinrichtungen	1					**9**
Heizung			0,6	0,4		**9**
Sonstige technische Ausstattung	0,5	0,5				**6**
Kostenkennwerte für Gebäudeart 1.01 in €/m² BGF	**655**	**725**	**835**	**1.005**	**1.260**	

Außenwände	1 × 23% × 835 €/m² BGF =	**192 €/m² BGF**
Dächer	0,5 × 15% × 835 €/m² BGF + 0,5 × 15% × 1.005 €/m² BGF =	**138 €/m² BGF**
Außentüren und Fenster	1 × 11% × 1.005 €/m² BGF =	**111 €/m² BGF**
Innenwände	0,5 × 11% × 835 €/m² BGF + 0,5 × 11% × 1.005 €/m² BGF =	**101 €/m² BGF**
Deckenkonstruktion und Treppen	1 × 11% × 1.005 €/m² BGF =	**111 €/m² BGF**
Fußböden	0,5 × 5% × 835 €/m² BGF + 0,5 × 5% × 1.005 €/m² BGF =	**46 €/m² BGF**
Sanitäreinrichtungen	1 × 9% × 655 €/m² BGF =	**59 €/m² BGF**
Heizung	0,6 × 9% × 835 €/m² BGF + 0,4 × 9% × 1.005 €/m² BGF =	**81 €/m² BGF**
Sonstige technische Ausstattung	0,5 × 6% × 655 €/m² BGF + 0,5 × 6% × 725 €/m² BGF =	**41 €/m² BGF**
	Kostenkennwert (Summe)	**880 €/m² BGF**

Zu Anlage 5 (Katalog der Grundstücksmerkmale des Bodenrichtwertgrundstücks)

Der Katalog ist nicht abschließend. Allerdings sind zusätzliche Grundstücksmerkmale des Bodenrichtwertgrundstücks nur dann zu führen, wenn sie zur marktgerechten Beschreibung des Bodenrichtwertgrundstücks zwingend erforderlich sind und die aufgeführten Merkmale dazu nicht ausreichend sind. Das könnte z. B. der Fall sein, wenn in der BauNVO neue Gebietskategorien eingeführt werden.

Die Abkürzungen für die Grundstücksmerkmale sind zu verwenden, wenn diese z. B. in einer Bruchstrichdarstellung verkürzt dargestellt werden sollen.

Beispiele:

$$\frac{250\ B\ SB}{MI\ GFZ\ 1{,}2}$$

$$\frac{50\ B\ ebf}{WA\ EFH\ o\ t40\ f800}$$

Anhänge

Anhang A (zu Nummer 12.(6).2): Modellbeschreibung

A.I Allgemeines

Die Modellbeschreibung im Sinne des § 12 Absatz 6 besteht aus

- der Darstellung des Ergebnisses und
- der Beschreibung des Modells.

Sie erfolgt insbesondere zur Prüfung der Eignung der sonstigen für die Wertermittlung erforderlichen Daten (§ 9 Absatz 1) und zur modellkonformen Verwendung der Daten (§ 10 Absatz 1).

Die nachstehenden Erläuterungen stellen keine Druckvorlage bzw. Muster für eine Modellbeschreibung dar. Sie konkretisieren und beschreiben die in § 12 Absatz 6 genannten Anforderungen und geben Beispiele, wie entsprechende Angaben vorgenommen werden können. Ferner werden Hinweise gegeben, wie die ermittelten sonstigen für die Wertermittlung erforderlichen Daten (Ergebnisse) dargestellt werden können. Die sachgerechte Umsetzung und Darstellung erfolgt durch die Gutachterausschüsse.

Die beispielhafte Darstellung der Ergebnisse und der Beschreibung des Modells kann auf die weiteren sonstigen für die Wertermittlung erforderlichen Daten nach § 12 Absatz 1 übertragen werden.

Die Anforderungen an die Darstellung der Ergebnisse der Ermittlung von sonstigen für die Wertermittlung erforderlichen Daten sowie an die Beschreibung des Modells gehen aus der Abbildung 1 hervor.

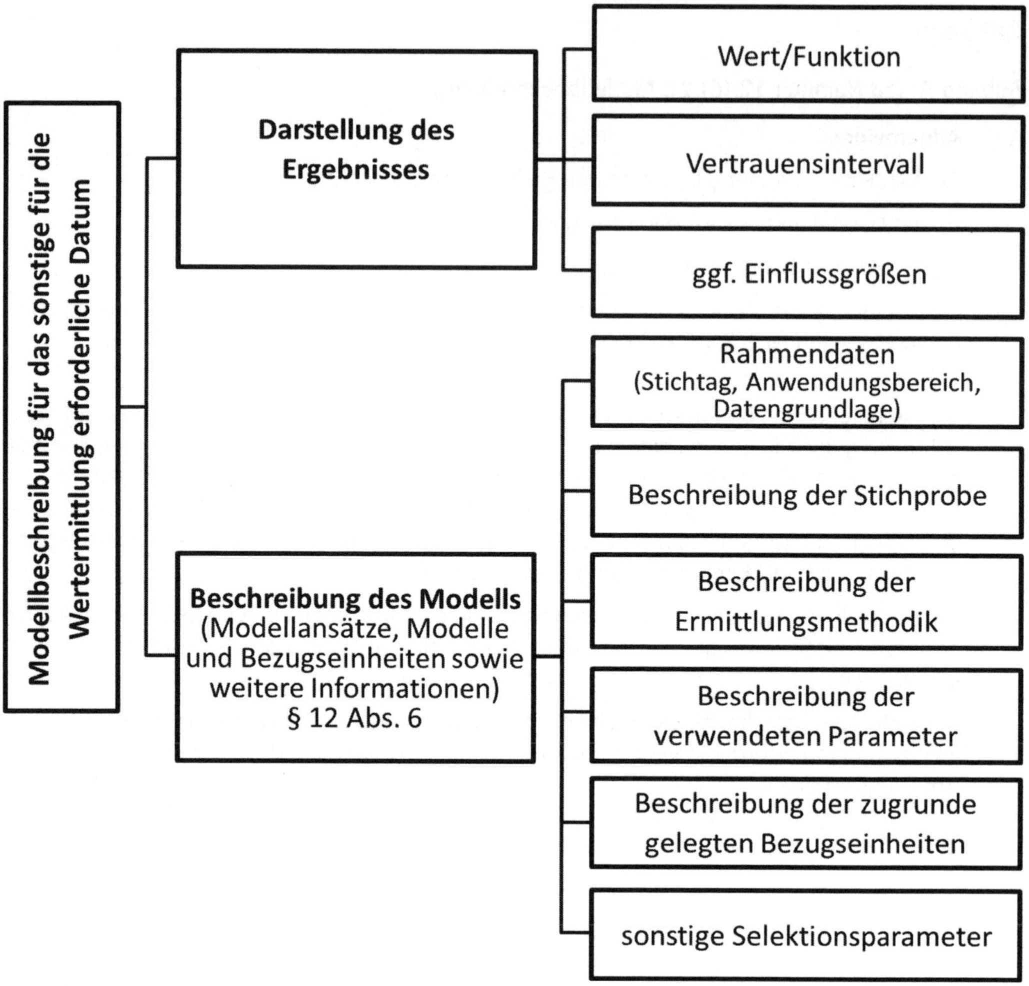

Abbildung 1: Anforderungen an die Darstellung der Ergebnisse und die Modellbeschreibung

A.II **Darstellung des Ergebnisses – Beispiel Liegenschaftszinssatz**

Das Ergebnis der Ermittlung eines sonstigen für die Wertermittlung erforderlichen Datums kann ein einzelner Wert sein oder auch die Funktion eines Wertes in Abhängigkeit von auf das Ergebnis wirkenden Einflussgrößen.

A.II.1 **Darstellung des Ergebnisses als Wert**

<table>
<tr><td colspan="2">Liegenschaftszinssatz für Mehrfamilienhäuser in dem Bereich der Stadt XX:</td><td rowspan="3">2,1%</td></tr>
<tr><td>Vertrauensintervall (95%):
Stichtag:</td><td>1,9% bis 2,2%
1. Januar 2020</td></tr>
<tr><td colspan="2">Der Stichtag beschreibt den Zeitpunkt, auf den sich der Erwartungswert (hier der ermittelte Liegenschaftszinssatz) bezieht.
Die Entwicklung der allgemeinen Wertverhältnisse zwischen dem Stichtag und dem Wertermittlungsstichtag ist bei der Wertermittlung angemessen zu berücksichtigen.</td></tr>
</table>

A.II.2 **Darstellung des Ergebnisses als Funktion**

<table>
<tr><td>Schätzfunktion für den Liegenschaftszinssatz (LZ) für Mehrfamilienhäuser in dem Bereich der Stadt XX:
LZ = 11,398 – 1,896 × ln (RND) – 0,037 × 60,0</td></tr>
<tr><td>Schätzfunktionen für das Vertrauensintervall (95%) des Liegenschaftszinssatzes:
$LZ_{untere\ Grenze}$ = 10,355 – 2,196 ln(RND) – 0,043 × 60,0
$LZ_{obere\ Grenze}$ = 12,442 – 1,595 ln(RND) – 0,032 × 60,0
Stichtag: 31. Dezember 2022
Der Stichtag kann auf einen beliebigen Zeitpunkt innerhalb des Zeitraumes der Kauffälle der Stichprobe umgerechnet werden. Die Zahl 60,0 entspricht hier der Anzahl der Monate vom 01.01.2018 bis zum 31.12.2022. Der Stichtag des Ergebnisses wird in diesem Beispiel zum 31.12.2022 festgelegt.
Die Entwicklung der allgemeinen Wertverhältnisse zwischen dem Stichtag und dem Wertermittlungsstichtag ist bei der Wertermittlung angemessen zu berücksichtigen.</td></tr>
</table>

A.II.3 **Einflussgrößen**

Die festgestellten Abhängigkeiten der Zielgröße Liegenschaftszinssatz von den Einflussgrößen sind textlich beschreibend, graphisch oder tabellarisch anzugeben. Dies darf nur erfolgen, wenn die Einflüsse signifikant sind. Aus diesen Einflüssen können auch Umrechnungskoeffizienten abgeleitet werden, die dann wiederum als sonstige für die Wertermittlung erforderliche Daten veröffentlicht werden können. Auf eine beispielhafte Darstellung für die Ergebnisse von Umrechnungskoeffizienten wird hier verzichtet.

a) **Beispiel für eine beschreibende Darstellung:**

Die Auswertung der geeigneten Kaufpreise zur Ermittlung des Liegenschaftszinssatzes hat lediglich einen Einfluss der Restnutzungsdauer und des Kaufzeitpunktes ergeben. Andere Einflüsse konnten nicht festgestellt werden. Es konnten nachfolgende Abhängigkeiten festgestellt werden:

- Der Liegenschaftszinssatz liegt um x %-Punkte höher, wenn der Wertermittlungsstichtag um x Monate vor dem Stichtag liegt.
- Der Liegenschaftszinssatz liegt um x %-Punkte niedriger, wenn die Restnutzungsdauer sich gegenüber einem Ausgangswert um 1 Jahr verlängert.

b) **Beispiel für graphische Darstellungen mit Beschreibung:**

– **Zeitlicher Einfluss:**

Der zeitliche Einfluss wird mit der Variablen „Monate seit dem 01.01.2018" beschrieben. Das erlaubt die Verwendung einer Datumsvariablen mit einer quantitativen Skalierung. Das Kaufdatum z. B. „18.07.2022" entspricht dann dem Variablenwert ca. 54,6 Monate.

Der Einfluss der Zeit hat sich mit einem Korrelationskoeffizienten von -0,52 (Vertrauensintervall 95%: -0,58 bis -0,46) als signifikant ergeben.

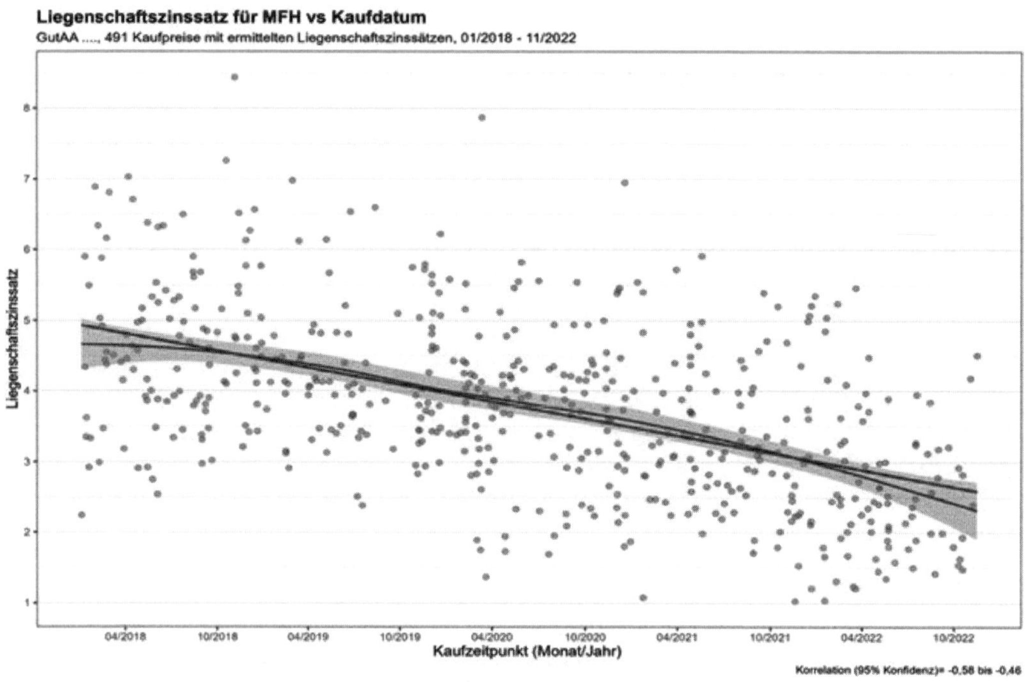

Abbildung 2: Effekt auf den Liegenschaftszinssatz: „Zeitlicher Einfluss"

– **Einfluss der Restnutzungsdauer:**

Die Restnutzungsdauer (RND) wurde als quantitative Variable in das Modell eingeführt. Allerdings ist der Zusammenhang mit dem Liegenschaftszinssatz nicht linear. Um eine Annäherung an einen linearen Zusammenhang zu erreichen, wird der Wert für die Restnutzungsdauer mit LN(Restnutzungsdauer) logarithmiert (natürlicher Logarithmus zur Basis e).

Der Einfluss von LN (Restnutzungsdauer) auf den Liegenschaftszinssatz ist mit einem Korrelationskoeffizienten von −0,44 (Vertrauensintervall 95% = −0,50 bis −0,37) signifikant.

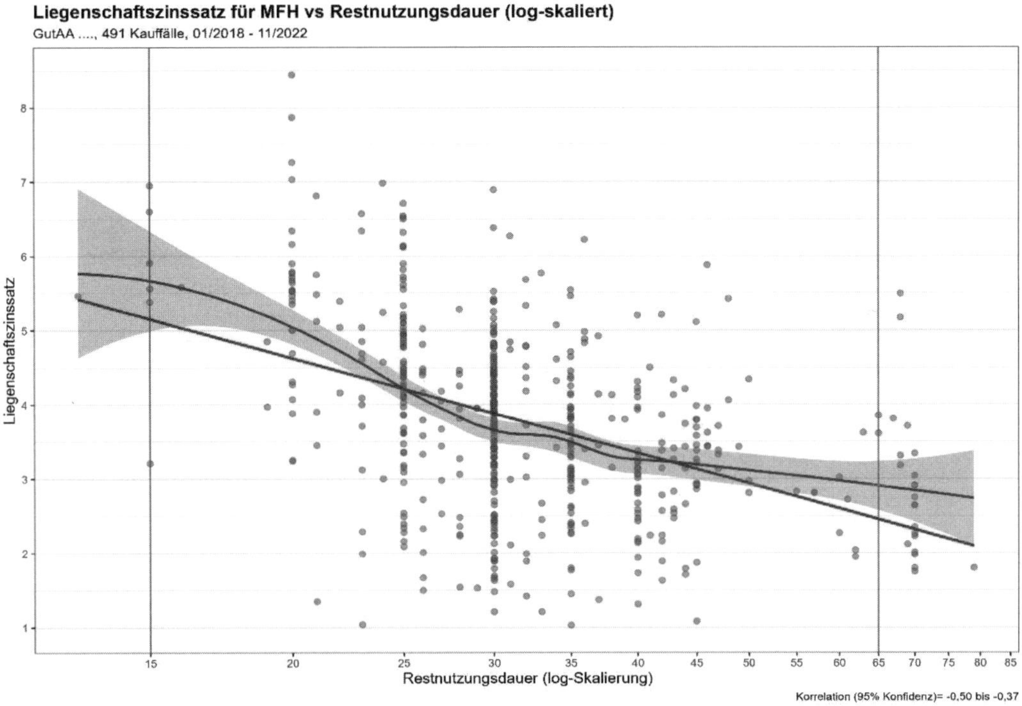

Abbildung 3: Effekt auf den Liegenschaftszinssatz: „Restnutzungsdauer"

A.III **Beschreibung des Modells**

A.III.1 **Beschreibung des Modells am Beispiel des Liegenschaftszinssatzes**

a) **Rahmendaten**

Die Angaben zu den Rahmendaten (insbesondere Stichtag, Anwendungsbereich) sind anzugeben, sofern sie nicht bereits beim Ergebnis dargestellt sind.

Die Angaben zu den Rahmendaten können noch weitere Erläuterungen zur Darstellung des Ergebnisses enthalten.

<table>
<tr><th>Element</th><th>Beschreibung</th><th colspan="2">Beispiele (zur Definition, Umsetzung, Darstellung etc.)</th></tr>
<tr><td>Stichtag</td><td>Der Stichtag, auf den sich der Liegenschaftszins bezieht, ist anzugeben.
(§ 12 Abs. 1 Satz 3 ImmoWertV).</td><td colspan="2">01.01.XXXX (Jahresbeginn), 01.07.XXXX (Jahresmitte), etc.
oder
Da es sich um einen funktionalen Zusammenhang (z. B. Regressionsformel) handelt, kann der Stichtag innerhalb des Zeitraumes, in dem die Kaufpreise der Stichprobe liegen, festgelegt werden.</td></tr>
<tr><td rowspan="5">Sachlicher Anwendungsbereich</td><td rowspan="5">Der Teilmarkt bzw. die Grundstücksart auf den bzw. die sich der Liegenschaftszins bezieht ist zu beschreiben.</td><td>Merkmal</td><td>Ausprägung (beispielhaft)</td></tr>
<tr><td>Nutzung/
Grundstücksart:</td><td>Mehrfamilienhäuser, Mietwohngrundstücke, gewerblicher Mietanteil ≤ 20 %</td></tr>
<tr><td>Restnutzungsdauer:</td><td>15 – 70 Jahre</td></tr>
<tr><td>Zahl der Wohnungen in dem Objekt:</td><td>3 bis 50 Wohneinheiten</td></tr>
<tr><td>jährlicher Reinertrag:</td><td>10.000 € bis 1,8 Mio. €</td></tr>
<tr><td rowspan="7">Räumlicher Anwendungsbereich</td><td rowspan="7">Es ist darzustellen, für welchen räumlichen Bereich der Liegenschaftszinssatz ermittelt wurde.
Dabei kann die Region benannt werden oder der räumliche Bereich durch ein Bodenwertniveau beschrieben werden.</td><td>Merkmal</td><td>Ausprägung (beispielhaft)</td></tr>
<tr><td>Stadt:</td><td>X</td></tr>
<tr><td>Einwohner:</td><td>170.000</td></tr>
<tr><td>Fläche:</td><td>103 km²</td></tr>
<tr><td>Zentralität:</td><td>Oberzentrum</td></tr>
<tr><td>Besonderheiten:</td><td>Universitätsstadt, Metropolregion Nordwest</td></tr>
<tr><td colspan="2">Landkreis Y, dörfliche Lagen mit einem Bodenrichtwert ≤ 50 €/m²</td></tr>
<tr><td>Datengrundlage</td><td>Es sind die verwendeten Datengrundlagen zu beschreiben. Die Bezugsquelle und der Bezugszeitraum sind dabei ggf. anzugeben.</td><td colspan="2">– Kaufpreissammlung des Gutachterausschusses
– Mietpreissammlung des Gutachterausschusses
– Mietspiegel Stadt X 2022</td></tr>
</table>

b) **Beschreibung der Stichprobe**

<table>
<tr><th>Beschreibung</th><th colspan="2">Beispiele (zur Definition, Umsetzung, Darstellung etc.)</th></tr>
<tr><td rowspan="10">Zur Stichprobenbeschreibung gehören stets
– die Anzahl der Kauffälle,
– der Zeitraum, aus dem die Kauffälle stammen und
– das dazugehörige Bodenwertniveau.
Einflussgrößen sind stets in der Stichprobenbeschreibung anzugeben.
Als weitere Kenngrößen der Stichprobe können – sofern nicht bereits beim sachlichen Anwendungsbereich erläutert – insbesondere Mittelwerte/Mediane und Spannen für die wesentlichen Grundstücksmerkmale (beim Liegenschaftszinssatz insb. Restnutzungsdauer, Wohn- und Nutzflächen und Nettokaltmieten) angegeben werden.
Hinweis: Die Angaben legen nicht unbedingt nahe, dass sie einen signifikanten Werteinfluss haben, werden jedoch zur Erläuterung der Stichprobe angegeben.</td><td>Merkmal/Kenngröße</td><td>Ausprägung (beispielhaft):
Median
(Minimum, Maximum)</td></tr>
<tr><td>Anzahl der Beobachtungen:</td><td>665 Kauffälle</td></tr>
<tr><td>Zeitraum der Beobachtungen:</td><td>Januar 2020 bis Dezember 2022</td></tr>
<tr><td>Mittlerer Bodenwert:</td><td>550 €/m²
(200 €/m² – 780 €/m²)</td></tr>
<tr><td>Mittlere Restnutzungsdauer:</td><td>47 Jahre
(10 Jahre – 75 Jahre)</td></tr>
<tr><td>Mittlerer jährlicher Reinertrag:</td><td>38.000 €
(20.000 € – 70.000 €)</td></tr>
<tr><td>Mittlere monatliche Nettokaltmiete:</td><td>10,00 €/m²
(6,50 €/m² – 14,80 €/m²)</td></tr>
<tr><td>Mittlere Anzahl der Wohneinheiten:</td><td>7
(3 – 20)</td></tr>
<tr><td>Mittlere Wohn-/Nutzfläche:</td><td>846 m²
(528 m² – 20.157 m²)</td></tr>
</table>

c) **Beschreibung der Ermittlungsmethodik**

Beschreibung	**Beispiele (zur Definition, Umsetzung, Darstellung etc.)**
Darzustellen und zu beschreiben sind – die Grundsätze der Ermittlungsmethodik, – das gewählte statistische Verfahren nach § 12 Abs. 4 ImmoWertV einschließlich Extremwertbereinigung.	**Grundsätze der Ermittlungsmethodik, z. B.:** – Der Liegenschaftszinssatz wurde auf der Basis der entsprechend der Erfassungsrichtlinie von den örtlich zuständigen Geschäftsstellen erfassten und als geeignet gekennzeichneten Kauffälle ermittelt. – *Die in der Stichprobe verwendeten Einzelliegenschaftszinssätze wurden auf der Grundlage des allgemeinen Ertragswertverfahrens durch iterative Berechnungen nach der Formel unter Nummer 21.(2) ermittelt.* – *Die hieraus entstandene Stichprobe wurde mit statistischen Methoden analysiert.* Statistisches Verfahren, z.B.: – *Der Liegenschaftszinssatz wurde aus den zu jedem Kaufpreis errechneten Einzelliegenschaftszinssatz als Medianwert ermittelt.* oder – *Der Liegenschaftszinssatz wurde mittels multipler linearer Regression ermittelt. Dabei sind folgende Einflussgrößen berücksichtig worden:* – ... Extremwertbereinigung, z.B.: – Ausreißer wurden mithilfe der Boxplot-Methode identifiziert und nicht weiterverwendet, – Fehlende Werte wurden durch den mittleren Wert imputiert, – Kauffälle mit fehlerhaften Angaben wurden nicht verwendet.

d) **Verwendete Parameter und Bezugseinheiten**

Parameter	**Beschreibung**	**Beispiele (zur Definition, Umsetzung, Darstellung etc.)**
besondere objektspezifische Grundstücksmerkmale (boG)	Es ist darzustellen, ob z. B. Kauffälle mit boG in die Ermittlung des Liegenschaftszinssatzes eingeflossen sind und welche Wertansätze für die Bereinigung des Kaufpreises gewählt wurden.	Es wurden nur Kaufpreise ohne besondere objektspezifische Grundstücksmerkmale herangezogen. oder Kaufpreise wurden um den Werteinfluss der besondere objektspezifische Grundstücksmerkmale bereinigt. Folgende Wertansätze wurde dabei zugrunde gelegt: – *Der Wert des Sondernutzungsrechtes an Pkw-Stellplätzen*

Parameter	**Beschreibung**	**Beispiele (zur Definition, Umsetzung, Darstellung etc.)**
		wurde vom Kaufpreis abgezogen. – *War kein Wert für das Sondernutzungsrecht an Pkw-Stellplätzen bekannt, wurden unter Berücksichtigung des marktüblichen Mietniveaus und der Kaufpreise für Pkw-Stellplätze pauschale Ansätze verwendet.*
Bewirtschaftungskosten	Die Verwaltungskosten, Instandhaltungskosten und das Mietausfallwagnis sind entsprechend § 12 Abs. 5 Satz 2 ImmoWertV in der Anlage 3 ImmoWertV verbindlich und abschließend vorgegeben. Durch den Gutachterausschuss ist anzugeben, wie mit vorhandenen Spielräumen bspw. mit Einstellplätzen zu verfahren ist.	Bewirtschaftungskosten bezogen auf den Kaufzeitpunkt Carports gelten als ähnliche Einstellplätze im Sinne der Anlage 3 Nr. 2 ImmoWertV. Pkw-Außenstellplätze gelten nicht als ähnliche Einstellplätze im Sinne der Anlage 3 Nr. 2 ImmoWertV. Somit entfällt ein Kostenansatz.
Bezugseinheit	Die Bezugseinheit, auf den sich das sonstige für die Wertermittlung erforderliche Datum bezieht, ist anzugeben. Da Liegenschaftszinssätze dimensionslos sind, entfällt die Angabe. Anmerkung: Die Bezugseinheit ist insbesondere für Vergleichsfaktoren relevant (§ 20 Abs. 2 ImmoWertV).	
Bodenwert	Es ist zu beschreiben, welche Methodik zur Ermittlung des Bodenwertes verwendet wurde.	objektspezifisch angepasster Bodenrichtwert (unter Berücksichtigung von Umrechnungskoeffizienten und auf den Kaufzeitpunkt umgerechnet)
Gesamtnutzungsdauer	Die Gesamtnutzungsdauer ist entsprechend § 12 Abs. 5 Satz 1 ImmoWertV in der Anlage 1 ImmoWertV verbindlich und abschließend vorgegeben.	nach Anlage 1 ImmoWertV Mehrfamilienhäuser = 80 Jahre

Parameter	Beschreibung	Beispiele (zur Definition, Umsetzung, Darstellung etc.)
Grundstücksgröße	Es ist zu beschreiben, ob und wie wirtschaftliche Einheiten, mehrere Flurstücke, private Zuwege etc. in die Grundstücksgröße eingeflossen sind.	Als Grundstücksgröße wird die tatsächliche Größe angesetzt, sofern sie für das jeweilige Objekt typisch bzw. angemessen ist. Separat nutzbare Grundstücksteile bleiben unberücksichtigt. oder Private Zufahrtsstraßen werden mit dem vollen Baulandwert und dem Flächenanteil laut Angabe im Kaufvertrag berücksichtigt.
Reinertrag	Es ist zu beschreiben, wie aus dem Rohertrag der Reinertrag ermittelt wurde.	Ermittlung des jährlichen Reinertrages aus dem jährlichen Rohertrag abzgl. der Bewirtschaftungskosten
Restnutzungsdauer	Die Restnutzungsdauer bestimmt sich nach § 4 Abs. 3 ImmoWertV. Dabei sind die Gesamtnutzungsdauer nach Anlage 1 ImmoWertV und das Gebäudealter heranzuziehen sowie die Modernisierungspunkte nach Anlage 2 ImmoWertV zu berücksichtigen. Da die Anlage 2 ImmoWertV das Modell für Wohngebäude bestimmt, sind bei Nicht-Wohngebäuden Ausführungen zur Bestimmung der Restnutzungsdauer vorzunehmen.	Die Restnutzungsdauer bestimmt sich nach § 4 Abs. 3 ImmoWertV. Etwaige Modernisierungen wurden nach Anlage 2 ImmoWertV berücksichtigt. oder Bei Modernisierungen erfolgt die Schätzung des Modernisierungsgrades nach Anlage 2 Nr. I.2 ImmoWertV. oder Die Restnutzungsdauer wird auch für gemischt genutzte Grundstücke entsprechend der Anlage 2 ImmoWertV ermittelt.
Rohertrag	Es sind die Mietansätze zur Ermittlung des Rohertrages zu beschreiben.	Ermittlung des jährlichen Rohertrages aus tatsächlichen Nettokaltmieten. Bei Objekten mit weniger als 20% leerstehenden Wohneinheiten wird kein struktureller Leerstand unterstellt. Für diesen Leerstand wurde die durchschnittliche Wohnungsmiete/Gewerbemiete (arithmetischer Mittelwert ohne Gewichtung) aus dem Objekt in Ansatz gebracht.

Parameter	Beschreibung	Beispiele (zur Definition, Umsetzung, Darstellung etc.)
Wohn-/ Nutzfläche	Die Ermittlungsmethodik (Ermittlungsvorschrift und/oder Herkunft) für die Wohn- und Nutzflächen ist zu beschreiben.	nach Mieterliste oder innenliegende Wohnfläche nach Wohnflächenverordnung oder Wohn- und Nutzflächen werden aus auf Plausibilität geprüften Angaben in den Kaufverträgen oder anderen Quellen (z. B. Befragung der Eigentümer, Bauakten) entnommen. oder Wohn- und Nutzflächen werden anhand von Gebäudeparametern berechnet.

e) **Ggf. sonstige Selektionsparameter zur Bestimmung der Stichprobe mit geeigneten Kaufpreisen**

Element	Beschreibung	Beispiele (zur Definition, Umsetzung, Darstellung etc.)
Selektionskriterien für die Stichprobe	Angabe über die weiteren Selektionskriterien der Stichprobe, sofern erforderlich.	weitere Eingrenzungen aufgrund bestimmter Prüfgrößen

A.III.2 **Beschreibung des Modells am Beispiel Sachwertfaktor**

a) bis c) **Rahmendaten, Beschreibung der Stichprobe und der Ermittlungsmethodik**

Die Ausführungen zu Nummer A.III.1.a bis c sowie e gelten entsprechend.

d) **Verwendete Parameter und Bezugseinheiten**

Parameter	**Beschreibung**	**Beispiele (zur Definition, Umsetzung, Darstellung etc.)**
Alterswertminderungsfaktor	Der anzusetzende Alterswertminderungsfaktor ist durch § 38 ImmoWertV abschließend vorgegeben.	Die Alterswertminderung erfolgt entsprechend § 38 ImmoWertV linear.
Außenanlagen	Es ist zu beschreiben, wie der Wert der Außenanlagen angesetzt wurde.	Der vorläufige Sachwert der Außenanlagen wird mit 4 % der alterswertgeminderten Gebäudeherstellungskosten angesetzt. *oder* Terrassen, auch wenn diese überdacht sind, sind im wertmäßigen Ansatz der Außenanlagen berücksichtigt.
Baupreisindex	Das Basisjahr für den Baupreisindex ist anzugeben.	Baupreisindex (Basisjahr 2015) *oder* Indexreihen für die Bauwirtschaft des Statistischen Bundesamts 2015 –Preisindex für den Neubau von Wohngebäuden
besondere objektspezifische Grundstücksmerkmale (boG)	Es ist darzustellen, ob Kauffälle mit boG in die Ermittlung des Sachwertfaktors eingeflossen sind und welche Wertansätze für die Bereinigung des Kaufpreises gewählt wurden.	Es wurden nur Kaufpreise ohne boG herangezogen. oder Kaufpreise wurden um den Werteinfluss der boG bereinigt. Folgende Wertansätze wurden dabei zugrunde gelegt: – ...
Bezugseinheit	Die Bezugseinheit, auf den sich das sonstige für die Wertermittlung erforderliche Datum bezieht, ist anzugeben. Da Sachwertfaktoren dimensionslos sind, entfällt die Angabe. Anmerkung: Die Bezugseinheit ist insbesondere für Vergleichsfaktoren rele-	

<table>
<tr><th>Parameter</th><th>Beschreibung</th><th>Beispiele (zur Definition, Umsetzung, Darstellung etc.)</th></tr>
<tr><td></td><td>vant (§ 20 Abs. 2 ImmoWertV).</td><td></td></tr>
<tr><td>Bodenwert</td><td>Es ist zu beschreiben, welche Methodik zur Ermittlung des Bodenwertes verwendet wurde.</td><td>objektspezifisch angepasster Bodenrichtwert (unter Berücksichtigung von Umrechnungskoeffizienten und auf den Kaufzeitpunkt umgerechnet)</td></tr>
<tr><td>Bruttogrundfläche (BGF)</td><td>Es ist zu erläutern, auf welcher Grundlage die Bruttogrundfläche ermittelt wurde.</td><td>Die Angaben zu den Bruttogrundflächen wurden dem städtischen Geoinformationssystem entnommen.
oder
Die Bruttogrundflächen wurden aus den Außenmaßen der Gebäude auf Basis der amtlichen Geobasisdaten ermittelt.</td></tr>
<tr><td>Garagen und Stellplätze</td><td>Es ist zu beschreiben, in welcher Art und Weise Garagen und Stellplätze wertmäßig berücksichtigt wurden.</td><td>Garagen, die im Wohngebäude liegen, sind mit dem Wertansatz des Wohngebäudes berücksichtigt. Garagengebäude als Nebengebäude wurden mit den entsprechenden Normalherstellungskosten ermittelt. Alle sonstigen überdachten Stellplätze wurden mit einem pauschalen Wertansatz berücksichtigt. Nicht überdachte Stellplätze sind im Wertansatz der Außenanlagen entsprechend zu berücksichtigen.
oder
<table>
<tr><th colspan="4">pauschale Wertansätze für Garagen mit einer BGF von 18m² bis 24 m²</th></tr>
<tr><td>Garagentyp</td><td>Fertiggaragen</td><td>Garage in Massivbauweise</td><td>individuelle Garage (Massivbauweise mit besonderen Ausführungen)</td></tr>
<tr><td>Standardstufe nach Anlage 4 ImmoWertV</td><td>3</td><td>4</td><td>5</td></tr>
<tr><td>Gesamtnutzungsdauer</td><td>50 Jahre</td><td>60 Jahre</td><td>70 Jahre</td></tr>
<tr><td>pauschaler Wertansatz</td><td>6.000 €</td><td>12.000 €</td><td>18.000 €</td></tr>
</table></td></tr>
<tr><td>Gebäudestandard</td><td>Die Eingruppierung der Kauffälle in die Gebäudestandardstufe ist zu erläutern.</td><td>Die Standardstufe wurde aus den Auswertungen der Fragebögen entsprechend Anlage 4 ImmoWertV ermittelt.
oder</td></tr>
</table>

<table>
<tr><th>Parameter</th><th>Beschreibung</th><th colspan="2">Beispiele (zur Definition, Umsetzung, Darstellung etc.)</th></tr>
<tr><td rowspan="7"></td><td rowspan="7"></td><td colspan="2">Die Eingruppierung erfolgt vorrangig gemäß Anlage 4 ImmoWertV oder nach der folgenden Orientierungshilfe:</td></tr>
<tr><td colspan="2">Orientierungshilfe für Gebäudestandards zur Eingruppierung in die Standardstufen für Einfamilienhäuser</td></tr>
<tr><td>Standardstufe 1: (sehr einfach, veraltet)</td><td>normale Bauausführungen bis vor ca. 1980, keine oder minimale Modernisierung</td></tr>
<tr><td>Standardstufe 2: (einfach)</td><td>normale Bauausführungen und/oder Modernisierungen bis vor ca. 1995</td></tr>
<tr><td>Standardstufe 3: (durchschnittlich, zeitgemäß)</td><td>normale Bauausführungen und/oder durchschnittliche Modernisierungen ab ca. 1995</td></tr>
<tr><td>Standardstufe 4: (gehoben)</td><td>überdurchschnittliche Bauausführungen und/oder Modernisierungen ab ca. 2005</td></tr>
<tr><td>Standardstufe 5: (stark gehoben)</td><td>hochwertige Bauausführung</td></tr>
<tr><td>Gebäudeherstellungskosten</td><td>Die zugrunde gelegten Gebäudeherstellungskosten sind anzugeben.</td><td colspan="2">NHK 2010
oder
Für bei der BGF-Berechnung nicht erfasste Bauteile erfolgt kein Wertansatz.</td></tr>
<tr><td>Gesamtnutzungsdauer</td><td>Die Gesamtnutzungsdauer ist entsprechend § 12 Abs. 5 Satz 1 ImmoWertV in der Anlage 1 ImmoWertV verbindlich und abschließend vorgegeben.</td><td colspan="2">nach Anlage 1 ImmoWertV Einfamilienhäuser = 80 Jahre</td></tr>
<tr><td>Grundstücksgröße</td><td>Es ist zu beschreiben, ob und wie wirtschaftliche Einheiten, mehrere Flurstücke, private Zuwege etc. in die Grundstücksgröße eingeflossen sind.</td><td colspan="2">Als Grundstücksgröße wird die tatsächliche Größe angesetzt, sofern sie für das jeweilige Objekt typisch bzw. angemessen ist.
Separat nutzbare Grundstücksteile bleiben unberücksichtigt.
oder
Private Zufahrtsstraßen werden mit dem vollen Baulandwert und dem Flächenanteil laut Angabe im Kaufvertrag berücksichtigt.</td></tr>
</table>

Parameter	Beschreibung	Beispiele (zur Definition, Umsetzung, Darstellung etc.)
Regionalfaktor	Es ist zu anzugeben, welcher Regionalfaktor verwendet wurde.	Der Regionalfaktor nach § 36 Abs. 3 ImmoWertV beträgt ...
Restnutzungsdauer	Die Restnutzungsdauer bestimmt sich nach § 4 Abs. 3 ImmoWertV. Dabei sind die Gesamtnutzungsdauer nach Anlage 1 ImmoWertV und das Gebäudealter heranzuziehen sowie die Modernisierungspunkte nach Anlage 2 ImmoWertV zu berücksichtigen. Da die Anlage 2 ImmoWertV das Modell für Wohngebäude bestimmt, sind bei Nicht-Wohngebäuden Ausführungen zur Bestimmung der Restnutzungsdauer vorzunehmen.	Die Restnutzungsdauer bestimmt sich nach § 4 Abs. 3 ImmoWertV. Etwaige Modernisierungen wurden nach Anlage 2 ImmoWertV berücksichtigt. *oder* Bei Modernisierungen erfolgt die Schätzung des Modernisierungsgrades nach Anlage 2 I Nr. 2 ImmoWertV. *oder* Die Restnutzungsdauer wird auch für gemischt genutzte Grundstücke entsprechend der Anlage 2 ImmoWertV ermittelt.

Anhang B (zu Nummer 34.2): Barwertfaktoren für die Kapitalisierung

Der Berechnung der nachfolgenden Werte liegt folgende Formel (vgl. § 34 Abs. 1) zugrunde:

$$Kapitalisierungsfaktor\ (KF) = \frac{q^n - 1}{q^n \times (q-1)} \qquad q = 1 + LZ \qquad LZ = \frac{p}{100}$$

Restnutzungsdauer in Jahren	Zinssatz								
	1,0%	1,5%	2,0%	2,5%	3,0%	3,5%	4,0%	4,5%	5,0%
1	0,9901	0,9852	0,9804	0,9756	0,9709	0,9662	0,9615	0,9569	0,9524
2	1,9704	1,9559	1,9416	1,9274	1,9135	1,8997	1,8861	1,8727	1,8594
3	2,9410	2,9122	2,8839	2,8560	2,8286	2,8016	2,7751	2,7490	2,7232
4	3,9020	3,8544	3,8077	3,7620	3,7171	3,6731	3,6299	3,5875	3,5460
5	4,8534	4,7826	4,7135	4,6458	4,5797	4,5151	4,4518	4,3900	4,3295
6	5,7955	5,6972	5,6014	5,5081	5,4172	5,3286	5,2421	5,1579	5,0757
7	6,7282	6,5982	6,4720	6,3494	6,2303	6,1145	6,0021	5,8927	5,7864
8	7,6517	7,4859	7,3255	7,1701	7,0197	6,8740	6,7327	6,5959	6,4632
9	8,5660	8,3605	8,1622	7,9709	7,7861	7,6077	7,4353	7,2688	7,1078
10	9,4713	9,2222	8,9826	8,7521	8,5302	8,3166	8,1109	7,9127	7,7217
11	10,3676	10,0711	9,7868	9,5142	9,2526	9,0016	8,7605	8,5289	8,3064
12	11,2551	10,9075	10,5753	10,2578	9,9540	9,6633	9,3851	9,1186	8,8633
13	12,1337	11,7315	11,3484	10,9832	10,6350	10,3027	9,9856	9,6829	9,3936
14	13,0037	12,5434	12,1062	11,6909	11,2961	10,9205	10,5631	10,2228	9,8986
15	13,8651	13,3432	12,8493	12,3814	11,9379	11,5174	11,1184	10,7395	10,3797
16	14,7179	14,1313	13,5777	13,0550	12,5611	12,0941	11,6523	11,2340	10,8378
17	15,5623	14,9076	14,2919	13,7122	13,1661	12,6513	12,1657	11,7072	11,2741
18	16,3983	15,6726	14,9920	14,3534	13,7535	13,1897	12,6593	12,1600	11,6896
19	17,2260	16,4262	15,6785	14,9789	14,3238	13,7098	13,1339	12,5933	12,0853
20	18,0456	17,1686	16,3514	15,5892	14,8775	14,2124	13,5903	13,0079	12,4622
21	18,8570	17,9001	17,0112	16,1845	15,4150	14,6980	14,0292	13,4047	12,8212
22	19,6604	18,6208	17,6580	16,7654	15,9369	15,1671	14,4511	13,7844	13,1630
23	20,4558	19,3309	18,2922	17,3321	16,4436	15,6204	14,8568	14,1478	13,4886
24	21,2434	20,0304	18,9139	17,8850	16,9355	16,0584	15,2470	14,4955	13,7986
25	22,0232	20,7196	19,5235	18,4244	17,4131	16,4815	15,6221	14,8282	14,0939
26	22,7952	21,3986	20,1210	18,9506	17,8768	16,8904	15,9828	15,1466	14,3752
27	23,5596	22,0676	20,7069	19,4640	18,3270	17,2854	16,3296	15,4513	14,6430
28	24,3164	22,7267	21,2813	19,9649	18,7641	17,6670	16,6631	15,7429	14,8981
29	25,0658	23,3761	21,8444	20,4535	19,1885	18,0358	16,9837	16,0219	15,1411
30	25,8077	24,0158	22,3965	20,9303	19,6004	18,3920	17,2920	16,2889	15,3725
31	26,5423	24,6461	22,9377	21,3954	20,0004	18,7363	17,5885	16,5444	15,5928
32	27,2696	25,2671	23,4683	21,8492	20,3888	19,0689	17,8736	16,7889	15,8027

Restnut-zungsdauer in Jahren	Zinssatz								
	1,0%	1,5%	2,0%	2,5%	3,0%	3,5%	4,0%	4,5%	5,0%
33	27,9897	25,8790	23,9886	22,2919	20,7658	19,3902	18,1476	17,0229	16,0025
34	28,7027	26,4817	24,4986	22,7238	21,1318	19,7007	18,4112	17,2468	16,1929
35	29,4086	27,0756	24,9986	23,1452	21,4872	20,0007	18,6646	17,4610	16,3742
36	30,1075	27,6607	25,4888	23,5563	21,8323	20,2905	18,9083	17,6660	16,5469
37	30,7995	28,2371	25,9695	23,9573	22,1672	20,5705	19,1426	17,8622	16,7113
38	31,4847	28,8051	26,4406	24,3486	22,4925	20,8411	19,3679	18,0500	16,8679
39	32,1630	29,3646	26,9026	24,7303	22,8082	21,1025	19,5845	18,2297	17,0170
40	32,8347	29,9158	27,3555	25,1028	23,1148	21,3551	19,7928	18,4016	17,1591
41	33,4997	30,4590	27,7995	25,4661	23,4124	21,5991	19,9931	18,5661	17,2944
42	34,1581	30,9941	28,2348	25,8206	23,7014	21,8349	20,1856	18,7235	17,4232
43	34,8100	31,5212	28,6616	26,1664	23,9819	22,0627	20,3708	18,8742	17,5459
44	35,4555	32,0406	29,0800	26,5038	24,2543	22,2828	20,5488	19,0184	17,6628
45	36,0945	32,5523	29,4902	26,8330	24,5187	22,4955	20,7200	19,1563	17,7741
46	36,7272	33,0565	29,8923	27,1542	24,7754	22,7009	20,8847	19,2884	17,8801
47	37,3537	33,5532	30,2866	27,4675	25,0247	22,8994	21,0429	19,4147	17,9810
48	37,9740	34,0426	30,6731	27,7732	25,2667	23,0912	21,1951	19,5356	18,0772
49	38,5881	34,5247	31,0521	28,0714	25,5017	23,2766	21,3415	19,6513	18,1687
50	39,1961	34,9997	31,4236	28,3623	25,7298	23,4556	21,4822	19,7620	18,2559
51	39,7981	35,4677	31,7878	28,6462	25,9512	23,6286	21,6175	19,8680	18,3390
52	40,3942	35,9287	32,1449	28,9231	26,1662	23,7958	21,7476	19,9693	18,4181
53	40,9844	36,3830	32,4950	29,1932	26,3750	23,9573	21,8727	20,0663	18,4934
54	41,5687	36,8305	32,8383	29,4568	26,5777	24,1133	21,9930	20,1592	18,5651
55	42,1472	37,2715	33,1748	29,7140	26,7744	24,2641	22,1086	20,2480	18,6335
56	42,7200	37,7059	33,5047	29,9649	26,9655	24,4097	22,2198	20,3330	18,6985
57	43,2871	38,1339	33,8281	30,2096	27,1509	24,5504	22,3267	20,4144	18,7605
58	43,8486	38,5555	34,1452	30,4484	27,3310	24,6864	22,4296	20,4922	18,8195
59	44,4046	38,9710	34,4561	30,6814	27,5058	24,8178	22,5284	20,5667	18,8758
60	44,9550	39,3803	34,7609	30,9087	27,6756	24,9447	22,6235	20,6380	18,9293
61	45,5000	39,7835	35,0597	31,1304	27,8404	25,0674	22,7149	20,7062	18,9803
62	46,0396	40,1808	35,3526	31,3467	28,0003	25,1859	22,8028	20,7715	19,0288
63	46,5739	40,5722	35,6398	31,5578	28,1557	25,3004	22,8873	20,8340	19,0751
64	47,1029	40,9579	35,9214	31,7637	28,3065	25,4110	22,9685	20,8938	19,1191
65	47,6266	41,3378	36,1975	31,9646	28,4529	25,5178	23,0467	20,9510	19,1611
66	48,1452	41,7121	36,4681	32,1606	28,5950	25,6211	23,1218	21,0057	19,2010
67	48,6586	42,0809	36,7334	32,3518	28,7330	25,7209	23,1940	21,0581	19,2391
68	49,1669	42,4442	36,9936	32,5383	28,8670	25,8173	23,2635	21,1082	19,2753
69	49,6702	42,8022	37,2486	32,7203	28,9971	25,9104	23,3303	21,1562	19,3098

Restnutzungsdauer in Jahren	Zinssatz								
	1,0%	1,5%	2,0%	2,5%	3,0%	3,5%	4,0%	4,5%	5,0%
70	50,1685	43,1549	37,4986	32,8979	29,1234	26,0004	23,3945	21,2021	19,3427
71	50,6619	43,5023	37,7437	33,0711	29,2460	26,0873	23,4563	21,2460	19,3740
72	51,1504	43,8447	37,9841	33,2401	29,3651	26,1713	23,5156	21,2881	19,4038
73	51,6341	44,1819	38,2197	33,4050	29,4807	26,2525	23,5727	21,3283	19,4322
74	52,1129	44,5142	38,4507	33,5658	29,5929	26,3309	23,6276	21,3668	19,4592
75	52,5871	44,8416	38,6771	33,7227	29,7018	26,4067	23,6804	21,4036	19,4850
76	53,0565	45,1641	38,8991	33,8758	29,8076	26,4799	23,7312	21,4389	19,5095
77	53,5213	45,4819	39,1168	34,0252	29,9103	26,5506	23,7800	21,4726	19,5329
78	53,9815	45,7950	39,3302	34,1709	30,0100	26,6190	23,8269	21,5049	19,5551
79	54,4371	46,1034	39,5394	34,3131	30,1068	26,6850	23,8720	21,5358	19,5763
80	54,8882	46,4073	39,7445	34,4518	30,2008	26,7488	23,9154	21,5653	19,5965
81	55,3349	46,7067	39,9456	34,5871	30,2920	26,8104	23,9571	21,5936	19,6157
82	55,7771	47,0017	40,1427	34,7192	30,3806	26,8700	23,9972	21,6207	19,6340
83	56,2149	47,2923	40,3360	34,8480	30,4666	26,9275	24,0358	21,6466	19,6514
84	56,6485	47,5786	40,5255	34,9736	30,5501	26,9831	24,0729	21,6714	19,6680
85	57,0777	47,8607	40,7113	35,0962	30,6312	27,0368	24,1085	21,6951	19,6838
86	57,5026	48,1386	40,8934	35,2158	30,7099	27,0887	24,1428	21,7178	19,6989
87	57,9234	48,4125	41,0720	35,3325	30,7863	27,1388	24,1758	21,7395	19,7132
88	58,3400	48,6822	41,2470	35,4463	30,8605	27,1873	24,2075	21,7603	19,7269
89	58,7525	48,9480	41,4187	35,5574	30,9325	27,2341	24,2380	21,7802	19,7399
90	59,1609	49,2099	41,5869	35,6658	31,0024	27,2793	24,2673	21,7992	19,7523
91	59,5652	49,4678	41,7519	35,7715	31,0703	27,3230	24,2955	21,8175	19,7641
92	59,9656	49,7220	41,9136	35,8746	31,1362	27,3652	24,3226	21,8349	19,7753
93	60,3620	49,9724	42,0722	35,9752	31,2002	27,4060	24,3486	21,8516	19,7860
94	60,7544	50,2191	42,2276	36,0734	31,2623	27,4454	24,3737	21,8675	19,7962
95	61,1430	50,4622	42,3800	36,1692	31,3227	27,4835	24,3978	21,8828	19,8059
96	61,5277	50,7017	42,5294	36,2626	31,3812	27,5203	24,4209	21,8974	19,8151
97	61,9086	50,9376	42,6759	36,3538	31,4381	27,5558	24,4432	21,9114	19,8239
98	62,2858	51,1701	42,8195	36,4427	31,4933	27,5902	24,4646	21,9248	19,8323
99	62,6592	51,3991	42,9603	36,5295	31,5469	27,6234	24,4852	21,9376	19,8403
100	63,0289	51,6247	43,0984	36,6141	31,5989	27,6554	24,5050	21,9499	19,8479

Restnutzungsdauer in Jahren	Zinssatz									
	5,5%	6%	6,5%	7%	7,5%	8%	8,5%	9%	9,5%	10%
1	0,9479	0,9434	0,9390	0,9346	0,9302	0,9259	0,9217	0,9174	0,9132	0,9091
2	1,8463	1,8334	1,8206	1,8080	1,7956	1,7833	1,7711	1,7591	1,7473	1,7355
3	2,6979	2,6730	2,6485	2,6243	2,6005	2,5771	2,5540	2,5313	2,5089	2,4869
4	3,5052	3,4651	3,4258	3,3872	3,3493	3,3121	3,2756	3,2397	3,2045	3,1699
5	4,2703	4,2124	4,1557	4,1002	4,0459	3,9927	3,9406	3,8897	3,8397	3,7908
6	4,9955	4,9173	4,8410	4,7665	4,6938	4,6229	4,5536	4,4859	4,4198	4,3553
7	5,6830	5,5824	5,4845	5,3893	5,2966	5,2064	5,1185	5,0330	4,9496	4,8684
8	6,3346	6,2098	6,0888	5,9713	5,8573	5,7466	5,6392	5,5348	5,4334	5,3349
9	6,9522	6,8017	6,6561	6,5152	6,3789	6,2469	6,1191	5,9952	5,8753	5,7590
10	7,5376	7,3601	7,1888	7,0236	6,8641	6,7101	6,5613	6,4177	6,2788	6,1446
11	8,0925	7,8869	7,6890	7,4987	7,3154	7,1390	6,9690	6,8052	6,6473	6,4951
12	8,6185	8,3838	8,1587	7,9427	7,7353	7,5361	7,3447	7,1607	6,9838	6,8137
13	9,1171	8,8527	8,5997	8,3577	8,1258	7,9038	7,6910	7,4869	7,2912	7,1034
14	9,5896	9,2950	9,0138	8,7455	8,4892	8,2442	8,0101	7,7862	7,5719	7,3667
15	10,0376	9,7122	9,4027	9,1079	8,8271	8,5595	8,3042	8,0607	7,8282	7,6061
16	10,4622	10,1059	9,7678	9,4466	9,1415	8,8514	8,5753	8,3126	8,0623	7,8237
17	10,8646	10,4773	10,1106	9,7632	9,4340	9,1216	8,8252	8,5436	8,2760	8,0216
18	11,2461	10,8276	10,4325	10,0591	9,7060	9,3719	9,0555	8,7556	8,4713	8,2014
19	11,6077	11,1581	10,7347	10,3356	9,9591	9,6036	9,2677	8,9501	8,6496	8,3649
20	11,9504	11,4699	11,0185	10,5940	10,1945	9,8181	9,4633	9,1285	8,8124	8,5136
21	12,2752	11,7641	11,2850	10,8355	10,4135	10,0168	9,6436	9,2922	8,9611	8,6487
22	12,5832	12,0416	11,5352	11,0612	10,6172	10,2007	9,8098	9,4424	9,0969	8,7715
23	12,8750	12,3034	11,7701	11,2722	10,8067	10,3711	9,9629	9,5802	9,2209	8,8832
24	13,1517	12,5504	11,9907	11,4693	10,9830	10,5288	10,1041	9,7066	9,3341	8,9847
25	13,4139	12,7834	12,1979	11,6536	11,1469	10,6748	10,2342	9,8226	9,4376	9,0770
26	13,6625	13,0032	12,3924	11,8258	11,2995	10,8100	10,3541	9,9290	9,5320	9,1609
27	13,8981	13,2105	12,5750	11,9867	11,4414	10,9352	10,4646	10,0266	9,6183	9,2372
28	14,1214	13,4062	12,7465	12,1371	11,5734	11,0511	10,5665	10,1161	9,6971	9,3066
29	14,3331	13,5907	12,9075	12,2777	11,6962	11,1584	10,6603	10,1983	9,7690	9,3696
30	14,5337	13,7648	13,0587	12,4090	11,8104	11,2578	10,7468	10,2737	9,8347	9,4269
31	14,7239	13,9291	13,2006	12,5318	11,9166	11,3498	10,8266	10,3428	9,8947	9,4790
32	14,9042	14,0840	13,3339	12,6466	12,0155	11,4350	10,9001	10,4062	9,9495	9,5264
33	15,0751	14,2302	13,4591	12,7538	12,1074	11,5139	10,9678	10,4644	9,9996	9,5694
34	15,2370	14,3681	13,5766	12,8540	12,1929	11,5869	11,0302	10,5178	10,0453	9,6086
35	15,3906	14,4982	13,6870	12,9477	12,2725	11,6546	11,0878	10,5668	10,0870	9,6442
36	15,5361	14,6210	13,7906	13,0352	12,3465	11,7172	11,1408	10,6118	10,1251	9,6765
37	15,6740	14,7368	13,8879	13,1170	12,4154	11,7752	11,1897	10,6530	10,1599	9,7059
38	15,8047	14,8460	13,9792	13,1935	12,4794	11,8289	11,2347	10,6908	10,1917	9,7327
39	15,9287	14,9491	14,0650	13,2649	12,5390	11,8786	11,2763	10,7255	10,2207	9,7570
40	16,0461	15,0463	14,1455	13,3317	12,5944	11,9246	11,3145	10,7574	10,2472	9,7791
41	16,1575	15,1380	14,2212	13,3941	12,6460	11,9672	11,3498	10,7866	10,2715	9,7991
42	16,2630	15,2245	14,2922	13,4524	12,6939	12,0067	11,3823	10,8134	10,2936	9,8174

Restnutzungsdauer in Jahren	Zinssatz									
	5,5%	6%	6,5%	7%	7,5%	8%	8,5%	9%	9,5%	10%
43	16,3630	15,3062	14,3588	13,5070	12,7385	12,0432	11,4123	10,8380	10,3138	9,8340
44	16,4579	15,3832	14,4214	13,5579	12,7800	12,0771	11,4399	10,8605	10,3322	9,8491
45	16,5477	15,4558	14,4802	13,6055	12,8186	12,1084	11,4653	10,8812	10,3490	9,8628
46	16,6329	15,5244	14,5354	13,6500	12,8545	12,1374	11,4888	10,9002	10,3644	9,8753
47	16,7137	15,5890	14,5873	13,6916	12,8879	12,1643	11,5104	10,9176	10,3785	9,8866
48	16,7902	15,6500	14,6359	13,7305	12,9190	12,1891	11,5303	10,9336	10,3913	9,8969
49	16,8628	15,7076	14,6816	13,7668	12,9479	12,2122	11,5487	10,9482	10,4030	9,9063
50	16,9315	15,7619	14,7245	13,8007	12,9748	12,2335	11,5656	10,9617	10,4137	9,9148
51	16,9967	15,8131	14,7648	13,8325	12,9998	12,2532	11,5812	10,9740	10,4235	9,9226
52	17,0585	15,8614	14,8026	13,8621	13,0231	12,2715	11,5956	10,9853	10,4324	9,9296
53	17,1170	15,9070	14,8382	13,8898	13,0447	12,2884	11,6088	10,9957	10,4405	9,9360
54	17,1726	15,9500	14,8715	13,9157	13,0649	12,3041	11,6210	11,0053	10,4480	9,9418
55	17,2252	15,9905	14,9028	13,9399	13,0836	12,3186	11,6323	11,0140	10,4548	9,9471
56	17,2750	16,0288	14,9322	13,9626	13,1010	12,3321	11,6427	11,0220	10,4610	9,9519
57	17,3223	16,0649	14,9598	13,9837	13,1172	12,3445	11,6522	11,0294	10,4667	9,9563
58	17,3671	16,0990	14,9858	14,0035	13,1323	12,3560	11,6610	11,0361	10,4718	9,9603
59	17,4096	16,1311	15,0101	14,0219	13,1463	12,3667	11,6692	11,0423	10,4766	9,9639
60	17,4499	16,1614	15,0330	14,0392	13,1594	12,3766	11,6766	11,0480	10,4809	9,9672
61	17,4880	16,1900	15,0544	14,0553	13,1715	12,3857	11,6835	11,0532	10,4848	9,9701
62	17,5242	16,2170	15,0746	14,0704	13,1828	12,3942	11,6899	11,0580	10,4884	9,9729
63	17,5585	16,2425	15,0935	14,0845	13,1933	12,4020	11,6958	11,0624	10,4917	9,9753
64	17,5910	16,2665	15,1113	14,0976	13,2031	12,4093	11,7012	11,0664	10,4947	9,9776
65	17,6218	16,2891	15,1280	14,1099	13,2122	12,4160	11,7061	11,0701	10,4975	9,9796
66	17,6510	16,3105	15,1436	14,1214	13,2206	12,4222	11,7107	11,0735	10,5000	9,9815
67	17,6786	16,3307	15,1583	14,1322	13,2285	12,4280	11,7150	11,0766	10,5022	9,9831
68	17,7049	16,3497	15,1721	14,1422	13,2358	12,4333	11,7189	11,0794	10,5043	9,9847
69	17,7297	16,3676	15,1851	14,1516	13,2426	12,4382	11,7224	11,0820	10,5062	9,9861
70	17,7533	16,3845	15,1973	14,1604	13,2489	12,4428	11,7258	11,0844	10,5080	9,9873
71	17,7756	16,4005	15,2087	14,1686	13,2548	12,4471	11,7288	11,0867	10,5096	9,9885
72	17,7968	16,4156	15,2195	14,1763	13,2603	12,4510	11,7316	11,0887	10,5110	9,9895
73	17,8169	16,4298	15,2295	14,1834	13,2654	12,4546	11,7342	11,0905	10,5124	9,9905
74	17,8359	16,4432	15,2390	14,1901	13,2701	12,4580	11,7366	11,0922	10,5136	9,9914
75	17,8539	16,4558	15,2479	14,1964	13,2745	12,4611	11,7388	11,0938	10,5147	9,9921
76	17,8710	16,4678	15,2562	14,2022	13,2786	12,4640	11,7408	11,0952	10,5157	9,9929
77	17,8872	16,4790	15,2641	14,2077	13,2825	12,4666	11,7427	11,0965	10,5166	9,9935
78	17,9026	16,4897	15,2714	14,2128	13,2860	12,4691	11,7444	11,0977	10,5174	9,9941
79	17,9172	16,4997	15,2783	14,2175	13,2893	12,4714	11,7460	11,0988	10,5182	9,9946
80	17,9310	16,5091	15,2848	14,2220	13,2924	12,4735	11,7475	11,0998	10,5189	9,9951
81	17,9440	16,5180	15,2909	14,2262	13,2952	12,4755	11,7488	11,1008	10,5196	9,9956
82	17,9564	16,5265	15,2966	14,2301	13,2979	12,4773	11,7501	11,1016	10,5201	9,9960
83	17,9682	16,5344	15,3020	14,2337	13,3004	12,4790	11,7512	11,1024	10,5207	9,9963
84	17,9793	16,5419	15,3070	14,2371	13,3027	12,4805	11,7523	11,1031	10,5212	9,9967

Restnutzungsdauer in Jahren	Zinssatz									
	5,5%	6%	6,5%	7%	7,5%	8%	8,5%	9%	9,5%	10%
85	17,9899	16,5489	15,3118	14,2403	13,3048	12,4820	11,7532	11,1038	10,5216	9,9970
86	17,9999	16,5556	15,3162	14,2433	13,3068	12,4833	11,7541	11,1044	10,5220	9,9972
87	18,0094	16,5619	15,3204	14,2460	13,3087	12,4845	11,7550	11,1050	10,5224	9,9975
88	18,0184	16,5678	15,3243	14,2486	13,3104	12,4857	11,7557	11,1055	10,5227	9,9977
89	18,0269	16,5734	15,3280	14,2511	13,3120	12,4868	11,7564	11,1059	10,5230	9,9979
90	18,0350	16,5787	15,3315	14,2533	13,3135	12,4877	11,7571	11,1064	10,5233	9,9981
91	18,0426	16,5837	15,3347	14,2554	13,3149	12,4886	11,7577	11,1067	10,5236	9,9983
92	18,0499	16,5884	15,3377	14,2574	13,3161	12,4895	11,7582	11,1071	10,5238	9,9984
93	18,0567	16,5928	15,3406	14,2593	13,3173	12,4903	11,7587	11,1074	10,5240	9,9986
94	18,0633	16,5970	15,3433	14,2610	13,3185	12,4910	11,7592	11,1077	10,5242	9,9987
95	18,0694	16,6009	15,3458	14,2626	13,3195	12,4917	11,7596	11,1080	10,5244	9,9988
96	18,0753	16,6047	15,3482	14,2641	13,3205	12,4923	11,7600	11,1083	10,5246	9,9989
97	18,0809	16,6082	15,3504	14,2655	13,3214	12,4928	11,7604	11,1085	10,5247	9,9990
98	18,0861	16,6115	15,3525	14,2669	13,3222	12,4934	11,7607	11,1087	10,5249	9,9991
99	18,0911	16,6146	15,3545	14,2681	13,3230	12,4939	11,7610	11,1089	10,5250	9,9992
100	18,0958	16,6175	15,3563	14,2693	13,3237	12,4943	11,7613	11,1091	10,5251	9,9993

Anhang C (zu Nummer 34.2): Barwertfaktoren für die Abzinsung

Der Berechnung der nachfolgenden Werte liegt folgende Formel (vgl. § 34 Abs. 3) zugrunde

$$Abzinsungsfaktor\ (AF) = \frac{1}{q^n} \qquad q = 1 + LZ \qquad LZ = \frac{p}{100}$$

Restnutzungsdauer in Jahren	Zinssatz								
	1,0%	1,5%	2,0%	2,5%	3,0%	3,5%	4,0%	4,5%	5,0%
1	0,9901	0,9852	0,9804	0,9756	0,9709	0,9662	0,9615	0,9569	0,9524
2	0,9803	0,9707	0,9612	0,9518	0,9426	0,9335	0,9246	0,9157	0,9070
3	0,9706	0,9563	0,9423	0,9286	0,9151	0,9019	0,8890	0,8763	0,8638
4	0,9610	0,9422	0,9238	0,9060	0,8885	0,8714	0,8548	0,8386	0,8227
5	0,9515	0,9283	0,9057	0,8839	0,8626	0,8420	0,8219	0,8025	0,7835
6	0,9420	0,9145	0,8880	0,8623	0,8375	0,8135	0,7903	0,7679	0,7462
7	0,9327	0,9010	0,8706	0,8413	0,8131	0,7860	0,7599	0,7348	0,7107
8	0,9235	0,8877	0,8535	0,8207	0,7894	0,7594	0,7307	0,7032	0,6768
9	0,9143	0,8746	0,8368	0,8007	0,7664	0,7337	0,7026	0,6729	0,6446
10	0,9053	0,8617	0,8203	0,7812	0,7441	0,7089	0,6756	0,6439	0,6139
11	0,8963	0,8489	0,8043	0,7621	0,7224	0,6849	0,6496	0,6162	0,5847
12	0,8874	0,8364	0,7885	0,7436	0,7014	0,6618	0,6246	0,5897	0,5568
13	0,8787	0,8240	0,7730	0,7254	0,6810	0,6394	0,6006	0,5643	0,5303
14	0,8700	0,8118	0,7579	0,7077	0,6611	0,6178	0,5775	0,5400	0,5051
15	0,8613	0,7999	0,7430	0,6905	0,6419	0,5969	0,5553	0,5167	0,4810
16	0,8528	0,7880	0,7284	0,6736	0,6232	0,5767	0,5339	0,4945	0,4581
17	0,8444	0,7764	0,7142	0,6572	0,6050	0,5572	0,5134	0,4732	0,4363
18	0,8360	0,7649	0,7002	0,6412	0,5874	0,5384	0,4936	0,4528	0,4155
19	0,8277	0,7536	0,6864	0,6255	0,5703	0,5202	0,4746	0,4333	0,3957
20	0,8195	0,7425	0,6730	0,6103	0,5537	0,5026	0,4564	0,4146	0,3769
21	0,8114	0,7315	0,6598	0,5954	0,5375	0,4856	0,4388	0,3968	0,3589
22	0,8034	0,7207	0,6468	0,5809	0,5219	0,4692	0,4220	0,3797	0,3418
23	0,7954	0,7100	0,6342	0,5667	0,5067	0,4533	0,4057	0,3634	0,3256
24	0,7876	0,6995	0,6217	0,5529	0,4919	0,4380	0,3901	0,3477	0,3101
25	0,7798	0,6892	0,6095	0,5394	0,4776	0,4231	0,3751	0,3327	0,2953
26	0,7720	0,6790	0,5976	0,5262	0,4637	0,4088	0,3607	0,3184	0,2812
27	0,7644	0,6690	0,5859	0,5134	0,4502	0,3950	0,3468	0,3047	0,2678
28	0,7568	0,6591	0,5744	0,5009	0,4371	0,3817	0,3335	0,2916	0,2551
29	0,7493	0,6494	0,5631	0,4887	0,4243	0,3687	0,3207	0,2790	0,2429
30	0,7419	0,6398	0,5521	0,4767	0,4120	0,3563	0,3083	0,2670	0,2314
31	0,7346	0,6303	0,5412	0,4651	0,4000	0,3442	0,2965	0,2555	0,2204
32	0,7273	0,6210	0,5306	0,4538	0,3883	0,3326	0,2851	0,2445	0,2099

Restnutzungsdauer in Jahren	Zinssatz								
	1,0%	1,5%	2,0%	2,5%	3,0%	3,5%	4,0%	4,5%	5,0%
33	0,7201	0,6118	0,5202	0,4427	0,3770	0,3213	0,2741	0,2340	0,1999
34	0,7130	0,6028	0,5100	0,4319	0,3660	0,3105	0,2636	0,2239	0,1904
35	0,7059	0,5939	0,5000	0,4214	0,3554	0,3000	0,2534	0,2143	0,1813
36	0,6989	0,5851	0,4902	0,4111	0,3450	0,2898	0,2437	0,2050	0,1727
37	0,6920	0,5764	0,4806	0,4011	0,3350	0,2800	0,2343	0,1962	0,1644
38	0,6852	0,5679	0,4712	0,3913	0,3252	0,2706	0,2253	0,1878	0,1566
39	0,6784	0,5595	0,4619	0,3817	0,3158	0,2614	0,2166	0,1797	0,1491
40	0,6717	0,5513	0,4529	0,3724	0,3066	0,2526	0,2083	0,1719	0,1420
41	0,6650	0,5431	0,4440	0,3633	0,2976	0,2440	0,2003	0,1645	0,1353
42	0,6584	0,5351	0,4353	0,3545	0,2890	0,2358	0,1926	0,1574	0,1288
43	0,6519	0,5272	0,4268	0,3458	0,2805	0,2278	0,1852	0,1507	0,1227
44	0,6454	0,5194	0,4184	0,3374	0,2724	0,2201	0,1780	0,1442	0,1169
45	0,6391	0,5117	0,4102	0,3292	0,2644	0,2127	0,1712	0,1380	0,1113
46	0,6327	0,5042	0,4022	0,3211	0,2567	0,2055	0,1646	0,1320	0,1060
47	0,6265	0,4967	0,3943	0,3133	0,2493	0,1985	0,1583	0,1263	0,1009
48	0,6203	0,4894	0,3865	0,3057	0,2420	0,1918	0,1522	0,1209	0,0961
49	0,6141	0,4821	0,3790	0,2982	0,2350	0,1853	0,1463	0,1157	0,0916
50	0,6080	0,4750	0,3715	0,2909	0,2281	0,1791	0,1407	0,1107	0,0872
51	0,6020	0,4680	0,3642	0,2838	0,2215	0,1730	0,1353	0,1059	0,0831
52	0,5961	0,4611	0,3571	0,2769	0,2150	0,1671	0,1301	0,1014	0,0791
53	0,5902	0,4543	0,3501	0,2702	0,2088	0,1615	0,1251	0,0970	0,0753
54	0,5843	0,4475	0,3432	0,2636	0,2027	0,1560	0,1203	0,0928	0,0717
55	0,5785	0,4409	0,3365	0,2572	0,1968	0,1508	0,1157	0,0888	0,0683
56	0,5728	0,4344	0,3299	0,2509	0,1910	0,1457	0,1112	0,0850	0,0651
57	0,5671	0,4280	0,3234	0,2448	0,1855	0,1407	0,1069	0,0814	0,0620
58	0,5615	0,4217	0,3171	0,2388	0,1801	0,1360	0,1028	0,0778	0,0590
59	0,5560	0,4154	0,3109	0,2330	0,1748	0,1314	0,0989	0,0745	0,0562
60	0,5504	0,4093	0,3048	0,2273	0,1697	0,1269	0,0951	0,0713	0,0535
61	0,5450	0,4032	0,2988	0,2217	0,1648	0,1226	0,0914	0,0682	0,0510
62	0,5396	0,3973	0,2929	0,2163	0,1600	0,1185	0,0879	0,0653	0,0486
63	0,5343	0,3914	0,2872	0,2111	0,1553	0,1145	0,0845	0,0625	0,0462
64	0,5290	0,3856	0,2816	0,2059	0,1508	0,1106	0,0813	0,0598	0,0440
65	0,5237	0,3799	0,2761	0,2009	0,1464	0,1069	0,0781	0,0572	0,0419
66	0,5185	0,3743	0,2706	0,1960	0,1421	0,1033	0,0751	0,0547	0,0399
67	0,5134	0,3688	0,2653	0,1912	0,1380	0,0998	0,0722	0,0524	0,0380
68	0,5083	0,3633	0,2601	0,1865	0,1340	0,0964	0,0695	0,0501	0,0362
69	0,5033	0,3580	0,2550	0,1820	0,1301	0,0931	0,0668	0,0480	0,0345

Restnut-zungsdauer in Jahren	Zinssatz								
	1,0%	1,5%	2,0%	2,5%	3,0%	3,5%	4,0%	4,5%	5,0%
70	0,4983	0,3527	0,2500	0,1776	0,1263	0,0900	0,0642	0,0459	0,0329
71	0,4934	0,3475	0,2451	0,1732	0,1226	0,0869	0,0617	0,0439	0,0313
72	0,4885	0,3423	0,2403	0,1690	0,1190	0,0840	0,0594	0,0420	0,0298
73	0,4837	0,3373	0,2356	0,1649	0,1156	0,0812	0,0571	0,0402	0,0284
74	0,4789	0,3323	0,2310	0,1609	0,1122	0,0784	0,0549	0,0385	0,0270
75	0,4741	0,3274	0,2265	0,1569	0,1089	0,0758	0,0528	0,0368	0,0258
76	0,4694	0,3225	0,2220	0,1531	0,1058	0,0732	0,0508	0,0353	0,0245
77	0,4648	0,3178	0,2177	0,1494	0,1027	0,0707	0,0488	0,0337	0,0234
78	0,4602	0,3131	0,2134	0,1457	0,0997	0,0683	0,0469	0,0323	0,0222
79	0,4556	0,3084	0,2092	0,1422	0,0968	0,0660	0,0451	0,0309	0,0212
80	0,4511	0,3039	0,2051	0,1387	0,0940	0,0638	0,0434	0,0296	0,0202
81	0,4467	0,2994	0,2011	0,1353	0,0912	0,0616	0,0417	0,0283	0,0192
82	0,4422	0,2950	0,1971	0,1320	0,0886	0,0596	0,0401	0,0271	0,0183
83	0,4379	0,2906	0,1933	0,1288	0,0860	0,0575	0,0386	0,0259	0,0174
84	0,4335	0,2863	0,1895	0,1257	0,0835	0,0556	0,0371	0,0248	0,0166
85	0,4292	0,2821	0,1858	0,1226	0,0811	0,0537	0,0357	0,0237	0,0158
86	0,4250	0,2779	0,1821	0,1196	0,0787	0,0519	0,0343	0,0227	0,0151
87	0,4208	0,2738	0,1786	0,1167	0,0764	0,0501	0,0330	0,0217	0,0143
88	0,4166	0,2698	0,1751	0,1138	0,0742	0,0484	0,0317	0,0208	0,0137
89	0,4125	0,2658	0,1716	0,1111	0,0720	0,0468	0,0305	0,0199	0,0130
90	0,4084	0,2619	0,1683	0,1084	0,0699	0,0452	0,0293	0,0190	0,0124
91	0,4043	0,2580	0,1650	0,1057	0,0679	0,0437	0,0282	0,0182	0,0118
92	0,4003	0,2542	0,1617	0,1031	0,0659	0,0422	0,0271	0,0174	0,0112
93	0,3964	0,2504	0,1586	0,1006	0,0640	0,0408	0,0261	0,0167	0,0107
94	0,3925	0,2467	0,1554	0,0982	0,0621	0,0394	0,0251	0,0160	0,0102
95	0,3886	0,2431	0,1524	0,0958	0,0603	0,0381	0,0241	0,0153	0,0097
96	0,3847	0,2395	0,1494	0,0934	0,0586	0,0368	0,0232	0,0146	0,0092
97	0,3809	0,2359	0,1465	0,0912	0,0569	0,0355	0,0223	0,0140	0,0088
98	0,3771	0,2324	0,1436	0,0889	0,0552	0,0343	0,0214	0,0134	0,0084
99	0,3734	0,2290	0,1408	0,0868	0,0536	0,0332	0,0206	0,0128	0,0080
100	0,3697	0,2256	0,1380	0,0846	0,0520	0,0321	0,0198	0,0123	0,0076

Restnutzungsdauer in Jahren	Zinssatz									
	5,5%	6%	6,5%	7%	7,5%	8%	8,5%	9%	9,5%	10%
1	0,9479	0,9434	0,9390	0,9346	0,9302	0,9259	0,9217	0,9174	0,9132	0,9091
2	0,8985	0,8900	0,8817	0,8734	0,8653	0,8573	0,8495	0,8417	0,8340	0,8264
3	0,8516	0,8396	0,8278	0,8163	0,8050	0,7938	0,7829	0,7722	0,7617	0,7513
4	0,8072	0,7921	0,7773	0,7629	0,7488	0,7350	0,7216	0,7084	0,6956	0,6830
5	0,7651	0,7473	0,7299	0,7130	0,6966	0,6806	0,6650	0,6499	0,6352	0,6209
6	0,7252	0,7050	0,6853	0,6663	0,6480	0,6302	0,6129	0,5963	0,5801	0,5645
7	0,6874	0,6651	0,6435	0,6227	0,6028	0,5835	0,5649	0,5470	0,5298	0,5132
8	0,6516	0,6274	0,6042	0,5820	0,5607	0,5403	0,5207	0,5019	0,4838	0,4665
9	0,6176	0,5919	0,5674	0,5439	0,5216	0,5002	0,4799	0,4604	0,4418	0,4241
10	0,5854	0,5584	0,5327	0,5083	0,4852	0,4632	0,4423	0,4224	0,4035	0,3855
11	0,5549	0,5268	0,5002	0,4751	0,4513	0,4289	0,4076	0,3875	0,3685	0,3505
12	0,5260	0,4970	0,4697	0,4440	0,4199	0,3971	0,3757	0,3555	0,3365	0,3186
13	0,4986	0,4688	0,4410	0,4150	0,3906	0,3677	0,3463	0,3262	0,3073	0,2897
14	0,4726	0,4423	0,4141	0,3878	0,3633	0,3405	0,3191	0,2992	0,2807	0,2633
15	0,4479	0,4173	0,3888	0,3624	0,3380	0,3152	0,2941	0,2745	0,2563	0,2394
16	0,4246	0,3936	0,3651	0,3387	0,3144	0,2919	0,2711	0,2519	0,2341	0,2176
17	0,4024	0,3714	0,3428	0,3166	0,2925	0,2703	0,2499	0,2311	0,2138	0,1978
18	0,3815	0,3503	0,3219	0,2959	0,2720	0,2502	0,2303	0,2120	0,1952	0,1799
19	0,3616	0,3305	0,3022	0,2765	0,2531	0,2317	0,2122	0,1945	0,1783	0,1635
20	0,3427	0,3118	0,2838	0,2584	0,2354	0,2145	0,1956	0,1784	0,1628	0,1486
21	0,3249	0,2942	0,2665	0,2415	0,2190	0,1987	0,1803	0,1637	0,1487	0,1351
22	0,3079	0,2775	0,2502	0,2257	0,2037	0,1839	0,1662	0,1502	0,1358	0,1228
23	0,2919	0,2618	0,2349	0,2109	0,1895	0,1703	0,1531	0,1378	0,1240	0,1117
24	0,2767	0,2470	0,2206	0,1971	0,1763	0,1577	0,1412	0,1264	0,1133	0,1015
25	0,2622	0,2330	0,2071	0,1842	0,1640	0,1460	0,1301	0,1160	0,1034	0,0923
26	0,2486	0,2198	0,1945	0,1722	0,1525	0,1352	0,1199	0,1064	0,0945	0,0839
27	0,2356	0,2074	0,1826	0,1609	0,1419	0,1252	0,1105	0,0976	0,0863	0,0763
28	0,2233	0,1956	0,1715	0,1504	0,1320	0,1159	0,1019	0,0895	0,0788	0,0693
29	0,2117	0,1846	0,1610	0,1406	0,1228	0,1073	0,0939	0,0822	0,0719	0,0630
30	0,2006	0,1741	0,1512	0,1314	0,1142	0,0994	0,0865	0,0754	0,0657	0,0573
31	0,1902	0,1643	0,1420	0,1228	0,1063	0,0920	0,0797	0,0691	0,0600	0,0521
32	0,1803	0,1550	0,1333	0,1147	0,0988	0,0852	0,0735	0,0634	0,0548	0,0474
33	0,1709	0,1462	0,1252	0,1072	0,0919	0,0789	0,0677	0,0582	0,0500	0,0431
34	0,1620	0,1379	0,1175	0,1002	0,0855	0,0730	0,0624	0,0534	0,0457	0,0391
35	0,1535	0,1301	0,1103	0,0937	0,0796	0,0676	0,0575	0,0490	0,0417	0,0356
36	0,1455	0,1227	0,1036	0,0875	0,0740	0,0626	0,0530	0,0449	0,0381	0,0323
37	0,1379	0,1158	0,0973	0,0818	0,0688	0,0580	0,0489	0,0412	0,0348	0,0294
38	0,1307	0,1092	0,0914	0,0765	0,0640	0,0537	0,0450	0,0378	0,0318	0,0267
39	0,1239	0,1031	0,0858	0,0715	0,0596	0,0497	0,0415	0,0347	0,0290	0,0243
40	0,1175	0,0972	0,0805	0,0668	0,0554	0,0460	0,0383	0,0318	0,0265	0,0221
41	0,1113	0,0917	0,0756	0,0624	0,0516	0,0426	0,0353	0,0292	0,0242	0,0201
42	0,1055	0,0865	0,0710	0,0583	0,0480	0,0395	0,0325	0,0268	0,0221	0,0183

Restnutzungsdauer in Jahren	Zinssatz									
	5,5%	6%	6,5%	7%	7,5%	8%	8,5%	9%	9,5%	10%
43	0,1000	0,0816	0,0667	0,0545	0,0446	0,0365	0,0300	0,0246	0,0202	0,0166
44	0,0948	0,0770	0,0626	0,0509	0,0415	0,0338	0,0276	0,0226	0,0184	0,0151
45	0,0899	0,0727	0,0588	0,0476	0,0386	0,0313	0,0254	0,0207	0,0168	0,0137
46	0,0852	0,0685	0,0552	0,0445	0,0359	0,0290	0,0235	0,0190	0,0154	0,0125
47	0,0807	0,0647	0,0518	0,0416	0,0334	0,0269	0,0216	0,0174	0,0140	0,0113
48	0,0765	0,0610	0,0487	0,0389	0,0311	0,0249	0,0199	0,0160	0,0128	0,0103
49	0,0725	0,0575	0,0457	0,0363	0,0289	0,0230	0,0184	0,0147	0,0117	0,0094
50	0,0688	0,0543	0,0429	0,0339	0,0269	0,0213	0,0169	0,0134	0,0107	0,0085
51	0,0652	0,0512	0,0403	0,0317	0,0250	0,0197	0,0156	0,0123	0,0098	0,0077
52	0,0618	0,0483	0,0378	0,0297	0,0233	0,0183	0,0144	0,0113	0,0089	0,0070
53	0,0586	0,0456	0,0355	0,0277	0,0216	0,0169	0,0133	0,0104	0,0081	0,0064
54	0,0555	0,0430	0,0334	0,0259	0,0201	0,0157	0,0122	0,0095	0,0074	0,0058
55	0,0526	0,0406	0,0313	0,0242	0,0187	0,0145	0,0113	0,0087	0,0068	0,0053
56	0,0499	0,0383	0,0294	0,0226	0,0174	0,0134	0,0104	0,0080	0,0062	0,0048
57	0,0473	0,0361	0,0276	0,0211	0,0162	0,0124	0,0096	0,0074	0,0057	0,0044
58	0,0448	0,0341	0,0259	0,0198	0,0151	0,0115	0,0088	0,0067	0,0052	0,0040
59	0,0425	0,0321	0,0243	0,0185	0,0140	0,0107	0,0081	0,0062	0,0047	0,0036
60	0,0403	0,0303	0,0229	0,0173	0,0130	0,0099	0,0075	0,0057	0,0043	0,0033
61	0,0382	0,0286	0,0215	0,0161	0,0121	0,0091	0,0069	0,0052	0,0039	0,0030
62	0,0362	0,0270	0,0202	0,0151	0,0113	0,0085	0,0064	0,0048	0,0036	0,0027
63	0,0343	0,0255	0,0189	0,0141	0,0105	0,0078	0,0059	0,0044	0,0033	0,0025
64	0,0325	0,0240	0,0178	0,0132	0,0098	0,0073	0,0054	0,0040	0,0030	0,0022
65	0,0308	0,0227	0,0167	0,0123	0,0091	0,0067	0,0050	0,0037	0,0027	0,0020
66	0,0292	0,0214	0,0157	0,0115	0,0085	0,0062	0,0046	0,0034	0,0025	0,0019
67	0,0277	0,0202	0,0147	0,0107	0,0079	0,0058	0,0042	0,0031	0,0023	0,0017
68	0,0262	0,0190	0,0138	0,0100	0,0073	0,0053	0,0039	0,0029	0,0021	0,0015
69	0,0249	0,0179	0,0130	0,0094	0,0068	0,0049	0,0036	0,0026	0,0019	0,0014
70	0,0236	0,0169	0,0122	0,0088	0,0063	0,0046	0,0033	0,0024	0,0017	0,0013
71	0,0223	0,0160	0,0114	0,0082	0,0059	0,0042	0,0031	0,0022	0,0016	0,0012
72	0,0212	0,0151	0,0107	0,0077	0,0055	0,0039	0,0028	0,0020	0,0015	0,0010
73	0,0201	0,0142	0,0101	0,0072	0,0051	0,0036	0,0026	0,0019	0,0013	0,0010
74	0,0190	0,0134	0,0095	0,0067	0,0047	0,0034	0,0024	0,0017	0,0012	0,0009
75	0,0180	0,0126	0,0089	0,0063	0,0044	0,0031	0,0022	0,0016	0,0011	0,0008
76	0,0171	0,0119	0,0083	0,0058	0,0041	0,0029	0,0020	0,0014	0,0010	0,0007
77	0,0162	0,0113	0,0078	0,0055	0,0038	0,0027	0,0019	0,0013	0,0009	0,0006
78	0,0154	0,0106	0,0074	0,0051	0,0035	0,0025	0,0017	0,0012	0,0008	0,0006
79	0,0146	0,0100	0,0069	0,0048	0,0033	0,0023	0,0016	0,0011	0,0008	0,0005
80	0,0138	0,0095	0,0065	0,0045	0,0031	0,0021	0,0015	0,0010	0,0007	0,0005
81	0,0131	0,0089	0,0061	0,0042	0,0029	0,0020	0,0013	0,0009	0,0006	0,0004
82	0,0124	0,0084	0,0057	0,0039	0,0027	0,0018	0,0012	0,0009	0,0006	0,0004
83	0,0118	0,0079	0,0054	0,0036	0,0025	0,0017	0,0011	0,0008	0,0005	0,0004
84	0,0111	0,0075	0,0050	0,0034	0,0023	0,0016	0,0011	0,0007	0,0005	0,0003

Restnutzungsdauer in Jahren	Zinssatz									
	5,5%	6%	6,5%	7%	7,5%	8%	8,5%	9%	9,5%	10%
85	0,0106	0,0071	0,0047	0,0032	0,0021	0,0014	0,0010	0,0007	0,0004	0,0003
86	0,0100	0,0067	0,0044	0,0030	0,0020	0,0013	0,0009	0,0006	0,0004	0,0003
87	0,0095	0,0063	0,0042	0,0028	0,0019	0,0012	0,0008	0,0006	0,0004	0,0003
88	0,0090	0,0059	0,0039	0,0026	0,0017	0,0011	0,0008	0,0005	0,0003	0,0002
89	0,0085	0,0056	0,0037	0,0024	0,0016	0,0011	0,0007	0,0005	0,0003	0,0002
90	0,0081	0,0053	0,0035	0,0023	0,0015	0,0010	0,0006	0,0004	0,0003	0,0002
91	0,0077	0,0050	0,0032	0,0021	0,0014	0,0009	0,0006	0,0004	0,0003	0,0002
92	0,0073	0,0047	0,0030	0,0020	0,0013	0,0008	0,0006	0,0004	0,0002	0,0002
93	0,0069	0,0044	0,0029	0,0019	0,0012	0,0008	0,0005	0,0003	0,0002	0,0001
94	0,0065	0,0042	0,0027	0,0017	0,0011	0,0007	0,0005	0,0003	0,0002	0,0001
95	0,0062	0,0039	0,0025	0,0016	0,0010	0,0007	0,0004	0,0003	0,0002	0,0001
96	0,0059	0,0037	0,0024	0,0015	0,0010	0,0006	0,0004	0,0003	0,0002	0,0001
97	0,0056	0,0035	0,0022	0,0014	0,0009	0,0006	0,0004	0,0002	0,0002	0,0001
98	0,0053	0,0033	0,0021	0,0013	0,0008	0,0005	0,0003	0,0002	0,0001	0,0001
99	0,0050	0,0031	0,0020	0,0012	0,0008	0,0005	0,0003	0,0002	0,0001	0,0001
100	0,0047	0,0029	0,0018	0,0012	0,0007	0,0005	0,0003	0,0002	0,0001	0,0001

Anhänge D bis G weggelassen, da nicht Gegenstand des Buches

Stichwortverzeichnis

G

H

I

J

K

L

M

N

T

U

V

W

Y

Z